Juristische Themenarbeiten

Anleitung für Klausur und Hausarbeit
im Schwerpunktbereich, Seminararbeit,
Bachelor- und Master-Thesis

von

Prof. Dr. Roland Schimmel

Dr. Denis Basak

Dr. Marc Reiß

3., neu bearbeitete Auflage

C.F. Müller

Prof. Dr. *Roland Schimmel* lehrt Wirtschaftsprivatrecht an der Frankfurt University of Applied Sciences.

Dr. *Denis Basak* ist akademischer Rat an der Universität Frankfurt am Main. Er lehrt und forscht zu kriminalwissenschaftlichen Themen sowie zur rechtswissenschaftlichen Fachdidaktik.

Dr. *Marc Reiß* ist ebenfalls akademischer Rat an der Universität Frankfurt am Main, forscht und lehrt zu kriminalwissenschaftlichen Themen sowie zur rechtswissenschaftlichen Fachdidaktik, außerdem koordiniert er das Universitätsrepetitorium.

Die Verfasser *Basak* und *Reiß* prüfen nebenamtlich im Pflichtfachteil der Ersten Staatsprüfung beim Hessischen Justizprüfungsamt sowie im Schwerpunktbereichsstudium der Universität Frankfurt am Main, *Schimmel* prüft LL.B.- und LL.M.-Studenten im Wirtschaftsrecht an der Frankfurt University of Applied Sciences.

Bibliografische Information der Deutschen Nationalbibliothek

Die Deutsche Nationalbibliothek verzeichnet diese Publikation in der Deutschen Nationalbibliografie; detaillierte bibliografische Daten sind im Internet über http://dnb.d-nb.de abrufbar.

ISBN 978-3-8114-9562-3

E-Mail: kundenservice@cfmueller.de
Telefon: +49 89 2183 7923
Telefax: +49 89 2183 7620

www.cfmueller.de
www.cfmueller-campus.de

© 2017 C.F. Müller GmbH, Waldhofer Straße 100, 69123 Heidelberg

Satz: Gottemeyer, Rot
Druck: CPI Clausen & Bosse, Leck

Vorwort

Warum lohnt es, dieses Buch zu kaufen? Der Preis entspricht dem dreier Pizzen beim Italiener um die Ecke. Das schlägt ein Loch ins studentische Budget, klar. Aber wie viel Lebenszeit muss man aufwenden, um beispielsweise die Quellen aus Fn. 555 zu recherchieren (ein seit Jahrzehnten vergriffenes Buch, ein Festschriftenbeitrag von 1974 und ein Beitrag in einer so bekannten Zeitschrift wie GreifRecht)? Über kurz oder lang rentiert sich die Investition, vorausgesetzt Sie benutzen das Buch. Um im Regal einzustauben, ist es zu teuer. Und zu schade.

Themenarbeiten schreibt man anders als Rechtsgutachten[1]. Wie eine **gute Themenarbeit** aussehen soll, ließe sich leicht studieren: Man liest einige Dutzend Fachzeitschriftenaufsätze aus NJW, JZ und MDR[2] oder die Druckfassung eines juristischen Vortrags[3]. Kaum jemand will sich aber diese Mühe zumuten. Und wenn doch, hätte man damit zwar einiges über das richtige Ergebnis gelernt, aber wenig oder nichts über den Weg dorthin. Dies ist der Versuch einer Anleitung, die sich mindestens ebenso sehr mit dem richtigen Weg befassen wird wie mit dem richtigen Ergebnis.

Die Prüfungspraxis legt die Vermutung nahe, dass es verschiedene Gründe für **weniger gelungene Themenarbeiten** gibt. Gegen **Überforderung** ist wohl nur ein Kraut gewachsen: Bearbeiter und Themensteller müssen – sofern die Prüfungsordnung das zulässt: gemeinsam – gewissenhaft darüber nachdenken, welches Thema das richtige ist. Dieses Anleitungsbuch setzt bei den Faktoren **Unbeholfenheit und fehlende Erfahrung** an. Auswahl und Systematisierung des hier vorgestellten Materials gehen zum einen auf unsere Erfahrungen bei Konzeption, Betreuung, Korrektur und Bewertung etlicher Themenarbeiten zurück, zum anderen auf eine Reihe von Lehrveranstaltungen (*Juristische Themenarbeiten* und *Arbeitstechniken Recht*), die wir an Universität und Fachhochschule gehalten haben.

Wir legen das Büchlein neben den Juristen im Hauptfach besonders denjenigen ans Herz, die den Mut haben, eine (Abschluss-)Arbeit mit rechtlichem Problemschwerpunkt zu schreiben, obwohl ihr Studienfach das eigentlich nicht verlangt. Wer sich im **Nebenfach** auf ein juristisches Thema und einen Juristen als Prüfer einlässt, wird eine Anleitung zu schätzen wissen. Das Buch ist für **Lernende** gedacht. Für Lehrende mögen zwei Abschnitte interessant sein: Die Überlegungen zur Benotung (Rn. 538 ff.) könnten bei den Schwierigkeiten der gerechten Bewertung helfen – und die Typologie der Themenarbeit (Rn. 546 ff.) sowie das Themenarbeiten-Construction-Kit (Rn. 767 ff.) enthalten vielleicht die eine oder andere Anregung für die Suche nach **prüfungsgeeigneten Aufgaben**.

Die **Internetressourcen** haben wir unter t1p.de/wikiJT **online** zusammengestellt – mit der Bitte an die Benutzer, sie zu ergänzen und zu kommentieren.

---

1 Dazu näher Rn. 383 ff.
2 Zu einigen Unterschieden zwischen Fachzeitschriftenbeiträgen und Themenarbeiten Rn. 718 ff.
3 Etwa die regelmäßig gedruckt erscheinenden Vorträge vor der Juristischen Studiengesellschaft Karlsruhe, z.B. *Weitnauer*, Schutz des Schwächeren.

Viele Studenten haben Mühe, sich einen fachwissenschaftlichen Sprachduktus anzueignen. Wo immer sinnvoll haben wir deshalb beispielhafte **Formulierungsvorschläge** ergänzt.

Nach einigem Überlegen haben wir den Text aus Lesbarkeitsgründen vollständig degendert. Wir hoffen auf das Einverständnis der Leserinnen und Leser.

Für die 3. Auflage ist der Text erneut überarbeitet worden, öfter ergänzt als gekürzt, teilweise neu geschrieben.

Dank gilt Frau Prof. Dr. *Anja Amend*, Herrn *Ernst Grundl*, Herrn Prof. Dr. *Bernd Hartmann*, Herrn Prof. Dr. *Tonio Gas*, im Verlag Frau *Alexandra Burrer* und Herrn *Michael Schmidt* und überhaupt allen, die uns geholfen haben. Besonderer Dank gilt Dr. *Mirko Weinert*, der in den ersten beiden Auflagen den Text mitverantwortet hat. Über Verbesserungsvorschläge freuen wir uns.

Frankfurt am Main, Juni 2017

Denis Basak
Marc Reiß
Roland Schimmel

Inhaltsverzeichnis

Abkürzungsverzeichnis

a.a.O.	am angegebenen Ort
ABl.	Amtsblatt
Abs.	Absatz
AcP	Archiv für die civilistische Praxis (Zeitschrift)
AG	Aktiengesellschaft (auch: Zeitschrift)
AGB	Allgemeine Geschäftsbedingungen
AL	Ad Legendum (Zeitschrift)
Alt.	Alternative
AnwBl.	Anwaltsblatt (Zeitschrift)
AöR	Archiv des öffentlichen Rechts (Zeitschrift)
AP	Arbeitsrechtliche Praxis
Art., Artt.	Artikel
BAG	Bundesarbeitsgericht
BDI	Bundesverband der Deutschen Industrie
BGB	Bürgerliches Gesetzbuch
BGBl.	Bundesgesetzblatt
BGH	Bundesgerichtshof
BGHSt	Sammlung der Entscheidungen des BGH in Strafsachen
BGHZ	Sammlung der Entscheidungen des BGH in Zivilsachen
BLJ	Bucerius Law Journal
BRAK	Bundesrechtsanwaltskammer
BSG	Bundessozialgericht
BVerfG	Bundesverfassungsgericht
BVerfGE	Sammlung der Entscheidungen des BVerfG
BVerwG	Bundesverwaltungsgericht
CE	Communaute Europeenne oder Conformite Europeenne
CIA	Central Intelligence Agency
DAV	Deutscher Anwaltverein
ders.	derselbe
dies.	dieselben(n)
DNB	Deutsche Nationalbibliothek
DÖV	Die öffentliche Verwaltung (Zeitschrift)
DtZ	Deutsch-deutsche Rechts-Zeitschrift
DuR	Demokratie und Recht (Zeitschrift)
DVBl.	Deutsches Verwaltungsblatt
EG	Europäische Gemeinschaft
EGMR	Europäischer Gerichtshof für Menschenrechte
EMRK	Europäische Konvention zum Schutz der Menschenrechte und Grundfreiheiten
EzA	Entscheidungssammlung zum Arbeitsrecht
EZB	Elektronische Zeitschriftenbibliothek
Fb	Fachbereich
FH	Fachhochschule
Fn.	Fußnote
FSK	Freiwillige Selbstkontrolle der Filmwirtschaft

GEMA	Gesellschaft für musikalische Aufführungs- und mechanische Vervielfältigungsrechte
Gf.	Geschäftsführer
GG	Grundgesetz
ggf.	gegebenenfalls
GmbH	Gesellschaft mit beschränkter Haftung
GreifRecht	Greifswalder Halbjahresschrift für Rechtswissenschaft
h.M.	herrschende Meinung
HRN	Hamburger Rechtsnotizen
HRRS	Höchstrichterliche Rechtsprechung Strafrecht
Hrsg.	Herausgeber
HSOG	Hessisches Gesetz über die öffentliche Sicherheit und Ordnung
ICC	Internationaler Strafgerichtshof
i.d.F.	in der Fassung
i.S.d.	im Sinne des/der
i.S.v.	im Sinne von
JA	Juristische Arbeitsblätter (Zeitschrift)
JAG	Gesetz über die juristische Ausbildung
JAP	Juristische Ausbildung und Praxisvorbereitung (Zeitschrift)
JAPO	Juristische Ausbildungs- und Prüfungsordnung (länderabhängig verschieden)
JoJZG	Journal der juristischen Zeitgeschichte (Zeitschrift)
JRP	Journal für Rechtspolitik (Zeitschrift)
JSE	Jura Studium & Examen (Online-Zeitschrift)
Jura	Juristische Ausbildung (Zeitschrift)
JurPC	Internet-Zeitschrift für Rechtsinformatik und Informationsrecht
JuS	Juristische Schulung (Zeitschrift)
JZ	Juristenzeitung
KJ	Kritische Justiz (Zeitschrift)
KJB	Karlsruher Juristische Bibliographie
KrimZ	Kriminologische Zentralstelle
KritV	Kritische Vierteljahresschrift für Gesetzgebung und Rechtswissenschaft
LAG	Landesarbeitsgericht
Lfg.	Lieferung
LL.B.	Bachelor of Laws (Online-Zeitschrift)
LL.M.	Legum magister
LMK	Lindenmaier-Möhring (Entscheidungssammlung)
Ls.	Leitsatz
MDR	Monatsschrift für Deutsches Recht
MuW	Markenschutz und Wettbewerb
m.w.N.	mit weiteren Nachweisen
MZJ	Mainzer Zeitschrift für Jurisprudenz
Nds. VBl.	Niedersächsische Verwaltungsblätter
NJW	Neue Juristische Wochenschrift
NJW-RR	NJW-Rechtsprechungs-Report Zivilrecht
NordÖR	Zeitschrift für Öffentliches Recht in Norddeutschland
NRÜ	Nomos Rechtsprechungsübersicht

NStZ	Neue Zeitschrift für Strafrecht
NWVBl.	Nordrhein-Westfälische Verwaltungsblätter
PDF	Portable Document Format
RFID	Radio Frequency Identification
Rn.	Randnummer
ROHG	Reichsoberhandelsgericht
RÜ	Rechtsprechungsübersicht (Zeitschrift)
RuP	Recht und Politik (Zeitschrift)
S.	Satz, Seite
Schufa	Schutzgemeinschaft für allgemeine Kreditsicherung
SdK	Schutzgemeinschaft der Kapitalanleger
SPSS	Statistical Package for the Social Sciences
SSRN	Social Science Research Network
StGB	Strafgesetzbuch
StudZR	Studentische Zeitschrift für Rechtswissenschaft
StVollzG	Strafvollzugsgesetz
UB	Universitätsbibliothek
USA	Vereinigte Staaten von Amerika
u.U.	unter Umständen
VG	Verwaltungsgericht, Verwertungsgesellschaft
V.i.S.d.P	Verantwortlich im Sinne des Presserechts
VVDStRL	Veröffentlichungen der Vereinigung Deutscher Staatsrechtslehrer
WuM	Wohnungswirtschaft und Mietrecht (Zeitschrift)
ZAkDR	Zeitschrift der Akademie für Deutsches Recht
ZG	Zeitschrift für Gesetzgebung
ZGS	Zeitschrift für das gesamte Schuldrecht
ZIS	Zeitschrift für internationale Strafrechtsdogmatik (unter www.zis-online.com)
ZJS	Zeitschrift für das juristische Studium (unter www.zjs-online.com)
ZRP	Zeitschrift für Rechtspolitik
ZStW	Zeitschrift für die gesamte Strafrechtswissenschaft
z.T.	zum Teil

A. Benutzungshinweise

Dieses Buch ist ein Arbeitsmittel. Man kann es vollständig lesen, muss das aber nicht. Man kann es begleitend zur ersten Themenarbeit benutzen. Wir empfehlen, schon vorher zwei Stunden darauf zu investieren, es querzulesen. So bekommt man den besten Überblick, was das Buch leisten kann.

1. Themenarbeiten sind Aufgaben, die vom Bearbeiter nicht das Abfassen eines Rechtsgutachtens fordern, sondern ein **Referat**. Sie verlangen also nicht einen Entscheidungsvorschlag für einen Rechtskonflikt, sondern die Darstellung eines Rechtsproblems im Sachzusammenhang.

Zugespitzt kann man sagen, dass Rechtsgutachten auf die Praxis der Rechtsanwendung zielen, Themenarbeiten auf Rechtswissenschaft[1]. Wer Rechtswissenschaft studiert, muss deshalb mit Themenarbeiten zurechtkommen können.

Der Ansatz des Buchs lautet: Texte verschiedener literarischer Form folgen Regeln: Gedicht, Reportage, Urteil, Streitschrift, Kurzgeschichte, Gebet, Plädoyer, Rechtsgutachten, Referat. Beim Lesen ist das nicht so wichtig, aber beim Schreiben will und sollte man die Regeln kennen.

2. Als Übungs- und Prüfungsleistungen haben Themenarbeiten in der juristischen Ausbildung lange in der zweiten Reihe gestanden.

Studenten mussten mit ihnen rechnen in **Seminararbeiten** und manchmal in der **Examensarbeit**.[2] In **Scheinhausarbeiten** und **-klausuren** spielen sie seit 2003 eine (kleine) Rolle als **Zusatzfrage** bei den gutachtenförmig zu bearbeitenden dogmatischen Aufgaben.

Seit den letzten größeren Reformen der Juristenausbildungsgesetze und -ordnungen der Länder[3] rücken Themenarbeiten während des Studiums und an dessen Ende in den Vordergrund. Vorgesehen ist ganz überwiegend eine **wissenschaftliche Hausarbeit** als obligatorische Studienleistung vor der ersten Staatsprüfung[4]. Diese Arbeit soll in einem

1

2

---

1 Dazu auch *Kreutz*, Propädeutik, 11.
2 Nach der universitären Abschlussprüfung geht es mit Themenarbeiten dann aber richtig los: Ihre **Doktorarbeit** (bei etwa 10-20 % der juristischen Absolventen, von denen ungefähr die Hälfte ihre Arbeit fertigstellt) und Ihre Habilitationsschrift warten auf Sie. Beide können aber hier ausgeklammert bleiben: Für solche Projekte, die selbstbestimmtes Forschen zum Gegenstand haben, ist dieser Text nicht zuständig. Die Anleitungsliteratur für Doktorarbeiten (Nachweise in Fn. 613) kann indes in Teilen auch für die Zwecke von Themenarbeiten interessant sein. Sehen Sie sich diese Bücher an, wenn es soweit ist – vieles davon lohnt die Investition nicht. Ob man etwa einer Anleitung vertrauen will, die zwei Doktoranden zu Beginn ihrer Doktorarbeit verfasst haben und die der Dissertation eine volle Seite widmet (*Kleinhenz/Deiters*, Klausuren), muss man in Ruhe entscheiden. Wer sich habilitiert, braucht keine Anleitung mehr (und wird hoffentlich auch nicht hier danach suchen).
3 So § 31 JAPO Baden-Württemberg; § 40 I 1 Nr. 1 JAPO Bayern; § 32 III 2 JAPG Bremen; § 24 IV JAG Hessen; § 2a II JAG Mecklenburg-Vorpommern; §§ 4a II, 9 JAG Niedersachsen (Studienarbeit); § 7 I 2 JAG Schleswig-Holstein. § 5 I JAG Berlin, § 5 I JAG Brandenburg und § 31 III JAPO Thüringen sehen nur allgemein eine Hausarbeit als Prüfungsleistung vor. § 32 I des Hamburgischen JAG spricht nur von studienbegleitenden Aufsichtsarbeiten. Den Begriff der Aufsichtsarbeit verwendet ferner § 3 II 2 JAG Rheinland-Pfalz. § 28 IV Nr. 7 JAG Nordrhein-Westfalen, § 6 III 1 Nr. 7 JAG Saarland, § 24 I Sächsisches Hochschulgesetz und § 9 IV Nr. 2 JAG Sachsen-Anhalt überlassen die Bestimmung der Zahl und Form der zu erbringenden Prüfungsleistungen den Universitäten, deren Anforderungen aber zum Teil fast schon denen in einem Promotionsverfahren gleichen – z.B. §§ 14 ff. der Schwerpunktbereichsprüfungsordnung der Juristischen Fakultät der Universität Halle-Wittenberg.
4 Zu Erfahrungen insbesondere hinsichtlich des Notenniveaus *Schöbel*, JA 2008, 94 ff.

Seminar oder im Anschluss daran verfasst werden; die Einzelheiten regeln die Studien- und Prüfungsordnungen der juristischen Fachbereiche[5].

Eines Tages könnten als Ergebnis des Bologna-Prozesses[6] Magisterarbeiten hinzutre- ten[7]. An den Fachhochschulen sind **Diplomarbeiten** und (mittlerweile fast ausschließ- lich) **Bachelor- und Masterarbeiten** zu bewältigen.

Dass die Fähigkeit zum Verfassen von Themenarbeiten in den letzten Jahren mehr wertgeschätzt und geprüft wird, hat gute Gründe. Vielleicht am wichtigsten ist dieser: Gutachtenförmige Überlegungen und Strukturen bilden nur einen Teil juristisch-fachlicher Kommunikation ab, nämlich letztendlich das Rechtsgespräch zwischen den Richtern einer Kammer vor der Entscheidung des Rechtsstreits. Ein ebenso wichtiger Teil findet aber themenzentriert statt – nämlich die Kommunikation mit Nichtjuristen und Fachkollegen überall dort, wo es um Gestaltung von Rechtsverhältnissen und Konfliktvermeidung geht. Rechtsberatung und Rechtsgestaltung – also gerade die Aufgaben des Rechtsanwalts – erfordern neben dem gutachtenstrukturierten ein themenzentriertes Herangehen.

Außerdem sind Themenarbeiten die Form, in der sich juristischer Erkenntnisgewinn überwiegend ab- spielt. Die allgegenwärtigen Gutachten entscheiden fiktive oder reale Konflikte, in Themenarbeiten werden (größere) Rechtsfragen aufgeworfen und diskutiert. Gerade hier findet also **Rechtswissenschaft** statt.

3   **3.** Studenten des Rechts, nach einigen Semestern mühseliger gedanklicher Diszipli- nierung im Gutachtenstil halbwegs zu Hause und damit in der Lage, dem Normalfall ei- ner Prüfungsarbeit zu begegnen, nehmen **Themenarbeiten** bezeichnenderweise oft als **Bedrohung** wahr[8].

Das zeigt sich unter anderem an der geringen Zahl von Seminararbeiten, die sich Studenten selbst zu- muten, bevor sie ins Examen gehen. Meist ist diese identisch mit der Zahl der von der Studienordnung vorgeschriebenen Seminararbeiten. Häufig fallen zudem die Leistungen mittelmäßig oder schwach aus[9]. Allerdings ist auch festzustellen, dass angesichts der heutigen Studienordnungen, nach denen die Semi- nararbeiten direkt in die Examensendnote einfließen (können) und fast alle Studenten solche Arbeiten

---

5   So soll die Bearbeitungszeit in Frankfurt am Main acht Wochen, in Gießen vier Wochen und in Marburg sechs Wochen betragen. Überblick zu den Einzelheiten der Schwerpunktbereichsstudien- und -prüfungsordnungen bei *Rolfs/Rossi-Wilberg*, JuS 2007, 297 ff.; *Basak/Köchel*, in: Kramer/Kuhn/Putzke, Schwerpunkte im Jurastudium, 2015, S. 256 ff.

6   Noch ist offen, welche Auswirkungen der Bologna-Prozess auf die Juristenausbildung haben wird. Nachweise z.B. bei *Kison*, Juristenausbildung in der Europäischen Union, 2014, insb. S. 69 ff.; *Schöbel*, JA 2011, 161 ff. m.w.N.; *Pfeiffer* RW 2010, 104 ff.; *Senn* RW 2010, 218 ff. *Dauner-Lieb*, AnwBl. 2006, 5 ff.; *Krings*, RuP 2006, 18 ff.; *Woitsch*, JA 2006, 480; *Schrade/Katzenstein*, DVBl. 2006, 549 ff.; *Jeep*, JZ 2006, 459 ff.; *ders.*, DÖV 2007, 411 ff.; *ders.*, t1p.de/6pe5; *Konzen*, JZ 2010, 241 ff.

7   In den LL.M.-Aufbaustudiengängen gibt es sie schon.

8   Das enge gedankliche Korsett des Gutachtenstils ist vermutlich das Haupthindernis beim Abfassen eines gelun- genen Referats. So gesehen dient diese Anleitung dem Wieder-Erlernen und Vertiefen dessen, was das Abitur Ihnen schon abverlangt haben sollte. Das zweite Hindernis ist vermutlich eine Kombination aus Faulheit und Phantasielosigkeit. Das lässt sich meist recht einfach beheben. Das dritte Hindernis wird heute oft mit *Bildungs- ferne* umschrieben. Hier ist schnelle Abhilfe schwierig. Ganz verwunderlich ist die Schwäche vieler Studenten in Themenarbeiten letztlich nicht: Je mehr man sich auf den Gutachtenstil konditioniert, desto schwieriger wird es, zu einem Thema strukturiert etwas zu sagen. Je besser Sie gutachtentechnisch werden, desto eher kommt es vor, dass Fähigkeiten zum Abfassen anderer Textgattungen nachlassen, über die Sie beim Abitur noch verfügten.

9   Gleichwohl ist über Jahre hinweg eine Neigung der Hochschullehrer festzustellen, auf Seminararbeiten recht pas- sable Noten zu geben. Das mag daran liegen, dass die traditionell schlechteren juristischen Noten besser ausfallen, wenn sich die Beteiligten Auge in Auge gegenübersitzen. Vielleicht ist es auch nur der hoffnungsvolle Versuch, die Seminare überhaupt zu füllen. Vielleicht sind Studenten, die in einem von Ihnen selbst gewählten Schwerpunkt ein Thema bearbeiten, das sie im besten Fall selbst auch interessant finden, aber auch im Schnitt etwas besser als in den Pflichtfächern. Wer weiß das schon so genau?

abfassen müssen, die Anforderungen an die Arbeiten steigen. Einerseits ist der „Freiwilligkeitsbonus" weggefallen, mit dem früher Seminarteilnehmer für nicht zulassungsrelevante Zusatzleistungen belohnt wurden. Andererseits ist der Effekt dieser Freiwilligkeit, dass in den Seminaren nur die wirklich Interessierten und damit eine Positivauslese saßen, durch den Pflichtcharakter aufgehoben, so dass sich die durchschnittlichen Leistungen nun denen im normalen Studienbetrieb annähern. Die Folge sind unter anderem in Seminaren inzwischen teilweise schwächere Noten als in PoWi-Kursen in der Oberstufe[10].

Anleitung tut Not[11]. Dieses Buch skizziert eine alltagstaugliche Arbeitsanleitung für die Studenten, die in einem vielleicht schon fortgeschrittenen Stadium feststellen, dass sie im Verfassen einer wissenschaftlichen Arbeit (noch) nicht sattelfest sind.   **4**

Verwendbar soll es aber vom ersten Semester bis über den Abschluss der Staatsprüfung hinaus sein – wenngleich hoffentlich irgendwann das meiste zur Selbstverständlichkeit geworden ist, so dass der Text nur noch zum Nachschlagen gebraucht werden dürfte.
Als nützlich hat sich das Buch auch für die nicht ganz wenigen Studenten erwiesen, die etwa Abschlussarbeiten mit einem starken rechtswissenschaftlichen Schwerpunkt verfassen – und sich unter der Betreuung juristischer Dozenten mit der Erwartung konfrontiert sehen, juristische Zitierregeln zu beachten.

4. Was kann ein solcher Leitfaden für Themenarbeiten leisten? Sicher kann er nicht Antworten auf alle Fragen geben, die Sie jemals haben könnten. Eine Anleitung kennt den Gegenstand Ihrer Aufgabe nicht. Erwarten Sie also nichts Unmögliches. Das Buch ist als Hilfe zur Selbsthilfe gedacht. Es bietet in erster Linie nicht Problemlösungen, sondern Arbeitsmittel, die man zur Problemlösung einsetzen kann. Es verspricht gar nicht erst eine Anleitung *Zum perfekten Referat in drei einfachen Schritten*[12]. Deshalb diese Klarstellung: Der Hauptfaktor für Ihren Erfolg ist **Arbeit**[13]. Gute Noten bekommt man auch mit Genie (aber nie nur damit), das Bestehen sichert man durch Arbeit.   **5**

Die Arbeit sehen Sie am Ende auch diesem Buch an: Sie haben alles Mögliche hineingeschrieben, ergänzt, geändert, aktualisiert. Wenn Sie klug sind. Danach können Sie es zwar nicht mehr für kleines Geld auf eBay verkaufen – aber Sie haben ein Dokument, das zeigt, dass Sie wissenschaftlich zu arbeiten gelernt haben. Schonen Sie also diesen Text nicht!
Zu etwa drei Vierteln besteht das Buch aus Anleitungen und Empfehlungen für Kandidaten, die in erster Linie an einer soliden Note für eine ordentliche Leistung interessiert sind. Das übrige Viertel enthält Anregungen für die **Ehrgeizigeren.**

5. Bei allem Nutzen, den das Material vielleicht für den Leser haben kann, bleibt eines gewiss: **Das Thema bestimmt die Herangehensweise.** Nicht allein, aber immer maßgeblich.   **6**

---

10 Diese letzte Einsicht kam den meisten Studenten unter der Geltung früherer Studienordnungen meist schon beim Abfassen des Grundlagenscheins im ersten oder zweiten Semester. Aktuell hat sie sich viel weiter nach hinten im Studienverlauf verschoben. Dass Fehlschläge dann gleich examensnotenwirksam sind, ist bedauerlich, aber vorläufig nicht zu ändern.
11 Eine Reihe empfehlenswerter Arbeitshilfen ist in Fn. 78 ff. nachgewiesen.
12 Wenn es die gäbe, hätte sie schon längst jemand anderes geschrieben – und sie wäre sehr sehr teuer.
13 Diese kleine Anleitung geht davon aus, dass Sie diese Arbeit selbst auf sich nehmen wollen. Man kann das natürlich auch fremde Leute machen lassen; dazu sucht man sich einfach einen Ghostwriter (z.B. über t1p.de/tvbz), bezahlt ihm eine Stange Geld (im Voraus) und freut sich auf eine neue Erfahrung – allerdings ohne Gewährleistungsansprüche und mit fatalen Folgen, wenn man über den geschriebenen Text auch mündlich referieren soll. Die Prüfungsordnungen halten dieses Verfahren übrigens für äußerst heikel. Lesenswert dazu *VG Köln* NWVBl. 2006, 196 ff.

3

Das ist keine vorsorgliche Enthaftung, sondern die Wahrheit. Hier finden Sie also die allgemeinen Empfehlungen, die durch die Besonderheiten Ihrer Aufgabe verdrängt werden.

7 **6.** Zum **Aufbau**: Das Buch hat einen Allgemeinen Teil, den man vor den Besonderen Abschnitten zu einzelnen Arten von Themenarbeiten lesen sollte.

8 **7.** Weiterführendes **Schrifttum** und ausgewählte Internet-Fundstellen[14] sind in den Fußnoten nachgewiesen und thematisch über das Stichwortregister (unter „Schrifttum") erschlossen.

Bei den weiterführenden Empfehlungen war zu berücksichtigen, dass viele Rechtsstudenten das außerjuristische Schrifttum nicht oder nur zögernd zur Kenntnis nehmen. Wir haben zudem versucht, in möglichst viele Richtungen vertiefende Hinweise zu geben.

9 **8.** Auf ein **Bearbeitungsmuster** verzichtet der Text – in der Annahme, dass die meisten Leser sich nicht der Mühe unterziehen wollen, eine Beispielarbeit zu durchdenken, die nichts mit dem eigenen Thema zu tun hat[15]. Stattdessen finden sich in vielen Beispielen kursiv gesetzte **Formulierungsvorschläge**, die helfen, sich in Wortwahl und Gedankenführung einer Themenarbeit hineinzudenken[16,17].

10 **9.** Wenn Sie für Ihre Arbeit vom Prüfungsamt oder vom Lehrstuhl **Vorgaben** bekommen, die von den hier zusammengestellten Empfehlungen abweichen, beachten Sie jene im eigenen Interesse unbedingt vorrangig.

11 **10.** Das Buch versteht sich nicht in erster Linie als **Einführung in die juristische Arbeitstechnik**[18].

Es hat sich aber als unvermeidlich erwiesen, auf Fragen der Arbeitstechnik mehr als nur ganz beiläufig einzugehen. Wir haben zwar nicht versucht, eine systematische Anleitung zu entwerfen, deren buchstabengenaue Befolgung jeden Fehler ausschließt. Aber alles, was uns wichtig erschien, haben wir aufgenommen. Vielleicht ist die hier umrissene Übersicht zur juristischen Arbeitstechnik eine gute Ergänzung des Angebots, weil sie kompakt und aktuell ist – und durch die Einbindung in den Zusammenhang

---

14 Komfortablen Zugang zu den gesammelten und sortierten Internetressourcen ermöglicht t1p.de/upqc. Wir haben möglichst stabile Fundstellen ausgewählt. Gleichwohl: Das Internet ist ein flüchtiges Gebilde. Beim Hinterherrecherchieren helfen die Suchmaschinen – und manchmal auch ein Archiv wie die wayback machine unter t1p.de/359e. Das **Internet** wird noch auf viele Jahre ein ebenso hilfreiches wie gefährliches Hilfsmittel für solides rechtswissenschaftliches Arbeiten bleiben. Wir haben deshalb versucht, nicht nur auf die Gefahren aufmerksam zu machen, sondern empfehlenswerte Netzressourcen nachzuweisen. Trotzdem muss der Leser selbst darauf achten, welche Quellen seriös sind und welche man lieber meidet.
15 Solche Arbeiten sind aber leicht zugänglich über die Hausarbeitsdatenbanken, etwa t1p.de/0sq7 und t1p.de/81we. Nicht alles dort gibt es umsonst. Und nicht alles, was Geld kostet, ist auch gut. Bearbeitungsbeispiele bei *Putzke*, Arbeiten, S. 118 ff.; *Möllers*, JuS 1999, 1191 ff.
16 Ergänzend die Vorschläge bei *Kühtz*, 71 ff.
17 Das mag daran liegen, dass im Mediennutzungsverhalten heutiger Studenten elektronische Endgeräte sich immer weiter vor das gute alte Buch geschoben haben. Dass dabei die Stilsicherheit ein wenig leidet, kann eigentlich niemanden wundern.
18 Die in Fn. 74 genannten Texte werden zur gelegentlichen vertiefenden Lektüre und/oder Anschaffung für die eigene Arbeitsbibliothek empfohlen. Der vorliegende Text bleibt mit Absicht kürzer. Wer sich nicht scheut, einen längeren Text zu lesen, dem sei besonders zu empfehlen *Möllers*, Arbeitstechnik. Knapper *Scherpe*, JuS 2017, 203 ff. *Noltensmeier/Schuhr*, JA 2008, 576 ff.; *Lahnsteiner*, Jura 2011, 580 ff. – Juristische Arbeitstechnik ist übrigens nicht identisch mit **richterlicher Arbeitstechnik**, so dass die dazu verfügbare Literatur für die hier interessierenden Zwecke kaum zu empfehlen ist.

„Themenarbeiten" weniger trocken zu lesen als ein mehrhundertseitiges Buch, das sich ausschließlich mit Arbeitstechnik befasst. Hoffentlich.

Als Arbeitshilfe ist es so geschrieben, dass Sie es benutzen können, wenn Sie es brauchen. Wenn Sie aber die Geduld und Neugier aufbringen, es zu lesen, bevor Sie akut über einer Themenarbeit schwitzen, wird das in vieler Hinsicht den Ertrag steigern.

11. Was zum Verständnis nicht unbedingt erforderlich ist und beim ersten oder beim zweiten Lesen ignoriert werden kann, ist **kleiner gesetzt**. Das hilft beim Überfliegen. Wir empfehlen statt des Überfliegens natürlich die gründliche Lektüre.   **12**

12. Einen Schwerpunkt bilden **praktische Hinweise**. Wo immer möglich ist deren Sinn erklärt, anstatt nur Befehle und Verbote zusammenzustellen. Selten greift der Text kurz ins Grundsätzliche aus.   **13**

Immer wieder finden sich **„taktische" Empfehlungen** etwa dazu, wie man dem Leser die Lektüre erleichtert. Wer an einer Massenuniversität studiert, an der massenhaft Scheine geschrieben werden, muss oft um die knappe Ressource Aufmerksamkeit kämpfen.

Weil Themenarbeiten in aller Regel als Prüfungen geschrieben und deshalb auch bewertet und benotet werden, hat man als Verfasser meist nicht nur das Interesse, die Wissenschaft voranzubringen, sondern möchte auch gern eine gute Note bekommen. Diese Anleitung versucht immer wieder, ihre Benutzer auf die Erwartungen der Leser hinzuweisen[19]. Ob Sie diese Erwartungen erfüllen oder enttäuschen, entscheiden Sie natürlich selbst.

13. Fast alle in den Fußnoten angegebenen Links haben wir durch **Kurzlinks** ersetzt[20], die in einem gedruckten Buch die Übernahme in eine Adresszeile im Browser erleichtern. Folgt man diesen Kurzlinks, wird man auf die eigentliche URL der zitierten Webseite umgeleitet. Wir haben zudem parallel zu diesem Buch ein Wiki „Juristische Themenarbeiten" angefangen[21], das vor allem aus einer systematisierten und kommentierten Linkliste besteht, in welcher unter anderem die meisten der im Buch angegebenen Links wiederzufinden sind.   **14**

14. In diesem Text steckt viel Arbeit. Deshalb haben wir zwei Bitten an die Leser: Wenn etwas Wichtiges fehlt oder ungenau oder falsch ist, **schreiben** Sie uns bitte eine E-Mail[22]. Wenn das Buch Ihnen zusagt, **kaufen** Sie es einfach, anstatt es zu fotokopieren. Zur Not suchen Sie es im Juristischen Seminar. Danke!   **15**

---

19 Das ist keine Ermutigung zu opportunistischem Verhalten (viele Juristen müsste man eher zum Gegenteil ermutigen …), sondern der notwendige Hinweis darauf, dass Prüfungen kommunikative Akte sind – und zwar asymmetrische. Wer geprüft wird, achte also darauf, dass die Kommunikation nicht völlig fehlschlägt.

20 Und folgen damit unserer eigenen Empfehlung, s. Rn. 141.

21 Zu finden unter t1p.de/wikiJT.

22 An basak@jur.uni-frankfurt.de oder reiss@jur.uni-frankfurt.de oder schimmel@fb3.fra-uas.de.

B. Allgemeiner Teil

16 Dieser Abschnitt enthält, was für fast alle juristischen Themenarbeiten gilt. Besonderheiten von Seminararbeiten, Scheinhausarbeiten und -klausuren beschreibt der Besondere Teil[23].

17 Wie man beim Abfassen einer Themenarbeit vorzugehen hat, ist nicht standardisierbar. Aber es gibt eine Reihe von bewährten Vorschlägen. Diese zu beachten ist teils freiwillig, teils zweckmäßig und manchmal zwingend. Letzteres ergibt sich aus den Anforderungen an die Wissenschaftlichkeit des Ergebnisses und damit auch des Vorgehens. Deswegen wird hier zunächst Allgemeingültiges hinsichtlich Arbeitstechnik, Herangehensweise, Wissenschaftlichkeit etc. dargelegt werden, bevor anhand eines „Standardaufbaus" inhaltliche Tipps folgen.

I. Arbeitstechnik

18 Letztlich muss jeder selbst den für sich richtigen Weg von der Aufgabe zur überzeugenden Ausarbeitung finden. Trotzdem lohnt es sich erfahrungsgemäß, die einzelnen Arbeitsschritte zu überlegen und das Vorgehen zu optimieren. Der folgende Abschnitt gibt Empfehlungen dazu.

19 Eine wichtige Kleinigkeit vorab: Themenarbeiten können anstrengend werden, sowohl inhaltlich als auch organisatorisch. Es hilft, wenn man mit einer positiven Haltung an sie herangeht: neugierig, interessiert, optimistisch, ehrgeizig. Die kleinen Rückschläge des Alltags verkraften sich damit leichter. Wie man sich eine solche Haltung aneignet, ist schwer zu sagen. Manchmal genügt aber schon der Vorsatz.

1. Organisatorisches; Zeitplan etc.

20 Über eine sinnvolle zeitliche Planung der Arbeit an einer Themenarbeit soll nur kurz gesprochen werden. Anleitungen, Empfehlungen und Zeitpläne finden Sie überall in der Kochbuchliteratur[24] – das braucht keine Wiederholung.

Der Themenkreis Planung/Organisation ist nicht zuletzt deswegen ausgespart, weil die eine Hälfte der einschlägigen Hinweise banal ist, die andere dagegen schon wieder so umfangreich zu werden droht, dass man ganze Bücher damit füllen kann[25]. Eines noch vorab: Menschen sind verschieden; sie arbeiten unterschiedlich. Wichtiger als eine ganze Liste guter Ratschläge von anderen Leuten ist es deshalb, sich selbst einmal Rechenschaft zu legen (am besten: schriftlich) über eigene Stärken und Schwächen beim Referateschreiben. Wer die kennt und ehrlich damit umgeht, hat Dreiviertel der Arbeitsorganisation schon erledigt.

Beispiel: Manche Menschen schaffen es, ein Thema erst sauber zu gliedern und dann von vorn nach hinten abzuarbeiten, wie ein Wurm sich durch einen Apfel frisst. Die meisten Menschen ändern unterwegs die Gliederung, bilden thematische Lektürehäufchen, arbeiten mal an diesem, mal an jenem Unter-

---

23 Unten Rn. 545 ff.
24 Etwa *Lange*, Jurastudium; *Kosman/Kling/Richarz*, Hausarbeiten; *Hugenschmidt*, Studier- und Arbeitstechniken; *Klaner*, Lernen; *ders.*, Hausarbeiten; *Haft*, Einführung; *Theisen*, Wissenschaftliches Arbeiten, 5 ff.; lesenswert *Zimmermann*, t1p.de/hl8e; *Schaub*, ZJS 2009, 637 ff.
25 Erfahrungsgemäß lernt der Mensch in dieser Hinsicht am leichtesten aus Fehlern. Und wer im Studium an den Punkt gelangt ist, an dem Themenarbeiten auf dem Programm stehen, hat hoffentlich die Fehler und die Lernerfahrungen beim kleinen Schein im Strafrecht schon hinter sich gebracht.

aspekt – und bringen das Ganze nicht ohne Mühe erst zum Schluss in eine verständliche Form. Wenn man weiß, dass man zur letztgenannten Gruppe gehört, kann man sich die chaotische Arbeitsweise selbst verzeihen – und mit ein bisschen Disziplin trotzdem strukturieren.

Hier also nur ein paar Anregungen: Begreifen Sie gerade Themenarbeiten[26] als Beispiel für **Projekte**. In fast jeder juristisch geprägten beruflichen Laufbahn werden Sie auf diese oder jene Art Projekte zu bearbeiten haben, also Vorhaben mit einem beschreibbaren Ziel, begrenzten Ressourcen und der Ihnen zufallenden Verantwortung, mit eben diesen Ressourcen das Ziel zu erreichen.[27] Bei einer Themenarbeit lässt sich das Ziel recht einfach erfassen: Abgabe eines Texts im verlangten Umfang mit möglichst großem Prüfungserfolg. Die Ressourcen bestehen aus Ihrem Verstand, Ihrer Arbeitszeit, der technischen Ausstattung und einer noch nicht im Einzelnen absehbaren Zahl von Quellentexten, die Sie heranziehen müssen, um nicht nur eine eigene gute Idee vorweisen zu können, sondern auch eine vernünftige Übersicht über den Meinungsstand zu Ihrem Thema zusammenzustellen. Hinzu kommt in beschränktem Maß fremde Arbeitskraft, die Sie nach Maßgabe der Prüfungsordnung für Hilfsarbeiten einsetzen können: Kopieren, Gegenlesen, Prüfen der Vollständigkeit der Quellenauswertung etc. Wie Sie mit diesen Ressourcen umgehen, können Sie dem Zufall überlassen oder präzise planen. Das ist zu einem guten Teil eine Charakterfrage. Aber Sie können immer einen Ertrag für die Zukunft daraus ziehen, dass Sie sich gelegentlich ein paar Fragen vorlegen wie: Warum ist es mit der Bearbeitung am Ende zeitlich so stressig geworden? Wie konnte es geschehen, dass die Vorbereitung des mündlichen Vortrags ganz chaotisch verlaufen ist? Warum habe ich eine einschlägige Monographie zum Thema übersehen? Woher kamen die Kopfschmerzen beim Arbeiten am heimischen Schreibtisch? Mit an Sicherheit grenzender Wahrscheinlichkeit werden Ihnen die Antworten auf diese Fragen ein paar interessante Erkenntnisse jenseits Ihres eigentlichen Themas liefern. Voraussetzung dafür ist die Bereitschaft, aus Fehlern zu lernen – und Fehler überhaupt erst einmal als Fehler zu identifizieren. Dafür brauchen Sie nur ein Blatt Papier, auf das Sie Ihre Erkenntnisse zur späteren Verwertung notieren. Das kann übrigens sehr hilfreich sein, wenn Sie in der Sache selbst „feststecken". Nehmen Sie sich dann ein wenig Zeit und betrachten Sie Ihre Arbeit als Projekt, bei dem vieles gut funktioniert und einiges schlecht läuft. Sie kommen gewiss mit einigen neuen Erkenntnissen über Ihre Präferenzen, Stärken und Schwächen aus dieser Pause zurück[28].

Wenn es zu schaffen ist, stellen Sie Ihre Ausarbeitung so zeitig fertig, dass Sie sie eine Weile liegen lassen können, bevor der Abgabetermin kommt. Es ist verblüffend, welche inhaltlichen und äußeren Verbesserungen ein Text erfährt, wenn man ihn nur zwei Wochen beiseitelegt, bevor man ihn abschließend redigiert. Probieren Sie das mal an einer alten Hausarbeit aus der Anfängerübung!

Wie viel Zeit das ganze Vorhaben in Anspruch nimmt, hängt nicht zuletzt ab von Ihrer Disziplin und Konzentration, Ihrem Vorwissen, Talent und Ehrgeiz. Über diese Faktoren sollten Sie sich vor Beginn der Arbeit einmal kaltblütig Rechenschaft ablegen. Die schlimmsten Katastrophen[29] lassen sich schon vermeiden, wenn man aus den dabei gewonnenen Erkenntnissen die Konsequenzen zieht.
Nicht selten brauchen Sie die volle Ihnen von der Prüfungsordnung zugestandene Zeit. Was Sie nämlich mit ein wenig Herzblut in Angriff nehmen, dauert länger als zunächst gedacht – fast immer. Man sollte

---

26 Gleiches gilt gewiss auch für Fallbearbeitungen, aber in Themenarbeiten wird es vielleicht noch deutlicher.

27 Man kann das auch so weit formalisieren, dass man Methoden aus dem professionellen Projektmanagement für Studienarbeiten anpasst, angefangen von der Verwendung entsprechender Software (informativ dazu die Seite „Projektmanagementsoftware" in der deutschen Wikipedia, Bearbeitungsstand: 16. April 2017, t1p.de/2qi9 (Abgerufen: 30. Mai 2017, Freeware zum Ausprobieren z.B. unter t1p.de/2974) bis hin zur ernsthaften Beschäftigung z.B. mit agilen Methoden für das Studium (siehe etwa *Chun*, Lecture Notes in Computer Science – Advances in Web-Based Learning Vol. 3142/2004, S. 11 ff., zugänglich unter t1p.de/ct0k; oder die Seite t1p.de/waxx).

28 Das funktioniert aber nur, wenn Sie überhaupt die Zeit für eine Pause haben. Wenn die nicht eingeplant ist, war Ihr Plan schlecht – oder Sie hatten keinen. Auch daraus kann man lernen, allerdings oft schmerzhaft.

29 Die Erfahrung echter (!) Terminpanik muss wohl jeder ein- oder zweimal im Studium aushalten. Aber nirgends steht geschrieben, dass das bei einer examensnotenrelevanten Arbeit geschehen muss.

möglichst am Stück arbeiten, weil die Wiedereinarbeitung nach längeren Pausen Zeit und Nerven kostet. Natürlich sind Pausen an Wochenenden sinnvoll (und bei langen Bearbeitungszeiten vielleicht nicht nur am Wochenende) und teils nötig. Man sollte Pausen dann aber auch nutzen, um im produktiven-kritischen Sinne Abstand zu gewinnen. Wie bei allen Prüfungsarbeiten gilt: Am besten nimmt man keinen Urlaub zwischendrin und vermeidet Erwerbsarbeit, so gut es geht.

23 Auch **Unterbrechungen von außen** muss man kanalisieren und reduzieren. Selbst gesetzte Pausen sind meist erholsamer als die hochwillkommenen Anrufe von Freunden und Geschäftspartnern, und soziale Netzwerke sind während der Arbeit an Prüfungsleistungen Zeitfresser erster Güte. Ohne die Betriebsblindheit der alltäglichen Befassung gelingt eine gute Schwerpunktsetzung viel leichter, und auch inhaltlich gewinnt eine Argumentation, wenn Sie diese mit ein wenig Abstand noch einmal selbstkritisch überprüfen. Das bedeutet: Wuchern Sie mit den Stärken Ihrer Ausarbeitung, wenn Sie sie erkannt haben[30]! Wenn es nur eine Stärke ist – auch gut. Man muss sie aber eben erst einmal identifizieren.

Vielleicht ist es eine einzige gute Idee, die auf etliche unterschiedliche Situationen anwendbar ist, vielleicht die Zusammenschau des zuvor nicht in Zusammenhang Gebrachten, vielleicht die begrifflich besonders exakte Herausarbeitung eines neuen Problems noch ganz ohne Lösung. Vielleicht haben Sie auch „nur" entlegenes Schrifttum zu einem Problem gründlich bibliographiert und so dem Leser den Weg zu interessanten Lösungsansätzen in einer fremden Rechtsordnung gezeigt. Man kann die möglichen Stärken einer Themenarbeit wohl nicht abschließend aufzählen, aber ein paar Anhaltspunkte finden Sie hier im Text[31].

Zuletzt zwei Regeln, die man nicht ernst genug nehmen kann:
1. sofort anfangen,
2. erst aufhören, wenn man selbst mit dem Ergebnis zufrieden ist.

24 **Exkurs Kosten:** Im Wesentlichen kostet Sie eine solche Arbeit Zeit. Geld spielt dagegen allenfalls eine Nebenrolle. Wie bei einem Gutachten auch brauchen Sie ein kleines Budget für Fotokopien und die Herstellung des abzugebenden Exemplars. Auch eine kostenpflichtige Fernleihe kann einmal erforderlich werden. Aber niemand erwartet von Ihnen, dass Sie Reisen in entfernte Bibliotheken, Archive oder dergleichen unternehmen oder schwer verfügbar Spezialliteratur auf eigene Kosten anschaffen[32].

25 **Korrekturlesen:** Am Ende sollte unbedingt ein Korrekturleselauf stehen, den Sie am besten nicht allein selbst unternehmen. Etliche Fehler finden weder die Rechtschreibprüfung Ihrer Textverarbeitungssoftware[33] noch Sie selbst – Sie sind nämlich längst betriebsblind.

Beispiele: Die subtilen Unterschiede zwischen *den Vorstand entlasten* und *den Verstand entlassen*, zwischen *Käfer* und *Käufer*, *Krakenwagen* und *Krankenwagen*, *Sensoren* und *Senioren*, *einrichten* und

---

30 Das klingt trivial, ist es aber nicht. Gerade wenn mehrere Korrektoren Noten geben, ist es gut für Sie, dem Ihnen Gewogenen starke Argumente an die Hand zu geben, um den anderen zu überzeugen, eine gute Note trotz der Schwächen zu geben.
31 Insbesondere Rn. 539 ff.
32 Immerhin: *Theisen*, Wissenschaftliches Arbeiten, 21, setzt für eine Bachelorarbeit in einer Musterrechnung € 280,– an.
33 Allerdings drängt sich der Eindruck auf, dass viele Bearbeiter von Prüfungsarbeiten noch nicht einmal die Rechtschreibprüfung benutzen. Es ist ganz einfach: In MS Word etwa muss man nur die F7-Taste drücken (aber vorher speichern, die Rechtschreibprüfung läuft nicht immer stabil). Wer etwas Geduld aufbringt, wird mit der Grammatikprüfung Fehler aufdecken. Deren Erkennungsgenauigkeit kommt aber immer noch nicht an die der Rechtschreibprüfung heran.

hinrichten, Ratte und *Tratte, Wüste* und *Küste, geeignet* und *geeinigt, Verbrecher* und *Verbraucher, Mitspieler* und *Mietspieler*[34], *Ernte* und *Rente, Industriebranche* und *Industriebrache, Pedant* und *Pendant, Staatsbürgschaft* und *Staatsbürgerschaft, Motor* und *Moor, Nachsicht* und *Nahsicht, bereuen, betreuen, beteuern, besteuern* und *beisteuern, betont* und *Beton* können beim Leser je nach Zusammenhang und Stimmung zu amüsiertem Kopfwackeln oder schwerer Irritation führen. Es ist ein Unterschied, ob ein neues Gesetz mit *allen* oder mit *alten rechtsstaatlichen Traditionen* bricht.

Bestenfalls gewinnen Sie zwei Leute für das Korrekturlesen: Jemanden mit Fachkenntnissen, dem die inhaltlichen Fehler auffallen, und jemanden juristisch nicht Verbildetes, der Sie auf die schlimmsten Auswüchse sprachlichen Unsinns hinweist, die Juristen zu produzieren so gut beherrschen.   **26**

Beispiel: *Die Ausreden sind meist immer kläglich*[35]. – Dass *meist* und *immer* sich ausschließen und nur aufgrund eines Versehens des Verfassers hintereinander im gleichen Satz stehen, hätte beim Korrekturlesen auffallen müssen.

Einer von den beiden kann auf die Kleinigkeiten achten, für die Ihnen am Ende einer langen Nacht der Korrekturen einfach die Aufmerksamkeit fehlt.

Beispiel: Auch nach dem Silbentrennlauf sollte man noch einmal nachsehen, ob falsche oder missverständliche Trennungen übriggeblieben sind, etwa *elektro-nischen.*

Versprechen Sie Sekt, Pralinen, Essenseinladungen oder was Ihnen sonst einfällt, denn für die Mühe des Korrekturlesens ist jedenfalls eine Aufmerksamkeit fällig[36].

2. Themenanalyse und Stoffsammlung

Vor dem Schreiben steht das Denken. Dessen Ausgangspunkt ist das vorgegebene Thema. Hier unterscheiden sich Themenarbeiten nicht von juristischen Gutachten. Auch Themenarbeiten geben einen Rahmen vor[37], den es zunächst gedanklich zu erfassen gilt. Allerdings ist dieser Rahmen oft weiter als bei einem Gutachten und kaum durch dogmatische Schemata vorgeformt.   **27**

a) Themenanalyse

Die Arbeit beginnt mit dem genauen Erfassen der Aufgabe. Manchmal benötigen Sie dafür keine besondere Technik, da die Aufgabe so eindeutig ist, dass Ihr Wissensstand zum Erkennen der Anforderungen ohne weiteres ausreicht.   **28**

Solche Aufgaben beschränken sich regelmäßig auf eine einzelne Anweisung, die thematisch klar zugeordnet werden kann. Das ist im Regelfall bei reinen Wissensfragen anzutreffen.

Beispiel: *Skizzieren Sie die Entstehung des Grundgesetzes!*

Allerdings sollte man auch solche Aufgaben nicht unterschätzen. Auf den ersten Blick geht es wohl um eine (rechts-)historische Rekonstruktion der Geschehnisse, die zum Inkrafttreten des Grundgesetzes führten. Das lässt aber noch einige Fragen offen und Raum zum Differenzieren: Soll es um ein Nachzeichnen der inhaltlichen Debatten zu den einzelnen Regelungen gehen; um eine plausible Darstellung   **29**

---

34 *BGH* v. 3.4.2008, III ZR 190/07, Rn. 23 – im Abdruck NJW 2008, 2026, 2028 redaktionell korrigiert.
35 *Derleder*, NJW 2007, 1112, 1113.
36 Einige Hinweise zu diesen Polierarbeiten am Ende unten Rn. 718 ff.
37 Ist das Thema nicht vorgegeben, muss man es sich selbst suchen; dazu Rn. 684 ff.

des politischen Kontextes, in dem eine Verfassung für die drei westlichen Besatzungszonen in Deutschland ohne Einbeziehung der sowjetischen Zone durchgesetzt wurde; oder vielleicht um die Weiterentwicklungen des Grundgesetzes bis heute, insbesondere um die verfassungsrechtliche Seite der Wiedervereinigung Deutschlands 1990? Einfach aussehende Aufgaben offenbaren ihre Schwierigkeiten oft erst auf den zweiten Blick – und wenn sie das dann immer noch nicht tun, sollten Sie sich misstrauisch fragen, ob Sie nicht doch etwas übersehen haben.

30 Ein erster Anhaltspunkt für die Eingrenzung des Themas ist häufig das **Gesamtthema** der Veranstaltung, in deren Rahmen die Aufgabe gestellt wird. Selbst der **Schwerpunktbereich**, dem die Veranstaltung meist zugeordnet ist, gibt eine grobe Richtung vor. Dies kann gerade bei Seminaren noch dadurch verfeinert werden, dass man das Verhältnis des eigenen Themas zu den anderen Seminararbeiten in die Überlegungen einbezieht. Sehr deutlich wird es, wenn die Veranstalter Listen mit Einstiegsliteratur vorgeben. Diese sollten immer genutzt werden. Danach müsste recht klar sein, was das häufig nur aus einer Überschrift bestehende Thema bedeuten soll.

31 Für alle, denen die Sektion einer Themenaufgabe nicht leicht von der Hand geht, empfiehlt es sich, die zu bearbeitende Aufgabe zunächst schematisch zu erfassen. Ein Weg liegt in der bewährten – aus dem Deutschunterricht vielleicht noch bekannten – Strukturierung nach (1) **Feststellen des Satzgerüsts**, (2) **Ermitteln der tragenden Begriffe** und (3) **Stellen der Kernfrage(n)**[38].

Beispiel: Der polnische Präsident hat sich kürzlich in einer europaweit scharf kritisierten Aussage für die Wiedereinführung der Todesstrafe für bestimmte Straftaten (u.a. für Sexualmorde an Kindern) ausgesprochen. Erläutern Sie die Kritik aus europarechtlicher Perspektive!

32 Um das Satzgerüst herauszukristallisieren, muss man nur die drei Grundelemente eines Satzes suchen, also: Subjekt, Prädikat, Objekt.

Satzgerüst: Der polnische Präsident (Subjekt) hat sich (Prädikat) kürzlich in einer europaweit scharf kritisierten Aussage für die Wiedereinführung der Todesstrafe (Objekt) für bestimmte Straftaten (u.a. für Sexualmorde an Kindern) ausgesprochen (Prädikat). Erläutern Sie die Kritik aus europarechtlicher Perspektive!

33 Die daraus gewonnenen Erkenntnisse sind noch nicht beeindruckend. Daher sind nun in einem nächsten Schritt die tragenden Begriffe herauszufiltern, also die weiteren Informationen, die dem Thema erst die Brisanz geben.

Tragende Begriffe: Der polnische Präsident hat sich kürzlich in einer europaweit scharf kritisierten Aussage für die Wiedereinführung der Todesstrafe für bestimmte Straftaten (u.a. für Sexualmorde an Kindern) ausgesprochen. Erläutern Sie die Kritik aus europarechtlicher Perspektive!

34 Aus diesen weiteren Informationen lassen sich Einzelbereiche bilden, die vom Bearbeiter abzudecken sind, nämlich:

(1) europaweit/europarechtlich – Gibt es eine einheitliche europäische Idee bestimmter Menschenrechte? Geht es (nur) um das Recht der EU oder (auch) um die EMRK?; (2) polnisch – Hat sich Polen zur Achtung dieser Rechte verpflichtet?; (3) bestimmte Straftaten, Sexualverbrechen an Kindern – Gibt es Straftaten, die nur mit der Todesstrafe gesühnt werden können und für die Ausnahmen vorgesehen sein müssen? Wo liegt die Grenze?

---

38 Dazu *Brendel/Bruckmoser*, Prüfungsfach.

Daraus lässt sich schließlich die Kernfrage ableiten, der der Bearbeiter nachzugehen hat: **35**

Ist die Wiedereinführung der Todesstrafe mit europäischem Recht vereinbar?

Besteht allerdings die Aufgabe nur aus einer Überschrift von drei bis acht Wörtern, wird **36**
auch nach Ausschöpfen aller vorgenannten Möglichkeiten häufig nicht eine eindeutige
Eingrenzung übrig bleiben, sondern immer noch ein weites Feld an Möglichkeiten, wo
Sie Schwerpunkte setzen und vertiefen könnten und was Sie gar nicht bearbeiten oder
nur anreißen wollen. In diesem Feld haben Sie im Unterschied zum Gutachten bei einer
Themenarbeit **relativ große Freiheiten**. Das kann die Chance sein, eigene Interessen zu
verfolgen, birgt aber auch das Risiko, nicht die Erwartungen der Veranstalter zu treffen.

b) Arbeitshypothese

Wenn Sie eine erste Vorstellung davon gewonnen haben, worum es in Ihrer Arbeit gehen **37**
könnte, ist es für jeden weiteren Schritt hilfreich, ein Ziel vor Augen zu haben. Sonst
besteht die Gefahr viel zu ausufernder und nutzloser Recherche und letztlich im
schlimmsten Fall einer nicht hinreichend zielgerichteten Bearbeitung. Diese erste Idee
davon, worauf die eigene Arbeit hinauslaufen soll, erkläre man zur **Arbeitshypothese**,
deren Überprüfung dann die weitere Arbeit am Thema dient. So gibt es für alle kommende Lesearbeit einen Anknüpfungspunkt sowie die Möglichkeit, zumindest vorläufig
nach Relevanz zu sortieren. Sie können sich selbst soweit vertrauen, dass die erste Idee
in der Stoßrichtung und beim möglichen Ergebnis der Arbeit meistens zumindest tendenziell richtig liegt, denn sowohl Ihr gesunder Menschenverstand als auch Ihre schon
vorhandene juristische Vorbildung bringen Sie mit wenigen Ausnahmen unmittelbar auf
einen für Sie auch am Ende noch richtigen Weg.[39]

Es ist sinnvoll, diese erste Hypothese aufzuschreiben, sie bleibt so wesentlich präsenter und bildet
gleichzeitig die Keimzelle für die anstehende Gedankensammlung. Wichtig ist allerdings bei früh formulierten Hypothesen: Sie können sich als falsch oder zumindest ungenau oder unzureichend erweisen.
Sie sind also vorläufig und revisibel. Beim Lesen kann sich eine andere Zielrichtung oder Gewichtung
als sinnvoller herausstellen. Dennoch hilft auch ein zunächst nicht ganz richtiges Ziel, die kommenden
Schritte zu strukturieren.

Schon in dieser frühen Phase gilt: **Nehmen Sie Hilfe in Anspruch**, soweit das zulässig **38**
ist! Vor allem empfiehlt es sich, entweder dem Veranstalter selbst oder (häufiger) dessen
Mitarbeitern die eigenen Ideen zu einer möglichen Richtung der Arbeit vorzustellen und
abzufragen, ob sie sich mit den Erwartungen decken. Sollte das nicht der Fall sein, spart
man so viel unnütze Arbeit. Die wird nur nötig, wenn man zu spät erfährt, dass vielleicht
doch etwas ganz anderes gemeint war und die bisherigen Arbeiten ins Leere gehen. Zudem gibt ein solches Gespräch erfahrungsgemäß viele Anstöße für die weitere Bearbeitung. Es lohnt sich, diesen Input früh abzufragen – vorausgesetzt, man weiß selbst
schon, wovon man spricht. Wenn Sie aber davon ausgehen, dass – wenn dies nicht von
einer Studienordnung untersagt wird – jeder Betreuer einer Arbeit im Zweifelsfall sehr
wohlwollend mit Nachfragen des Typus „Ich wollte in meiner Arbeit aus folgenden

---

39 Ob man für diese Mischung aus vorhandenem Wissen und eigenen Neigungen, Wertungen und Werten Begriffe
wie „Vorverständnis" oder „Judiz" verwendet, spielt keine Rolle. Vorhanden ist es bei jedem, die Zielsicherheit
unterscheidet sich allerdings graduell.

Gründen auf dieses Ergebnis zielen: …" umgeht, liegen Sie in der Regel richtig, also trauen Sie sich ruhig, gerade bei Seminararbeiten das (informierte) Gespräch zu suchen.

c) Gedankensammlung und Gedankenordnung

39 Festzustellen, worum es geht, ist allerdings nur der erste Schritt zum Abfassen einer gefälligen Abhandlung. Die eigentliche Arbeit fängt jetzt erst an: Es gilt, die eigenen Gedanken zu dem Thema aufzustöbern, festzuhalten und in eine nachvollziehbare Ordnung zu bringen. Die erforderlichen Fähigkeiten muss man sich antrainieren und verfeinern – und zwar jeder so, wie er es benötigt.

40 Es gibt eine ganze Reihe moderner Techniken der Konzeption und Gedankendisziplinierung.[40] Etabliert sind das **Brainstorming**, das **Brainwriting**, das **Mindmapping**[41] und das **Clustering**[42]. Mittlerweile gibt es dazu so viele Anleitungsbücher und Software[43], dass sich hier alle auch nur ergänzenden Hinweise verbieten. Wer sich ernsthaft damit befassen will, sollte dafür ein wenig Zeit einplanen. Denn auch wenn Sie routiniert mehrdimensionale mind maps zeichnen können, müssen Sie aus deren vielfältigen Kreuz-und-quer-Verknüpfungen am Ende doch einen linear strukturierten Text herausdestillieren. Diese Reduktion von Komplexität verlangt Übung.

Das ist keine Warnung vor Mindmapping. Im Gegenteil: Je unklarer und vielfältiger der Gegenstand ist und je länger Ihr Text werden darf, desto besser ist eine solche Technik geeignet, das wolkenhaft-assoziativ-dynamisch-veränderliche Prozesshafte des Überlegens und Strukturierens einzufangen. Zudem kann man, wenn man den Rechner nutzt, über den Export in eine Textverarbeitung einen frühen Gliederungsentwurf erzeugen, aus dem sich sehr schnell auch ein erster eigener Text entwickeln lässt. Aber für eine Ausarbeitung von 20 Seiten mit einigermaßen klarem Thema tut es auch eine Textverarbeitungsdatei mit Notizen, Überschriftenideen, Textfragmenten usw., die Sie wie einen Notizzettel täglich neu zur Hand nehmen und so lange überarbeiten, bis sie am Ende ein Referat ist.

41 Weiterführende Hilfe bieten zudem die Bücher über **kreatives Schreiben**[44], besonders in der Wissenschaft[45], und allgemein über Kreativitätstechniken[46]. Unabhängig davon, ob Sie sich mit deren Gegenstand ausführlicher befassen wollen oder nicht, gibt es ein paar Empfehlungen für den Anfang:
Sinnvoll wird es meist sein, zuerst möglichst viele Ideen zu sammeln. Im Lauf einer längeren Auseinandersetzung mit dem Thema wird man leicht betriebsblind. Die selbst aufgesetzten Scheuklappen verhindern mehr und mehr, dass originelle Ideen überhaupt noch als solche identifiziert werden. Umso mehr muss man am Anfang möglichst viele notieren, vielleicht geradezu auf die Suche gehen. Die unbrauchbaren wirft man dann

---

40 Siehe dazu auch *Niedostadek*, Legal Tribune Online vom 17.3.2015, zugänglich unter t1p.de/ug4j.
41 Einführungen bei *Matzky*, JA 2003, 398 ff.; Marktübersicht bei *ders.*, JA 2004, 167 ff.; grundlegend *Buzan/Buzan*, Mind-Map-Buch; juristische Anwendungen: *Sauerwald*, Mind mapping für Anwälte; *ders.*, Mind Mapping in Jurastudium und Referendariat; kurz *Eipper*, Sehen – erkennen – wissen; fertige juristische mind maps z.B. unter t1p.de/3qgz; t1p.de/hdyv; t1p.de/seor; t1p.de/i7sg.
42 Dazu *Hans*, JuS 2004, 18 ff.
43 Es gibt etliche Software-Produkte, am bekanntesten vielleicht derzeit MindManager, frei verfügbar wäre etwa FreeMind; eine aktuelle Übersicht zu den Freeware-Programmen findet man in der englischsprachigen Wikipedia.
44 *Brandt*, Schreiben; *Kruse*, Keine Angst; *ders.*, Lesen und Schreiben; *Meyer-Grashorn*, Spinnen.
45 *Esselborn-Krumbiegel*, Idee; *dies.*, Schreiben; *Bünting/Bitterlich/Pospiech*, Schreiben; *Rehork*, Kreatives Schreiben; *Tieger* (Hrsg.), Schreiben lernen; *von Werder*, Kreatives Schreiben.
46 Z.B. *Kneiß*, Kreativitätstechniken; *Noack*, Kreativitätstechniken.

schon irgendwann raus. Und die brauchbaren, die sich in den Gedankenfaden nicht so recht einbinden lassen, genauso. Aber beim Rauswerfen wird man sich darüber klar, was warum zum Thema gehört und was nicht. Das erleichtert es in der Endfassung, zu begründen, warum man vorgegangen ist, wie man vorgegangen ist.

Die meisten Ideen werden Sie in dieser frühen Phase der Bearbeitung eines Themas selbst einbringen – und so soll das auch sein. Gleichwohl kommen gar nicht so selten gute Vorschläge (oder eben einige Gedanken, die Ihre Konzeption erst richtig abrunden) von **anderen Leuten**. Das können Fachkollegen sein oder Freunde, die sich für juristische Fragen eigentlich gar nicht interessieren. Wer Mitmenschen mit Grips kennt, die noch dazu bereit sind, sich für eine halbe Stunde auf Ihr Problem einzulassen, kann das ruhig nutzen[47]. Sowohl höflichkeits- als auch effizienzhalber ist aber dringend zu empfehlen, zuvor Struktur in die eigenen Gedanken zu bringen. Erlegen Sie sich zwei Anforderungen auf: Erarbeiten Sie eine kurze Einführung in Ihr Thema, die Sie in maximal fünf Minuten flüssig vortragen können. Und denken Sie sich eine Handvoll gezielter Fragen aus, die Sie stellen, wenn die allgemeine Frage *Was meinst Du dazu?* keine Ergebnisse (mehr) hervorbringt. **42**

Gelegentlich hilft auch die Frage nach der eigenen **subjektiven Betroffenheit**. Im Allgemeinen wird aus rechtswissenschaftlichen Betrachtungen die Person des Verfassers absichtlich ausgeklammert. Das ist Teil des (vielleicht vergeblichen) Strebens nach Objektivität. Gleichwohl kann man eine Frage auch dadurch in den Griff zu bekommen versuchen, dass man sich Rechenschaft darüber ablegt, wie man selbst zu dem Thema steht, warum man es interessant findet, was es mit der eigenen Biographie zu tun hat usw. Selbst wenn von diesen Überlegungen nichts im späteren Text auftaucht – sie klären den eigenen Standpunkt. **43**

Ein vorgegebenes Thema kann man sich erschließen, indem man es **variiert**: Man notiert fünf oder zehn Umschreibungen des Themas, die man etwa durch Einsetzen von Synonymen für die einzelnen sinntragenden Wörter herstellt[48]. Schon beim Vergleich dieser Variationen mit dem Ausgangsthema zeigt sich oft klarer, was gemeint ist und was nicht. Dieses Vorgehen hilft nicht nur bei der inhaltlichen Abgrenzung, sondern bringt meist auch schon ein paar Unteraspekte des Themas zutage, auf die in der Ausarbeitung einzugehen sein wird. Es funktioniert umso besser, je mehr man sich in dem jeweiligen Wissensgebiet schon zu Hause fühlt. **44**

Wer nicht gleich ganze Bücher über Arbeits- und Kreativitätstechniken lesen will und trotzdem anfangs noch ein bisschen unbeholfen an das Thema herangeht, kann es auch mal mit dem Simpelsten von allem versuchen: **Fragen stellen**. Das wirkt oft sehr erhellend. Man notiert alle Fragen auf einem (elektronischen) Notizblock. Die ersten sind oft recht pauschal, nicht ganz fokussiert, zu laienhaft und nicht immer zielführend. Später werden sie präziser. Wer mit ein paar Fragen in die Bibliothek aufbricht, hat immerhin ein Arbeitsprogramm. Und aus fast jeder Antwort ergeben sich neue Fragen. Am Ende hat man dann übrigens auch eine recht schöne Übersicht darüber, welche Fragen man beantworten kann und welche man offenlassen muss. Man kann sogar halbwegs gut sagen, wann man in einem Thema wirklich „drin" ist: wenn die selbstgestellten Fragen so speziell sind, dass man sie anderen Leuten nur noch mit großer Mühe erklären kann. Überraschend gut funktioniert das auch, wenn man gerade überhaupt keine Lust hat oder insgesamt keinen Zugang zum Thema zu finden glaubt. Probieren Sie es aus. Und vielleicht ist die Bereitschaft, Fragen zu stellen (und Antworten zu suchen oder zuzugeben, dass man keine Antworten hat), überhaupt eine gute wissenschaftliche Haltung. **45**

Die verschärfte Form des Fragenstellens besteht übrigens im Stellen der **Warum-Frage**. Was dreijährige Kinder können, können Sie auch: zehnmal hintereinander *Warum?* fragen. Manchmal fördert man **46**

---

47 Gerade die irritierten Fragen von Nichtjuristen tragen oft dazu bei, Ihre Überlegungen in einem willkommenen Sinne zu erden.

48 Das ist manchmal überraschend wirkungsvoll, auch wenn es sich ganz simpel anhört. Im Grunde ähnelt diese Technik dem, was Sie tun, wenn Sie einen Schlüssel in ein Schloss stecken: Sie wackeln ein bisschen herum – und auf einmal schließt er auf. Bei Termini technici sollte man aber auf fachlich korrekten Gebrauch achten.

nur Banales zutage. Aber mindestens genauso oft vervollständigt man so einen Gedankengang, den man bis dahin nur bruchstückhaft im Kopf hatte. Günstigstenfalls fällt Ihnen ein vorher noch nicht thematisierter Schritt in einer Argumentationskette auf, über den Sie näher nachdenken müssen. Und der rote Faden wird immer deutlicher.

Beispiel: *<Problem> wird in der Rechtswissenschaft bislang noch kaum thematisiert.* Warum? *Es gibt praktisch noch keine Gerichtsentscheidungen* (und Gerichtsentscheidungen sind ein klassischer Indikator dafür, welche sozialen Probleme wirklich wichtig sind[49]). Warum? *Der Konflikt wird von den Beteiligten nicht vor die Gerichte getragen.* Warum? *Die Kosten der gerichtlichen Konfliktbereinigung erscheinen den Parteien zu hoch.* Oder: *Gerichtliche Urteile lösen das Problem nicht (vollständig).* Warum?

Besonders bei zunächst unzugänglich wirkenden Themen – oft sind das die, die man sich nicht selbst hat aussuchen können – kann diese Frage bei der inhaltlichen Erschließung enorm weiterhelfen. Man darf sich nur nicht zu schade sein, auch die simplen Fragen und deren vorläufige Antworten zu notieren.

47 Man sollte möglichst **früh** die eigenen **Gedanken zu Papier bringen**. Wer weiß, was ein Denkarium ist, möge sich an dessen Funktion erinnern. Selbst wenn sich die Hälfte später als irrelevant erweist, bleibt die andere Hälfte als Basis der Arbeit stehen und ermöglicht zugleich nach weitergehender Bearbeitung die Kontrolle, ob die bisherigen Ausführungen die ursprünglichen Ideen umsetzen, ob diese irrelevant geworden sind, oder ob eben doch noch wesentliche Fragen offen sind, die zu bearbeiten bleiben, obwohl man sie (fast!) vergessen hätte.

Behalten Sie dabei im Auge: Erste Ideen sind wichtig, aber eben nur vorläufig. Bleiben Sie gegenüber eigenen Ideen immer kritisch. Jeder frühe Schritt der Themenbearbeitung kann sich als unnötig oder falsch herausstellen. Wenn Sie sich selbst gegenüber sinnvoll begründen können, dass etwas doch unnötig oder gar falsch ist, dann werfen sie es raus, und zwar sofort. Wenn Sie sich von Selbstgeschriebenem nicht trennen können, legen Sie eine Datei an, in der Sie das Gestrichene für bessere Zeiten aufbewahren. Sie werden sich wundern, wie selten Sie da reingucken.

48 **Spätestens nach der Lektüre der ersten Einstiegsliteratur** sollte man anfangen, seine Gedanken festzuhalten, gern erst einmal ungeordnet. Der Vorteil des PC ist, dass man die Ordnung später herstellen kann. Dieser nächste Schritt erlaubt es dann schnell, ein erstes Gerüst für die weitere Bearbeitung zu bauen. Außerdem kommt man früh ins Schreiben.

49 Manchmal erweist sich das bereits Geschriebene als überraschend guter Ideengenerator. Wenn es erst einmal ein paar Tage oder Wochen oder Monate her ist, dass Sie den Text verfasst haben, passieren die wunderlichsten Dinge beim erneuten Lesen. Teils kommt Ihnen das Geschriebene unterkomplex vor, so dass Sie es gleich wieder verwerfen. Teils merken Sie aber auch, dass in einem unauffälligen Nebensatz ein richtig kluger Gedanke steckt, den es weiterzuentwickeln lohnt, vielleicht sogar zu einem kleinen Schwerpunkt. Es ist wie beim Wald und den Bäumen: Wenn man am Thema erst einmal nahe dran ist, ist der distanzierte Blick nicht mehr so leicht zu haben. Dann werden die Notizen aus der frühen Bearbeitungsphase wertvoll.

50 Welchen Weg man auch wählt, um die eigenen Gedanken in die richtigen Bahnen zu lenken, wichtig ist letztlich nur das Ziel. Das Ziel ist bereits vom Gutachtenschreiben bekannt: Ein in sich schlüssiger Text, der auf die relevanten Probleme nachdrücklich eingeht.

---

49 Stimmt das? Oder würden Sie dagegenhalten? Mit welchen Argumenten?

Einen solchen zu verfassen geht fast nur über Irrwege und Umwege. Die meisten davon sind unvermeidlich – also: nicht ärgern! Und wer nicht gedanklich das Terrain erkundet hat, kennt sich eben auch nicht darin aus.

d) Schreiben

Der optimale Arbeitsablauf ist eine individuelle Sache, bei der jeder seinen eigenen Weg finden muss. Dennoch werden hier einige Ideen vorgestellt, mit denen man sich vielleicht beim Schreiben Arbeit und Zeit sparen kann. Es geht also um einen möglichst kurzen Weg **von der Ideensammlung zu einem fertigen Text**. **51**

Die Erstellung einer Themenarbeit besteht im Wesentlichen aus zwei Tätigkeiten: Erstens muss man (ziemlich viel[50]) **lesen**, zweitens muss man den Text dann auch **schreiben**. Das muss aber keineswegs in dieser Reihenfolge passieren. Ähnlich wie bei der inhaltlichen juristischen Arbeit der Blick zwischen Sachverhalt und Rechtsnorm pendelt, ist es sinnvoll, Lesen und Schreiben möglichst zu verzahnen. Hat man die ersten Ideen niedergeschrieben, kann man sie beim folgenden Lesen direkt erweitern und schon Belegstellen notieren[51]. Vor allem empfiehlt es sich, möglichst früh eine erste Textversion in der Formatvorlage der späteren Arbeit zu herzustellen, mit der man weiterarbeiten kann[52]. **52**

Hat man eine solche, kann man das umfassend herangezogene Schrifttum schon beim ersten Lesen in den Text und in die Fußnoten einarbeiten und spart sich so ein bis zwei Lesedurchgänge. Arbeitet man an einem Laptop in der Bibliothek, kann man sich sogar das Kopieren zumindest der Stellen sparen, die nicht ganz zentral sind, weil man sie direkt aus dem Original in die Fußnoten erfassen und dann weglegen kann. Nach eigenen Erfahrungen können das bis zu 80% der verarbeiteten Quellen sein – Regenwald und Weltklima wären dankbar.
Wer immer abwechselnd liest und schreibt, bemerkt bald, dass der vorhandene Text im Licht besserer Erkenntnis überarbeitet werden muss. Das bedeutet Präzisieren, Ergänzen, Umstellen. Dafür darf man sich nicht zu schade sein, ebenso wenig wie für das Rauswerfen des überflüssig Gewordenen.

Der Vorteil einer **frühen Version eines vollständigen Texts**, sei sie auch noch lückenhaft, besteht zudem darin, dass die gelesenen Quellen gleich an allen relevanten Stellen verarbeitet werden können und man nicht, wie beim linearen Abarbeiten einer Gliederung, im Zweifel die gleichen Texte für mehrere Stellen mehrfach heraussuchen und lesen muss. Außerdem hat man im Sinne der so genannten 80%-Lehre, nach der man für die letzten 20% zur Perfektion häufig 80% der Zeit eines Projekts braucht, die Möglichkeit, auch einen vielleicht noch nicht perfekten, aber immerhin vollständigen Text in der Hinterhand zu haben. Das soll natürlich nicht heißen, dass Sie keine Perfektion anstreben sollen. Sie lässt sich nur eben nicht immer zeitlich unterbringen. **53**

---

50 Das *ziemlich viel* steht hier mit gutem Grund: Die Erwartungen Ihrer Prüfer an die Menge des zu lesenden Stoffs gehen fast immer über Ihre Erwartungen hinaus. Das liegt daran, dass man in einem akademischen Lehrberuf im Lauf der Zeit viel liest – und das irgendwann für normal hält.

51 Nicht zu unterschätzen ist die trivial anmutende Erkenntnis, dass nicht vergessen geht, was wenigstens einmal notiert ist. Je länger Sie an einem Text arbeiten (können), desto eher werden Sie gute Einfälle schlicht vergessen.

52 Dass hier im Text die Anregungen zum Thema „Nachdenken und Notieren" vor den Hinweisen zum Thema „Schreiben" stehen, ist eine Vereinfachung und Idealisierung. So arbeitet fast niemand. In Wirklichkeit durchdringen sich diese Arbeitsschritte gegenseitig, und zwar meist zeitlich und sachlich. Auch für das wissenschaftliche Schreiben gilt, was Heinrich *von Kleist* über die allmähliche Verfertigung der Gedanken beim Reden gesagt hat.

e) Schreibhemmungen

54 Die Angst vor dem weißen Blatt überkommt jeden einmal. Alles Themen analysieren und Gedanken finden, vernetzen und ordnen hilft nichts, wenn die Ideen nicht auf das Papier fließen wollen. Wie man Schreibhemmungen abbauen und überwinden kann[53], ist ein eigener Problemkreis, der hier nur kurz angerissen wird. Vorab eine Warnung: **Schreibschwierigkeiten** können mit Konzentration, Disziplin und guten Willen in den Griff zu bekommen sein. Sie können aber auch Symptom ernster seelischer Krisen und behandlungsbedürftiger Krankheiten sein.

Lesen Sie ein *Wie helfe ich mir selber?*-Buch. Wenn das nicht hilft, besuchen Sie einen Workshop (deutsch: Schreibwerkstatt[54]) an Ihrer Hochschule – wenn sie einen anbietet[55]. Fragen Sie die Studienberatung am Fachbereich oder zentral an der Uni. Fragen Sie aber nötigenfalls auch einen Psychologen und/oder einen Arzt.

Themenarbeiten während des Studiums helfen Ihnen auch, eigene Stärken und Schwächen auf diesem Gebiet zu erkennen. Vergessen Sie also Ihre Erfahrungen nicht, wenn es bei der Abschlussarbeit richtig ernst wird.

55 Manchmal genügen aber schon kleine Tricks. Wenn Sie etwa dazu neigen, jeden Satz oder jedes Wort zu verändern, zu verbessern und zu überarbeiten, sobald es auf dem Bildschirm steht, und deshalb nicht vorankommen, probieren Sie es mal mit dem **Blindschreiben**: Stellen Sie in der Textverarbeitung vorübergehend Schriftfarbe und Hintergrundfarbe auf den gleichen Farbton – und schreiben Sie los. Tippfehler verbessern und Formulierungen ändern können Sie dann später, wenn Sie wieder sehen, was Sie geschrieben haben. Gern unterschätzt wird die Rolle des Sauerstoffs bei der Ideenfindung und beim Überwinden von Zwischentiefs. Versuchen Sie es zuallererst mit frischer Luft. Nicht nur eine Viertelstunde lang.

3. Wissenschaftliche Textverarbeitung am PC

56 Es ist heute praktisch alternativlos, Ihre häusliche Arbeit mit einem PC und einem Textverarbeitungsprogramm zu verfassen[56]. Soweit Ihre Universität Hausarbeiten in einem Datenbankabgleich auf Plagiate kontrolliert, ist das sogar vorgeschrieben, aber selbst wenn dies nicht der Fall ist, wäre alles andere ein herber Bruch mit der Erwartung der Prüfer.

57 Diese kleine Arbeitshilfe geht davon aus, dass Sie mit der Bedienung eines PCs und einer **Textverarbeitungssoftware** vertraut sind. Anderenfalls dürfen Sie sich nicht erst im

---

53 *Behmel*, Schreibhemmungen; *Wolfsberger*, Frei geschrieben.
54 Z.B. tlp.de/ocni in Bochum. Eine Übersicht über solche Werkstätten finden Sie bei tlp.de/8ef2.
55 Es gibt auch Kurse an den Volkshochschulen (wenn auch nicht immer fokussiert auf wissenschaftliches Schreiben) und Sie können sich mit etwas höheren Kosten privat schulen („coachen") lassen. Dazu etwa tlp.de/500v; tlp.de/cbpl.
56 Die Vorteile dürften die Nachteile überwiegen. Zwar sind die größten Werke der Wissenschaft und der Weltliteratur als Manuskripte entstanden – aber deren Verfasser waren eben auch Genies. Sind Sie ein Genie? Wenn nein, kann eine Textverarbeitung nicht schaden. Sie können natürlich auch mit einer Schreibmaschine schreiben. Aber damit vergeben Sie sich die Chance, die Möglichkeiten des PCs zu nutzen, um entweder schneller zum gleichen Erfolg zu kommen oder in der gleichen Zeit eine erfolgreichere Arbeit zu verfassen.

Ernstfall in die Bedienung der erforderlichen Programme einarbeiten. Das kann nämlich sehr viele Nerven kosten.

Weil fast alle Studenten heute mit der technischen Ausstattung und den Programmen umgehen können, müssen für die wenigen anderen einige skizzenhafte Bemerkungen und weiterführende Hinweise genügen: **58**

Ein Textverarbeitungsprogramm ist unabdingbar, aber auch ausreichend[57]. Die Standardprodukte auf dem Markt sind seit Jahren so ausgereift, dass man mit ihnen alle erforderlichen Arbeitsschritte komfortabel erledigen kann. **59**

Wie man damit umgeht, kann man durch **Versuch und Fehlschlag** lernen. Die meisten Programme haben eine recht gute elektronische Dokumentation und oft sogar eine kontextsensitive Hilfe-Funktion, die das erleichtern. Am effizientesten ist es wahrscheinlich, wenn Sie das vom Hersteller gelieferte **Handbuch** zum Programm oder eine im Buchhandel erhältliche Benutzungsanleitung[58] zu Rate ziehen. Die muss man nicht komplett lesen, aber die Abschnitte zu den nachstehend genannten Themen sind bestimmt nützlich. Empfehlenswert ist auch die – teils juristische – Spezialliteratur[59]. **60**
Wer nicht allein im stillen Kämmerlein lernen will, frage **Freunde**. Außerdem gibt es **Kurse** in Textverarbeitung an der Uni und in der Volkshochschule. Am besten sind die fachbereichsintern angebotenen, weil dort die spezifisch juristischen Regeln gleich miterklärt werden. Zur Not kann man sogar bei YouTube-Tutorials fündig werden[60].

Wenn man bei Null anfängt, muss man sich einweisen lassen (oder liest sich ein) in die **Grundzüge** der Dateiverwaltung, der Textformatierung einschließlich Seitengestaltung (Kopfzeilen, Fußzeilen, Ränder, Abstände, Schriftarten, Zeichengrößen, Auszeichnungen), Fußnotenerstellung und -verwaltung, Formatvorlagenverwaltung, Auszeichnung und Organisation von Überschriften (Gliederungsfunktion) und Inhaltsverzeichnissen sowie einfacher Tabellenfunktionen (nützlich für ein leicht lesbares Schrifttumsverzeichnis). **61**

Wer zwar mit Textverarbeitung vertraut ist, aber die Mühe der vertieften Einarbeitung in **wissenschaftliche Textverarbeitung** scheut, wird meist schon zufrieden sein, wenn er eine geeignete **Dokumentvorlage** einsetzen kann, um das Rad nicht neu erfinden zu **62**

---

57 Ein **Satzprogramm** braucht man für juristische Texte nicht. Allenfalls am Ende Ihrer Doktorarbeit kann es sinnvoll sein, den Text aus der Textverarbeitung zu exportieren und mit einem Satzprogramm in eine reproduktionstaugliche Form zu bringen; da stößt die Textverarbeitung nämlich leicht mal an ihre Grenzen (zur äußeren Gestaltung *Bendix*, Wissenschaftliche Arbeiten, für Ehrgeizige *Forssman/de Jong*, Detailtypographie; knapp *Engelbrecht*, ZJS 2011, 297 ff.). Bei umfangreicheren Arbeiten (insbesondere Doktorarbeiten) ist ein **Literaturverwaltungsprogramm** sinnvoll, das die Recherche und Verwaltung von Quellen und Zitaten erleichtert und systematisiert, z.B. Citavi (früher: LiteRat, erhältlich unter t1p.de/yxuh), JabRef (t1p.de/pgu1), Bibliografix (t1p.de/wl0k, dazu *Bergmann/Schröder/Sturm*, Richtiges Zitieren, S. 183 ff.) oder EndNote (t1p.de/avbz). Die Benutzung einer solchen Software für ein zwanzigseitiges Referat wirkt auf den ersten Blick vielleicht wie mit Kanonen auf Spatzen geschossen. Wenn sich aus der Seminararbeit aber eine Schwerpunktbereichsabschlussarbeit entwickelt und daraus ein Teil der späteren Doktorarbeit, zeigt sich, dass eine gute Datenbank einem Zettelkasten überlegen sein kann (zur Einarbeitung *Ettner/Söllner*, t1p.de/gqjt). Bei der Entwicklung und Überarbeitung der Gliederung und der Auswahl des zu präsentierenden Materials helfen **mind maps** und die zu ihrer Herstellung entwickelten Programme (dazu Fn. 41).
58 Zu fast allen noch heute gebräuchlichen Versionen von MS Word etwa die Bücher von *Kost*.
59 **Allgemein** *Baumeister*, Word 2016 – Basiswissen für Word-Einsteiger, 2016; *Schwabe*, Word 2016 – Das Kompendium, 2017; *Krumbein*, Textverarbeitung LibreOffice Writer: Basiswissen für Ein- und Umsteiger, 2016; **juristisch** *Krämer/Rohrlich*, Word (gekürzte Fassung im JuS-Magazin 2006-2008); *Putzke*, Arbeiten; *Müller/Schallbruch*, PC-Ratgeber; siehe auch die Skripte unter t1p.de/bi3e oder t1p.de/qynu.
60 Eine kurze Suche nach „word" und „jura" brachte z.B. diese Anleitung zum Erstellen von Seminararbeiten in Word zutage: t1p.de/d5sm.

müssen[61]. An vielen Hochschulen bieten die Fachbereiche selbst oder die Fachschaften solche Vorlagen an. Verwenden Sie nach Möglichkeit eine heimische Vorlage, diese entspricht mit hoher Wahrscheinlichkeit einem lokal sehr verbreiteten Muster und damit der Erwartung Ihrer Prüfer.

63 Viele Vorgänge, die beim Abfassen von wissenschaftlichen Arbeiten wiederholt vorkommen, lassen sich vereinfachen und automatisieren. Je nach Talent und verfügbarer Zeit kann es sinnvoll sein, sich einmal mit der Programmierung von **Makros** zu befassen[62]. Auch dazu braucht es kein achthundertseitiges Handbuch. Alles Sinnvolle hat schon jemand programmiert[63]. Die einschlägigen Makros und Zusatzprogramme[64] sind oft aus dem Internet herunterzuladen. Achten Sie darauf, sie lauffähig zu installieren und nicht nur eine Demoversion zu wählen, die mitten in der Abschlussarbeit ihre Funktion einstellt, sowie die Bedienung schon einmal „trocken" einzuüben. Die Zeit, die das kostet, ist nicht verschwendet. Die Textverarbeitung kann man sinnvoll ergänzen, etwa durch einen Floskelscanner[65] und durch Wörterbücher mit juristischem Vokabular[66].

4. Wie entwickelt man juristische Argumente?

64 Die ständig – auch hier – erhobene Forderung, man solle als Bearbeiter einer Themenaufgabe eigene Argumentationsleistungen erbringen und präsentieren, führt leicht dazu, dass man vor Unsicherheit über die Eigenständigkeit der gedanklichen Leistung am liebsten die Arbeit aufgeben möchte. Das ist kaum verwunderlich, weil juristisches Argumentieren nicht systematisch gelehrt und gelernt wird. Wer sich mit juristischen Argumentformen[67] befasst, stellt schnell fest, dass dafür einiges Abstraktionsvermögen nötig ist, solange man sich nicht an einem konkreten Konfliktfall abmüht.

Beispiel: Was ein argumentum a maiore ad minus ist (also ein Schluss vom Größeren auf das Kleinere oder auch vom Allgemeinen auf das Besondere), kann man mit ein wenig Konzentration verstehen – aber was man mit dieser Figur anfangen soll, wenn man gerade dabei ist, die Grenzen der Versuchsstrafbarkeit zu erfassen und in Frage zu stellen, erweist sich als schwierig, bis man mitten im dogmatischen Klein-Klein plötzlich genau ein solches Argument braucht.

Gleichwohl ist das empfehlenswert. Hier folgen ein paar Vorschläge, die vielleicht bei den ersten Schritten helfen, bei denen man sich immer ein bisschen hilflos vorkommt. Danach geht es oft wie von selbst.

Diese Vorschläge zu **Denktechniken** sind unvollständig und unsystematisch.

Sie sind noch nicht einmal besonders originell: So wie Rechtsdiskurse als Sonderfall des allgemeinen Diskurses zu verstehen sind, sind juristische Denktechniken Sonderformen des Denkens. Nicht alles funktioniert überall. Im Gegenteil: Der Schwerpunkt der folgenden Überlegungen liegt bei Themen mit rechtsdogmatischem Bezug. An eine rechtshistorische Arbeit wird man anders herangehen müssen. Die

---

61 Für MS **Word** sowie teilweise auch für **OpenOffice** oder **LibreOffice** z.B. unter den in Fn. 62 zuletzt genannten Adressen, sowie unter t1p.de/queq; t1p.de/rhrm; mit einer simplen Google-Recherche lassen sich noch wesentlich mehr Vorlagen finden; wer sich auf **LaTeX** einlassen will, kann bei t1p.de/156e beginnen; dann *Schuster/ Sievers*, t1p.de/d7y2; *Schlosser*, LaTeX.
62 Nützliche **Makros** für Word bei *Matzky*, JurPC 173/2002, t1p.de/mout.
63 Allerdings sollte man angesichts der Mengen von Schadsoftware, die als Makros arbeiten, sehr vorsichtig beim Download sein und die Bezugsquellen gründlich überprüfen.
64 Versuchen Sie es beispielsweise einmal mit LetMeType unter t1p.de/duh8.
65 Siehe dazu unten Fn. 383.
66 Die kann man kaufen oder mit ein wenig Geduld im Internet zusammensuchen (die Dateiextension ist *.dic*). Oder man pflegt das eigene Benutzerwörterbuch über die Semester und die Versionswechsel hinweg.
67 Dazu Rn. 407 ff.

Gedankensplitter, die entstehen, wenn man diesen Anregungen folgt, können in ganz unterschiedliche Zusammenhänge gehören. Systematisieren und auswählen müssen Sie also anschließend selbst.

Zuallererst sollte man sich mit den allgemein anerkannten Denkmustern einmal näher befassen, die meist auch eine spezifisch juristische Ausprägung kennen. Als Beispiel dient hier die **Analogie**[68]. Nicht jeder, dem schon einmal ein Analogie-Argument eingeleuchtet hat, kann nämlich auf Anhieb selbst überzeugend eine Analogie bilden (obwohl oft bei der Bearbeitung juristischer Probleme die Analogiefrage am nächsten liegt). Ausgangspunkt ist die **Lücke** im Normen- und Regelungsteppich. Das ist eigentlich trivial, denn wenn es keine Lücke gäbe, sondern eine einschlägige Vorschrift für das zu lösende Problem, bräuchte man nicht nach guten Argumenten zu suchen. Der nächste Schritt besteht in der Suche nach einer **vergleichbaren Vorschrift**. Als erstes wird man meist nach einem **vergleichbaren Problem** suchen – und dann die auf dieses Problem anwendbaren Normen festhalten. Zweckmäßigerweise fängt man bei den thematisch naheliegenden Rechtsgebieten an, bevor man die ferner liegenden in den Blick nimmt. **65**

Beispiel: Wenn das Ausgangsproblem ein arbeitsvertragsrechtliches ist, wird man zuerst die privatrechtlichen Normen durchmustern, bevor man es mit den öffentlich-rechtlichen versucht.

Um später ein möglichst solides Fundament für die Aussage zu finden, zwei Problemlagen seien vergleichbar, sollte man versuchen, das konkret zu entscheidende Problem auf seine **allgemeinen Charakteristika** zu reduzieren. Dazu muss der Ausgangssachverhalt von seinen Besonderheiten befreit werden, am besten stückchenweise. Darin liegt schon eine juristische Leistung, weil man sich Rechenschaft darüber legen muss, welches Detail untypisch und deshalb entbehrlich ist. **66**

Beispiel: Oft – aber nicht immer – sind Angaben über den zeitlichen Verlauf eines Geschehens zweitrangig wichtig oder eben ganz entbehrlich; es wird häufig eher auf die zeitliche Reihenfolge ankommen als auf den genauen zeitlichen Abstand zweier Ereignisse.

Am Ende dieses Arbeitsschritts steht ein nur noch recht abstrakt beschriebener Sachverhalt, der in aller Regel deshalb auch viel kürzer ist als der Ausgangsfall. Für diesen Sachverhalt (oder noch abstrakter: das Rechtsproblem oder die Rechtsfrage) braucht man nun anderweitige Beispiele. Schlimmstenfalls gibt es keine – dann ist der Ausgangssachverhalt vielleicht nicht nur ungeregelt, sondern wirklich rechtlich ganz neu. Das ist aber doch eher selten, schließlich ist das bundesdeutsche Rechtssystem ein ziemlich engmaschiges Netz – manche sprechen sogar von einer Normenflut. Meist wird es eine oder mehrere Situationen in näher oder ferner liegenden Rechtsmaterien geben, für die der Gesetzgeber bereits Regeln gesetzt hat. Im ersten Fall spricht man von einer Gesetzes-, im zweiten Fall von einer Rechtsanalogie. Je mehr Regeln sich finden, die auch für den Ausgangsfall das gleiche Ergebnis nahe legen, desto gewichtiger wird das Argument. Unerfreulichenfalls widersprechen sich die gefundenen Normen. Dann muss man versuchen zu gewichten: Welche ist die sachnähere? Welche enthält die aktuellere oder **67**

---

68 Dies ist keine Anleitung zum juristischen Denken (das wäre auch vermessen), sondern der Versuch, beispielhaft praxisnäher als die einschlägigen Lehrbücher zu skizzieren, wie sich ein diskutables Argument entwickeln lässt. Günstigstenfalls ergibt die folgende Überlegung ein vollgültiges Ähnlichkeitsargument, vielleicht auch nur ein besseres Indiz für die Richtigkeit der einen Ansicht gegenüber der anderen.

wenigstens speziellere Wertung des Gesetzgebers? Letztere Überlegungen werden nicht selten eine nähere Befassung mit der Gesetzgebungsgeschichte oder jedenfalls begründbare Überlegungen zum Normzweck erforderlich machen.

68 **Variantenbildung.** Indem man einen Musterfall bildet (und gedanklich entscheidet, weil man die zur Diskussion stehenden Rechtsfiguren auf ihn anwendet) und dann variiert, kann man sich oft gut an die Probleme herantasten. Die Arbeitstechnik ist dabei praktisch identisch mit dem, was Sie von der klassischen Fallbearbeitung kennen. Die Darstellung Ihrer Ergebnisse geschieht aber fast nie im reinen Gutachtenstil – vielmehr fassen Sie die Ergebnisse deutlich stärker zusammen. Wenn die Variantenbildung systematisch erfolgt[69], ist das ein sehr erkenntnisreiches Verfahren.

Hierher gehören auch Veränderungen **ad absurdum**. In der extremen Zuspitzung erkennt man, dass und warum ein Gedanke in die falsche Richtung weist und daher auch in den harmlosen Fällen angreifbar ist.

Beispiel: *Schmerzensgeld als Vermögen? Sollte selbst einem von Neonazis halbtot geschlagenen Flüchtling das Schmerzensgeld noch von den spärlichen Sozialleistungen abgezogen werden?*[70]

Beim Variantenbilden stellt sich oft auch ganz beiläufig heraus, welche Varianten im wirklichen Leben vorkommen und welche nur in der juristischen Phantasie. Manchmal lässt sich das gut belegen, weil einige Konstellationen schon gerichtsnotorisch geworden sind und von anderen zu erwarten steht, dass sie früher oder später zu Konflikten führen werden. Selbst wenn es sich aber um ein neues Problem handelt, zu dem Gesetze und Urteile noch fehlen, führt die Variantenbildung dazu, dass Ihre Vorstellung von den entscheidungsbedürftigen Konfliktfällen genauer wird.

69 Nicht sehr originell, aber nützlich ist der **Oma-Test**. Dessen Ansatz ist die simple Frage: Kann ich das meiner Oma erklären? Vorausgesetzt wird dabei, dass die Oma nicht Recht studiert hat und sich auch nur ganz gelegentlich mit juristischen Fragen befasst. Im Kern bringt der Oma-Test also die Fragen nach Verständlichkeit und Praktikabilität Ihrer Überlegungen. Außerdem fragt er die Verträglichkeit Ihres Lösungsvorschlags mit dem – zugegeben oft recht diffusen – allgemeinen Gerechtigkeitsgefühl ab. Problemlösungen können juristisch richtig oder überzeugend oder gar zwingend sein, obwohl sie dem Gerechtigkeitsgefühl der meisten Nichtjuristen zuwiderlaufen. Je mehr das aber der Fall ist, desto mehr Mühe sollten Sie darauf aufwenden, auch für Ihre juristischen Adressaten zu erklären, warum die potenziellen Gerechtigkeitsprobleme nur Scheinprobleme sind.

Wo der Oma-Test bei aller Mühe Ihre Argumentation nicht vereinfacht, führt er vielleicht immerhin dazu, dass die Darstellung transparenter wird. Und wenn das zu verhandelnde Problem so kompliziert ist, dass es Ihrer Oma überhaupt nicht mehr erklärt werden kann, kann man ihn immer noch zur Verbesserung des Einleitungskapitels verwenden: Je später nämlich Oma entnervt das Handtuch wirft, desto besser.

Der Oma-Test wird als solcher in der fertigen Ausarbeitung nicht erwähnt.

---

69 Man kann sich das ein wenig wie in einem chemischen oder pharmakologischen Labor vorstellen, in dem auf der Suche nach den Eigenschaften eines Stoffs in zahlreichen Versuchsreihen mehrere Parameter verändert werden.

70 So die pointierte Formulierung bei *Prantl*, Terrorist, 183 f.

Verwandt, aber nicht identisch damit ist die Frage nach der **Gerechtigkeit** des Ergeb-   70
nisses.

Die stellt man nach einigen Semestern juristischen Studiums nur noch ungern – oder wenigstens fällt die Antwort meist hilflos, irritiert oder zynisch aus. Das ist kein Wunder: Aus den Niederungen des Verwaltungsverfahrensrechts oder des Einkommensteuerrechts oder des allgemeinen Schuldrechts führt kaum je einmal leicht erkennbar ein direkter Weg zu elementaren Gerechtigkeitserkenntnissen. Deshalb geraten die in den Übungen im geltenden Recht gern einmal aus dem Blick.

Versuchen Sie es in der Themenarbeit aber ruhig einmal. Die ersten Schritte des Nach-   71
denkens bringen vielleicht nur Banales zu Tage. Aber dahinter wartet dann doch die eine
oder andere Erkenntnis. Manchmal wird die darin bestehen, dass die zu untersuchende
Frage einfach überhaupt keinen Gerechtigkeitsbezug erkennen lässt, weil es sich um
eine schlichte Technizität handelt, die so oder anders geregelt sein kann, solange sie nur
irgendwie geregelt ist und damit Rechtsicherheit besteht.

Beispiel: Ob in der StVO ein Rechts- oder ein Linksfahrgebot normiert wird, ist unter Gerechtigkeits-
gesichtspunkten egal. Aber eines von beiden muss sein.

Genauso oft werden Sie aber gezwungen sein, sich einmal wieder Rechenschaft darüber   72
abzulegen, was denn überhaupt Gerechtigkeit sei.

Ohne tief in die Rechtsphilosophie einzusteigen, werden sich dabei ganz alltägliche Fragen etwa folgenden Typs stellen: Verlangt die Gerechtigkeit eine Alles-oder-Nichts-Entscheidung (wie es vereinfa-
chungshalber in juristischen Übungsgutachten ganz überwiegend vorkommt) oder gibt es eine Möglichkeit praktischer Konkordanz (oder der Risikoaufteilung) verschiedener divergierender Interessen? Nach
welcher Überlegung/Regel/Norm lässt sich das entscheiden und nachvollziehbar begründen? Wie lassen
sich Bewertungsmaßstäbe begründen? Auf welche grundlegenden Wertungen weisen diese Maßstäbe
zurück? Gibt es echte Tabus (wie das quantitative oder qualitative Aufrechnen von Leben gegen Leben
oder das Folterverbot) und wie werden diese gegebenenfalls begründet?...

Die dabei gewonnen Einsichten sind vielleicht für die Ausarbeitung verwertbar, vielleicht nicht. Falls nicht, macht das gar nichts – schließlich haben Sie genau deswegen
Jura studiert. Falls doch, lassen Sie Ihre Leser an Ihren Erkenntnissen teilhaben. Welche
Gerechtigkeitsüberlegung welches Ergebnis als vorzugswürdig oder sogar zwingend erscheinen lässt, ist auch für den Aufgabensteller oder Korrektor interessant.

Parteirollen einzunehmen hilft fast immer bei der Suche nach Schwächen einer Argu-   73
mentation. Die richterzentrierte Juristenausbildung rückt die subjektive Parteienper-
spektive nicht immer ausreichend ins Zentrum der Aufmerksamkeit. Wer abwechselnd
die Perspektive des Darlehensgebers und des Darlehensnehmers einnimmt (oder die des
potenziellen Straftäters und des potenziellen Opfers, etwa beim Betrug) und dabei stur
nach dem eigenen subjektiven Vorteil fragt, wird oft Lücken und gelegentlich geradezu
Missbrauchsmöglichkeiten finden, die beim Suchen nach einem gerechten Interessenausgleich nicht so deutlich geworden sind. Meist werden dabei auch die gern ausgeklammerten prozessualen Probleme (insbesondere Fragen der Beweisbarkeit) wenigstens einmal kurz in den Blick geraten.
Oft ist das gerade als erster Problemzugriff hilfreich. Will sich eine Materie nicht erschließen, kann die Frage *Wie kann ich mir diese Rechtsnorm/Rechtsprechung zunutze
machen?* (kurz: *cui bono?*) den gedanklichen Zugang sehr erleichtern.
Ausdifferenzieren lassen sich die so zu gewinnenden Argumente, indem man nicht nur
die Rolle der Partei als Maximiererin individuellen Nutzens einnimmt, sondern auch die

ihres juristischen Vertreters (meist: Anwalts), der die richtige rechtliche Darstellung der Position der Partei sucht.

Weitere Argumente erschließen sich teils, wenn man jenseits der unmittelbar Konflikt-beteiligten sucht: Was sagen Dritte? Was sagt der Staat? Spielen diese Standpunkte eine Rolle? An welcher Stelle?

74 **Blickwinkel ändern.** Nützlich ist häufig auch ein ganz simples Vorgehen: Eine juristi-sche Vorgabe – etwa ein höchstrichterliches Urteil – zunächst einmal überhaupt nicht zu akzeptieren, sondern möglichst fundamental zu kritisieren. Das klingt einfach, fällt aber im Studienverlauf vielen Menschen immer schwerer. Je vertrauter man mit juristischen Argumentationen wird, desto leichter folgt man ihnen. Dabei geht die skeptische Hal-tung des Anfängers leicht verloren, der zufolge ein Urteil schon deshalb ein Fehlurteil sein kann, weil das Ergebnis nicht „stimmt". Aus dem Blickwinkel der Fundamental-opposition lassen sich Argumente gewinnen, auf die man sonst nicht gekommen wäre.

75 Aufschlussreich sein kann auch die Suche nach **Verallgemeinerungsmöglichkeiten und -folgen.** Wer für das zu erörternde Rechtsproblem einen Lösungsansatz entworfen hat (und sei es zunächst nur als Hypothese oder als ein Ansatz unter mehreren), wird unterstützende Argumente oder Gegenüberlegungen durch Verallgemeinerung finden. So kann die Qualität einer juristischen Konstruktion auch darin liegen, dass sie sich zur Bearbeitung nicht nur des gerade interessierenden Problems eignet, sondern parallele oder ganz anders liegende Probleme ebenfalls zu lösen hilft. Vielleicht lässt sich sogar ein allgemeiner Satz aus ihr ableiten, der als Regel für ein ganzes Problemgebiet gilt. Oder beim Versuch der Verallgemeinerung erweist sich, dass es diesen Grundsatz bereits gibt – und man ihn nur übersehen hatte, solange man im dogmatischen Klein-Klein he-rumwuselte. Oder umgekehrt stellt sich heraus, dass die gefundene Lösung alles andere als verallgemeinerbar ist, weil sie gegen einen der im betreffenden Rechtsgebiet gelten-den Grundsätze verstößt. Wenn man sie gleichwohl als Ausnahme aufrechterhalten will, muss man dann aber besonders gründlich argumentieren. Und damit sind Sie meist schon mittendrin im Problem: Wenn Sie eine bestimmte Lösung vorschlagen, diese aber gerade nicht für verallgemeinerbar erklären wollen, müssen Sie wenigstens angeben, unter welchen Bedingungen Ihre Argumente und Kriterien gelten sollen.

Beim Versuch der Verallgemeinerung kann sich auch herausstellen, dass es zwar keinen übergeordneten Satz gibt, mit dem man weitere Rechtsfragen beantworten kann, aber immerhin Ihr Ansatz auf eine kleine Reihe anderer Probleme übertragbar ist. Auch das kann für den Leser interessant sein. Hilfreich ist es beim Verallgemeinern oft, sich in die Rolle des **Gesetzgebers** zu versetzen. Dann stellt sich die Frage am deutlichsten: Lie-ße sich mein Problemlösungsvorschlag in Gesetzesform gießen? Würde er als gerecht, zweckmäßig, praktikabel, transparent usw. von den Betroffenen akzeptiert werden?

76 Immer mal wieder die **Distanz zum Problem zu ändern** hält Sie geistig beweglich. Die meiste Zeit verbringen Sie beim Durchdenken von Rechtsproblemen auf einer Art dog-matischer Mikroebene. Das ist gut – denn dafür werden Juristen schließlich gebraucht. Gleichwohl sollten Sie regelmäßig zwei oder drei Schritte rückwärts riskieren und das Problem mal aus gesamtgesellschaftlicher oder galaktischer Perspektive ansehen. Dabei lernt man nicht nur Demut, sondern bekommt wieder in den Blick, was bei der allerers-ten Befassung noch klar war: Welche Auswirkungen jenseits des Rechtlichen hat Ihr

Standpunkt in der Sache für den Rest der Welt? Diese Frage berührt sich mit dem erwähnten Oma-Test, ist aber nicht damit identisch.

Je mehr Abstand man nimmt vom eigenen Problem, desto klarer werden meist auch die
Bezüge zu anderen Wissensgebieten und Wissenschaftszweigen.

Beispiel: Das muss nicht immer die Kernphysik sein. Wer sich aber etwa mit der Ausübung quasi-
staatlicher Gewalt durch private Sicherheitsdienste in ehemals (halb-)öffentlichen Räumen befasst, wird
feststellen, dass sich dafür auch Soziologen interessieren. Vielleicht lassen sich deren Herangehensweise
und Ergebnisse wiederum in die eigene Arbeit einbauen.

Mit zunehmendem Abstand werden manchmal auch Lösungsansätze „rund", die auf den **77**
ersten Blick unpassend oder ungerecht erscheinen. Das liegt daran, dass man sich – besonders im Privatrecht – das Denken in Zweipersonenverhältnissen angewöhnt hat. Oft
gelingt ein gerechter Interessenausgleich aber gerade nicht, wenn man nur die auf den
ersten Blick unmittelbar Beteiligten betrachtet.

Beispiele: Beteiligung von Versicherern und damit Kollektivierung von Schäden; Bereicherungsausgleich in Mehrpersonenverhältnissen.

Ähnlich wie die Veränderung des Abstands zum Problem kann es helfen, mal für eine
Weile das Thema versuchsweise gegen den Strich zu bürsten, also etwa die Fragen „um-
zudrehen".

Beispiel: Verlangt Ihre Aufgabe die Suche nach Unterschieden zwischen zwei Rechtsfiguren, hilft es
vielleicht, zwischendrin mal absichtlich nach den Gemeinsamkeiten zu suchen. Auch wenn die so ent-
stehende Liste von Gemeinsamkeiten kaum den größten Teil der Bearbeitung einnehmen wird, nützt sie
anderswo: Vor dem Hintergrund der Gemeinsamkeiten zeichnen sich die Unterschiede oft viel klarer ab
(dazu sogleich noch Rn. 83)

Mal Kontrollüberlegung, mal Ideengenerator ist die Frage: **Gibt es eine einfache Lö-** **78**
sung? Man kann auch fragen: Gibt es eine **einfachere Lösung**[71]? Viele Probleme sind
so kompliziert, dass die Lösung gleichfalls kompliziert wird – oft ein Konstrukt aus Regeln, Ausnahmen, Rückausnahmen, Konkurrenzregeln usw. Manchmal geht es aber
auch einfacher, nur kommt niemand drauf. Fast wie bei Kolumbus. Natürlich müssen
Sie nicht jedes Mal das Ei des Kolumbus finden. Aber Sie sollten jedes Mal darüber
nachdenken, ob es genau für Ihr Problem das Ei des Kolumbus gibt.

Über einfache, verständliche Regeln freut sich nicht nur der Rechtsanwender, sondern
ganz besonders der Normadressat. Sie mögen bei weitem nicht immer zu erreichen sein
– aber sie sind doch immer anzustreben. Wo eine einfache Regel nicht zu haben ist, kann
man immerhin erklären, warum das nicht geht. Und auch daraus viel über das Problem
lernen.

In einer plausiblen Vereinfachung kann übrigens eine ganz anerkennenswerte Leistung liegen, die Ihrer
Themenarbeit eine (auch: benotenswerte) Stärke gibt. Gutes Vereinfachen ist ein juristisches Talent –
je mehr Rechtsstreitigkeiten man als Richter oder Rechtsanwalt bearbeitet hat, desto klarer wird: Die
verfügbare Zeit ist beschränkt, aber die Notwendigkeit einer klaren und möglichst verallgemeinerbaren
Entscheidung liegt auf der Hand.

Der Extremfall der einfachen Regelung lautet: keine (neue) Regelung. Wer eine bestimmte Norminterpretation vorschlägt oder sogar eine vom Gesetzgeber neu zu setzen-

---

71 Schlagen Sie einmal nach, was es mit Ockhams Rasiermesser auf sich hat.

de Norm, überlege immer, ob das gleiche Ergebnis nicht bereits mit dem bereits vorhandenen Normbestand zu erreichen ist – oder ob die Frage vielleicht gar nicht abstrakt geregelt werden muss. Manchmal erweist sich so ein gedanklicher Irrweg.

79 Versuchen Sie einmal, zu jedem Argument ein **Gegenargument** zu entwickeln. Genau eines oder mindestens eines oder was Ihnen am besten passt. Manchmal kommen dabei neue Überlegungen heraus, manchmal wird auch nur klarer, welche Argumente zusammengehören und welche nicht.

Das hilft sowohl bei neuen als auch bei klassischen Streitfragen. Wenn man es konzentriert betreibt, findet man leichter argumentative Schwächen und Stärken der jeweiligen Standpunkte. Meist ist es am besten, eine Tabelle anzulegen. Plötzlich wird übersichtlich, welche Argumente worauf reagieren – und welche Überlegungen völlig quer stehen zu allem anderen. Mit einer solchen Tabelle vor Augen klärt sich leichter, wie die einzelnen Argumente dem Leser präsentiert werden sollen.

80 In Themenarbeiten steht mehr als in Gutachten die Frage nach der richtigen/gerechten Entscheidung im Mittelpunkt. Man nimmt also immer wieder einmal die Perspektive des Gesetzgebers ein. Zusätzliche Erkenntnisse gewinnt, wer sich in Gedanken nicht nur zum Gesetzgeber, sondern auch zum Normanwender macht: Welche Schwierigkeiten werden für den Richter bei der Anwendung der Norm entstehen, welche für die Parteien eines streitigen Verfahrens? Wer muss was beweisen, wer hat welche Informationen, wer kann sich zumutbarerweise welche Informationen beschaffen? Wem muss daher mit Vermutungen oder Beweislastregeln geholfen werden?

81 Erkenntnisreich kann es sein, **Widersprüche** im Normgefüge zu suchen. Steht die Norm oder ihre Auslegung im Widerspruch zu über-, gleich- oder untergeordneten Normen? Lassen sich diese Widersprüche auflösen? Wie? Oder muss man sie hinnehmen? Warum?

82 Wer ohne feststehende eigene Meinung an die Aufgabe herangeht, hat es leichter. Häufig erschweren es die eigenen Präferenzen, gute Argumente anderer Ansichten ausreichend zu würdigen. Bestenfalls sind Sie bereit, Ihren Standpunkt mehrfach zu ändern – wenn die besseren Argumente es erfordern[72].

83 **Vergleiche** zu ziehen und dadurch den eigenen Standpunkt leichter zu finden – oder auch nur die Argumentation zu schärfen – ist eine nicht nur juristische Denktechnik und braucht keine besondere Empfehlung. Ganz interessant kann es aber sein, beim Vergleichen nicht immer auf die Unterschiede zu achten, sondern einmal absichtsvoll nach Gemeinsamkeiten zu suchen. Den Blick auf die **Unterschiede** bekommt man oft schon in der Schule antrainiert. Umso besser stehen die Chancen, mit dem Blick auf die **Gemeinsamkeiten** Einsichten zutage zu fördern, auf die vorher noch niemand gekommen ist. So beginnt die Fallgruppenbildung; von der Fallgruppenbildung geht es durch Verallgemeinerung zur Regel, zur Norm, zum künftigen Gesetz. Damit erweist sich die Suche nach Gemeinsamkeiten (und Unterschieden) ähnlicher Sachverhalte (und

---

72 Der Gedanke kann hier nur angedeutet werden. Er hat mit Ihrer Haltung zum Recht, zur Wissenschaft und zur Existenz ergebnisoffener Diskurse zu tun. Sich hierzu eine Haltung zu erarbeiten ist Teil des „juristischen Erwachsenwerdens" – ein kleines Anleitungsbuch muss da bescheiden schweigen.

Rechtsregeln) als eine der grundlegenden rechtswissenschaftlichen Denktechniken überhaupt.

Vielleicht sollten Sie auch einmal **dem Zufall eine Chance** geben. Die meisten Hinweise in diesem Text zielen auf ein systematisches Vorgehen. Das ist anstrengend genug. Und in aller Regel genügt es für Ihren Erfolg. Aber es gibt auch Inspirationen jenseits eines rein regelgeleiteten Vorgehens. Werfen Sie also immer mal wieder einen neugierigen Seitenblick auf die Ideengeber, die mit Ihrem Projekt wenig oder nichts zu tun haben. Das sind Unterhaltungen mit Freunden, mit der Familie, mit den (auch: juristischen) Kollegen, ein Film im Kino, eine Reportage im Radio, eine Pressenotiz in der Tageszeitung, das Buch auf dem Nachttisch und alle solche Sachen. Es ist nicht sicher, dass dabei ein guter Gedanke herauskommt – aber es kann eben passieren, dass eine Unterhaltung am Nachbartisch im Restaurant in Ihrem Kopf einen Gedanken freisetzt, den Sie später als den pfiffigsten in der ganzen Arbeit betrachten. Warum auch nicht? Je konzentrierter man an seinem Problem sitzt, desto willkommener werden plötzlich diese gedanklichen Querschläger. **84**

Vorsätzlich **nach ungewöhnlichen Argumenten**, Lösungsansätzen, rechtlichen Konstruktionen zu **suchen** ist zwar schwierig, weil man dazu Distanz zum Problem braucht, ohne genau zu wissen, wonach man gerade sucht. Es lohnt aber die Mühe. Mit den ungewöhnlichen Argumenten ist es wie mit den Variationen in der Evolutionstheorie: Man weiß nicht, ob sich das Abweichende durchsetzt – aber wenn es gar nicht erst auftaucht, hat es eben keine Chance. **85**

Juristen sind nicht selten konservativ in der Herangehensweise an neue Probleme. Manchmal wissen sie das Ungewöhnliche vielleicht also nicht recht zu schätzen. Versuchen Sie es trotzdem – denn wo gehört es hin, wenn nicht in die Themenarbeit?

Meinungsspektren auffächern: Egal ob Sie sich selbst eine Meinung bilden wollen, wo schon etliche Ansichten vertreten werden, oder ob sie für ein neues Problem mögliche Herangehensweisen umreißen wollen: Solides Arbeiten verlangt Übersicht über die sinnvollerweise vertretbaren Standpunkte. Bei bereits vorhandenen Meinungsäußerungen steht hier meist die Systematisierungsarbeit im Vordergrund. Neue Probleme werden regelmäßig von Ihnen verlangen, im Kopf die künftigen Meinungsstreitigkeiten bereits vorzuentwerfen. Das gelingt am besten, wenn Sie die bereits vorhandene Argumentationslinie zu verlängern verstehen und so seriös vorhersagen können, welche Standpunkte voraussichtlich vertreten werden dürften. Dazu muss man manchmal einfach nur ein bisschen spielerisch an die Argumente herangehen. Oft genügt es schon zu fragen, ob das genau gegenteilige Argument formulierbar oder der exakt umgekehrte Standpunkt vertretbar ist – und welche Annahmen hierfür erforderlich sind oder welche Prämissen gegeben sein müssen. **86**

II. Wissenschaftlichkeit der Arbeitsweise

1. Einleitung

Nachhaltig wissenschaftlich zu arbeiten erfordert das Zusammenspiel mehrerer Kompetenzen; eine davon haben Sie schon im vorigen Abschnitt kennengelernt, die kontextbezogene Analyse der Aufgabenstellung. Nachfolgend sind nun die **Grundlagen des wis-** **87**

senschaftlichen Arbeitens[73] in der Rechtswissenschaft[74] skizziert; auch hinter diesem Begriff verbergen sich weitere **Kernkompetenzen**:

Wer wissenschaftlich arbeitet, sollte die **wissenschaftlichen Verhaltensregeln** kennen, verstehen und anwenden (etwa Ehrlichkeit oder Sachlichkeit); konkrete Fundstellen nach ihrer Zuverlässigkeit, Aussagekraft und Bedeutung für das eigene Thema einschätzen und auswählen; alle wichtigen **Recherchemethoden** (digital und analog) nutzen, dabei verschiedene **Suchstrategien** einsetzen; schließlich mit verschiedenen **Quellen-Typen** vertraut sein und deren Eigenarten berücksichtigen.

Je nach individuellem Studienfortschritt sind die folgenden Informationen für die einen überwiegend neu, für andere schon gefestigte Erkenntnisse. Daher ist der Text modular aufgebaut und hierarchisch nach Wichtigkeit gegliedert, jeweils vom Allgemeinen zum Besonderen, so dass man je nach Interesse und Kenntnisstand querlesen und wie in einer Datenbank oder auf Internetseiten zwischen Stichworten hin- und herspringen kann – je spezieller eine Information ist, desto weiter hinten im jeweiligen Abschnitt befindet sie sich in aller Regel.

Detaillierte Anleitungen zum wissenschaftlichen Arbeiten gibt es auch – regelmäßig kostenlos – im Internet[75], sie können explizit für Haus- und Seminararbeiten, teils auch fachbereichs- oder lehrstuhlspezifisch[76] gestaltet sein.

88 Resultat all Ihrer Bemühungen soll eine Abhandlung sein, in der Sie das **Thema** auf der Grundlage des erreichten **Diskussionsstands vollständig** erfassen[77] und dazu **selbst Stellung beziehen**. Was das für Ihre Arbeitsweise bedeutet, konkretisiert das folgende Gedankenspiel.

---

73 *Franck*, Handbuch; *Theisen*, ABC; *ders.*, Wissenschaftliches Arbeiten; *Krämer*, Wie schreibe ich eine Seminar-, Examens- und Diplomarbeit?; *Seidenspinner*, Wissenschaftliches Arbeiten; *Franck/Stary*, Technik; *Kornmeier*, Wissenschaftlich schreiben; *Lück/Henke*, Technik; *Grunwald/Spitta*, Wissenschaftliches Arbeiten; *Sesink*, Einführung; *Bänsch*, Wissenschaftliches Arbeiten; *Jacob*, Wissenschaftliches Arbeiten; *Karmasin/Ribing*, Gestaltung; *Fragniere*, Diplomarbeit; *Niederhauser*, Duden – Die schriftliche Arbeit; *Preißner*, Wissenschaftliches Arbeiten; *Becker*, Anleitung; *Kropp/Huber*, Studienarbeiten; *Rossig/Prätsch*, Wissenschaftliche Arbeiten; *Winter*, Wissenschaftliche Arbeiten; *Disterer*, Studienarbeiten; *Scheld*, Anleitung; *Ebster/Stalzer*, Wissenschaftliches Arbeiten; *Schenk*, Examensarbeit; keine Arbeitsanleitung, aber trotzdem lesenswert: *Narr/Stary* (Hrsg.), Lust und Last. Weiteres Schrifttum ist nachgewiesen bei t1p.de/nmo2.

74 Die wichtigsten Regeln wissenschaftlichen Arbeitens sind disziplinübergreifend gleich. Trotzdem treten in den Naturwissenschaften andere Gesichtspunkte in den Vordergrund als in den Geistes- und Gesellschaftswissenschaften. In den Alltagskleinigkeiten (Zitierregeln, Aufbau des Schrifttumsverzeichnisses usw.) hat dann wieder jeder Wissenschaftszweig seine eigenen Konventionen. Deshalb ist es empfehlenswert, neben oder anstatt der zuvor genannten Texte auch einmal einen der folgenden in die Hand zu nehmen, die von Juristen für Juristen geschrieben wurden: *Stein*, Die rechtswissenschaftliche Arbeit; *Möllers*, Arbeitstechnik; *Tettinger/Mann*, Einführung; *Kohler-Gehrig*, Diplom-, Seminar-, Bachelor- und Masterarbeiten; *Kerschner*, Wissenschaftliche Arbeitstechnik; *Engel/Slapnicar* (Hrsg.), Die Diplomarbeit (mit einem Kapitel zur juristischen Diplomarbeit); *Gerhards*, Seminar-, Diplom- und Doktorarbeit (in Sachen Layout mit dem PC nicht mehr ganz auf aktuellem Stand, aber ursprünglich im Untertitel: rechts- und wirtschaftswissenschaftliche Arbeiten; Verfasser ist Jurist, Text richtet sich aber an Leser in der Schweiz).

75 *Schomerus/Söffker/Jelinski*, Erstellen schriftlicher Arbeiten, 2. Auflage 2009: t1p.de/dy50; t1p.de/1nre; *Ebster*, t1p.de/ny9h; *Kolossa*, t1p.de/wuat; *Stüber*, t1p.de/5k42; *Gußen*, Leitfaden.

76 Eine relativ umfangreiche Linkliste dazu findet sich im Wiki „Wie zitieren Juristen?" unter t1p.de/6rr3.

77 Was wiederum eine vollständige Recherche erfordert, dazu sehr lesenswert *Niedermair*, Recherchieren; auch *Franke/Klein/Schüller-Zwierlein*, Schlüsselkompetenzen; *Möllers*, Arbeitstechnik, § 5 Rn. 79 ff.

a) Zur Vorgehensweise: Eine kurze Metapher (oder zwei)

Stellen Sie sich Ihren fertigen Text für einen Moment als detaillierte Landkarte vor, auf der sowohl Ihr aktueller Standort eingezeichnet ist wie auch ein bestimmtes Reiseziel und eine genaue Route, die dorthin führt. Welche Schritte erforderlich sind, um eine solche Karte zu zeichnen, hängt stark davon ab, unter welchen Ausgangsbedingungen Sie sich an die Arbeit machen. Haben Sie schon eine rudimentäre Karte mit den Himmelsrichtungen und ein vorgegebenes Ziel, so wird Ihre Aufgabe vorrangig darin bestehen, die beste Route dorthin zu finden, auf Besonderheiten an der Strecke hinzuweisen und alternative Wege zu berücksichtigen. Haben Sie lediglich ein weißes Blatt Papier, müssen Sie sich einnorden, einen Maßstab wählen und vielleicht sogar erst Ihren Standort erkunden.

Das Festlegen von Start und Ziel, das Abschätzen der Entfernungen und Bestimmen der **89** Himmelsrichtungen wären in diesem Bild die ersten Arbeitsschritte, namentlich also, dass Sie sich (je nach Vertrautheit mit dem Thema) erst einmal **mit Einstiegsliteratur einen grundsätzlichen Überblick verschaffen** oder schon direkt eine oder mehrere **erste Arbeitshypothesen bilden** (Rn. 37 f.).

Ähnlich wie beim Erstellen einer Landkarte würden Sie nicht damit beginnen, an irgendeiner Stelle detailbesessen einen bestimmten Ort auf der Karte einzuzeichnen, sondern zunächst grobe Orientierungspunkte suchen, Erhebungen, Flüsse, große Straßen: im Übertragenen entsprächen diese je nach Zuschnitt der Themenarbeit Gesetzen und Materialien, Urteilen, Monographien oder zentralen Aufsätzen. Als Werkzeug beim Kartographieren dient Ihnen neben Kompass und Fernglas auch ein GPS-Gerät, also: **Bibliotheken** und das **Internet mit Datenbanken** sowie **Suchmaschinen**. Wie Sie diese Werkzeuge verwenden, ist eine Frage des Fachwissens und bestimmt die Wissenschaftlichkeit Ihrer Arbeitsweise; dazu sogleich mehr.

Das Bild vom Kartographieren verdeutlicht aber auch die Art, in der Sie vorgehen soll- **90** ten, um möglichst **effizient** zu arbeiten – nämlich **nicht linear**, sondern **spiralförmig**, um in immer weiteren Bögen **mehr und mehr Details zu erfassen**, wobei Sie wiederholt die gleichen Punkte passieren können, wenn auch auf einer höheren Komplexitätsebene.

Konkret für Ihre Arbeitsweise folgt daraus: Sie sollten **einschlägige Literatur nicht vor dem Schreiben lesen**, sondern überwiegend parallel dazu; lesen Sie zuerst grundlegende Texte, keine hochspeziellen Diskussionen von Einzelfragen.

Analog dazu erfolgt bei der Recherche die Auswahl von Texten nach Maßgabe der schon aufgestellten Arbeitshypothesen, die Sie mit jedem Bearbeitungsgang ausdifferenzieren oder sogar anpassen, es finden also **ständige Wechselblicke** statt, bei der **Ausformulierung** wie bei der **Recherche**.

Beim **Schreiben** schließlich beantworten die ersten Textfassungen überwiegend noch keine Detailfragen, sondern entwickeln in **Bearbeitungsschleifen** diese komplexen Antworten erst nach und nach.

Um ein zweites Bild zu bemühen, das die Entstehung des Textes verdeutlicht: Wie ein Bildhauer beginnen Sie mit einem Quader, arbeiten erst die groben Formen und Umrisse, dann nach und nach alle Feinheiten der fertigen Skulptur aus dem Rohling heraus.

b) Aufbau und Benutzungshinweise zu Abschnitt II.

91   Zwar geht es hier vordergründig um **Arbeitstechniken**, doch lässt sich deren Sinn und Nutzen kaum erklären, ohne auch ein paar Worte zum Thema **Wissenschaftlichkeit** zu verlieren, insbesondere in juristischen Kontexten. Daher sind den vielen konkreten Tipps jeweils als Einleitung einige allgemeine Überlegungen vorangestellt. Sie befassen sich erstens mit den **Kriterien und Anforderungen (rechts-)wissenschaftlichen Arbeitens** (unter Rn. 93); zweitens mit der **Quellenauswahl und -recherche**, auch und gerade in den Zeiten des **Internets** (unter Rn. 123).

Da die meisten Themenarbeiten einen **wissenschaftlichen Anspruch** erfüllen sollen, ergibt sich hieraus gleichzeitig auch ihr **Bewertungsmaßstab**. Ob und wie eine wissenschaftliche Arbeitsweise überprüft werden kann, wann eine **Leistung** als **eigenständig** anzusehen ist und welche Erkenntnisse für die Bewertung Ausschlag geben, aber auch ausreichen: Alle diese Fragen sind eng mit dem Begriff der Wissenschaftlichkeit verknüpft.

92   Die **juristische Recherche** als elementarer Arbeitsschritt zielt bei Themenarbeiten oft genug nicht nur auf **Dogmatik**, sondern gleichermaßen auf das Ermitteln von **Tatsachen**, juristisch formuliert: den Sachverhalt. Dabei steht ein nahezu endloses Angebot an Material der meist sehr begrenzten Ressource Zeit gegenüber; diese widerstreitenden Faktoren wollen bei größtmöglicher **Effizienz** in Einklang gebracht werden, was ohne geeignete **Suchstrategien** und eine **sinnvolle Materialauswahl** kaum zu leisten ist. Gerade für letztgenannte ist ein kritischer Umgang mit Quellen notwendig (**Quellenkritik**).

Zur Recherche bieten sich verschiedene, vor allem auch **digitale Methoden** an, nicht selten aber auch die klassische Suche in **Printmedien**, etwa über Bibliotheken oder Zeitungsarchive; hilfreich dabei ist es, die Eigenarten der verschiedenen **Quellen-Typen** zu kennen (unabhängig davon, ob es nun primäre, sekundäre oder tertiäre sind).
Bei aller Leistungsfähigkeit moderner Suchmaschinen und Datenbanken können sie nach wie vor aber nicht die althergebrachten Vorgehensweisen vollständig ersetzen.

2.   Kriterien und Anforderungen (rechts-)wissenschaftlichen Arbeitens

93   Mag durch die hier gewählte Aufteilung auf den ersten Blick vielleicht der Eindruck entstehen, bei juristischer Recherche und wissenschaftlichem Arbeiten handele es sich um separate Themen, so sind beide bei näherer Betrachtung doch untrennbar verwoben. In Themenarbeiten sollen Sie wissenschaftliches Verhalten einüben und zeigen, dass Sie wissenschaftlich geleitet recherchieren, referieren und argumentieren können, kurz gesagt: Sie sollen wissenschaftliche Anforderungen erfüllen, letztlich also Ihrerseits zur Wissenschaft beitragen.

a) Vorab: Was bedeutet Wissenschaft?

aa) Zweifel an der Wissenschaftlichkeit der Rechtswissenschaft

Unterstellt, es gäbe einen konsensfähigen Begriff von Wissenschaft und die Rechtswissenschaft ließe sich darunter fassen[78], könnte man immer noch bezweifeln, dass die Wissenschaftlichkeit einer schriftlichen Ausarbeitung einen Wert bildet. In der Tat kann man angesichts der Käuflichkeit akademischer Titel, universitärer Gutachten zu fast jedem gewünschten Ergebnis und dem jeweiligen Gegenteil, der Fälschung naturwissenschaftlicher Ergebnisse, zunehmenden Plagiaten, steigender Beliebtheit der Drittmittelfinanzierung von Universitäten, Zitierkartellen und ähnlichen Netzwerken fragen, ob es sich um randständige Fehlfunktionen des wissenschaftlichen Betriebs handelt oder um ein gänzlich unglaubwürdiges System der Produktion nur scheinbar neuer Erkenntnisse[79]. Die vorliegende Anleitung muss diese Zweifel ausklammern, um auch nur skizzieren zu können, wie regelgemäßes Arbeiten aussehen sollte[80].

bb) Eine erste Annäherung

Was Wissenschaft ist, ist gar nicht so leicht zu erklären. Was ein wissenschaftlicher Text   94
ist, kann man aber näherungsweise erfassen, etwa *ex negativo*: Eine wissenschaftliche Arbeit geht nicht essayistisch an den Gegenstand heran. Also nicht: eine steile These, zwei überraschende, aber auf Anhieb plausible Argumente, drei bis maximal vier entlegene Belegstellen. Das ist zwar originell, wird aber im behäbigen Wissenschaftszirkus nicht gern gesehen[81]. Sie arbeitet auch nicht polemisch. Also nicht: einseitig, offensiv-aggressiv, journalistisch-feuilletonistisch, zugespitzt[82].

Überlegen Sie einmal weiter, bevor Sie in Wikipedia nachlesen: Was unterscheidet einen wissenschaftlichen Text von einer Predigt, einem Gedicht, einer Parteitagsrede, einem Zeitungsartikel, einer Kurzgeschichte, einer Gebrauchsanweisung?

Konventionsgemäß erweist sich Wissenschaftlichkeit zunächst daran, dass Sie mit wissenschaftlichen Texten arbeiten[83]. Darauf ist bei der Auswahl Ihrer **Quellen** zu achten.

Keine taugliche Quelle ist etwa ratgeberrecht.de – dort können Sie sich informieren, wenn Sie ohne ein einziges Buch in der Nähe eines Hotspots sitzen. Ansonsten gilt: **Fachliteratur verwenden!**
Fachliteratur ist im Wesentlichen juristische, teils werden Sie aber gerade bei Themenarbeiten das Schrifttum der Nachbarwissenschaften heranziehen wollen und/oder müssen, etwa der Staatswissenschaften, Politologie, Soziologie, Geschichte usw.[84]

---

78 Dazu *Röhl/Röhl*, Allgemeine Rechtslehre, 79 ff.
79 Zweifel an der Wissenschaftlichkeit der Rechtswissenschaft äußern *Basak/Reiß/Schimmel*, RW 2014, 277 ff.
80 Dieses Ausklammern ist zwar riskant, weil die angesprochenen (und durchaus nicht abschließend aufgezählten) Probleme ernst sind. Es ist aber gleichwohl vertretbar: Wer nämlich über die genannten Problemen verzweifelt, wird letztendlich dem Wissenschaftsbetrieb so schnell wie möglich entfliehen.
81 Es mag Ausnahmen geben, dazu noch Rn. 595.
82 Auch hier sind Ausnahmen denkbar, siehe Rn. 606.
83 Das klingt gefährlich zirkulär – manchmal ist es das vielleicht auch.
84 In den 1970er Jahren wurde noch erbittert über die juristische Relevanz der Sozialwissenschaften diskutiert (vgl. etwa die vier Bände in der JuS-Schriftenreihe zum Thema Sozialwissenschaften im Studium des Rechts); diese Wogen haben sich mittlerweile geglättet. Gleichwohl leiden auch heute Studenten der Rechtswissenschaften oft unter einer gewissen fachlichen Isolation – nachvollziehbar, sie werden ja auch kaum veranlasst, ein Nebenfach zu wählen.

95 Woran erkennt man einen wissenschaftlichen Text? Formal betrachtet an der Bleiwüste, am Fußnotenapparat oder wenigstens den Belegstellen im Text, inhaltlich gesehen an der Benennung von Quellen, an der Darstellung von und der Auseinandersetzung mit Gegenpositionen, am Bemühen um Objektivität und um sinnvolle Gliederung, an der Vermeidung vorgefasster Ergebnisse. In wissenschaftlichen Texten werden Behauptungen mit Begründungen und Belegen versehen, Einwände werden sachlich (statt: polemisch) erörtert. An der Gliederung, die sich bei kürzeren Texten manchmal nur aus der gedanklichen Strukturierung erschließen lässt, bei längeren aber durch Überschriften, deren Nummerierung und ein vorangestelltes Inhaltsverzeichnis. An der Absicht des Verfassers, auch Teile isoliert lesbar werden zu lassen. Diese Teile werden über die Gliederung oder über den Index (also das Stichwortverzeichnis) identifizierbar.

b) Bewertungsmaßstab

aa) Erwartungen an einen Text: Studium versus Forschung und Lehre

96 Von einer studentischen Themenarbeit wird zwar niemand erwarten, dass sie bei Abgabe publikationsreif ist, allerdings ist die Publikationsreife das Idealbild für Ihre Arbeiten. Sehen Sie Ihre Texte nicht als etwas Anderes, sondern lediglich als die Vorstufe einer wissenschaftlichen Publikation – im Bestfall teilen Ihre Leser diese Einschätzung[85].

bb) Probleme oder Lösungen? Zum Wert eines wissenschaftlichen Textes

97 Im Idealfall bietet jeder wissenschaftliche Text (und damit auch Ihre eigenen) einen Mehrwert, einen Beitrag zur wissenschaftlichen Erkenntnissuche. Meist wird und sollte daher der Schwerpunkt Ihrer Arbeit auf Lösungen liegen, statt nur Probleme zu beschreiben – Rechtswissenschaft ist wesentlich auch Sozialwissenschaft; Recht löst und vermeidet Probleme und Konflikte.

Allerdings gibt es auch von diesem Grundsatz Ausnahmen, und das kann im Besonderen für neue[86] Probleme gelten, oder wenn aus anderen Gründen ein umfassender oder auch nur teilweiser Lösungsversuch den Rahmen Ihrer Arbeit sprengen würde.

Unter dem Gesichtspunkt der Wissenschaftlichkeit ist eine Problemlösung also nicht zwingend nötig. Ein Mehrwert kann schon darin liegen, das Problem verlässlich abzugrenzen und vernünftig zu beschreiben, also eine wissenschaftliche Analyse zu liefern, auf deren Grundlage dann zur Lösung der eigentlichen Probleme angesetzt werden kann[87]. So kann das Ergebnis Ihrer Untersuchung auch lauten: *Das Problem ist noch deutlich heikler als zunächst angenommen/bisher im Fachdiskurs wahrgenommen. Die Schwierigkeiten liegen insbesondere bei … . Ungeklärt ist zudem … . Ein Ansatz kann in … liegen. Zuvor muss aber … geklärt werden.*

Oft wird es erforderlich werden, innerhalb eines Problemkreises Fallgruppen, Unter- oder Teilprobleme zu isolieren. Auch die damit verbundene Systematisierung klingt noch nicht nach einem Endresultat,

---

85 Zur rechtsdidaktischen Idee des „treating students as colleagues" *Schwartz*, Best Law Teachers, S. 105 ff.

86 Viele Probleme sind allerdings nicht neu. Nicht selten wird nur ein neues (meist englisches) Etikett auf ein altes Problem geklebt. Das erkennt man bei näherer inhaltlicher Befassung recht schnell.

87 In einem Seminar etwa durch andere Teilnehmer; selbst in einer späteren Publikation (dazu Rn. 710 ff.), einer anschließenden wissenschaftlichen Hausarbeit oder sogar in einer Qualifikationsschrift (Rn. 681 ff.).

ist aber Teil der methodisch angegangenen Lösung. Es ist keine Schande, wenn das alleine schon den vorgeschriebenen Bearbeitungsrahmen restlos füllt; man sollte dann aber trotzdem Hinweise geben, in welcher Richtung die Lösung des Problems zu suchen sein dürfte.

Gegenüber der stark auf Ergebnisse fokussierten Gutachtentechnik mag es sich für den **98** Bearbeiter ungewohnt und unbefriedigend anfühlen, keine abschließenden Antworten präsentieren zu können. Aber man wird an persönlichem Format nur gewinnen, wenn man eingesteht, auf fünfzig Seiten das Problem nicht gleichzeitig beschreiben, inhaltlich strukturieren und argumentativ so wieder aus der Welt schaffen zu können, dass das ganze Unterfangen auch noch praxistauglich ist.

Wer also gegen Ende der Bearbeitungszeit ins Zweifeln gerät, ob die Untersuchung eigentlich der Welt genug neue Erkenntnis bringt, tröste sich: Auch die Rechtswissenschaft kommt überwiegend in kleinen Schritten vorwärts. Aber die Zwerge auf den Schultern der Riesen blicken womöglich weiter als die Riesen. Man lasse also den Mut nicht sinken.

cc) Exkurs: Kann das jemand kontrollieren?

Das alles klingt nach viel Mühe, und dieser Eindruck ist richtig. Eine wissenschaftliche **99** Arbeit – sei sie klein oder groß – kostet (Arbeits-)Zeit. Wenn Sie die nicht investieren wollen, sollten Sie es sein lassen[88].

Weniger zu empfehlen ist es, einfach „ein dünnes Brett zu bohren". Das fällt nämlich Ihren Lesern unangenehm auf. Entgegen der von (noch immer zu vielen) Studenten gehegten Vermutung sind übrigens diese Leser meist recht gut imstande, sich ein Bild davon zu verschaffen, in welchem Maß die hier umrissenen Anforderungen eingehalten werden. Die **Kontrolle auf wissenschaftliche Ehrlichkeit, Vollständigkeit und Aktualität der Materialauswertung** etc. ist manchmal anstrengend und zeitraubend – aber sie ist **möglich**, und so mancher Leser hat, wenn er erst einen Anfangsverdacht wissenschaftlicher Unehrlichkeit schöpft, plötzlich Spaß an detektivischer Kleinarbeit[89].

Die traurig wirkenden Gestalten, die Sie spät am Abend noch im Juristischen Seminar sitzen sehen, sind wissenschaftliche Mitarbeiter, die Seminar- und Prüfungsarbeiten lesen und jedes Fehlzitat erbarmungslos kennzeichnen, damit der Lehrstuhlinhaber dann eine Woche später sein vernichtendes Urteil über die Arbeit sprechen kann.

c) Anforderungen im Detail

Nachfolgend geht es um die verschiedenen Anforderungen an einen wissenschaftlichen **100** Text, der diesen Namen auch verdient. Dass diese Ausführungen mitunter sehr technisch oder kleinteilig ausfallen, liegt in der Natur der Sache, für einen schnelleren Zugriff können Sie sich (je nach Kenntnisstand) an den fettgedruckten Schlagwörtern orientieren.

---

88 Außer bei Pflichtleistungen natürlich; aber wenn Sie auf diese gar keine Lust haben, sollten Sie sowieso mal wieder zur Studienberatung gehen. Vielleicht stellt sich ja heraus, dass Sie mit einer soliden Berufsausbildung viel zufriedener sind als mit einem Studium, zu dem Sie keine Lust haben.
89 Diese Kleinarbeit wird in den letzten Jahren oft auch im Schwarm geleistet – mit teils erstaunlichen Ergebnissen. Das VroniPlag Wiki (t1p.de/asnf) dokumentiert eine dreistellige Zahl von Dissertationen und Habilitationsschriften, an deren Seriosität man zweifeln darf.

aa) Wissenschaftliche Ehrlichkeit

101 Alles, was Sie nicht selbst erdacht haben, sondern der Klugheit anderer Leute verdanken, muss diesen **anderen** im Text auch **zugeschrieben** werden, sonst plagiieren Sie – bewusst oder unbewusst.

(1) Der Nachweis fremder Gedanken im Überblick

102 Nur Selbstverständlichkeiten werden nicht belegt, es gilt der Grundsatz: Für **jeden** individuellen **fremden Gedanken** ist ein **Beleg** zu setzen.

Ein Gebot des Anstands ist es, **sinnwahrend** zu zitieren. Das ist sogar bei **wörtlichen Zitaten** nicht ohne Weiteres gewährleistet, weil man nie den gesamten Zusammenhang wiedergeben kann. Also müssen Sie besonders aufmerksam darauf achten, durch die Wahl des Ausschnitts nicht den Sinn der Aussage zu verändern.

Dass die Regeln für wörtliche Zitate streng sind, hat einen einfachen Grund: Sie verleihen dem Zitierten eine Stimme, ohne dass dieser sich dagegen wehren kann. Deshalb muss gewährleistet sein, dass Sie die Interessen des Zitierten wahren – das geht am besten, indem Ihnen strenge Orientierung am Originaltext abverlangt wird.

103 Wer alle fremden Gedanken im eigenen Text belegt, gewinnt vielleicht am Ende den Eindruck, dass gar **nicht viele eigene Gedanken** darinstehen – das kann passieren.

Es ist aber auch kein Grund zur Sorge. Zum einen merkt man bei solchen Gelegenheiten, wie schwierig es sein kann, einen eigenen tragenden Gedanken zu fassen. So lernt man, den Wert wissenschaftlich-kreativer Leistungen zu achten– und hört hoffentlich schon deshalb mit Plagiieren auf oder fängt erst gar nicht damit an. Zum anderen kann die eigene Aufgabe gerade darin bestehen, Verstreutes zusammenzufassen und für andere verständlich zu machen. Das klingt nach Kärrnerarbeit – aber um die kommen nicht einmal Genies herum.

Man kann aber auch erkennen, dass die **Eigenleistung** eher in der **Auswahl und Zusammenstellung der Gedanken** liegen kann, die man als Bearbeiter für wichtig und relevant hält. Die zitierten Belegangaben sind dann nicht etwa der Ausdruck des fehlenden Eigenanteils, sondern die Rückendeckung für die einzelnen Schritte eines Gesamtweges, den man in dieser spezifischen Form selbst geht. Darin besteht die eigene Leistung, die in Studienarbeiten erwartet wird. Und wesentlich mehr leistet auch ein ganz erheblicher Teil der rechtswissenschaftlichen Publikationen nicht.

104 Von **wörtlichen Zitaten** gilt allgemein: **Weniger ist mehr.** Das kommentarlose Zusammenstellen vielleicht einschlägiger Äußerungen zahlreicher Autoritäten ist ein nicht aussterbender Anfängerfehler. So stolz Sie auf Ihre Sammlung von Problemlösungsansätzen anderer Leute sein mögen, müssen Sie diese nicht nur inhaltlich bewerten, sondern zunächst einmal in eigenen Worten wiedergeben. Anderenfalls bleiben Sie auf halber Strecke stehen. Denn erst durch das Reformulieren in eigenen Worten machen Sie deutlich, dass und wie Sie erstens den zitierten Text verstanden haben, und zweitens sich diesen zu eigen machen.

Längere Passagen, die aus aneinandergereihten wörtlichen Zitaten bestehen, hinterlassen fast immer einen unerfreulichen Eindruck. Der Leser zweifelt, ob Sie eine eigene Leistung erbracht haben. Ausnahmsweise kann man solche Zitatketten aber einmal als wissenschaftliches Stilmittel verwenden, indem man etwa einige plakative kontroverse Aussagen unmittelbar hintereinander setzt, um zu zeigen, wie umstritten ein Thema augenblicklich ist.

Zu Einzelheiten des Zitierens sogleich mehr – alles, was diesen Regeln nicht folgt, ist **105** ein **Plagiat** – selbst wenn Sie „nur" einen fremdsprachigen Text übersetzen und die Übersetzung als eigenen Text ausgeben[90], ungeachtet des Aufwands der Übersetzung – es kommt alleine auf die **geistige Urheberschaft** an. Für den Erfolg Ihrer Arbeit ist Plagiieren ziemlich gefährlich.

Plagiate mögen so alt sein wie die Wissenschaft; manche Autoren meinen wohl, gelegentlich einmal ausprobieren zu müssen, ob ihnen der Leser auf die Schliche kommt. Das mag attraktiv sein, weil man sich durch Übernahme fremder intellektueller Leistungen vermeintlich[91] eine Menge Arbeit sparen kann, während im Sommersemester der Baggersee lockt oder im Wintersemester der Berg ruft. Und die Versuchung wird nicht kleiner, seit im Internet – oft umsonst oder für kleines Geld – fast alles zu haben ist, was jemals als Prüfungsarbeit geschrieben wurde. Allerdings fällt das im Zeitalter leistungsfähiger Plagiatskontrollprogramme eben auch besonders schnell auf, weil sie Texte mit allen verfügbaren Internetquellen abgleichen. Riskieren Sie es eben, wenn Sie wollen. Aber sollten Sie erwischt werden, fallen Sie durch. Vielleicht fliegen Sie auch ganz raus. Oder stehen auf einer hausinternen schwarzen Liste, ohne je davon zu erfahren (die Liste steht nämlich nicht im Internet)[92]. Wie hoch die Wahrscheinlichkeit ist, erwischt zu werden, kann Ihnen niemand genau sagen[93]. Was Plagiate für Ihre wissenschaftliche Selbstachtung bedeuten und wie sie sich auf Ihre Karriere auswirken, müssen Sie selbst überlegen[94]. Letzte Warnung: Die Übernahme fremder Texte mag mit wenig Aufwand möglich sein. Sie ist aber nicht ganz mühelos. Und wenn Sie sich zu wenig Mühe geben, steigt der Unmut Ihres Lesers erst recht.

Beispiel: Wer juristische Fachtexte abschreibt oder kopiert, muss wenigstens darauf achten, dass die zitierten Normen noch gelten – und nicht bei einer zwischenzeitlichen Neuverkündung in einen anderen Absatz oder einen anderen Paragraphen verschoben worden sind. Auch ein längst überholter Umsatzsteuersatz kann verräterisch wirken; wenn dann die Umsatzsteuer auch noch laienhaft als *Mehrwertsteuer* bezeichnet wird, fragt sich der Leser, ob Sie überhaupt Fachliteratur herangezogen haben.

Wer also das Risiko eingehen will, fremde Texte gleich abschnittsweise zu übernehmen, achte mindestens auf die Korrektur von Tippfehlern, die Vereinheitlichung von Abkürzungen und Ähnlichem sowie auf die Aktualisierung möglicherweise veralteter Informationen und Normen[95].

---

90 Das merkt der Leser übrigens nicht selten am Sprachstil der Übersetzung.

91 Denn die wirkliche Arbeit besteht ja im Finden einschlägiger Stellen, nicht in deren sauberer Einarbeitung in den eigenen Text. Die ersparte Arbeit ist letztlich nur die des Umformulierens und Setzens der Fußnote, was gegenüber dem Recherchieren der Quellen, deren Auswertung und der Auswahl der verwendbaren Stellen marginal bleibt. Kurz gesagt: Man geht ein erhebliches Risiko ein für eine zu vernachlässigende Zeitersparnis.

92 Selbstverständlich gibt es keine schwarzen Listen – das sind nur Gerüchte. Bestimmt

93 Sehen Sie sich einfach mal t1p.de/tkn3 und t1p.de/3uee an, bevor Sie auf die Suche nach fremden Arbeiten gehen, die Sie übernehmen können. Natürlich ist es nicht verboten, die eigene Arbeit einmal vor der Abgabe mittels einer einschlägigen Software auf – selbstverständlich: versehentlich unterlaufene – Plagiate prüfen zu lassen. Das kann großen Ärger vermeiden.

94 Allerdings zeigen die jüngeren Beispiele von Plagiatsvorwürfen selbst gegenüber Rechtsprofessoren, dass man mit gut gewählten Verteidigungsstrategien schlussendlich doch mit einem blauen Auge davonkommen kann. Wer beim Abschreiben erwischt wird, beachte als erste Regel immer: Deeskalieren, verzögern, aus der Schusslinie verschwinden. Wer in dieser Hinsicht lernen will, suche bei Google neben *Plagiat* einmal *Wirth* oder *Schwintowski*. Lesenswert *Weber*, Google-Copy-Paste-Syndrom. Andererseits sind zuletzt selbst Jura-Professoren wegen Plagiaten gerichtlich bestätigt akademische Grade entzogen worden. Und auch wenn es unfair klingt: Gegen die eigenen Studenten gehen praktisch alle Fachbereiche eher strenger in solchen Fällen vor als gegen Lehrstuhlinhaber.

95 Es gibt noch ein paar mehr typische Indikatoren für plumpe und etwas weniger plumpe Plagiate. Wenn Sie aber jetzt eine vollständige Aufzählung erwarten, sollten Sie zunächst in sich gehen und fragen, warum Sie diese Informationen überhaupt interessieren. Wenn Sie sich darüber Klarheit verschafft haben, finden Sie eine kleine Anleitung zum erfolgreichen Plagiieren bei *Schimmel*, GreifRecht 2009, 98 ff.

(2) Der Nachweis fremder Gedanken im Einzelnen

106 Für das Einarbeiten übernommener Gedanken und Formulierungen gibt es allgemeingültige Regeln in der Wissenschaft, aber auch spezifische Besonderheiten in der juristischen Fachkultur. **Wörtliche Übernahmen** müssen immer durch Anführungsstriche[96] und Angabe der Quelle in der Fußnote gekennzeichnet werden[97].

107 **Kurze Zitate** (einzelne Wörter oder Satzteile) werden in den laufenden Text eingepasst. Auslassungen kennzeichnen Sie durch Einfügen dreier Punkte in eckigen Klammern.

Beispiele: *„Der Zweck der Publizitätsvorschriften* [...] *besteht hauptsächlich in ...“* (Fußnote mit Belegstelle).

Bei erforderlich werdenden Änderungen in der Konjugation oder Flektion fügen Sie die nötige Endung in Klammern hinzu.

Beispiel: Wenn es im (zuvor nachzuweisenden und nachgewiesenen!) Text von *Bergmann* heißt ... *ist eine große Leistung*, schreiben Sie *Bergmann spricht insofern von einer „große[n] Leistung“*.

108 **Lange Zitate** (ganze Sätze oder Textpassagen) werden dagegen meist kleiner gesetzt (etwa 10 Punkt gegenüber 12 Punkt), erhalten einen eigenen Absatz und werden links (teils zusätzlich auch rechts) eingerückt (etwa einen Zentimeter)[98]. Durch eine oder mehrere solche zusätzliche Formatierungen auf längere Zitate hinzuweisen ist verbreitet und empfehlenswert, aber nicht zwingend.
Anführungsstriche sind dagegen stets unentbehrlich!

Auf **Fehler**[99] **im zitierten Text** weisen Sie durch Hinzufügen von *[sic!]*[100] hin[101]. Auch **Hervorhebungen** im zitierten Text übernehmen Sie, kennzeichnen dies aber in der Fußnote: *Hervorhebung im Original*. Empfehlenswert ist es, eigene Hervorhebungen ebenfalls in der Fußnote zu kennzeichnen durch Anfügen von *Hervorhebungen vom Verfasser* oder – klarer, weil *Verfasser* verschiedene Personen meinen kann – mit *Hervorhebung von mir, X.Y* oder (wenn man die erste Person vermeiden möchte) *Hervorhebung nicht im Original*. Die alte Rechtschreibung wird im Zitat üblicherweise beibehalten; auf orthographische Modernisierungen sollte in der Belegfußnote hingewiesen werden. Offenkundige Rechtschreibfehler kann man im vermuteten Einverständnis des Zitaturhebers stillschweigend verbessern. **Fremdsprachige** Zitate sollte man in einer Fußnote übersetzen; das gilt sogar bei Sprachen, deren Kenntnis man beim Leser voraussetzen zu können glaubt[102].

109 **Sinngemäße Zitate** – also von Ihnen selbst formulierte Sätze zum Inhalt eines anderen Texts – werden nur durch Angabe der Quelle in der Fußnote gekennzeichnet. Sinngemä-

---

96 Enthält das Zitat selbst Anführungsstriche, werden diese unterscheidungshalber gegen einfache Gänsefüßchen (‚') oder typographische Anführungszeichen (»«) ausgetauscht.

97 Zu erläuternden Hinweisen bezüglich einer Quelle im Fußnotentext sogleich Rn. 108.

98 Wenn Sie mehr als ein längeres wörtliches Zitat präsentieren wollen, ist es zweckmäßig, eine Formatvorlage mit den genannten Auszeichnungen zu definieren und diese allen Zitaten zuzuweisen.

99 Gemeint sind Fehler in Rechtschreibung und Interpunktion. Mit inhaltlichen Fehlern im zitierten Text setzen Sie sich erforderlichenfalls in Ihrer Arbeit auseinander.

100 Statt *sic!* kann man natürlich auch *so falsch im Original!* setzen. Aber das ist sehr lang und noch besserwisserischer als *sic!*, so dass Sie hier ruhig einmal lateinisch schreiben dürfen.

101 Gehen die Fehler auf eine alte Orthographie zurück, wird es meist sinnvoller sein, entweder im Einführungskapitel oder in der ersten Fußnote zum betreffenden Text klarzustellen, dass in den Zitaten die alte Schreibung beibehalten ist.

102 Nicht zuletzt, um klarzustellen, wie Sie die Textstelle gedeutet haben, damit der Leser etwaige Fehlschlüsse oder Missverständnisse nachvollziehen kann.

ße Zitate sind der Normalfall, wörtliche die Ausnahme. Regelmäßig umschreiben (paraphrasieren) Sie fremde Texte, weil Sie diese in kürzerer, längerer, anders fokussierter Fassung brauchen. Bleibt die Umschreibung ganz nah am Original, sollte man in der Fußnote durch *So...* darauf hinweisen.

Die üblichen Regeln zur Angabe von Belegstellen in Fußnoten sind ein Gegenstand der in großen Mengen frei verfügbaren Anleitungen zu Formalien juristischer Hausarbeiten, insoweit gelten für Themenarbeiten keine Sonderregeln[103].

bb) Vollständigkeit

Im Grundsatz wird von Ihnen erwartet, dass Sie das zur Verfügung stehende Material zu Ihrem Thema vollständig erfassen und auswerten.   **110**

Viele Themen erlauben das nicht.

Beispiel: *Die culpa in contrahendo in Geschichte und Gegenwart* mag als Doktorarbeit oder Habilitationsschrift Vollständigkeitsansprüche erheben, als Seminararbeit sicher nicht.

Themen mit einem so globalen Zuschnitt und einer Fülle an verwertbarer Literatur werden gern in Seminaren für Anfänger gestellt, da hierzu einschlägiges Material leicht zu finden ist. Fortgeschrittenen-Übungen und -seminare werden meist speziellere Themen verhandeln, bei denen der Materialfundus kleiner ist. Jedenfalls dort ist also eine möglichst umfassende Literaturauswertung Teil der Aufgabe.

Gemessen an einer klassischen Fallbearbeitung kann deshalb der Suchaufwand bei einer Themenarbeit ohne Weiteres größer ausfallen. Während viele Falllösungen mit Standardkommentar- und Lehrbuchliteratur sowie einer Handvoll vertiefender Aufsätze zufriedenstellend oder besser zu bewältigen sind, wird gerade bei seminaristischer Bearbeitung leicht einmal der Schwerpunkt des ertragreichen Schrifttums bei Festschriftenbeiträgen, exotischen Urteilsanmerkungen, mehr oder weniger schwer zu erreichenden Monografien und ähnlichen nicht ohne Weiteres ins Auge springenden Quellen liegen.

Wo – wie so oft – Vollständigkeit nicht zu erreichen ist, muss wenigstens Repräsentativität gewährleistet sein[104]. Hier unterscheidet sich eine wissenschaftlich angelegte Arbeit von einem **Essay**. Letzterer stellt den originellen Gedanken oder den ungewöhnlichen Ansatz in den Vordergrund, baut vielleicht auf die Zusammenschau des sonst nicht in Zusammenhang Gebrachten[105]. Die wissenschaftliche Arbeit wird durch solche Elemente bereichert. Aber ihre Wissenschaftlichkeit bezieht sie zu einem wichtigen Teil daraus, dass sie den Leser über den Meinungsstand informiert und es ihm erlaubt, den eigenen Standpunkt dazu in Beziehung zu setzen. Deswegen darf sie sich nicht darauf beschränken, in ungefähren Linien zu umreißen, was andere zum Problem sagen. Die Darstellung fremder Standpunkte gibt die Grundlage für die (ebenfalls verlangte) kritische Auseinandersetzung.   **111**

---

103 Siehe etwa die in Fn. 73 f. genannten Fundstellen sowie ausführlicher speziell zu den Zitierregeln für Juristen *Bergmann/Schröder/Sturm* und *Byrd/Lehmann*.

104 Das ist oft schon schwer genug, weil man auswählen muss, welche Quellen aktuell relevant sind und die zumindest im Moment noch vertretenen Ansichten umfassend abdecken, von den Ergebnissen her wie argumentativ. Für eine solche Auswahl muss man sich diesen Diskussionsstand in seiner Breite und Tiefe erarbeiten. Der zu betreibende Rechercheaufwand verringert sich deswegen nur wenig.

105 Empfehlungen zum Essay bei *Schindler*, Klausuren, 69 ff.

cc) Kritische Auseinandersetzung

112 Für viele Studenten ist das ein Rätsel[106]. *Kritisch* bedeutet nicht, dass man anderer Meinung sein muss als die anderen. Es bedeutet aber, dass man sich anderen Meinungen nicht kommentarlos anschließen darf. Sie dürfen fremden Standpunkten gern auch uneingeschränkt zustimmen. Es muss nur erkennbar werden, welche Überlegungen Sie dabei geleitet haben. Also muss die Darstellung Ihrer Argumentation erkennen lassen, dass Sie alle Ansichten in Frage gestellt haben – einschließlich derer, der Sie sich anschließen[107]. Die reine Wiedergabe fremder Ansichten genügt diesem Anspruch also nicht, selbst wenn diese noch so gut sortiert zusammengestellt wurden. *Kritisch* bedeutet also die Möglichkeit ernsthaft in Erwägung zu ziehen, dass das Bisherige falsch ist[108].

Wer als Student des dritten Semesters noch neu im wissenschaftlichen Betrieb ist und zum ersten Mal eine Seminararbeit schreibt, stellt beim Lesen einer gut gelungenen Doktorarbeit zum Thema schnell fest, dass die Versuchung groß ist, alles für bare Münze zu nehmen, was darin geschrieben steht. Das ist wenig verwunderlich, weil sich der Verfasser um eine schlüssige Argumentation und einen überzeugenden Aufbau bemüht hat. Wenn das gelingt, klingt das Geschriebene leicht wie die Wahrheit, so dass ein abweichender Standpunkt kaum noch zu formulieren ist. Mit der Zeit lernt man aber, gedanklich zwei Schritte zurückzutreten – und schon werden andere mögliche Perspektiven wieder deutlicher.
Zur Schärfung des eigenen Standpunkts können Sie gern probeweise an das Problem so herangehen, als sei es strikt verboten, sich einer bereits vertretenen Meinung vorbehaltlos anzuschließen. Suchen Sie eben in den Krümeln.

dd) Genauigkeit

113 In einer wissenschaftlichen Arbeit sollen Sie nicht nur ungefähr sagen, was Sie meinen, sondern sich möglichst genau und vor allem unmissverständlich ausdrücken. Die damit verbundene Mühe (und Pflicht) tragen Sie als Verfasser. In einem schriftlichen Text, den Sie nicht mehr mündlich erläutern können, liegt das schon in Ihrem Noteninteresse. Das kann bedeuten, dass Sie manchmal um einzelne Wörter und Formulierungen ringen müssen – und dass in der Endfassung einzelne Abschnitte kaum noch etwas mit der vorläufigen Endfassung zu tun haben. **Leerformeln** wie *naturgemäß, liegt im Wesen des ..., ... ergibt sich aus dem Begriff der ...* sind nur Platzhalter für inhaltliche Begründungen. Vermeiden Sie sie, wo es geht. Entweder sagen Sie es genauer oder Sie lassen es weg, weil es eben doch selbstverständlich ist.

114 Genauigkeit in der Sprache und in der Sache sind juristische Kerntugenden und meist zwei Seiten der gleichen Münze.

Beispiel: *„Eine Suchmaschine haftet nicht für die Benutzung des Unternehmenskennzeichens eines Dritten seitens ihrer Werbekunden"*[109]. Wer ist dabei mit *Suchmaschine* gemeint? Vermutlich das als

---

106 Das ist vermutlich eine Konsequenz der im Studium zu bewältigenden Stoffmasse, die zum Auswendiglernen einlädt statt zur kritischen Aneignung.

107 Als häufiger Nebeneffekt ergibt sich daraus, dass Ihre eigene Stellungnahme die höchste Belegdichte Ihrer Arbeit aufweisen wird oder jedenfalls aufweisen sollte.

108 Auch wenn die Falsifikation in den Sozialwissenschaften etwas anderes ist als in den Naturwissenschaften, berührt sich der Gedanke hier mit der Wissenschaftstheorie *Poppers*.

109 *Gasser/Thurman*, Themen und Herausforderungen der Regulierung von Suchmaschinen, in: *Machill/Beiler* (Hrsg.), Suchmaschinen, 44, 50 in Fn. 2.

Kapitalgesellschaft organisierte Unternehmen, das die Suchmaschine betreibt. Wenn es im Text aber um Haftung nach juristischen Maßstäben geht, sollte man das auch möglichst genau sagen, also die betroffenen Subjekte nicht hinter einem ungenauen Ausdruck verstecken[110].

ee) Einheitlichkeit/Konsistenz im Begrifflichen

Zum wissenschaftlichen Arbeiten gehört eine einheitliche Begriffsverwendung. Juristen **115** können sich ihrem Gegenstand fast nur auf sprachliche Weise nähern und sind deshalb nicht nur auf größtmögliche Genauigkeit, sondern auch auf Widerspruchsfreiheit angewiesen. Eine Begriffsverwendung, auf die man sich einmal festgelegt hat, bleibt verbindlich, bis man im Verlauf der Untersuchung den Begriff genauer fassen kann. Letzteres sollte dann aber auch durch eine neuerliche verbesserte Definition hervorgehoben werden.

Beispiel: Wenn in einem Fachzeitschriftenbeitrag der Begriff *incivilities* eingeführt und als *Verletzungen von gemeinschaftlich anerkannten Standards...* definiert wird, darf man ihn nicht wenige Seiten weiter zur Benennung der sich ungebührlich verhaltenden Personen benutzen[111], weil zwischen der bösen Tat und dem bösen Täter ein Unterschied besteht. Dieser Widerspruch in der Begriffsverwendung ist recht harmlos, weil er schnell ins Auge fällt. Je subtiler aber die Bedeutungsverschiebungen sind, desto mehr Aufmerksamkeit nötigen sie dem Leser ab, der sich schlimmstenfalls noch hinters Licht geführt oder manipuliert fühlt.

ff) Objektivität

Was Objektivität im Kern ausmacht, ist nicht leicht zu sagen. **116**

Besonders schwer fällt das in der Rechtswissenschaft, die von Wertungen, Abwägungen und Schwerpunktsetzungen lebt, nicht aber von Messungen, Beobachtungen, quantitativ exakten Vergleichen. Nachvollziehbarkeit ist also nur in einem übertragenen Sinn eine Anforderung, nicht in einem naturwissenschaftlichen. Unumstößliche juristische Wahrheiten sind schwer zu haben, manchmal vielleicht auch gar nicht. Wo es sie gibt, kann zumeist ein Federstrich des Gesetzgebers sie entwerten. Auch der stetige Wandel der Gesellschaft und ihrer grundlegenden Anschauungen trägt dazu bei, dass juristische Erkenntnisse vielfach mit der Zeit an Wert verlieren, andere dagegen gewinnen[112]. Je weniger objektive Gewissheiten eine Rolle spielen, desto wichtiger wird es, diskursive Regeln einzuhalten. Wenn sich ein Ergebnis nicht ohne Weiteres aus sich selbst heraus als richtig identifizieren lässt, bietet noch am ehesten der Weg, auf dem es erzielt wurde, Gewähr für seine (zumindest vorläufige) Richtigkeit. In einem anständigen fachlichen Diskurs muss jede Meinung eine Chance auf Überzeugung und Durchsetzung haben[113].

---

110 Lesenswert zu Fehlleistungen des Gesetzgebers auf diesem Gebiet *Schnapp*, JZ 2010, 562 ff.; *ders.*, GesR 2010, 475 f.
111 *Rusche*, GreifRecht 2009, 69, 70 und passim.
112 Die juristische Wahrheit ist dementsprechend keine absolute, sondern eine relative, umfeldabhängige. Wenn Sie sich einmal den Spaß machen und Diskussionen und Gesetzesänderungen in einem ganz bestimmten Bereich über Jahrzehnte zurückverfolgen, werden Sie erkennen, dass das Repertoire an Lösungsvorschlägen und Argumenten endlich, allerdings je nach Zeitgeist die Überzeugungskraft einzelner Lösungen eine andere zu sein scheint und daher unterschiedliche Umsetzungen zu unterschiedlichen Zeiten erfolgen. In gewisser Weise liegt darin auch ein Trost, wenn die eigenen Ideen einmal keine Gefolgschaft finden: Vielleicht ist einfach die Zeit noch nicht reif oder anders gewendet: Sie sind Ihrer Zeit voraus.
113 Diese kleine Arbeitsanleitung ist nicht der Ort, den Gedanken weiter auszuführen. Aber Sie dürfen ruhig gelegentlich näher darüber nachdenken, was für eine seltsame Wissenschaft Sie da studieren. Das gehört dazu.

117 Objektivität verbietet es aber jedenfalls, einen Standpunkt in einer Streitfrage nur deshalb unerwähnt zu lassen, weil die Widerlegung der für diesen Standpunkt sprechenden Argumente Ihnen schwerfällt. Sie bedeutet nicht, dass Sie keinen **eigenen Standpunkt** beziehen dürften (häufiges Missverständnis). Ganz im Gegenteil: Sie sollen und müssen einen solchen entwickeln und begründen.

Er soll aber nicht wortlos neben andere Positionen gestellt, sondern aufgrund wertender Abwägung der für und gegen ihn und die anderen Meinungen sprechenden Argumente begründet werden, Sie sollen also ganz bewusst Verknüpfungen herstellen. Mehr ist oft nicht zu haben – aber weniger zu verlangen ist nicht genug.

118 Objektivität schließt auch **opportunistisches Verhalten** aus. Grundsätzlich besteht kein Anlass dazu, den vermeintlichen oder tatsächlichen Standpunkt Ihres Lesers treffen zu wollen. Zwar ist es stets zu empfehlen, überhaupt einmal nachzuforschen, ob sich Ihr Leser selbst schon mit Ihrem Thema befasst hat[114]. Gibt es eine einschlägige Veröffentlichung von ihm, gebietet es die Höflichkeit, sich damit zu befassen[115]. Indes müssen Sie nicht aus Kriecherei Fernliegendes zitieren, nur damit der Leser sich in Ihrem Schrifttumsverzeichnis wiederfindet, denn die Aussichten auf eine gute Note wird es nicht verbessern. Eine kritische und authentische Auseinandersetzung mit ihrem Standpunkt schätzt der weit überwiegende Teil Ihrer Leser sehr viel mehr als opportunistisches Sich-Anschließen (seltene Ausnahmen bestätigen diese Regel)!

119 Wissenschaftlichkeit schließt Wertungen nicht aus – im Gegenteil: durch sie werden rechtswissenschaftliche Untersuchungen oft erst aussagestark; Wissenschaftlichkeit verlangt aber auch (wie im Rechtsgutachten), dass Wertungen nachvollziehbar und kritisierbar gemacht werden. Meist gelingt das, indem Sie Fakten voranstellen, Meinungen dazu erörtern und dann einen eigenen **wertenden Standpunkt** entwickeln.
Wertungen ohne jede Herleitung und Begründung irritieren, auch schon im Kleinsten.

Beispiel: Wer von einer *enormen* Zunahme der Fallzahlen bei einem bestimmten Delikt spricht, sollte zugleich darlegen, welches der Zahlen-Bezugsrahmen ist – und warum vor dem Hintergrund anderer Informationen die Zunahme als enorm einzuordnen sei.

Ob Ihr Leser Ihre Meinung teilt oder sich von Ihnen überzeugen lässt, ist nicht so wichtig; gut wäre es aber, wenn ein Prüfer zumindest nachvollziehen kann, warum Sie eben diesen Standpunkt einnehmen. Im Vordergrund steht, dass Sie ihm ermöglichen müssen, bei Widerspruch den Punkt zu finden, an dem er Ihnen einen Fehler vorwerfen will. Legen Sie die Voraussetzungen offen, aus denen Sie Ihre Schlüsse ableiten!

Gleichwohl kann man in Texten beschränkten Umfangs nicht alles thematisieren. Sie müssen also immer auswählen. Dabei ist das Selbstverständliche oder unzweifelhaft Konsentierte oder Konsensfähige wegzulassen oder knapp zu halten. Irrtümer sind möglich.

---

114 In Zeiten des Internets geht das leicht. Meist finden sich auf der Lehrstuhlheimseite sowohl eine Veröffentlichungsliste des Lehrstuhlinhabers als auch Angaben zu aktuellen Forschungsvorhaben.

115 Manchmal weist Sie Ihr Prüfer geradezu darauf hin, dass er das Thema Ihrer Ausarbeitung selbst unlängst am Rand eines Aufsatzes über eine verwandte Frage einmal angerissen, aber eben nicht recht ausgeführt habe. In solchen Fällen darf und soll man natürlich den betreffenden Text verarbeiten und zitieren.

gg) **Wissenschaftlicher Apparat**

Von einer wissenschaftlichen Arbeit erwartet man einen wissenschaftlichen Apparat. **120**
Dieser besteht im Wesentlichen aus den Referenzen in **Fußnoten** und einem **Quellenverzeichnis** sowie einer dem Text vorangestellten **Gliederung**. Erforderlichenfalls kommen Abkürzungsverzeichnis, Glossar und Ähnliches hinzu.

Diesen Apparat zu erstellen kostet einige Mühe. Nicht wenige Studenten scheuen diesen
Aufwand, wie man an schlecht redigierten oder fehlenden Verzeichnissen, Fußnoten etc.
merkt[116].

Trotzdem: Der wissenschaftliche Apparat ist **kein Selbstzweck**. Er gewährleistet auf
äußerer (und untrennbar davon: inhaltlicher) Ebene die Nachprüfbarkeit, Objektivier-
barkeit und damit Brauchbarkeit Ihrer Argumentation.

Sie können sich darauf verlassen, dass die Mühe bemerkt und wertgeschätzt wird, die Sie in diesen Teil
Ihrer Arbeit investieren. Gerade Juristen nehmen die Regeln über den wissenschaftlichen Apparat sehr
ernst. Das kommt nicht ganz von ungefähr: Weil es in der Rechtswissenschaft meist um Wertungen
geht, die eben auch anders ausfallen und keinen Wahrheitsanspruch erheben können, legt man Wert
darauf, die Ausgangspunkte möglichst streitfrei festzuhalten.

Welche formalen Anforderungen an den wissenschaftlichen Apparat gestellt werden und **121**
wie man diese in der Hausarbeit praktisch erfüllt, ist an fast allen Hochschulen Thema
jeweils eigener mehr oder weniger offizieller Formalienskripten, im Wesentlichen gilt in
dieser Hinsicht für eine Themenarbeit nichts Anderes als für jede Fallbearbeitungs-
hausarbeit.[117]

Hier aber noch eine kleine Ermahnung zum **Umfang des Fußnotenapparats**: Belegt werden soll alles, **122**
was fremd ist, was streitig ist, was dem Leser neu oder nicht auf Anhieb einsichtig ist. Faktisch führt das
ganz schnell dazu, dass Sie etwa fünf Fußnoten pro Seite setzen. Und nach einer kleinen Weile haben
Sie selbst ein Gespür dafür, welche Aussagen eines Belegs bedürfen.

Beispiel: Ein Satz wie *Das Thema Islamic Banking hat in den letzten Jahren weltweit an Bedeutung
gewonnen* enthält eine deutliche (wenn auch nicht sehr präzise) Aussage. Diese Aussage verlangt nach
Belegen, entweder durch Beispiele in den Folgesätzen oder durch Belegstellen in einer Fußnote. Das gilt
zumindest, wenn die Aussage für den weiteren Gedankengang wichtig ist.

Das Beispiel zeigt zudem, dass eine Fußnote keineswegs nur eine vereinzelte Belegangabe enthalten
muss oder auch nur sollte. Wirklich belegen kann man gerade eine noch relativ allgemeine Behauptung
wohl nur, wenn man in der Fußnote zeigt, dass das Thema Islamic Banking in einer gewissen Anzahl
ganz unterschiedlicher Publikationen auftaucht, so dass diese Fußnote leicht zwischen fünf und zehn
verschiedene Belegangaben enthalten kann. Wenn Sie juristische Fachtexte lesen, können Sie schnell
feststellen, dass Fußnoten mit nur einer einzigen Quellenangabe jedenfalls nicht die Regel sind. Bei
eigenen Arbeiten sollten Sie dies genauso halten.

---

116 Vielleicht wissen Sie schon nach zwei Semestern, dass Sie nie wirklich wissenschaftlich arbeiten wollen oder
     werden (nicht jeder hat schließlich das nötige Talent oder auch nur den erforderlichen Ehrgeiz). Aber solange
     Sie noch universitäre Prüfungen bestehen müssen, sollten Sie Ihre Prüfer nicht zu deutlich spüren lassen,
     dass Sie deren Lebensaufgabe für Unsinn halten, zumal Sie sich auch als Praktiker dem Grundgedanken des
     lückenlosen Quellennachweises nicht entziehen werden können: Wer vor Gericht unterliegt, will zumindest un-
     terliegen, weil das Gericht andere Argumente für überzeugender gehalten hat – statt mit seinen Argumente nicht
     gehört worden zu sein, weil der passende Nachweis fehlte.
117 Einige dieser Skripten sind in Fn. 74 f. nachgewiesen. Im Zweifelsfall gelten immer zunächst die konkreten
     Bearbeiterhinweise des Prüfers, sekundär die am jeweiligen Standort verwendeten Formalienreader und erst in
     dritter Linie alle anderen Zusammenstellungen der Formalien von juristischen Hausarbeiten.

3. Quellenrecherche und -auswahl in den Zeiten und Weiten des Internets

123 Zur Orientierung finden Sie zunächst Grundbegriffe und -überlegungen der Recherche (mit einigen kurzen Anmerkungen), danach Überlegungen zur qualitativen Einschätzung von Quellen, ohne die eine Suche und Auswahl von Quellen nicht möglich ist. Erst dann folgen die Details zu den verschiedenen Quellentypen.

a) Juristische Recherche: Grundlagen

124 Zwar ist die Recherche eine der wichtigsten Arbeitstechniken für Juristen, gleichwohl wird sie im Studium eher am Rande behandelt, wie *Möllers* formuliert: „nur unzureichend gelehrt"[118].

Wenn Sie also in Versuchung sind, den folgenden Abschnitt zu überblättern, weil es im Zeitalter der „information at your fingertips" doch wohl keine Anleitung zur Informationsbeschaffung mehr braucht, bedenken Sie: Es sind schon einige vielversprechende Arbeiten an der „quod non est in google non est in mundo"-Haltung ihrer Verfasser gescheitert. Und das liegt nicht an der Sturheit der Lehrer und Prüfer, die sich weigerten, neue Medien zu nutzen, sondern an der Sturheit der Lernenden und Geprüften, die sich weigerten zur Kenntnis zu nehmen, dass einige Informationen nicht über eine Standardsuchmaschine zu erschließen sind.

Im Folgenden finden Sie knapp erläutert Rahmenbedingungen und Grundbegriffe mit kurzen Anmerkungen: Welcher Zeitaufwand ist mit der Recherche verbunden, auf was zielt sie ab und welche Arten gibt es?

aa) Zeitaufwand der Recherche

125 Wie lange sollten Sie suchen, sammeln und auswählen? Ganz banal: Bis Sie gefunden haben, was Sie suchen. Da sich die Suche während der Arbeit ständig neu definiert, kann sie endlos lang werden – einfache Antworten sind also (wie fast immer) nicht gleichbedeutend mit brauchbaren Antworten.

Je nach Themenzuschnitt ist eine mehr oder weniger tiefschürfende Materialanalyse nötig.

Beispiel: Besteht die Aufgabe darin, für eine Seminararbeit eine bestimmte Gerichtsentscheidung zu analysieren, gehört zum Umfang der Materialsammlung ganz sicher diese Entscheidung selbst. Hinzu kommen alle in der Entscheidung zitierten Quellen – soweit sie denn das Thema der Seminararbeit behandeln. Ganz selten sind nämlich alle Teile der Entscheidungsgründe relevant. Im Anschluss wird man dann versuchen, sich dem in der Entscheidung angesprochenen Thema mit Hilfe von Beiträgen aus der Wissenschaft zu nähern. Manchmal hat man Glück und die wichtigsten zuvor erschienenen Beiträge sind schon in der Entscheidung zitiert. Oft wird es aber so sein, dass man sich die notwendigen Verknüpfungen selbst zusammensuchen muss – vielleicht unter Zuhilfenahme der oben beschriebenen Grundsätze? Jedenfalls muss man in einem solchen Fall noch herausfinden, wie die Entscheidung in der Wissenschaft rezipiert, kritisiert, verteidigt, verarbeitet etc. wurde, was ebenfalls einen gewissen Rechercheaufwand bedeutet.

126 Als Orientierungshilfe sollten Sie mindestens **die Hälfte** der zur Verfügung stehenden Bearbeitungszeit auch für die Materialsammlung und Materialsichtung einplanen.

---

118 *Möllers*, § 5 Rn. 1.

Fast nie kann man einfach einen bestimmten Arbeitsschritt „abhaken", um zum nächsten überzugehen. Man bewegt sich vielmehr in Schleifen. Also: Suchen, lesen, schreiben, suchen, lesen, auswählen, schreiben, suchen, lesen, suchen, lesen, auswählen, schreiben …

bb) Ziele der Recherche

Wie bei einem Rechtsgutachten auch benötigt man für eine Themenarbeit in aller Regel zunächst Informationen zum **Rechtlichen** (also zum Inhalt des Gesetzes, eines Urteils oder zu Fragen der Gesetzesauslegung), zusätzlich aber auch Informationen zum **Tatsächlichen**.

127

(1) Dogmatik

Vermutlich der mit Abstand häufigste Gegenstand juristischer Recherche sind dogmatische Inhalte aller Art, seien es nun Definitionen und Auslegungen von Rechtsbegriffen, Urteilsbegründungen oder Fragen des Prüfungsaufbaus. Diese Form der Recherche kennen Sie schon von der gutachterlichen Falllösung in Hausarbeiten.

128

(2) Fakten

Während in der universitären Fallbearbeitung der zu begutachtende Sachverhalt fast ausnahmslos ausführlich geschildert wird und stets als zutreffend und vollständig zu unterstellen ist, kann das Ermitteln von Tatsachen einen nicht unwesentlichen Teil der zu erbringenden Leistung in einer Themenarbeit darstellen.
Bei den Informationen zum Tatsächlichen – die oft im Vergleich zum Übungsgutachten deutlich wichtiger sind – kann die Recherche schwieriger sein: Der Verfasser einer Themenarbeit ist gerade nicht in der angenehmen Lage, sich auf die Informationen aus dem Sachverhalt beschränken oder wie im Zivilprozess unter Geltung der Dispositionsmaxime abwarten zu können, welche Fakten die Parteien vortragen werden.

129

Woher man also diese Informationen zu nehmen habe und wie sie auszuwählen sind, ist nicht ganz so klar zu beschreiben wie etwa die Recherche nach einem einschlägigen Urteil. Zugleich bietet aber die Informationssuche hier einen spezifischen Reiz – und die Möglichkeit, Punkte zu sammeln. Sie birgt aber auch das Risiko, sich in der Erforschung der tatsächlichen Begebenheiten zu verzetteln und dabei die rechtliche Bewertung der zusammen getragenen Fakten aus den Augen zu verlieren.

(3) Fremdsprachige Quellen

Wenn Ihre Recherche in größerem Umfang **fremdsprachige Quellen** (vor allem englischsprachige[119]) ergibt, heißt das weder, dass Sie diese einfach ignorieren dürften, noch dass Sie teure Sprachkurse belegen müssten. Erstens liest man sich tatsächlich auch in Fremdsprachen, die man nur rudimentär zu beherrschen glaubt, relativ schnell ein.

130

---

119 Die Beherrschung der englischen Sprache wird auch von deutschen Jurastudenten erwartet. Andere europäische Sprachen dürfen gerne auch herangezogen werden, insbesondere Französisch und Spanisch, alles weitere wird gerne gesehen, wenn Sie es beherrschen, aber es kann nicht erwartet werden. Wenn Sie allerdings rechtsvergleichende Themen übernehmen, sollten Sie die Sprache, um die es geht, zumindest soweit beherrschen, dass Sie die Quellen verstehen können.

Zweitens gibt es recht leistungsfähige kostenlose Übersetzungsdatenbanken wie Leo[120], drittens stehen in Bibliotheken und Buchhandlungen Rechtswörterbücher[121]. Sie müssen nicht alles druckreif übersetzen können, um zu erfassen, was ausgedrückt werden soll.

Solange Recht eine im Wesentlichen nationale Angelegenheit ist, dürfte das Problem kaum je unerwartet auftauchen. Wer sich mit IPR, Rechtsvergleichung oder Völkerrecht befasst, wird mit fremdsprachigen Texten ohnehin rechnen.

(4) Empirie

131   Ein Unterfall der Tatsachenrecherche ist die Erhebung von Daten in Statistiken, deren Sammeln, Auswerten und Deuten ebenfalls nach wissenschaftlicher Methode erfolgt. **Eigenständiges empirisches Arbeiten** wird von Juristen fast nie verlangt[122] – soweit darunter das Erheben bislang nicht vorhandener Daten zu verstehen ist.

Das ist zwar bedauerlich, denn es würde gewiss den Blick schärfen. Nach dem derzeitigen Konzept juristischer Ausbildung ist es aber wenig verwunderlich, weil noch nicht einmal die Auseinandersetzung mit Methoden empirischer Forschung auf dem Lehrplan steht. Der zeitliche Zuschnitt der meisten Themenarbeiten ließe das wohl auch nicht zu, doch selbst in Doktorarbeiten wird nur selten empirisch gearbeitet, gelegentlich einmal bei rechtssoziologischen Themen – im Grunde traurig[123].

Rechtstatsachenforschung findet in Deutschland vor allem auf Grund von Informationsbedürfnissen der Legislative statt, die dann auch die Publikation der Erkenntnisse übernimmt.

Wer Rechtstatsächliches sucht, kann die Veröffentlichungskataloge des Bundesanzeigerverlags durchsehen[124]. Allgemein-juristische Datenerhebungen betreibt auf nationaler Ebene auch das Statistische Bundesamt in Wiesbaden (Rechtspflege – Fachserie 10), dessen Erkenntnisse in elektronischer Form regelmäßig kostenlos zum Download angeboten werden[125]. Statistische Informationen aus dem Ausland[126] (Europa[127] und weltweit[128]) sind inzwischen im Internet gut zu erschließen.
Abhängig vom Thema gibt es eine ganze Reihe von Quellen für rechtstatsächliche und statistische Informationen: Bei Gerichten (Pressemeldungen auf der Heimseite), Interessenverbänden, Meinungsforschungsinstituten usw. sollten Sie fündig werden.

cc) Arten der Recherche

132   Zwei Arten der Recherche lassen sich nach dem Zugangsweg unterscheiden, eine davon, die klassische Informationsbeschaffung über Ihre Fachbibliothek, sollte Ihnen aus den

---

120 dict.leo.org. Oder man probiert Google Translate aus – die Ergebnisse sind überwiegend nicht geeignet, als Übersetzungen in den späteren Text einzufließen, lassen oft aber zumindest erahnen, worum es geht.

121 Etwa (umfänglicher) von *Köbler* und (schmal) von *Bauer* für viele Sprachen; näher noch die Nachweise in Fn. 539. Dringend anzuraten ist der Gebrauch von Fachwörterbüchern, sonst kann es passieren, dass aus einer *due diligence* eine *fällige Postkutsche* wird.

122 Zum journalistischen Typ von Themenarbeiten aber noch Rn. 584 ff.

123 Wer aber mit dem Gedanken spielt, Rechtstatsachen zu erheben, sollte den Zeitaufwand für die Einarbeitung in sozialwissenschaftliche Methoden der Datenerhebung und -interpretation nicht unterschätzen. Schon mit den einschlägigen Programmen (etwa SPSS) umgehen zu lernen kann einige Zeit beanspruchen.

124 t1p.de/3h8o.

125 t1p.de/2xsh.

126 Niederlande: t1p.de/zo4h; Schweiz: t1p.de/5fqh; Österreich: t1p.de/xh04.

127 t1p.de/f4z9.

128 Feine Übersicht bei t1p.de/y3co.

Fall-Hausarbeiten und Einführungskursen während der Orientierungswoche zu Beginn des Studiums bekannt sein.[129] In Ihrer eigenen juristischen Fachbibliothek sollten Sie sich zumindest soweit auskennen, dass Sie die Standorte der im Katalog angegebenen Bücher tatsächlich finden können. Sie sollten auch die Systematik kennen, nach der die Bestände thematisch sortiert sind. Ein Tipp: Wenn Sie ein Buch zu Ihrem Thema im Katalog Ihrer Bibliothek gefunden haben, nehmen Sie sich einige Minuten Zeit und schauen Sie alle Titel in dem entsprechenden Regal an. Da diese thematisch sortiert sind, können hier unerwartete Funde winken.

Daneben steht die Quellensuche im **Internet** und insbesondere die **Suchmaschinen**[130], **133** die dessen öffentliche Teile erschließen: Sie haben die Materialsuche erheblich erleichtert[131]. Das darf aber nicht zu folgendem beliebtem Missverständnis führen: Seit einiger Zeit werden in Seminaren immer wieder Arbeiten vorgelegt, deren **gesamter Anmerkungsapparat** aus **Internetfundstellen** besteht. Das wird in juristischen Arbeiten keinesfalls akzeptiert[132]. Obwohl manche Fundstellen binnen weniger Sekunden zu finden sind, darf Ihre Recherche hier nicht enden[133], denn andere Quellen erfordern stunden- oder tagelange Suche, und diese Mühe wird von Ihnen auch erwartet.

Überraschen kann immer wieder, welche Schätze sich heben lassen, wenn man Trefferlisten tatsächlich einmal komplett durchgeht – auch wenn es einige Stunden in Anspruch nehmen kann. Gründlichkeit bei der Recherche ist auch dann ein wesentliches Gebot, wenn man online arbeitet. Die Trefferlisten werden kürzer (und damit schneller durchzusehen), wenn man in der Lage ist, möglichst spezifische Suchbegriffe anzugeben. Mit den Booleschen Verknüpfungen UND und ODER kann man die Suche eingrenzen[134], wobei modernere Suchmaschinen oft auch Ähnlichkeiten in der Zeichenkette oder auch nur in Teilen derselben einbeziehen. Das klappt aber keineswegs überall, vor allem schon länger bestehende Datenbanken sind an dieser Stelle oft wenig tolerant.

Ihre erste Adresse für eine Online-Recherche sollten die großen **Fachdatenbanken** **134** sein. Dabei hilft eine gewisse Klarheit darüber, was welche Datenbank enthält und damit leisten kann: Beck online, Jurion oder Springer Link sind Verlagsdatenbanken, die zwar zitierfähige Volltexte der in den Verlagen erschienen Printmedien (Zeitschriften wie auch Kommentare u.a.) enthalten, sie sind aber auf das jeweilige Verlagsprogramm

---

129 Wenn Sie dazu vertiefendes lesen möchten, schauen Sie einmal bei *Franke/Kempe/Klein/Rumpf/Schüller-Zwierlein* nach, insbesondere S. 61 ff. zur Benutzung von Bibliotheken und 109 ff. zu Beispielsrecherchen.

130 Kostenlos, beliebt und leistungsfähig google.de (sowie die spezialisierten **Wissenschaftssuchmaschinen** Google Scholar, t1p.de/ruyp oder Microsoft Academic Search, t1p.de/y7mg). Wer bei Google **Datenschutzbedenken** (vertiefend *Reischl*, Google-Falle) hat, versuche es mit Ixquick, t1p.de/vn99. Lesenswert zu Auswirkungen von Suchalgorithmen auf die Informationsauswahl die Beiträge bei *Machill/Beiler* (Hrsg.), Suchmaschinen.

131 Zum juristenspezifischen Umgang mit dem Netz und seinen Ressourcen: *Einsporn*, Leitfaden; *Wilke*, Informationsführer Jura; *Kroiß/Schuhbeck*, Jura online; *Langenhan*, Internet für Juristen; *Kröger/Kuner*, Internet für Juristen, *Tiedemann*, Internet für Juristen. Zur Einführung *Braun*, JuS 2004, 359 f. Mit Schwerpunkt bei österreichischen Rechtsquellen *Stitic/Winter*, Juristische Medienkompetenz.

132 Vielleicht hat man Ihnen das noch an der Schule durchgehen lassen. Universitäten funktionieren anders. Vielleicht wird in einigen Jahren die konservative Haltung der Juristen *(Nur Gedrucktes ist Wahres)* aufgeweicht sein. Wahrscheinlich nicht.

133 Bedenken Sie, dass noch vor wenigen Jahren die Materialsuche für ein Referat oder ein Rechtsgutachten ein mühsames und zeitraubendes Geschäft war. Ihre Professoren halten deshalb mehr Aufwand für zumutbar als Sie.

134 Ausführlicher dazu etwa *Plieninger*, S. 5 ff.

beschränkt. Juris wertet verlagsunabhängig alle Fachzeitschriften aus, die in wenigstens einer Bibliothek eines obersten Bundesgerichts geführt werden (also praktisch alle deutschen juristischen Fachzeitschriften), sowie zumindest einige Festschriften und andere Sammelbände, enthält aber überwiegend nur Abstracts von wissenschaftlichen Aufsätzen und auch Urteile nicht in einer einem Printmedium entsprechenden Paginierung. Deswegen empfiehlt es sich, bei Juris die Fundstellen zu recherchieren, die in Betracht kommen, und erst danach zu schauen, ob man die Texte online in einer Datenbank bekommen kann oder ob man sie in der Bibliothek gedruckt suchen muss. Teilweise gibt es spezialisierte Datenbanken zu juristischen Themen[135]. Nicht selten wird schon eine allgemeine Suchmaschinen-Recherche mit aussagekräftigen Suchbegriffen weiterhelfen.

Vorsicht: Wer heute studiert, gehört eher zur Generation Z als zur Generation Y, ist also in aller Regel mit dem Internet aufgewachsen. Das bedeutet nicht zwangsläufig, dass Sie auch souverän mit Suchmaschinen umgehen können (schließlich können Sie nicht schon deswegen souverän mit Bibliotheken umgehen, weil Sie mit Büchern aufgewachsen sind). Wer das lernen will, übe (oder ziehe zunächst die einschlägigen Anleitungen heran und übe dan[136]).

Schrifttumsempfehlungen von **Online-Buchhändlern und Bibliotheken**[137]: Manchmal empfehlen die großen Online-Buchhandlungen Bücher, die man noch nicht kannte. Das Problem mit diesen automatisch generierten Vorschlägen ist: Letztendlich spiegelt sich darin immer der Geschmack der Masse[138], Originelles ist nur selten zu haben. Bei der Suche nach Lehrbüchern zum Schuldrecht hilft es also nicht; wenn man aber in einem Gebiet sucht, in dem man sich nicht auskennt, kann diese Funktion hilfreich sein. Je nach den eigenen Leseinteressen ist es zu empfehlen, für die fachliche Recherche ein neues Nutzerprofil anzulegen, damit die Empfehlungen nicht mit privaten Präferenzen (*Winnie Pooh auf großer Fahrt* o.ä.) vermischt werden[139].
Auf längere Sicht ist vorstellbar, dass mit dieser Funktion wertvolle Empfehlungen zu haben sind. Dazu müssten aber nicht nur Händler, sondern etwa auch Bibliotheken die Anfragen erfassen und miteinander in Beziehung setzen. Das kann noch dauern. Aber einzelne Projekte wie die Datenbank **Neue Juristische Bücher**[140] (die thematisch sortiert monographische Neuerscheinungen seit 1995 enthält) geben Anlass zur Hoffnung.

b) Zur qualitativen Vorauswahl der Rechercheergebnisse: Quellenkritik

135   Im Allgemeinen ist Quellenkritik[141] des Juristen Sache eher nicht. Wer in erster Linie Gesetze anwendet, muss sich die Frage nach deren Authentizität und Objektivität kaum stellen (es sei denn, es ginge gerade um die Auseinandersetzung mit dem Gesetz, das etwa auf seine Zweckmäßigkeit hin untersucht werden soll).
Schon bei den Interpreten des Gesetzes – Rechtsprechung, Wissenschaft und Praxis – wird die Frage aber dringlicher. Virulent wird das Problem, wo Konfliktbeteiligte Rechtsmeinungen formulieren oder juristisch relevante Tatsachen zusammenstellen.

---

135 Etwa zum Patentrecht das Düsseldorfer Archiv unter t1p.de/95im.
136 *Machill*, 12 goldene Suchmaschinen-Regeln = t1p.de/tv60; weitere Nachweise dort ab S. 45.
137 Die DNB setzt BibTip ein, um Empfehlungen zu generieren, die denen von Buchhändlern ähnlich sind.
138 Oder eine elektronische Suchroutine, wie man merkt, wenn man Bücher zum juristischen Gutachtenstil sucht und Empfehlungen zum Sachverständigengutachten bekommt.
139 Wie man durch das Deaktivieren von Cookies die Suche entpersonalisiert, ist von *Lischka/Stöcker* bei Spiegel Online vom 7.12.2009 unter t1p.de/p65o beschrieben.
140 www.njb.de.
141 Näher *Schimmel*, JA 2015, 643 ff.

Je stärker das Interesse an einem bestimmten inhaltlichen Standpunkt, desto weniger Objektivität[142] ist zu erwarten. Tatsachen müssen dazu nicht einmal falsch dargestellt werden – es genügt, wenn man bei der Auswahl darzustellender Tatsachen einen anderen Maßstab anlegt oder durch gezielte Auslassungen ein verzerrtes Bild zeichnet. Das heißt nicht automatisch, dass Quellen, bei denen Zweifel bestehen, gar nicht verwendet werden dürften. Man muss als Autor eines eigenen Textes aber einschätzen können, wie weit man solchen Texten vertrauen kann und will. Und man muss die Zweifel gegebenenfalls offenlegen und nicht einfach kommentarlos etwa eine Meldung als Quelle für bestimmte Gräueltaten in einem laufenden Konflikt angeben, bei der sich für den Korrektor erst nach eigenen Recherchen herausstellt, dass sie von einer Nachrichtenagentur einer der Konfliktparteien stammt, die eher Propaganda als überprüfte Fakten verbreitet.

aa) Zum kritischen Umgang mit Quellen allgemein

Angesichts der gigantischen Mengen falscher, gefälschter, unvollständiger, nicht geprüfter und nicht verlässlicher Information – von als Information getarnter Werbung einmal ganz zu schweigen – sind Sie dringend darauf angewiesen, durch Verarbeitung möglichst verlässlicher Information die Überzeugungskraft Ihrer Argumente zu erhöhen. Dafür genügt noch nicht jede Information, die ihren Urheber oder einen anderweit Verantwortlichen erkennen lässt[143]. **136**

Dies gilt **insbesondere** für die gern verwendeten Hilfsmittel wie Skripte von Repetitoren oder Hochschullehrern (selbst wenn sie in der Unibibliothek ausliegen), Falllösungsbücher, Schemata, reine Anleitungsbücher (wie dieses hier, aber vor allem Werke à la *Jura leicht gemacht für jedermann*) etc. Auch wenn damit noch nichts über deren Seriosität oder fachliche Qualifikation gesagt sein muss, wird ihr Erscheinen in einem Schrifttumsverzeichnis beim Leser sicher zumindest ein Naserümpfen verursachen, und gerade bei Themenarbeiten lassen sich für die dort gefundenen Aussagen praktisch immer besser angesehene Quellen finden.
Auf **Lexika** kann man in Themenarbeiten leichter zurückgreifen als in Rechtsgutachten zur Fallentscheidung. Wenn es darum geht, eine auf den ersten Blick rechtsferne Materie zu erschließen oder überhaupt erst einmal begriffliche Klarheit zu gewinnen, sind Lexika eine gute (Einstiegs-)Wahl[144].

bb) „Quelle: Internet" – vom kritischen Umgang mit Inhalten aus dem Netz

Auf den ersten Blick hat das Netz viele starke Seiten, mit denen es konventionellen gedruckten Medien voraus ist: **Blogs** (auch pfiffig genannt: Blawgs) aus kompetenter Feder sind oft aktuellen Entwicklungen viel schneller auf der Spur, **Foren** mit sachkundigen Teilnehmern machen fremde Erfahrungen für die Informationserschließung nutzbar. Auch die Regel, der zufolge werthaltige wissenschaftliche Texte auch heute noch vor- **137**

---

142 Objektivität ist letztendlich ein Konstrukt, zumindest aber ein kaum erreichbares Ideal. Gleichwohl ist es aber wichtig zu wissen, wie weit von diesem Ideal der einzelne Diskursteilnehmer entfernt ist. Das merkt man etwa daran, dass er von einer Lobby bezahlt wird.
143 Erkennbarkeit der Urheberschaft ist also eine notwendige, aber keine hinreichende Bedingung für wissenschaftliche Verwertbarkeit. Umgekehrt ist die Anonymität einer Quelle oft ein gutes Indiz für ihre zweifelhafte Qualität. Das gilt auch jenseits des Internets.
144 Alte Lexika sind teils im Volltext kostenlos online verfügbar (etwa über t1p.de/7w47), aktuelle dagegen nicht – abgesehen natürlich von der Wikipedia.

zugsweise gedruckt veröffentlicht werden, kennt Ausnahmen[145]. Und mittlerweile gibt es auch juristische podcasts[146] – aber zitieren sollte man sie alle eher nicht[147]. Die einen ähneln eher Stammtischgesprächen, die anderen haben oft unterschwellig oder offen werblichen Charakter. Man benutze sie also lieber als Ideengeber denn als Belegstelle.

Denn anders als in vielen gedruckten Medien findet praktisch keine Qualitätskontrolle statt – es ist eben ein sehr demokratisches Medium, in dem jeder fast jeden Blödsinn verbreiten darf, einen Presserat für das Internet gibt es nicht; insgesamt wird das Internet als (kostenloses) wissenschaftliches Hilfsmittel daher gerne überschätzt[148]; die meisten werthaltigen, gepflegten, geprüften und aktuellen Informationen sind kostspielig im Unterhalt, auch wenn es einzelne Projekte gibt, die frei verfügbar und trotzdem nach wissenschaftlichen Standards nutzbar sind; so mancher Rechtsanwalt wirbt etwa durch eine gut gepflegte Datenbank zu seinem Spezialgebiet[149].

138   Daher ist zunächst immer Skepsis angezeigt[150], als Faustregel für Netzfundstücke gilt nach wie vor: **Vorsicht mit dem Internet**[151], gedruckte und in Bibliotheken aufgenommene Quellen sind oft vorzuziehen[152]. Allerdings muss man auch keine Scheu von dem Medium als solchem entwickeln, sondern sich Kriterien überlegen, nach denen man beurteilen kann, ob gefundene Texte als valide Quellen gelten können, beispielsweise[153]:

- Reputation von Autor oder Herausgeber der Quelle
- Wissenschaftliches Erscheinungsbild der Quelle (Genauigkeit und Nachvollziehbarkeit der Ausführungen, Belegangaben, Sprachstil etc.)
- Aktualität (befindet sich die Quelle auf dem heutigen Stand?)
- Objektivität (erkennbares Bemühen um Ausgewogenheit, Einbeziehen auch von Gegenstandpunkten, wissenschaftlich redliche und ehrliche Auseinandersetzung mit Argumenten).

Vorsicht: Zwar lassen sich diese Punkte auch auf andere als nur Internetquellen anwenden, es sind aber keine feststehenden oder objektiven Kriterien, sondern nur Anhaltspunkte. So ist etwa das Renommee oder die Reputation (so man sie denn überhaupt benennen kann) von Autor, Herausgeber oder Verlag kein Garant für Qualität[154] – die wegen des Plagiatsfalls berühmt-berüchtigte Dissertation von *zu Guttenberg* erschien

---

145 So kommt es – wenig verwunderlich – nicht selten vor, dass wissenschaftliche Texte zu internetaffinen Themen zuerst, ausschließlich oder in der zuletzt aktualisierten Fassung nur online publiziert werden.
146 Z.B. www.uni-trier.de/index.php?id=16078.
147 Allerdings hat vor einigen Jahren immerhin das *BVerfG* zwei Blogs zitiert (*BVerfG*, 2 BvR 1339/06 vom 8.12.2006, Rn. 20, 36). Bestandsaufnahme juristischer Blogs bei *Burger/Holderied/Kögel* et al., www.jurpc.de/aufsatz/20090100.htm.
148 Manchmal findet man aber eben auch überraschend Taugliches – an unerwarteter Stelle. Wer würde etwa unter www.dr-tiedemann.de nach Informationen zur Gewissensfreiheit suchen?
149 Und nicht selten bieten Universitäts-Institute werthaltige Informationen an, z.B. das Konstanzer Inventar unter t1p.de/twg3 und das Juristische Internetprojekt Saarbrücken unter t1p.de/rfk5.
150 Dazu z.B. *Hofer* Jura 2005, 132 ff..
151 *Kreutz*, Propädeutik, 14 f.; weitere Hinweise bei *Basak/Schimmel*, ZJS 2008, 435 ff.; *Hofer*, Jura 2005, 132 ff.
152 Eine der naheliegenden Ausnahmen: wissenschaftliche Texte zu internetaffinen Themen werden nicht selten zuerst, ausschließlich oder in der zuletzt aktualisierten Fassung nur online publiziert.
153 Die Liste ist entlehnt bei *Plieninger*, S. 9.
154 Anders *Möllers*, Arbeitstechnik, § 5 Rn. 85, der zugegeben aber auch nur von „Indizien" für die Relevanz einer Monographie spricht.

immerhin auch bei einem der renommiertesten juristischen Verlage. Wenn Ihnen also eine Quelle mit Blick auf diese Kriterien zweifelhaft erscheint, suchen Sie sich lieber eine bessere, und bleiben Sie ansonsten kritisch.

Allen aus dem Netz gefischten Informationen, die sich keinem Verfasser zuordnen lassen[155], haftet zunächst der Makel des Unseriösen an. Ihr Anspruch ist aber ein wissenschaftlicher, Sie dürfen nur solche Quellen verarbeiten, von deren Validität und Seriosität Sie sich überzeugt haben. **139**

Bei der Recherche nach nichtjuristischen Informationen müssen Sie sehr kritisch mit den Funden in Bezug auf ihre wissenschaftliche Verwertbarkeit umgehen. Verwenden Sie nach Möglichkeit Quellen, die Sie kennen und denen Sie vertrauen.[156] Zitieren Sie nichts, von dem Sie nicht erwarten können, dass es zumindest mittelfristig unverändert wieder aufzufinden sein wird (daher nicht: Foren aller Art; zu Wikipedia sogleich). Bei Zweifeln sollten Sie die Quelle eher nicht verwenden – oder, wenn die enthaltene Information essenziell und nicht anders zu belegen ist, die Zweifelhaftigkeit der eigenen Quelle im Text deutlich offenlegen.

Insbesondere **Wikipedia** kann zwar bei der Recherche hilfreich sein, sollte aber vor allem wegen der weiteren Links und Quellenhinweise verwendet werden[157]. Da diese Enzyklopädie jederzeit von jedem umgeschrieben werden kann (und wird[158]), ist sie selbst **nicht hinreichend verlässlich**, um als zitierte Quelle in Betracht zu kommen[159]. Gleichwohl ist sie oft beeindruckend aktuell[160] und wird schon deshalb als Rechercheinstrument immer unentbehrlicher. Wer sie nutzt, bedenke, dass es neben der deutschen auch eine englische Ausgabe gibt, die mehr und umfangreichere Artikel enthält[161]. **140**

---

155 Gelegentlich erlaubt aber das Impressum einer Netzseite eine verlässliche Zuordnung der Texte zu einem Verfasser. Wer kein Impressum anlegt, will und soll auch nicht zitiert werden. Nötigenfalls kann man über ICANN (t1p.de/mrkl) oder denic (t1p.de/s8fh) die Domaininhaber recherchieren.

156 Die Websites überregionaler Tageszeitungen oder politischer Wochenmagazine dürfen als unverdächtig gelten, weil dahinter Redaktionen mit einem journalistischen Anspruch stehen. Bei Breitbart News ist das eher nicht der Fall.

157 Ausführlich *Schimmel* in: GS Manfred Wolf, 725 ff.

158 Welche Suchbegriffe muss man in das Wikipedia-Suchfenster eingeben, um die Meldung *Es existiert kein Artikel mit dem Namen „Wikipedia Manipulationen"* zu erhalten? Lesenswert *Keen*, Stümper. Interessant auch die Selbstzensur, die etwa im Fall des entführten Journalisten David *Rohde* über ein gutes halbes Jahr ausgeübt wurde (dazu FAZ v. 1.7.2009 und *Patalong*, Spiegel Online vom 29.6.2009, t1p.de/3nk5). Wer prüfen will, ob ein Eintrag oder eine Information auf einen Scherz zurückgeht, versuche es mit t1p.de/1j8b.

159 Man muss keiner Verschwörungstheorie *(die wollen uns doch alle nur belügen und manipulieren)* anhängen, um neben den Stärken des Wikipedia-Konzepts auch die Schwächen zu sehen: Je entlegener ein Thema ist, desto weniger verlässlich wird im Allgemeinen auch die Kontrolle durch die Mitbenutzer/Mitautoren funktionieren. Natürlich werden allein dadurch die Informationen nicht falsch – sie werden nur eben unzuverlässig. Ob sich redaktionell betreute Wiki-Enzyklopädien durchsetzen werden, wird sich zeigen. Bis auf Weiteres sollten sie höchstens nachrangig als Quelle benutzt werden. Dass das vertrauenerweckende Wikipedia-Format von unseriösen Trittbrettfahrern genutzt wird, ist zu befürchten (versuchen Sie mal die Metapedia, t1p.de/dddq). Zunehmend wird aber die Wikipedia auch in hoheitlichen Entscheidungen zitiert (etwa *BGH* NJW 2008, 2500, Rn. 17; *BSG* B 10 LW 1/07 R, Rn. 29; Unabhängiger Verwaltungssenat Oberösterreich v. 1.12.2008, t1p.de/w0ji).

160 Als Beispiel zwei Todesfälle: Am 20.6.2009 wurde Neda *Agha-Soltan* durch ihren gewaltsamen Tod in Teheran zur Person der Zeitgeschichte; am Abend des 23.6.2009 hatte sie in der englisch- und in der deutschsprachigen Wikipedia einen Eintrag – die englische war eine halbe Stunde früher online. Am 8.6.2009 starb Hans *Brox*; am Abend desselben Tags konnte man das bei Wikipedia nachlesen.

161 Wo doch einmal aus der Wikipedia zitiert wird, sollte man nach der Überschrift des Lemmas das Zugriffsdatum nebst Uhrzeit nennen und anschließend einen permanenten Link einfügen (lässt sich über die Funktionsleiste links abrufen); Einzelheiten bei *Zosel*, JurPC 140/2009, t1p.de/lisz, Abs. 60 ff.

Eine verlässliche Qualitätskontrolle wollen andere, teils spezialisierte[162], Online-Enzyklopädien bieten[163]. Ob diese indes ähnlich aktuell und gut gepflegt auftreten werden, wird sich erst im Lauf der Zeit abzeichnen.

Das Wiki-Konzept an sich ist vielversprechend – und wird sich vermutlich insbesondere dort wissenschaftlich etablieren, wo in erster Linie oder ausschließlich Experten am Wiki mitarbeiten[164].

141 Wenn Sie Zweifel an der **Beständigkeit** einer **Internetseite** haben, sie aber dennoch unbedingt für Ihre Arbeit zitieren wollen, gibt es zwei Tricks, mit denen Sie den Zustand einer Quelle zum Zeitpunkt Ihres Aufrufs zu **dokumentieren**: Sowohl das Internet-Archiv **Wayback Machine**[165] als auch **Webcite**[166] bieten kostenlos und ohne Anmeldung die Möglichkeit, einzelne Seiten aus dem Netz in einem bestimmten Zustand zu archivieren. So können Sie selbst bei radikalen Änderungen der Seite oder einem toten Link den Zustand dokumentieren, den Sie bei Ihrer Recherche vorgefunden haben.

Eine hilfreiche Methode, um überlange Deeplinks oder sonstige Internetfundstellen ansprechend darzustellen sind „URL-shortener", zu Deutsch: Kurzlinks[167]. Dabei handelt es sich um permanente Verlinkungen, die Sie selbst bei verschiedenen Dienstleistern – meistens kostenlos – setzen können und die nur aus wenigen Zeichen bestehen.

c) Quellensuche: Systematik der Recherche

aa) Einleitung

142 Der folgende Abschnitt leistet zweierlei: Erstens gibt er Ihnen Anleitung, wenn Sie gerade eine wissenschaftliche Arbeit begonnen haben oder bald beginnen werden, und noch unsicher sind, wie man dabei vorgeht. Zweitens hilft er Ihnen dabei, Klarheit darüber zu erlangen, welcher Wert Ihrer eigenen Quellenauswahl angesichts einer oft enormen Fülle verfügbarer Informationen zukommt. Denn je regelgeleiteter und damit wissenschaftlicher Ihre Vorgehensweise ist, desto brauchbarer ist das Ergebnis, gerade wenn Sie nicht alle denkbaren Informationen ausgewertet haben.

Zwar ist die digitale Recherche in den meisten Fällen effizienter und komfortabler, sie setzt aber auch ein Verständnis der traditionellen Recherchesystematik voraus, weshalb diese nachfolgend als erstes erläutert wird.

bb) Der richtige Einstieg in die Aufgabe

143 Je nach der Spezialität des Problems ist man anfangs der Bearbeitung schon recht sachkundig oder noch völlig ahnungslos. Im letzteren Fall muss man sich erst einlesen. Das ist nicht ehrenrührig, sondern normale juristische Arbeit. Wer sich einlesen will, sollte dazu die richtigen Texte heranziehen. Dazu braucht man eine grobe Übersicht über die verschiedenen Arten juristischer Texte.

---

162 Z.B. Ganfyd (t1p.de/l2cp).
163 Z.B. Citizendium (t1p.de/4ddc).
164 Siehe etwa die Krimpedia der Uni Hamburg unter t1p.de/hzsm.
165 Zu finden unter t1p.de/pn6b.
166 Zu finden unter t1p.de/3kqs, es werden verschiedene Varianten der Archivierung angeboten.
167 Etwa t1p.de/, bitly.com/, von Google goo.gl/ oder kurzelinks.de/.

Beispiele: Ein Grundlagenaufsatz aus der juristischen Ausbildungsliteratur ist meist anfängerverständlicher als ein hochspezialisierter Beitrag in einem Tagungsband. Ein Lehrbuch stellt regelmäßig mehr systematische Zusammenhänge her als ein Kommentar. Eine Gerichtsentscheidung argumentiert anders (nämlich einzelfallbezogen) als ein Handbuch.

Dieses Verständnis wird hier als vorhanden vorausgesetzt.

Man kann sich Arbeit und Frustrationen ersparen, wenn man für den **Einstieg** etwas länger sucht – und zwar nach einem geeigneten Text. Aber wer hartnäckig genug ist, kommt auch mit einem weniger geschickt gewählten Ausgangspunkt ans Ziel. Meist ergibt sich beim Sichten des Materials auch schon fast von selbst eine erste **Ordnung nach Themenschwerpunkten**. Je nach Materialmenge kann man Papier-Häufchen bilden oder muss Hefter oder Aktenordner anlegen (bzw. Dateiordner und Datenbankeinträge). Damit man nicht vergisst sie auszuwerten, sollte man Texte, die mehrere Aspekte des eigenen Themas berühren, kennzeichnen oder mit einem Stellvertreter versehen (bei digitaler Ablage: eine Kopie des Texts an der passenden Stelle einfügen).

cc) Suchstrategien: Ausgangspunkt der Recherche

Wie man sucht, hängt davon ab, was man sucht. Genauer gesagt: Wie konkret man weiß, was man sucht[168]. **144**

Zwei Ausgangssituationen sind denkbar:
1) Sie haben ein Problemstichwort und suchen ganz allgemein nach (juristischem) Material dazu.
2) Sie haben den Gegenstand der Suche schon konkretisiert (z.B. ein bestimmtes Buch, zu dem Sie noch ein paar bibliographische Details brauchen, eine Rechtsverordnung, die Sie nachlesen möchten, oder auch eine rechtliche Wertung, die Sie belegen wollen).

Die erste Frage lautet: Was braucht man? Die zweite: Wo findet man es[169]?

Teil der ersten Frage ist die Überlegung, ob man den Volltext braucht oder nur die bibliographischen Informationen. Letzteres kann sowohl zu Beginn der Recherche geschehen (weil man die Einschlägigkeit eines Texts oft schon am Titel erkennt) als auch am Ende der Ausarbeitung (weil man vergessen hat, die im Quellenverzeichnis erforderlichen Informationen zu erfassen). Für den Volltext wird man meist in eine Bibliothek gehen müssen, die bibliografischen Informationen kann man fast immer zuverlässig im Internet recherchieren.[170]

Mit vorhandener Fundstellenangabe: Folgt die Fundstellenangabe juristischen Üblichkeiten, muss man zunächst die Abkürzungen entschlüsseln, die das Veröffentlichungsmedium und teils die zitierte Körperschaft benennen[171].

Ohne Fundstellenangabe: Grundsätzlich werden Sie eher in der Bibliothek als im Internet fündig **145** werden, wobei hier nicht zwingend die Bibliothek im räumlichen Sinne gemeint ist. Aber selbst im Internet verfügbare Texte müssen in aller Regel nach der gedruckten Form zitiert werden. Deshalb ist die

---

168 Dazu auch *Brühl*, Literatursuche und -verarbeitung in der Diplomarbeit, 2007, unter t1p.de/soxt; *Busch*, in: *Busch/Konrath* (Hrsg.) SchreibGuide Jus, 43 ff.
169 Bei der realen Materialrecherche stellen sich diese Fragen meist abwechselnd und durcheinander. Hier wird unterstellt, die beiden Arbeitsphasen seien sauber zu trennen und nacheinander zu durchlaufen.
170 Für alle deutschen Veröffentlichungen ab 1945 etwa in der Deutschen Nationalbibliothek, s.u. Rn. 192.
171 Ausführlich dazu unter Rn. 169 ff. Vorsicht: in manchen Wissenschaften ist es üblich, nur die Autorennamen und das Jahr ohne Seitenzahl zu nennen, dann müssen Sie die mühsame Kleinarbeit auf sich nehmen, die passende Stelle im Original zu suchen, an welcher der Gedanke zu finden ist.

Bibliothek der Ort der Wahl, auch wenn der Weg dorthin genauso über Suchmaschinen führen kann wie über den bibliothekseigenen (Online-)Katalog.

Im einfachsten Fall hat man eine **vollständige Quellenangabe**.

Beispiele: Gesetz, Urteil, Aufsatz

Dann muss man nur den Standort des betreffenden Mediums in der Bibliothek bestimmen – und es aus dem Regal ziehen (oder es erforderlichenfalls aus dem Magazin oder per Fernleihe aus einer anderen Bibliothek bestellen).

Das geht im Prinzip einfach, die Quellenangabe enthält zwei Informationen: Wer und Wo?[172]

Beispiele: *BGH*, JZ 2018, 445 ff.; *Schneider*, NJW 2017, 223 ff., BGBl. I 2020, 199 ff.[173]

Sobald man so die Fundstelle identifiziert hat, kann man mit dem Bibliothekskatalog herausfinden, ob das Medium vorhanden ist und wo es steht. Der größte Teil des gängigen Materials steht in juristischen Fachbibliotheken im freihändigen Zugriff, einiges steht im Magazin – und manches muss erst aus anderen Bibliotheken ferngeliehen werden.

Im weniger einfachen Fall ist die Fundstellenangabe **unvollständig** oder erweist sich als **falsch**.

Beispiel: Dafür genügt schon ein Zahlendreher bei einer Seitenangabe. Besonders ärgerlich sind sie bei Jahrgangsangaben, wenn etwa BGH NJW 1998, 412 zu BGH NJW 1989, 412 wird.

Wer da nicht resigniert, muss suchen. Bei Zugriff auf die elektronischen Volltexte geht das halbwegs schnell, beim Durchsehen der Register der Fachzeitschriften kann es dauern. Echte Bewunderung erntet man als Lohn dieser Mühe kaum jemals – wie eigentlich immer bei Dingen, die vorausgesetzt werden (bei Einjährigen ist man begeistert, wenn sie mitteilen, dass die Hose voll ist – dieselbe Mitteilung bei einem Vierjährigen löst andere Reaktionen aus). Sie ist aber Teil methodisch korrekten Arbeitens. Und das muss man wenigstens einmal im Leben auf sich nehmen.

Beispiel: Lautet die Aufgabe *Referieren Sie das Urteil des LAG Berlin v. 26.11.2018, 15 Sa 517/16 und skizzieren Sie eine kritische Stellungnahme*, so müssen Sie die Entscheidung zuerst einmal finden.

dd) Suchstrategie: nach Veröffentlichungsdatum am Zeitstrahl entlang

146 Ist der Gegenstand der Suche bereits zu Beginn klar abgegrenzt, sucht man am effizientesten **zeitlich rückwärts**. Ein aktueller Aufsatz oder ein ganz neues Urteil enthalten meist Hinweise auf ältere Quellen – seien es ältere Urteile oder wissenschaftliche Texte. Oft kann man sich dabei die intelligente Selektionsarbeit anderer Leute zunutze machen. Je größer die zu verarbeitende Materialfülle, desto wichtiger und mühsamer wird die Auswahl. Texte, die von vielen anderen ausgewählt und zitiert wurden, versprechen, wichtig zu sein.

Ganz verlassen kann man sich darauf aber nicht. Zum einen erzwingt manchmal ein sehr spezifisches Thema eine andere Materialauswahl. Zum anderen ist zu bedenken, dass die Faulheit anderer Autoren nicht nur zu den weit verbreiteten Fehlzitaten führt, sondern auch zu Phantasielosigkeit bei der Materialauswahl. In deren Folge finden Sie dann immer die gleichen Texte zitiert, obwohl es gar nicht die besten sind, die man verarbeiten könnte. Hinzu kommen Unregelmäßigkeiten des Wissenschaftsbetriebs wie **Zitierkartelle**, die dazu führen, dass nicht der klügste Beitrag zitiert wird, sondern der des eigenen Doktorvaters, Kumpels oder sonstigen Kartellmitglieds[174]. Daher sollte man sicherheitshalber neben die

---

172 Die Informationen, die Sie zur Identifikation einer Quelle erhalten, stimmen in der Regel überein mit den Angaben, die Sie später für Ihre Leser bereitstellen müssen.

173 Bei Gesetzesfundstellen wird keine Angabe zum Gesetzgeber gemacht, da man unter Juristen davon ausgeht, dass alle Beteiligten wissen, wer der Gesetzgeber ist.

174 Das ändert sich allerdings umso schneller, je weiter Online-Kommentare sich verbreiten.

Verfolgung der Quellenangaben der bearbeiteten Texte immer ergänzend eigene stichwortgetriebene Recherchen stellen.

Ist man im Thema noch wenig bewandert, empfiehlt es sich dagegen, die Suche zunächst auf **Überblicksliteratur** zu beschränken. Dieser Überblick kann sowohl aus einem unselbstständigen Beitrag (regelmäßig ein Aufsatz) als auch aus Lehrbüchern, Kommentaren oder Handbüchern stammen. Je jünger das Thema, desto mehr werden Aufsätze in den Mittelpunkt rücken, weil Lehrbücher und Kommentare kraft Auflagenfolge langsamer auf aktuelle Entwicklungen reagieren[175], sofern es sich nicht um fortlaufend aktualisierte Online-Kommentare handelt, die dann eventuell sogar noch aktueller sind als ein Aufsatz. **147**

Ob man den Einstieg über eine Seminararbeit oder explizit wissenschaftliche Werke wählen sollte, also Habilitations- oder Dissertationsschriften, ist sorgsam abzuwägen: Nicht selten setzen sie ein bestimmtes Niveau an Vorkenntnissen voraus. Gelesen werden müssen sie aber allemal – nur eben nicht zwingend am Anfang. Im Gegenzug wird Überblicksliteratur ihnen später bei der Bearbeitung spezifischer Probleme oft wenig weiterhelfen, weil dort eher Meinungsstände referiert werden, ohne die Feinheiten der jeweiligen Argumentation im Detail wiederzugeben.

Um keine Zeit zu verschwenden, sollten für den Einstieg aber auch in diesem Fall die Quellen so **aktuell** wie irgend möglich gewählt werden. **148**

Ein zwei Jahre altes Lehrbuch, ein im Vorjahr erschienener Kommentar oder eine Grundfallreihe in der JuS von 2015 können dafür schon zu alt sein.

ee) Elektronische Recherche

Leistungsfähige Datenbanken erlauben Ihnen aber auch noch eine **modernere Recherchestrategie**. Was von Hand fast unmöglich ist, funktioniert mit Suchroutinen und Hypertext leicht: nach Quellen zu suchen, in denen ein als einschlägig identifizierter Text zitiert wird – selbst wenn sie erst nach diesem publiziert wurden. So ist es etwa möglich, recht schnell alle Anmerkungen zu einem bestimmten Gerichtsurteil zu finden, oder alle Urteile, die einen bestimmten Zeitschriftenaufsatz zitieren.[176] **149**

Anstatt also in erster Linie möglichst aktuelle Ausgangsdokumente zu suchen, können Sie mit solchen anfangen, die **thematisch möglichst nah am Zentrum** Ihres Interesses liegen. Das kann die Qualität der Suchergebnisse deutlich verbessern.

Nichts spricht dagegen, beide Vorgehensweisen zu kombinieren, um eine optimale Quellenausbeute zu erzielen.

Zugang zu einschlägigen Datenbanken (juris, beck-online, jurion) wird heute regelmäßig für Studenten kostenlos von den Universitäten geboten. Größere Unterschiede bestehen bei der Verfügbarkeit internationaler Datenbanken wie z.B. Nexis Academic, Westlaw oder HeinOnline. Diese sind zwar nicht überall universitätsallgemein, vielfach jedoch bei rechtsvergleichenden Lehrstühlen verfügbar, so dass eine Nachfrage beim universitätseigenen Rechtsvergleicher nicht schaden kann – ein paar Minuten der Recherche bekommt man bei höflicher Bitte sicher eingeräumt. Ein Überblick über die Zugriffsrechte auf bestimmte Datenbanken ist im Regelfall bei der Uni-Bibliothek am eigenen Standort zu erhalten. Einfach mal nachlesen oder nachfragen!

---

175 Zum schnellen Finden möglichst aktueller Ausgangsdokumente Rn. 149 f.
176 Juris und Beck online bieten diese Informationen ungefragt an.

Weil Sie aber vielleicht einen Teil Ihrer Recherchearbeit nicht vom Campus, sondern lieber vom heimischen Schreibtisch aus erledigen wollen (und nicht immer der Zugriff auf das Hochschulnetz über VPN-Tunnel möglich ist), sind hier im Text immer wieder Internetquellen aufgeführt, die eine kostenfreie Suche und kostenlosen Volltextzugriff ermöglichen[177].

Sehr hilfreich können auch Recherchen in Datenbanken sein, die nicht spezifisch juristisch, aber wissenschaftlich angelegt sind (so dass man die gefundenen Quellen anders als bei allgemeiner Websuche praktisch komplett verwenden kann).[178] Ebenfalls sehr nützlich ist die Elektronische Zeitschriftenbibliothek (EZB), die als Metakatalog den Zugang zu über 5000 juristischen Fachzeitschriften vermittelt, allerdings keine Inhaltssuche erlaubt. Dafür zeigt sie die jeweiligen Zugriffsrechte an, die variieren können, abhängig davon, ob man direkt zugreift[179] oder über die Katalogseite der eigenen Universitätsbibliothek[180]. Hat man also in einer anderen Datenbank eine Fundstelle einer potentiell einschlägigen Quelle aus einer Fachzeitschrift gefunden, ist es ein sinnvoller nächster Schritt, in der EZB nachzuschauen, ob man online Zugriff auf diese Quelle hat.

150 Einen nicht zu unterschätzenden Zeitvorteil bringt es, sich schon vor Ausgabe der Prüfungsarbeit eine eigene **Favoritenliste** mit einschlägigen **Links** zusammenzustellen[181].

Diese Art zu suchen beschränkt sich nicht auf die juristischen Datenbanken: In den **elektronischen Katalogen** (Bibliotheken, Buchhändler) können Sie meist über die Schlagwörter, denen ein Titel zugeordnet ist, weitere ähnliche Titel suchen. Dabei empfiehlt es sich, von einem Titel auszugehen, der möglichst mitten im Thema liegt – und nicht ganz am Rand. Um das zu beurteilen, muss man wenigstens eine ungefähre Vorstellung vom Thema haben.

151 Noch ein Hinweis zu digital verfügbaren Informationen aus **Film, Funk und Fernsehen**: Darauf greift man nur ausnahmsweise zurück, etwa wenn sie so aktuell sind, dass in gedruckten Medien noch nichts zu finden ist, oder wenn die öffentliche Wahrnehmung eines Themas belegt werden soll.

ff) Weiterführende Recherche

152 Hat man erste einschlägige Quellen einmal gefunden, lässt sich über diese – sofern sie wissenschaftlich angelegt sind und im Fußnotenapparat weitere Nachweise enthalten – schnell weiteres Quellenmaterial identifizieren. Im günstigsten Fall potenziert sich so die Menge des zur Verfügung stehenden Materials schnell; *Kohler-Gehrig* spricht bildhaft von einer Lawine[182].

153 Meist stellt sich diese Lawine auf den zweiten Blick allerdings nicht ganz so umwerfend dar – ganz oft zitieren nämlich alle dieselben Quellen. Hier steht man als Bearbeiter vor der Entscheidung:

(1) Ist **Vollständigkeit** eine Tugend? Manchmal ja. Dann bedarf die Erfassung des vorhandenen Materials eben besonderer Sorgfalt und braucht auch viel Zeit. Das mag

---

177 Wer auf das Campus-Netz über VPN zugreifen kann, braucht sich hierüber nicht zu sorgen. Näheres dazu erfahren Sie bei Ihrem Hochschulrechenzentrum.

178 Genannt seien hier das Social Science Research Network (t1p.de/eg89), aber auch Google Scholar (t1p.de/ruyp) oder Microsoft Academic Search (t1p.de/y7mg).

179 Unter t1p.de/4djh.

180 Hat man sich als Benutzer eingeloggt, erweitern sich die Zugriffsrechte oft erheblich.

181 Eben dafür stellt Ihr Browser diese Funktion zur Verfügung. Eine hoffentlich hilfreiche Linkliste finden Sie im Wiki „Juristische Themenarbeiten" unter t1p.de/llcy.

182 *Kohler-Gehrig*, JA 2001, 845, 846.

im ersten Moment als langweilige Fleißarbeit erscheinen. Vielleicht ist aber gerade das die Aufgabe.

(2) Geht es um eine möglichst breite oder möglichst intelligent zusammengefasste, also pointierte, **Übersicht** über die zu einem Problem vertretenen Ansichten? Dann ist Vollständigkeit nicht gefragt – und auch faktisch oft nicht zu leisten. Als Bearbeiter muss man dann aber Rechenschaft darüber ablegen, nach welchen **Kriterien**[183] man das verarbeitete Material ausgewählt hat**.**

Jedenfalls muss man sich als Verfasser einer universitären juristischen Themenarbeit der Lawine stellen und ihr auch tatsächlich nachgehen. Genau dies gehört bei Haus- und Seminararbeiten dazu, und es wird mit zunehmender Studiendauer nicht weniger, sondern entsprechend den steigenden Ansprüchen eher mehr.

gg) Differenzrecherche

Wenn Sie wissen, von welchem Zeitpunkt an Sie das Quellenmaterial rückwärts erfasst **154** haben, müssen Sie zur Sicherheit die (hoffentlich nur kleine) Zeitspanne bis zur Gegenwart[184] nachrecherchieren. Dabei nützlich sind Bibliographien, Zeitungsarchive, Datenbanken und wieder das Internet.

Auch bei einer kombinierten Recherche kann es passieren, dass Ihnen Fundstellen entgehen, weil etwa eine Datenbank zwar alle Texte auflistet, die eine Quelle zitieren, aber nicht alle verfügbaren Texte auch in dieser Datenbank ausgewertet sind[185].

Die Differenzrecherche für die letzten zwei Monate geht leichter mit dem Zeitschriften- **155** Informations-Dienst (ZID) von Kuselit[186]. Hilfreich können zudem die Veröffentlichungs-Newsletter der Verlage sein, die darüber informieren, welche Bücher gerade neu erscheinen. Ansonsten führt kein Weg daran vorbei, die neuesten Ausgaben der einschlägigen Fachzeitschriften per Hand in der Bibliothek (oder in den Datenbanken, sofern sie auch die aktuellen Volltexte enthalten) auf neue Veröffentlichungen durchzusehen.

Die generelle und ausschließliche Recherche in gedruckten **Bibliographien**[187] ist dage- **156** gen langwierig, wenn man größere Zeitspannen erfassen will. Wenn möglich wird man die elektronische Datenbank vorziehen – oder sich auf eine Differenzrecherche für die jüngste Vergangenheit beschränken.

Je älter das Ausgangsmaterial ist, das Sie verwendet haben, desto wichtiger wird eine **157** umfassende **Differenzrecherche**.

---

183 Vorschläge in Rn. 549.
184 Diese Spanne ergibt sich etwa bei einer bestimmten Gerichtsentscheidung aus dem Nachlauf der Veröffentlichung gegenüber der Verkündung des Urteils. Der kann ziemlich unterschiedlich ausfallen. Bei arbeitsrechtlichen obergerichtlichen Entscheidungen etwa dauert es oft fast ein Jahr, bei gründlich vorbereiteten Entscheidungen des *BVerfG* sind es manchmal nur Tage, beim *BGH* in Zivilsachen meist einige Monate – Tendenz eher sinkend.
185 So orientiert sich die Datenbanken teils am eigenen Verlagsangebot, teils an den Bibliotheken der Obergerichte.
186 Zu abonnieren unter t1p.de/hjo7 (kostenlos).
187 Spezialisiert: Karlsruher Juristische Bibliographie, allgemein: Börsenblatt für den deutschen Buchhandel.

Das kann schneller relevant werden, als Ihnen lieb ist, etwa wenn Sie in der Bibliothek an aktuelle Auflagen nicht herangekommen sind, weil das Geld für deren Anschaffung erst gar nicht gereicht hat oder übelwollende Subjekte die Bücher versteckt haben.

d) Quellen: Die Materialflut bewältigen

158   Wenn man Quellen ausfindig gemacht hat, steht man meistens vor einem Berg an Papier und/oder einer Menge Daten, die jetzt eines systematischen Durcharbeitens bedürfen.

aa) Datensicherung

159   Schon vor Arbeitsbeginn sollten Sie sich überlegen, wie Sie gefundene Literatur überwiegend sichern wollen. Bis vor kurzem war es noch selbstverständlich, dass man wichtige Texte auf Papier kopiert hat, dazu sogleich ausführlicher. Seit fast alle modernen Kopiergeräte aber auch die Möglichkeit bieten, Kopiertes auf USB-Stick zu speichern, sind Sie in der komfortablen Situation, Gelesenes einfach **digital** zu **sichern**. Lässt man zusätzlich eine Software zur Optischen Zeichenerkennung[188] über die gescannten Texte laufen, werden diese auch durchsuchbar.
Wenn Sie dafür **Speicherplatz in einer Cloud**[189] verwenden, können Sie überall, wo Sie Zugang zum Internet haben, auch auf Ihre Rechercheunterlagen zurückgreifen, gleichzeitig besteht eine **automatische Datensicherung** Ihrer wichtigsten gesammelten Quellen – und noch wichtiger: Ihres Textes!

160   Die folgenden Tipps und Warnungen lassen sich fast ausnahmslos auch auf eine **digitale Dokumentenablage** übertragen. Wo es nicht ausdrücklich erwähnt ist, denken Sie sich also das digitale Pendant einfach hinzu: So sind etwa farbliche Markierungen in PDF-Dateien problemlos möglich, eine systematische Ablage erreichen Sie durch aussagekräftige Dateinamen sowie eine sinnvolle Ordnerstruktur auf Ihrer (virtuellen) Festplatte, und Fundstellen aus Datenbanken lassen sich ohnehin viel einfacher im PDF-Format speichern.

bb) Lesefrüchte nicht verkommen lassen: Sichten und Systematisieren

161   **Markieren:** Was Ihnen wichtig erscheint, sollten Sie schon beim ersten Lesen markieren. Sie suchen sonst quälend lang nach einem Zitat, das Sie später brauchen, aber nur noch mit Mühe finden *(Das stand irgendwo auf einer linken Seite in der rechten Spalte – aber wo?)*

Abzuraten ist vom populären inflationären Gebrauch von Textmarkern: Nicht alles, was man beim ersten Mal als besonderes erwähnens- und darum markierungswert empfand, behält diesen Status beim zweiten und dritten Lesen bei. Dasselbe gilt umgekehrt. Wenn markiert wird, dann mit Bleistift oder nur mit Klebezetteln, auf die man das Wesentliche kurz notieren kann, um den konkreten Bezug zur Textpassage herzustellen. In digitalen Dokumenten nutzen Sie die Kommentarfunktion.

---

188   OCR (Optical Character Recognition) Software gibt es kostenlos wie FreeOCR oder die entsprechende Funktion in Google Docs. Programme wie OmniPage oder Abbyy FineReader sind kommerziell, ggf. aber über eine Hochschullizenz günstig zu beziehen.
189   Die verbreitetsten sind Google Drive und Dropbox.

Wiederum gilt: Arbeitet man die Quelle gleich beim Lesen in eine schon vorhandene Textversion ein, kann man sich viel Malerei und vor allem viel späteres Heraussuchen wichtiger Zitate aus bereits gelesenen Texten ersparen.

Inventarisieren: Unbedingt erforderlich ist es, beim Anfertigen von Fotokopien und Exzerpten immer alle erforderlichen **bibliographischen Informationen sofort** verlässlich zu **erfassen** – entweder in das auf dem PC geführte Schrifttumsverzeichnis, gerne auch im Dateinamen, oder aber vollständig auf der Fotokopie(rückseite)[190]. Oft kopiert man von einem langen Aufsatz nur den einschlägigen Teil – und schon fehlen der vollständige Titel und die Anfangsseite. Immer sofort notieren[191]!   **162**

Einige Universitäten stellen ihren Studenten für die Literaturverwaltung spezielle Software zur Verfügung[192]. Gerade wenn man sich kontinuierlich eine eigene Literaturdatenbank anlegt, kann das sowohl den Überblick über schon vorhandene Quellen als auch die Erstellung von Verzeichnissen und Fußnoten erheblich erleichtern und vereinheitlichen.

Es gibt kaum eine nervtötendere Tätigkeit, als mit einer fertigen Arbeit in der Hand verzweifelt durch die Bibliothek zu geistern (oder stundenlang Netzrecherche zu betreiben), weil man das Literaturverzeichnis noch fertig stellen und dazu die genauen Titel, Erscheinungsjahre und andere Angaben der zitierten Literaturstellen suchen muss.

Sortieren: Auch für die **Ablage** des Papierbergs muss jeder letztlich sein eigenes System finden. Abheften ist gut, sortiert abheften ist für das Wiederfinden sicher besser. In vielen Fällen ist die ganz stupide Methode, Literatur **alphabetisch** nach den Namen der Autoren und Rechtsprechung **chronologisch** abzulegen, zumindest für das Wiederfinden das Einfachste. Hat man die gefundene Literatur sofort in eine früh erstellte Textversion eingearbeitet, stellt sich das Problem des nochmaligen Suchens einer bereits gelesenen Stelle wesentlich seltener, gerade dann aber ist die streng formale Ordnung sehr hilfreich. Wenn die Materialmenge zu groß wird, erweist es sich als zweckmäßig, **thematisch** sortierte Unterordner anzulegen – dann aber nur mit Querverweisen oder Dubletten bei Texten, die für mehrere Unterthemen einschlägig sind.   **163**

Fotokopierexzesse: *Kopieren* schreibt sich nur zufällig so ähnlich wie *kapieren*. Kopieren Sie also nur, was Sie auch lesen wollen – und realistisch lesen können, alles andere ist Zeit-, Papier- und Tonerverschwendung. Bestimmt – auch wenn Sie das eventuell erst selbst lernen müssen: aus der schmerzhaften Erfahrung, für einen Haufen Geld einen Haufen Altpapier und eine Menge Feinstaub produziert zu haben.   **164**

e) Quellen-Typologie

Bevor Sie die verschiedenen Arten von Fundstellen in den Blick nehmen, sollten Sie erstens mit einigen Grundbegriffen der **Klassifikation von Quellen**, zweitens mit den Besonderheiten **juristischer Abkürzungen** vertraut sein.   **165**

---

190 Bzw. als eingefügter Kommentar zu Beginn des eingescannten PDF.
191 Wenn Sie solche Informationen nachrecherchieren müssen, aber gerade keinen Zugang zu einer Datenbank haben, versuchen Sie es mal mit der regelmäßig neu erscheinenden CD von Kuselit.
192 Siehe zu einigen dieser Werkzeuge etwa t1p.de/5y1p.

aa) Klassifikation

166 Abstrakt lassen sich Quellen zunächst in drei Kategorien fassen: primäre, sekundäre und tertiäre. Allgemein bezeichnet die Primärquelle den originären Forschungsgegenstand, wohingegen die Sekundärquelle sich diesem widmet; die Tertiärquelle schließlich fasst als Hilfsmittel Sekundärquellen zusammen. Je nach Ausgangstext können die Übergänge hier fließend sein und abhängig vom Bezugspunkt variieren.

Beispiel: Nach der soeben genannten Definition wäre ein Lehrbuch eine Tertiärquelle, sofern der Bezugsgegenstand etwa eine bestimmte Norm ist. Vertritt der Autor des Lehrbuchs darin hingegen eine eigene Auffassung, die sich von den dort zusammengefassten Meinungen abhebt, so müsste man es auch als Sekundärquelle ansehen. Forscht man schließlich über die Rechtslehren des genannten Autors, wäre das Lehrbuch wohl sogar als Primärquelle anzusehen.[193]

Letztlich ist eine trennscharfe Unterscheidung also nicht immer möglich, der konventionsgemäße Umgang eher uneinheitlich und außerdem wenig intuitiv.

So werden Bibliographien nicht zitiert, weder in einer Fußnote, noch im Literaturverzeichnis – Datenbanken hingegen tauchen zwar nicht im Literaturverzeichnis auf, in Fußnoten manchmal aber schon, wenn zum Beispiel ein Urteil nur dort erfasst ist. Und obwohl Lehrbücher als Tertiärquellen angesehen werden, wäre es nicht nur unüblich, sondern sogar falsch, sie nicht zu zitieren sowie ins Literaturverzeichnis aufzunehmen.

167 Unbedingt lesen müssen Sie die **Primärquellen im klassischen juristischen Sinn**: Das sind vor allem Gerichtsentscheidungen, aber auch Gesetzesmaterialien, Sitzungsprotokolle und Norm- oder Vertragstexte. Je nach Art Ihrer Arbeit können diese den wichtigsten Teil der Belege ausmachen – sie werden aber in aller Regel nicht im Literaturverzeichnis genannt. Stets aufzunehmen sind hingegen Monographien, selbst wenn sie in Bezug auf die konkrete Arbeit nach strenger Anwendung der Definition eine Primärquelle darstellen können (– etwa weil die Aufgabenstellung *Kelsens* Reine Rechtslehre zum zentralen Gegenstand hat). Ein eindeutiger Quellennachweis ist hier aber anders als bei einem Gesetz schon deswegen notwendig, weil es unterschiedliche Textfassungen geben kann.[194]

Sollen Sie ein Urteil analysieren oder einen Text über ein bestimmtes Gericht schreiben (etwa den EGMR oder den Internationalen Seegerichtshof), macht es jedenfalls einen sehr schlechten Eindruck, wenn die einschlägige Rechtsprechung gar nicht, kaum oder nur über Sekundärquellen zitiert wird. Der Korrektor denkt dann zwangsläufig, dass Sie sich die Arbeit ersparen wollten, die Primärquellen zu suchen und zu lesen.

168 Genauso zentral ist für eine wissenschaftliche Themenarbeit aber auch die Arbeit mit Sekundärliteratur, und zwar sowohl mit Texten, die sich unmittelbar auf die Primärquellen beziehen (wie Gesetzeskommentare oder Urteilsanmerkungen), als auch mit solchen, welche die angesprochenen Rechtsfragen breiter, allgemeiner oder auch tiefergehend oder spezifischer beleuchten, also vor allem Aufsätze und Monografien). Tertiäre Quellen wie Lehrbücher sind in solchen Arbeiten nur dann wichtig, wenn sie eigene

---

193 Falls Ihnen jetzt noch nicht der Kopf schwirrt: *Fabricius*, Was ein Lehrbuch lehrt..., 1998 geht u.a. der Frage auf den Grund, was ein Autorenwechsel eines bekannten Lehrbuchs zur Folge haben kann.

194 Wohl das beliebteste Beispiel für einen Titel mit vielen verschiedenen Ausgaben: *Kant*, Kritik der reinen Vernunft.

Standpunkte einnehmen und erläutern, was in der Regel nur in voluminöseren Werken[195] relevant wird – Kurzlehrbücher können hier eher einmal außen vor gelassen werden.

bb) Entschlüsseln von Abkürzungen

Das juristische **Abkürzungsunwesen** ist schon fast sprichwörtlich. Während der gute **169** Stil und die Verständlichkeit unter den Abkürzungen leiden[196], sind sie unter Fachangehörigen nützliche Hilfsmittel, wenn es darum geht, die langweiligen Quellenangaben kurz und leicht handhabbar zu gestalten.

Allgemein gilt: Eine Abkürzung ist umso einfacher, schneller und verlässlicher aufzulösen, je mehr Informationen man aufbieten kann, um aus mehreren Vorschlägen den richtigen herauszufinden. Meist lässt sich aus dem Zusammenhang recht genau sagen, ob die Abkürzung für ein Gericht steht oder eine sonstige Institution oder für eine Fachzeitschrift oder eine Entscheidungssammlung oder ein Gesetz; ob man eher in einem deutschen Abkürzungsverzeichnis suchen sollte oder in der englischen Wikipedia.

Die meisten gängigen juristischen Abkürzungen kennt man nach einigen Semestern aus dem Kopf. Kennt man eine nicht (Beispiele: Was bedeuten *ROHG* und *ZAkDR*?[197]), lässt sie sich im Allgemeinen mit dem **Abkürzungsverzeichnis** von *Kirchner*[198] entschlüsseln, das in den Bibliotheken meist an zentraler Stelle ausliegt. Wenn es gerade nicht zur Hand ist, kann man sich mit den Abkürzungsverzeichnissen der juristischen Fachzeitschriften oder der großen Lehrbücher und Kommentare behelfen. Hilfreich (und schnell und kostenlos) sind einschlägige **Online-Ressourcen**[199]. Dabei sind die spezialisierten Bestände der allgemeinen Suche in Wikipedia[200] vorzuziehen, die wiederum meist Google überlegen ist. Und manche exotisch wirkende Abkürzung ist in dem Text aufgeschlüsselt, in dem Sie sie finden: in Monographien meist vorn im Abkürzungsverzeichnis, in Kommentaren und Handbüchern manchmal in einzelnen Abschnitten, kontextbezogen unterschiedlich.

Bei **nichtdeutschen juristischen Abkürzungen** sollte man sich in der Handhabung an den Quellen orientieren, die man selbst herangezogen hat. Da die einschlägigen Abkürzungsverzeichnisse[201] allenfalls in den rechtsvergleichenden Bibliotheken zugänglich sein werden, wird man für den ersten Zugriff oft auf Online-Ressourcen[202] angewiesen sein.

Nichtjuristische Abkürzungen findet man teils über fachspezifische Abkürzungsverzeichnisse, teils über die genannten allgemeinen Suchwerkzeuge im Internet.

Beispiele: *FSK* und *CE* findet Google schnell bei Wikipedia, bei *Gf.* muss man in der Trefferliste nachsehen.

Je mehr Sie üben, desto mehr werden Sie durch irritierende Erfahrungen feststellen:

---

195 Wie etwa *Roxin*, Strafrecht AT, oder *Esser/Weyers* Schuldrecht BT.
196 Dazu noch Rn. 256.
197 Testfrage für rechtshistorisch Versierte: Findet man Entscheidungen des ROHG in der ZAkDR? Antwort in Fn. 700.
198 *Kirchner*, Abkürzungsverzeichnis; *Friedl/Loebenstein*, Abkürzungs- und Zitierregeln (Österreich).
199 Etwa unter t1p.de/bvlw und in der Wikipedia t1p.de/pfkq. Hilfreich kann bei vorhandenem Zugriff dagegen die Info-Funktion von juris sein, sowie eine Eingabe einer Abkürzung in die EZB.
200 Manchmal finden sich dort über die Suchfunktion Abkürzungen, die auf der einschlägigen Unterseite (Fn. 90) nicht gelistet sind. Ist halt Wikipedia.
201 Für englische Abkürzungen etwa das Bluebook, t1p.de/65rp.
202 Z.B. für englische Abkürzungen den Cardiff index of legal abbreviations unter t1p.de/pido; außerdem t1p.de/u9u0; t1p.de/r1gw; t1p.de/bvml .

Abkürzungen für **nicht mehr aktuell gebräuchliche** Medien und Institutionen haben es im Internet schwerer.

Beispiel: *MuW* geht nicht über Google (*WuM* dagegen leicht), aber über Wikipedia.

Neue Abkürzungen sind oft noch schlecht dokumentiert.

Beispiel: *BLJ* ist zu unbekannt, um in Google an vernünftiger Stelle gelistet zu werden. Über einen passenden Zusatz bei der Sucheingabe („Zeitschrift") werden Sie aber auch bei Google sofort fündig, ohne sich erst durch unzählige Seiten zu einem ausnutzbaren Programmierfehler in „Super Mario 64" kämpfen zu müssen.

Wenig verbreitete Medien (**„Exoten"**) finden den Weg ins Internet nicht immer gleich leicht.

Beispiel: Wer die *KuR*[203] sucht, hat es schwer – nicht nur, weil auch die *KUR*[204] gemeint sein könnte.

Manche Abkürzungen werden geradezu geheim gehalten.

Beispiel: *Schufa* findet man nicht mehr auf deren eigener Heimseite, sondern nur noch auf Wikipedia

Kurze Abkürzungen sind oft mehrfach besetzt und daher uneindeutig, so dass man möglichst viele flankierende Informationen heranziehen sollte, um den richtigen Treffer als solchen identifizieren zu können.

Beispiel: *ZG* ist zu kurz, als dass man es in Google ohne Weiteres fände.

Lange Abkürzungen sind unterscheidungskräftig, dafür aber auch im Kontext kaum intuitiv zu entschlüsseln.

Beispiel: *VVDStRL* findet man über Google und Wikipedia

Wer mit allgemeinen Suchmaschinen arbeitet, findet die richtige Antwort nicht immer schon auf der ersten Trefferseite.

Beispiele: *EzA* steht ein bisschen weiter unten; *DtZ* ist nicht ganz intuitiv verständlich und steht bei Google erst auf der dritten Seite.

170 Ein eigenes **Abkürzungsverzeichnis** ist bei Arbeiten im Studium in aller Regel nicht erforderlich. Die bei *Kirchner* nachgewiesenen Abkürzungen können kommentarlos einfach verwendet werden. Kommen vereinzelte dort nicht ausgewiesene Abkürzungen hinzu, etwa ausländische Zeitschriftentitel, genügt es, diese Titel bei der ersten Nennung (oft im Schrifttumsverzeichnis, bei Bezeichnungen von Gesetzen oder völkerrechtlichen Verträgen auch im Haupttext) einmal auszuschreiben und die Abkürzung in Klammern dahinter zu setzen. Nur wenn sich eine ganz erhebliche Menge solcher in Deutschland unüblicher Abkürzungen ansammelt, ist ein gesondertes Verzeichnis eben dieser Abkürzungen sinnvoll, in dem dann aber auch weitergehend auf *Kirchner* verwiesen werden kann, um nicht über mehrere Seiten Standards wie BGH, StGB oder NJW auflisten zu müssen.

f) Die Quellentypen im Detail

aa) Gesetze, Verordnungen und die zugrundeliegenden Materialien

171 Im Mittelpunkt des juristischen Arbeitens steht meist das **Gesetz**, sei es als vergangenes, geltendes oder künftiges Recht.

---

203 Kirche & Recht.
204 Kunst und Recht: Journal für Kunstrecht, Urheberrecht und Kulturpolitik.

Nicht immer ist das Gesetz der beste Ausgangspunkt, wenn Sie sich ein Themenfeld erschließen wollen. Wenn die für ein Problem einschlägigen Regelungen unvollständig, über viele verschiedene Gesetze verteilt oder veraltet sind, kann sich der Zugang zum Problem über das Gesetz sehr mühselig gestalten. Vorzugswürdig ist dann der erste Zugriff über Lehrbuch- oder Handbuchliteratur. Gleichwohl erwartet der Leser, dass Sie in Ihrer Ausarbeitung alle einschlägigen gesetzlichen Bestimmungen nennen.

Weil Recht eine öffentliche Angelegenheit ist, muss der Rechtsstaat dafür Sorge tragen, dass Rechtsinformation für den Bürger frei zugänglich sind. Deshalb werden etwa Gesetze in Gesetzblättern veröffentlicht, die in den letzten Jahren leicht und kostenlos im Internet einsehbar sind. Allein verbindlich sind auf bundesrechtlicher Ebene die **Bundesgesetzblätter** (Teil 1 oder Teil 2), auf Landesebene die **Landesgesetz- und Verordnungsblätter**. Die **Druckversionen** stehen in den Bibliotheken[205].

Wie man systematisch nach einschlägigen Rechtsvorschriften sucht, beschreiben *Hirte* und *Lagodny*[206]. Gelegentlich braucht man die **Materialien aus dem Gesetzgebungsverfahren**, besonders wenn eine historische Auslegung zu leisten ist[207]. Zu manchen Rechtsgebieten gibt es eigene Suchanleitungen[208]. **172**

Die Sucharbeit nach dem reinen Gesetzestext wurde schon frühzeitig durch **Gesetzessammlungen** erleichtert, die gebunden oder in Loseblattform mehr oder weniger umfangreich heute zu fast allen Themengebieten zu haben sind – wenn auch nicht immer aktuell[209]. **173**

Über die großen **Online-Datenbanken** bekommt man auch Textzugriff auf eine Vielzahl von Vorschriften und Gesetzen. Wer die Bezahlversionen meidet, kann vielfach auf kostenfreie Anbieter ausweichen[210]. Das Angebot des Bundesministeriums der Justiz ist recht umfangreich, sehr aktuell – aber es ist nicht die amtlich verkündete Fassung[211]. Praktisch ist es trotzdem. **174**

Während der elektronische Zugriff auf aktuelle Gesetze schnell und komfortabel funktioniert, wird es bei **nicht mehr geltenden Rechtsnormen** schwieriger. Die braucht man entgegen dem ersten Eindruck nicht nur in rechtshistorischen Arbeiten. Wer bei der Auslegung einer bestimmten Norm auf eine geschichtliche Entwicklung zurückgreifen will, ist fast immer auf den Wortlaut der Vorgängernorm angewiesen. **175**

---

205 Ab und zu erweist sich bei aller Verlässlichkeit der im Handel erhältlichen Textsammlungen der Zugriff auf die amtliche Fassung als zwingend erforderlich; instruktiv *Kiehnle*, ZGS 2008, 121.
206 *Hirte*, Zugang; *Lagodny*, Gesetzestexte, S. 13 ff.
207 Gute Übersicht und zentraler Zugriff über t1p.de/q3bb, vielversprechend auch t1p.de/vkbf.
208 Zum europäischen Recht *Desax/Christen/Schim van der Loeff*, EG-, EU-Recht; *Hofer*, Jura 2005, 803 ff.
209 Ganz verbreitet sind die roten Standardwerke „Schönfelder I – Deutsche Gesetze" und „Sartorius I – Verfassungs- und Verwaltungsgesetze". Auch der Nomos-Verlag bietet mehrere Standardgesetzessammlungen in Form der farblich je nach Fachgebiet divergierenden „Ziegel" an.
210 Zum **Bundesrecht** z.B. die vom BMJ betriebene Seite t1p.de/5yik; für die **Landesrechte: Baden-Württemberg:** t1p.de/xk64; **Bayern:** t1p.de/7j9d; **Brandenburg:** t1p.de/bt26; **Berlin:** t1p.de/423l; **Hamburg:** t1p.de/4m5l; **Hessen:** t1p.de/kf9k; **Mecklenburg-Vorpommern:** t1p.de/2dwq; **Niedersachsen:** t1p.de/g8hu; **Nordrhein-Westfalen:** t1p.de/doet; **Rheinland-Pfalz:** t1p.de/tco3; **Saarland:** t1p.de/ydgp; **Sachsen:** t1p.de/6b2m; **Sachsen-Anhalt:** t1p.de/ah3t; **Schleswig-Holstein:** t1p.de/df2t; **Thüringen:** t1p.de/yvp9.
211 Lesen Sie dazu die Hinweise unter 1p.de/ug03. Diese wäre auch sehr unpraktisch, da im Bundesgesetzblatt nur selten Gesetze im Zusammenhang neu verkündet werden und damit die amtliche Fassung aus einer oft sehr langen Kette einzelner Änderungen an Formulierungen besteht, die nur sehr schlecht lesbar sind. Sowohl die verlagsseitigen Gesetzessammlungen wie auch das BMJ bieten daher lesbare sogenannte konsolidierte Gesetzesfassungen an, in denen der Gesamttext als solcher erhalten bleibt und die Änderungen eingepflegt werden.

Wie weit rückwärts Datenbanken dokumentieren, hängt von der Bereitschaft des Betreibers zur **Retro-digitalisierung** ab. Da diese regelmäßig teuer ist und das breite Nutzerinteresse umso stärker abnimmt, je weiter entfernt die rechtliche Vergangenheit liegt, muss man sich als Nutzer informieren, welche Datenbestände überhaupt digital zur Verfügung stehen.
Historische Gesetzestexte werden für die wichtigen und großen Kodifikationen (z.B. das prALR[212] und das Corpus Iuris Civilis[213] nebst Institutionen[214], aber auch das Grundgesetz[215]) gesondert herausgegeben, meist mit Einführungen, Bibliographien und anderweitigen Quellenhinweisen, teils auch als thematisch sortierte Sammlungen[216]. Manchmal gibt es sie im Internet[217].

176   Da bei der Auslegung von Rechtsvorschriften regelmäßig auch die **Entstehungsge-schichte** eine Rolle spielt (historisch-genetische Auslegung), ist es vorteilhaft, über die Zugänge zu den **Quellen** informiert zu sein: Man kann die Bundestags- und Landtags-drucksachen sowie die dazugehörigen Sitzungsprotokolle und Ausschussberichte in den Sammelbänden der Parlamente nachschlagen. Für die neueren Wahlperioden ist diese Arbeit leichter über die frei zugänglichen Online-Plattformen des Parlamentsspiegels[218] und – nur für den Bundestag – den DIP-Parfors-Server[219] zu erledigen. Auf europäischer Ebene wählt man die Eur-Lex-Datenbank[220].

Wenn es sich um ein **aktuelles Gesetzesvorhaben** (Referentenentwurf o.ä.) handelt, bei dem der par-lamentarische Prozess noch nicht durch die Einbringung eines Gesetzesentwurfs eingeläutet ist, führt vielleicht eine Anfrage an das zuständige Fachministerium oder eine der zu beteiligenden Interessen-gruppen weiter. Gibt es einen Arbeitstitel für den Entwurf ist eine möglichst präzise Suchmaschinenan-frage oft hilfreich, um an Stellungnahmen von Interessengruppen zu kommen[221]
Bei manchen besonders wichtigen Gesetzen werden die Materialien aus dem Gesetzgebungsverfahren in gedruckter Form herausgegeben, teils sogar in mehreren konkurrierenden Ausgaben.

Beispiel: Motive und Protokolle zum BGB, am besten zugänglich in der Ausgabe von *Schubert*.

Nach Möglichkeit zitiert man nach der amtlichen Quelle.

177   Stichwortregister zu Gesetzen enthalten die Textausgaben der verschiedenen Fachverla-ge am Ende, teils in beeindruckender Qualität. Am umfangsreichsten ist eine Loseblatt-sammlung, die die gesamte deutsche Rechtsordnung erschließt[222]. Schneller funktionie-ren die elektronischen Ausgaben.

bb) Verträge

178   Individuelle Verträge sind als Privatangelegenheit der Parteien regelmäßig nicht öffent-lich zugänglich. Für die Zwecke von Themenarbeiten ist das meistens auch gar nicht

---

212 *Hattenhauer* (Hrsg.), Allgemeines Landrecht für die preußischen Staaten von 1794, 3. Auflage, Neuwied 1996; t1p.de/rqxb.
213 *Knütel/Kupisch/Seiler*, Corpus Iuris Civilis IV.
214 *Manthe*, Institutiones; *Behrends/Kupisch/Knütel/Seiler*, Corpus Iuris Civilis – Die Institutionen.
215 *Dreier/Wittreck*, Grundgesetz.
216 Z.B. *Kotulla*, Deutsches Verfassungsrecht; *Hattenhauer/Buschmann*, Textbuch.
217 Beachtlich: t1p.de/q9hc. Für Österreich t1p.de/k5k3.
218 t1p.de/7mgs.
219 t1p.de/p6hl.
220 t1p.de/4nvj.
221 Vor allem auch solche, an die man nicht gedacht hätte oder die man gar nicht kannte – auch dafür muss man aber oft die Trefferlisten bis zum bitteren Ende durchgehen.
222 *Schlegelberger/Friedrich*, Recht.

erforderlich – wenn es nicht gerade um typische Vertragsgestaltungen geht. Dann sind Sie aber ohnehin besser beraten, nach einschlägigen Anwaltshandbüchern[223], Formularsammlungen[224] oder Musterverträgen[225] zu suchen, etwa bei Interessenverbänden.

Sofern eine der Parteien öffentlich Geschäfte führt, wie etwa große Handelsunternehmen oder Dienstleister, werden Sie zumindest deren Allgemeine Geschäftsbedingungen oder Vertragsentwürfe einsehen können.

Wer dennoch aus real existierenden Verträgen zitieren will, sollte vorsorglich für Anonymisierung sorgen und/oder datenschutzhalber das Einverständnis der Betroffenen einholen.

Tarifverträge sind registriert im Bundesarbeitsblatt und oft über die Tarifvertragsparteien (also Arbeitgeberverbände und Gewerkschaften) erhältlich[226], regelmäßig auch in den Bibliotheken der Arbeitsgerichte. Verzeichnisse der für allgemeinverbindlich erklärten Tarifverträge enthalten die Tarifregister der Arbeitsministerien des Bundes und der Länder. **179**

cc) Urteile

Wenn man genau weiß, welches Urteil man benötigt, führt eine Suche anhand der Kombination aus **Gerichtsbezeichnung**, **Aktenzeichen** und **Datum** der Entscheidung am schnellsten zum Erfolg. Das gilt sowohl für Fachdatenbanken als auch für die allgemeine Internetrecherche. **180**

Um ein Themenfeld nach Entscheidungen zu durchforsten, empfiehlt sich dagegen eine schlagwortorientierte Suchanfrage. Hierfür bietet sich für Deutschland juris als erstes Rechercheinstrument an, weil dort die größte Zahl von Urteilen nachgewiesen wird.

Je nach Umfang der ausgewerteten Rechtsprechung kann es zweckmäßig sein, eine Datei (vielleicht auch eine **Datenbank**) anzulegen, die die gelesenen Entscheidungen mit Gericht, Aktenzeichen, Datum und Fundstellen erfasst.[227] Damit vermeidet man am einfachsten die immer ein wenig peinlichen Zitate derselben Entscheidung nach verschiedenen Fundstellen. Und man behält mit geringer Mühe den Überblick über die bereits verarbeiteten Urteile. **181**

Obwohl viele Obergerichte ihre Entscheidungen seit einigen Jahren vollständig elektronisch online zur Verfügung stellen (und seit Einführung der Randnummerierung diese ohne Weiteres zitierfähig wären), ist es bis heute üblich, Urteile durch **Angabe** einer **gedruckten Fundstelle** zu identifizieren und nach dieser Fundstelle auch zu zitieren[228] – wenn immer möglich aus der amtlichen Sammlung, andernfalls aus der Sammlung **182**

223 Etwa *Scherer (Hrsg.)*, Münchener Anwaltshandbuch Erbrecht.
224 Etwa Beck'sche Formularsammlung zum gewerblichen Rechtsschutz mit Urheberrecht
225 So werden Sie etwa für Verträge rund um den Gewerbebetrieb fündig bei der örtlichen IHK (t1p.de/d3o5), fürs Wohnen und Mieten bei Haus und Grund (t1p.de/hi9t) oder auch auf der „Gegenseite" beim deutschen Mieterbund (t1p.de/bz10).
226 Recherche über die Hans-Böckler-Stiftung, t1p.de/xhcp.
227 Wer nicht gleich eine ganze Quellenverwaltungsdatenbank installieren will (dazu Fn. 57), wird auch mit einer Tabelle in einem Textverarbeitungsdokument zurechtkommen.
228 Vielleicht wird diese Praxis in ein paar Jahren als sympathisches Relikt aus dem Zeitalter des Buchdrucks belächelt und dann abgeschafft werden. Vorläufig sollte man sich ihr aber noch anschließen.

oder Fachzeitschrift,[229] die kraft Verbreitung oder Fachnähe für den Leser am leichtesten zugänglich sein sollte.

Darum ist auch die Zitierung nach Originalurteilsseiten nur statthaft, wenn keine Veröffentlichung in Druckform erfolgt ist. Hat das Urteil Randnummern (wie seit einigen Jahren bei den meisten Bundesgerichten üblich), ist zwar eindeutiges Zitieren der jeweiligen Passage möglich; trotzdem ist die Angabe einer Fundstelle im Druck sinnvoll und empfehlenswert.

Auch wenn eine **amtliche Veröffentlichung** der Entscheidung dem Abdruck in einer Zeitschrift zeitlich nachfolgt[230], ist diese nach rechtswissenschaftlichen Gepflogenheiten **vorrangig** zu zitieren. Sie müssen daher recherchieren, ob und wann die Entscheidung in der amtlichen Sammlung erschienen ist[231].

Welche Entscheidungssammlungen und Fachzeitschriften für Ihr Projekt einschlägig sind, erfahren Sie aus den Lehrbüchern. Diese enthalten regelmäßig im Eingangskapitel eine Übersicht zu den im betreffenden Rechtsgebiet maßgeblichen Kommentaren, Handbüchern, Entscheidungssammlungen, Fachzeitschriften usw. Wer sich die Mühe macht, themenarbeitsvorbereitend im juristischen Seminar festzustellen, welche dieser Medien vorhanden und wo sie zu finden sind, wird feststellen, dass man sich nach zwei Stunden auch in einem so exotischen Rechtsgebiet wie dem Sozialversicherungsrecht immerhin überblicksartig und bibliotheksbezogen auskennt.

183 Ein nützliches Hilfsmittel bei der Suche nach Entscheidungen aller Gerichte der Mitgliedstaaten der Europäischen Union einschließlich des Gerichtshofs der Europäischen Union, des Europäischen Patentamts (Europäischen Patentgerichts) sowie aller anderen interessierten Staaten und internationaler Organisationen ist der **European Case Law Identifier** (**ECLI**, deutsch: Europäischer Rechtsprechungs-Identifikator). Dabei wird jeder Entscheidung ein unverwechselbarer Code zugewiesen. Alle europäischen Gerichtsentscheidungen (und die zugehörigen Schlussanträge des Generalanwalts) verfügen über einen solchen ECLI-Code und können damit in verschiedenen Datenbanken gesucht werden, etwa in EUR-lex[232] oder über die Suchmaschine des Europäischen Justizportals[233].

(1) Amtliche Sammlungen

184 Einige Entscheidungen der Bundesgerichte (für den ordentlichen Rechtszug: der BGH, Art. 95 I GG) werden in amtlichen und quasiamtlichen Sammlungen (BVerfGE, BGHSt, BGHZ) veröffentlicht. Diese Sammlungen sind jedoch bei weitem nicht vollständig. Sie bilden nur einen Bruchteil der Spruchtätigkeit des Gerichts ab. Die Gerichte entscheiden darüber, welche Urteile sie für wichtig genug halten, in die jeweilige Sammlung aufgenommen zu werden. Das Veröffentlichungsverhalten bietet damit eine erste Orientierung bei der Materialsuche für die eigene Arbeit: Was in der amtlichen Sammlung steht,

---

229 Zu beiden Publikationsformen sogleich mehr.
230 Die amtlichen Sammlungen hinken fast immer den Fachzeitschriften hinterher. Vom Datum der Entscheidungsverkündung bis zur Verfügbarkeit in der amtlichen Sammlung vergeht leicht mehr als ein Jahr. Ein Beispiel bei *Schimmel* LTO v. 21.4.2016, t1p.de/fr31.
231 Über juris und Beck online sind die Nachweise schnell zu recherchieren. Hilfreich sind dabei auch die Register insbesondere der NJW, die jeweils in den Halbjahresbänden vorne mit eingebunden sind.
232 Zu finden unter t1p.de/5102.
233 Zu finden unter t1p.de/jo1e.

ist wahrscheinlich besonders wichtig. Vor allem gilt: Ist eine Entscheidung in die amtliche Sammlung aufgenommen, soll sie auch nur nach dieser Fundstelle zitiert werden.[234]

(2) Nichtamtliche Sammlungen

Nicht minder beachtenswert sind einige etablierte Entscheidungssammlungen, die in Fremdregie veröffentlicht werden, beispielsweise die kommentierte Sammlung der Rechtsprechung des BGH im Lindenmaier-Möhring (LMK) oder die Sammlungen arbeits- und sozialrechtlicher Entscheidungen in der AP und der EzA. Teils erschließen diese nicht nur die bundesgerichtliche Rechtsprechung, sondern auch die der Instanzgerichte. Oft werden die Entscheidungen von einer Anmerkung begleitet.
Außerdem gibt es etliche themenspezifische Entscheidungssammlungen (zum Verkehrsrecht, zum Unterhaltsrecht, zum Umweltrecht, zum Baurecht etc.), die den Einstieg in die Suche erleichtern.

185

(3) Abdruck in Fachzeitschriften

Die meisten Veröffentlichungen von aktuellen Gerichtsentscheidungen finden sich in den juristischen Fachzeitschriften – meist mit den Entscheidungsgründen, manchmal auch nur als Leitsatz. Nicht selten kommt es dabei zu Überschneidungen, so dass eine Entscheidung in unterschiedlichen Zeitschriften abgedruckt wird (**Parallelfundstellen**). Dies gilt auch für besonders grundlegende Entscheidungen, die für die amtliche Sammlung vorgesehen sind.

186

Ob eine solche Veröffentlichung in der amtlichen Sammlung erfolgen soll, erkennt man in den Fachzeitschriften regelmäßig an einer gesonderten Kennzeichnung (mit einem *, einem † o.ä.).
Die Parallelfundstellen nachzusehen bleibt daneben sinnvoll, da sich im Anschluss an die Entscheidung oft eine **Anmerkung** findet, die vielleicht nützliches Argumentationsmaterial, zumindest aber eine Projektionsfläche oder Reibungswiderstand für die eigenen Überlegungen bieten wird. Außerdem ist gerade in älteren Fachzeitschriften die redaktionelle Kürzung des abgedruckten Urteilstexts nicht immer gekennzeichnet, so dass die amtliche Sammlung teils den umfassenderen Text enthält.

(4) Verfügbarkeit in Online-Datenbanken

Praktisch alle gedruckt erscheinenden Gerichtsentscheidungen sind auch über die Online-Datenbanken zu erhalten.

187

Das betrifft zum einen die Juris-Datenbank, die bezüglich der Gerichtsentscheidungen wegen ihres Umfangs als Marktführer anzusehen ist. Abstriche sind jedoch diesbezüglich bei der Zitiertauglichkeit zu machen, da juris keine Originalseitenzahlen für den Textfluss angibt, sondern nur eine (im Druckmedium nicht vorhandene) Randnummernzitierung erlaubt. An diesem Nachteil leidet auch die LexisNexis-Datenbank. Bei beiden bedarf es der Nachrecherche hinsichtlich des Printmediums, da dieses primär zitiert werden muss.
Beck-Online bietet dagegen zitiertaugliche Volltext-Rechtsprechungsfundstellen sowohl zu LMK als auch AP sowie zu vielen Zeitschriften an.

---

234 In der Originalpaginierung online zugänglich sind BGHSt und BGHZ komplett über die Datenbank jurion – wenn diese verfügbar ist. Eine erheblicher Teil der Sammlung BVerfGE, sowie Teile von BVerwGE, BGHSt und BGHZ können frei über t1p.de/op4v eingesehen werden – ebenfalls mit den Originalseitenzahlen.

Allgemein zugänglich und kostenlos sind dejure und lexetius[235], aber auch fallrecht.de[236].

Nur eingeschränkt online zugänglich sind dagegen ältere Bestände. Wer also etwas Rechtshistorisches benötigt, kommt an der altmodischen Handarbeit in der Bibliothek meist nicht vorbei.

(5) Verfügbarkeit im Internet

188 In den letzten Jahren stellen die obersten Bundesgerichte zudem ihre Urteile im Volltext großteils kostenlos und zitierbar ins Internet[237]; das beschleunigt und erleichtert den Zugriff auf neuere Entscheidungen erheblich. Ältere Entscheidungen werden aber nicht rückwärts dokumentiert.

Die in RGZ und RGSt veröffentlichten Entscheidungen des Reichsgerichts sind online verfügbar[238], zahlreiche Entscheidungen des BVerfG ebenfalls[239].
Bei den Instanzgerichten sieht es ganz unterschiedlich aus. Mit etwas Glück ist das gesuchte Urteil online verfügbar[240].

189 Eine Notlösung für alle, die keinen Zugang zu den kommerziellen Datenbanken haben, bietet zudem die kostenlose Recherchemöglichkeit in den online gestellten **Inhaltsverzeichnissen** von Fachzeitschriften[241].

Daneben gibt es auch noch einige unabhängige Urteilsdatenbanken, etwa „Deutschsprachiges Fallrecht (DFR)"[242].

(6) Urteilsversand bei den Gerichten

190 Wenn alles Suchen nicht hilft, ist das Urteil wahrscheinlich unveröffentlicht – ein Schicksal, das die meisten gerichtlichen Entscheidungen ereilt. Man kann und muss dann die Entscheidung nötigenfalls über das Gericht beziehen, das sie erlassen hat. Dasselbe gilt, wenn man zwar eine Fundstelle hat, dort jedoch das Urteil nur zusammengefasst und unter verkürzter Angabe der Begründung wiedergegeben ist[243].

Das ist meist der langsamste und teuerste Weg, manchmal aber unvermeidlich. Man ruft bei dem Gericht an und lässt sich mit der ausweislich des Aktenzeichens zuständigen Geschäftsstelle verbinden oder wendet sich beim BGH an die Gerichtsbibliothek. Für die Fertigung von anonymisierten Fotokopien des Urteils braucht die Geschäftsstelle in aller Regel Zeit und einen Kostenvorschuss, der an die Gerichtskasse zu überweisen ist. Teils fertigen Gerichte für wissenschaftliche Zwecke kostenfrei

---

235 t1p.de/op4v; t1p.de/1woc.
236 t1p.de/r30g.
237 **BVerfG:** t1p.de/1x94; **BGH:** t1p.de/20eq; **BAG:** t1p.de/1lr7; **BVerwG:** t1p.de/jcq6; **BSG:** t1p.de/jkg6; **BPatG:** t1p.de/flle; **BFH:** t1p.de/zf6x.
238 Das geht kostenlos dank einer Nationallizenz. Wie man sich anmeldet, können Sie in der Wikipedia nachlesen.
239 t1p.de/r30g.
240 Gerichte in **NRW:** t1p.de/y8hu; Gerichte in **Baden-Württemberg:** t1p.de/3fmp.
241 Z.B. JZ unter t1p.de/uv75.
242 Unter t1p.de/vv4v finden Sie dort eine umfangreiche Sammlung höchstrichterlicher Rechtsprechung aus Deutschland, der Schweiz und europarechtlicher Spruchkörper.
243 Das betrifft oft ältere Urteile, die nur in der Berichtsspalte einer Fachzeitschrift erwähnt sind. Hier hat dann schon der Berichterstatter den Sachverhalt und die Gründe aus seiner Sicht „vorgefiltert"; es handelt sich also nicht um eine Primärquelle. Der Gang zu den Prozessakten des Gerichts bleibt einem dann – will man wissenschaftlich arbeiten – nicht erspart.

Ablichtungen. Wenn es eilt, kann man um Eile bitten. Im Allgemeinen müssen Sie ein Interesse an der Fertigung einer Urteilsabschrift darlegen. Dafür genügt erfahrungsgemäß Ihr Themenarbeitsprojekt. Nötigenfalls hilft der Lehrstuhl mit einer Bestätigung bei der Glaubhaftmachung.

dd) Selbstständige Veröffentlichungen (Bücher)

Die häufigsten Formen selbstständiger Veröffentlichungen sind Dissertationen und Habilitationsschriften, die unter den Sammelbegriff der Monographien fallen, also Texte, die sich mit einem Thema befassen. Der normale Weg des Zugriffs geht über Bibliotheken, gelegentlich hilft aber auch das Internet. **191**

(1) Standardzugriff: Bibliothek

Bücher finden Sie in Bibliotheken.

Diese Anleitung geht davon aus, dass Sie wissen, wie man in und mit einer Bibliothek arbeitet. Anderenfalls haben Sie mehrere Möglichkeiten: Sie können an einer der Bibliotheksführungen für Erstsemester teilnehmen, die überwiegend am Semesteranfang stattfinden. Sie können sich die ersten Schritte auch individuell vom Bibliothekspersonal erklären lassen, das oft überraschend hilfsbereit ist. Oder Sie lesen eine Anleitung zum Umgang mit Bibliotheken[244], zur Literaturrecherche[245], zum Umgang mit juristischen Quellen[246]. In einer gut organisierten Bibliothek stehen diese Arbeitshilfen in der Nähe des Eingangs. Manche Bibliotheken bieten auch schon online zugängliche Suchanleitungen[247] – und viele geben regelmäßig Einführungen in die wissenschaftliche Recherche[248].

Die Online-Kataloge der Universitätsbibliotheken erlauben heute eine bequeme Suche, so dass das Drängeln vor den Zettelkatalogen und der Ärger über herausgerissene oder abgegriffene Bestandszettel selten geworden oder ganz entfallen sind.

Es kann aber nicht schaden, sich zunächst den Umfang des elektronisch katalogisierten Bereichs einmal genauer anzuschauen. Die Existenz des Online-Katalogs ist nicht gleichbedeutend mit der vollständigen Erfassung des gesamten Bibliotheksbestands. Zur Recherche älterer und alter Werke ist bis heute oft der Karteikasten unerlässlich, und gerade in Schwerpunktbereichsarbeiten kommt es nicht selten vor, dass man die alten Schinken einmal braucht. Wer hat schon Angst vor Frakturschriften?

In erster Linie werden für Ihre Zwecke Institutsbibliotheken und Universitätsbibliotheken in Frage kommen, soweit juristische Fachliteratur zu beschaffen ist. Für die Fachliteratur der Nachbarwissenschaften werden Sie gelegentlich einen Besuch der Zentralbibliothek des jeweiligen Fachbereichs unternehmen müssen.

Wenn ein Buch nirgends sonst zu beschaffen ist, hilft die **Deutsche Nationalbibliothek** in Berlin, Frankfurt am Main und Leipzig[249]. Deren Katalog wiederum ist eine recht verlässliche Quelle für aktuelle bibliographische Informationen. Darin ist das deutschsprachige Schrifttum zumindest seit 1945 vollständig nachgewiesen. Dies betrifft insbe- **192**

---

244 *Grund/Heinen*, Bibliothek.
245 *Kohler-Gehrig*, JA 2001, 845 ff.; einige Besonderheiten bei der wirtschaftswissenschaftlichen Quellensuche erläutert *Unrein*, WiSt 2010, 409 ff.
246 *Hirte*, Zugang; *Möllers*, JuS 2000, 1203 ff.
247 Z.B. das Juristische Seminar der Uni Bonn unter t1p.de/b99t.
248 Diese finden mindestens am Semesteranfang statt, teils aber auch periodisch, etwa wöchentlich. Einfach nachfragen.
249 Als Präsenzbibliothek erzwingt die aber die Anreise, Fernleihe ist nicht möglich. www.dnb.de.

sondere Dissertationen, die nicht in einem Verlag veröffentlicht, sondern vom Verfasser nur in der Mindestzahl von Pflichtexemplaren hergestellt wurden.

Allerdings kann man sich selbst auf diesen gut gepflegten Katalog nicht voll verlassen.

Beispiel: Fritjof *Hafts* Juristische Rhetorik endet dort in der 5. Auflage, Freiburg 1995.

Wer im Verzeichnis lieferbarer Bücher[250] nachliest, findet manchmal (aber nicht oft) aktuellere Ausgaben.

Beispiel: *Hafts* Rhetorik ist dort mit der 7. Auflage Freiburg 2007 genannt[251].

193 Wenn Sie an ein Buch nicht herankommen, etwa weil es dauerausgeliehen ist, versuchen Sie es einmal in der **Stadtbibliothek** und in den **Gerichtsbibliotheken**. Mit etwas Glück und einer höflichen Anfrage bekommen Sie vielleicht Zugang zu einer der anwaltlichen Bibliotheken. Diese sind zwar nicht öffentlich, aber in den größeren Anwaltsbüros beeindruckend gut ausgestattet[252]. Und das eine oder andere Lehrbuch kann man vielleicht im Freundeskreis ausleihen, wenn in der Bibliothek wieder einmal alle halbwegs aktuellen Auflagen verschwunden sind.

194 Außer in Bibliotheken bekommt man Bücher auch im **Buchhandel** – gegen Geld. Mancher Text wird sich aber als für Ihre Arbeit so wichtig erweisen, dass Sie ihn nicht nur kopiert als Sammlung fliegender Blätter haben wollen, sondern als gebundenes Buch. Anders als in die Bibliotheksexemplare darf man da auch ungestraft reinschreiben. Mancher Buchhändler lädt seine Kunden zum Verweilen, Blättern und Kaffeetrinken ein; Fotokopierer gibt es da zwar nicht, aber wenn Sie nur eine Seite lesen müssen, geht das womöglich beim Buchhändler schneller als in der Bibliothek. Außerdem hat Ihr Mobiltelefon bestimmt eine hochauflösende Kamera. O tempora, o mores!

195 Wenn der Text nicht mehr neu erhältlich oder zu teuer ist, genügt vielleicht auch eine **antiquarische Ausgabe**. Angesichts des Zustands und der Neubeschaffungsbudgets vieler Bibliotheken kann es im Einzelfall zeit- und nervenschonender sein, das gesuchte Buch zu kaufen statt auszuleihen. Während die Preise für neue Bücher das nur gelegentlich zulassen, sind ältere Titel gebraucht[253] oder im modernen Antiquariat[254] teils für kleinste Beträge zu haben. (Achten Sie auf die Versandkosten.)

196 Neben den örtlichen Katalogsystemen gibt es regionale und bundes-, europa- und weltweite Recherchemöglichkeiten.

Regionale Kataloge sind etwa der Hessische Verbundkatalog (HeBis) und der Bibliotheksverbund Bayern (BVB). Regionenübergreifend – und damit vornehmlich interessant – ist der **Karlsruher Virtuelle Katalog** (KVK)[255]. Ein weltweiter Metakatalog für Bibliotheken ist WorldCat[256].

197 Der unmittelbare Nutzen einer überörtlichen Recherche erschließt sich nur in Verbindung mit der Option der **Fernleihe**. Niemand hat die Zeit und die Ressourcen, durch die Welt zu reisen, um alle Bücher vor Ort einzusehen. Was jedoch für kleines Geld meis-

---

250 t1p.de/8t3z.

251 Diese Ungenauigkeiten gehen auf die Verlage zurück, die das Buch bei der Deutschen Bibliothek nicht anmelden. Wer gründlich arbeitet, muss aber diese Ungenauigkeiten vorwegnehmen und etwa im Verzeichnis lieferbarer Bücher und bei amazon gegenprüfen.

252 Wer hier anfragt, bedenke, dass auch solche Bibliotheken Geld kosten. Man frage also höflich, stelle sich hinten an – und bedanke sich, wenn Hilfe möglich ist.

253 Im Internet lässt sich sehr schnell herausfinden, ob und wie teuer eine antiquarische Ausgabe zu haben ist: FindMyBook (t1p.de/fxgl) ist eine Metasuchmaschine über die wichtigsten einschlägigen Kataloge.

254 Leicht zu erschließen über die Einträge bei t1p.de/d9d2.

255 t1p.de/wjn4; zu dessen Stärken und Schwächen siehe auch *Plieninger*, S. 10.

256 t1p.de/ou80 bietet nach Registrierung auch Personalisierungsmöglichkeiten an.

tens zu haben sein wird, ist die Versendung eines Buchs von einer Bibliothek zur anderen oder zumindest, wenn man die genaue Fundstelle schon kennt, die Übersendung der entsprechenden Seiten in Kopie oder als elektronische Version.

In der UB Frankfurt am Main kostet eine Fernleihe 1,50 €. Für umfassend Interessierte gilt auch hier: Fragen Sie Ihre Bibliothekarin! Eine schnelle und zuverlässige Möglichkeit, zu überschaubaren Kosten an gesuchte Dokumente zu gelangen, bietet **subito**[257].

(2) Volltextverfügbarkeit online

Bislang ist es im Vergleich zur Masse der gedruckten Literatur die Ausnahme, dass ein juristisches Fachbuch im Volltext im Internet zu haben ist.

198

Das ist kaum verwunderlich: Die Chance, das Buch zu verkaufen, sinkt auf nahe Null, wenn es kostenlos im Netz erhältlich ist. Deshalb stellt kein Verleger, der als Verleger Geld verdienen will, ein vollständiges Buch dauerhaft online. Ausnahmen gelten für wissenschaftliche Zwecke, eine ganze Reihe von elektronischen Texten ist etwa über die Universitätsbibliotheken zugänglich[258].

Die Zahl der Bücher, die im Volltext online und zitierfähig zur Verfügung stehen, steigt jedoch ständig.

Hier sind erneut die – für Studenten und nutzungsberechtigte Doktoranden über Universitätsnetze kostenlosen Volltextonlinezugriff gestattenden – Großdatenbanken beck-online, juris und jurion zu nennen[259].

Es gibt aber auch etliche kleinere Plattformen, die Volltexte anbieten: Rechtshistorische Texte etwa stellt der umfangreiche virtuelle Lesesaal des Max-Planck-Instituts für Europäische Rechtsgeschichte[260] zur Verfügung.

Auch gibt es teils Online-Veröffentlichungen von Dissertationen[261] und Habilitationen[262], sei es auf einem universitätseigenen Publikationsserver[263], über einzelne Verlage[264] oder auf der Heimseite des stolzen Verfassers[265].

Eine zentrale Rolle für die rechtliche Informationsrecherche im Internet soll in Zukunft die *Virtuelle Fachbibliothek Recht* spielen[266].

Lohnen kann sich ein Blick in **Google Books**, wo sehr viele Fachbücher zumindest in Auszügen frei verfügbar sind – ist die gesuchte Stelle des Buches zugänglich, kann man zumindest Fußnoten schnell verifizieren und soweit ins Buch schauen, dass man abschätzen kann, ob die Mühe lohnt, das komplette Druckexemplar in die Hände zu bekommen[267].

Inhaltsverzeichnisse und Stichwortregister von Büchern können zusätzlich zunehmend über Funktionen wie **search inside** oder Blick ins Buch bei amazon erforscht werden, teils über die Verlage, wenn diese

---

257 t1p.de/q886.
258 Z.B. t1p.de/fkw8, teils auch juristische Literatur etwa aus dem Springer Verlag, die als elektronische Ressource in zitierbarer PDF-Form über die Bibliotheken zugänglich ist. Auch Verlagsdatenbanken wie beck online oder jurion enthalten zunehmend Fachbücher, vor allem Nachschlagewerke wie Kommentare.
259 Eine Bewertung dieser Dienste bei *Noack/Kremer*, Online-Dienste; kürzer *dies.*, NJW 2006, 3313 ff.
260 t1p.de/kivm.
261 Recherchierbar über t1p.de/hwod.
262 Z.B. t1p.de/natk.
263 Z.B. t1p.de/f83w in Konstanz.
264 Z.B. Tectum: t1p.de/4omq.
265 Z.B. *Kölbel*, Gleichheit im Unrecht, unter t1p.de/ies6.
266 Dazu t1p.de/ys3r.
267 t1p.de/oe6s.

nicht gleich den Volltext online verfügbar stellen[268]. Das kann beim Nachprüfen von ungenau zitierten Fundstellen in letzter Minute hilfreich sein[269]. Verlassen sollte man sich darauf nicht. Die Datenbank **Libreka!**[270] soll eine umfangreichere Online-Recherche über den Inhalt der erfassten Texte ermöglichen. Insgesamt ist die Entwicklung gerade bei der Retrodigitalisierung einigermaßen im Fluss, so dass man sich hier immer einmal wieder neu wird informieren müssen[271].

Digitalisierte Volltexte auch juristischen Inhalts lassen sich über einschlägige Portale[272] finden.

Beispiel: Das in Fn. 700 nachgewiesene Zitat von *Kirchmann* ist über das Netz sehr viel schneller zu prüfen als durch einen Bibliotheksbesuch.

ee) Unselbstständige Veröffentlichungen

199 Unselbstständige Veröffentlichungen sind oft kleiner im Umfang als die bisher erörterten und von einem anderen Medium abhängig, so dass man sie etwas anders recherchieren muss.

(1) Zeitschriftenbeiträge

200 Prototyp der unselbstständigen Veröffentlichung ist ein Beitrag in einer Zeitschrift, regelmäßig in einer Fachzeitschrift.

Es gibt mehr Fachzeitschriften, als man denkt. Nach ein paar Semestern kennt man die Ausbildungszeitschriften (Jus, JA, Jura), die allgemeinen juristischen Titel (also etwa NJW, MDR, JZ, JR etc.) und die für das eigene Fachgebiet wichtigen „erwachsenen" Zeitschriften (also im Handels- und Gesellschaftsrecht BB, DB, GmbHR, AG, ZIP, ZHR, ZGR usw.). Gerade in einer Themenarbeit muss man aber oft in die Einzelheiten gehen und auch das Schrifttum aus Nischen rezipieren. Diese können in mehrerlei Hinsicht am Rand des juristischen Spektrums liegen; zum einen können sich dort Periodika finden, die sich an das allgemeine politik(wissenschaftlich)interessierte Publikum wenden[273], zum anderen juristische Spezialthemen[274] oder -perspektiven[275]. Gerade wenn sie im Ausland publiziert werden, in niedriger Auflage erscheinen, erst kurz auf dem Markt sind[276] oder wegen dezidiert politischer Stellungnahmen juristisch nur unter der Hand rezipiert werden, stößt man nicht automatisch auf sie. Gute Lehrbücher enthalten aber oft vorn beim Schrifttumsverzeichnis eine Übersicht über die einschlägigen Zeitschriften.

Die Bandbreite dieser Beiträge reicht vom Standardaufsatz, der wie eine kleine Monographie ein Rechtsproblem in den Mittelpunkt stellt, über Stellungnahmen, Berichte, Urteilsanmerkungen bis hin zu Lernbeiträgen wie etwa Grundfallreihen und Falllösungen.

201 Zu finden sind solche Beiträge am leichtesten, wenn schon jemand sich die Mühe gemacht hat, sie systematisch und für Dritte zugänglich zu erfassen. Die Ergebnisse findet man gedruckt in **Bibliographien** und **Fundstellenheften**. Auch über Kommentare und Lehrbücher lassen sich Zeitschriftenbeiträge erschließen, wenngleich nicht vollständig,

---

268 Z.B. tlp.de/1719.
269 Am aussichtsreichsten sind tlp.de/94st, tlp.de/oz4x, tlp.de/6hd6 und tlp.de/d9d2.
270 tlp.de/ed4z.
271 Etwa unter tlp.de/utwf.
272 Z.B. tlp.de/l2nx.
273 Z.B. vorgänge (tlp.de/886s).
274 Etwa das Sportrecht bei causa sport (tlp.de/m5vz).
275 Etwa eine feministische Perspektive bei streit (tlp.de/re6k).
276 Z.B. das Journal der juristischen Zeitgeschichte (JoJZG).

sondern nach den individuellen Kriterien des Kommentators oder Lehrbuchverfassers ausgewählt. Schneller gestaltet sich die Suche wieder über die Online-Datenbanken.

Ältere Jahrgänge etlicher Zeitschriften sind zudem nicht nur beim virtuellen Lesesaal des Max-Planck-Instituts für Europäische Rechtsgeschichte, sondern auch über das DIGIZeitschriften-Projekt einsehbar[277]. Außerdem gibt es einen zentral von Regensburg aus verwalteten Katalog von online verfügbaren Zeitschriften, die Elektronische Zeitschriften Bibliothek[278]. Wer nur die Inhaltsverzeichnisse auf einschlägige Beiträge durchsehen will oder eine bereits vorhandene Information verifizieren möchte, wird oft auf der Heimseite der jeweiligen Zeitschrift Erfolg haben[279]. Über den KVK[280] kann man die im südwestdeutschen Bibliotheksverbund nachgewiesenen Aufsätze recherchieren.

Manche Beiträge erscheinen nur in **Online-Zeitschriften oder -medien.** Teils werden diese Texte wenig zitiert (ungeachtet ihrer Qualität), etwa weil sie nicht immer leicht zu finden sind[281]. Allerdings gibt es immer mehr reine Online-Zeitschriften, die den gedruckten in nichts nachstehen, etwa als Ausbildungszeitschrift die ZJS, im Strafrecht die ZIS und die HRRS[282].   **202**
Noch recht selten sind gedruckt erschienene Texte online dauerhaft zitierbar zu haben[283].

Beiträge mit didaktischem Schwerpunkt (Fallbearbeitungen und Einführungsaufsätze) erschließt man am schnellsten über Anfängerlehrbücher und spezialisierte Verzeichnisse[284].
Eine Aufsatz-Suchmaschine[285] erleichtert und beschleunigt die Arbeit.

(2) Freundesgaben, Fest- und Gedächtnisschriften

Eine Spielart der unselbstständigen Beiträge stellen die zu unterschiedlichen Anlässen („runde" Geburtstage, Jubiläen, Tode) herausgegebenen Sammelwerke dar, in denen sich mehrere Autoren zusammenfinden, um dem Anlass mit ihren Beiträgen einen möglichst wissenschaftlichen Rahmen zu verleihen[286]. Wer die als Festgaben veröffentlichten Beiträge von 1864–1979 aus Deutschland, Österreich und der Schweiz recherchieren will, kann das über eine spezialisierte **Bibliographie** bewerkstelligen[287]. Außerdem sind sie laufend in der Karlsruher Juristischen Bibliographie (**KJB**) nachgewiesen und   **203**

---

277 t1p.de/x63r.
278 t1p.de/nnwv. Diese erfasst in großem Umfang auch ausländische, im Volltext zugängliche Zeitschriften (aktuell über 5000 juristische Fachzeitschriften aus aller Welt) und ist daher gerade für Arbeiten mit ausländischem Bezug (Rechtsvergleich!) eine besonders wertvolle Quelle.
279 Etliche sind aufgelistet bei t1p.de/y2sg.
280 Fn. 255.
281 Etwa die „Saarbrücker Bibliothek" unter t1p.de/qomn.
282 Zu erreichen unter t1p.de/n1sx; t1p.de/dowq; t1p.de/hnsv.
283 Aber es kommt vor. Zu erschließen sind sie dann etwa über das Schriftenverzeichnis des Verfassers, z.B. t1p.de/5zm4.
284 Jährlich neu: *Tholl*, Fundus – Fundstellenverzeichnis für Klausuren und Hausarbeiten, Essen, bis 2006.
285 t1p.de/89p6. International kann hier auch das SSRN helfen (t1p.de/s0ps), sowie Google Scholar (t1p.de/pn5x) oder Microsoft Academic Search (t1p.de/cr3x).
286 Festschriften sind nicht nur wegen der wissenschaftlichen Beiträge, sondern manchmal auch deshalb interessant, weil sie ein Foto des Jubilars enthalten. Man kann sich so einmal ein Bild von den Menschen machen, deren Lehrbücher man seit Semestern zum Lernen benutzt hat.
287 *Dau/Pannier* (Hrsg.), Bibliographie.

werden für **juris** ausgewertet[288]. Typischerweise trifft man auf diese Texte aber in der oben angesprochenen Lawine, wenn man die Fußnoten anderer Quellen nachliest. Themenbezogen erscheinen unselbstständige Beiträge zudem in **Tagungsbänden.**

ff) Graue Literatur

204 Unter „grauer" Literatur versteht man nicht über Verlage veröffentlichtes (aber mit ein wenig Mühe zugängliches) Schrifttum[289], darunter können fallen: (noch) unveröffentlichte wissenschaftliche Texte, also Diplom- oder Seminararbeiten; Dissertationen oder Habilitationen, die im Begriff sind, veröffentlicht zu werden, Berichte, Broschüren, Kataloge, Flugblätter usw. Deutsche Titel kann man in der Deutschen Nationalbibliografie[290] (Reihe B) suchen, Internetpublikationen werden allerdings nicht vollständig erfasst. Es wird meist nicht wirklich erwartet, dass Sie solche Quellen ausfindig machen und auswerten. Wenn Sie in dieser Richtung ein wenig schürfen, findet sich manchmal auch ein größeres Nugget.

gg) Nichtjuristische Informationen

205 Viele Themenarbeiten erfordern auch eher **journalistische Techniken** zur Recherche nichtjuristischer Informationen, nicht zuletzt zur Sachverhaltsermittlung. Insbesondere werden Sie auf Quellen wie Nachrichtendatenbanken seriöser Zeitungen oder Magazine[291], Zeitungsarchive[292] oder eben Suchmaschinen zurückgreifen. Gerade hier gilt in besonderem Maße das oben zur Quellenkritik Gesagte!

206 **Kleiner Exkurs zur Informationsbeschaffung und -beschaffenheit:** Juristen sind nicht gerade gut geschult in journalistischer und/oder wissenschaftlicher Informationsrecherche. Schade – denn schon im Studium ist das wichtig, erst recht aber in rechtsberatenden Berufen, wenn von ihrem – also auch Ihrem – Rat wichtige Entscheidungen abhängen. Wie muss eine Information beschaffen sein, um in einer wissenschaftlichen Ausarbeitung verwendet werden zu können? Sie muss regelmäßig einem **Urheber** zuzurechnen sein, der die Verantwortung für sie übernimmt. Das gilt für Tatsachen und für Meinungen/Wertungen. Welche Qualität sie haben muss, hängt von dem Zusammenhang ab, in dem sie verwendet werden soll. Wer nur ungefähr und assoziativ den Leser auf etwas hinweisen möchte, wird an der betreffenden Stelle weniger Mühe auf die Recherche aufwenden müssen als derjenige, der mit präzisen Zahlen eine entscheidende Stütze der eigenen Argumentation belegen will.

Zur Annäherung kann man sich etwa folgende Fragen stellen:
Wie **genau** muss die Information sein?

Beispiel: *Die Zahl der Straßenverkehrstoten ist rückläufig* ist noch recht ungenau. Man erfährt nicht, von welchem Niveau auf welches Niveau die Zahl sinkt, wie lange der Trend schon besteht, ob sich die Aussage auf Deutschland, Europa oder die Welt bezieht, wann die Zahlen ermittelt worden sind usw.

---

288 Mit etwas Glück findet man die Inhaltsverzeichnisse von Festschriften über den Katalog der DNB oder über t1p. de/mu57.

289 Eine Suchmaschine für pdf-Dokumente finden Sie etwa unter t1p.de/su4i.

290 Zu finden unter t1p.de/v97s.

291 Z.B. www.spiegel.de, www.zeit.de, www.faz.net, www.fr-online.de, www.handelsblatt.com, www.sued deutsche.de; www.taz.de.

292 Viele Tageszeitungen unterhalten hervorragend zusammengestellte Pressearchive, aus denen man Presseübersichten zu vielen Themen erhalten kann – wenn überhaupt als Außenstehender aber nur kostenpflichtig. Mit Blick auf die Grenzen studentischer Budgets empfiehlt es sich, das Recherchethema sorgfältig einzuengen.

Wie **differenziert** muss sie sein?

Beispiel: *Die Zahl der Straßenverkehrstoten in Deutschland ist seit 1992 stark, seit 2003 noch leicht rückläufig* ist schon genauer; gleichwohl fehlen noch absolute Zahlen.

Wie **aktuell**?

Beispiel: *Die Zahl der Straßenverkehrstoten ist auch 2017 rückläufig* ist auf einigermaßen aktuellem Stand.

Welche **Zusatzinformationen** sind für das Verständnis sinnvoll oder gar nötig?

Beispiel: Vielleicht ist es wichtig zu wissen, dass angesichts der Fortschritte in der Unfallrettungsmedizin zwar die Zahl der Toten sinkt, aber die der (schwer) Verletzten steigt und die der Unfälle konstant bleibt oder gar steigt.

III. Sprachliche Anforderungen an den Text

Während die Sprache und die Gedankenführung des Gutachtens hoch standardisiert sind, bietet die Themenarbeit mehr Freiheiten. Wie immer bedeutet mehr Freiheit mehr Verantwortung, also mehr Arbeit. Die verständliche und vielleicht sogar gefällige Präsentation Ihrer Gedanken erfordert fast so viel Feilen an der sprachlichen Form wie am rechtlichen Inhalt. **207**

1. Sachlichkeit in der Sache

Wie im Rechtsgutachten findet eine **erste Person** in aller Regel nicht statt[293]. **208**

Beispiele: *Ich bin nach Abwägung aller bisher erörterten Argumente der Ansicht, dass ...; In meinen Augen ist das ein falscher Ansatz...; Meines Erachtens trifft das nicht zu.*

Ihr **Rechtsgefühl** als solches hat wenig argumentative Bedeutung. Diese Empfindung wird unter Umständen von anderen auch nicht geteilt. Es gilt vielmehr, argumentativ zu überzeugen. Dafür genügt der Hinweis auf das, was Sie persönlich für gerecht halten, fast nie, da es Ihnen regelmäßig an der notwendigen Autorität fehlen wird, um Rechtsempfindungen anderer zu beeinflussen[294]. Allenfalls kann man auf das Rechtsgefühl Bezug nehmen, um einen Gedankengang moderierend einzuleiten. **209**

Beispiel: *Dieses Ergebnis mutet aus dem Blickwinkel des Schuldners unverständlich an; überhaupt wehrt sich das Rechtsgefühl gegen ...*

Das hört sich aber immer ein wenig unjuristisch an. Unbedingt muss anschließend dann in der Sache substanziell argumentiert werden.

Das heißt aber nicht, dass Sie sich als Autor inhaltlich verstecken müssten. Es geht in der Sache immer darum zu verdeutlichen, wie Ihr Standpunkt zu den diskutierten Fragen aussieht und warum Sie ihn für richtig halten. Sprachlich setzen Sie dies aber so um, dass Sie Ihre Ansicht in den Indikativ setzen und verallgemeinern:

Beispiel: *Das umfassende Verbot der Folter ist nicht nur zentraler Bestandteil aller menschenrechtlichen Verträge, sondern auch aus utilitaristischer Sicht gut zu begründen.*

---

293 Das ist übrigens reine Konvention; auf die Qualität Ihrer Argumente hat es keinen Einfluss, ob Sie sie in der ersten Person Singular vortragen oder nicht.

294 Das ist auch in Ordnung so. Schließlich lassen Sie sich auch noch nicht von einem fremden Standpunkt überzeugen, nur weil jemand erklärt, dies und das sei gerecht.

210 Im mündlichen Vortrag nach vorherigem Ausprobieren (oder wenn Sie ein gutes Gespür dafür haben) sind ein paar gezielt eingestreute **Pointen** gut. Im schriftlichen Text ist **Humor** immer vorsichtig einzusetzen: Was geschrieben ist, bleibt stehen. Und muss auch wiederholtes Lesen aushalten. Allzu vordergründig dürfen also witzige Einfälle nicht ausfallen[295]. Man vermeide auch möglichst Ironie und Sarkasmus[296].

211 Ein guter Stil duldet keine Umständlichkeiten. Das ist aber nicht immer möglich. Man setze Genauigkeit über Einfachheit, wo es für rechtliche Zwecke darauf ankommt – und die in Normen steckenden Imperative erfordern immer **Genauigkeit**.

Beispiel: *Der Gesetzesentwurf sieht ein Verbot von Zigarettenautomaten in der Nähe von Schulen vor.* Das ist passabel verständlich und erfreulich kurz. Aber es ist an einer wichtigen Stelle ungenau: Wo von einem Verbot die Rede ist, muss mindestens in fachjuristischem Kontext die Handlung benannt werden, die verboten sein soll. Besser also: *Dem Gesetzesentwurf zufolge wird das Aufstellen von Zigarettenautomaten in der Nähe von Schulen verboten sein.* Diese umständliche Genauigkeit hat einen recht erhellenden Nebeneffekt: Wer den Satz so schreibt, fragt sich sofort, ob neben dem Aufstellen auch das Stehenlassen bereits installierter Automaten verboten sein muss. Oder ob nicht eigentlich die *Inbetriebnahme* verboten sein soll. So führt nicht selten Genauigkeit auch zu Vollständigkeit. Die Frage des Bestandsschutzes wäre für eine gute Ausarbeitung gewiss wichtig. Außerdem müssten Sie vielleicht erklären, was unter *in der Nähe* zu verstehen sein soll.

Manche Wörter sind von vornherein Indizien für gedankliche Ungenauigkeiten und Schludrigkeiten.

Beispiele: *sich beziehen auf* ist nicht umsonst ein Lieblingswort der Siebzigerjahrewischiwaschisprache. Es geht noch gut in der Formulierung *Ich beziehe mich auf das gestern geführte Telefonat und schlage vor…* . Oft aber kommt es (auch rechtlich) darauf an, eine Beziehung zwischen zwei Gegenständen, Umständen usw. genauer zu beschreiben (etwa als eine ursächliche) – dann ist es meist viel zu ungenau. *Gegebenenfalls* ist nicht immer, aber doch oft ein Hinweis auf unnötige Ungenauigkeit; wenn sich nicht aus dem Zusammenhang klar ergibt, in welchem Fall *gegebenenfalls* gelten soll, gibt man besser die Bedingungen an.

Oft verlangt der Übergang vom mündlichen zum schriftlichen Ausdruck auch eine Präzisierung in der Sache.

Beispiel: Mündlich geht *Anwohner hatten gegen das Windkraftwerk geklagt* gerade noch durch. In einer schriftlichen Ausarbeitung ist das zu ungenau. Klagen kann man nicht gegen ein Kraftwerk, sondern nur gegen den Betreiber; Gegenstand der Klage ist dann meist auch nicht die Beseitigung des Kraftwerks, sondern etwa die Einstellung des lärmenden Betriebs zur Nachtzeit. Schriftlich müsste der Satz also etwa lauten *Anwohner hatten den Kraftwerksbetreiber gerichtlich auf Einstellung des Betriebs zur Nachtzeit in Anspruch genommen.* Der Satz wird länger, aber inhaltlich präziser.

2. Sachlichkeit in Sprache und Stil

212 Ihre **Sprache** soll sachlich und klar sein. Sie soll subjektive Wertungen vermeiden. Das heißt nicht, dass Sie nicht werten dürfen – aber anders als in Alltagsdiskursen verlangen Wertungen nach Begründungen. Wo irgend möglich soll die Beschreibung von der Wer-

---

295 Denken Sie nur daran, wie mühevoll viele Kabarettisten an einer Pointe arbeiten, bis sie schlussendlich sitzt. Es ist also ganz in Ordnung, wenn Sie bei einem witzigen Einfall (also vielleicht einer amüsanten Parallele oder einem pointierten *argumentum ad absurdum*) noch eine ganze Weile überlegen, ob, wo und wie Sie ihn in Ihren Gedankengang einbauen.
296 Dazu noch Rn. 215.

tung getrennt werden. Manchmal fällt das schwer. Was man aber von jedem Journalisten erwartet, muss man von einem Wissenschaftler erst recht erwarten dürfen.

Ihre Ausdrucksweise soll das Interesse des Lesers wecken, nicht lähmen. Bei juristischen Themen ist eine gewisse Trockenheit nicht immer zu vermeiden. Einen Versuch ist es aber wert. **213**

Beispiel: Wer seine eigenen Sätze mit *Nach den obigen Ausführungen ...* in Bezug nimmt, verkauft sich unnötig langweilig. *Ausführungen* weckt sofort die Assoziation von *einschläfernd*. Versuchen Sie es mal mit *Überlegungen* oder mit *Aufgrund der hier erörterten Argumente ...;* vielleicht nennen Sie auch noch einmal eines stellvertretend: *Insbesondere mit Blick auf das ...prinzip ist ...*

Sachlichkeit bedeutet auch das **Vermeiden politischer Kampfbegriffe**. **214**

Beispiele: *kalte Aussperrung*; *wilder Streik*; *finaler Todesschuss* und *Rettungsschuss*; in der Abtreibungsdebatte *Tötung im Mutterleib*; im Streit über die Videoüberwachung von Arbeitnehmern *Bespitzelung*; *Zwangsethik*[297]; *Isolationshaft* vs. unausgesetzte Absonderung eines Gefangenen (§ 88 StVollzG); von *Isolationsfolter* sollte man nur sprechen, wenn man sich absichtlich der Terminologie der RAF-Sympathisanten bedienen möchte oder nach echter inhaltlicher Überlegung zu dem Ergebnis gelangt ist, dass es sich um Folter (etwa i.S.v. Art. 3 EMRK) handelt.

Das erfordert eine gewisse Sensibilität, aber es lohnt sich. Wer durch die Wortwahl schon einen inhaltlichen Standpunkt signalisiert, bevor dieser argumentativ begründet ist, kann nicht hoffen, als an Wahrheitserkenntnis interessierter Diskussionsteilnehmer wahrgenommen zu werden (aber vielleicht als ehrgeiziger Jungpolitiker). Wenn Sie also solche Begriffe verwenden wollen (die eben oft pointiert sind und deshalb zur stichwortartigen Bezeichnung eines Problems recht nützlich), kann das in Anführungszeichen geschehen. Wenigstens müssen Sie sich in der Einleitung Ihrer Arbeit kurz mit den terminologischen Schwierigkeiten auseinandersetzen, sollte Ihnen nichts Besseres einfallen als der Kampfbegriff.

Das bedeutet übrigens nicht, dass Sie die enge Verknüpfung von Recht und Macht (oder: Recht und Politik) ignorieren sollten[298]. Aber jede Auseinandersetzung, gleichviel ob man sie in erster Linie als politische oder juristische wahrnimmt oder etikettiert, hat die Chance auf Rationalitätsgewinn, wenn man auseinander hält, was politische Vorgabe ist und was juristisch-technische Umsetzung.

Sehr vorsichtig sind **ironische Bemerkungen** und Seitenhiebe zu verwenden. In einer **215** schriftlichen Ausarbeitung wissenschaftlichen Zuschnitts sind sie grundsätzlich entbehrlich, jedenfalls aber wie das Salz in der Suppe zu dosieren. Ironie muss man sich leisten können, vorzugsweise kraft großer fachlicher Kompetenz. Daran fehlt es oft noch bei einer Seminararbeit im fünften Semester.

Genau passend als Stilmittel ist Ironie – möglicherweise – im mündlichen Diskurs, etwa als Reaktion auf unerwartete und unerwünschte Störungen beim Vortrag des Seminarreferats. Hier ist die richtige Dosierung einfacher, weil man sich auf Augenhöhe gegenübersteht (aber man braucht Schlagfertigkeit). In der schriftlichen Fassung verliert Ironie schnell an Wirkung, wenn der Leser den Text wiederholt liest.

---

297 Womit bezeichnenderweise nicht eine Ethik des Zwangs gemeint ist, sondern der verpflichtende Schulunterricht im Fach Ethik im Bundesland Berlin.

298 Im Gegenteil gehört es zu den juristischen Bildungserlebnissen schlechthin, sich in dieser Frage Wissen anzueignen und einen Standpunkt zu beziehen. Auf längere Sicht kann man sich davor nicht drücken.

Insgesamt gilt: Ironie ist etwas für kluge Leute. Sind Sie klug? Ist Ihr Leser klug? Ist der Grad Ihrer beider Klugheit etwa der gleiche? Dann geht Ironie gut.

216 Niemand liest gern Texte, deren Verfasser sich ständig von den eigenen Ergebnissen distanziert. **Relativierungen** und **Unsicherheitsindikatoren**

Beispiele: *eigentlich, wohl, durchaus…*

…sollten Sie deshalb beim Redigieren streichen. Natürlich dürfen Sie das Unsichere als solches benennen.

Beispiele: *voraussichtlich, ungefähr, etwa, vermutlich, wahrscheinlich…*

Aber Sie schreiben – noch – keinen Text, für dessen Inhalt Sie haftbar gemacht werden, wie das etwa einem Rechtsanwalt leicht geschehen kann. Deshalb müssen Sie sich auch nicht ständig in vorsorglich angebrachte Relativierungen flüchten.

3. Qualitätsanforderungen

217 Stellen Sie auf der sprachlichen Ebene vier Anforderungen an Ihren Text (die Reihenfolge ist wertend)[299]:

1. Er muss **orthographisch** und grammatikalisch korrekt sein.
   Das ist das Mindeste, was der Leser erwarten kann[300].
2. Er muss **fachsprachlich** korrekt sein
   Sie müssen mit der Fachterminologie des Rechts umgehen können – und das auch zeigen.
3. Er soll sich um **Verständlichkeit** bemühen, soweit das möglich ist.
   Das ist das interpretationsbedürftigste Kriterium, aber vielleicht auch der Punkt, mit dem Sie am meisten Sympathien gewinnen können.
4. Er soll ein bisschen **schön** sein.
   Das ist am schwersten zu erklären. Aber Sie können es wenigstens versuchen.

Was diese Kriterien für Ihre Schreibarbeit praktisch bedeuten, ist hier nicht abschließend darzulegen[301], sondern nur anhand einiger ausgewählter besonders wichtiger Gesichtspunkte zu umreißen.

218 Die Bewertung juristischer Arbeiten lässt dem Korrektor viele Spielräume, und über richtig und falsch kann man bei Rechtsproblemen lange streiten. Wenn Sie aber kein **richtiges Deutsch** schreiben können, liefern Sie eine Steilvorlage für unabweisbare Kritik.

---

[299] Hier nur eine einzige Empfehlung zur Pflege Ihrer sprachlichen Fähigkeiten: Lesen! Und zwar nicht juristische Lehrbücher (die lesen Sie sowieso in Massen, und viele davon zeichnen sich nicht eben durch Sprachgefühl aus), sondern zum einen Belletristik, zum anderen gute juristische Sachprosa. Bei **Belletristik** suchen Sie sich aus, was Ihnen gefällt. Jährlich erscheinen etwa 70.000 Buchtitel in Deutschland neu – da wird schon etwas dabei sein. Wenn Sie möchten, versuchen Sie es einmal mit Dichterjuristen (allgemein *Sternthal*, Juristen; zu denen des 18. und 19. Jahrhunderts: *Wohlhaupter*, Dichterjuristen; für das 20. Jahrhundert vielleicht Franz *Kafka* oder Herbert *Rosendorfer* oder Bernhard *Schlink* oder Georg *Oswald* oder Juli *Zeh*). Bei **juristischer Sachprosa** nehmen Sie beispielsweise einmal *Kittner*, Arbeitskampf, oder *Wesel*, Geschichte des Rechts, oder *Großfeld*, Zeichen und Zahlen, zur Hand. Oder schauen Sie in die jährlich in NJW und JZ veröffentlichten Leseempfehlungen *Die juristischen Bücher des Jahres.*
[300] Sie glauben nicht, welche Leistungen Korrektoren an Universitäten und Fachhochschulen zu lesen bekommen. Wenn sie nicht sicher sind, ob es stimmt, was Sie so schreiben, kaufen Sie sich einen Duden. Das ist nicht ehrenrührig – im Gegenteil.
[301] Wahrscheinlich ist das sowieso nicht möglich. Weiter entfaltet ist der Gegenstand bei *Schimmel*, Klausuren, Rn. 324 ff. mit zahlreichen Beispielen.

Peinlich sind falsche Wortbildungen.

Beispiele: Falsch sind *verdeckte Ermittlungsmethoden* und *geheime Ermittlungsbefugnisse*[302] (das sind sogenannte „reitende Artilleriekasernen"), richtig ist *verdeckte Ermittlungsmaßnahmen*[303] – denn die Methoden sind nicht verdeckt (und die Befugnisse schon gar nicht), wohl aber die Maßnahmen. Wie man auf *russische Kinowoche* kommen kann, ist kaum noch zu verstehen – aber es war ein Uni-Kino, das damit geworben hat. Einigermaßen zweifelhaft auch die *künstlichen Befruchtungstechniken* und der *objektive Rechtsschutz*[304]; die GEMA übrigens hat gleich zwei dieser Merkwürdigkeiten im Namen ...

Die Unklarheit des Ausdrucks legt immer den Schluss auf die Unklarheit des Gedankens nahe.

Fehler in der **Zeichensetzung** werfen kein erfreuliches Licht auf Sie. Das meiste geht bei den Kommata schief,

Beispiel: Auch die in den letzten Jahren immer beliebter werdenden Aufzählungen mit bullet points o.ä. brauchen, zumindest wenn sie Teil eines Satzes sind, Kommata und einen Punkt am Ende.

aber auch der Bindestrich scheint neuerdings vielen Menschen Schwierigkeiten zu bereiten.

Beispiele: Oft ist es der fehlende Bindestrich wie in *Nicht EU Bürger, online Durchsuchung, Super Nanny* und *Bourne Verschwörung.*

Manchen Fehler in der Rechtschreibung machen Sie gar nicht selbst, sondern die Rechtschreibprüfung des Textverarbeitungsprogramms.

Beispiele: Schnell verwechseln Sie beim Korrigieren *Grundschule* und *Grundschuld, sezieren* und *sedieren, keine* und *kleine* Kinder, *Amsel* und *Assel, betreten* und *beteten, StPO* und *STOP.* Problematisch auch: die *Geheimagenten* hatten *Geheimagenden*

4. Fachsprache

Ihre Ausarbeitung richtet sich an Fachangehörige und darf sich also der Fachsprache **219** bedienen. Es gibt keinen Grund zur Scheu vor der Fachterminologie. In juristischen Argumentationen ist es zwar nicht immer ganz offenkundig, aber es stimmt trotzdem: Fachsprache bedeutet Gewinne an Genauigkeit und Unterscheidungsfähigkeit – sie ermöglicht also schnellere und verlässlichere Kommunikation. Im Allgemeinen können Sie bei Fachbegriffen ebenso wie bei Rechtsnormen davon ausgehen, dass der Adressat sie kennt oder sich Kenntnis von ihnen verschafft.

Beispiel: Der juristische Laie wird bei *negative Publizität* eher an *schlechte Presse* denken als an den Vertrauensschutz beim Handelsregister. Gleichwohl muss man die Begriffsverwendung nicht erklären.

Sie müssen also weder Normen paraphrasieren oder wörtlich wiedergeben noch Fachbegriffe definieren. Es kann aber sinnvoll sein, das ausnahmsweise doch zu tun.

Beispiel: Viele Fachausdrücke sind nicht gerade selbsterklärend. Wenn Sie also für Völkerrechtler den verbraucherkreditrechtlichen Begriff *Einwendungsdurchgriff* referieren, versuchen Sie beiläufig in einem Nebensatz zu erklären, was das ist, ohne belehrend zu wirken.

---

302 *Rath,* taz v. 5.6.2008, S. 5 – was würde die Existenz geheimer Ermittlungsbefugnisse für den Rechtsstaat bedeuten?
303 Beispiele aus *Schaar,* Privatsphäre, S. 154 f.
304 *AG Nidda,* NJW-RR 2002, 469.

220 Wo ein Fachbegriff zur Verfügung steht, soll er verwendet werden[305]. Gerade weil aber denknotwendig die Sprache des Rechts stärker in der Alltagssprache verwurzelt ist als andere Fachsprachen, braucht es hier besondere Sorgfalt. Ihr Leser muss davon ausgehen können, dass Sie die Begriffe im fachsprachlichen Sinne verwenden, nicht im – meist ungenaueren oder wenigstens abweichenden – allgemeinsprachlichen.

Beispiel: Der Begriff *Irrtum* ist juristisch eher enger als allgemeinsprachlich (§ 119 BGB). Wer über Irrtümer schreibt, sollte *Irrtum* für den Irrtum des BGB (oder des StGB) reservieren und ansonsten etwa von *Fehlvorstellung* oder *falscher Wahrnehmung* sprechen – oder den *Irrtum* in Anführungszeichen setzen. Nur selten wird es erforderlich sein, den Irrtum im bürgerlich-rechtlichen Sinne abzugrenzen etwa gegen den Erlaubnistatbestandsirrtum im Strafrecht.

Oft lassen sich in der Fachsprache auch die Wertungen vermeiden, die in der Allgemeinsprache mitschwingen.

Beispiel: Wer statt *Heuschrecken private equity-Gesellschaften* schreibt (oder vielleicht sogar auf deutsch von *privatem Beteiligungskapital* spricht), bewahrt sich die Möglichkeit, zu einem differenzierteren Urteil zu gelangen, als es die biblische Plagen-Metapher nahe legt.

221 Es muss aber nicht immer zwangsläufig der fremdsprachige Fachbegriff sein.

Beispiel: Ob *konkludent* gegenüber *schlüssig* einen Genauigkeitsgewinn mit sich bringt, darf man bezweifeln – und deshalb gern auch *schlüssig* schreiben.

222 Fachbegriffe wollen richtig gebraucht werden. Sie müssen davon ausgehen, dass die falsche Verwendung von Fachvokabular immer auffällt.

Beispiele: Sprechen Sie nicht von *Klage*, wenn Sie *Klageschrift* meinen, und nicht von *Angeklagter*, wenn *Beklagter* gemeint ist. Nichtjuristen dürfen *Gewährleistung* und *Garantie* miteinander verwechseln; bei Fachangehörigen macht das aber einen schlechten Eindruck.

Manchmal wird ein fachsprachlicher Begriff in der Allgemeinsprache anders verwendet.

Beispiel: Mit *Beweislast* ist juristisch das Risiko des Prozessverlusts bei Unerweislichkeit einer Tatsache gemeint; allgemeinsprachlich dagegen wird der Begriff gern einmal im Sinne von *die Beweislast war erdrückend* verwendet[306]. Tückisch ist das, weil auf den ersten Blick etwas ganz Ähnliches gemeint scheint, bei näherem Überlegen sich aber herausstellt, dass im einen Fall der Beweis gerade nicht gelingt, im anderen Fall aber doch.

Nicht erläuterungsbedürftig ist dagegen in aller Regel die unterschiedliche Besetzung eines Begriffs in einer nichtjuristischen Fachterminologie.

Beispiele: Dass *Verzug* in der Mechanik etwas ganz anderes bedeutet als im BGB (nämlich die wärmebedingte Veränderung der Maße und der Form eines Werkstücks), wird nur höchst selten Anlass zu Missverständnissen geben, ebenso die Verwendung von *Miete* in der Landwirtschaft (dort bezeichnet das Wort eine Form der Lagerung von Feldfrüchten) und in der Rechtswissenschaft (dort bedeutet es nach § 535 II BGB soviel wie *Mietzins*, nach häufigem Sprachgebrauch aber auch *Mietverhältnis*) oder die zahlreichen Bedeutungen von *Akt* jenseits des Juristischen. Ähnlich ist das bei *Domäne* – lesen Sie mal nach!

Oft ist eine Verwechslung beinahe ausgeschlossen. Dann wird die Doppel- oder Mehrfachbedeutung eines Worts nicht thematisiert.

---

305 Alles andere weckt die Vermutung, Sie hätten den Begriff absichtlich vermieden, um so einen abweichenden Inhalt zu transportieren.

306 Z.B. *Akyol*, taz v. 24.11.2009: *... die Beweislast sei zu eindeutig.*

Beispiel: *Schlag* wird meist in der Bedeutung von *Schlag ins Gesicht* verwendet, nur selten in der Bedeutung *größere landwirtschaftliche Fläche*[307].

Wenn Verwechslungen oder Unklarheiten möglich scheinen, klären Sie aber besser die Begriffe im Einführungsabschnitt oder bei der ersten missverständlichen Verwendung. **223**

Beispiel: Bei *Gesellschaft* kann es geschehen, dass Sie den juristischen Begriff (etwa §§ 705 ff. BGB) vom soziologischen trennen müssen – vom allgemeinsprachlichen (etwa *in schlechte Gesellschaft geraten*) eher nicht.

Manche Fachbegriffe sind nur scheinbar welche.

Beispiel: *Taschengeld* halten viele Leute für einen Rechtsbegriff, schon wegen des gern missverständlich als *Taschengeldparagraph* bezeichneten § 110 BGB. Das Wort kommt aber mit gutem Grund in § 110 BGB nicht vor; jedenfalls hätte es wohl auch eine Bedeutung jenseits des Rechts der beschränkt Geschäftsfähigen.

Solche Begriffe sollte man eingangs definieren. Das kann kurz ausfallen, wenn man Übereinstimmung mit einem verbreiteten Gebrauch vermuten darf. Aber sicher ist sicher.
Für die Allgemein- wie für die Fachsprache gilt: Der Leser geht von der richtigen Verwendung der Ausdrücke aus.

Beispiel: Wer *Rauchwaren* liest, darf an *Pelze* und muss nicht an *Tabakprodukte* denken.

Ist ein Fachbegriff umstritten oder uneindeutig, muss seine Verwendung erklärt werden. Der passende Ort hierfür kann das Einführungskapitel sein (wenn der Begriff geradezu zentral für Ihr Thema ist) oder der Punkt, an dem der Begriff zum ersten Mal verwendet wird (im Text, vielleicht auch mal in einer Fußnote, wenn der Begriff nur am Rand wichtig ist). **224**

Die Fachsprache ist an etlichen Stellen pingelig, an denen die Alltagssprache ein Auge zudrückt. **225**

Beispiel: Juristische Laien verwenden gern den Begriff *geltende Rechtsprechung*. Fachsprachlich geht das nicht. *Geltung* kommt einem Gesetz zu, eine *Rechtsprechung* ist *verbreitet*, *überwiegt*, ist *einheitlich*, *gefestigt*, *allgemein anerkannt* oder *herrschend*. Der kleine Lapsus im Ausdruck verwechselt zwei Staatsgewalten. Das sollte Fachangehörigen nicht passieren.

Selbst wenn man den Bedeutungsunterschied nicht kennt, sondern nur erahnt, ist in aller Regel der gesetzliche oder fachsprachliche Begriff vorzugswürdig gegenüber dem allgemeinsprachlichen[308].

Beispiel: Allgemein spricht man meist von *Mehrwertsteuer*; das UStG nennt sie *Umsatzsteuer*.

Gelegentlich darf man sich vielleicht eine Ausnahme erlauben: Wo der fachsprachliche Begriff allzu sperrig ist und keinen Erkenntnisgewinn verspricht, versuche man es mit dem alltagssprachlichen.

---

307 Dazu z.B. BGHZ 175, 35 Ls. 2.
308 Wer bei der Verwendung von Fachtermini unsicher ist (als Anfänger und/oder Einwanderer ist man das fast zwangsläufig), kann in einem Rechtswörterbuch nachsehen. In der Bibliothek benutze man das große Deutsche Rechts-Lexikon (Hrsg. *Tilch*); privat erwäge man den Kauf des kleinen Rechtswörterbuchs von *Creifelds/ Weber*.

Beispiel: Wer es mit richtig unschöner Verwaltungssprache zu tun hat, schreibe auch einmal *Gefängnis* statt *Justizvollzugsanstalt* – es muss ja nicht gleich *Knast* heißen.

226 **Genauigkeit** ist mehr als nur eine juristische Sekundärtugend. Mündliche Kommunikation von Angesicht zu Angesicht erlaubt mehr Ungenauigkeiten, weil sie auch Fragen zulässt. Im Schriftlichen gehen Ungenauigkeiten zu Ihren Lasten, schon weil Sie meist keine Gelegenheit zu nachträglicher Aufklärung haben. Oft mag sich zwar der Leser schon das Richtige denken – aber können Sie sich darauf verlassen?

Beispiel: In einem Artikel in einer Tageszeitung mag die Verkürzung *Das Endlager steht also kurz bevor* gerade noch durchgehen (schön ist sie übrigens nicht), in einem Referat muss es aber genauer heißen *Die Errichtung/Inbetriebnahme/Genehmigung des Endlagers steht kurz bevor.*

227 Vermeiden Sie **scheingenaue Angaben**.

Beispiele: *sehr kompliziert, erhebliche Probleme*

Überhaupt ziehen unnötige und oft informationslose Quantifizierungen die Aufmerksamkeit des Lesers in die falsche Richtung. Wollen Sie das?

Beispiel: *Von großer Bedeutung ist in diesem Zusammenhang auch ...* – Solche Formulierungen sind trivial, denn wenn die jeweilige Information ohne Bedeutung wäre, würden Sie sie doch gar nicht erwähnen. Eher noch ärgerlicher ist aber, dass der Leser letztendlich alleingelassen wird mit dieser Aussage. Viel lieber möchte er doch wissen, ob der beschriebene Umstand von *maßgeblicher/entscheidender/ regelmäßig ausschlaggebender Bedeutung* ist. Gerade wo es um Abwägungen geht, ist erst die halbe Arbeit getan, wenn Sie zusammengestellt haben, welche Umstände in die Abwägung einzubeziehen sind. Die wichtigere Hälfte besteht anschließend darin zu entscheiden, welche Umstände die Abwägung letztendlich in die eine oder die andere Richtung ausgehen lassen.

Ähnlich unerfreulich sind die **Übertreibungen**, die leicht einmal aus der Alltagssprache in die sachliche Sprache des Rechts herüberzuschwappen drohen.

Beispiel: Wer *müde* meint, soll nicht *übermüdet* schreiben.

Sie wecken Zweifel an der eigenen Unvoreingenommenheit.

228 Die Empfehlung, auch einmal eine „journalistische" Art der Einführung zu erwägen[309], darf nicht dazu führen, dass Sie in einen journalistischen Sprachduktus verfallen.

Beispiele: Der Tagespresse vorbehalten bleiben muss *Karlsruhe erklärt ... für unzulässig.* Sie schreiben *Der BGH* (oder: *Das BVerfG*) *hat mit Urteil vom ... eine Vertragsgestaltung wegen <Norm> für nichtig erklärt, der zufolge der Schuldner einer Geldforderung ...;* schon die Formulierung, ein Gesetzesvorschlag sei *auf Eis gelegt worden* oder *in der Schublade verschwunden,* ist ein bisschen zu zeitunghaft im Ton. Auch das *wir,* wenn alleine der Autor gemeint ist, er aber ein *ich* vermeiden möchte, sollte eine rein journalistische Gepflogenheit bleiben.

Fachliche Genauigkeit geht immer vor leichter Konsumierbarkeit.

Von selbst verbieten sich auch **Gemeinplätze**. Die sind nämlich meist sowohl langweilig als auch ungenau. Was ein Gemeinplatz oder eine Selbstverständlichkeit sei, schätzen die Menschen meist unterschiedlich ein, abhängig von ihrem individuellen Kenntnisstand. Zudem kann heute schon eine Selbstverständlichkeit sein, was gestern noch als

---

309 Dazu unten Rn. 310 ff.

kluge und neue Einsicht daherkam. Umso mehr müssen Sie darauf achten, vollständig alles zu meiden, was bereits zur **Worthülse** geworden ist.

Beispiele: *In einer globalisierten und sich fortschreitend weiter globalisierenden Welt kommt dem Phänomen des ... wachsende Bedeutung zu. Besonders signifikant wird die Relevanz des damit adressierten Phänomens des ... im Zusammenhang mit ... sowie im Bereich des ... – Das Internet ist kein rechtsfreier Raum.*

Es kann für eine konsistente Argumentation erforderlich sein, auch das Banale noch einmal zu erwähnen. Dann sollte man es aber kurz und möglichst genau sagen.

Beispiel: Wer liest *In der modernen Kommunikationsgesellschaft sind mit neuen Chancen auch neue Risiken verbunden*, möchte es genauer wissen: Was macht die Gesellschaft zur Kommunikationsgesellschaft – und wann ist diese Wendung zur Moderne eingetreten?

Stilebenen: Wie ausdifferenziert Germanisten und Linguisten die Frage nach Stilebenen des Deutschen betrachten, muss hier nicht interessieren. Es genügt die Alltagserkenntnis, dass es recht unterschiedliche Stilebenen gibt, einerseits etwa *Konkretkrasskorrektweißtu*, andererseits ein Gedicht oder ein Gesetz.   **229**
Wer nicht ständig Texte mit wissenschaftlichem Anspruch verfasst, kommt sich oft ein bisschen seltsam vor, wenn er eine Sprache benutzen soll, wie sie ihm sonst aus Lehrbüchern und Kommentaren entgegenleuchtet. Denken Sie aber daran: Was geschrieben ist, wird vielleicht öfter als nur einmal gelesen, womöglich von mehreren Lesern. Also lieber eine Stilebene höher greifen. Sie können das zur Not beim mündlichen Vortrag wieder auf die „richtigen" Füße stellen. Wenn man darauf achtet, spürt man bald recht deutlich, was für einen Fachtext zu umgangssprachlich klingt.

Beispiele: In einem juristischen Text vermeide man *einschmeißen* zugunsten von *einwerfen, klauen* zugunsten von *stehlen* (es muss ja nicht immer *entwenden* heißen ...), ähnlich *Gewinne einfahren* statt *erwirtschaften, Kasse* statt *Krankenkasse, sitzen*[310] anstatt *eine Haftstrafe verbüßen* usw.

Stilübungen: Seien Sie sich nicht zu schade, einmal eine Stilkunde zu lesen[311] (und vielleicht immer mal wieder zu üben). Das ist zwar heute nicht mehr modern. Aber gerade dadurch können Sie sich leicht vom Durchschnitt Ihrer Mitbewerber abheben.

Regeln für guten Stil sind schwer aufzustellen[312]. Schlechten Stil zu vermeiden ist jedoch immer einen Versuch wert.   **230**

Beispiel: Wer einen Satz mit *zwar* beginnt, muss entweder noch im gleichen Satz mit *aber* fortfahren oder wenigstens im nächsten. Das erwartet der Leser nicht nur aus Gewohnheit, sondern auch, weil es einem ganz verbreiteten Argumentationsmodell entspricht. Natürlich kann man solche Erwartungen absichtlich enttäuschen, wenn man damit einen Zweck verfolgt. Aber man sollte es nicht versehentlich tun, weil man beim Verschieben eines Satzes nicht auf den gedanklichen Zusammenhang zum vorigen und folgenden Satz geachtet hat. Der Leser verwendet nämlich einen Teil seiner Aufmerksamkeit darauf, nach dem *aber* zu suchen. Dieser Teil steht Ihnen für die inhaltliche Nachricht nicht mehr zur Verfügung.

---

310 *Goldmann*, KJ 2009, 282, 284.

311 Es gibt eine Reihe guter Lehrbücher, bei denen das Lesen fast schon Spaß macht. Wem *Reiners* (Stilkunst; klassisch auch *Süskind*, ABC) zu altbacken ist, greife zu den Büchern von *Schneider*, Deutsch. Wer aber ein Buch über gutes und eingängiges Deutsch liest, bedenke, dass manche Regeln für einen gelungenen Brief oder eine Zeitungsreportage für ein juristisches Referat nicht gelten. So wird es etwa meist nicht sinnvoll sein, das Wichtigste in den ersten Satz zu packen. Sie dürfen nämlich damit rechnen, dass Ihr Leser (anders als ein Zeitungsleser) den ganzen Text liest, und müssen deshalb nicht so hart um seine Aufmerksamkeit kämpfen. Die Besonderheiten juristischer Texte sind berücksichtigt bei *Walter*, Stilkunde und *Grunau*, Spiegel (auch nach über 50 Jahren noch lesenswert).

312 Das gilt nicht nur für sprachlichen Ausdruck, sondern überhaupt für soziales Verhalten.

231 Im Großen und Ganzen ähnelt die Diktion Ihrer Themenarbeit der eines Rechtsgutachtens. Anders als dort gibt es aber kaum einen Grund, die langweiligen Standardformulierungen zu wiederholen.

Beispiel: *Zu prüfen/untersuchen ist, ob ...*

Sie müssen niemandem beweisen, dass Sie den Gutachtenstil beherrschen, und da Sie keinen konkreten Fall durchprüfen, ist die Subsumtionstechnik in Reinkultur in einer Themenarbeit sprachlich fehl am Platze. Wie im Gutachten gibt es aber ein paar stilistische Indikatoren für inhaltliche Schwächen. So sollten Sie insbesondere auch hier die falschen Gewissheitsversprechen vermeiden.

Beispiele: *zweifelsfrei, eindeutig, natürlich, offensichtlich, evident*

232 Man kann übrigens auch einmal absichtlich an den Erwartungen des Lesers vorbeischreiben.

Beispiel: In juristischen Texten hat es sich eingebürgert, direkte Fragen *(Was bedeutet dies nun für die Abgrenzung des dolus directus zum Eventualvorsatz?)* zu vermeiden, vielleicht weil der Leser sich durch solches An-die-Hand-Nehmen leicht bevormundet fühlt. Die Standards einer guten Sachprosa verbieten solche Fragen aber nicht. Wer sie also gezielt an passender Stelle einsetzt, mag damit zwar eine Konvention missachten, setzt aber einen Akzent.

5. Verständlichkeit

233 Verständlichkeit ist ein relatives Kriterium – es kommt eben darauf an, wen man sich als Leser vorstellt. Als Anforderung an Sie ist Verständlichkeit aber trotzdem nicht aussagelos[313].
In einem fachwissenschaftlichen Diskurs darf man sich als Adressaten sachkundige Leser und Zuhörer vorstellen, die mit der Fachterminologie vertraut sind. Oft sind die Probleme, die Sie beschreiben und entscheiden wollen, tatsächlich und rechtlich so kompliziert, dass ihre sprachliche Beschreibung nicht völlig simpel ausfallen kann. Diese Einsicht darf aber nicht zur Pauschalentschuldigung für unnötig verquast-kompliziertes Wissenschaftlerdeutsch werden. Sie müssen sich so lange um Verständlichkeit bemühen, bis Sie an einen Punkt kommen, ab dem jede weitere Vereinfachung der Sache nicht mehr gerecht würde. Verständlichkeit ist näherungsweise erreicht, wenn Sie Ihren Text auch **vorlesen** könnten. Das schließt einige Formen juristischer Monstersätze aus.

Beispiel: *Die Artikel 43 EG und 48 EG stehen beim derzeitigen Stand des Gemeinschaftsrechts einer Regelung eines Mitgliedstaats nicht entgegen, die es einer gebietsansässigen Muttergesellschaft allgemein verwehrt, von ihrem steuerpflichtigen Gewinn Verluste abzuziehen, die einer in einem anderen Mitgliedstaat ansässigen Tochtergesellschaft dort entstanden sind, während sie einen solchen Abzug für Verluste einer gebietsansässigen Tochtergesellschaft zulässt. Es verstößt jedoch gegen die Artikel 43 EG und 48 EG, der gebietsansässigen Muttergesellschaft eine solche Möglichkeit dann zu verwehren, wenn die gebietsfremde Tochtergesellschaft die im Staat ihres Sitzes für den von der Abzugsantrag erfassten Steuerzeitraum sowie frühere Steuerzeiträume vorgesehenen Möglichkeiten zur Berücksichtigung von Verlusten ausgeschöpft hat, gegebenenfalls durch Übertragung dieser Verluste auf einen Dritten oder ihre Verrechnung mit Gewinnen, die die Tochtergesellschaft in früheren Zeiträumen erwirtschaftet hat,*

---

313 Vielleicht lesen Sie einmal vertiefend *Langer/Schulz von Thun/Tausch*, Sich verständlich ausdrücken; oder *Baumert*, Professionell texten.

und wenn keine Möglichkeit besteht, dass die Verluste der ausländischen Tochtergesellschaft im Staat ihres Sitzes für künftige Zeiträume von ihr selbst oder von einem Dritten, insbesondere im Fall der Übertragung der Tochtergesellschaft auf ihn, berücksichtigt werden[314].

Beim probeweisen Vorlesen können aber auch andere Schlampereien zum Vorschein kommen.

Beispiel: *Die NS-Vergangenheit des einflussreichen Zivilrechtslehrers L stand seiner akademischen Laufbahn nach dem Krieg nicht im Weg.* – Das mag inhaltlich zutreffen. Aber wie heißt *NS-Vergangenheit* ausgesprochen? Löst man die gängige Abkürzung auf, liest es sich *Nationalsozialismus-Vergangenheit*. Gemeint ist aber wohl *nationalsozialistische Vergangenheit* (unpräzise genug, oder?). Die darf aber nicht als Substantiv abgekürzt werden. Das ist typische Journalistensprache[315].

Zur Verständlichkeit gehört, dass Sie sich an die allgemeinen Konventionen über Wortbedeutungen halten. Dazu muss man wissen, was ein Wort gemeinhin bedeutet. Dabei helfen Wörterbücher. Einen Duden[316] anzuschaffen (und zu benutzen) kann nicht schaden. Ist man sich über die Bedeutung eines Worts unsicher, darf man es nicht einfach auf gut Glück verwenden. **234**

Beispiele: Viele Leute schreiben *kurzfristig*, wenn sie *kurzzeitig* meinen – und umgekehrt. Seit einiger Zeit kann kaum noch jemand *etwas monieren* und *sich über etwas mokieren* auseinanderhalten.

Mit leicht verständlichen Texten kann man große Sympathien erwerben. Aber es führt kein Königsweg zu ihnen. Der erste Schritt kann darin bestehen, sich einmal aufmerksam vorbildliche Texte[317] anzusehen und von deren Verfassern nachahmend zu lernen. Verständlichkeit als Kriterium hat zu viele Einzelaspekte, um hier alle aufzuzählen.

Beispiel: Relative Zeitangaben sind für den Verfasser bequemer als für den Leser. Wer schreibt *Anfang dieses Jahres ...*, zwingt den Leser nachzusehen, wann der Text geschrieben worden ist (bei einer Seminararbeit fällt das meist kaum auf, bei einer Doktorarbeit schon eher – denn die nimmt man ja noch Jahre später zur Hand). Mit der absoluten Angabe *Anfang 2011 ...* vermeidet man das. Die Angabe *In den 20er Jahren des letzten Jahrhunderts* bezeichnet zwei recht unterschiedliche Abschnitte, je nachdem ob sie in einem Text von 1999 oder 2002 steht.

Da der Inhalt Ihrer Texte meist kompliziert und anspruchsvoll ist, muss die Form umso einfacher sein. Bestenfalls sollte der Leser den Text in der **Badewanne** lesen können. Die Leistung einer wissenschaftlichen Arbeit besteht nicht zuletzt darin, das schwer Verständliche verständlich zu machen. **235**

Beispiel: *Gesetze* ist kürzer und verständlicher als *legislative Maßnahmen*. Wenn nur *Gesetze* gemeint sind, sollte man deshalb *Gesetze* schreiben.

---

314 *EuGH* BB 2006, 23. Das Vorlesen mag beim ersten Satz noch funktionieren – beim zweiten eher nicht mehr.

315 Ähnlich die beliebten halb englischsprachigen Abkürzungen wie *der US-Soziologe Richard Sennett* (das findet sich überall, hier zitiert aus *Meckel*, Glück, S. 228.

316 Sollte das zu teuer sein, kann man unter t1p.de/hf1d auch online nachschauen. Alternativen wären etwa t1p. de/cp81 oder t1p.de/x6rp. Ein wissenschaftlich ernst zu nehmendes Projekt ist das „Digitale Wörterbuch der Deutschen Sprache DWDS" unter t1p.de/hx3f. Einen Zugriff auf Wörterbücher zu Alt- und Mittelhochdeutsch, zu verschiedenen Dialekten, aber auch zum Deutschen Rechtswörterbuch und zum von den Gebrüdern *Grimm* begründeten und bis heute wohl ausführlichsten Deutschen Wörterbuch bietet t1p.de/21z7.

317 Zwei Empfehlungen: fast alles von Uwe *Wesel* (für den Einstieg: Fast alles, was Recht ist) und *Hassemer*, Strafe. Beide zeigen, dass auch Juristen verständlich schreiben können, wenn sie sich an interessierte Nichtjuristen wenden. Das legt die Vermutung nahe, dass gute Beispiele für verständliche Texte in der populärwissenschaftlichen Literatur zu finden sein könnten.

Manchmal hilft hier der Mama-Test: Lassen Sie Ihre Mutter (oder einen anderen Ihnen grundsätzlich wohlgesonnenen, möglichst aber nicht juristisch verbildeten Menschen) Ihren Text lesen (und überlegen Sie sich etwas Angemessenes als Dankeschön!) und fragen Sie hinterher, was drinsteht. Wenn Mama es zumindest in groben Zügen verstanden hat, ist es hinreichend verständlich formuliert.

236 In wissenschaftlichen Texten ist das nicht ganz einfach – und auch nicht besonders verbreitet; trotzdem: Schreiben Sie **kurze Sätze**! Und achten Sie auf einen übersichtlichen Satzbau. Man kann sich damit leicht aus der Masse der Mitbewerber abheben[318].

Am besten transportieren Sie je Satz einen Gedanken – und bilden je Gedanke nötigenfalls mehrere Sätze. Als Leitlinie für den **Satzbau** können Sie es einmal versuchen mit: Ein Hauptsatz, ein Nebensatz. Manchmal geht auch: Ein Hauptsatz, Punkt, noch ein Hauptsatz. Manchmal: Ein Hauptsatz, Komma, ein Nebensatz, Komma, noch ein Nebensatz[319]. Wenn länger klarer ist, schreibe man länger. Aber Kürze ist fast immer beim Leser willkommener als Langatmigkeit.

Die beliebten **Ankündigungen** kosten Platz.

Beispiele: *An dieser Stelle sei nochmals erwähnt, dass ...; Hinzuweisen ist auf ...; Besonderer Betonung bedarf ...* – das ist Verschwendung. Der Leser merkt, was Sie erwähnen, auch ohne dass Sie ihm sagen, dass Sie es erwähnen. Bestimmt[320].

Wiederholungen sind meist stilistische Schwächen, auf die man nicht noch hinweisen muss[321]. Ganz gelegentlich kann man sie aus didaktischen Gründen einsetzen – so sparsam wie das Salz in der Suppe.

Die Verteilung der Informationen im Satz sollte möglichst zwei Regeln folgen: Das Wichtige nach vorn. Und: Das Wichtige in den Hauptsatz.

Das muss man ein bisschen üben. Gerade die erwähnten Ankündigungen (*Ergänzend ist zu sagen, dass ...*) bringen fast zwangsläufig Verstöße gegen diese Regeln mit sich.

237 Wo ein konkreter und **aussagekräftiger Ausdruck** möglich ist, wähle man diesen statt des abstrakteren.

Beispiel: *Der Wagen steht bei ...* statt *Das Kraftfahrzeug befindet sich derzeit in den Räumlichkeiten des ...*

238 Das farblose und aussagearme **Verwaltungsdeutsch** vermeide man.

Beispiele: Versuchen Sie es mit *Gegenstände* statt *Objekte*. Wenn Sie aber *Sachen* meinen – schreiben Sie einfach *Sachen*. Und warum müssen Texte *erstellt* werden, wenn man sie auch *schreiben, verfassen, abfassen* etc. kann?

Umgekehrtes gilt, wenn Sie gerade auf der Suche nach allgemeinen oder verallgemeinerungsfähigen Aussagen sind.

---

318 Und das wollen Sie doch – oder?

319 Mit ein bisschen Disziplin gelingt das. Wer ein Beispiel sucht, nehme etwa *Hansel*, Jurisprudenz und Nationalökonomie, zur Hand.

320 Einige weitere Bespiele bei *Schramm*, JA 2007, 581, 583 f.

321 Bedenken Sie dabei, dass die wiederholte Information für den Leser vielleicht noch interessant ist; die Information, dass es sich bei der Information um eine wiederholte Information handelt, ist es nicht.

Ein Weniger an **Fremdwörtern** bedeutet oft ein Mehr an Verständlichkeit. Wo sie nicht **239** erforderlich sind, lasse man sie weg. Das übt. Eine einfache Sprache ist schwerer zu schreiben als eine anspruchsvolle.[322]

Beispiele: *verfügen über* statt *disponieren über, Rechtsprechung* statt *Judikatur, Absicht* statt *Intention, Zusammenhang* statt *Kontext, abschließend* statt *enumerativ, Bedeutung* statt *Relevanz, einseitig* statt *unilateral*

Sie müssen zwar im Lauf Ihres juristischen Studiums haufenweise Fremdwörter lernen, auf die man vielleicht auch verzichten könnte.

Beispiel: *subsidiär* ginge auch als *nachrangig* – aber fast alle sagen und schreiben *subsidiär*

Und nicht jedes Wort, das Sie gerade neu gelernt haben, müssen Sie auch einsetzen. Manchmal wirkt das nämlich geradezu peinlich bemüht.

Beispiel: *finanzieren* statt *bezahlen*

Von einem Fachpublikum können Sie zwar immer erwarten, dass es sich über ein unbekanntes Wort informiert. Aber was spricht eigentlich dagegen, das Wort für den Leser einzuführen, etwa durch Klammerdefinition

Beispiel: *E kann das Eigentum an dem Automobil durch Eigentumsaufgabe (Dereliktion) verloren haben.*

oder eindeutig synonyme Verwendung?

Beispiel: *E kann das Eigentum an dem Automobil durch Eigentumsaufgabe verloren haben. Eine solche Dereliktion setzt die Besitzaufgabe mit Eigentumsaufgabewillen voraus.*

Wer sich das angewöhnt, hat es im Umgang mit Nichtjuristen leichter. Und verwendet Fremdwörter mit reinem Gewissen, wo sie unentbehrlich sind.

Beispiel: Versuchen Sie mal, einen guten Ersatz für *Surrogat* zu finden. Könnte schwierig werden.

Ungeschickt gebildete oder gebrauchte Fremdwörter verraten zudem leicht das Bemühen, auf durchsichtige Art Eindruck zu schinden.

Beispiele: *antialkoholisch* statt *alkoholfrei, Faktotum* statt *Faktum*

Falsche und nicht existente Fremdwörter sprechen für sich.

Beispiele: *potential* statt *exponentiell*; in einer Abschlussarbeit war durchgängig von der *Exklusivität* des Themas die Rede; erst nach der vierten Verwendung wurde klar, dass *Explosivität* gemeint war.

Das Geringste, was man für die Verständlichkeit des eigenen Texts tun kann, ist, die Be- **240** deutungen der Wörter zu respektieren, die man verwendet. Unglaublich oft kennen die Verfasser von Arbeiten nicht den Unterschied zwischen *und* und *oder*. Achten Sie ruhig einmal darauf. Viele Leute verwenden *beziehungsweise* als Synonym für *und* oder *oder*, nur selten dagegen für *und/oder*, wie es richtig wäre. Damit erweckt man leicht den Eindruck von **Denkfaulheit**. Das ist ärgerlich, zumal wenn es nicht stimmt.

---

322 Damit ist nicht gemeint, Ihren Text in „Einfacher Sprache" oder gar „Leichter Sprache" im Sinne der oft zitierten Barrierefreiheit abzufassen (dazu t1p.de/smao); das wäre für einen akademischen Text ein zu niedriges Sprachniveau und auch bei der Komplexität der Aussagen schwer in gleicher Genauigkeit zu erreichen. Dennoch schadet es nichts, so einfach wie möglich zu schreiben.

Auf der Grenze zwischen falsch und unklar liegen die beliebten **reitenden Artillerie-kasernen**.

Beispiele: Eine *öffentliche Auftragsvergabe* ist etwas anderes als die *Vergabe öffentlicher Aufträge*. Eine *historische Bahnfahrt* ist etwas anderes als eine *Fahrt mit einer Museumsbahn*, nämlich etwa die Fahrt des Adler von Nürnberg nach Fürth 1835 oder die Reise Lenins aus der Schweiz nach Russland 1917.

241 Es kann nicht schaden, wenn Sie sich mit **Juristenlatein** zurückhalten. Man vermisst es nämlich nicht. Oft wird Latein ausschließlich zu Blendzwecken eingesetzt[323]. Ihre Aufgabe verlangt nur ganz selten von Ihnen, römisches Recht anzuwenden. Der Rückgriff auf lateinische Rechtsregeln ersetzt nicht die inhaltliche Begründung Ihres Standpunkts.

Beispiel: Die beiden Sätze *Nach dem Grundsatz falsa demonstratio non nocet kommt es für die rechtliche Einordnung eines Vertrags nicht auf die Bezeichnung seitens der Parteien, sondern auf den Parteiwillen an* und *Nach dem Grundsatz de minimis non curat praetor ist eine Leistungsklage, die sich auf Zahlung von weniger als € 2,50 richtet, zwar möglicherweise begründet, aber wegen fehlenden Rechtsschutzbedürfnisses immer unzulässig* unterscheiden sich in einer Hinsicht: Der eine ist richtig, der andere falsch. Man merkt das nur nicht gleich, weil aus beiden die scheinbare Autorität des römischen Rechts strahlt. Sobald man aber für die jeweilige Aussage einen Beleg in Form einer Vorschrift des geltenden Rechts oder wenigstens eines Urteils oder eines Lehrbuchs angeben will, stellt sich heraus, was stimmt und was nicht[324]. Argumentieren Sie deshalb lieber mit Argumenten als mit lateinischen Rechtsregeln[325].

Wenn die Verwendung lateinischer Sentenzen

Beispiel: *audiatur et altera pars* statt *man muss beide Seiten anhören*

keinen Erkenntnisgewinn für den Leser verspricht, schenken Sie sich solche Angebereien. Dass Sie ein kluger Kopf sind, können Sie auch anders zeigen. Dass Sie eine altsprachliche Schule besucht haben, müssen Sie nicht zeigen.

Beispiele: Statt *expressis verbis* schreiben Sie also einfach *ausdrücklich*, statt *nasciturus das Ungeborene*.

242 Auf der anderen Seite gibt es viele feststehende lateinische Ausdrücke, die sich in der Fachsprache und manchmal auch im allgemeinen Wortschatz etabliert haben. Die kann man übersetzen, muss man aber nicht.

Beispiel: Das *„ultima ratio"-Prinzip* lässt sich ungefähr übersetzen mit *Verhältnismäßigkeitsgrundsatz* – aber ganz genau trifft es das nicht.

Selbstverständlich verstehen Ihre fachlich geschulten Leser Sie, wenn Sie vom *commodum ex negotiatione* sprechen – und in einem Referat ist der Ausdruck auch genau am Platz. Aber verlieren Sie dabei nicht aus dem Blick, dass die meisten Menschen *Weiterveräußerungserlös* sehr viel leichter würden einordnen können.
Auch die kleinen lateinischen Einsprengsel allgemeiner

---

323 Davor ist zu warnen. Meist schreiben Sie für Adressaten, die klüger sind als Sie. Angeberei wird dann leicht durchschaut. Durchschaute Angeberei führt zu Gelächter und Punktabzug. Ausnahmen gelten teilweise bei Arbeiten zum anglo-amerikanischen Recht, weil im Common Law Rechtsprinzipien immer noch sehr häufig und fachüblich lateinisch formuliert werden (manchmal sogar in falschem Latein: Google Scholar listet mehr als 95.000 Fachtexte auf, die das im anglo-amerikanischen Rechtskreis als „non bis in idem" bezeichnete Doppelbestrafungsverbot zum Gegenstand haben, obwohl die korrekte Bezeichnung „ne bis in idem" wäre, beziehungsweise „bis de eadem re ne sit actio" [„zweimal in einer Sache sei keine Klage" nach t1p.de/9ncf]).

324 Wenn Sie es nicht wissen: Fn. 700.

325 Anders liegen die Dinge bei einer Digestenexegese.

Beispiele: *ab ovo, eo ipso, per se, in spe, ad hoc, per definitionem, ad rem, ex post, ex tunc, hic et nunc, a priori, nihil novi sub sole, ad absurdum, pro bono, consensus omnium, in praxi, lege artis, morituri te salutant, grosso modo, cum grano salis* usw.[326]

oder juristischer Herkunft

Beispiele: *iudex a quo, ex lege, sine causa, se ut dominum gerere, contra legem, caveat emptor, furtum usus*

kann mancher ohne Weiteres aus dem Zusammenhang oder mit Resten von Schullatein übersetzen – aber andere Leser tun sich damit schwer. Brauchen Sie das? Haben Sie es nötig, *beispielsweise* durch *pars pro toto* zu ersetzen[327]?
Wo Latein erforderlich ist, kann man den betreffenden Ausdruck beiläufig einführen.

Beispiel: *... bei der Übergabe kurzer Hand (brevi manu traditio) nach § 929 S. 2 BGB ist die Besitzübertragung ...*

Was mit Latein geht, geht auch mit (Alt-)**Griechisch**: Zurückhaltung üben. Gewiss können Sie *problematische Paradigmata paraphrasieren* – aber wer Wind sät, wird Sturm ernten: Plötzlich werden Sie mit der Frage nach den Unterschieden zwischen *genetischen, funktionalen und konditionalen Synallagmata* zugemüllt und wissen nicht, was Sie antworten sollen, weil Sie schon die Frage nicht verstanden haben.   **243**

Auch **Englisch** wird gern recht unreflektiert verwendet. Die Versuchung ist groß, weil das in der Alltagssprache (beeinflusst von den Sprachen der Werbung, des Kapitalmarkts *[bad bank, toxic papers]* und überhaupt der Wirtschaftswissenschaften, der Datenverarbeitung und des Internets *[download, domain, cloud]*, der Popkultur, der Banalpsychologie usw.) ständig geschieht.   **244**

Beispiele: *short cut* statt *Abkürzung*[328], *facility manager* statt *Hausmeister*

Hier kann man mit Zurückhaltung positiv auffallen.

Beispiele: *Nachstellen* statt *stalking*[329] – seit Einführung des neuen § 238 StGB werden die Täter wegen *Nachstellens* verurteilt, nicht wegen *stalkens* oder *Stalkings*. Wenn *Nachstellen* aber schon im Urteil steht, kann man es auch in den eigenen Sprachgebrauch übernehmen. – Es ist kaum zu erklären, welcher Gewinn damit verbunden sein soll, statt von *Inhalt(en)* nur noch von *content* zu sprechen und statt vom *Nutzer* oder *Anwender* nur vom *user*. Warum *Not leidende Kredite* nicht ebenso gut funktionieren soll wie *non-performing loans*, ist schwer einzusehen. Das Umgehen von *headhunting, updaten, double-opt-in* und *downloaden* erspart dem Schreibenden die heikle Frage nach dem richtigen Partizip.

Wenn Sie auf den englischen Begriff nicht glauben verzichten zu können,

Beispiele: Gerade bei den besonders bildhaften englischen Begriffen ist die Versuchung groß, diese den trockenen deutschen Übersetzungen vorzuziehen, z.B. *golden parachute* (im Arbeits-/Gesellschaftsrecht) und *chinese walls* (im Bankrecht). Und manchmal hat sich einfach noch niemand etwas Passendes Deutsches einfallen lassen, etwa beim *boarding house* und beim *waterboarding*.

ist es vielleicht am besten, ihn mit einer Klammerdefinition einzuführen

---

326 Aus diesem Kleinlatein kann man aber ohne Weiteres Kunst komponieren: Deklamieren Sie das Vorstehende mal zur Melodie von Billy *Joel*s We didn't start the fire – Sie werden Eindruck machen.
327 Zum Testen unten Fn. 684. Ist das eher cool oder eher unnötig?
328 *Sprang/Ackermann*, K&R 2008, 7, 9.
329 *v. Pechstaedt*, NJW 2007, 1233 ff.; *Mitsch*, NJW 2007, 1237 ff.; allerdings ist das Partizip *gestalkt* wenigstens leichter zu bilden als *upgedated* und dergleichen. Und es geht ganz ohne, wie *BAG* DB 2012, 2404 ff zeigt

Beispiele: *Obwohl bei der Einnahme von Buprenorphin der für volle Opioid-Agonisten typische Rauschzustand („Kick") ausbleibt, hat es gewisse von Süchtigen gewünschte euphorisierende Effekte*[330]. *... dem strafgerichtlichen Urteil liege ein „Deal" (Urteilsabsprache) zwischen Gericht, Staatsanwaltschaft und Verteidigung zu Grunde*[331] *... sacht ironisch* Ihre Arbeitsplattform ist der Conference Call *(altdeutsch: Konferenzschaltung), in dem Menschen aus verschiedenen beruflichen Kontexten und Teilen der Welt zusammengeschaltet werden ...*[332]

oder eine Fußnote zu setzen, in der Sie ganz unspektakulär die deutsche Übersetzung bringen[333]. Das sollte wenigstens die giftigen Randbemerkungen des Typs *Die Gerichtssprache ist deutsch, vgl. § 184 GVG* vermeiden helfen. Wer sich einen sensiblen Umgang mit den englischen Importen angewöhnt, wird feststellen, dass damit fast zwangsläufig auch das Entstehen einer gesunden Skepsis gegenüber längst etablierten „Einwanderern" verbunden ist,

Beispiel: *Job* versteht jeder, aber es bedeutet kontextabhängig *Anstellung, Arbeitsplatz, Arbeit, unterqualifizierte mies bezahlte Übergangsbeschäftigung, Aushilfsarbeitsverhältnis* usw. Solche Wörter laden dazu ein, vor dem Reden oder Schreiben zu wenig nachzudenken.

von den ständig neu einsickernden Modewörtern ganz zu schweigen.

Beispiel: *Compliance* als Umschreibung für *ordnungsgemäßen Umgang*[334] *oder einfach Regelbefolgung* bei weitem nicht mehr nur im Bankrecht.

Man vermeide Anglizismen und überhaupt dilettantische Übersetzungen.

Beispiel: *Musikindustrie* ist Unsinn; im Englischen bedeutet *industry* auch *Branche*, daher ist *banking industry* richtig.

245 Indessen bieten die hippen englischen Bezeichnungen immer auch Chancen für neue juristische Themenarbeiten.

Beispiele: *Vom gender mainstreaming zum diversity management – HR administration strategies in der multicultural trap?* oder *unbundling – muss das sein?* oder *double-opt-in als Lösung des Spam-Problems?* oder *Energie-Contracting gestern, heute, morgen* oder *Der CEO im Spannungsverhältnis zum Kollegialprinzip*[335] oder *Job sharing, car sharing, time sharing – Rechtliche Hindernisse auf dem Weg zu einer Kultur effizienter Ressourcennutzung* oder *Vom lock step im quick step zum gridlock: Anwaltsvergütung in mittleren und größeren Sozietäten*

Man schätze sie also nicht gering. Bei den längst etablierten hilft die Aufregung sowieso nichts mehr.

Beispiel: *Ehegattensplitting* ist wohl nicht mehr durch etwas Deutsches zu ersetzen.

Vielleicht genügt es schon, den Vorsatz zur Zurückhaltung zu fassen: Wer von *Printversion* statt von *Druckfassung* eines Textes spricht, tut damit auf den ersten Blick nichts Schlimmes. Auf den zweiten Blick führt das aber irgendwann dazu, dass man das Gemeinte nicht mehr auf Deutsch sagen kann.

---

330 *BGH* NJW 2007, 2054, 2055 (Rn. 9). Können Sie den Satz im Übrigen auf Anhieb übersetzen?
331 *BVerwG* NJW 2007, 2936 Ls. und Rn. 27. Der *deal* heißt seit 2009 in der Sprache des Gesetzes *Verständigung* (§ 257c StPO) – wie langweilig!
332 *Meckel*, Glück, S. 83.
333 So kann man das übrigens auch bei den lateinischen Begriffen und Sprichwörtern halten.
334 *Hauschka/Klindt*, NJW 2007, 2726 ff.
335 *Wicke*, NJW 2007, 3755 ff.

Beispiele zur Übung: Wie heißen der *content provider* und das *targeted killing* auf Deutsch? Und wie übersetzt man *gescheiterte Staaten* auf Englisch?

6. Schönheit

Das in Themenarbeiten anzustrebende Ziel ist eine **unprätentiöse Sachprosa**. Um diese zu schreiben, muss man kein Dichter sein und noch nicht einmal den Unterschied zwischen Trochäen und Trophäen kennen. Man muss sich nur Mühe geben. Die sprachlich gelungene Form fällt nicht vom Himmel. Selbst die guten Leute müssen üben und sich eine Weile lang arg am Riemen reißen. Aber: Was man klar denken kann, kann man auch klar schreiben. Und wenn das gelingt, ist es schön genug. Weil kaum wirklich festzulegen ist, was schön sei, finden Sie hier einige Empfehlungen zur Vermeidung des Hässlichen.   **246**

Schwerfällig wirkt das übertriebene **Passiv**.   **247**

Beispiele: *Dieser Ansicht kann nicht gefolgt werden. – Dem vermittelnden Standpunkt soll sich hier angeschlossen werden:* ...[336] Da fragt sich der Leser gleich *Durch wen kann der Ansicht nicht gefolgt werden?* Die Antwort müsste dann wohl lauten *Durch den unterfertigten Verfasser der vorliegenden Untersuchung kann der vordiskutierten Ansicht nicht gefolgt werden.* Noch Fragen? *– Einerseits wird auf den Wortlaut des § 251 BGB verwiesen und damit begründet, dass eine Unterscheidung von wirtschaftlichen und technischen Totalschäden dort nicht vorgenommen wird.* Das ist verständlich, aber nicht schön. Man kann das Passiv, die unnötige Substantivierung und die etwas gespreizte Wendung mit *vornehmen* vermeiden, indem man schreibt *Die Vertreter der zuletzt genannten Ansicht verweisen auf den Wortlaut des § 251 BGB, der nicht zwischen wirtschaftlichen und technischen Totalschäden unterscheidet.* Sogar ein bisschen kürzer wird der Satz.

Als Zugangsvoraussetzung für den gehobenen Verwaltungsdienst ist es längst abgeschafft[337] und oft erschwert es schlicht das Verständnis.

Beispiel: *Von A und B wird verlangt, die offenen Forderungen sollten sofort beglichen werden.* Hier bleibt unklar, ob A und B es sind, die etwas verlangen, oder ob andere von A und B etwas verlangen.

Gelegentlich verschweigt das Passiv die handelnde Person so hartnäckig, dass der Leser sich geradezu ärgert.

Beispiel: *Im Rahmen dieser Analyse kam man zu dem Ergebnis, dass ...* – das geht nur, wenn das handelnde Subjekt im vorherigen oder nächsten Satz (oder einer Fußnote mit Belegstelle) identifiziert wird.

Substantivhäufungen vermeide man, wenn es geht.   **248**

Beispiel: *Hieraus entwickelte die Rechtsprechung unter Zuhilfenahme der Grundsätze über den Wegfall der Geschäftsgrundlage ein Recht zum Widerruf betrieblicher Versorgungsrechte wegen wirtschaftlicher Notlage.* – Klar ist das schön dicht. Aber lesen Sie einmal siebzig solche Sätze hintereinander!

Die **Kontrolle der sprachlichen Form** ist leichter verlangt als verwirklicht. Wenn Sie unsicher sind, sollten Sie jemanden gegenlesen lassen. Die späteren Leser werden es Ihnen danken. Der Gegenleser muss kein Deutschlehrer sein, aber schaden kann das nicht. Inzwischen gibt es auch elektronische Hilfsmittel[338].   **249**

---

336 *Schröder/Würdemann*, ZRP 2007, 231 (unter dem Titel *Verständlichere Gesetzessprache* ...).

337 Näher *Berger*, Schreiben.

338 Beispielsweise den Floskelscanner von *Steinborn*. Mit Installation und Funktionsweise solcher Programme sollte man sich aber nicht erst in letzter Sekunde befassen. Testen kann man auch mal die Bullshiterkennung mit dem **Blablameter** unter t1p.de/d4e2.

250 Die Wahl der richtigen **Sprachebene** ist nicht immer ganz einfach. Je mehr juristische Lektüre man genossen hat, desto mehr neigt man aufgrund professioneller Deformation zu einem Stil, der in der Schule *elaborierter Code* hieß. Schön oder auch nur nötig ist er meist nicht.

Beispiel: Das Aufhübschen von Hilfsverben wirkt oft gar nicht so souverän wie es soll. Zugegeben sind *haben* und *sein* recht blass. Ob man sie deswegen durch *besitzen* und *sich befinden* ersetzen muss, ist aber doch zweifelhaft. *B befindet sich im Irrtum über ...* statt *B ist im Irrtum über ...* oder einfach *B irrt sich über ...* wirkt doch eher hilflos.

Ebenso gründlich sollten Sie darauf achten, **juristischen Jargon** wenn überhaupt im mündlichen Ausdruck, nicht aber in Ihrer schriftlichen Ausarbeitung zu verwenden.

Beispiele: *Der Anspruch/Antrag geht ohne Weiteres durch* mag im kollegialen Gespräch einen Hauch von cooler Abgebrühtheit verbreiten; in einer Themenarbeit verfehlt es die erwartete Stilebene. – *Es stellt einen Ermessenfehler dar, wenn ...*[339] kann man kürzer und ohne das juristisch-unschöne *darstellen* fassen: *Es ist ermessensfehlerhaft, wenn ...*

Umgekehrt passt nicht alles, was im Alltag und insbesondere der gesprochenen Sprache unauffällig ist, in einen ausformulierten juristischen Fachtext.

Beispiel: Im Einführungsabschnitt einer Themenarbeit schreibt man nicht *Besonders spannend erscheint die Frage, ob ...*, sondern eher *Besonders interessant/reizvoll/aufschlussreich/ertragreich/vielverprechend...* oder *Neue Einsichten verspricht die nähere Betrachtung des ...*

Alltagssprachliche Verkürzungen

Beispiele: *Infos* statt *Informationen*, *Flexiquote* und ähnlicher Unsinn

sind fehl am Platz.

251 Grobe Verschlagwortungen und Pointierungen vertragen sich mit wissenschaftlichem Vorgehen nur schlecht. Wer differenzierende Lösungsvorschläge für fiese Probleme entwirft, sollte diese Mühe nicht durch **plumpe Zuspitzungen** entwerten.

Beispiel: Ein aus der Politikersprache in die Alltagssprache herübergesickertes Wort, ohne das die Welt besser dran wäre, ist *-feindlich*: Arbeitszeiten sind *frauenfeindlich*, Kindergärten sind *kinderfeindlich*, das EStG ist *familienfeindlich*. Abgesehen davon, dass recht eigentlich *feindlich* nur über Menschen oder menschliche Gesinnungen eine Aussage trifft (nicht aber über Kindergärten, Arbeitszeiten oder Gesetze) – in Wirklichkeit meint dieses *feindlich* meist nur *nicht freundlich, nicht förderlich*. Eine frauen-, kinder-, familienfeindliche Gesinnung hat niemand und kann sich unter Gutmenschen auch keiner leisten. Eine Attribuierung als *-feindlich* ist oft nur undifferenzierte politische Kampfrhetorik.

Umgekehrt bringt die Politikersprache immer wieder auch eiertanzende Begriffe hervor, die eine klare Sachaussage der political correctness unterordnen.

Beispiel: *Jugendliche mit Migrationshintergrund* statt *Einwandererkinder*

Das muss man nicht nachahmen[340].

252 **Modewörter** zu vermeiden bedarf eines gewissen sprachlichen Gespürs. Aber man kann es wenigstens versuchen.

---

339 Z.B. *BGH* NJW 2007, 2989 Ls. 3.
340 Das *BSG* (SGb 2009, 292 ff., Rn. 20, 24) hat mit dem *Migrationshintergrund* schon angefangen. Eine Anfrage bei juris am 12.6.2017 ergibt inzwischen 398 Treffer in der Rechtsprechung.

Beispiele: *… in einer sich globalisierenden Welt, fokussieren, Infrastruktur*[341]*, verdrängen* statt *vergessen*

Auch ein bestimmter Typ von Gemeinplätzen hinterlässt leicht den Eindruck, Sie hätten **253**
nicht so recht nachgedacht.

Beispiel: *die …industrie/die …konzerne* statt *die Hersteller, Importeure und Händler von …* klingt nicht gerade, als hätten Sie eine klare Vorstellung von den Subjekten des Satzes. Anders als im Schulaufsatz und in der politischen Rede ist aber in rechtlichen Zusammenhängen das Benennen der handelnden Subjekte – und damit auch der rechtlich Verantwortlichen – zwingend[342].

Schönheit entsteht manchmal allein schon durch **Kürze**. Unnötige Sätze, **254**

Beispiele: Hierher gehören nicht zuletzt die überflüssigen Ankündigungen und Moderationen des Typs *Im Folgenden ist daher zu überlegen, ob …* – worüber im Folgenden nachzudenken ist, merkt der Leser nämlich meist selbst, wenn er weiterliest. Auch *zu beachten ist dabei, dass …* ist fast immer unsinnig. Wäre das Gesagte nicht zu beachten, würde man es nicht sagen. Deshalb sind solche Ankündigungen wegzulassen, kurz zu halten und jedenfalls bedächtig einzusetzen[343]. Zumindest unbewusst ist der Leser nämlich irritiert, wenn Sie von der Sachebene auf die Metaebene der Gedankenführung springen.

Wörter

Beispiele: *zivilrechtlich* statt *in zivilrechtlicher Hinsicht, vor Vertragsschluss* statt *im Vorfeld des Vertragsabschlusses, 1977* statt *im Jahre 1977, hochwertig* statt *qualitativ hochwertig, Verzögerung* statt *zeitliche Verzögerung, viele* statt *nicht wenige,* ganz entbehrlich ist oft *so genannte*

und Silben[344]

Beispiele: *Hilfe* statt *Mithilfe, Schluss* statt *Rückschluss, sinken* statt *absinken, Disziplin* statt *Selbstdisziplin, steigen* statt *ansteigen, ändern* statt *abändern, Konkurrenten* statt *Mitkonkurrenten*(!)*, mieten* statt *anmieten, ankündigen* statt *vorankündigen, finden* statt *auffinden, Zahl* statt *Anzahl, Bedingung* statt *Vorbedingung, Erstattung* statt *Rückerstattung, sicher* statt *sicherlich, Persönlichkeit* statt *Persönlichkeitsstruktur, lösen* statt *loslösen, oft* statt *oftmals, formuliert* statt *vorformuliert*[345]

lassen Sie einfach weg. Der Leser dankt es Ihnen – und Sie haben mehr Platz für das Wichtige.

Mit dem Vermeiden überflüssiger Längen fängt man am besten im Kleinen an – dann wird es nämlich im Großen zur Selbstverständlichkeit anstatt zur mühevollen Übung.

Beispiel: Eine Norm kann man identifizieren als *§ 517 Abs. 2 S. 1 lit. a) Ziff. 2.*, aber auch als *§ 517 II 1 a) 2.*. Die Platzersparnis macht sich auf Dauer bemerkbar – und man erspart zugleich dem Leser die Albernheit, ihn darüber zu belehren, dass nach *Ziff.* eine Ziffer kommt und nach *lit.* ein Buchstabe (als ob er das nicht auch selbst merkte!).

Nicht selten vermeidet das Bemühen um Kürze regelrechte stilistische Peinlichkeiten.

Beispiele: die allgegenwärtigen Auswüchse der Sozialpädagogenwischiwaschisprache, etwa *Erwartungshaltung,* womit in 98,24 % aller Fälle nur *Erwartung* gemeint ist, und *Stellenwert,* das meist einfach *Wert* bedeutet.

---

341 Fragen Sie mal rum, was *Infrastruktur* bedeutet. Sie bekommen die lustigsten Antworten …
342 Hinzukommt, dass die ständige Rede von *der Industrie* und *dem System* leicht einen vulgärmarxistischen Eindruck hinterlässt – wollen Sie das?
343 Dazu auch schon Rn. 236.
344 *Vorfeld* kommt aus der Militärsprache, so dass man sowieso überlegen sollte, ob man das Wort in ganz zivilen Zusammenhängen wirklich braucht.
345 Versuchen Sie mal zu erklären, warum der Gesetzgeber in § 305 I 1 BGB bei der Definition der Allgemeinen Geschäftsbedingungen von *für eine Vielzahl von Verträgen vorformulierten Vertragsbedingungen* spricht.

255 Die in der Alltagssprache geläufigen **Wortdoppelungen**

Beispiele: *kurz und knapp, offen und ehrlich* statt *kurz* und *ehrlich*

mögen als kleine rhetorische Figuren belebend wirken. In einer Fachsprache, die sowieso zu langen Sätzen tendiert, sollte man sie kürzen. Das gilt überhaupt für alles Rhetorische, das Ihre Argumentation durch Verzierung gefälliger machen soll.

Beispiele: Pleonasmen *(weiße Schimmel)*; Vorsicht ist umgekehrt auch geboten bei der contradictio in adiecto *(chinese democracy, embedded journalism)*.

Noch größer als die Einsparpotenziale bei gutem Stil sind Gewinne an Kürze und Klarheit, die sich aus inhaltlicher Konzentration ergeben. Das Weglassen des Selbstverständlichen ist eine Kunst. Dazu muss man nämlich entscheiden, was selbstverständlich ist. Wo das Banale und Triviale aber langweilig und ärgerlich für den Leser wird, wird das Kürzen unausweichlich.

Beispiele: *Im Sinne der Anhänge dieser Verordnung bedeuten Ausdrücke wie „erforderlichenfalls", „geeignet", „angemessen" und „ausreichend" im Hinblick auf die Ziele dieser Verordnung erforderlich, geeignet, angemessen und ausreichend*[346]. – Muss man wirklich die Verordnung vollständig lesen um zu erkennen, dass hier eine Selbstverständlichkeit in Gesetzesform gegossen worden ist? – *Die Politik der EU muss wirksam sein, zur richtigen Zeit kommen, und auf der Grundlage von klaren Zielen, Folgenabschätzungen und gegebenenfalls Erfahrungswerten das Nötige vorsehen*[347].

Wiederholungen kosten Platz. Sparen Sie sie sich also für die ganz wenigen Aussagen auf, deren Wichtigkeit für den Gedankengang hervorgehoben werden muss. Kündigen Sie sie – zumal in kurzen Texten – nicht auch noch aufwendig an, etwa durch *Wie schon verschiedentlich betont und eingangs dieses Abschnitts umfassend herausgearbeitet ....* Der Leser liest viel schneller als Sie geschrieben haben. Deshalb kann er sich erinnern und muss nicht auf die Wiederholung hingewiesen werden. Halten Sie gleichwohl eine Wiederholung nebst Verweis für sinnvoll oder gar nötig, sollte der Verweis wenigstens präzise sein. Dazu setzt man eine Fußnote, in der unter Angabe der Gliederungsziffer und/oder der Seite(n) auf die in Bezug genommene Passage verwiesen wird[348].

256 **Abkürzungen** sind allerdings kein guter Weg zur Schönheit. Wer mit dem *Palandt* arbeitet, weiß das. Je weniger Abkürzungen Sie verwenden, desto besser. Nichtjuristische und wenig geläufige juristische Abkürzungen erklärt man entweder bei der ersten Verwendung im Text

Beispiele: *Anders liegen die Dinge bei außertariflich bezahlten Angestellten (im Folgenden: AT-Angestellten) – Das Gesetz zur Modernisierung des GmbH-Rechts und zur Bekämpfung von Missbräuchen (ab hier: MoMiG) hat weitreichende Änderungen ...*

oder in einem Abkürzungsverzeichnis[349]. Gleiches gilt für fremdsprachige und fachgebietsspezifische Abkürzungen,

---

346 § 2 III der Verordnung (EG) Nr. 852/2004 des Europäischen Parlaments und des Rates vom 29. April 2004 über Lebensmittelhygiene (ABl. L 139 vom 30.4.2004) i.d.F. v. 25.6.2004 (ABl. L 226 vom 25.6.2004, S. 3 ff.).
347 *Krems*, in: online-Verwaltungslexikon (t1p.de/pp7s) unter „Effektivität".
348 Technisch geht das einfach mit der Querverweisfunktion der Textverarbeitungsprogramme.
349 Dazu Rn. 120.

Beispiele: Dass *ASP Application Service Providing* abkürzt und *KMU kleine und mittlere Unternehmen*, kann man wissen, muss man aber vielleicht nicht[350]. Lassen Sie Ihre Leser nicht dumm sterben und schreiben Sie den Terminus bei der ersten Verwendung aus[351]. Der vergessliche Leser freut sich gerade bei längeren Texten, wenn er die Abkürzung nicht suchen muss, sondern zusätzlich im Abkürzungsverzeichnis findet. – Richtiggehend ärgerlich kann Ihr Leser werden, wenn Sie nur der Coolness wegen Abkürzungen wie *Ninja* verwenden[352], zumal wenn diese nicht erklärt werden. Und dann gibt es auch die Abkürzungen, die fast jeder schon einmal gelesen hat, aber nur die wenigsten sofort entschlüsseln können. Was bedeutet zum Beispiel *V.i.S.d.P.*?

besonders wenn sie mit Zahlen durchsetzt sind.

Beispiele: *PPP* kann heute fast jeder dekodieren und zur Not zu *ÖPP* germanisieren; aber kennt jeder Leser auf Anhieb den Unterschied zwischen *P2P, B2C, B2B* und *F2F*?

Dass falsch gebildete Abkürzungen ihren Benutzer in ein schlechtes Licht rücken, liegt auf der Hand.

Beispiel: das beliebte *WEG-Recht* (das ist etwas anderes als ein *Wegerecht*)

Zur Schönheit des eigenen Ausdrucks beitragen kann man, indem man das hässliche **257** **Juristendeutsch** meidet. Gerade die gespreizte Sprache der Verwaltung darf man sich nicht zum Vorbild nehmen.

Beispiele: Eine der unreflektiert-beliebten juristischen Dauervokabeln ist *vorliegen* (*Eine Zueignungsabsicht liegt damit vor* etc.). Spätestens bei verneinenden Aussagen geht das gar nicht: *Hier liegt bei dem Gericht mangelnder Sachverstand vor, der möglicherweise auch unerkannt geblieben ist*[353]. Wer sich vorzustellen versucht, wie das Vorliegen mangelnden Sachverstands aussieht, erkennt das Problem. Geradezu klassisch ist die unter Juristen einigermaßen inflationäre Verwendung von *darstellen*: *Das stellt ein Problem dar* usw.

7. Adressatenorientierung?

Beim Schreiben eines wissenschaftlichen Texts ist Adressatenorientierung vielleicht **258** nicht gerade der nächstliegende Gesichtspunkt. Sicher soll Ihr Thema im Mittelpunkt stehen. Und gewiss soll die Überzeugungskraft Ihrer Argumente für sich sprechen. Trotzdem folgt ein kleines Plädoyer für einen gelegentlichen Perspektivwechsel im Kopf. Über dem konzentrierten Schreiben vergisst man schnell, dass es für den kommunikativen Erfolg des eigenen Bemühens entscheidend auf den Empfänger ankommt. Betrachten Sie also auch und gerade eine Themenarbeit als ein Beispiel für Ihr juristisches Arbeiten schlechthin: Sie wollen Ihr Gegenüber überzeugen. Bestenfalls davon, dass Ihr Standpunkt der richtige ist. Mindestens aber davon, dass man sich mit Ihrem wohlbegründeten Standpunkt auch dann auseinandersetzen muss, wenn man anderer Meinung ist. Deshalb ist es auch völlig in Ordnung, an der Präsentation zu feilen und besondere Mühe darauf zu verwenden, die Botschaft leicht ins Hirn des Adressaten gleiten zu lassen. Es spricht also viel dafür, sich einmal mit Didaktik, Rhetorik, Verständ-

---

350 Sind Sie sicher, dass Ihre Adressaten auf Anhieb etwas mit *MMORPG* anfangen können?

351 So z.B. *BGH* NJW 2007, 2394 ff., Rn. 12; *Müller-Hengstenberg/Kirn*, NJW 2007, 2370.

352 Das kommt aus der Sprache amerikanischer Bankangestellter und bedeutet *kaum kreditwürdige Person* (no income, no job, no assets). Wussten Sie's?

353 *Sauthoff*, GreifRecht 2007, 77, 87 – versuchen Sie diesen Satz einmal klar, verständlich und schön zu formulieren.

lichkeitsforschung zu befassen. Und warum sollte man, wenn man schon das Schreiben wissenschaftlicher Texte nicht so richtig beigebracht bekommt, nicht wenigstens von Wissenschaftsjournalisten lernen können?

259 Adressatenorientierung lässt sich aber auch in viel kleinerer Münze ausdrücken. So muss man sich etwa nur für eine Minute in den Leser versetzen, um zu folgender einfacher Einsicht zu gelangen: 89 % der Leser juristischer Themenarbeiten sind aufmerksam, interessiert und konzentriert, 11 % sind genervt, haben zu wenig Zeit oder einfach gerade gar keine Lust. Da man nicht weiß, mit wem man es zu tun haben wird, sollte man überlegen, wie man den eigenen Gedanken am leichtesten, schnellsten, vollständigsten, kurz: erfolgreichsten in den Kopf des Lesers transportiert. Wenn man es allen Beteiligten durch kurze Sätze, klare gedankliche Anschlüsse und mit Verstand verteilte Absätze leichter machen kann, ist das für den eigenen Prüfungserfolg gut und zugleich eine nützliche Übung für die Überzeugungsarbeit, die man als Jurist oft leisten muss.

Wenn Sie sich allerdings schon an einem Adressaten orientieren, machen Sie sich klar, welchen Sie meinen. Wenn Sie eine Abschlussarbeit schreiben, sind die beiden einzigen Leser Prüfer und Hochschullehrer. Sie sollten also in verschärftem Maße davon ausgehen, dass Sie diese Adressaten lieber nicht mit Trivialitäten langweilen sollten – Trivialitäten aus deren Sicht. Schreiben Sie eine Seminararbeit, kommen außer den Veranstaltern auch Ihre Mit-Studenten als potentielle Leser in Betracht, denen gegenüber eher einmal eine Erläuterung auch dort angebracht ist, wo dem langjährigen Experten in diesem Thema alles sonnenklar ist. Hier müssen Sie abwägen, wie weit Sie den Service für die Kommilitonen betreiben wollen. Ihre Note bekommen Sie vom Veranstalter, das sollte man nicht aus den Augen verlieren.

IV. Wie gliedern?

260 Auf die Recherche- und Lesearbeit folgt die Strukturierung. Schließlich wollen Sie die gewonnenen Erkenntnisse möglichst sinnvoll an den Mann bringen. Man braucht in jeder Art von Themenarbeit wenigstens eine Minimalübersicht.
Texte wollen strukturiert werden. Die Prinzipien, nach denen das geschieht, können unterschiedlich sein. Bei einem Gedicht mag es das Reimschema sein, bei einem Zeitungsartikel der Grundsatz, dass das Wichtigste nach vorn gehört und die Details erst danach präsentiert werden, bei einem Rechtsgutachten ist es der Straftat- oder Anspruchsaufbau. Eine Themenarbeit wird weniger von formalen Prinzipien regiert als von ihrem Gegenstand. Gleichwohl muss man sie strukturieren und gliedern.

261 Das Gliedern ist Teil der Aufgabe. In eher seltenen glücklichen Ausnahmefällen bleibt die Mühe klein, weil Ihnen der Zufall eine Gliederung zuspielt, etwa aus einem Aufsatz oder einer Monographie zu Ihrem Thema (oder einem ganz anderen Thema, die aber in der Herangehensweise ähnlich ist). Es lohnt sich nicht, auf diesen Zufall zu warten. Wenn Sie aber über etwas Verwertbares stolpern, müssen Sie es sich trotzdem noch kritisch aneignen und nicht nur stumpf abschreiben. Dass in einer guten Gliederung Arbeit steckt, weiß auch Ihr Leser. Diese Arbeit wird wertgeschätzt und fließt in die Bewertung ein. Kurz: Sie zahlt sich aus.
Besonders mühsam wirkt das Gliedern auf Studenten, die nach ein paar Semestern des Gutachtenschreibens gelernt haben, recht schnell aus der Struktur der einschlägigen Rechtsnormen und dem Aufbau des Sachverhalts eine ordentliche Gliederung zu entwickeln. Themenarbeiten bieten in dieser Hinsicht viel mehr Freiheit, verlangen aber auch mehr Anstrengung. Gliedern kann man üben. Zum einen kann man

selbst Gliederungen entwickeln[354]. Zum anderen schärft es den Blick, wenn man Aufsätze oder Doktorarbeiten kritisch daraufhin durchsieht, ob ihre Gliederung überzeugt. Neben völlig stimmigen Ausarbeitungen finden sich immer wieder Texte, bei denen die Gliederung nicht einleuchtet oder offenkundig fehlerhaft ist. Nicht alles muss erkämpft werden, viele Gliederungseinsichten entwickeln sich wie von selbst im Lauf der inhaltlichen Erschließung. Man beginne mit einer groben Gliederung in höchstens zwei oder drei Ebenen.

Beispiel: Wer als Thema die *Rasterfahndung und ihren zweiten Frühling nach dem 11.9.2001* zu bearbeiten hat, wird zuerst darstellen, was technisch unter Rasterfahndung zu verstehen ist, dann die Rechtsgrundlagen erörtern und anschließend zu kritisieren beginnen. Im Abschnitt über Kritik und Bedenken werden sich vielleicht Schwerpunkte (und damit Überschriften) herausbilden wie *rechtsstaatliche Einwände* oder *praktische Erfolge*. Gehen darüber die Meinungen auseinander, braucht es auf einer nächsten Gliederungsebene Überschriften für die einzelnen „Meinungslager" und deren Argumente.

Manche Gliederungsüberlegungen sind zwingend, manche liegen nahe – und manche sind einigermaßen beliebig. Ob man für die geplante Darstellung die perfekte Gliederung findet, hängt nicht zuletzt von der eigenen Leidensfähigkeit und Ausdauer ab. Aber auch wer keine Perfektion anstrebt, sondern mit der Plausibilität der Gliederung zufrieden ist, erwirbt Sympathie, wenn die aufgewendete Mühe deutlich wird. Zeigen Sie also dem Leser, dass Sie Strukturierungsleistungen erbracht haben. Diese können recht unterschiedlichen Prinzipien folgen. Relativ einfach (wenn auch nicht immer leicht durchzuhalten oder auch nur sinnvoll) ist die Unterscheidung in Tatsachen und Meinungen/Wertungen[355]. Rechtsprobleme haben oft nicht nur eine Vielzahl ungeordnet und gleichwertig nebeneinander stehender Aspekte, sondern eine dogmatische Struktur. An dieser lassen sich die problematisierenden Erörterungen in einer Themenarbeit meist recht gut gliedern.

1. Arbeitsempfehlungen für die Gliederung

Idealerweise sind die Materialsammlung und -auswahl einerseits und die Gliederung andererseits zwei **262** getrennte Arbeitsschritte. Tatsächlich erweist sich ganz oft das Gegenteil: Erst beim Gliedern stellt sich heraus, dass manches Interessante letztendlich nicht unterzubringen ist, weil es nirgendwo richtig „hingehört", aber auch keine eigene Überschrift verdient. Solche Erkenntnisse sollte man nutzen, auch wenn sie erst beim Ordnen des Materials kommen: Was nicht passt, fliegt raus. Beim Gedanken- und Materialsammeln stellen sich fast zwangsläufig schon erste Gliederungsüberlegungen ein. Fast immer haben Sie also schon eine Grobgliederung im Kopf oder (besser) auf dem Papier, wenn Sie beginnen. Mit den nachstehenden Hinweisen können Sie aber auch arbeiten, wenn Sie nichts weiter vor sich haben als fünfzig Stichwörter, die noch in keiner erkennbaren Beziehung zueinander stehen. Letztlich bedeutet Gliedern das Herunterbrechen eines dreidimensionalen Gebildes des Typs Mindmap auf eine lineare Struktur. Anders geht es nicht. Dabei ist für jede Verbindung zwischen zwei Stichwörtern neu zu entscheiden, ob sie dazu führt, dass beide Begriffe hintereinander geordnet werden müssen – oder ob eine Fußnote genügt oder ein sonstiger gedanklicher Verweis (etwa ein Exkurs).

Ohne Weiteres gehören Begriffe auf die gleiche Gliederungsebene, die überschneidungsfrei nebeneinander stehen. Gibt es Überschneidungen, hindert das noch nicht das Nebeneinanderordnen in der Gliederung. Dann braucht es aber vielleicht eine inhaltliche Auseinandersetzung mit dem Verhältnis der Aspekte zueinander. **263**

Beispiel: *Glas, Papier, Verpackung, Rest* kann man gleichordnen (wie man an vielen Müllbehältern sieht) – aber dass es Verpackungen aus Glas und Papier gibt (sowie solche, die unter anderem Glas und Papier enthalten), ist nicht von der Hand zu weisen. Deshalb muss man entweder genauer gliedern (etwa unter *Verpackung* noch einmal die Sonderfälle *Papierverpackung* und *Glasverpackung* erwähnen sowie

---

354 Themenvorschläge finden Sie unten Rn. 767.
355 Das kennt man aus dem Journalismus, aber auch aus Gerichtsurteilen (dort: Tatbestand und Entscheidungsgründe).

nötigenfalls darauf eingehen, dass eine Verpackung, die überwiegend aus Glas besteht, als Glas und nicht als Verpackung behandelt wird) oder alles gleichordnen und an passender Stelle die Überschneidungen erklären und auflösen.

264 Einige **Ordnungsprinzipien** ergeben sich aus der Sache selbst.

Beispiele: zeitliche/historische Reihenfolge; Trennung nach Sachgesichtspunkten; Ordnung nach höher- und niedrigerrangigen Rechtsprinzipien; das Wichtigere vor dem weniger Wichtigen (wobei Wichtigkeit sich nach ganz unterschiedlichen Kriterien bestimmen kann: praktisch oder theoretisch, juristisch oder wirtschaftlich, vielleicht auch nur: symbolisch); das Allgemeine vor dem Besonderen (teils aber auch umgekehrt sinnvoll) usw.

Manchmal widersprechen sich diese Prinzipien, manchmal braucht man für einen Abschnitt einen anderen Ansatz als für den nächsten. Das ist nicht schlimm. So lange der Leser erkennt, dass ein sinnvolles Ordnungsprinzip zugrunde liegt, ist es gut. Wenn sich die Gliederung nicht selbst erklärt, tun Sie dies. Am besten stehen solche Erklärungen im Einleitungskapitel. Nicht selten ist auch die Gliederung nach der Logik der untersuchten Norm möglich: Der Einstieg braucht dabei eine erste Übersicht über die Rechtsfolgen; anschließend werden ausführlich zunächst die Tatbestandselemente (einschließlich deren Verhältnis zueinander) und Rechtsfolgenelemente (sowie gegebenenfalls deren Verhältnis zueinander) erörtert. Je nach Gegenstand kann es sinnvoll sein, Streitiges von Unstreitigem zu trennen, Tatsachen von Meinungen (als Unterfall davon: Zahlen von Zahleninterpretationen) usw.

265 Anders als bei Rechtsgutachten, für die es nach der Logik des Gutachtens nur ganz wenige Aufbaumöglichkeiten gibt, lassen Themenarbeiten oft eine ganze Bandbreite von Gliederungsansätzen zu. Welchen Sie wählen, verrät etwas über Ihre Art zu denken. Wenn Sie mehrere Möglichkeiten vor Augen haben, bedenken Sie bei der Auswahl dies:
– Eine Gliederung, die nur wenige Verweise nach oben und unten erzwingt, erlaubt lineares Lesen. Auch im Zeitalter des Hypertexts werden Prüfungsarbeiten von vorn nach hinten gelesen.
– Überraschungen im Aufbau sind das Salz in der Suppe. Die Suppe selbst besteht aus einem Aufbau, der den Erwartungen des Lesers nahe kommt. Juristen sind konservativ. Sie freuen sich, wenn sie bekannte Strukturen wieder erkennen.

Meist ist es sinnvoll, so logisch wie irgend möglich zu gliedern. Gelegentlich zwingt diese Vorgehensweise aber zu einer unschön detaillierten Gliederung mit viel zu vielen Ebenen. Bedenken Sie dann: Eine Seminararbeit ist kein Handbuch, in dem man auch ohne Register durch Nachdenken immer den systematisch richtigen Ort für eine gesuchte Information finden müsste. Gerade besonders intelligente Leute werfen deshalb manchmal die logische Gliederung über den Haufen und ordnen alle einigermaßen wichtigen Aspekte auf der gleichen Ebene an. Kann man machen – birgt aber das Risiko, dass die weniger klugen Leser nörgeln.

266 **Aussagekräftige Überschriften.** Wenn die Reihenfolge des Materials festgelegt ist, müssen die Überschriften revidiert werden. Je aussagekräftiger sie ausfallen, desto besser[356]. Man achte dabei darauf, dass der Sinn der einzelnen Überschrift sich möglichst nicht erst aus der Zusammenschau mit der vorherigen gleich- oder übergeordneten Überschrift ergibt,

---

356 Plastisches Beispiel für sprechende Überschriften bei *Noltensmeier/Schuhr*, JA 2008, 576, 579; schön auch *Kornwachs*, Zuviel des Guten.

Beispiel: *IV. De lege ferenda in Deutschland*[357] ist nur sinnvoll, wenn es auf der gleichen Ebene *III. de lege lata in Deutschland* und anderswo vielleicht *B. Rechtslage in Österreich* gibt.

sondern am besten jede einzelne Überschrift aus sich selbst heraus verständlich ist. Zur Not wird sie dafür länger[358]. Fragen in Überschriften verwende man selten oder nie. Am besten passen sie, wenn man zeigen will, dass die aufgeworfene Frage zu verneinen ist.

Um vernünftig gliedern zu können, braucht es über den einzelnen Abschnitten wenigstens **vorläufige Überschriften**. Diese können, müssen aber nicht in der Endfassung ebenso auftauchen. Manche Überschrift wird wegfallen, weil Abschnitte zusammenzufassen sind, andere werden wegen einer nötig werdenden feineren Untergliederung umformuliert werden müssen.

In aller Regel werden die Überschriften sachlich und informativ ausfallen. Der Titel der Arbeit kann aber, wenn Sie ihn selbst wählen können, auch mal etwas farbiger geraten. Ist der Titel vorgegeben, können Sie eine individuelle oder originelle Note immer noch in der Überschrift des Einführungskapitels und/oder Schlusskapitels unterbringen. Oft lohnt es, mit Überschriften zu experimentieren. Man notiert also mehrere konkurrierende Ideen und entscheidet erst am Ende der Bearbeitungszeit, wenn man genau weiß, was im Text steht und was zu kurz gekommen ist. Aber Vorsicht: Vergisst man diese Auswahl und lässt die Alternativen nebeneinander im abgegebenen Text stehen, wirkt das überraschend wenig überzeugend.

Überschriften sollten möglichst nicht unmittelbar hintereinander stehen – und schon gar **267** nicht drei oder mehr am Stück. Wie mechanisch und lieblos das aussieht, merkt man erst beim Lesen so richtig. Schon ein einziger moderierender Satz zwischen zwei Überschriften wirkt da Wunder, solange das kein Selbstzweck ist.

Überschriften sollen genau den Text erfassen, der unter ihnen steht – nicht mehr. **268** Gern darf am Ende des betreffenden Abschnitts ein zusammenfassender Satz stehen – wenn der Abschnitt nicht ganz kurz ist. Ist der Abschnitt länger, kann man den Satz oder die Sätze auch mit *Zusammenfassung, Zwischenergebnis* oder Ähnlichem einleiten.

Ganz souveränen Autoren gelingt es, abweichend hiervon in den jeweils letzten zwei oder drei Sätzen bereits den Bogen zum nächsten Abschnitt und der nächsten Überschrift zu schlagen. Das hält die Neugier des Lesers aufrecht und betont den roten Faden – aber man muss es können. (Und bei mehreren nebeneinandergeordneten Gliederungspunkten, die inhaltlich wenig oder nichts miteinander zu tun haben, ist es schwer).

Auch innerhalb des einer Überschrift zugeordneten Textblocks muss noch gegliedert **269** werden. Zum einen müssen Sie auf eine sinnvolle Reihung der einzelnen Gedanken achten. Bestenfalls geben diese sich so die Hand, dass der Leser auf Anhieb den roten Faden erkennt. Steht die Reihenfolge der Gedanken fest, sollten Sie die Feinstruktur verdeutlichen, indem Sie **Absätze** einfügen und wegnehmen. Dafür gibt es zwar keine festen Regeln, aber mit ein wenig Gespür ist das zu schaffen. Faustregel: Jeder Gedanke bekommt einen eigenen Absatz. Darauf stellt sich der Leser nämlich unterbewusst ein. Gerade bei längeren Abschnitten ohne neue Überschrift sind Absätze wichtig. Deutlich mehr als eine Seite ohne Absatz irritiert nicht nur das Auge des Lesers, sondern bleibt hinter dem allgemein Üblichen in Sachen Strukturierung zurück.

---

357 *Schröder/Würdemann*, ZRP 2007, 231, 232.
358 Bedenken Sie dabei, dass der Leser nur gelegentlich in der Gliederung nachsieht, den Haupttext aber konzentriert liest. Also soll die Überschrift im Textzusammenhang verständlich sein, ohne jedes Hin- und Herblättern.

Während in einem Rechtsgutachten unmittelbar vor jeder Überschrift ein Zwischenergebnis zur vorherigen Überschrift stehen kann (und bei längeren Abschnitten auch sollte), das den Gedanken abschließt, lassen Themenarbeiten auch „weichere" Übergänge zu.

270 Vernünftig gliedern kann man nur, wenn man weiß, was zum Thema gehört und was nicht. Wenn man daher eine Gliederung entwirft, bevor man sich halbwegs gründlich mit dem Thema befasst hat, muss man sich darüber klar sein, dass diese vorläufig bleibt und weiterer Überarbeitung und einer Endredaktion bedarf.

271 Im Allgemeinen laufen die inhaltliche Einarbeitung und die Herstellung einer Gliederung zeitlich parallel, weil sie sich gegenseitig beeinflussen. Vielleicht können analytisch außergewöhnlich begabte Köpfe das trennen. Die meisten Menschen pendeln zwischen der Gliederung und dem vorläufigen Textbestand hin und her, weil sich die Gedanken für das eine klären, während man gerade am anderen arbeitet. Das führt im besten Fall dazu, dass eine gute Gliederung entstanden ist, wenn der Text fertig ist. Es funktioniert aber nicht immer. Manchmal arbeitet man an verschiedenen Baustellen, von denen man sicher ist, dass sie dazugehören – aber weiß ganz lange nicht, wie sie anzuordnen sind. In solchen und ähnlichen Situationen helfen vielleicht die folgenden Überlegungen.

272 Verglichen mit einem Rechtsgutachten bietet eine Themenarbeit nicht nur in der Materialauswahl, sondern auch in der Gliederung größere Freiheit. Im Gutachten gibt es im Idealfall nur eine mögliche Gliederung (so dass nicht selten schon die Abweichung hiervon Misstrauen erweckt oder als Fehler betrachtet wird). Die Themenarbeit lässt individuelle Schwerpunktsetzung zu, ebenso die Wahl einer der persönlichen Präferenz entsprechenden Annäherung an das Thema. Trotzdem muss aber eine Gliederung sein. Im Grunde ist es gar nicht so schwierig. Eine Gliederung hat letzten Endes nur zwei Dimensionen. Damit muss man für jeden Gesichtspunkt, der provisorisch eine Überschrift erhalten hat, beim Gliedern drei Fragen beantworten:

273 – **Rein oder Raus?** – Ist die Frage wichtig genug, um in die Gliederung aufgenommen zu werden?
Wie auch in Rechtsgutachten ist darauf zu achten, dass die Gliederung nicht zu detailliert wird. Sie soll zwar gut über die Gedankenführung informieren. Wenn sie aber zu lang und zu aussagereich wird, hat der Leser keinen Grund mehr, den eigentlichen Text zu lesen, weil er dann aus der Gliederung schon alles erfährt. Für einen zwanzigseitigen Text sollte man etwa bei der fünften Gliederungsebene aufhören, weiter ins Detail zu gehen, bei einem fünfzigseitigen Text können es auch einmal sechs oder sieben Gliederungsebenen sein. Ausnahmen sind möglich. Wenn jenseits der letzten Gliederungsebene noch Stichpunkte übrig bleiben, kann man diese ohne eigene Überschrift im Text abhandeln. Hervorhebungen im Text (durch Fettdruck, Kursivsetzung oder durch Kapitälchen), wie sie in Lehrbüchern oder Kommentaren üblich sind, sollten Sie in Themenarbeiten weglassen. Ein Indiz für die Erforderlichkeit weiterer Untergliederung kann darin bestehen, ob mehrere Seiten Text ohne neue Überschrift entstehen. Das sind oft die Passagen, die weiter gegliedert werden können[359].

---

359 Sehen Sie sich einmal *Engisch*, Einführung, an. Der Text ist gut durchdacht, aber die seitenlangen Abschnitte ohne Überschrift oder auch nur Hervorhebung von Stichwörtern fordern einige Konzentration.

Hat man entschieden, dass die betreffende Frage eine eigene Überschrift erhalten soll, muss diese im Zusammenhang der Ausarbeitung eingeordnet werden:

– **Vorn oder hinten?** – An welche Stelle des Aufbaus gehört die Frage „vertikal"? Meist ergibt sich aus der Sache selbst bereits eine gewisse Vorstellung über die ungefähre Reihenfolge der zu erörternden Gesichtspunkte. Selbst wenn man aber noch überhaupt keine Vorstellung hat, kann man so verfahren[360]: Man nehme eine beliebige Überschrift und versehe sie vorläufig mit der Gliederungsziffer *A.* (= erste Gliederungsebene, erste Überschrift). Ab jetzt dient diese Überschrift als Referenz. Nun kann man nämlich eine beliebige andere Überschrift in Beziehung dazu setzen. Muss das unter der zweiten Überschrift Stehende vor oder nach dem Text zur ersten Überschrift geschrieben und gelesen werden? Je nach Ergebnis wird die zweite Überschrift vor oder nach die erste gezogen (und gegebenenfalls umnummeriert). Dieses Verfahren zwingt zwar dazu, die zwanzigste Überschrift mit neunzehn anderen in Beziehung zu setzen. Aber so durchblickt man eben auch das gedankliche Gerüst dessen, was man bisher gesammelt und nur schlecht sortiert hat. Die Mühe lohnt sich also.

274

Beispiel: Sie schreiben eine Arbeit über *Zurechnungsprinzipien im Zivilrecht.* Überlegend und lesend haben Sie herausgefunden, dass es unterschiedliche Anknüpfungspunkte gibt, nach denen Willenserklärungen und tatsächliche Handlungen Menschen zugerechnet werden. Sie notieren also ungeordnet *tatsächliches Verhalten, Stellvertretung, Willenserklärung, Rechtsschein, Erfüllungsgehilfe, Verrichtungsgehilfe, Verhalten Dritter, eigenes Verhalten* etc. Jetzt können Sie in einem Zwischenschritt Gruppen bilden, beispielsweise alles zusammenziehen, was mit Stellvertretung zu tun hat: *Stellvertretung, Rechtsscheinvollmacht, Bevollmächtigung, Anscheinsvollmacht, Duldungsvollmacht.*

275

– **Grob oder fein?** – An welche Stelle des Aufbaus gehört die Frage „horizontal"? Als Ergebnis des letztgenannten Arbeitsschritts steht nun eine Gliederung mit nur einer Gliederungsebene, aber zwanzig oder fünfzig Überschriften (*A.* bis *T.*). Die vertikale Ordnung stimmt, die horizontale fehlt noch. Auf welche gedankliche Ebene gehören also nun die einzelnen Überschriften? Auch hier kann man wieder in den gleichen Schritten vorgehen: Man setzt die zweite Überschrift in Beziehung zur ersten: Wenn sie einen Ausschnitt aus dem mit der ersten Überschrift erfassten Thema erfasst, gehört sie (mindestens) eine Ebene darunter, muss also von *B.* zu *I.* umnummeriert werden. Erweist sie sich als die thematisch weitere (dann dürfte sie aber auch nicht nach der ersten stehen …), wird *A.* zu *I.* und *B.* zu *A.* Ist der Inhalt nicht gleich oder nur in einzelnen Gesichtspunkten ähnlich, bleibt sie auf der gleichen Ebene stehen. Mit diesem Ansatz wird nun jede weitere Überschrift mit allen bisher abgearbeiteten verglichen und erforderlichenfalls eine oder mehrere Gliederungsebenen nach rechts verschoben.

276

Beispiel: *Anscheinsvollmacht, Duldungsvollmacht, Rechtsscheinvollmacht* gehören thematisch zusammen, dürfen aber nicht auf der gleichen Gliederungsebene stehen, weil *Rechtsscheinvollmacht* der Oberbegriff ist (das muss man wissen, wenn man so weit gekommen ist). Also erhält *Rechtsscheinvollmacht* etwa die Überschriftennummer *III., Anscheinsvollmacht* und *Duldungsvollmacht* gehören als Unterbegriffe dahinter und erhalten die Überschriftennummern *1.* und *2.* (Die Reihenfolge zwischen *Anscheinsvollmacht* und *Duldungsvollmacht* wiederum erweist sich dann als fast beliebig.)

277

---

360 Das geht gleichermaßen mit einem Blatt Papier wie mit einer Textverarbeitungsdatei. Wenn man die Gliederungsfunktion benutzt, geht es sogar ziemlich komfortabel.

a) Formale Regeln

278 Einige der Regeln für Rechtsgutachten gelten ebenso für Themenarbeiten. Betrachten Sie diese als für Ihre Arbeit zwingend: Formale Regeln sind harte Regeln, inhaltliche Empfehlungen sind weiche Empfehlungen. Ihre Leser entdecken formale Fehler binnen weniger Augenblicke. Das kann und sollte tunlichst vermieden werden.

(1) Kein a) ohne b)

Das bedeutet: Auf jeder Überschriftenebene müssen mindestens zwei gleichrangige Überschriften stehen, bevor die Gliederung auf eine höhere Ebene zurückspringt[361].

Beispiele:

```
                 1.              falsch dagegen   1.
                     a)                               a)
                     b)                           2.
                 2.                                   a)
                     a)
                         aa)
```

Ohne Weiteres zulässig ist unter Geltung dieser Regel das erste Beispiel am Ende – sofern dem aa) ein bb) und später dem a) noch ein b) folgt. Der Sprung auf die nächstniedrige Gliederungsebene ist natürlich schon nach nur einer Überschrift möglich.

(2) Kein Überspringen von Gliederungsebenen

Nach unten springt die Gliederung immer nur um eine Stufe, nach oben können es aber mehrere sein.

Beispiel:

```
                 1.
                     a)
                     b)
                         aa)
                         bb)
                 2.
```

Das sieht zwar bei einem Sprung um fünf Ebenen zurück ein bisschen seltsam aus, kann aber in der Sache ohne Weiteres gerechtfertigt sein.

(3) Möglichst wenig Verweise nach unten

Während in Rechtsgutachten Verweise nach unten geradezu tabu sind, so dass jedes Problem dort erörtert werden muss, wo es erstmals auftaucht, kann man in Themenarbeiten in dieser Frage auch einmal Kompromisse wagen[362]. Trotzdem: In einer durchdachten Gliederung kommen möglichst wenige Vorgriffe auf später zu Erörterndes vor.

---

361 Auch weil Sie sonst Gefahr laufen, dass Ihr Leser seine Aufmerksamkeit nicht mehr auf den Text, sondern auf die Suche eines nicht vorhandenen Gliederungspunktes richtet.
362 Dazu noch Rn. 421.

Ein guter Teil der Gliederung ergibt sich oft aus der Sache selbst (genauer: aus ihrer **279** rechtlichen Einordnung), wenn auch vielleicht nicht immer zwingend[363].

Beispiel: Bei Problemen, die juristisch als deliktischer Schadensersatzanspruch daherkommen, wird man meist gliedern können: *Handlung – Erfolg – Kausalität – Rechtswidrigkeit – Schuld* (also letztendlich wie im Rechtsgutachten). Natürlich modifiziert man diesen Aufbau im Referat, indem man die unproblematischen Fragen ganz weglässt oder der Vollständigkeit halber in einem Nebensatz oder einer Fußnote erwähnt.

b) Wie dicht und wie detailliert gliedern?

Generell gilt: Studienanfänger gliedern oft eher zu oberflächlich (weil in der Schule **280** meist zwei Gliederungsebenen für Referate reichen). Nach zwei oder drei Semestern kippen juristische Studenten ins Gegenteil und geben nur noch Arbeiten mit wenigstens sieben Gliederungsebenen ab. Die Wahrheit liegt in der Mitte. Meist sind vier oder fünf Gliederungsebenen genau richtig.

In Themenarbeiten dürfte als Leitlinie funktionieren: Seitenzahl = Überschriftenzahl +/- 30 %. Jedenfalls soll der Leser beim Ansehen der Gliederung über alle wichtigen Punkte informiert werden, nicht nur über einige wenige Eckpunkte[364]. Das schließt aber auch nicht aus, dass sich ein einzelner Gedanke ohne neuerliche Überschrift über mehrere Seiten zieht.

c) Gute Gliederungen verbessern

Meist ist man schon glücklich, wenn man eine formal fehlerfreie und zugleich inhaltlich plausible Glie- **281** derung angefertigt hat. Nicht selten ist diese das Ergebnis von Dutzenden oder hunderten kleinen und großen Revisionen. Dabei kann man ruhig auch mal etwas Ungewöhnliches tun, etwa die Gliederung konsequent von hinten nach vorn lesen und darauf achten, ob vielleicht einzelne Anschnitte in umgekehrter Reihenfolge überzeugender wirken als in der bisher gewählten. Klingt seltsam, bringt aber teils überraschende Einsichten. Wer mit einer sachgerechten Gliederung allein noch nicht zufrieden ist, kann weiter experimentieren und verbessern. Schließlich sind Spielräume da, um genutzt zu werden. Je souveräner Sie die Materie beherrschen, desto eher werden Sie dazu neigen, auch in der Präsentation des Materials einmal Akzente zu setzen. Hier eine Überlegung als Beispiel: Durch Veränderungen in der Reihenfolge lässt sich nicht selten die Lektüre spannender gestalten. Von einem Fachtext erwartet zwar niemand, dass er spannend sei, aber wenn er es ist – im Rahmen des seriös Möglichen –, fällt das positiv auf. Wann ist ein Text spannend? Wenn der Leser neugierig ist, was als nächstes kommt. Und wenn er sich mit den handelnden Figuren identifizieren kann. Das kann nicht nur bei einem Krimi gelingen, sondern in Maßen auch bei einem Fachtext. Als Verfasser muss man sich dazu aber eine Ökonomie der Argumentation ausdenken, die nicht jede Information an der ersten möglichen Stelle im Aufbau auch wirklich schon präsentiert. Und man muss, weil es keine handelnden Charaktere gibt, wenigstens die abstrakten juristischen Rollen, die durch die Beispiele geistern, identifikationstauglich gestalten. Während letzteres vielleicht schon mit zwei plastischen Beispielen im Einführungskapitel getan ist, braucht es für ersteres einen maßvoll originellen Aufbau. Das hierfür erforderliche Experimentieren erleichtert die Gliederungsansicht der Textverarbeitung: Gescheiterte Experimente rückgängig zu machen ist damit eine Frage weniger Mausklicks.

---

363 Auch bei der Gliederung erweist sich also das hier schon verschiedentlich Betonte: Inhaltliches Wissen hilft. Klar ist das banal – aber diese Banalität muss man sich montags morgens wieder ins Gedächtnis rufen, wenn man gerade keine Lust auf die Rechtsphilosophie-Vorlesung hat ...

364 In einer Prüfungsarbeit wäre also nicht in Ordnung, was man bei *Hassemer*, Strafe, findet: zwischen S. 146 und S. 203 weist die Gliederung keine Überschrift mehr aus (zum Nachsehen: t1p.de/vas7).

d) Typische Gliederungsbestandteile

282 Zudem gibt es einige Gliederungsüberlegungen, die man sich nur einmal vor Augen führen muss, um zu sehen, dass auch die klugen und detaillierten Gliederungen anderer Leute keine Wunderwerke sind:

Ein zeitlich geordneter (**chronologischer**) Aufbau bietet sich an, wenn nach Entwicklungen und Tendenzen gefragt ist.

283 **Streitfragen** kann man so ähnlich entwickeln wie im Rechtsgutachten[365]. Fast keine Rolle spielt der Bezug zu einem konkreten Sachverhalt.

Man muss in der Diskussion vielleicht nicht genau so streng darauf achten, immer wieder die Ergebnisrelevanz hervorzuheben wie im Gutachten, aber die Gliederungsmodelle sind letztlich die gleichen.

Oft ist es sinnvoll, den Einstieg ins Thema mit dem Unstreitigen zu wählen und erst anschließend die Streitfrage zu präsentieren.

284 „Unter besonderer Berücksichtigung von …“-Themen

Beispiel: *Der Sittenwidrigkeitsvorwurf unter besonderer Berücksichtigung der Ehegattenbürgschaft*

entwickelt man normalerweise vom Allgemeinen zum Besonderen, vom Großthema zum Kleinthema (und zurück).

285 Ist im Ganzen oder einem einzelnen Abschnitt die Frage *Ist … möglich?* zu untersuchen, beginnt man mit der grundsätzlichen Möglichkeit/Sinnhaftigkeit, diskutiert dann denkbare Einwände möglichst abschließend und stellt ans Ende ein Ergebnis.

286 Lautet die (Teil-)Frage *Wie bewirkt man …?* oder *Wie verhindert man …?*, wird es meist erforderlich sein, die (normativen) Voraussetzungen nacheinander zu diskutieren. Hier ähnelt der Aufbau einem Gutachten.

287 Die **„klassische“ Herangehensweise** *1. Einleitung, 2. Hauptteil, 3. Schluss* ist nicht originell, funktioniert aber als erster Ansatz oft überraschend gut – und ist kaum angreifbar. Je weniger Bearbeitungszeit Sie haben, desto weniger Brillanz kann man in dieser Hinsicht von Ihnen erwarten.

Sobald Sie die Überschriften anders benennen, wird es schon ein wenig besser: Der Leser erkennt die typischen Elemente und hat deshalb einen intuitiv unkomplizierten Zugang zur Grobstruktur Ihrer Überlegungen. Zugleich freut er sich, dass Sie sich der Mühe unterzogen haben, sachnahe und informative Überschriften auszudenken.
Neben dem klassischen Ansatz sind unkonventionellere Herangehensweisen möglich. Die sollte man wählen, wenn sie sich von der Sache her geradezu aufdrängen. Die nachstehenden Erläuterungen beziehen sich dagegen auf den Normalfall und sind bei Unsicherheit über das eigene Vorgehen zu empfehlen.

288 Im Folgenden wird dieser Aufbau als Rahmen für Hinweise zum Inhalt von Themenarbeiten verwendet.

---

365 Hinweise dazu bei *Schimmel*, Klausuren, Rn. 158 m.w.N.

2. Einleitung

Die Einleitung soll (wenigstens) zwei **Funktionen** erfüllen. Zum einen soll sie die Auf- 289
merksamkeit des Lesers wecken, ihn also neugierig auf den eigentlichen Text machen.
Zum anderen soll sie ihn so an den Gegenstand heranführen, dass er ihn gut verstehen
kann. Letzteres ist notwendig, ersteres wäre schön, auch wenn der eine entscheidende
Leser die Arbeit als Dienstpflicht ohnehin lesen muss. Eine gut gelungene Einleitung hat
etwa die Funktion einer Ouvertüre bei der Oper oder die des Teasers/Prologs im James-
Bond-Film.

Ihre Einführung ist gelungen, wenn nach dem aufmerksamen Lesen der Leser in zwei 290
oder drei Sätzen sagen kann, an welchem Thema Sie sich abarbeiten und warum es nötig
ist, sich damit zu befassen. Günstigstenfalls ist er neugierig geworden und geht mit den
von Ihnen formulierten Fragen an den Hauptteil heran.

Fast immer ist es sinnvoll, das Einführungskapitel **zuletzt** zu schreiben. Erst wenn der 291
Hauptteil fertig ist, wissen Sie genau, worauf Sie den Leser vorbereiten müssen.

Trotzdem sollten Sie schon recht früh einen Entwurf für die Einleitung skizzieren. Mit diesem vergleichen Sie dann gegen Ende Ihre Ausarbeitung – manchmal treten dabei ganz erstaunliche Lücken
und Abweichungen zutage. Wer mit dem Einführungskapitel beginnt, vergesse nicht, es am Ende noch
einmal gründlich zu revidieren.

a) Überschrift

Natürlich kann man für die Einleitung die Überschrift *Einleitung* wählen. Aber das ist 292
wirklich alles andere als originell. Vielleicht fällt Ihnen etwas Schöneres ein, was den
Leser wenigstens ein bisschen neugierig macht. Die Überschrift darf themenspezifisch
gewählt werden.

Beispiele: *Mobbing – sozialdarwinistische Personalpolitik im 21. Jahrhundert?* – das ist zwar etwas
reißerisch, aber doch allemal pfiffiger als *Einleitung*. Oder? Bescheidener ist etwa *Vorvertragliche
Pflichten – eine erste Bestandsaufnahme*.

Die Einleitung heißt **nicht** *Vorwort*. Dazu ist die Arbeit im Allgemeinen zu kurz. Außerdem brauchen 293
weder Sie noch der Leser ein Vorwort[366]. In einem vor der Einleitung stehenden Vorwort würde man
– etwa bei einer Doktorarbeit – die geschuldeten Danksagungen platzieren, erklären, woher die Anregung zu der Arbeit kam, und eine Bemerkung zum Charakter als Doktorarbeit unterbringen, wenn es
sich um eine im Text überarbeitete Fassung handelt. Das alles ist in einer Studienarbeit nicht nötig.

---

366 Anstelle eines Vorworts kann aber eingangs ein **Sperrvermerk** nötig sein, wenn die Arbeit vertrauliche Daten
enthält. *Kohler-Gehrig*, S. 18, empfiehlt folgenden Text: *Die ...arbeit enthält vertrauliche Daten von ... Veröffentlichung oder Vervielfältigung sind ohne ausdrückliche Genehmigung von ... nicht gestattet. Die ...arbeit ist
nur den Gutachtern und den Mitgliedern des Prüfungsausschusses zugänglich zu machen.* Weitere Vorschläge
bei *Gerhards*, S. 163 ff. Gerade bei Arbeiten, die aus einer praktischen Studienzeit hervorgehen oder anderweit auf Anregung oder unter Betreuung eines Wirtschaftsunternehmens oder einer Behörde verfasst werden,
ist sorgfältigst darauf zu achten, dass die Verschwiegenheitsanforderungen und Datenschutzbelange gewahrt
werden.

b) Umfang

294 Der Umfang der Einleitung muss in einem vernünftigen Verhältnis zu dem des Hauptteils stehen. Betrachten Sie **10-15 % des Gesamtumfangs** als Richtwert. Es darf manchmal etwas mehr sein, wenn alle hier genannten typischen Elemente einer Einleitung wirklich untergebracht werden müssen. Bei einer längeren Arbeit kann es aber auch leicht weniger werden[367]. Wer zu wasserköpfigen Einleitungen neigt, stelle sich bei der Verteilung des Materials auf Einleitung und Hauptteil immer wieder die Frage, wie es gelingen kann, dass der Leser nach der Einleitung neugierig auf den Hauptteil ist.

c) Aufbau

295 Eine gute Einleitung kann aufgebaut sein wie ein **Trichter**. Sie beginnt am oberen Rand recht allgemein und wird dann von Satz zu Satz oder von Abschnitt zu Abschnitt spezieller, bis sie den Leser auf das Spezialitätsniveau der übrigen Ausarbeitung gebracht hat. Gelingt eine solche trichterartige Einleitung, kann er immer genau feststellen, wo sein eigenes Vorwissen nicht mehr ausreicht, um dem Gedanken zu folgen. Dann weiß er zugleich, bei welcher Problemtiefe er ansetzen muss, wenn er sich in den Gegenstand einlesen will. Gibt der Verfasser schon in den Fußnoten der Einleitung[368] Nachweise, die dieses Einlesen ermöglichen, wird der Leser das selbst dann positiv bewerten, wenn er diese Nachweise nicht braucht. Solches trichterartige Vorgehen erlaubt es aber nicht, schon im ersten Satz des Texts den Leser mit Paragraphen zu überfluten.

296 Gerade bei Seminararbeiten liegt es nahe, in der Einleitung einen Bogen vom Thema des Seminars zum Gegenstand des Referats zu schlagen. Das kann schwierig werden, wo unter dem Thema *Neuere Entwicklungen im Recht des …* viele verschiedene Einzelfragen zusammengefasst werden sollen. Aber einen Versuch ist es immer wert.
Da immer das Risiko besteht, mit einem solchen Trichter den fachkundigen Leser zu langweilen, müssen Sie darauf achten, hier besonders kurze und klare Sätze mit knappen Belegen zu formulieren. Das verringert immerhin die Gefahr, Weitschweifigkeit an der falschen Stelle und überhaupt Zeilenschinderei vorgeworfen zu bekommen.

297 Am Ende der Einleitung bietet es sich an, den Leser auch auf den weiteren Gang der Arbeit einzustimmen, also zumindest die zentralen Gedankenschritte anzukündigen und auch zu erläutern, wie diese inhaltlich zusammenhängen. Gerade letzteres leistet auch eine gut abgefasste Gliederung nicht automatisch, so dass eine solche Erläuterung durchaus einen eigenen Informationsgehalt hat.

Soweit das Thema es zulässt, sollte man bei dieser Gelegenheit auch Forschungsfragen oder Hypothesen so formulieren, dass diese am Ende der Arbeit beantwortet oder verifiziert werden können. Ein Sachtext soll nicht in erster Linie Spannung aufbauen und Ihr Leser kann sich besser auf Ihre Argumente einlassen, wenn er zumindest eine Ahnung hat, worauf diese hinauslaufen.

d) Herangehensweise

Man kann den Leser auf verschiedene Arten an den Gegenstand heranführen. Hier finden Sie zweieinhalb Vorschläge.

Natürlich gibt es noch viel mehr Ansätze – und alle möglichen Kombinationen. Denken Sie sich ruhig selbst etwas Gutes aus.

---

367 *Esselborn-Krumbiegel*, Idee, S. 142, empfiehlt bis zu 10 %.
368 Ja, das ist zulässig und oft schlicht nötig!

aa) Juristischer Ansatz

Die etwas trockene typisch juristische Herangehensweise an das Problem ist der Nor- **298**
malfall der Einführung. Sie legt weniger Wert auf die gesellschaftliche oder wirtschaftliche Bedeutung des Themas. Stattdessen lokalisiert sie es möglichst genau im System
des geltenden Rechts und arbeitet eingangs die Frage heraus, welche Rolle das Problem
in der **Rechtswissenschaft** spielt.

Beispiel: *Das sachenrechtliche Traditionsprinzip hat seinen Ursprung in ... und bezieht seine Funktion
aus ... Die rechtsdogmatische und rechtspraktische Bedeutung des Traditionsprinzips erfasst man aber
erst zutreffend, wenn man sich Klarheit über die Ausnahmen verschafft, die Rechtsprechung und Wissenschaft im Lauf der Zeit anerkannt haben. Die vorliegende Arbeit nimmt daher eben diese Ausnahmen in
den Blick. ...*

Von der Rechtswissenschaft kann man überleiten zur **juristischen Praxis**. **299**

Beispiel: *In der Rechtsanwendung seitens der <zuständigen Verwaltungsbehörden> zeigt sich das Problem immer, wenn ... Die Rechtsunsicherheit setzt sich in der Entscheidungspraxis der Gerichte fort, die
bei der Auslegung des ...begriffs zu unterschiedlichen Ergebnissen gelangen: ...*

Wenn eine solche Überleitung nicht möglich ist, hat man es mit einem **akademischen
Problem** zu tun. Das ist nicht schlimm. Aber Sie sollten es Ihren Lesern nicht verschweigen.

Man gibt also gar nicht erst vor, die Wichtigkeit der eigenen Überlegungen einem Fach- **300**
fremden plausibel machen zu wollen, sondern spricht von vornherein die eigene scientific community an. Für diese reicht meist schon der Hinweis, dass eine Frage **umstritten**
sei, um sie zu einem prinzipiell interessanten Referatsthema zu machen.

Beispiel: *Seit Inkrafttreten des ... und bis in die Gegenwart herrscht über ... Streit.*

Man vermeide dabei aber – wie überall – abgegriffene Allgemeinplätze.

Beispiele: *Eine kontrovers diskutierte Fragestellung im Bereich der ... ist ...* – das schreibt wirklich
jeder[369]. Lassen Sie sich etwas Besseres einfallen! Auch das Aufpumpen des *Themas* zur *Thematik*, zum
Themenfeld oder *-kreis* holt mittlerweile niemanden mehr hinterm Ofen hervor.

Wer den Leser nicht mit der recht dürftigen Information alleinlassen will, dass er jetzt **301**
20 Seiten Text über ein umstrittenes Problem lesen muss, wird versuchen, eingangs wenigstens noch ein bisschen zu moderieren. Meist geht das recht leicht.

Hat man das Thema erst einmal als **strittig** identifiziert, braucht man nur noch einen **302**
kleinen Bogen zu schlagen, um zu zeigen, **warum** darüber gestritten wird.

Der nächstliegende Ansatz besteht darin zu erklären, welche Sachverhalte rechtlich un- **303**
terschiedlich einzuordnen sind, je nachdem, welchem Standpunkt man sich in der stritti-
gen Frage anschließt. Wie in einem Rechtsgutachten erklärt man also, wie die Streitfrage sich auf das Ergebnis auswirkt.

Beispiele: *Besonders plastisch werden solche Einordnungen, wenn sie über die Strafbarkeit oder Straf-
freiheit eines Verhaltens entscheiden – oder über das Bestehen oder Nicht-Bestehen eines Anspruchs.*

---

369 Zudem ist es unnötig aufgebläht: Statt *Fragestellung* genügt *Frage*, für *kontrovers diskutiert* genügt *strittig* oder
kontrovers, statt *im Bereich der* schreiben Sie *im Recht der* oder *bei den.*

304 Ein weiterer Ansatz besteht darin, das Thema als **stellvertretend interessant** zu identifizieren. Das bietet sich etwa dort an, wo eine neue Fallgruppe für eine schon etablierte Rechtsfigur aufzutauchen verspricht. Gleiches gilt, wenn ein Rechtsproblem sich bisher nur in komplizierten tatsächlichen Zusammenhängen gestellt hat, die eine sinnvolle Thematisierung im Lehrbuch oder im Seminar nicht zulassen, während nun eine erfreulich einfache Variante zur Diskussion steht.

Stellvertretend interessant kann ein Rechtsproblem aber auch für eine **gesellschaftliche Entwicklung** sein.

Beispiel: *Datenschutzrechtliche Zulässigkeit von Mautsystemen* stellvertretend für massenhafte Datenerfassung ohne Einverständnis der Betroffenen

305 **Anbindung an standardisierbare soziale Konflikte:** Das Interesse des Lesers zu wecken gelingt leichter, wenn man von der Norm oder der Normengruppe ausgeht. Dann stellt man eine Verbindung zum typischerweise deren Anwendung erfordernden sozialen Konflikt her. Das ist nicht immer einfach, je nachdem, ob es sich um ein eher spezielles Problem handelt

Beispiel: *Grenzen des Anspruchs des Vermieters auf Stellung einer Mietsicherheit*

oder um ein sehr allgemeines.

Beispiel: *Die Rechtsscheinvollmacht*

Wenn es nicht geht, muss man es bleiben lassen. So ist es beinahe aussichtslos, zu begründen, warum die Anwendung einer Vorschrift im allgemeinen Leistungsstörungsrecht soziale Schieflagen erzeugen soll: Selbst wenn man die Norm etwa als gläubigerbenachteiligend identifizieren kann, wird es schwer fallen zu verdeutlichen, warum von der Vorschrift eine bestimmte gesellschaftliche Gruppe besonders betroffen ist. Nach den meisten Verträgen hat eben jeder Beteiligte die Stellung des Gläubigers und des Schuldners inne. Das kann aber etwa im obigen Beispiel im Verhältnis von Mieter und Vermieter aber schon wieder ganz anders aussehen.

306 Manchmal bieten die **eigenen Erfahrungen beim Erschließen des Themas** einen guten Einstieg in die schriftliche Präsentation[370].

Beispiel: *Das Verhältnis von ... und ... gilt rechtswissenschaftlich im Wesentlichen als geklärt. Der Eindruck erweist sich indessen bei näherer Betrachtung als wenigstens zum Teil trügerisch. Zum einen wirft die begrifflich trennscharfe Unterscheidung zwischen ... und ... eine ganze Reihe von praktischen Schwierigkeiten bei der richtigen Einordnung häufig vorkommender Fälle auf (dazu unten B.). Zum anderen sind zwei Probleme in Rechtsprechung und Rechtswissenschaft nach wie vor umstritten: ... (dazu sogleich A.). Dass beide Fragen keine randständigen Details sind, zeigt sich, wenn man ... Ohne eine verlässliche Antwort auf ... lassen sich die Tragweite des ...prinzips und damit Umfang und Grenzen des ... nicht rechtssicher beschreiben. Nach einer Übersicht über den Streitstand erörtert die vorliegende Arbeit die wichtigsten Argumente (unten D.) und versucht anschließend, ein eigenes Abgrenzungskriterium für ... zu skizzieren (unten E.).*

307 Wenn Sie eine Seminararbeit zu verfassen haben und das Thema in inhaltlichem Bezug zu den anderen Themen steht, können Sie vielleicht auch an die schon vorliegenden Ausarbeitungen **anknüpfen**.

---

370 Natürlich muss man Betroffenheitsgedusel des Typs *So schwierig, wie es dann geworden ist, hatte ich mir das Thema gar nicht vorgestellt...* vermeiden. Das gelingt am besten, wenn man sich kurz fasst.

Beispiel: *Wie der Eigentumsvorbehalt und die Sicherheitsübereignung gehört die Forderungsabtretung zu den Realsicherheiten. Anders als die genannten Sicherungsrechte ist sie aber dadurch gekennzeichnet, dass ...*

Oft gelingt es leichter, Interesse zu wecken, wenn Sie kleine **Denkfiguren** im Kopf des Lesers abrufen können. Das müssen keine juristischen Figuren sein. Vielmehr funktioniert das auch mit ganz alltäglichen Mustern wie „Kleine Ursache – große Wirkung". 308

Beispiel: *Der Gesetzgeber hat gelegentlich der Schuldrechtsreform 2002 das bis dahin aus dem Anwendungsgebiet der AGB-Vorschriften ausdrücklich ausgeklammerte Arbeitsrecht in die AGB-Kontrolle einbezogen. Die wenigen Worte in § 310 IV BGB „die im Arbeitsrecht geltenden Besonderheiten" haben regalmeterweise Schrifttum veranlasst.*

Fast immer interessant ist die **wirtschaftliche Bedeutung** des Themas. Die kann, muss aber nicht statistisch belegt werden[371]. 309

Beispiel: *Durch Diebstähle seitens des Personals erleidet der Einzelhandel in Deutschland aktuellen Schätzungen zufolge Verluste von ... € jährlich; das entspricht etwa ... % des Umsatzvolumens.*

Auch ohne Zahleninformationen kann ein Hinweis auf die wirtschaftlichen Folgen einer bestimmten rechtlichen Problemeinordnung das Interesse wecken.

Beispiel: *Je nach der Zuordnung des ...risikos zum ... oder zum ... muss sich der Risikoträger Versicherungsschutz beschaffen und diese Notwendigkeit in seine Preiskalkulation und seine unternehmerische Planung einstellen.*

Je technischer die Ausgangsfrage ist, je genauer sie also im rechtswissenschaftlichen System eingeordnet werden kann, desto eher wird es sich anbieten, eingangs ihre Alltagsrelevanz herauszuarbeiten: Wo wird das Problem handlungsleitend und für wen?

Mit solchen Arten der Annäherung an das Thema ist man schon beinahe beim hier als „journalistischer Ansatz" bezeichneten Weg, der nicht die fachwissenschaftliche Bedeutung des Themas in Blick nimmt, sondern dieses in erster Linie auf seine Bedeutung für die Menschheitsgeschichte hin untersucht[372].

bb) Journalistischer Ansatz

Ein **„Aufreißer"** am Anfang ist immer eine Überlegung wert. Mit einer juristischen Themenarbeit muss man zwar nicht so hart um die Aufmerksamkeit des Lesers kämpfen wie ein Journalist mit einer Reportage oder ein Werbetexter mit einer Anzeige. Im Gegenteil ist der Leser meist dienstrechtlich verpflichtet, Ihren Text zu lesen. Aber es kann nicht schaden, ihn neugierig zu machen. Das geht nicht immer gleich einfach – und manchmal geht es vielleicht gar nicht, weil das Thema gar zu trocken ist. Aber man kann es doch mal versuchen[373]. 310

---

371 Dazu noch unten Rn. 316.

372 Das ist ganz legitim: Schließlich zählt die Rechtswissenschaft zu den Gesellschaftswissenschaften. Das vergisst man manchmal, wenn man sich an einem Problem rein dogmatisch festbeißt.

373 Ganz pfiffig z.B. der Beitrag von *Gregor*, JA 2005, 820 ff., der schon mit dem Titel *Zitronen, Möhren und der merkantile Minderwert* neugierig macht (nicht zuletzt wegen der hübschen Alliteration). Lesen Sie mal die knappe und knackige Einführung – wer da nicht aufmerksam wird, ist selbst schuld. Nicht schlecht auch *Shmatenko/Bremer/Bosch*, JA 2017, 450 ff.: „Smells Like Teen Spirit" – Zur Geruchsbelästigung durch Parfumemissionen des Einzelhandels.

Wenn es nicht gelingt, soll man es bleiben lassen. Um Originalität bemühte Einführungsabschnitte berühren teils den Leser geradezu peinlich. Diese Wirkung gilt es zu vermeiden. Außerdem bedeutet *journalistisch* natürlich nicht *BILD-journalistisch*[374]. Aber gerade ein selbst gewähltes Thema muss dem Leser oft ein wenig schmackhaft gemacht werden – und wer das in der Einleitung schafft, ohne das hier beschriebene Pflichtprogramm zu vernachlässigen, hat schon ein paar Sympathiepunkte geholt. Versuchen Sie also den Leser dahin zu bringen, dass er nach Ihrer Einleitung nicht mehr genervt fragt *Warum muss ich das lesen?*, sondern begeistert weiterblättert, weil er von selbst weiß, dass ihn das Folgende schon immer interessiert hat.

Dieser Abschnitt ist mit *journalistischer Ansatz* überschrieben, nicht weil Sie journalistisch arbeiten lernen müssten, sondern weil man mit einem neugierigen Seitenblick auf die Vorgehensweise von Journalisten etwas lernen kann, das Juristen leicht vernachlässigen: Den Leser zum Lesen einzuladen. Wer also eine Dokumentation oder Reportage im Fernsehen sieht, im Radio hört oder in der Zeitung liest, achte einmal darauf, wie das geht – etwa indem am Anfang ein unerwartetes Detail in den Vordergrund gerückt oder eine ungewöhnliche Perspektive gewählt wird oder eine plakative und kontroverse Behauptung aufgestellt wird

311 Wie sieht also ein Aufreißer aus – unter den bescheidenen Verhältnissen wissenschaftlichen Arbeitens? Nahe liegender Anknüpfungspunkt ist die **Aktualität** des Themas.

> **Beispiele:** *Bürgschaften vermögensloser naher Angehöriger beschäftigen seit einigen Jahren in vorher nicht gekanntem Maß die Gerichte* oder *Vor wenigen Wochen hat das Arbeitsgericht Wuppertal in einem mit Spannung erwarteten Urteil die Frage entschieden, ob der Arbeitgeber seinen Arbeitnehmern in einem hausinternen Verhaltenskodex verbieten darf, Liebesbeziehungen mit Kollegen einzugehen* oder *Nachdem spontane „Rennen" von Autofahrern in Innenstädten in den letzten Jahren immer wieder zu Unfällen geführt haben, hat nun das LG Berlin zwei Raser wegen Mordes mit einem gemeingefährlichen Mittel verurteilt, bei deren Fahrt über elf rote Ampeln mit bis zu 160 km/h über den Kurfürstendamm ein unbeteiligter Rentner zu Tode kam.*

312 Stattdessen oder verbunden damit kann man auf das allgemeine oder **weite Interesse** an einem Thema hinweisen:

> **Beispiele:** *Weit über den fachlichen Diskurs hinaus wurde immer wieder auch in der Tagespresse (oder: in den Medien) darüber gestritten, ob ...* oder *Unter lebhafter Anteilnahme der Öffentlichkeit hatte das Oberlandesgericht Frankfurt am Main im Revisionsverfahren über ... unlängst die Frage zu beantworten, wie ...* oder *Der der Entscheidung des BGH zu ... zugrundeliegende Sachverhalt hat schon vor der Urteilsverkündung großes Interesse in den Medien gefunden. Dabei stand – anders als im fachjuristischen Streit der letzten Jahre – die Frage im Vordergrund, ob ...*

Der Leser erwartet dann aber auch Belege für die Behauptung, diese oder jene Frage sei in allen Medien erörtert worden. Ein solcher Einstieg gelingt leicht bei einem tagesaktuellen laienverständlichen rechtsdogmatischen Thema, kaum jemals bei einer abseitigen Detailfrage des internationalen Zivilprozessrechts oder einer sehr abstrakt

---

374 Obwohl man mit einem gut passenden Zitat auch aus der Bild einmal anfangen kann wie weiland „Wegschließen – und zwar für immer", wie der damalige Bundeskanzler *Gerhard Schröder* es für Täter von Sexualmorden an Kindern in der Bild am Sonntag vom 8.7.2001 forderte. Aber Sie können ruhig einmal aufmerksam darauf achten, wie Beiträge im *Spiegel* oder in der *Zeit* die Aufmerksamkeit des Lesers zu gewinnen und zu halten versuchen. Und wenn Sie Spaß daran haben, schauen Sie sich einfach mal an, wie gute Journalisten arbeiten, z.B. als Klassiker der deutschen Reportage Egon Erwin *Kisch* – oder als moderner Klassiker Günter *Wallraff*. Noch-nicht-Klassiker: Gabriele *Goettle*. Oder Mariusz *Szczygiel*, Gottland (nur auf den ersten Blick abseitig: Reportagen eines Polen über die Tschechen); Wlodzimierz *Nowak*, Die Nacht von Wildenhagen; Antoni *Sobanski*, Nachrichten aus Berlin 1933–36 (ähnlich Oliver *Lubrich* (Hrsg.), Reisen ins Reich 1933–1945); Jan *Stage*, Niemandsländer. Und dann im großen Bogen zurück zu Gerichtsreportagen, etwa *Parnass*, Prozesse, oder *Mauz*, Die großen Prozesse.

formulierten Grundlagenfrage der allgemeinen Rechtsgeschäftslehre – und nur selten in der Rechtsgeschichte. Möglicherweise betrifft das Thema gar nicht so viele Menschen, aber diejenigen, die es angeht, sind besonders schwer oder in schwer vorhersehbarem Umfang oder sogar **existenziell betroffen**. Oder sie haben so recht keine Lobby (z.B. Strafgefangene). Auch das kann einen guten Einstieg bieten.

Vielleicht hat das Thema zwar nur geringe alltagspraktische, aber hohe **symbolische** **313** **Bedeutung**.

Beispiel: Die Zahl der hartnäckigen Holocaust-Leugner ist objektiv betrachtet zu vernachlässigen[375]. Gleichwohl sind Holocaust-Überlebende, Staat und Rechtsordnung an dieser Stelle empfindlich – verständlicherweise.

Gerade diese Themen finden meist Aufmerksamkeit weit jenseits der zuständigen Fachwissenschaft.

Beispiel: Die unselige Folter-Debatte ist nicht nur längst stammtischtauglich geworden; die Frage hat sich sogar als nützlich erwiesen, um einen bereits ausgedeuteten Kandidaten für das Amt des Bundesverfassungsrichters unmöglich zu machen. Wer diese Geschehnisse Anfang 2018 noch als Aufhänger für eine Themenarbeit über die Folterfrage wählen will, hat damit schon einen ungewöhnlichen Einstieg – man muss aber darauf achten, vom Aufhänger halbwegs schnell den Bogen zum eigentlichen Thema zu schlagen.

Ähnlich liegt es in Situationen, in denen ein Problem oder Konflikt zunächst gar nicht **314** rechtlicher Art zu sein scheint, gleichwohl aber rechtlich thematisiert wird (weil sich immer jemand findet, der ein Gericht zur Streitentscheidung anruft). Hier kann man als Einstieg darstellen, unter welchen juristischen Vorzeichen der **kulturelle Konflikt** zwischen den Beteiligten ausgefochten wird. Die Arbeit muss dazu nicht zwangsläufig interdisziplinär angelegt werden. Aber es schadet nicht, wenn man einmal die Grenzen juristischer Problembewältigungskapazität in den Blick nimmt.

Beispiel: Wird ernsthaft darüber diskutiert, den Alkoholkonsum in der Öffentlichkeit (oder wenigstens an einigen typischen Plätzen) durch Gesetz oder Satzung zu verbieten, ist es für eine juristische Aufarbeitung des Problemkreises fast schon verpflichtend, die Frage zu stellen, ob mit Gesetzen und deren Durchsetzung das – richtig beschriebene – Problem auch nur teilweise in den Griff zu bekommen ist.

Ein anderer Ansatz liegt darin, weniger die Aktualität als die ungebrochene Aktualität **315** einer Frage herauszuarbeiten, also darzulegen, dass und warum es sich um einen **„Dauerbrenner"** oder „Klassiker" handelt.

Beispiele: *Wie … von … abzugrenzen ist, ist eine der noch offenen Fragen des …rechts. Zwar wird eine ganze Reihe von Kriterien vorgeschlagen, doch hat sich keines bislang durchgesetzt: Die Rechtsprechung der Obergerichte vermeidet eine eindeutige Stellungnahme, während im Schrifttum wenigstens drei grundverschiedene Ansätze einander gegenüberstehen* oder *Seit Jahrzehnten mühen sich Rechtsprechung und Literatur mit der Frage, ob und wann …*[376]

Damit muss man aber ein wenig vorsichtig sein, weil eine zu großspurige Ankündigung sofort die Frage im Kopf des Lesers nach sich zieht, was man als Verfasser einer Seminararbeit denn Neues zu bieten habe. Hat sich aber in Gesetzgebung oder Rechtsprechung zu einer „Klassiker"-Frage etwas Neues getan oder ist man im Begriff, etwa

---

375 Fällt Ihnen außer Ernst *Zündel* und Horst *Mahler* noch jemand ein?
376 *Stollenwerk*, NJW 2007, 3751.

aus einer klug gewählten Rechtsvergleichung einen tatsächlich hierzulande noch nicht diskutierten Lösungsansatz abzuleiten, kann ein solcher Einstieg eine gute Idee sein.

316 Von einem Einstieg mit der juristischen Bedeutung lässt sich oft ein Bogen schlagen zur **gesellschaftlichen, wirtschaftlichen oder kulturellen Bedeutung des Themas**. Das bietet sich schon deshalb an, weil man den Gedanken in der Schlussbemerkung aufgreifen kann.

Statistik ist besonders dann gut, wenn Sie verlässliche Zahlen vorliegen haben.

Beispiele: *Von der Frage betroffen sind schätzungsweise 25 % aller abhängig Beschäftigten* oder *Entgegen dem ersten Anschein ist der Anteil von … an … hoch: … oder Während das Problem noch vor zwei Jahren kaum eine Rolle spielte, gehen aktuelle Umfragen/Erhebungen/Statistiken/vorsichtige Schätzungen von Experten mittlerweile von … aus.*

Solide statistische Informationen bekommt man etwa vom Statistischen Bundesamt[377]; mögliche Quellen sind aber auch Verbände, Forschungsinstitute[378] und Unternehmen[379]. Wer sich die Mühe macht, nicht allgemein verfügbare statistische Informationen herbeizutragen, kann fast sicher sein, etwas zu präsentieren, was der Leser so auch noch nicht gewusst hat – und oft schon deshalb wertschätzen wird.

317 Reizvoller als das allgemein Bekannte zu belegen ist es, **überraschende Zahlen** zu präsentieren. In erster Linie wird das möglich sein, wenn eine statistisch zu beschreibende Erscheinung in der allgemeinen Wahrnehmung über- oder unterschätzt wird.

Beispiele: Sozialleistungsbetrug und volkswirtschaftliche Schäden durch Korruption

Dass Zahlen auch bei Journalisten so beliebt sind, hat einen einfachen Grund: Viele Menschen können soziale und wirtschaftliche Phänomene nur ganz schwer quantifizieren.

Beispiele: Schätzen Sie einmal aus dem Kopf, wie viele Schüler jährlich sitzenbleiben. Oder ob die Giftmüllexportbilanz der Bundesrepublik positiv oder negativ ist – und in welchen Dimensionen in Tonnen. Oder um welchen Betrag in absoluten Zahlen die Staatsverschuldung der Bundesrepublik sekündlich steigt oder auch sinkt[380].

Wer nun eingangs Zahlen präsentiert bekommt, hat leicht ein schlechtes Gewissen (*Hätte ich nicht gewusst …*), das dann in Neugier auf das Weitere umschlägt.

318 Allerdings sollte man es mit Statistik nicht übertreiben, weil zu viele Zahlen den Leser schnell langweilen. Betrachten Sie **acht Zahlen als Obergrenze** für das Einführungskapitel (auch Datumsangaben bestehen aus Zahlen)[381]. Je mehr Material Sie zur Verfügung haben und präsentieren wollen, desto mehr Arbeit muss in die Auswahl und aussagekräftige Zusammenstellung investiert werden. Tabellen und Grafiken, auf die man aus dem laufenden Text verweisen kann, fassen Zahlen oft leichter verständlich zusammen als ausformulierte Sätze[382].

---

377 Dazu und zu weiteren Quellen für Statistiken siehe oben Fn. 125 bis 128.
378 Z.B. von der KrimZ unter t1p.de/hch7.
379 Bedenken Sie: Diese Informationen sind nicht immer objektiv. Oft sind sie interessegeleitet.
380 Schuldenuhren sind (auch im Internet) sehr beliebt, eine finden Sie etwa auf der Seite des Bunds der Steuerzahler Deutschland e.V. unter t1p.de/8x9p, auch wenn diese Art von Zähler teils kritisch bewertet wird, siehe etwa *Koch* in der taz vom 17.3.2017 unter t1p.de/g1u6.
381 Schönes Beispiel für wohldosierten und daher wirkungsvollen Einsatz von Zahlen: *Leggewie/Welzer*, Das Ende der Welt. Und es gibt auch Ausnahmen: Randvoll mit Zahlen und gleichwohl gut zu lesen ist *Nußbaumer/Exenberger/Neuner*, Unser kleines Dorf.
382 Wenn Sie diese aber nicht selbst ausgedacht haben, denken Sie daran, dass man auch bei übernommenen oder nachempfundenen Grafiken und Tabellen Quellen nennen muss.

Wer seine Aussagen ernsthaft statistisch sichern will oder überhaupt gezwungen ist, Daten zu erheben   **319**
und auszuwerten, muss sich näher mit Statistik befassen als Juristen das gemeinhin tun[383].

Überhaupt sind Zahlen „nackt" oft noch nicht besonders aussagestark. Sie brauchen Erläuterung. Die   **320**
Erläuterung gerät aber leicht zur Interpretation, und Interpretation geschieht leicht interessegeleitet. Die
Kontrollfrage lautet: Wer präsentiert mir eine Zahl (nebst Erläuterungen) – und was will er vermutlich
damit erreichen?

Beispiel: Nennt eine Flughafenbetreibergesellschaft Prognosen über die voraussichtliche Entwicklung
des Passagier- und Frachtaufkommens in den nächsten Jahren und will sie nächstens eine neue Start-
bahn errichten, kann ein Zusammenhang bestehen. Gerade für prognostizierte Zahlen haftet man nur in
Glaubwürdigkeit – und das Gedächtnis der meisten Menschen ist kurz.

Bei Prognosen ist übrigens nach aller Erfahrung noch nicht einmal Zahlen vom Staat zu trauen.

Beispiele: Es gibt praktisch kein größeres öffentliches Bauprojekt, das nicht teurer würde als veranschlagt – und militärische Beschaffungsvorhaben sind meist auch nur anfangs billig …

Dass überhaupt dem Staat zu trauen sei, stimmt in dieser Absolutheit nicht.
Wer das nicht glauben möchte, schaue sich die Volten der Bewertung etwa des Afghanistan-Einsatzes
an (Friedensmission/Krieg) oder der Sicherheit deutscher Atomkraftwerke (alles sicher vor Fukushima/
nichts mehr danach).

Je nach Zusammenhang kann es besser funktionieren, absolute Zahlen zu nennen oder relative (also: **321**
Prozentzahlen oder Bruchteile) oder beides. Nötigenfalls muss man das einmal testen, indem man
Freunde oder Mitstudenten fragt.

Wo es sich anbietet, kann man den gedanklichen Bogen weiterführen, indem man etwa   **322**
eine **Hypothese** bildet,

Beispiel: *Nahe liegt es, dies auf die Änderungen im …gesetz zurückzuführen, die das Interesse an …
(z.B. steueroptimaler Behandlung des …) haben steigen lassen.*

die auf den weiteren Verlauf der Erörterung hinweist.

Beispiele: *Ob diese Annahme zutrifft, wird im Verlauf der Erörterung untersucht werden* oder *Diese
Vermutung wird unten (C.) noch einmal aufgenommen.*

Die Hypothese darf nicht in der Luft hängen, sondern muss spätestens im Schlussteil
der Arbeit wieder aufgegriffen werden – wenn sie nicht überhaupt das zentrale Thema
vorwegnimmt. Man kann sich und dem Leser einen Gefallen tun, indem man die Hypothese so fasst, dass die Lektüre spannend bleibt (also nicht das Ergebnis vorwegnehmen,
vielleicht auch einmal eine provokative Hypothese formulieren[384] etc.). Andererseits ist
Spannung nicht Ihr primäres Ziel und Ihr Leser wird zumindest irritiert reagieren, wenn
die Hypothese in eine ganz andere Richtung weist als die später erzielten Ergebnisse.

Bei geeigneten Themen kann die Annäherung auch über den Hinweis auf ein falsches   **323**
oder ungenaues **Rechtsverständnis der Allgemeinheit** geschehen.

Beispiel: *Der Satz „Eltern haften für ihre Kinder" ist von Baustellenwarnschildern auf kürzestem Weg
in das Rechtsbewusstsein weiter Bevölkerungskreise gewandert. Rechtlich gesehen ist er gleichwohl*

---

383 *Hagen*, Statistik für Juristen; *Benninghaus*, Deskriptive Statistik. *Krämer*, So lügt man mit Statistik; *Huff*, Wie
lügt man mit Statistik; *Quatember*, Statistischer Unsinn. Zur Präsentation *Krämer*, Statistik verstehen, 109 ff.,
203 ff.; *ders.*, So überzeugt man mit Statistik.

384 Das sollte man ruhig ein bisschen üben. Auf viele Menschen hat nämlich das Studium der Rechtswissenschaften
eine ziemlich konformistische Wirkung. Da muss man gegensteuern.

falsch. Die vorliegende Ausarbeitung konturiert die Voraussetzungen (und Rechtsfolgen) der Haftung des Aufsichtspflichtigen. ...

Passende Belege für solche Fehlinterpretationen oder Vergröberungen sind oft aber nicht ganz einfach zu finden[385]. Man bedenke daher, dass diese Art der Einleitung stark an Pfiffigkeit einbüßt, wenn der Leser das – angebliche – Fehlverständnis gar nicht kennt.

324 Vielleicht kann man in der Einleitung auch einen Kontrast zum Hauptthema herstellen, etwa wenn im Hauptteil ein Thema diskutiert wird, das zwar rechtliche Probleme aufzuwerfen droht, die aber bislang noch nicht oder nur ungenügend wahrgenommen werden.

Beispiel: Wer im Hauptteil datenschutzrechtliche und urheberrechtliche Bedenken gegen die Übernahme von Informationen und Inhalten aus den Portalen sozialer Netzwerke erörtert, kann in der Einleitung vielleicht verhandeln, dass viele Menschen geradezu begeistert persönliche Informationen preisgeben, nur um im Portal mit dabei zu sein.

325 Ein schöner Aufhänger kann darin liegen herauszustellen, dass zwar der zugrunde liegende soziale Konflikt praktisch jeden Tag stattfindet, aber weit und breit **keine einschlägige Rechtsnorm** zu finden ist.

Beispiel: Mobbing am Arbeitsplatz

Damit hat man einen guten Einstieg, etwa in die Erklärung einer unerwartet komplizierten rechtlichen Konstruktion, mit deren Hilfe das Problem dann zum Beispiel von Gerichten bewältigt wird. Ähnlich funktionieren Ansätze, die die Aufmerksamkeit des Lesers zunächst auf eine alltägliche Frage lenken, um dann festzustellen, dass die dahinter stehende rechtliche Konstruktion überraschend kompliziert ist. Von da aus kann man mitunter sehr elegant den Bogen zum konkret zu behandelnden Einzelthema schlagen, das sich als Ausschnitt eben dieser komplizierten Regelung präsentiert.

326 Gelegentlich kann man als Einstieg die ersten paar Sätze über einen Gegenstand verlieren, der zunächst mit dem Thema nichts zu tun zu haben scheint. Weil der Leser das Thema kennt, entsteht daraus günstigstenfalls eine Spannung, die ihn gerade erst richtig neugierig macht. (Aber nicht übertreiben!)

327 Teils hilft ein **Zitat** aus der belletristischen Literatur, aus einem Spielfilm[386] oder von einer juristischen Autorität oder ein Aphorismus als „Aufreißer". Die müssen aber passen und dürfen nicht mühsam gesucht wirken[387]. Vorsicht – die erste Idee ist nicht immer die beste. Und: Auch ein schöngeistiges Zitat muss belegt werden. Viele Zitatsammlungen enthalten nur ungefähre, ungenaue, kurz: ungenügende Quellenangaben.

---

385 Vielleicht am ehesten Ralf *Höcker*, Lexikon der Rechtsirrtümer, 5. Auflage, Berlin 2005, mit mehreren Folgeprojekten.
386 Dazu t1p.de/ags1.
387 Wer das will, kann sie in in einschlägigen Sammlungen suchen: klassisch *Büchmann*, Geflügelte Worte; gelegentlich ganz hilfreich Duden Bd. 11: Redewendungen; im Internet z.B. t1p.de/sntc; t1p.de/t0ik; spezifisch juristisch *Radbruch*, Kleines Rechtsbrevier; *ders.,* Aphorismen; *Pausch* (Hrsg.), Goethe-Zitate; *Zimmermann*, Zimmermanns Zitatenlexikon; *Tange*, Zitatenschatz; *Weeber*, Cicero. Diese Sammlungen haben aber oft den Nachteil, keine genaue Fundstelle anzugeben, so dass man weiter recherchieren muss.

Rechtssprichwörter können abgedroschen wirken, aber ebenso gut richtig originell sein[388]. Wer ein Rechtssprichwort aus alter Zeit oder aus einer fremden Rechtsordnung als Aufreißer verwendet, sollte das damit gegebene Versprechen wenigstens kurz einlösen und in der Ausarbeitung einen Bogen zum römischen oder ägyptischen oder französischen Recht schlagen.

Wer mit solcherart Zitaten einen großbürgerlichen Bildungshorizont oder solide rechtsvergleichende Kenntnisse andeutet, darf sich nicht wundern, wenn diese beim mündlichen Vortrag im Seminar auf die Probe gestellt werden.

Überhaupt bieten eine **ungewöhnliche Perspektive** oder ein unerwarteter Perspektiv-wechsel am Anfang fast immer eine gute Möglichkeit, die Aufmerksamkeit des Lesers zu erregen. Am einfachsten gelingt das, wenn der Gegenstand der Ausarbeitung an sich schon interessant, originell, ungewöhnlich ist. Das hat man als Bearbeiter meist nicht in der Hand[389]. Aber bei einem Standardproblem einen ungewöhnlichen Zugang zu finden, hebt die Ausarbeitung aus der Masse hervor. **328**

Des Lesers Aufmerksamkeit gewinnt man am leichtesten mit etwas **Unerwartetem** ganz am Anfang. Das kann sein: etwas (scheinbar!) fern Liegendes, etwas sehr Abstrak-tes, etwas sehr Konkretes, etwas Zugespitztes, Pointiertes, absichtlich Vergröbertes usw. **329**

Und wieder die Warnung: Das funktioniert nicht immer. Wenn Sie von Ihrem originellen Einstieg nicht überzeugt sind – verwerfen Sie ihn. Durch künstliche aufgesetzte Originalität verliert man mehr, als man durch echte gewonnen hätte.

Zweite Warnung: Einen essayistischen, pfiffigen, originellen Einstieg kann man sich als Bearbeiter nur leisten, wenn man solide gearbeitet hat und nach den luftig-assoziativen Gedanken am Anfang im Hauptteil Substanzielles bietet. Anderenfalls sieht man sich dem Verdacht ausgesetzt, man habe zwar fröhlich herumassoziiert, aber die Mühe gescheut, systematisch das Material zu durchdringen und Schrifttumsbelege zu suchen. **330**

Dritte Warnung: Die schönsten Einführungen kann man entwerten, wenn man lauter abgestandene For-mulierungen einsetzt. **331**

Beispiele: *… ist aus … nicht mehr hinwegzudenken. – Die fortschreitende Globalisierung… – Der fort-schreitende Fortschritt der globalen Globalisierung…*

Als Anleihe bei journalistischen Arbeitstechniken funktionieren natürlich nicht nur die großen Perspektivwechsel, sondern auch die kleinen Figuren, mit denen man sich die Aufmerksamkeit des Lesers erkämpft. **332**

Beispiel: *Fragen über Fragen.* Fünf oder sechs themennahe, aber nicht besonders gründlich sortierte Fragen am Stück, auf die der Leser entweder keine spontane Antwort hat oder seine intuitive Antwort nicht so recht begründen kann, wirken Wunder. Das ist bei sehr kurzen Arbeiten vielleicht ein bisschen übertrieben, aber bei Themen, die der Leser womöglich gelangweilt angeht, weil er glaubt, schon Bescheid zu wissen, kann das ganz toll funktionieren. Die Fragen müssen natürlich wirklich problema-tisch sein. Manchmal fügt sich ein solcher *Fragen über Fragen*-Abschnitt nahtlos in ein überwiegend knochentrockenes Einführungskapitel ein – und erfüllt trotzdem seinen Zweck: Der Leser beginnt die Lektüre mit unerwarteter Neugier. Denn wie könnte man besser darlegen, dass es sich lohnt, die Arbeit zu schreiben und zu lesen?

---

388 *Liebs*, Lateinische Rechtsregeln und Rechtssprichwörter; *Schmidt-Wiegand* (Hrsg.), Deutsche Rechtsregeln und Rechtssprichwörter.

389 Näher dazu noch unten Rn. 684.

cc) Blickrichtung einer Nachbarwissenschaft

333 Neben dem juristischen und dem journalistischen Herangehen kann es sich anbieten, Ihr Thema mit dem Instrumentarium und dem Erkenntnisinteresse einer anderen Wissenschaft in den Griff zu bekommen. Eine solche sozial-, politik-, geschichtswissenschaftliche, philosophische oder ökonomische Perspektive wird am ehesten erfolgreich einnehmen können, wer ein Nebenfach studiert – oder die juristische Arbeit im Nebenfach schreibt[390].

e) Elemente der Einleitung

334 Einige typische Fragen werden üblicherweise und sinnvollerweise in der Einleitung behandelt.

Nicht alle kommen zwangsläufig in jeder Einleitung vor. Gerade in einer knappen Einleitung müssen sie auch nicht alle eine eigene Überschrift erhalten (meist aber doch einen eigenen Absatz). Vielmehr gelingt es oft, die meisten oder alle diese Elemente in einem fließenden Text so abzuarbeiten, dass der Leser sie gleichwohl erkennt. Das ist eleganter. Benutzen Sie das Nachstehende als eine ergänzbare Checkliste ähnlich wie ein Prüfungsschema für ein Rechtsgutachten: Nicht Einschlägiges wird ganz weggelassen oder höchstens mit einem kurzen Satz erwähnt, Einschlägiges wird nach seiner Bedeutung für Ihren Gedankengang breiter dargelegt, weiter untergliedert, weitergedacht und -entwickelt.

aa) Präzisierung des Themas

335 Oft wird es eingangs der Arbeit einer gedanklichen und meist auch im Text festgehaltenen inhaltlichen Präzisierung bedürfen. Besonders gilt das für nicht selbst gewählte Themen.

Mit der genaueren Beschreibung des Themas lässt sich die Annäherung an das Thema verbinden, die möglichst viele denkbare Leser auf verschiedenen Vorkenntnis- und Interesse-Niveaus einzufangen versucht.

Das erfordert **Sorgfalt**. Mit der themenarbeittypischen Freiheit in der inhaltlichen Konkretisierung geht die Gefahr des *Thema verfehlt* einher. Im Allgemeinen hat der Aufgabensteller nämlich durchaus eine Vorstellung davon, was zum Thema gehört und was nicht. Er kann meist auch recht gut sagen, was er für zentral und unentbehrlich hält – und was für eher marginal. An diesen Erwartungen darf der Verfasser nur dann ganz vorbeischreiben, wenn es nicht um das Bestehen einer Prüfung geht.

Nicht immer ist durch Rückfrage Aufklärung zu erlangen[391]. Wenn Sie bei der Präzisierung der Aufgabe auf sich allein gestellt sind, ist es sinnvoll, möglichst am Anfang der Ausarbeitung zu erklären, wo und warum Sie die Schwerpunkte gesetzt haben.

Beispiele: *Während <Aspekt 1> wegen … als im wesentlichen akademische Frage gelten darf, ist um <Aspekt 2> aufgrund seiner praktischen Bedeutung für … ein heftiger Streit im juristischen Schrifttum entbrannt. Dessen Aufarbeitung wird hier im Mittelpunkt stehen. – Zwar fehlt es an einer … für*

---

390 Das ist aber keine notwendige Bedingung. Auch und gerade wer nicht noch zwei Nachbarwissenschaften im Nebenfach studiert, darf über den Tellerrand des Juristischen blicken.

391 Bei Seminarreferaten aber ist eine Rückfrage unbedingt geboten. Die Enttäuschung über eine das Thema verfehlende Ausarbeitung ist regelmäßig an sich schon groß; sie steigert sich noch, wenn das Thema in einem inhaltlichen Zusammenhang mit anderen ausgegebenen Themen steht, der durch die Fehlleistung zerstört wird. Das schlägt auf die Bewertung durch.

<Problem>, doch lässt sich dies durch Übertragung des Rechtsgedankens aus … leicht bearbeiten; viel weniger offenkundig ist dagegen der richtige Umgang mit <Problem>, der deshalb hier in erster Linie zu untersuchen sein wird.

Dabei ist möglichst die **Wiederholung** des dem Leser sattsam Bekannten zu **vermeiden**   336

Beispiele: Langweilig und auch ein bisschen weinerlich wirken beim 53. Lesen Formulierungen wie *Wegen der enormen Stofffülle war eine Beschränkung auf … unabdingbar.* oder *Die knappe Bearbeitungszeit sowie die Seitenzahlbegrenzung erforderten eine konsequente Konzentration auf …*

oder knapp zu halten. Versuchen Sie es mit weniger gequält wirkenden Formulierungen.

Beispiele: *Eine Schwerpunktsetzung bei … bot sich wegen der unerwarteten Aktualität gerade dieses Problemausschnitts an* oder *In den Mittelpunkt der Aufmerksamkeit rückt dabei … Die so zu gewinnenden Erkenntnisse versprechen Verallgemeinerbarkeit.*

Am besten gelingt das, wenn Ihre Erklärung für thematische Beschränkungen den Eindruck von Faulheit oder Willkür bei der Begrenzung gar nicht erst erweckt.

Beispiele: *Ausgeklammert bleiben konnte für die Zwecke der vorliegenden Untersuchung der Fragenkreis …, der durch eine Reihe jüngerer höchstrichterlicher Entscheidungen als geklärt zu betrachten ist. – Mit Blick auf die aktuellen Untersuchungen von <Autor> und <Autorin>, die sich auf … und … konzentrieren, lag eine Schwerpunktsetzung bei <Aspekt des Themas> nahe.*

Wenn man schon darüber spricht, worüber in der Arbeit nicht gesprochen wird, soll das wenigstens nicht zu abgedroschen klingen.   337

Beispiel: *Hier ist nicht der Ort, um … zu … . … muss daher … vorbehalten bleiben* langweilen den Leser, weil er das schon zu oft in größeren und klügeren Texten gelesen hat.

Wer in einer zwanzigseitigen Arbeit eine Seite damit verschwendet, dem Leser zu erklären, was er bedauerlicherweise (!) nicht hat behandeln können, schneidet sich selbst den Weg zu inhaltlichen Erörterungen ab.

Beispiel: *Um Bescheidenheit angesichts eines großen Themas zu signalisieren, schreiben Sie etwa … wird hier skizziert/umrissen/vorausgesetzt. … Zu … schlägt die Arbeit einige Argumente vor, die ein von der bisher überwiegenden Ansicht abweichendes Ergebnis tragen können. Bei … versucht die Arbeit, einen bislang nicht gezogenen Vergleich mit … für … fruchtbar zu machen.*

Das Mindeste, was der Leser von Ihnen erwartet, ist, dass Sie Ihren **eigenen Themenrahmen ausfüllen** – wenn Sie schon mit der Ausarbeitung nicht genau treffen, was er sich vorgestellt hat. Dazu muss aber Ihr Verständnis des Themas einleitend wenigstens umrissen werden. Achten Sie deshalb kurz vor der Fertigstellung noch einmal darauf, dass Ihre Ankündigung im einleitenden Kapitel mit dem Haupttext übereinstimmt. Gerade bei frühzeitigem Abfassen der Einleitung und längerer Bearbeitungszeit für den Haupttext können hier echte Überraschungen passieren.   338

Die Beschränkung auf das Wesentliche erfordert teils klare **Einschnitte**; diese sollte man in der Einleitung **ankündigen**.   339

bb) Annahmen, Vorverständnisse, Ausgangspunkte

Die Darstellung oder Argumentation, die Sie in Ihrer Ausarbeitung entwickeln, mag in sich noch so stimmig sein – sie wird den Leser nur mitnehmen, wenn dieser Ihnen gedanklich folgt. Daher ist es wichtig, seinen **Ausgangspunkt klar zu formulieren**. Nur   340 so kann Ihr Leser – mit dem Sie doch in einen wenigstens hypothetischen Diskurs treten sollen und wollen – mit Ihnen darüber streiten, ob Sie nicht am falschen Punkt nachzudenken begonnen haben. Nötigenfalls müssen Sie deshalb nicht nur im Kopf, sondern auch in der schriftlichen Fassung die Voraussetzungen dokumentieren, die Sie im Folgenden nicht weiter in Frage stellen wollen. Das können **Annahmen** über tatsächliche oder rechtliche Umstände sein. Oder wissenschaftliche **Glaubenslehren**, denen Sie sich anschließen.

Beispiel: Wenn Sie meinen, die Rechtsordnung lasse sich allein aus wirtschaftlicher Vernunft erklären und menschliches Verhalten sei mit dem Modell des homo oeconomicus zu beschreiben, können Sie damit Recht haben. Sie sollten den Leser Ihren Standpunkt aber nicht ganz langsam während der Lektüre entdecken lassen, sondern ihn darüber in der Einführung aufklären. Das erleichtert die gedankliche Auseinandersetzung und vielleicht auch Kritik.

In einer ganz kleinen Arbeit genügt meist der Platz nicht, um das alles abzuhandeln. Aber in einer Abschlussarbeit oder Doktorarbeit wird dieser Aufwand zu Recht von Ihnen verlangt.

341 Manchmal wird vielleicht Anlass sein, auf eine besondere **individuelle Perspektive** hinzuweisen. Das ist nicht zwingend, weil sich rechtswissenschaftliche Untersuchungen als objektiv verstehen, so dass die Person des Autors keine Rolle spielen dürfte[392]. Wenn man es aber selbst für passend hält, ist meist der Einführungsabschnitt der richtige Ort. So kann man etwa darauf hinweisen, dass das Interesse am Untersuchungsgegenstand von der eigenen Schwerbehinderung oder der Rolle als kopftuchtragende Muslima begründet ist, und dass die Auswahl der in der Arbeit vertieften Fragen auch auf eigene Alltagserfahrungen zurückgeht. Vielleicht haben Sie berufliche Erfahrungen, die Ihnen eine Kontrastierung der Theorie mit der Alltagspraxis erlauben; so etwas kann man ruhig schon eingangs anklingen lassen. Oder Sie können die Reformvorschläge am Ende des Texts mit den Erfahrungen zweier voll durchgestandener Privatinsolvenzen unterfüttern – dann setzen Sie am Anfang eine Fußnote, mit der Sie auf dieses Sonderwissen hinweisen. Zwingend ist das nicht. Meist wird es für solche Informationen keinen großen Abschnitt brauchen, der die Einzelheiten der eigenen Biographie entfaltet; vielmehr dürfte eine Fußnote genügen. Aber Sie geben Ihrer Arbeit mit einer solchen persönlichen Anknüpfung eine eigenständige Färbung und Ihren Standpunkten eine zusätzliche Authentizität und Glaubwürdigkeit.

cc) Erkenntnisinteresse

342 Unter Erkenntnisinteresse kann man zunächst den zuletzt erwähnten Gesichtspunkt verstehen: Welche subjektiven Interessen den Autor bei Themenwahl und Herangehensweise, Materialauswahl und Konzeption geleitet haben, ist für den Leser wichtig, weil er wissen will, ob und inwieweit er Ihren Ergebnissen trauen kann. Jenseits von Vertrauen kann das Wissen um die Motivation des Autors aber auch nur das Verständnis des Lesers verbessern, was kein Schaden wäre.

---

392 Bei näherem Nachdenken erweist es sich als Illusion. Wenn man 50 rechtsdogmatische Prüfungsgutachten in einer Anfängerarbeit liest, wird der Charakter der Illusion vollends offenkundig.

Ebenso lässt sich unter den Begriff die harmlosere (?) Frage fassen, auf welche möglichen Antworten hin Sie Ihre Fragen formuliert haben. Noch handfester: Sie sollten darlegen (können), was die Welt mit Ihren Ergebnissen anfangen kann.

Dabei kann sich etwa herausstellen, dass Sie nur Aussagen für ein eng begrenztes Normanwendungsgebiet werden treffen können. Ebenso gut kann sich erweisen, dass Ihre Überlegungen die Hoffnung auf weiträumige Übertragbarkeit begründen. Vielleicht lässt sich damit ein Leser für die Lektüre interessieren, der sich fachlich zunächst gar nicht zuständig fühlt.

Unter dem gedanklichen Stichwort „Ziel der Untersuchung", das schlimmstenfalls auch als Überschrift dienen kann, sollten Sie festhalten, was 20 oder 80 Seiten weiter hinten herausgekommen sein wird[393].

Beispiele: *Eine präzisere Aussage über ..., eine handhabbare Abgrenzung zwischen ... und ..., einige Vorschläge zur inhaltlichen Ausfüllung des umstrittenen unbestimmten Rechtsbegriffs ..., eine verallgemeinerbare Erkenntnis zu ...*

dd) Wahl der Methode

Die meisten juristischen Arbeiten reflektieren die Wahl der eingesetzten Methode nicht. 343 Das ist vertretbar, weil es eine juristische Methodenlehre gibt, über die zwar akademisch in zahlreichen Einzelheiten Streit herrscht, die aber praktisch weitgehenden Konsens über die wichtigen Regeln bietet.

In Themenarbeiten kann es aber nötig werden, von dieser Handhabung abzuweichen. Wenn die zu gewinnenden Erkenntnisse nicht ausschließlich unter Verwendung des juristischen Methodenkanons begründet werden können, muss der Leser das erfahren.

Beispiel: Wer mit quantitativen Methoden arbeitet, also etwa statistisch Erkenntnisse begründen will, sollte das nicht nur ankündigen, sondern auch erklären, warum die gewählte Methode problemangemessen ist – und welche Risiken mit ihrer Anwendung verbunden sind. Eine statistische Auswertung, die von vornherein mit einer erheblichen Dunkelziffer rechnen muss (oder die auf selektiv vernichtete Aktenbestände zurückgreift), verliert eben an Aussagekraft.

Ein kritischer Leser kann sich eine eigene Meinung über Ihre Argumentation bilden, wenn Sie Erkenntnisinteresse und Methodenwahl dargestellt haben. Vielleicht findet sich so ein Zusammenhang zwischen diesen beiden Faktoren, der die Qualität Ihrer Ergebnisse zweifelhaft erscheinen lässt – oder umgekehrt deutlich macht, warum man zu den eher ungewöhnlichen Ergebnissen genau deswegen besonders überzeugend kommt, weil man eine Juristen sonst weniger vertraute Methode verwendet.

ee) Stand der Diskussion/Forschungsstand

Ihr Ausgangspunkt wird nicht zuletzt durch den bisher erreichten Stand der Diskussion 344 gekennzeichnet. Gerade bei Fragen, die schon länger erörtert werden, erwartet der Leser hierüber Aufschluss. In einer größeren monographischen Arbeit wird dazu ein eigener Abschnitt erforderlich sein; in einem Seminarreferat fasst man sich knapper. Auch dort

---

393 Das bedeutet nicht, dass Sie das Ergebnis vorwegnehmen müssten oder auch nur sollten (dazu gleich noch Rn. 363 ff.), sondern nur, dass Sie zu umreißen versuchen, welche Qualität das Ergebnis haben wird.

ist es aber oft sinnvoll, eingangs moderierend zu erwähnen, dass durch die jüngeren Gerichtsentscheidungen (oder: Beiträge im Schrifttum) das Thema besonders aktuell ist. Dieser Abschnitt gibt Ihnen Gelegenheit, den Leser binnen weniger Zeilen oder Seiten davon zu überzeugen, dass Sie nicht nur ein paar ausgewählte (?) Entscheidungen und Aufsätze in der Hand hatten, sondern auf dem vollständigen aktuellen Stand waren, als Sie zu schreiben begonnen haben.

Ehrlicherweise muss es an dieser Stelle erwähnt werden, wenn das Thema durch eine vor drei Monaten erschienene Doktorarbeit flächendeckend geklärt ist. Sie können sich mit Ergebnissen und Argumentationen dieser Arbeit auseinandersetzen und zu ganz anderen Erkenntnissen gelangen. Aber Sie dürfen sie nicht einfach verschweigen und unauffällig abschreiben. Andererseits sind eben gerade die Aspekte, die in einer solchen aktuellen Monographie[394] ausgeklammert bleiben (und auch das steht in deren Einführungskapitel …), für Ihre Arbeit interessant.

ff) Quellenlage/Informationsverfügbarkeit

345 Erforderlichenfalls sollte im Anschluss an den Forschungsstand die Quellenlage dargestellt werden. Bei einer rechtsdogmatischen Arbeit wird das kaum nötig sein, umso mehr aber bei einem rechtshistorischen oder rechtsvergleichenden Schwerpunkt. Defizite bei der Verfügbarkeit aussagekräftiger Quellen wirken sich nämlich regelmäßig auf die Aussagekraft Ihres Ergebnisses aus. Darüber muss der Leser unaufgefordert informiert werden.

346 Gleiches gilt, wenn die verwerteten rechtstatsächlichen Informationen Anlass zu Bedenken hinsichtlich der Verallgemeinerbarkeit Ihrer Argumente und Schlüsse geben. Das kann an der Unvollständigkeit der Information liegen oder am zu schmalen Datenmaterial oder an unwissenschaftlicher Art der Informationsbeschaffung. Selbst mit hohem Aufwand erfasste Informationen können sich als bedenklich erweisen, wenn sie zu ganz anderen Zwecken gesammelt wurden als den von Ihnen verfolgten.

Kommen die Informationen, die Sie verarbeiten, von Unternehmen oder anderweitig wirtschaftlich an einem bestimmten Ergebnis Interessierten (Branchenverbände, Umweltschutzverbände etc.), müssen Sie darauf nicht nur durch Angabe der Quelle (Pressemitteilung, Prospekt, Internet-Seite etc.) in der Fußnote hinweisen, sondern schon eingangs klarstellen, dass und warum Sie auf diese Informationen angewiesen waren. Solche Informationen werden in erster Linie aus werblichen Gründen zusammengestellt und veröffentlicht. Das möchte der Leser wissen[395].
Ebenso muss man darauf hinweisen, wenn man selbst bei der Verarbeitung von Informationen Unsicherheitsfaktoren eingebaut hat: Wer also altes Datenmaterial trotz zwischenzeitlicher Änderungen weiterverwendet, wer schätzt, hochrechnet, inter- oder extrapoliert, Unterstellungen vornimmt, verallgemeinert usw., mag dafür gute Gründe haben. Aber diese Gründe interessieren auch den Leser, der vielleicht gerade etwas anderes unterstellt hätte oder bei der Hochrechnung viel vorsichtiger gewesen wäre.

---

394 Ähnlich erschöpfend wie Monographien sind die langen Texte, die in den Archivzeitschriften erscheinen und ihren Gegenstand oft gründlich und umfassend abhandeln.
395 An dieser Stelle wäre also auch der geeignete Ort für die oben (Rn. 135) erwähnten quellenkritischen Anmerkungen.

gg) Skrupel im Allgemeinen

Daraus ergibt sich: Wenn Sie in dieser oder jener Hinsicht zweifeln, ob und inwieweit die Methoden, Argumente, Ergebnisse übertragbar oder verallgemeinerbar sind, die Sie im Hauptteil entfalten, sollte der Leser das wissen. An Unvollständigkeiten und Schwächen in Ihrem Ausgangsmaterial sind nicht Sie schuld – also müssen Sie kein schlechtes Gewissen haben, wenn Sie diese offenbaren. Im Gegenteil ist das eine Frage wissenschaftlicher Ehrlichkeit. In aller Regel ist es für den Leser schwerer als für Sie zu identifizieren, ob und wo Ihre Argumentation nicht voll belastbar ist, etwa weil die Tatsachengrundlage nicht durchgängig gesichert ist. **347**

Sie können und sollen also ohne Weiteres schon anfangs klarstellen, dass die verarbeiteten Informationen auf weiten Strecken von den Pressestellen der Unternehmen X, Y, und Z stammen. Wenn der Leser damit auch noch nicht sicher beurteilen kann, wie weit die Tatsachen verzerrt sind, weiß er doch immerhin, dass er mit einer Verzerrung rechnen sollte. An die gleiche Stelle können auch Zweifel an der Verallgemeinerbarkeit gehören, die sich aus dem Ausgangsmaterial ergeben. Gerade bei längeren Texten sollten diese Überlegungen nicht erst ganz am Schluss auftauchen.

Beispiel: Verwerten Sie Zahlenmaterial und bekommen aus allgemein zugänglichen Quellen nur acht Jahre alte und ältere Informationen, kann das für die Aussagen, die Sie treffen, belanglos oder verheerend sein, je nachdem ob in dem betreffenden Gebiet Ruhe herrscht oder ständige starke Veränderung. Dazu müssen Sie zunächst selbst eine belegbare Einschätzung entwickeln, die Sie dann dem Leser auch mitteilen, weil er sich sonst des Problems nicht bewusst ist.

Grundsätzlich gilt: Es ist ganz in Ordnung, wenn Sie einen winzigen Teilbereich des Lebens und der Welt untersuchen. Ihre Zeit ist begrenzt. Und wenn dieser Teilbereich keine Interpretationshilfe für das vollständige Weltgeschehen in Vergangenheit, Gegenwart und Zukunft liefert, ist das ganz normal. Versuchen Sie aber trotzdem darzulegen, wofür Ihre Untersuchung nützlich ist, wofür nicht – und wofür nur vielleicht und mit welchen Vorbehalten.

hh) Ansatz der Arbeit

Den eigenen Ansatz zu erklären ist immer ein wenig riskant. Leicht langweilt sich dabei der Leser. Hat man aber Grund zu der Annahme, der Ansatz sei erklärungsbedürftig, soll man ihn erklären. Am besten: kurz und überzeugend. Je mehr verschiedene Herangehensweisen man erwogen hat, desto eher wird man einen erläuternden Abschnitt in der Einleitung platzieren. Darf man hoffen, den gewählten Ansatz als besonders aussichtsreich oder gedanklich eigenständig darstellen zu können, sollte der Leser die Chance bekommen, dies zu würdigen. Auch wenn zu vermuten steht, dass der Leser eher anders an das Thema herangehen würde, kann es sinnvoll sein, ihn auf die eigene Seite zu ziehen. So kann man etwa erklären, warum es erkenntnisreicher ist, statt vieler Aspekte, die nur oberflächlich angesprochen werden können, wenige zu diskutieren, diese aber gründlich – oder eben umgekehrt. **348**

ii) Eigener Problemzugang / Persönliche Motivation

Warum man gerade das eigene Thema gewählt hat, sollte man nicht erklären, schon gar nicht, wenn man es durch das Los zugeteilt bekommen hat. Manchmal ist es aber genau **349** im Gegenteil ganz passend, kurz den eigenen Zugang zu den anschließend diskutierten Fragen zu erläutern[396].

jj) Gang der Darstellung

350 Je länger der Text insgesamt wird und je selektiver er sich dem Thema nähert, desto sinnvoller oder sogar nötiger ist es, in der Einleitung einige Sätze zum Gang der Erörterung zu verlieren. Diese dürfen auch so überschrieben sein – müssen aber nicht. Dabei sollten Sie die einzelnen Punkte der obersten Gliederungsebene Ihres Hauptteils allerdings nicht nur aufzählen, sondern tatsächlich erläutern, warum sich für Sie aus gerade diesem und keinem anderen Aufbau eine schlüssige Bearbeitung Ihrer Aufgabe ergibt.

Anders als in einem Rechtsgutachten dürfen Sie den **Aufbau erklären**, wenn Sie meinen, dass das hilft. Zwar soll der Aufbau möglichst schon beim ersten Lesen der Gliederung stimmig wirken; aber vielleicht haben Sie einen ungewöhnlichen und deshalb eben doch erläuterungsbedürftigen Ansatz gewählt, denn die Gliederung gibt zwar die Reihenfolge der Darstellung wieder, erklärt aber nicht, warum ein Punkt nach dem vorherigen kommen soll. Meist gibt es bei Themenarbeiten eben mehrere gleich attraktive Annäherungen an den Gegenstand, so dass auch mehr Erklärungsbedarf besteht als in einem Rechtsgutachten.

351 Viele Leser wissen es zu schätzen, wenn sie vor der Lektüre des Hauptteils umrisshaft darüber informiert werden, was sie erwartet. Oft lässt sich eine solche Übersicht über den Verlauf der Darstellung zwanglos mit der Erläuterung der eigenen Schwerpunkte, des besonderen Blickwinkels auf das Problem etc. verbinden. Zudem liegt es in Ihrem Interesse, den Leser **an die Hand** zu **nehmen** – Sie wollen ihn gedanklich nicht zu sehr auf Abwege geraten lassen, sondern ihn davon überzeugen, dass Ihre Herangehensweise die beste ist.

Das kann ungefähr so aussehen wie soeben im Beispiel, aber auch viel umfassender ausfallen – abhängig nicht zuletzt vom Umfang des Texts und der Komplexität des erörterten Problems. Die sprachliche Form dieser Ankündigung ist einigermaßen standardisiert.

Beispiel: *Zunächst ist die Entwicklung zu skizzieren, die zur Entstehung des ... geführt hat (B.). Anschließend wird zu zeigen sein, dass mit ... und ... eine zufrieden stellende/praktikable/interessengerechte Lösung nur teilweise zu erreichen ist (C.). Weiter werden einige denkbare Ansätze diskutiert, wie sie im bislang noch recht schmalen Schrifttum zum Problem des ... vorgeschlagen werden (D.). Ausgehend von deren teils offenkundigen Schwächen wird ein Ansatz entwickelt, der eine sowohl dogmatisch stimmige als auch rechtspraktisch unkomplizierte Bewältigung der sich aus ... ergebenden Schwierigkeiten verspricht (E.). Abschließend umreißt die Arbeit einige nahe liegende Auswirkungen der Umsetzung des vorgeschlagenen Abgrenzungskriteriums (F.).*

Es ist dabei nicht zwingend, die Gliederungspunkte wie hier geschehen als offensichtlichen Verweis ausdrücklich zu benennen, aber so stellt man einen unmittelbaren Bezug zur Gliederung her.

352 Sie müssen aber nicht die Gliederung im Einzelnen kommentieren und damit letztendlich den Hauptteil vorwegnehmen, sondern sollen nur einen **ungefähren Aufriss** geben. Bei einer Seminararbeit von bis zu 20 oder 25 Seiten Umfang kann man noch darauf vertrauen, dass sich die Sinnhaftigkeit des Aufbaus aus der Gliederung ergibt und nicht breit dargelegt werden muss, eine Übersicht über den Gang der Darstellung kann also

---

396 Dazu bereits Rn. 341.

wegfallen oder kurz bleiben. Bei einer dreimal so langen Abschlussarbeit ist ein kleiner Abschnitt zum Gedankengang aber schon fast unabdingbar.

Auch sollten Sie „unterwegs" nur möglichst **wenig den Aufbau erklären**. Das wirkt oft langweilig und birgt immer das Risiko des *Wer sich rechtfertigt, klagt sich an*. Nur wo Sie von den Erwartungen eines informierten Lesers ganz offenkundig abweichen, sind Erläuterungen zur Reihenfolge der Darstellung erforderlich. Das gilt nicht nur für die Einleitung, sondern auch für den Haupttext. Wenn Sie zwei Fragen auseinanderreißen, die nach allgemeiner Wahrnehmung zusammengehören, setzen Sie bei der ersten eine Fußnote, die wegen der zweiten nach unten verweist.   **353**

Unbedingt ist darauf zu achten, dass alles, was Sie ankündigen, wirklich im Text vorkommt. Auch eine Ouvertüre, in der alles Wichtige in der richtigen Reihenfolge kurz angespielt wird, dient schließlich dazu, den Hörer auf das Kommende einzustimmen. Falsche Versprechen sind für den Leser ärgerlich[397]. Indes muss nicht der ganze Text angekündigt werden: Dass Sie am Schluss eine Zusammenfassung und einen Ausblick wagen, ist zu wenig originell, als dass es am Anfang erwähnt werden müsste.   **354**

Nennen Sie Ihre Arbeit nicht immer *Arbeit*. Sie ist zwar mit Arbeit verbunden, aber es schwingt in dem Wort so viel Unfreiwilliges-Gezwungenes mit, dass der Leser leicht ein ungutes Gefühl hat.   **355**

Beispiel: Statt *Die Arbeit untersucht …* kann man auch schreiben *Die Untersuchung betrachtet …* und *Das Folgende diskutiert, ob …*

Wie viel **Wissenschaftsjargon** Sie dabei von sich geben, ist eine Frage Ihrer persönlichen Peinlichkeitsresistenz. Zurückhaltung tut gut.   **356**

Beispiel: *Das Phänomen des … wird im Folgenden zunächst dargestellt und auf seine gesellschaftspolitische Relevanz untersucht, um sodann kritisch reflektiert und abschließend im Spannungsfeld von … und … verortet zu werden.*

Oft hilft es Ihnen und dem Leser, wenn Sie das Thema am Ende der Einleitung in eine **Frage** fassen, bei längeren Texten in mehrere Fragen. Anders als im Fallbearbeitungsgutachten, wo direkte Fragen konventionsgemäß vermieden werden, sind in einer Themenarbeit Fragen erlaubt und willkommen. Sie lockern den Text auf und spitzen zugleich den Gedankengang zu[398]. Deshalb kann nicht nur die gesamte Untersuchung mit Fragen eingeleitet werden, sondern es können auch – vorzugsweise: längere – Abschnitte mit Fragen überschrieben werden. Vermeiden Sie möglichst *Im dritten Abschnitt soll … nachgezeichnet werden* zugunsten von *Im dritten Abschnitt wird … nachgezeichnet werden* oder *Der dritte Abschnitt zeichnet … nach*. In den Sozialwissenschaften (zu denen man die Rechtswissenschaften rechnen kann) ist die Formulierung einer Forschungsfrage beim wissenschaftlichen Arbeiten ganz üblich.   **357**

kk) Erörtertes / Nichterörtertes

Von seltenen glücklichen Ausnahmen abgesehen erzwingt jede Themenarbeit inhaltliche Beschränkungen. Man kann auf 60 (oder auch 20) Seiten eben nicht die ganze Welt beschreiben und erklären. Während jeder Prüfer Ihnen verzeihen wird, dass Sie bei einem Thema aus dem Recht der Leistungsstörungen im BGB den Urknall und den Neandertaler nicht erwähnen, wird es in den Details meistens schwieriger. Es liegt in Ihrer Verantwortung zu entscheiden, was zum Thema gehört und was nicht, was mitten im Text zentral erörtert und was mit einem kleinen weiterführenden Hinweis in einer Fußnote   **358**

---

397 Diese Ermahnung ist nicht so trivial, wie man meinen könnte. Leicht geschieht es einmal, dass man die Einleitung zuerst schreibt, um sich dem Thema zu nähern und sich damit anzufreunden – und dann vergisst, sie am Ende der Bearbeitungszeit noch einmal auf den wirklichen Haupttext abzustimmen.

398 Allerdings muss, wer eine Frage aufwirft, auch sorgfältig darauf achten, sie später entweder zu beantworten oder mit guten Gründen als nicht beantwortbar zu identifizieren.

nur am Rand erwähnt werden muss. Die damit verbundene Selektionsleistung kann man im Einführungsabschnitt thematisieren. Das hat den Vorteil, dass der Leser sieht, ob Sie letztendlich nur individuelle Präferenzen gesetzt haben oder ob Ihrer Herangehensweise ein allgemeiner in der Sache selbst begründeter Gedanke zugrunde liegt – was sicher überzeugender wirkt.

359 Zugleich haben Sie so Gelegenheit, Erwartungen und Enttäuschungen beim Leser ein bisschen aufzufangen und zu kanalisieren. Oft haben Sie eine ganz realistische Vorstellung davon, was er erwartet: Sie kennen seine Forschungsinteressen, Sie haben eine intensive Vorbesprechung der Aufgabe hinter sich oder die Aufgabe ist aus einem früheren Seminarreferat nebst Bewertung und Benotung hervorgegangen. Nicht immer können und wollen Sie diese Erwartungen voll einlösen. Oft erzwingt die nähere Befassung mit dem Thema eine andere Schwerpunktsetzung als ursprünglich angenommen. Wer absehen kann, dass er den Leser in eine für diesen unerwartete Richtung führen wird[399], sollte versuchen, das in der Einführung sacht anzukündigen und zugleich möglichst überzeugend zu begründen.

Auch wo man die Erwartungen nicht oder nur sehr ungefähr kennt, kann es sinnvoll oder geradezu erforderlich sein, in der Einleitung einige Bemerkungen über die Dinge fallenzulassen, die man nicht thematisieren möchte. Wäre etwa aufgrund begrifflicher Unschärfen das Thema nach allgemeinsprachlichem Verständnis viel weiter zu fassen als nach juristischem, sollte man klarstellen, dass man von einem engeren fachsprachlichen Verständnis ausgeht – wenn man diese Diskrepanz nicht zu einem eigenen Thema des Hauptteils machen möchte. Je unschärfer die Begriffe sind und je weiter das Feld ist, das Sie beackern könnten, desto wichtiger ist die möglichst frühe Klarstellung, worüber Sie schreiben und worüber nicht. Ihre Ergebnisse verlieren zwangsläufig an Wert, wenn nicht klar ist, worauf sie sich beziehen. Gerade juristisch geschulte Leser reagieren manchmal gereizt, wenn sie nicht genau erfahren, in welchen Situationen Ihre Erkenntnisse anwendbar sein sollen.

II) Terminologie

360 Für begriffliche Klarstellungen[400] ist die Einleitung ein ebenso guter Ort wie der Hauptteil.[401] Je umfangreicher die Arbeit ist, desto eher werden die Begriffsbestimmungen in die Einleitung verlegt. Terminologische Hinweise sind nicht nur zur Klärung unscharfer Begriffe erforderlich, sondern können sich auch bei klaren Begriffen als nützlich erweisen, wenn Sie das Verständnis erleichtern.

Beispiel: In einer Arbeit mit einem kreditsicherungsrechtlichen Thema werden regelmäßig die Beteiligten in verschiedenen Parteirollen erwähnt, etwa als *Kunde = Käufer = Vorbehaltskäufer = Sicherungsgeber = Anwartschaftsberechtigter = Darlehensnehmer = Schuldner = Insolvenzantragsteller =*

---

399 Und dies etwa aus prüfungsrechtlichen Gründen nicht mit dem Aufgabensteller besprechen darf – denn wenn es nicht ausdrücklich verboten ist, kann man natürlich etwa mit dem Veranstalter eines Seminars auch reden, wenn man das Gefühl hat, von seinen Erwartungen abzuweichen.

400 Dazu Rn. 219 ff., 433.

401 Im Prinzip könnte man auch als Anhang ein eigenes Glossar beifügen. Dies ist aber ausgesprochen unüblich und sollte nur dann erfolgen, wenn entweder der Veranstalter dies ausdrücklich fordert oder man es wenigstens vorher mit ihm so besprochen hat.

Beklagter. Es kann sinnvoll sein, das eingangs klarzustellen – oder den Leser darauf hinzuweisen, dass man übersichtlichkeitshalber nur die Bezeichnung *Vorbehaltskäufer* verwenden wolle.

Ebenso sollte man schon früh festhalten und vielleicht auch begründen, warum man fachfremde oder fremdsprachige Begriffe dem juristischen Terminus vorzieht.

Beispiel: Wer statt *Absprache im Strafverfahren* lieber *deal* schreibt, mag dafür Gründe haben. Die beschreibe man kurz etwa so *Im Text wird statt „nachträgliche umsatzbezogene monatliche Rückvergütung"*[402] *der Begriff „kickback" gebraucht, weil er kürzer und cooler ist.*

Abkürzungen und Vereinfachungen

Beispiel: Wer das *Gesetz zur Verbesserung der Rahmenbedingungen für die Absicherung flexibler Arbeitszeitregelungen und zur Änderung anderer Gesetze v. 21.12.2008*[403] lieber zärtlich *Flexi II* nennen möchte[404], sollte das eingangs kurz festhalten

führt man am besten schon an dieser frühen Stelle ein. Stolpert nämlich weiter hinten der Leser darüber, wird er in der Einführung nachsehen, ob er etwas überlesen hat.

Gerade bei politisch umstrittenen Themen ist eine wichtige Aufgabe des Juristen, in einer rechtswissenschaftlichen Untersuchung begriffliche Klarheit herzustellen. Deshalb kann es nötig sein, Euphemismen und politische Kampfrhetorik[405] als solche zu identifizieren und möglichst durch nicht-wertende, sachlich aussagestarke Begriffe zu ersetzen.

361

Beispiele: Der *Große Lauschangriff* kommt als *akustische Wohnraumüberwachung* gleich viel harmloser daher; wenn Ihnen das nicht behagt, können Sie den *großen Lauschangriff* in der Einleitung einführen; im Haupttext würde man aber eher von der *akustischen Wohnraumüberwachung* sprechen, selbst wenn man am Ende zum Ergebnis kommt, dass der *große Lauschangriff* eine auch rechtlich heikle Angelegenheit ist. Die meisten Menschen nehmen *verschärfte Verhörmethoden* leichter hin als *Folter* – und auch *Kollateralschäden* akzeptiert man eher als *zu viele zivile Tote*. Wen wundert's?

Begriffe aus anderen Wissenschaften oder einer fremden Rechtsterminologie kann man durch Anführungsstriche, Kursivschreibweise oder ein vorangestelltes *sog.* einführen. Letzteres ist auf Dauer für den Leser anstrengend.

Wer ein juristisch noch wenig erörtertes Thema bearbeitet, wird oft auf die Begrifflichkeiten des Ursprungsgebiets (also etwa der Werbewirtschaft, der Hirnforschung, der Fortpflanzungsmedizin etc.) zurückgreifen müssen. Die dort geprägten Termini, Unterscheidungen, Abgrenzungen und Zusammenfassungen sind nicht ohne Weiteres für rechtliche Zwecke verwendbar. Schon in der Einleitung kann es daher sinnvoll sein klarzustellen, dass eine eigene rechtliche Terminologie gebraucht wird. Vielleicht kann diese auch schon umrissen werden. Werden die aus einer anderen Disziplin übernommenen Begriffe zu speziell, sollten sie einleitend erläutert werden, bevor sie verwendet werden[406].

---

402 Entnommen aus *BGH* NStZ 2007, 209 ff., Rn. 3, 10.
403 BGBl. I, 2940.
404 So z.B. *Ulbrich/Rihn*, DB 2009, 1466 ff.
405 Einige schöne Beispiele finden sich bei *Haase*, t1p.de/10rs; siehe auch *ders.* t1p.de/nyya.
406 Wenn Sie nicht wissen, was genau eine paretooptimale Ressourcenallokation ist, grämen Sie sich nicht, die meisten Juraprofessoren wissen es auch nicht auf Anhieb. Wenn Sie aber in einer Arbeit zur ökonomischen Analyse des ...rechts genau diese benötigen, sollten Sie zwei oder drei Zeilen zur Erläuterung dieser Denkfigur aufwenden. Ob dies noch Teil der Einleitung ist oder am Anfang des Hauptteils geschieht, ist Ihnen überlassen, geschehen muss es aber.

362 Notwendige **begriffliche Neuschöpfungen** kann man schon hier präsentieren – und so gewissermaßen ankündigen. Da die Rechtswissenschaft sowieso zu begrifflicher Produktivität neigt, ist hier eine gewisse Zurückhaltung zu empfehlen. Führt der einzige Weg zur Unsterblichkeit über einen neuen Fachbegriff – dann bitteschön. Anderenfalls tun Sie dem Fachdiskurs einen Gefallen, indem Sie das vorhandene Begriffsmaterial verwenden. Bedenken Sie immer, was Sie dem nächsten Doktoranden aufhalsen, wenn er Ihre Sonderterminologie zusätzlich darstellen muss[407].

mm) Ergebnis

363 Manchmal kann man im Anschluss an die Übersicht zum Gang der Untersuchung sogar schon das **Ergebnis vorwegnehmen**. Das kann gut passen, wenn man zunächst das Problem einigermaßen dramatisch dargestellt hat. Am besten eignet sich solches Vorgehen bei ungewöhnlichen oder unerwarteten Ergebnissen, die im Widerspruch zu einer ganz herrschenden Ansicht stehen. Dabei bleibt die Spannung erhalten oder entsteht auch erst, weil der Leser jetzt auf die solide Begründung für das unerwartete Ergebnis wartet.

364 Es ist dann sinnvoll, in den Ankündigungen zum Vorgehen (anders als in Gutachten) zumindest die Tendenz Ihrer Ergebnisse bereits anzudeuten: *Aus der folgenden Darstellung der bisherigen Behandlung der 'Schrottimmobilien'-Fälle in der Rechtsprechung (1.) wird sich die Inkonsistenz und mangelnde praktische Handhabbarkeit der Judikatur ergeben. Daher soll nachfolgend eine geschlossene, an den gesetzlichen Begrifflichkeiten orientierte Lösung der Problemfälle versucht werden (2.). In deren Zentrum steht einerseits der Begriff des ... (dazu unter 2.b)aa)), andererseits die Unterscheidung in ... und ... (dazu bei 2.d)).* Eine solche Vorwegnahme der Ergebnisse ermöglicht ein Lesen des folgenden Texts unter ganz anderen Vorzeichen und vermeidet Missverständnisse. Dagegen ist es für den Leser unerfreulich, wenn unter einer neutralen Überschrift alle bisherigen Ansichten dargestellt werden, die Ablehnung aller Ansichten aber völlig überraschend kommt, weil damit der gesamte vorherige Text im schlimmsten Fall noch einmal darauf gelesen werden muss, ob er dieses Ergebnis denn auch trägt.

365 Regelmäßig sollten Sie aber solche Vorwegnahmen der Ergebnisse vermeiden, weil sie die Neugier eher zerstören als wecken. Zumindest darf nicht der Eindruck entstehen, Sie hätten unsorgfältig gegliedert oder beim Hin- und Herkopieren von Textblöcken nicht richtig aufgepasst. Gerade bei rechtsdogmatischen Arbeiten empfiehlt es sich, ähnlich wie im Rechtsgutachten **mit Vermutungen** zu **beginnen** und **mit Gewissheiten** zu **enden**.

Sofern also nicht die Prüfungsordnung oder die Aufgabe ein Abstract am Anfang verlangt, setze man es nur mit Bedacht ein.

366 Ähnliche Zurückhaltung ist geboten mit deutlichen Wertungen, die schon ganz am Anfang stehen. Meist ist es überzeugender, mit den Tatsachen zu beginnen und daraus die Wertungen zu entwickeln. Wer schon wertend in die Erörterung einsteigt, zieht den Verdacht der Voreingenommenheit auf sich.

Beispiel: Ist bereits in der Einleitung einer Arbeit über Arbeitnehmerüberwachung am Arbeitsplatz mehrfach vom *Ausspionieren* die Rede, ahnt der Leser die Perspektive des Verfassers – und verliert die Neugier.

---

407 Abgesehen davon erhöhen sich schlicht Ihre Chancen auf Rezeption, wenn man Ihrem Gedanken folgen kann, ohne sich zuerst eine neue Terminologie erschließen zu müssen.

f) Akzente setzen

Oft hat Ihr Leser etliche Arbeiten zu lesen und zu bewerten, schlimmstenfalls haben alle **367** das gleiche Thema. Ein solider Text mit wenigen Schwächen verschwindet da leicht in der Masse – und wird nur durchschnittlich bewertet. Wenn Sie Ihre Arbeit einprägsam gestalten wollen, dürfen Sie nicht ausschließlich auf inhaltliche Brillanz setzen. Manchmal genügt schon ein **kleiner ungewöhnlicher Schlenker**. So können Sie etwa im Einführungs- oder im Schlusskapitel eine unerwartete Information unterbringen, die auch für den Leser neu ist.

Beispiele: Das kann eine rechtshistorische Parallele zum gerade bearbeiteten Problem sein oder eine etymologische Erklärung zur Terminologie oder ein pfiffiger rechtsvergleichender Hinweis oder eine bemerkenswerte Personalie. Oder die Angabe, wo ein bekanntes Problem zuerst aufgetaucht ist – wenn das keiner mehr so recht weiß.

Sie sollen nichts erfinden und müssen sich auch nicht künstlich um Originalität bemühen. Man darf nicht erwarten, dass solcherlei Zusatzinformationen in jedem Lehrbuch und Kommentar zu finden sind; sie gehen ja gerade über das Standardrepertoire hinaus. Wenn Sie aber etwas Taugliches gefunden haben, setzen Sie es ein. Die Chancen stehen nicht schlecht, dass der Leser bei der Bewertung Zusatzpunkte vergibt. Mit den kleinen funkelnden Originalitäten kann es so und so gehen: Manche fallen einem zufällig kraft Allgemeinbildung oder kraft vertieften Fachwissens in den Schoß, viele ergeben sich aber nur als Früchte intensiver Forschungsarbeit. Anders als im klassischen Übungsgutachten, das kaum jemals eine originelle Argumentation erfordert, ist in der Themenarbeit genau hierfür Platz. (Da die Rechtswissenschaften von jeher eher konservativ sind und Originelles nicht gerade systematisch hervorbringen, ist zunächst jeder gute Ansatz willkommen. Und weil außerdem oft Originalität ein Privileg des jungen Alters ist, das gern mit fortschreitender professioneller Deformation abbröckelt, sollte man als Student mal ausprobieren, wie es sich anfühlt, eine Rechtsfigur in einen ganz unerwarteten Problemzusammenhang zu übertragen. Schlimmstenfalls bekommt man von jemandem die Flügel gestutzt, der es besser weiß. Oder besser zu wissen glaubt.)

Positiv fällt auf, wer dem Leser etwas liefert, was dieser selbst noch nicht kannte, aber für die eigene **368** Arbeit brauchen kann. Wie das geht, hängt davon ab, woran der Leser gerade arbeitet und wofür er sich überhaupt interessiert[408]. Oft klappt das überhaupt nicht. Das ist übrigens kein Plädoyer für opportunistisches oder schleimiges Verhalten.

Pfiffig kann auch der Einstieg mit einer **überraschenden oder besonders schön poin- 369 tierten These** sein. Die These muss dann aber weiterverfolgt und erklärt oder widerlegt werden; sie darf nicht einfach als Aufreißer in der Luft hängen bleiben.

Beispiel: Anschaulich die These vorangestellt hat *Kitz*[409], der in seinem Text kritisiert, dass der Gesetzgeber ohne Not das Prinzip *pacta sunt servanda* aufgebe.

Wenn das Thema den Titel der Ausarbeitung nicht zwingend vorgibt, kann man eine **370** kleine originelle Note schon in der **Überschrift** unterbringen,

---

408 Das findet man heraus, indem man auf der Lehrstuhlheimseite nachsieht, wo die Forschungs- und Lehrschwerpunkte des Professors liegen und worüber er letzthin am meisten veröffentlicht hat.
409 ZRP 2006, 183 ff.

Beispiel: Einen ganz guten Blickfänger gibt der Aufsatztitel *Profilbildende Maßnahmen: Möglichkeiten der Unterbindung virtueller Mund-zu-Mund-Propaganda*[410] ab. Bei den *profilbildenden Maßnahmen* denkt man zuerst an die Zwischenüberschrift eines Arbeitsblatts aus einer Unternehmensberatung, dann vielleicht an ein Problemschlagwort aus einem leicht esoterisch angehauchten Seminar zur Persönlichkeitsentwicklung – und am Ende an die eBay-Bewertungen, um die es in dem Beitrag geht[411].

Damit hebt man sich – vielleicht – von Standardtiteln ab.

Beispiele: *<Problem> zwischen <Aspekt> und <Aspekt>; Die Entwicklung des Umsatzsteuerrechts von 2019 bis 2021*

Das funktioniert aber nur solange gut, wie es die Ausnahme bleibt – und die meisten Überschriften knochentrocken darum bemüht sind, den Inhalt des Texts zu verschlagworten.

3. Hauptteil

Wie der Hauptteil Ihrer Arbeit aufgebaut ist und welche Schwerpunkte Sie setzen (sollten), hängt in erster Linie vom Thema und von der Art der Themenarbeit ab[412]; deswegen bleiben die folgenden allgemeinen Empfehlungen notwendig sehr allgemein.

a) Überschrift

371 Nennen Sie den Hauptteil jedenfalls nicht *Hauptteil*. Das ist ganz farb- und phantasielos. Prinzipiell braucht er oft gar keine eigene Überschrift, vielmehr beginnt er mit der ersten inhaltlichen Überschrift, die dann auf gleicher Gliederungsebene wie die Einleitung und der Schluss steht. Wenn Ihre Einleitung Erläuterungen zum Gang der Darstellung enthält, sollten Sie den Hauptteil entsprechend dieser Ankündigung beginnen lassen. Es ist nicht verboten, von der Konvention staubtrockener Zwischenüberschriften, welche die inhaltlich diskutierten Punkte zwar treulich wiedergeben, aber sich darin auch erschöpfen, zumindest auf den obersten Gliederungsebenen zugunsten origineller Formulierungen abzuweichen.

Beispiel: *Kunduz, 3./4.9.2009 – Ablauf einer Bombardierung* klingt schöner und inhaltsreicher als *Der Sachverhalt*.

b) Umfang

372 Der Hauptteil nimmt regelmäßig etwa **70-80 % des Gesamtumfangs** ein. Hier wird die eigentliche Bearbeitung des Themas vorgestellt, also alle[413] klugen Gedanken verarbei-

---

410 *Janal*, NJW 2006, 870 ff.

411 Vergleichen Sie diesen Titel mal mit *Rechtsschutz gegen Negativkommentare im Bewertungsportal von Internetauktionshäusern – Einstweilige Verfügung oder Hauptsacheverfahren* (*Petershagen*, NJW 2008, 953 ff.). Der eine ist pfiffiger – der andere wird noch in 20 Jahren eine eindeutige thematische Zuordnung erlauben. Auch nicht geringzuschätzen.

412 Hinweise zu verschiedenen Typen von Themenarbeiten finden Sie unten Rn. 546 ff.

413 Vielleicht auch nicht alle – aber doch die wichtigsten, die zueinander in einen nachvollziehbaren Zusammenhang gesetzt werden können. Wenn Sie bei der Bearbeitung bemerken, dass Sie nicht alle Ideen zum Thema in der eigentlichen Bearbeitung unterbringen können, heben Sie sich diese entweder für den Schlussteil (dort als Andeutung), für den Seminarvortrag oder auch für die Diskussion der Arbeit auf – oder eine Disputation der Abschlussarbeit, wie einige Prüfungsordnungen sie vorsehen.

tet, die man sich zu dem Thema gemacht hat. Ist der Anteil am Gesamtumfang wesentlich geringer, sollten Sie noch einmal nachdenken, ob nicht etwa Ihre Einleitung zu wasserköpfig ausgefallen ist und zu viel vom Hauptteil vorwegnimmt.

c) Herangehensweise

Ein Leitfaden wie dieser kann nicht alle Probleme ansprechen, die sich bei der inhaltlichen Bearbeitung eines Themas ergeben. Andererseits zeigt aber die Erfahrung, dass es eine ganze Reihe typischer Fehler bei der Themenbearbeitung gibt, die vermieden werden könnten und die nach der Lektüre hoffentlich nie wieder auftreten. **373**

Gleichwohl stößt hier eine Arbeitsanleitung an ihre Grenzen. Im Kern besteht der Hauptteil Ihrer Arbeit aus einer **guten Idee** – oder aus mehreren. Eine gute Idee zu haben hängt von Faktoren wie gründlicher Problemdurchdringung, Inspiration, Glück und Genie ab. Gegenüber diesen Faktoren bleibt eine Anleitung zwangsläufig oberflächlich. Kurz: Die gute Idee zu haben nimmt Ihnen keiner ab. Dafür ist es aber auch Ihr Verdienst, wenn Sie eine haben. **374**

d) Umgang mit der Aufgabe

Haben Sie Ihre Aufgabe verstanden und soweit eingegrenzt, dass Sie wissen, worüber Sie schreiben wollen[414], ist schon viel erreicht. Im Hauptteil der Arbeit müssen Sie das nur noch zu Papier bringen. Dabei ist es wichtig, dass Sie sich auch **beim Schreiben Ihr Thema immer vor Augen halten**. Der Hauptgrund für unerwartet schlechte Bewertungen ist erfahrungsgemäß, dass Bearbeiter ihr Thema ganz verfehlen oder über weite Strecken des Textes aus den Augen verlieren. **375**

Sind Sie unsicher, wo die Reise hingehen soll, weil Sie nur eine Überschrift als Aufgabe in der Hand haben, versuchen Sie als erstes, nachdem Sie sich ein wenig eingearbeitet haben, selbst zu ergründen, wo die wichtigen Probleme liegen[415]. **376**
Bei einem Seminar oder einer vergleichbaren Veranstaltung sollten Sie dabei das Gesamtthema bedenken und auch das Verhältnis Ihres Themas zu den übrigen. Genügt das nicht, um die Aufgabe hinreichend zu umreißen, fragen Sie den Veranstalter oder seine Mitarbeiter. Das ist nicht nur zulässig, sondern den meisten Lehrenden lieber, als im Seminar dann Arbeiten diskutieren zu müssen, die am Thema vorbeigehen. Bei Abschlussarbeiten ist oft umstritten, wie der Begriff der „Betreuung der Arbeit", den viele Prüfungsordnungen verwenden, zu verstehen ist. Klären Sie daher schon vor Beginn der Arbeit mit dem Aufgabensteller, wie er es damit hält. Das einzige Risiko, das Sie eingehen, wenn Sie Ihrem Betreuer Fragen stellen wie: *Ist es in Ordnung, wenn ich den Schwerpunkt der Arbeit in ... und ... sehe?*, besteht darin, dass Sie freundlich darauf hingewiesen werden, dass die konkrete Schwerpunktsetzung Teil der Aufgabenstellung ist und damit von Ihnen zu leisten – oder Sie bekommen eben doch eine konkrete Antwort. Wenn Sie mit Ihrer Vermutung aber völlig falsch liegen, merken Sie das schon anhand der spontanen Reaktion Ihres Gegenübers in aller Regel sofort.

---

414 Siehe dazu oben Rn. 25 ff.
415 Siehe oben Rn. 31 ff.

e) Arbeiten an der Aufgabe

377 Wesentlich beim Abfassen des Hauptteils Ihrer Arbeit ist, dass Sie sich auf das konzentrieren, was die Bearbeitung Ihrer Aufgabe weiter bringt. Das gelingt nicht allen Bearbeitern immer.

aa) Abschweifungen vermeiden

378 Themenarbeiten verführen nämlich dazu, angelesenes Wissen weitergeben zu wollen. Sie werden bei der Einarbeitung in Ihr Thema eine Menge Informationen verarbeiten, die kaum oder gar nicht zu Ihrem Thema gehören. **Widerstehen Sie dem Drang, alles zu sagen, was Sie wissen!** Es gibt kaum etwas Anstrengenderes als Arbeiten, die vom Hundertsten ins Tausendste kommen und dabei die selbst gestellte Frage nicht mehr beachten. Sie werden solche Aufsätze in Festschriften und Archivzeitschriften (AcP, ZStW, AöR etc.) schon gelesen haben[416]. In Ihren Text gehört jedenfalls nichts, was Sie der unmittelbaren Bearbeitung Ihres Themas nicht zuordnen können. Zwar sind die Regeln dafür, was überflüssig ist, nicht so streng wie in einem Gutachten. Dennoch bleiben Sie in der Pflicht, sich **so kurz wie möglich und nur so ausführlich wie nötig** zu äußern. Den Bezug Ihrer Gedanken zum Thema müssen Sie im Text selbst herstellen; Sie müssen erläutern können, warum die dargestellten Erwägungen für das Verständnis des Themas wesentlich sind. Können Sie das nicht, spricht eine starke Vermutung dafür, dass Sie dabei sind, vom eigentlichen Thema abzuschweifen. Lassen Sie es!

bb) Erklärungen zur Bedeutung des Vorgetragenen

379 Auch für den Hauptteil des Texts ist es wichtig zu erklären, **wie und warum gerade dieser Gedanke zu Ihrem Thema gehört.**

Beispiel: Unter der Überschrift *Sterbehilfe als straf- und zivilrechtliches Problem* wollen Sie erklären, dass es sinnvoll sein kann, für Grenzfragen, für deren Bewältigung es keine zufrieden stellenden einfachen materiellen Kriterien zu geben scheint, auf prozedurale Absicherungen für ethisch richtige Entscheidungen auszuweichen. Dann muss sich aus Ihrem Text ergeben, was das mit dem Thema der Arbeit zu tun hat. Idealerweise erklären das die bisherigen Überlegungen aus sich heraus. Meist werden hier aber erläuternde Wendungen nötig sein wie: *Da die bisherigen Überlegungen gezeigt haben, dass es für die Abgrenzung zwischen aus ethischer Sicht zulässiger oder gar gebotener Sterbehilfe und ihrem Missbrauch keine inhaltlichen Kriterien gibt, die einfach und sicher zu handhaben wären, gilt es nun, über Alternativen nachzudenken. Dies führt zu Überlegungen, die Zulässigkeit von Sterbehilfe prozedural abzusichern.* Solche Überleitungen kosten zwar ein wenig Platz, fördern aber die Verständlichkeit der Darstellung. Anders als in einem Gutachten, in dem Erklärungen zur Wesentlichkeit der bearbeiteten Punkte verpönt sind, sind diese Erläuterungen in einer Themenarbeit wichtig. Vergessen Sie nicht, dass es keine „Musterlösung" wie für eine Fallbearbeitung gibt. Wenn Sie dem Leser erklären, warum Sie etwas für wichtig halten, wird er dies meist akzeptieren, es sei denn, Sie vergreifen sich total.

cc) Gesamtthema der Veranstaltung im Blick behalten

380 Wichtig ist in Seminaren oder vergleichbaren Veranstaltungen, dass Sie beim Abfassen Ihrer Hauptgedanken auch den **Bezug zum Gesamtthema der Veranstaltung** im Hinterkopf behalten. Bei der Planung eines Seminars hat der Veranstalter meist eine recht

---

416 Nicht alles, was gedruckt erscheint, ist vorbildlich.

konkrete Vorstellung davon, wie sich das Gesamtthema über die Einzelarbeiten erschließen soll. Zumindest sollten Sie das unterstellen.

Beispiel: Wer in einer Veranstaltung zur Organhaftung bei Kapitalgesellschaften im Umfeld weiterer rechtsvergleichender Themen etwas zum Sarbanes-Oxley-Act schreiben soll, kann davon ausgehen, dass es dem Veranstalter dabei vor allem um die Haftungsnormen geht und in diesem Zusammenhang auch um den so genannten Bilanzeid. Wer dann aber in eine heftige Kritik dieses eher archaischen Rechtsinstituts eintreten will, bedenke, dass es im Kern um die Haftung der Mitglieder der Organe der Gesellschaften gehen soll und nicht um rechtstheoretische Erwägungen oder gar rechtshistorische Vergleiche. Beides ist zulässig, muss aber in den Kontext eingebettet werden und dieser muss als Schwerpunkt erkennbar bleiben. Es kann auch hier nicht schaden, die Gesamtthemenliste bei einem Seminar im Blick zu behalten, denn aus der Zusammenschau der verschiedenen Themen lässt sich viel für den Zuschnitt der Arbeit gewinnen. Zwar müssen Überschneidungen zwischen verschiedenen Themen nicht unbedingt vermieden werden. Gerade in den schriftlichen Arbeiten ist dies nicht nötig. Aber wenn ein anderer Referent eine ganze Arbeit über etwas schreiben soll, das auch einen Bezug zum eigenen Thema hat, sollte man nicht ausgerechnet diesen Aspekt zum Zentrum der eigenen Überlegungen machen, sondern ihn nur soweit abhandeln, wie dies für eine geschlossene Darstellung wichtig ist. Im Übrigen wäre das auch ein guter Anlass, sich einmal mit den „Nachbar"-Referenten auszutauschen und abzustimmen. | **381**

f) Gedankliche Strukturen

Der Hauptteil der Arbeit besteht im Wesentlichen aus der Entwicklung Ihrer Gedanken zu dem vorgegebenen Thema. Sie müssen also Ihre Gedanken in eine **plausible Abfolge** bringen und sie so an Ihren Adressaten weitergeben. Es gibt allgemeine Tipps, die mehr oder weniger ausgeprägt für alle Themenarbeiten gelten. Häufig hilft es schon, den Blick für wiederkehrende Strukturen zu schärfen, um sich auch ein eigenes Repertoire an Darstellungstechniken und -methoden anzulegen, aus dem man bei der Abfassung des Hauptteils der Arbeit schöpfen kann. Das Folgende nähert sich zunächst aus verschiedenen Perspektiven einer Themenarbeit insbesondere im Schwerpunktbereich und schließt dann einige kurze Bemerkungen zu Argumentationstechniken an. | **382**

g) Erste Annäherung: Parallelen und Unterschiede zu Gutachten

aa) Häufige Struktur: Sachverhalt und rechtliche Würdigung

Beim Gutachten besteht die Aufgabe in der rechtlichen Würdigung eines vorgegebenen Sachverhalts. Darum geht es auch in vielen Themenarbeiten, insbesondere zu aktuellen Fragen. Hier kann die gedankliche Struktur des Hauptteils zu einem guten Teil an die Struktur eines Gutachtens angelehnt werden – man bewegt sich auf „vertrautem" Terrain. | **383**
Allerdings ist auch bei solchen Arbeiten immer zu bedenken, dass es gravierende Unterschiede zum Gutachten gibt. Diese bergen Chancen ebenso wie Risiken.

Ein wesentlicher Unterschied zwischen Themenarbeiten und Gutachten liegt darin, dass bei den erstgenannten der **Sachverhalt** regelmäßig nicht vorgegeben ist. Vielmehr gehört dessen Erarbeitung zur Aufgabe. Das ist für Jurastudenten ungewohnt, werden sie doch in den Übungen und im Klausurtraining darauf getrimmt, den vorgegebenen Sachverhalt unhinterfragt anzunehmen. Dass ein großer Teil der praktischen juristischen Arbeit darin bestehen wird, eben diesen Sachverhalt überhaupt erst einmal herauszufinden, bildet das Studium nicht (und auch das Referendariat nur teilweise) ab. | **384**

Bei Themenarbeiten wird dagegen oft erwartet, dass Sie aus einem Schlagwort in einer Überschrift einen Sachverhalt entwickeln, um diesen dann rechtlich zu beurteilen.

385 **Beispiel:** Wenn Sie in einem Seminar zum Völkerstrafrecht mit dem Thema *Khaled el-Masri und die CIA – Risiken des Kriegs gegen den Terror der US-Geheimdienste für Individuen* konfrontiert sind, verweist dies auf einen konkreten Fall *(Khaled el-Masri)*, aber auch auf einen größeren Sachverhaltskomplex *(Methoden des US-Geheimdiensts)*, für den der konkrete Fall als Beispiel stehen soll. Sie müssen also am Beispiel des Falls *el-Masri* eine rechtliche (Gesamtthema beachten: völkerstrafrechtliche) Bewertung des Vorgehens der CIA im sogenannten Krieg gegen den Terror erarbeiten. Dafür müssen Sie zunächst ermitteln, was im Fall *Khaled el-Masri* überhaupt passiert ist. Diese Arbeit, die eher einer journalistischen Recherche als dem an der Universität geübten juristischen Arbeiten entspricht, braucht große Sorgfalt, denn mit dem falschen Sachverhalt für die rechtliche Bewertung ist die gesamte Arbeit kaum noch verwertbar. Genau hier liegt die Gefahr beim Schreiben des Hauptteils. Wenn Sie sich mit viel Mühe und großem Zeitaufwand eine umfassende Sachkenntnis erarbeitet haben, wächst die Versuchung, dieses Wissen auch mitzuteilen. Anders als im Gutachten, wo die Kriterien für die Relevanz des Geschriebenen sehr strikt sind, gibt es in der Themenarbeit keine ähnlich strengen Kriterien dafür, was in den Text gehört und was nicht. Die für das zweite Staatsexamen wichtige Relationstechnik, mit der (unter anderem) das Herausfiltern des wesentlichen Sachvortrags aus den Schriftsätzen der Prozessparteien ermöglicht werden soll, haben Sie noch nicht erlernt; dies hätte hier helfen können[417]. So bleibt Ihnen nichts weiter als die allgemeine Überlegung, dass auch in einer Themenarbeit die Darstellung des Sachverhalts sich auf die für die rechtliche Würdigung relevanten Informationen beschränken sollte. Im Beispiel bedeutet dies, dass zwar darzustellen ist, dass *el-Masri* von Agenten der CIA in Mazedonien entführt, später nach Afghanistan gebracht und dort mehrere Monate festgehalten, verhört und mit eigenen Angaben auch misshandelt worden ist. Dagegen haben die politischen Auswirkungen des Falls in Deutschland mit dem Thema nur sehr am Rande zu tun[418]. Da der Fall als Beispiel verwendet werden soll, ist es legitim, auf ähnliche Fälle so genannter *extraordinary renditions* zu verweisen. Schon deren Sachverhalte sollten aber nicht mehr detailliert geschildert werden.

386 In der Themenarbeit können Sie zwar auch weiterführende und vertiefende Sachverhaltsinformationen nennen (ein weiterer wesentlicher Unterschied zum Gutachten), Sie müssen aber darauf achten, dass der Schwerpunkt der Faktendarstellung klar bei den für die Würdigung **wesentlichen Abläufen** bleibt. Für das Beispiel bedeutet das, dass es zwar legitim sein kann, auf die Geschichte fragwürdiger Aktionen der CIA zu verweisen, keinesfalls aber darf hier detailliert darauf eingegangen werden, was die Agency in den Jahren ihres Bestehens alles an Flecken auf ihrer Weste gesammelt hat[419].

Insgesamt ist es wichtig, gerade **bei der Darstellung eines Sachverhalts kritisch mit sich selbst** umzugehen und hier am ehesten bereit zu sein, angesammeltes Wissen für sich zu behalten. In einer Dissertation von mehreren hundert Seiten fände sich vielleicht

---

417 Dennoch ist es wahrscheinlich nicht sinnvoll, sich in die umfangreiche Literatur zu diesem Thema schon im Studium einzuarbeiten, außer man will schon einmal für das Referendariat „vorlernen". Trotzdem: *Anders/ Gehle*, Assessorexamen; *Olivet*, Juristische Arbeitstechnik; *Schellhammer*, Arbeitsmethode. Hineinschauen in der Bibliothek kostet nichts – außer Zeit... – Vielleicht ist aber sogar schon die Relationstechnik zu speziell, weil sie auf die Konstruktion der Wahrheit aus Schriftsätzen zielt.

418 Das unter t1p.de/52pa abrufbare knapp 200-seitige Buch von *Steiger*, Die CIA, die Menschenrechte und der Fall Khaled el-Masri, 2007, enthält eine relativ ausführliche Schilderung des Sachverhalts. Ob man für eine 20-seitige Seminararbeit die dort auffindbaren Informationen alle benötigt, oder ob man gar die Geschichte *el Masris* nach seiner Freilassung noch ausführlich weiter verfolgen sollte, ist zumindest dann fraglich, wenn der Fall eigentlich nur Beispiel für eine bestimmte Vorgehensweise der CIA sein soll und deren *rechtliche* Bewertung im Fokus der Arbeit stehen sollte.

419 War in der realen Arbeit aber drin und der Note definitiv nicht zuträglich.

der Raum für eine umfassende Präsentation der eigenen Rechercheergebnisse, selbst dort wäre diese aber meist deplatziert.

Denken Sie zumal in Seminaren daran, dass es mit der schriftlichen Arbeit nicht getan ist. Heben Sie sich die weiterführenden Rechercheergebnisse vor allem für die dem Vortrag folgende Diskussion auf, in der Sie dann mit Hintergrundinformationen glänzen können. Das wirkt sich häufiger als gemeinhin angenommen positiv auf die Gesamtbewertung aus.

Noch einmal**: Informationsbeschaffung und -beschaffenheit**. Rechtliche Aussagen entstehen immer aus dem Zusammenspiel von tatsächlichen und rechtlichen Informationen. Letztere sind für Jurastudenten vertrautes Gelände, erstere eher nicht. Nicht selten liegt aber die Schwierigkeit eines Rechtsproblems gerade bei den tatsächlichen Informationen. Über den Ausgang eines Rechtsstreits oder die richtige Beurteilung einer abstrakten Rechtsfrage entscheidet dann, welches Tatsachenmaterial beschaffbar und beweisbar ist[420]. Für Ihre Arbeit bedeutet dies ggf. eine Faktenrecherche abseits der juristischen Fachtexte. Realistischerweise werden Sie diese im Internet vornehmen, die entsprechenden Hinweise zur Vorsicht und quellenkritischen Haltung beim Umgang mit solchen Recherchen[421] gelten hier verstärkt. **387**

Der **Schwerpunkt** einer rechtswissenschaftlichen (Prüfungs-)Arbeit sollte immer auf der **juristischen Beurteilung** liegen. Diese muss deutlich den breitesten Raum einnehmen. Hier sollen Sie die fachlichen Fähigkeiten zeigen, die Grundlage der Bewertung der Arbeit als Prüfungsleistung sind. Gerade bei Seminararbeiten oder vergleichbaren Texten mit einem von vornherein begrenzten Umfang müssen Sie die Sachverhaltsarbeit soweit konzentrieren und kürzen, dass genügend Raum für die primäre Arbeit der rechtlichen Bewertung bleibt. Das gilt übrigens nicht nur für die schriftliche Arbeit; auch Vorträge, die nur Fakten darstellen und deren Bewertung höchstens noch andeuten, führen jedenfalls nicht zu einer Notenverbesserung. **388**

Strukturell sind Sie nicht daran gebunden, Sachverhalt und Würdigung strikt zu **trennen**: Sie schreiben kein Urteil, bei dem dies erwartet wird. Es kann die Lesbarkeit des Texts fördern, zu Beginn des Hauptteils oder noch in der Einleitung nur die wesentlichen Umrisse des tatsächlichen Geschehens mitzuteilen und die Details erst dort auszuführen, wo sie für die rechtliche Beurteilung relevant werden. Auch dann sollten Sie aber immer daran denken, dass die Faktendarstellung nur Anlass für die juristischen Überlegungen ist, letztere dagegen der wesentliche Teil der Prüfungsleistung sind. **389**

In diesem „Hauptteil des Hauptteils", also **bei der rechtlichen Bewertung des Problems** der Arbeit, sind die **Parallelen zu einem Gutachten** potenziell **am größten**. Die Ausnahme hiervon sind echte Grundlagenarbeiten zu Rechtsphilosophie, Rechtstheorie oder Rechtsgeschichte, bei denen die Dogmatik ohnehin völlig in den Hintergrund tritt. Geht es aber um die Anwendung geltenden Rechts, ist das Anlehnen an eine Fallbearbeitung grundsätzlich zulässig und sinnvoll. Sie müssen zwar kein vollständiges Gutachten abliefern. Für die Verständlichkeit des Texts gerade bei ebenfalls juristisch (ver-oder) vorgebildeten Adressaten ist es aber vorteilhaft, wenn Ihre Darstellung in der Reihenfolge den Prüfungspunkten einer Fallbearbeitung grundsätzlich folgt. Anders als im Gutachten brauchen Sie in einer Themenarbeit nur auf die Punkte einzugehen, die **390**

---

420 Vor diesem Hintergrund – der Juristen in der akademischen Ausbildung nicht immer deutlich vor Augen steht – lesen Sie bitte noch einmal Rn. 205 ff., 346.

421 Dazu oben Rn. 137 ff.

tatsächlich zu diskutieren sind, während Sie alles übrige ganz weglassen oder höchstens kurz feststellen. Auch müssen Sie sich in der Darstellung nicht an den vom Gutachten bekannten juristischen Syllogismus halten. Sie müssen weder Obersätze bilden noch mechanisch subsumieren[422]. Dafür müssen Sie die Probleme deutlich machen und im Kontext des Gesamtthemas auf den Punkt bringen.

391 **Beispiel:** Wenn Sie in einem Seminar zum Kapitalmarktrecht eine Arbeit zur persönlichen Haftung für Fehlinformationen des Börsenpublikums schreiben, ist es sinnvoll, sich im Hauptteil am üblichen Anspruchsschema zu orientieren, also etwaige vertragliche oder quasivertragliche vor deliktischen Ansprüchen zu diskutieren. Dabei müssen Sie nicht im Einzelnen die Modalitäten prüfen, unter denen ein Anleger etwa in den Schutzbereich eines Vertrags mit Schutzwirkung zugunsten Dritter einbezogen sein kann, sondern nur darstellen, dass das Institut möglicherweise einschlägig ist und seine Anwendungsbedingungen erläutern. Auch bei den deliktischen Ansprüchen brauchen Sie beispielsweise nicht im Rahmen von § 823 II BGB die §§ 263 oder 264a StGB detailliert durchzuprüfen. Auf die typischen Probleme für Anleger in solchen Konstellationen müssen Sie aber eingehen. **Die Gliederung folgt also in großen Zügen einer Fallbearbeitung, wird aber im Detail anders aufgefüllt.** Zudem müssten Sie in diesem Beispiel, und insoweit geht die Themenarbeit deutlich über das Gutachten hinaus, auch etwa auf laufende gesetzgeberische Entwicklungen eingehen, sowohl auf nationaler wie auf europäischer Ebene.

392 Außer bei der groben gedanklichen Gliederung können auch im Detail Anleihen beim Gutachtenstil sinnvoll sein. Da der Kern einer Themenarbeit sehr häufig die Aufarbeitung eines oder mehrerer umstrittener Probleme ist, kann es helfen, sich dabei an den Regeln der Streitdarstellung im Gutachten[423] zu orientieren. Das bedeutet, dass auch in einer Themenarbeit die Ansichten zunächst nacheinander dargestellt werden können. Auch kann, wenn es um einen festen oder typischen Sachverhalt geht, dieser unter jede Ansicht subsumiert werden, um die Auswirkungen der verschiedenen Standpunkte aufzuzeigen. Anders als im Gutachten ist aber in der Themenarbeit eine Diskussion der Ansichten zulässig und je nach Thema auch nötig, wenn die Ergebnisse im Einzelfall gleich sind. Denn in einer rechtswissenschaftlichen Themenarbeit kann und soll auch die Schlüssigkeit und Überzeugungskraft der Herleitung eines Ergebnisses bewertet werden. Wenn Sie sich schon die Arbeit einer Streitdarstellung machen, will der Leser auch wissen, wie Sie zu dieser Frage stehen – und warum.

393 **Beispiel:** Während in einem strafrechtlichen Gutachten die Feststellung, dass sowohl nach der Tatherrschaftslehre als auch nach der subjektiven Täterlehre im konkreten Fall von einer Täterschaft des A auszugehen ist, eine Entscheidung zwischen diesen Ansätzen unnötig und damit falsch macht, ist das in einer Themenarbeit anders. Hier kann es gerade darauf ankommen zu zeigen, dass die Rechtsprechung ausgehend von einer subjektiven Abgrenzungslehre zwar zu sehr ähnlichen Ergebnissen wie die Lehre von der Tatherrschaft kommt, der zugrunde liegende Täterbegriff aber ein diametral anderer ist und dass es sinnvoll ist, sich zwischen einem restriktiven und einem extensiven Täterbild zu entscheiden. Der Leser möchte dann aber auch wissen, warum diese „akademische" Frage entschieden werden muss, und weshalb Sie welche Ansicht für sinnvoller halten.

---

422 Das wirkt im Gegenteil oft sehr gekünstelt, weil es meist gerade nicht um die Erörterung des Verhaltens einer einzelnen Person (Geschäftsführer G der T-GmbH) geht, sondern mögliche Verhaltensweisen zahlreicher Personen zu beurteilen sind (Geschäftsführer insolvenzbedrohter Gesellschaften mbH).

423 Dazu ausführlicher z.B. *Schimmel*, Klausuren, Rn. 158 ff. m.w.N.

bb) Beschreibung und Bewertung – Darstellung eigener Ansichten und ihre Basis

Verallgemeinert man die beschriebene **Struktur** von Sachverhalt und rechtlicher Würdigung um eine Stufe, kommt man zu einer in fast jeder Themenarbeit zu findenden Abfolge von **Beschreibung und Wertung**. Selbst Grundlagenthemen, Überblicksarbeiten und andere von der dogmatischen Würdigung eines Sachverhalts verschiedene Aufgaben lassen sich mit dieser Struktur erfassen. Vom Gutachten weicht sie allerdings deutlich ab, da dieses keinen beschreibenden Teil enthalten soll. Deshalb sollte man sich bei der Bearbeitung einer Themenaufgabe diese beiden Teile und ihre Gewichtung vor Augen führen.

394

Fast alle Themenarbeiten erfordern **einen deskriptiven und einen normativen Teil**. In ersterem wird das zu behandelnde Thema beschrieben, in letzterem werden die auftretenden Rechtsprobleme erklärt, gewürdigt, diskutiert und gegebenenfalls aus eigener Sicht bewertet.

395

Beispiel: Wenn Sie eine Arbeit über *Entwicklungslinien der Gefährdungshaftung* schreiben, werden Sie etwa im Einführungskapitel die konzeptionellen Unterschiede zwischen Verschuldens- und Gefährdungshaftung und das zwischen beiden Modellen nach deutschem Recht bestehende Regel-Ausnahme-Verhältnis umreißen, um im Hauptteil zuerst deskriptiv das Aufkommen gefährlicher Technologien im 19. und 20. Jahrhundert (Eisenbahnen, motorisierter Straßenverkehr, Luftverkehr, Atomkraftwerke etc.) zu beschreiben, und erst anschließend Tatbestandsmerkmale und Rechtsfolgen von Gefährdungshaftungsnormen näher zu betrachten oder – je nach Schwerpunktsetzung – die Gesetzgebungsgeschichte auszuleuchten oder Überlegungen anzustellen zum Sinn einer Gefährdungshaftung für Maximalrisiken ohne Pflicht zur Haftpflichtversicherung usw.

Diese Teile können im Text strikt getrennt werden, müssen es aber nicht. Dennoch empfiehlt es sich, auf das Einbeziehen beider Elemente zu achten und keines zu kurz kommen zu lassen.

Weil Seminararbeiten als Teilleistungen im Schwerpunktbereich in die Examensnote einfließen können, werden Arbeiten, die sich in einer reinen Beschreibung des Problems ohne Diskussion und Bewertung der Probleme erschöpfen, ganz überwiegend nicht besonders hoch bewertet[424]. Im schlimmsten Fall fallen inzwischen auch Seminararbeiten durch, vor allem, wenn selbst die Beschreibung fehler- oder lückenhaft ist[425].

Dabei soll nicht das Missverständnis entstehen, der beschreibende Teil sei deckungsgleich mit einer **Sachverhaltsdarstellung**. Vielmehr ist letztere, wenn erforderlich, meist nur ein **Teil der Deskription**. Diese kann aber auch die **Beschreibung der Rechtslage umfassen**, insbesondere die Information über die einschlägigen Normen (was in randständigen Rechtsgebieten eine anspruchsvolle Aufgabe sein kann) und den Umgang der Rechtsprechung mit dem Problem. Je nach eigenem Stil kann auch die **Darstellung eines Diskussionsstands** rein deskriptiv erfolgen, was insbesondere bei

396

---

424 Es gibt wenige Ausnahmen etwa in der Rechtsgeschichte oder in rechtsvergleichenden Kontexten, wo allein das richtige Erschließen etwa einer ständigen Rechtsprechung des Reichskammergerichts zu bestimmten Arten von Abgabeansprüchen oder auch zu Regelungen zu gleichgeschlechtlichen Ehen in katholisch geprägten Ländern Lateinamerikas und Südeuropas schon für sich eine ehrenwerte und auch entsprechend gewürdigte akademische Leistung darstellen. Das ist aber erstens selten und zweitens schon in der Recherche und Aufarbeitung sehr aufwändig.

425 Und zwar mit steigender Quote. Das sollte man als Bearbeiter ganz ernst nehmen.

der dogmengeschichtlichen Aufarbeitung aktuell nicht mehr relevanter Streitigkeiten sinnvoll ist. Mit dem beschreibenden Teil soll der Leser über den Gegenstand der weiteren Überlegungen informiert werden. Schon deswegen ist die überlegte und akkurate Aufarbeitung dieses Ist-Zustands ein wichtiger und integraler Teil praktisch jeder Art von Themenarbeit, gleichzeitig aber auch so gut wie nie die komplette erwartete Leistung.

397   Die Beschreibung **kann, muss aber nicht wertungsfrei** erfolgen. Man kann also deutlich einen beschreibenden von einem bewertenden Teil der Bearbeitung trennen. Gerade bei komplexeren Beschreibungen bietet sich das manchmal an, weil so erst einmal der status quo komplett ausgebreitet wird, bevor man über die von ihm aufgeworfenen Rechtsfragen reflektiert. Es kann aber auch sprachlich und gedanklich wesentlich sinnvoller sein, Beschreibung und Bewertung beieinander zu halten, vor allem, wenn die Aufgabe mehrere Problemschwerpunkte enthält. Es ist dabei letztlich eine Übungssache, beides so ineinander greifen zu lassen, dass der Text den Leser überzeugt.

Für die Klarheit der Gedankenführung muss man selbst den Überblick darüber behalten, wo man nur etwas wiedergibt und wo man bewertet. Gerade wenn man Darstellung und rechtliche Würdigung fließend ineinander übergehen lassen will, so dass der Leser den Übergang im Idealfall gar nicht als kategorialen Wechsel erfasst, ist es wesentlich, selbst genau zu wissen, wo „der eigene Mist" anfängt, da man diesen anders als die reine Beschreibung begründen und verteidigen können muss und, will man überzeugen, zumindest die Begründung auch mitliefern sollte. Zudem sollte man, selbst wenn der Leser das bestenfalls gar nicht bewusst registriert, sprachlich verdeutlichen, wo man referiert – etwa durch indirekte Rede – und wo man selbst Stellung bezieht – eher im Indikativ.

398   Der beschreibende Teil kann kürzer oder länger ausfallen. Dazu gibt es keine allgemeine Regel, sondern nur Orientierungspunkte. Je fernliegender die Informationen für Juristen sind, desto mehr Platz darf ihre Präsentation einnehmen.

Beispiel: Weil Juristen im Allgemeinen keine Techniker sind, muss man ihnen technische Zusammenhänge meist etwas umfassender erläutern. Umgekehrt ist aber gerade hier streng darauf zu achten, nicht nur um jeden Preis Wissen auszubreiten, sondern deutlich vorzuselektieren im Blick auf das, was sich weiter hinten als Anknüpfungspunkt für rechtlich unterschiedliche Bewertungen ergeben wird.

Je aktueller und besser im Alltagsbewusstsein verankert ein Geschehen ist, desto eher wird man sich kurz fassen dürfen. Indessen besteht Klarstellungsbedarf auch bei aktuellen Themen, wenn schon die Tatsachenlage umstritten ist[426]. Ähnlich wie in einem Gerichtsurteil sollten Sie dann eingangs festhalten, was unstreitig ist und was noch nicht als gesichert gelten kann. Juristische Argumentationen dürfen auch von ungesicherten Informationen ausgehen. Sie müssen aber den Leser darauf hinweisen, damit er diese „Schwäche" bei der eigenen Meinungsbildung in Rechnung stellen kann. Hinzukommt, dass fast zwangsläufig bei manchen Typen von Themenarbeiten der beschreibende Teil umfassender ausfallen wird als bei anderen: Rechtshistorische und rechtsvergleichende

---

426   Schreibt man eine Arbeit zur rechtlichen Einordnung staatlich gelenkter Hackerattacken während ausländischer Wahlkämpfe, so muss man etwas Aufwand investieren, um auseinander zu halten, von welchen mutmaßlich russischen Angriffen auf Rechnernetze während des Präsidentschaftswahlkampfes 2016 man aus welchen Quellen mit welcher Verlässlichkeit gehört hat. Die dabei deutlich zu machenden Nuancen und Differenzierungen werden mehr Raum beanspruchen als die Nacherzählung des Ablaufs des Fassadenbrandes an einem Londoner Hochhaus im Juni 2017.

Arbeiten etwa machen dem Leser Rechtsinformationen zugänglich und interpretieren diese anschließend; aber schon der erste Teil kann im Umfang und der darauf gewendeten Mühe überwiegen.

Insgesamt muss man aber im Auge behalten, dass die **Beschreibung nur die Basis für** **399** **die normative Bewertung** bleibt. Diese soll bei fast allen juristischen Prüfungsaufgaben den Schwerpunkt der Bearbeitung bilden – und das sollte sich auch in einer entsprechenden Verteilung des Umfangs niederschlagen.

Beispiel: Wenn in einer wissenschaftlichen Hausarbeit zu Fragen der Strafverfolgung im Internet mit einem vorgegebenen Umfang von höchstens 50 Seiten erst einmal 44 Seiten zu den verschiedenen technischen Grundlagen und Grundfragen des Netzes präsentiert werden, ist der Schwerpunkt auf jeden Fall verrutscht.

Sie können und sollen also in jeder Themenarbeit zu den aufgeworfenen Problemen **400** **selbst Stellung beziehen**. Es genügt nicht, nur Fakten und bereits geäußerte Meinungen zu sammeln. Der Aufgabensteller will Ihren Standpunkt zu den relevanten Fragen erfahren und wissen, wie Sie zu Ihrer Ansicht kommen. Beim Setzen der Schwerpunkte genießen Sie – anders als bei Fallbearbeitungen – gewisse Freiheiten. Die Schwerpunkte sollten aber sinnvollerweise dort liegen, wo Sie Ihre Bewertung einbringen wollen. Gerade dort müssen Sie dann Farbe bekennen, also eine eigene Ansicht äußern und vor allem begründen.

Sie dürfen sich auch dann eine eigene Meinung zu einem Diskussionsstand zutrauen, wenn Sie das Gefühl haben, die sich äußernden Vertreter der verschiedenen Ansichten seien doch alle viel schlauer als Sie (oder viel renommierter, älter, erfahrener …). Erstens trügt dieser Eindruck häufiger, als man denken sollte (zumindest was deren und Ihr Wissen und Können angeht). Zweitens haben Sie den Vorteil, alle vorgebrachten Argumente zur Kenntnis nehmen zu können. Sie müssen (und sollen in der Regel) das Rad nicht neu erfinden, sondern innerhalb bestehender Meinungsstände äußern, welche der vorgebrachten Ansichten Sie warum für sinnvoll halten. Sie müssen begründen können, warum Sie zu Ihrer Bewertung kommen. Die Qualität dieser Begründungen ist ein wesentliches Bewertungskriterium, wenn nicht das wichtigste überhaupt. Hier braucht es Energie, Zeit, Genauigkeit und Gründlichkeit[427].

Eine eigene Meinung muss keine neue Meinung sein. Es erwartet niemand etwas an- **401** deres, als dass Sie sich mit überzeugender Begründung einer der bereits vorhandenen Ansichten anschließen (was vor allem dann gelingen kann, wenn sie selbst von ihrem Ergebnis überzeugt sind). Ihre Aufgabe besteht darin, die vorgefundenen Argumente nicht willenlos aufzulisten, sondern sie so zu strukturieren, dass sie einen nachvollziehbaren Gesamtgedankengang ergeben. Wenn das Thema aber tatsächlich eigene, neue Ideen hergibt, legen Sie sie dar! Allerdings ist dann die Qualität der Argumentation noch wichtiger[428]. **Anstoß erregen** ist zum Beispiel in solchen Situationen gut (oder: immer eine Überlegung wert) – aber nicht an der falschen Stelle. Die falsche Stelle ist unter anderem die, wo der Anstoß Ihnen nicht helfen, sondern nur schaden kann. Dazu gehören etwa unnötige Festlegungen.

Beispiel: Eine unnötige Festlegung steckt oft in Sätzen wie *Wichtigster Anwendungsfall von x ist y.* Meist lässt sich sofort darüber streiten, ob wirklich y der wichtigste Anwendungsfall von x ist. Wenn

---

427 Dazu ausführlicher Rn. 541 f.
428 Fragen Sie einmal jemanden, der seine Doktorarbeit schon hinter sich hat.

für Ihre Argumentation nicht gerade die Aussage *wichtigste* eine Rolle spielt, versuchen Sie es doch stattdessen mit *Wichtiger Anwendungsfall.*

402   **Bewusste Provokationen** sind allemal gut, aber man muss sie sich leisten können. Wer provoziert, muss die provozierte Situation im Griff haben. Das erfordert Fachwissen und zumindest unter Anwesenden eine gewisse Reaktionsschnelligkeit. Wenn man sich zudem provozierend ganz außerhalb des bisherigen Diskussionsspektrums bewegen will, sollte man die eigenen Ideen mit besonders viel Argwohn immer wieder hinterfragen: Dass noch niemand anderer diese Idee aufgeschrieben hat, heißt nicht, dass sie schlecht sein muss; vielleicht gibt es aber so gewichtige Gegenargumente, dass niemand dies vertreten zu können glaubte.

Beispiel: Deswegen fällt es beispielsweise heute schwer, die Vorsatztheorie zum Verbotsirrtum zu vertreten, selbst wenn man selbst es überzeugend findet, dass nicht nur die Schuld bei fehlendem Unrechtsbewusstsein, sondern schon ein wesentliches Unrechtselement fehle. § 17 StGB legt nun einmal das Gegenteil ausdrücklich fest.

Bleiben Sie also vor allem dann besonders selbstkritisch und gründlich in ihrer Argumentation, wenn Sie Neues oder Abseitiges vertreten wollen – lassen Sie sich aber auch nicht entmutigen.

cc) Weiterführende Überlegungen

403   Ein ertragreicher Ansatz besteht oft darin, den Lesern einen **Zugang zur** gerichtlichen, vertragsgestaltenden[429] etc. **Praxis** zu erschließen. Darüber freuen sich die Mitstudenten und nicht selten auch der Professor. Der ist in einigen Bereichen mit der „theoretischen" Seite des Problems besser vertraut als mit der „praktischen". Das liegt an der Arbeitsteilung, die es akademischen Lehrern nicht immer erlaubt, auch umfassend als Richter oder Rechtsanwälte tätig zu sein.

Man halte sich aber als Bearbeiter zurück mit vollmundigen Erklärungen, die häufig zu pauschal geraten und spätestens dadurch unangenehm **besserwisserisch** klingen.

Beispiel: *Die Praxis löst das Problem durch einen einfachen Rückgriff auf ...*

Zudem erwartet an solcher Stelle der Leser **Belege**. Die können etwa aus der sonst seltener zitierten Praktikerliteratur kommen, etwa aus **Formular- oder Handbüchern**, oder auch direkt aus der **Rechtsprechung**. Man kann als Bearbeiter aber auch einmal praktisch mit dem jeweiligen Problem befasste Juristen nach deren Zugang fragen. Solche empirische Mühe wird meist nicht erwartet, aber oft honoriert, selbst wenn sie nicht unbedingt den sozialwissenschaftlichen Standards für Experteninterviews entspricht[430].

404   Während Sie sich in Übungsgutachten mit den **rechtspolitischen Überlegungen** immer zurücknehmen mussten, dürfen Sie bei Themenarbeiten in dieser Hinsicht großzügiger sein. Manchmal ist es geradezu Teil der Aufgabe, Vorschläge für eine sinnvolle zukünftige Regelung zu skizzieren.

---

429   Dazu noch Rn. 435.

430   Zu diesen gibt es allerdings diverse Anleitungen, beispielsweise *Kühl/Strodtholz/Taffertshofer* (Hrsg.), Handbuch Methoden der Organisationsforschung. Quantitative und Qualitative Methoden, 2009.

Beispiele: Relevant ist dies vor allem bei Arbeiten, die aktuelle Gesetzgebungsvorhaben kommentieren sollen, etwa *Vorschläge für eine Neuregelung der persönlichen Außenhaftung von Organmitgliedern in Kapitalgesellschaften* oder *Die Regulierungsvorschläge zur Verantwortung und Haftung der Betreiber von „Social Media"-Plattformen für benutzergenerierte Inhalte.*

Trotzdem ist es Ehrensache, auf eine möglichst klare **Trennung** der Erläuterungen zur geltenden und zur wünschenswerten künftigen Rechtslage zu achten. Der Leser will wissen, was schon oder noch gilt (das kann man überschreiben mit *Situation de lege lata*) und was als Regel erst noch in Kraft zu setzen ist oder überhaupt gelten sollte *(Argumente de lege ferenda)*[431]. Je deutlicher Sie einen rechtspolitischen Schwerpunkt setzen wollen oder sollen, desto gründlicher müssen Sie sich mit Rechtspolitik als eigener juristischer Disziplin befassen, also auch schon vorab das wichtige Schrifttum[432], die Internetressourcen[433] und die Akteure sowie deren jeweilige Interessenlage kennen: Staatliche Institutionen (Gesetzgebung: Bundestag, Fachministerien, Justizministerium), Parteien, Gewerkschaften, Stiftungen, Interessengruppen, Verbände usw.

Von rechtspolitischen Überlegungen ist der Weg nicht weit zu eigenen **Gesetzgebungs-** 405
vorschlägen[434]. Eine universitäre Arbeit wird in aller Regel „nur" den Inhalt einer als sinnvoll vorgeschlagenen gesetzlichen Regelung skizzieren. Wer aber darüber hinaus einen ausformulierten Gesetzgebungsvorschlag präsentieren wollte, müsste sich mit **Gesetzgebungstechnik** auseinandersetzen.

Zu beantworten sind hier etwa Fragen wie: Wohin gehört die Regel? Welche Norm ersetzt sie? Auf welche Vorschriften nimmt sie Bezug? Wie muss sie sinnvollerweise formuliert werden? Welche Änderungen an anderen Normen werden erforderlich? Im Blick behalten muss man nämlich auch die Wechselwirkungen einer vorgeschlagenen Regel zu anderen Normen und z.T. Rechtsgebieten.

Beispiel: Wer einen Vorschlag zur Neuschaffung einer Strafnorm für das „Phishing" im Internet machen möchte, muss auch die Frage im Auge behalten, ob die neue Norm ein Schutzgesetz im Sinne des § 823 Abs. 2 BGB sein kann und ob hieraus Providerpflichten aus dem TKG folgen.

Da diese Wechselwirkungen oft schwer zu überblicken sind, ist es meist weniger riskant, statt einer konkreten Formulierung nur grundlegende Inhalte als Anforderungen zu benennen. Deswegen wird diese Vorgehensweise auch mit Nachdruck empfohlen.

Beispiel: *Bei einer aus den genannten Gründen notwendigen Neuregelung sollte beachtet werden, dass …*

Ein ausformulierter Gesetzgebungsvorschlag zeigt zwar einerseits Mut, lädt andererseits aber geradezu dazu ein, ihn unter allen denkbaren Gesichtspunkten auf Stichhaltigkeit unter die Lupe zu nehmen, und die dann geübte Kritik an Ihrem zentralen Arbeitsergebnis ist oft ebenso stichhaltig wie billig.

Erwartet wird das nur in spezialisierten Seminaren. Aber mit einem Abschnitt zu Regelungsmöglichkeiten de lege ferenda kann man schön zeigen, dass man ein bisschen

---

431 Quellen für derartige Überlegungen sind häufig in Zeitschriften wie der ZRP, der KJ oder der KritV (in Österreich: JRP) zu finden. Aktuelle Gesetzgebungsinitiativen lassen sich meist über die Webauftritte der beteiligten Ministerien/Parteien/Gruppierung recherchieren. Stellungnahmen und Kommentare zu aktuellen Vorschlägen sind häufig auf den Internetseiten der einschlägigen Lobbygruppen zu finden wie dem DAV, der BRAK, dem BDI, der SdK, amnesty international, Greenpeace, etc.

432 Z.B. *v. Hippel*, Rechtspolitik.

433 Institut für Rechtspolitik: t1p.de/dp79; Zentrum für Europäische Rechtspolitik: t1p.de/bxq5.

434 *Schneider*, Gesetzgebung; *Schreckenberger* (Hrsg.), Gesetzgebungslehre; *ders.*, Grundfragen; zu den technischen Aspekten: Handbuch der Rechtsförmlichkeit (hrsgg. vom Bundesjustizministerium, t1p.de/g0fu); Fachzeitschrift: ZG.

über den Tellerrand des geltenden Rechts hinaus geschaut hat. Je deutlicher man die bestehenden Normen kritisiert hat, desto näher liegt das. Häufiger bietet es sich auch an, einen Abschnitt zur **Vertragsgestaltung**[435] zu schreiben, vor allem wenn auf bestimmte Auslegungen von Normen durch die obergerichtliche Rechtsprechung reagiert werden muss.

dd) Darstellung der Argumentation im Allgemeinen

406   Wichtig für eine wirklich erfolgreiche Themenarbeit ist vor allem eine **überzeugende Begründung** für die von Ihnen vertretene Position. Dies bedeutet zunächst, dass Sie sich diese Argumentation selbst zu Eigen machen müssen, um überzeugen zu können. Die (in Fallbearbeitungen häufige, aber auch dort sehr unschöne) Praxis, die in Rechtsprechung und Literatur gefundenen Argumente nur beschreibend darzustellen, um dann mit dem schwächlichen Satz *„Weil für die Meinung B die besseren Argumente sprechen, schließe ich mich dieser Ansicht an."* die eigene Position einzunehmen, sollten Sie dringend vermeiden. Um andere zu überzeugen, müssen als erstes Sie selbst überzeugt wirken (also dies optimalerweise auch tatsächlich sein), das heißt die Argumente für Ihre Ansicht als eigene vertreten. Sprachlich bedeutet dies, dass Sie hier den Indikativ verwenden.

Beispiele: *Der Wortlaut der Norm spricht dafür, dass ...* oder *Mit Blick auf die ökonomischen Auswirkungen prohibitiver Rechtsverfolgungskosten in solchen Verfahren ist es wichtig, hier ...*

Dass Sie sich das nicht alles selbst ausgedacht haben, weiß jeder Leser, weil Sie es mit den Fußnotenbelegen klarstellen. Durch das eigene Eintreten in die Diskussion stellen Sie aber klar, dass dies Ihr Standpunkt ist und Sie genau diese Argumente für richtig halten.

407   Es ist gewinnbringend, sich mit der **Theorie juristischer Argumentation** einmal gründlicher auseinanderzusetzen[436]. Dafür muss man weder in Rechtsphilosophie noch in Rechtstheorie zum Spezialisten werden. Jedenfalls sollte man sich spätestens im Hauptstudium darüber klar werden, was Argumentation in der Rechtswissenschaft bedeutet. Da es bei der rechtlichen Bewertung von Sachverhalten als der Kerntätigkeit der Juristen kein Richtig oder Falsch im Sinne einer strengen Logik gibt, weil es um normative Bewertungen geht, kommt der Argumentation eine zentrale Rolle zu. Anders als in den Naturwissenschaften kann in der Rechtswissenschaft nur sehr wenig objektiv bewiesen werden, und es ist auch nur wenig wirklich unumstritten. Wenn Argumentation bedeutet, in einer Situation potenzieller oder tatsächlicher Uneinigkeit Gründe dafür zu benennen, warum der eigene Standpunkt richtig ist und Geltung beansprucht[437], wird dadurch auch deutlich, dass es im Recht mehr um **Rhetorik**[438] als um Logik geht[439]. Das

---

435   Für den Einstieg z.B. *Rehbinder*, Vertragsgestaltung; *Langenfeld*, Vertragsgestaltung; *Rittershaus/Teichmann*, Vertragsgestaltung; *Junker/Kamanabrou*, Vertragsgestaltung; *Schmittat*, Einführung; *Eckert/Everts/Wicke*, Fälle; *Sikora/Mayer*, Kautelarjuristische Klausuren; *Kornexl*, Vertragsgestaltung 1.0; zur ersten Vertiefung das umfängliche Münchener Vertragshandbuch, zur weiteren Vertiefung Spezialliteratur vom Arbeitsvertrag bis zum Vertragshändlervertrag.
436   Dazu etwa *Alexy*, Theorie; *Clemens*, Strukturen; *Haft*, Juristische Rhetorik; *Neumann*, Juristische Argumentationslehre; *Gast*, Juristische Rhetorik.
437   Gut erklärt etwa bei *Gleiser* unter t1p.de/a7lk.
438   Einführend dazu *Ottmers*, Rhetorik.
439   Wer das vertiefen möchte, findet bei *v. Schlieffen*, ZDRW 2013, 44 ff., einen guten Einstieg.

bedeutet für den angehenden Juristen, dass es nicht damit getan ist, „richtige" Ergebnisse zu benennen, sondern die Qualität der eigenen Ausführungen fast völlig davon abhängt, wie sehr die Art der Darbietung und Begründung dieser Ergebnisse den Prüfer überzeugt. Selbst wer dabei – zu Recht – nicht den missionarischen Anspruch erhebt, alle Leser zu seiner Meinung zu bekehren, muss doch wollen, dass die Leser wenigstens nachvollziehen können, warum man selbst zu seiner Überzeugung gekommen ist, und dass diese Ansicht zumindest vertretbar ist.

Gerade in Themenarbeiten, in denen noch stärker als bei der Fallbearbeitung in den Vordergrund tritt, **408** dass Qualität und Schlüssigkeit einer Begründung das alleinige Kriterium für die Frage sind, ob das gefundene Ergebnis vertretbar und damit richtig und auch überzeugend begründet und also legitimiert ist, müssen Sie Ihr Möglichstes versuchen, um den Adressaten von der Richtigkeit der eigenen Argumente zu überzeugen.

Dafür ist es hilfreich, **Argumente nicht wahllos nebeneinander** zu **stellen**, sondern sowohl über ihr inhaltliches Verhältnis zueinander als auch über ihre strukturellen Besonderheiten nachzudenken. Wenn Sie Argumente aus den Quellen übernehmen, reihen Sie diese nicht einfach irgendwie auf (das kommt viel häufiger vor, als man denken sollte). Erst wenn Sie die Ausführungen in den Quellen verstanden haben, können Sie diese zueinander in Beziehung setzen und zu einem vernünftigen Ganzen zusammenschnüren. Idealerweise zeigen Sie, wo sich aus einem Aspekt der nächste ergibt. Wo das nicht geht, stellen Sie verschiedene Punkte zwar inhaltlich nebeneinander, machen das aber auch deutlich: *Für die hier vertretene Ansicht spricht außerdem, dass ...,* oder *Aus ganz anderem Blickwinkel lässt sich hierfür zudem anführen, dass ....* Sie zeigen so, dass Sie nicht nur gelesen, sondern das Gelesene auch verstanden haben. Also beruht Ihre Ansicht nicht nur auf einem Bauchgefühl, sondern auf einer fundierten Durchdringung des Themas.

Dabei ist ein Vorteil (und ein Risiko) der Themenarbeit, dass anders als im Gutachten **409** nicht zwingend eine endgültige und vollständige Entscheidung der auftretenden Fragen nötig oder auch nur möglich ist. Gerade bei aktuellen Fragen, deren Behandlung im Fluss oder deren weitere faktische Entwicklung noch nicht absehbar ist, hat jeder Text dazu immer nur den Charakter einer Momentaufnahme, die schon vom Ansatz her keine endgültigen Erkenntnisse und Gewissheiten enthalten kann.

Das entbindet Sie aber nicht davon, **in der Bewertung so weit fortzuschreiten, wie die Sach- und Rechtslage es zulässt**. Über künftige tatsächliche Entwicklungen können Sie zwar nur spekulieren[440]; was die aktuelle Bewertung Ihres Problems angeht, sollte Ihr Ergebnis aber so eindeutig wie möglich sein.

Beispiel: Wenn Sie im Rahmen einer Arbeit zum Pariser Klimaabkommen die neuerdings ablehnende Haltung der USA zu diesem Vertrag diskutieren, müssen Sie zu den seitens der USA geäußerten Vorbehalten Stellung nehmen. In dieser Bewertung sollten Sie unter Verarbeitung sowohl völkerrechtlicher als auch rechtspolitischer Erwägungen Ihre Ansicht zu dem Vorgehen der USA begründen. Das weitere Verhalten der USA können Sie natürlich nicht mit Sicherheit vorhersagen, aus bestimmten Entwicklungen können Sie aber begründen, dass es sowohl auf der Ebene der einzelnen Staaten als auch in der Zivilgesellschaft der USA starke Tendenzen gibt, die von der Regierung in Washington betriebene Politik nicht unwidersprochen zu lassen und in möglicherweise absehbarer Zukunft wieder zu revidieren. Dieser etwas spekulative, aber begründbare Ausblick sollte verbunden sein mit einer klaren und gut begründeten Meinung zur aktuellen Politik der Regierung der USA.

In Ihrer Arbeit sollte **Originalität** kein Selbstzweck sein, aber vielleicht doch ein er- **410** wünschtes Nebenziel. Jeder Leser ist für eine überraschende Gedankenführung dankbar.

---

440 Auch dies kann aber, mit entsprechender Begründung, erforderlich sein.

Rechtsfragen zielen auf die Lösung (oder wenigstens: Kanalisierung) gesellschaftlicher Konflikte. Da sind oft die Grenzen für originelle Ansätze von vornherein eng gesteckt. Und oft haben einfach alle anderen am Konflikt Beteiligten oder Interessierten schon so gründlich darüber nachgedacht, dass kaum Raum ist für ganz neue Wege. Das schließt nicht aus, dass gerade Sie mit einem neuen Gedanken die Debatte neu aufrollen. Aber es ist nicht zwingend erforderlich. Wenn Ihnen also nichts Originelles einfällt, haben Sie eben nichts Originelles zu präsentieren. Unter juristischen Rahmenbedingungen ist Originalität übrigens manchmal schon in recht kleiner Münze zu haben. Wo ein ganzer Berufsstand durch den Satz *Hier ist zu differenzieren: ...* beschrieben wird, kann schon ein Lösungsansatz als originell gelten, der eine eingeführte Differenzierung für überflüssig erklärt und die einheitliche Behandlung zweier ähnlicher Fragen vorschlägt. Überhaupt sollen Sie sich nichts Unmögliches zumuten. Auch wer das Rad nicht selbst erfunden hat, kann es verwenden und damit ganz erstaunliche Sachen anstellen. Ein neuer oder bemerkenswerter Aspekt Ihrer Arbeit kann aber nicht nur darin bestehen, dass Sie einen bislang nicht vertretenen Standpunkt einnehmen oder überhaupt ein ganz neues Problem „entdecken". Manchmal finden Sie „nur" einen neuen Aspekt des Problems, etwa eine Nebenfrage aus einem angrenzenden oder fern liegenden Rechtsgebiet, die im Zusammenhang mit dem eigentlichen Problem noch niemand aufgeworfen geschweige denn beantwortet hat.

Beispiele: Vielleicht ist bislang ausschließlich über die Zulässigkeit eines staatlichen Eingriffs in eine Rechtsposition des Bürgers diskutiert worden, aber noch niemand hat über mögliche Entschädigungsansprüche nachgedacht. Oder Sie stellen etwa in gesellschaftsrechtlichen Zusammenhängen die Frage nach den strafrechtlichen Folgen von Pflichtverletzungen (§ 266 StGB). Oder Sie streuen einige rechtsvergleichende Aspekte ein, die zwar nicht vorgegeben waren, aber neue Einsichten ermöglichen können. Das kann sehr effektvoll sein. Immer noch wirkungsvoll ist häufig auch die Einbeziehung von nicht allgemein bekannten einschlägigen europarechtlichen Normen (obwohl sich dies heute eigentlich von selbst verstehen sollte ...).

Situationsabhängig können Sie auch Originalitätspunkte sammeln, indem Sie einen alten Problemlösungsvorschlag wieder auspacken, mit dem der Leser gar nicht mehr gerechnet hat. Gelegentlich kommen dabei überraschende Erkenntnisse heraus, etwa wenn die gegen den seinerzeit verworfenen Vorschlag eingewandten Bedenken sich zwischenzeitlich erledigt oder als gegenstandslos erwiesen haben. Manche gute Idee zur falschen Zeit ist schon in Vergessenheit geraten, weil niemand sich die Mühe einer gedanklichen Revision gemacht hat.

411 Originell kann aber auch schon eine gelungene Art der Darstellung sein. Gelegentlich bietet es sich an, das falsche Ergebnis **anzutäuschen**, also einen nahe liegenden Weg vom Problem zur Lösung zu gehen (und zwar nicht im Konjunktiv *man könnte nun meinen, dass ...,* sondern so, dass der Leser dem Gedanken in allem Ernst folgt), um dann nach anderthalb Seiten überraschend den einfachen Weg als falsch oder vollständig indiskutabel zu verwerfen. Wenn man das gut hinbekommt, kann es für den Leser einen echten Augenöffner-Effekt haben – vielleicht nicht für den seminarleitenden Professor, aber doch für die Mitstudenten (für die schreibt man schließlich auch ...). Wenn allerdings dann nicht sehr eindrücklich begründet wird, warum die zuvor präsentierte Ansicht nicht durchgreifen kann, kann so etwas auch sehr nach hinten losgehen und alles andere als kompetent und überzeugend wirken.

412 Ein kleiner origineller Schlenker kann bei passender Gelegenheit in einem Beispiel aus Film, Funk, Fernsehen oder Literatur bestehen.

Beispiel: *Ist Leonard Shelby aus Memento*[441] *schuldfähig?*

---

441 *Christopher Nolan/Jonathan Nolan*, (Summit Entertainment) USA 2000.

Das muss nicht immer kanonisierte klassische Literatur sein (wer hat schon den ganzen Schiller auswendig parat?), sondern kann auch ein der Alltagskultur (Typ soap opera) entlehntes Beispiel sein – Hauptsache: gut erfunden. Als Effekt funktioniert dies natürlich weniger gut in Seminaren, bei denen Literatur oder Filme als Gegenstand der Untersuchung bereits vorgegeben sind, aber diese sind an juristischen Fachbereichen eher eine Ausnahme.

Nicht nur im Inhaltlichen, sondern auch in der Form der Präsentation kann man Akzente setzen. **413**

Beispiel: Der Leser wird hauptberuflich gezwungen sein, viele Gutachten zu lesen. Also weiche man von den strengen Konventionen des Gutachtens ab, wenn diese nicht gerade auch für eine Themenarbeit zwingend erscheinen. So ist es etwa unüblich, im Gutachten direkte Fragen zu formulieren. In einer Themenarbeit dagegen kann das ganz belebend wirken. Warum sollte man nicht am Anfang eines jeden Abschnitts die leitende Überlegung in eine Frage fassen?

Wenn ihnen partout nichts Originelles einfallen will, ist das kein Problem. Eine saubere, fleißige und überzeugend begründete Bearbeitung Ihres Themas wird auch dann geschätzt, wenn sie durchgehend konventionell bleibt. Die durch Originalität zu ergatternden Zusatzpunkte sind echte Zusatzpunkte, und wenn eine Arbeit ansonsten schlecht ist, wird sie auch nicht dadurch besser, dass nicht überzeugende Inhalte erfrischend anders präsentiert werden. Haben Sie aber ohnehin viel Fleiß, Arbeit, Hirnschmalz und Herzblut investiert, schadet die Frage nicht, ob man es nicht doch auch noch schafft, den Leser irgendwie zu überraschen, und sei es nur in stilistischen Einzelheiten. **414**

Bei der Arbeit mit Fallbeispielen vermeiden Sie den häufigen Fehler, nur von den pathologischen Problemfällen auszugehen. Stellen Sie zunächst sicher, dass die **Kern- und Normalfälle** zufriedenstellend bearbeitet werden können, bevor Sie an die „Standardprobleme" und etwaige noch verzwicktere Spezialfragen gehen. **415**

Beispiel: In einer Arbeit zur Irrtumslehre im Strafrecht ist es nicht sinnvoll, die Feinheiten der verschiedenen Varianten der eingeschränkten Schuldtheorie zu diskutieren, bevor man sich vergewissert hat, wie die Grundunterscheidungen zwischen Tatbestands- und Verbotsirrtum funktionieren sollen[442].

Geräusche der Unsicherheit: Im Unterschied zur Fallbearbeitung sind Themenarbeiten Teil eines fachwissenschaftlichen, nicht eines gerichtlichen oder politischen Diskurses. Während also ein Gutachten einen Entscheidungsvorschlag enthalten muss, der wiederum so autoritativ wie möglich begründet sein soll, kann eine Seminararbeit Zweifel offen lassen. **416**

Daher gilt manches Tabu aus der Übung im Seminar nicht. Man darf also etwa schreiben *Die Fälle von A wird man wohl als B zu behandeln haben*, was im Gutachten zu vermeiden ist zugunsten von *A ist danach ein Fall von B*. Wenn letzteres in dieser Absolutheit allerdings stimmt, kann und soll man aber ruhig prägnant und deutlich bleiben.

Wer in einer Themenarbeit eine noch nicht abgeschlossene Rechtsentwicklung referiert, muss nicht so tun, als ob er gottgleich deren Ende schon voraussagen könne. Unge-

---

442 Es ist ein ständiger Vorwurf an die Juristenausbildung, dass Juristen immer nur an den Problemfällen geschult werden und dabei den Normalfall aus dem Auge verlieren – zu Ausnahmen von dieser Regel siehe etwa *Haft* Einführung, S. 181 ff. Helfen Sie dabei, diesem schlechten Ruf entgegenzuwirken, der Qualität Ihrer Arbeit wird es nicht schaden.

wissheiten dürfen als solche bezeichnet werden und müssen es ehrlicherweise oft auch. Gleichwohl sollen Sie einen Standpunkt beziehen.

Beispiel: *Konsequenter wirkt die zuletzt dargestellte Argumentation. Nicht zuletzt wegen ... ist anzunehmen, dass diese sich auch vor den letztinstanzlich zuständigen Gerichten durchsetzen wird.*

417 Es ist gerade in einer Themenarbeit legitim, Entscheidungen offen zu lassen. Dabei darf man auch darauf hinweisen, dass die entscheidenden Fragen von **Einzelfall** zu Einzelfall aus dem jeweiligen Sachverhalt beantwortet werden müssen. Je häufiger das aber geschieht, desto näher gerät Ihre Untersuchung stilistisch an Handbücher, Kommentare und ähnliche juristische Arbeitsmittel. Das kann der Kern der Aufgabe sein, es kann aber auch langweilig werden. Geben Sie deshalb dem Leser wenigstens ungefähre **Kriterien** dafür an die Hand, worauf im Einzelfall zu achten sein wird, und wie zumindest in der Regel anhand dieser Kriterien die verschiedenen Einzelfälle entschieden werden können.

Je nach Zuschnitt der Aufgabe kann aber die Entscheidung potenziell streitiger Fragen in den Hintergrund treten gegenüber der Sammlung und Systematisierung von Argumenten. Je neuer ein Problem und/oder je verstreuter die zu verarbeitenden Quellen, desto eher steht im Vordergrund die Mühe des Sammelns und des Nachdenkens. Meist merkt man aber beim Sammeln und Nachdenken und Ordnen schon recht deutlich, welcher Standpunkt am ehesten überzeugt – zumindest den Bearbeiter. Das sollte man dann auch den Lesern vermitteln.

418 Wie im Gutachten sollen Sie die Aufgabe ernst nehmen und nicht nach Ihrem Geschmack verändern, weil Ihnen so die Bearbeitung leichter fällt. Aber Sie dürfen eben auch mal einen Exkurs einschalten, wo es Ihnen sinnvoll oder nötig scheint. Und Sie dürfen – kurz! – von einer vorgegebenen Fallkonstellation abweichen, wenn das für Ihre Argumentation gut ist. Sie dürfen und sollen die im Gutachten nicht gefragten oder geradezu ausgeklammerten Rechtsbeziehungen zu Dritten mit einbeziehen, wenn so ein Ergebnis rund wird, das bei isolierter Betrachtung von Zweipersonenverhältnissen schief erscheint. Kurz gesagt: Sie sollen und dürfen alle Zusatz- und Randinformationen liefern und weitere Diskussionen führen, wenn Sie sie benötigen, um Ihren Hauptstandpunkt zu verdeutlichen – nur Ihre Aufgabenstellung dürfen Sie dabei nicht vergessen, und Sie müssen Ihren Lesern zeigen, warum diese Ausflüge noch einen Bezug zur Aufgabe haben.

419 Anders als im Rechtsgutachten gilt das **Verbot des Verweises nach unten** in der Themenarbeit **nicht bedingungslos**. Wenn die Darstellung es erfordert, darf man nach unten verweisen. (Aber eben nicht aus Bequemlichkeit.) Fast immer wirken solche Verweise aber unschön und erwecken den Eindruck eines nicht recht durchdachten Aufbaus.

Beispiel: Mit *Aus Gründen, die später (unter B.II.1.a) aa) -2-) noch zu erläutern sein werden, kann es sich bei ... nicht um ... handeln* mutet man dem Leser zu, eine Aussage (wenn auch nur vorläufig) unhinterfragt und unbegründet als wahr zu unterstellen. Das mag er nicht.

Wo aber Frage a für Frage b vorgreiflich ist und zugleich Frage b für Frage a, diskutiert man eben die eine vor der anderen. Was soll man sonst auch tun? Gleichzeitig diskutieren verbietet sich fast immer. Dann also lieber diejenige zuerst darstellen, die in geringerem Umfang Informationen benötigt, die erst später präsentiert werden können.

420 Ankündigungen und Verweise sind für eine gut moderierte Arbeit oft unumgänglich, gerade wenn deren Gegenstand sich dem Leser nicht von selbst erschließt. Trotzdem wird die Ankündigung beim Lesen oft als informationsarm und langweilig empfunden. Ein guter Kompromiss liegt darin, die **Ankündigungen in die Fußnoten** zu verlegen.

Für **Verweise nach oben** gilt ähnlich wie im Rechtsgutachten: Der Leser liest schneller als der Verfasser geschrieben hat. Verweise auf gerade eine Seite zuvor Gesagtes wirken unbeholfen und sind unnötig; sie verschwenden Platz, den Sie für Wichtigeres brauchen.

Noch ein **formaler Hinweis**: Egal in welche Richtung Sie verweisen, geben Sie immer (richtige) Seitenzahlen an und nicht nur Gliederungspunkte. Deren Aufsuchen über doppeltes Blättern (erst in die Gliederung und dann noch einmal nach der richtigen Stelle) ist für den Leser auch eine doppelte Mühe. Wenn möglich, arbeiten Sie mit dynamischen Querverweisen[443], dann sparen Sie sich das Suchen der Verweisstellen vor Abgabe.

Im Gegensatz zum Gutachten, wo dies verpönt ist, sind in der Themenarbeit auch **Exkurse oder die Diskussion von Parallelfällen** manchmal nicht nur zulässig, sondern geradezu nötig. Allerdings sollten Sie mit diesem Stilmittel sparsam sein, da schon der Begriff „Exkurs" andeutet, dass Sie vom eigentlichen Thema abweichen. Sie erlegen sich dann selbst die Pflicht auf, den Bezug zum Thema der Arbeit wieder deutlich zu machen. Wenn Ihnen das schwer fällt: Lassen Sie den Ausflug weg. **421**

Je kürzer eine Ausarbeitung ist, desto weniger Exkurse verträgt sie. Exkurse bilden Nebenäste, die erst in längeren Arbeiten willkommen sind. Bei einer zwanzigseitigen Seminararbeit ist wenig oder kein Platz dafür. Jedenfalls sollte man sie dann kurz halten – und wie immer darüber nachdenken, ob sie wirklich nötig sind.

Der Verzicht auf einen sich zunächst aufdrängenden Exkurs beweist nicht nur Ihre moralische Größe. Sie haben zudem den Vorteil, sich den Stoff aufbewahren zu können für den mündlichen Vortrag (wenn es einen mündlichen Vortrag gibt). Recht oft bemerkt man nämlich beim Seminarreferat, dass der Vortragende alles, was er weiß, in den Text gepackt hat, und im Vortrag nichts Neues mehr präsentieren kann. Während das im Vortrag selbst zwar langweilig ist, aber gerade noch funktionieren kann, ist es für die sich anschließende Diskussion unschön, denn der Bearbeiter bleibt auch nach seinem Vortrag der Hauptansprechpartner in der Diskussion und sollte dafür noch Pfeile im Köcher haben.

Wer einen Exkurs „einschaltet", darf ihn nicht beliebig mitten in den Text reinholzen, sondern muss ihn an die systematisch sinnvollste Stelle setzen. Der Exkurs sollte dann eine eigene Überschrift nebst Gliederungsnummer erhalten[444].

Fußnotennachweise zum weiterführenden Schrifttum sind aber – anders als im Rechtsgutachten – sinnvoll und teils sehr willkommen. Während der Leser eines Gutachtens über Fußnoten mit *Zum Ganzen umfassend/abschließend/weiterführend/jüngst* (gefolgt von einem halben Dutzend mehrhundertseitiger Monographien ohne konkrete Seitenangabe) den Kopf schüttelt, weil sie die Fallbearbeitung nicht weiterbringen, zeigen sie in der Themenarbeit, dass Sie einen Nebenast als solchen identifiziert, aber trotzdem weiterverfolgt haben[445].

---

443 Ihre Textverarbeitung kann das, können Sie es auch?
444 Etwas anderes gilt nur, wenn er nicht länger als zwei oder drei Sätze ist. Dann kann man ihn auch in eine Fußnote setzen.
445 Achten Sie aber ein wenig darauf, dass solche Lektüreempfehlungen nicht zu belehrend klingen. Die klügsten Hinweise werden nicht wertgeschätzt, wenn sie im Ton zu sehr von oben herab ausfallen.

422 Allzu starke Anklänge an den Gutachtenstil sollten Sie dabei vermeiden.

Beispiele: *Fraglich ist, ob.../Zu prüfen ist, ...*

Das ist unnötig schwerfällig für einen Text, in dem nicht die Rechtsanwendung im Einzelfall im Mittelpunkt steht. Um zu signalisieren, dass im nächsten Abschnitt subsumiert wird, formuliert man zurückhaltender:

Beispiel: *Danach kommt es für ... entscheidend auf ... an.*

423 Es gibt aber auch weitere Parallelen zu „normalen" Hausarbeiten. So ist es (außer in rechtshistorischen Arbeiten) regelmäßig unausgesprochene Voraussetzung Ihres Arbeitsauftrags, dass Sie eine Stellungnahme auf der Grundlage des geltenden Rechts (evtl. unter Einbeziehung rechtspolitischer Entwicklungen, Gesetzesvorschläge etc.) und unter Heranziehung der aktuellen Stimmen in der Rechtswissenschaft (sowie ggf. der allgemeinen tagespolitischen Debatte) erarbeiten.

Dies setzt voraus, dass Sie die Standardquellen zu den entsprechenden Rechtsproblemen auswerten, also wenigstens die einschlägigen Kommentare, ggf. aber auch die anspruchsvolleren Lehrbücher.

h) Zweite Annäherung: Den Leser im Auge behalten

424 Wichtig beim Abfassen einer Themenarbeit ist es, möglichst leserfreundlich zu bleiben. Der wichtigste Leser ist derjenige, der Ihre Arbeit benotet. Schreiben Sie daher so, dass Sie selbst das Gefühl haben, jeder, vor allem aber dieser Leser, könne Ihrem Text jederzeit folgen und sich darin orientieren.

Dafür sind zwei Punkte wesentlich: die Schlüssigkeit Ihrer Überlegungen und die Lesbarkeit Ihres Textes. Ersteres bezieht sich eher auf Fragen des Aufbaus und der Struktur, letzteres auf die verwendete Sprache. Investieren Sie in beides Mühe, sie wird dankbar zur Kenntnis genommen.

In Fallbearbeitungen nehmen Ihnen die vorgegebenen Schemata und das enge Korsett des Gutachtenstils für beides den Raum für eigene Kreativität, in einer Themenarbeit haben Sie diesen Raum. Die Kehrseite dieser Medaille ist aber, dass Sie den Freiraum auch füllen müssen.

aa) Schlüssigkeit der eigenen Darstellung

425 Ihr Text soll so strukturiert sein, dass die Abfolge der Darstellung auf den Adressaten plausibel wirkt und dieser Ihren Gedanken folgen kann.

426 So ist es wichtig, nicht nur in der Gliederung, sondern auch im Text immer einen **klaren Aufbau** zu zeigen. In einem Gutachten ergibt sich der Aufbau aus der Aufgabe und den dogmatischen Regeln zur Fallbearbeitung, so dass Sie dort diesbezüglich nichts erklären müssen (oder auch nur dürften). In einer Themenarbeit ist es hingegen sinnvoll, zu Beginn eines Abschnitts den Verlauf der folgenden Darstellung anzukündigen.

Das kann mit Formulierungen geschehen wie: *Im Folgenden wird zunächst eine dogmengeschichtliche Rekonstruktion der Herkunft der Tatherrschaftslehre Roxins dargestellt (I.), bevor ihre wesentlichen Merkmale erläutert werden (II.) und die Kritik an Roxin zusammengefasst wird (III.). Anhand einzelner problematischer Konstellationen soll die Leistungsfähigkeit der vorgestellten Begrifflichkeit untersucht werden (IV.), bevor eine eigene Bewertung folgt (V.). Solche „Inhaltsverzeichnisse" bieten sich für jede*

Stufe der Untergliederung an, wenn die entsprechenden Ausführungen größeren Raum beanspruchen und nicht auf einen Blick zu erfassen sind[446].

Aber auch wenn diese Ankündigungen dem Leser das Verständnis erleichtern, dürfen Sie deswegen Ihre Gedanken nicht beliebig aneinander reihen. Die **Gedankenführung** muss **nachvollziehbar** im Wortsinne sein, das heißt es muss möglich sein, durch den Text nicht nur Ihre Gedanken selbst, sondern auch deren Verhältnis zueinander zu verstehen. **427**

Beispiel: Sollen Sie in einem Seminar zu Ideologie und Recht eine Arbeit zum Streit um die Zulassung von Lehramtsreferendarinnen schreiben, die auf das Tragen eines Kopftuchs bestehen, so können Sie an die Frage, ob, wo und wie eher ideologische als rechtliche Argumente eine Rolle spielen, auf sehr verschiedene Weisen herangehen. Wenn Sie etwa – grob einer Chronologie der hiesigen Diskussion folgend – mit einer Schilderung des Ablaufs des Rechtsstreits um Frau *Ludin* beginnen, um dann sowohl die Judikate als auch die folgenden Gesetzgebungsaktivitäten der Politik daraufhin zu prüfen, ob und wo ideologisch argumentiert wird, müssen Sie die Perspektiven trennen. Hier ließe sich sicher allen Beteiligten eine ideologiegefärbte Argumentation nachweisen; deren Gegensätzlichkeit darf aber in ihrem Text nicht verwischt werden. Vor allem müssen Sie gerade in solchen Fällen darauf achten, dass Sie selbst einen neutralen Standpunkt beibehalten und auch die eigene Position wissenschaftlich fundieren. Wenn Sie stattdessen hier eine eigene Position mit der Darstellung und Kritik der verschiedenen Äußerungen aller Beteiligten vermischen, werden Sie angreifbar.

Wenn Sie eine **eigene Position** vertreten, müssen als erstes Sie sich bewusst sein, dass es hier um Ihre Ansicht geht, die Sie nicht nur beschreiben, sondern eben auch selbst für überzeugend halten. Sie müssen sprachlich wie inhaltlich klar Farbe bekennen, also im Indikativ auf der Richtigkeit gerade Ihrer Argumente bestehen, um Ihren Lesern zu signalisieren, dass Sie genau diese für richtig halten. Vornehme Zurückhaltung und Vorsicht, gar politikerartige Offenheit, salvatorische Klauseln und rhetorische Hintertüren sind hier unangebracht und wirken wenig überzeugend. **428**

Für den Leser kann das Verständnis zudem schwierig werden, wenn Sie zwar implizit einen bestimmten Standpunkt beziehen, sich aber nie dazu äußern, dass Ihre Überlegungen gerade diese **Grundannahmen** voraussetzen und Sie daher von bestimmten Prämissen ausgehen. Oft werden solche Grundpositionen nicht offen gelegt und dann auch nicht begründet. Damit ziehen Sie Kritik auf sich, vor allem aber ist es für den Leser anstrengend, sich aus dem Text erst Ihre Prämissen zu erschließen. Verdeutlichen Sie, dass Sie Position beziehen, und begründen Sie diese. Dann können Sie auch aus Ihrer Grundansicht Folgerungen ziehen. **429**

Im letzten Beispiel gibt es verschiedene gleichermaßen vertretbare Grundpositionen, etwa ein Beharren auf der strikten Säkularität der staatlichen Verwaltung oder eine stärkere Betonung der Religions- und Berufsfreiheit auch für Lehrer. Auch die Annahme, das von sich selbst als gläubig ansehenden Musliminnen getragene Kopftuch sei gar kein religiöses, sondern ein politisches Symbol, und der genau entgegengesetzte Standpunkt sind solche Grundannahmen. Bevor aus diesen Grundpositionen Folgerungen gezogen werden können, müssen sie selbst begründet werden. Seien Sie gegenüber den Voraussetzungen Ihrer Begründungen kritisch, spielen ruhig einmal den Teufelsadvokaten und hinterfragen gerade das, was Ihnen selbstverständlich erscheint. Abgesehen davon, dass man selbst dabei meistens viel lernt, gewinnt Ihre Arbeit dadurch enorm. **430**

---

446 Dazu schon Rn. 351.

bb) Lesbarkeit des Texts

431 Der Adressat wird es Ihnen danken, wenn Sie leserfreundlich schreiben. Gehen Sie sorgfältig mit der Sprache um! Diese ist Ihr Handwerkszeug, weswegen für den Juristen ein sicherer Umgang mit der gesprochenen wie geschriebenen Sprache unerlässlich ist[447]. Versuchen Sie immer, sich so einfach und verständlich wie möglich auszudrücken.

432 Halten Sie sich beim Schreiben aber auch vor Augen, welchen **Kenntnisstand** die für Sie wichtigen Leser haben. Setzen Sie das sprachliche Niveau möglichst so an, dass der Leser mit seinem Vorwissen ohne zu überlegen Ihren Ausführungen folgen kann und Sie ihm nicht zu viele Dinge erklären, die er bereits weiß (das wirkt belehrend, und niemand will gerne belehrt werden …).

Kaum etwas ist so ermüdend wie langatmige Erklärungen zu längst bekannten Grundbegriffen. Umgekehrt ist es höchst ärgerlich, Texte zu lesen, zu deren Verständnis man erst unbekannte Begriffe nachschlagen muss. Ihr Problem besteht gerade bei Seminararbeiten, die meist von Mitstudenten ebenso wie vom Professor gelesen werden, vor allem darin, dass der Kenntnisstand der Adressaten stark divergiert, so dass Sie sich auf einem schmalen Grat bewegen. Sie sollten dabei schon aus gesundem Egoismus zunächst den Sie bewertenden Leser in den Blick nehmen. Also sollten Sie jedenfalls nichts erklären, was bereits Stoff von Pflichtfachvorlesungen war (denn die musste der Veranstalter schon selbst abhalten). Auch Ihren Kommilitonen dürfen Sie zumuten, diesen Stoff zu beherrschen (oder eben doch nachzulesen). Echte Sonderbegrifflichkeiten, die nur Ihr Thema betreffen, sollten Sie dagegen einführen, und sei es nur, um dem Veranstalter zu beweisen, dass Sie diese Begriffe auch als wichtig erkannt und verstanden haben[448].

433 Wenn Sie von Ihren Adressaten nicht erwarten können, bestimmte einschlägige Termini zu kennen, können **Begriffsbestimmungen** für den Leser essenziell wichtig sein. Sofern nicht schon in der Einleitung erfolgt, sollten Begriffsbestimmungen im Hauptteil möglichst am Anfang stehen. Erforderlich sind sie aus zwei Gründen: Juristen sind erstens als Geisteswissenschaftler sowieso terminologisch recht produktiv. Es kann also leicht geschehen, dass die gleiche Sache zwei oder mehr verschiedene Bezeichnungen erhält. Manchmal setzt sich im Lauf der Zeit eine durch, manchmal bestehen mehrere nebeneinander.

Da der Gegenstand rechtlicher Probleme zudem zweitens mindestens ebenso sehr im Tatsächlichen liegt wie im Rechtlichen, fließen in die Sprache des Rechts ständig Begriffe aus anderen Fachsprachen und aus der Alltagssprache ein. Der spezifisch juristische Gebrauch von Wörtern, die auch anderweitig verwendet werden, bedarf dann aber einer Erklärung. Je deutlicher sich ein Text auch an Nicht-Fachangehörige wendet, desto wichtiger wird das.

Solche Vergewisserung über die Begriffe ist gedanklich immer nötig. Auf dem Papier mag sie entbehrlich sein, wenn die Zeit drängt oder wenn man es nur mit gesetzlich beschriebenen Begriffen zu tun hat. Es muss nicht unbedingt ein ganzes Kapitel mit Definitionen nach der Art amerikanischer Verträge sein. Aber es kann so aussehen[449].

---

447 Dazu schon Rn. 212 ff.
448 Dazu auch Rn. 219 ff.
449 Vereinzelt gibt es Veranstalter, die ausdrücklich ein der Arbeit als Anhang anzufügendes Glossar fordern. Nötig ist das eher selten, wenn aber gerade bei interdisziplinären Aufgaben eine größere Menge jurafremder Fachterminologie eingeführt werden muss, kann auch das ein sinnvolles Format sein.

Beispiele: *Unter ... ist im folgenden Text ... zu verstehen.* oder *Abweichend vom Gebrauch in der All-tagssprache/bei Fachautor (Belegstelle) wird hier ... als ... verstanden* oder *In der Terminologie folgen die nachstehenden Überlegungen dem von <Autor> vorgeschlagenen Sprachgebrauch.*

Arbeiten Sie mit **Beispielen**! Beispiele sind ein alter Hut. Aber sie helfen fast immer.   **434**
Dass Sie mit Lehrbüchern lernen, die viele Beispiele enthalten, ist kein Zufall. Das menschliche Hirn mag die halt gern. Und nur wenige ungewöhnlich begabte Leute ver-stehen Kompliziertes besser, wenn es ganz abstrakt und ohne Beispiele erklärt wird.
Wer Beispiele verwendet, soll aber dadurch dem Leser das Verständnis auch wirklich erleichtern. Das bedeutet unter anderem, dass immer klar sein muss, auf welches von mehreren Beispielen sich Ihre jeweiligen Ausführungen gerade beziehen. Dazu kann man nötigenfalls die Beispiele nummerieren.

Beispiel: Wenn man Fallvarianten bildet, lautet die Nummerierung etwa *Beispiel 1, Beispiel 2a, Bei-spiel 2b, Beispiel 2c, Beispiel 3* usw.

Die Zahl der Beispiele darf nicht ausufern. Der Leser findet sonst vor lauter Veran-schaulichung die allgemein formulierten Erkenntnisse nicht mehr. Vielleicht können Sie manche Beispiele zu Gruppen zusammenfassen. Behalten Sie im Auge, dass die Rechts-wissenschaft allgemeine Erkenntnisse fördern muss, die nicht nur ein konkretes Beispiel betreffen. Es soll deshalb immer ein Weg vom Beispiel zum allgemeinen Rechtssatz zurückführen – sonst verliert es seinen Sinn.

Der nächstliegende Gedanke sind **Rechtsfälle als Beispiele**. Das kennt man aus Lehrbü-   **435**
chern, Skripten usw. – gute Idee und grundsätzlich legitim: Schließlich vollzieht sich juristisches Denken zu einem großen Teil am Fall.

Vorsicht: Eine Themenarbeit sollte nicht zur verdeckten Falllösung mutieren. Das ist für den Leser langweilig und enttäuschend und verfehlt den Sinn des Formats. Beispiel bedeutet eben auch, dass es etwas Allgemeineres veranschaulichen soll, und genau darauf kommt es an – nicht auf eine vollständige Falllösung.

Werden Fälle erörtert, müssen diese sorgfältig ausgesucht sein. Man kann etwa solche wählen, die bereits stattgefunden haben und durch die Medien gegangen sind oder ge-richtlich entschieden (aber kontrovers geblieben) sind. Man kann auch selbst welche konstruieren, die man auf das zu erörternde Thema zuspitzt und von vornherein so anlegt, dass sie Varianten zulassen, anhand deren man das Problem umfassender be-leuchten kann. Damit bahnt man leicht den Weg zur Fallgruppenbildung und kann die rechtlichen Unterscheidungsmerkmale deutlicher herausarbeiten. Die Fälle sollten aber repräsentativ sein für reale Probleme.

Oft sind **Fallgruppen** die besseren Beispiele. Eine Fallgruppe zu bilden fordert vom Bearbeiter eine größere gedankliche Leistung als einen Fall auszudenken. Bei der Fallgruppenbildung müssen nämlich bereits entschiedene oder selbst erdachte Sachverhalte so zusammengefasst werden, dass die prägenden (also rechtlich relevanten) Gemeinsamkeiten hervortreten, während die zufälligen Gemeinsamkeiten und Unterschiede als unmaßgeblich gekennzeichnet werden. Das gelingt nur, wenn man die Rechtsfra-gen, die man beantworten will, gründlich erarbeitet („verstanden") hat.

Gelegentlich kann auch die **visuelle Aufarbeitung von Informationen** in einer Arbeit   **436**
eine gute Idee sein. Allerdings ist hier Vorsicht geboten: Grafiken, Tabellen usw. mögen zwar das unmittelbare Verstehen erleichtern, die darin enthaltenen Informationen sollten

Sie aber auch im Fließtext selbst aufnehmen und verarbeiten. Gerade der Veranstalter wird hierauf mehr Wert legen als auf ein aufwendig gestaltetes Flussdiagramm[450].

Tabellen und Grafiken sollen nicht riesig ausfallen, weil das leicht den Eindruck erweckt, Sie hätten Platz schinden wollen. Sie müssen sie aber auch nicht so winzig formatieren, dass keiner sie mehr lesen kann. Wer mühsam die Daten zusammengesucht und visualisiert hat, weiß, dass in einer Grafik schnell viel mehr Arbeit steckt als in der gleichen Menge Fließtext. Also auch keine falsche Bescheidenheit!

437 In der Lehrbuchliteratur zunehmend beliebt sind **Grafiken und Diagramme**. Manchmal stimmt *Ein Bild sagt mehr als tausend Worte* wirklich. Nur selten werden Fotos gebraucht werden. Aber eine grafische Übersicht, wie sie im Unterricht an der Tafel immer wieder eingesetzt wird, etwa um die Vertrags- und Anspruchsbeziehungen der an einem Konflikt Beteiligten zu verdeutlichen, kann nicht schaden. Im Gegenteil erspart oder verkürzt sie oft eine wortreiche Einführung. Dennoch müssen Sie damit rechnen, genau diese wortreiche Erklärung entweder im geschriebenen Text trotzdem zu liefern oder zumindest auf Nachfrage im oder nach dem Vortrag mündlich zu geben.

Die Anwendungsmöglichkeiten solcher Art von Visualisierungen sind zahlreich. Ihrer Phantasie sind kaum Grenzen gesetzt. Grafiken dürfen aber nicht zum Selbstzweck werden. Für von Dritten übernommene Bilder ist ein Quellennachweis in der Fußnote oder der Grafikunterzeile erforderlich, selbst wenn Sie das Bild nicht gescannt, sondern nachgemalt haben.

438 **Tabellen** können Langatmiges zusammenzufassen.

Beispiele: Zeittabellen, Gegenüberstellungen von Vor- und Nachteilen des einen und des anderen Lösungsansatzes etc.

Alle diese Formen der grafischen Aufarbeitung werden häufig schon in ihrer Existenz als unkonventionell wahrgenommen. Bleiben Sie damit also insgesamt sparsam und gehen Sie bedacht mit solchen Stilmitteln um.

439 Juristische Texte leben im Allgemeinen nicht eben von ihrer Bildhaftigkeit. Gerade deshalb kann man aber mit einer **Metapher** an der richtigen Stelle Aufmerksamkeit erregen.

Beispiele: Als pointierte Zusammenfassung der Thesen einer Seminararbeit könnte funktionieren *Zur richtigen Erfassung der Rechtsprobleme des … sind die Regeln über … und über … nicht geeigneter als eine Gabel zum Suppenessen.* – Bis ins Feuilleton der Tagespresse geschafft hat es das Bild von *Hirsch*, der das Verhältnis von Gesetzgeber und Richter in die Metapher von Komponist und Pianist umgesetzt hat[451]. Jahrhunderte überdauert hat die *unsichtbare Hand* bei Adam Smith[452].

Umgekehrt können abgenutzte Bilder nerven.

Beispiel: Von *Netzwerken* spricht heute wirklich jeder in fast jedem Zusammenhang; damit sind auf Jahre hinaus keine Originalitätspunkte zu holen (zumal meist nur *Netze* gemeint sind).

Und manches Bild gerät (ungewollt?) bildungshuberisch.

---

450 Recht ist eine Textwissenschaft, keine Flussdiagrammwissenschaft.
451 *Hirsch*, ZRP 2006, 161; zu den Folgen *Hassemer*, ZRP 2007, 213 ff.
452 Der Wohlstand der Nationen, 1776.

Beispiele: Wer vom *Damoklesschwert* oder der *Büchse der Pandora* spricht, nimmt auf die griechische (und römische) Mythologie Bezug. Nicht jeder hat das alles aber in der Schule gelernt. Richtig gefährlich wird das, wenn man selbst die jeweilige Erzählung nicht kennt und damit riskiert, sich zu blamieren.

Ist ein Bild schon gebräuchlich geworden, verwende man es ohne Bedenken.

Beispiel: Treffender und zugleich kürzer als mit *Schneeball- oder Pyramidensysteme* kann man das Gemeinte doch kaum bezeichnen – den hierfür üblichen amerikanischen Begriff des *Ponzi scheme* sollte man hingegen ohne Erläuterung besser nicht benutzen.

Von solchen gezielt eingesetzten Ausnahmen abgesehen ist aber jede Art von **Poesie** zu vermeiden. Die gehört anderswohin als in ein Referat oder ein Gutachten.

Beispiel: *Die Kündigung eines langjährigen Mitarbeiters* ... muss richtig heißen *Die Kündigung eines jahrelang beim Arbeitgeber beschäftigten Mitarbeiters...* Ob die Jahre der Beschäftigung lange Jahre waren, ist ein Problem der subjektiven Wahrnehmung der Beteiligten. Rechtlich interessant ist, dass es eine jahrelange Anstellung war; am besten sagt man, wie viele Jahre es denn tatsächlich waren. *Langjährig* verwenden Sie dann in einer Laudatio oder einem Nachruf. Abgesehen davon: Ist wirklich der Mitarbeiter langjährig – oder nicht doch eher seine Beschäftigungsdauer?

Bilder dürfen nicht kippen oder schräg ausfallen.

Beispiele: *Indem er die unmittelbare Herrschaft über das politische System übernahm, konnte er den auf ihn zurollenden Gefahren gleichsam den Stecker herausziehen*[453]. Rollen Gefahren mit elektrischem Antrieb? – *So droht die Auseinandersetzung um den Mord von Dresden auf ein unfruchtbares Nebengleis zu geraten*[454]. – Wie sieht denn ein fruchtbares Gleis aus?

Schon die kleinen Schnörkel sind gefährlich. Wer mit den kleinen Schnörkeln anfängt, setzt über kurz oder lang auch große.

Beispiele: *wortwörtlich* statt *wörtlich*, *tagtäglich* statt *täglich*

Während also ein sprachliches Bild einen dicht dargestellten Gedankengang verdeut- **440** licht und auflockert und daher grundsätzlich willkommen ist, sollten Sie sich zurückhalten mit **rhetorischen Figuren**, die nur der Verzierung oder der vordergründigen rednerischen Überzeugung dienen. Eine Gerichtsrede muss ein Gericht überzeugen und darf daher auch mal mit Zuspitzungen und Übertreibungen arbeiten. Ein Referat darf das nicht. Überhaupt soll eine öffentliche Rede inhaltlich und äußerlich schön sein, um zu überzeugen. Ein Referat überzeugt durch Argumente.

Beispiel: *reiner Selbstzweck* statt *Selbstzweck* – gerade weil das eine recht unauffällige rhetorische Figur ist, fragt man sich als Leser, ob hier stilistische Tricks an die Stelle inhaltlicher Überzeugungskraft treten.

cc) Schwerpunktsetzung/Roter Faden

Eine gelungene **Schwerpunktsetzung** ist nicht nur dort wichtig, wo zu wenig Platz für **441** zu viele Gedanken zur Verfügung steht. Vielmehr werden bei Themenarbeiten aller Art die Prüfer auf diesen Gesichtspunkt achten.
Da die Erwartungen hinsichtlich der „richtigen" Schwerpunkte meist nicht so dezidiert ausfallen wie bei einem Gutachten, kann man als Verfasser seine Leistung durch subjek-

---

453 *Stille*, Citizen Berlusconi, S. 120.
454 *Rath*, Formal korrekt, taz v. 6.1.2010, 12.

tive Schwerpunktsetzung individualisieren. Solange man damit nicht ganz weiträumig am Thema vorbei schreibt, wird der Leser in aller Regel die Schwerpunktsetzung des Verfassers akzeptieren.

Beispiel: Lautet das Thema *Ausnahmen von der Saldotheorie*, so ist die Saldotheorie selbst zwar nicht ohne Weiteres als bekannt vorauszusetzen. Aber man erläutert sie eher in der Einleitung, als dass man sie zum Gegenstand des Hauptteils machen würde. In diesem entfaltet man dann die einzelnen Ausnahmen, um anschließend etwa zu untersuchen, ob es ein gemeinsames Prinzip gibt, auf das die Ausnahmen zurückgeführt werden können. Dabei können die Grundsätze des Bereicherungsausgleichs und damit auch der Saldotheorie wieder in den Vordergrund treten.

Selbst wenn der Leser mit der Wahl Ihrer Schwerpunkte nicht glücklich ist: Fast immer ist eine angreifbare Schwerpunktsetzung (und welche wäre nicht angreifbar?) besser als keine. Wer keine Schwerpunkte setzt, wirkt desinteressiert und unentschlossen. Außerdem ist dies wieder eine Gelegenheit, die eigene Arbeit zu individualisieren und damit aus der Masse der langweiligen Prüfungsleistungen hervorzuheben.

Sprachlich setzen Sie **Schwerpunkte** durch den **Kontrast** zwischen den Teilen des Textes, in denen Sie eher zügig referieren, was Sie benötigen, um zu den wichtig erscheinenden Fragen zu kommen, und eben diesen Teilen des Textes, wo die Argumente kleinteilig und genau, aber auch sowohl zahlreicher als auch tiefgehender werden. An diesen Schwerpunktstellen wird die Darstellung also raumgreifender, weil inhaltsreicher. Zudem werden auch die Belegangaben sowohl zahlreicher als auch länger, weil Sie hier eine besonders gründliche Quellenauswertung dokumentieren und zudem für die Argumentationen in erhöhtem Maß die Rückendeckung durch die angegebenen Belege suchen. Dies gilt vor allem und insbesondere für die Begründungen des letztlich von Ihnen vertretenen Standpunktes: Diese werden sowohl argumentativ die am gründlichsten elaborierten Teile des Textes als auch diejenigen mit den meisten und längsten Fußnoten[455].

442 **Vollständigkeit** kann ohnehin meist nicht Ihr Ziel sein. Wenn Sie nicht eine Doktorarbeit oder eine Habilitationsschrift verfassen, gibt es immer eine (meist noch dazu: enge) zeitliche Grenze, oft auch eine Grenze des Umfangs. Also müssen Sie Akzente setzen. Da eine gute Schwerpunktwahl eine ganz beachtliche intellektuelle Leistung sein kann, ist das aber überhaupt nicht schlimm.

443 Wenn Sie nichts zu sagen haben, schweigen Sie. Wenn Sie aber etwas zu sagen haben, rücken Sie es ins Zentrum. Oder wenigstens in eines der Zentren, wenn es im Text deren mehrere gibt. Dazu müssen Sie sich erst einmal im Klaren darüber sein, was das **Wichtige** und was das **Eigene** und was das **eigene Wichtige** in Ihrem Text ist. Schreiben Sie es nötigenfalls gesondert auf, damit es nicht vergessen wird. Und werfen Sie die Notizen aus Ihren anfänglichen Brainstorming-Sitzungen nicht einfach weg; die helfen später oft noch beim Identifizieren dessen, was auf Ihrem eigenen Mist gewachsen ist. Gerade wo Ihnen Ihre Meinung wichtig ist, sollten Sie besonders gründlich argumentieren, ein entsprechender Schwerpunkt setzt sich dann von selbst.

---

455 Wer glaubt, bei der Darstellung der eigenen Meinung auf Belegangaben ganz verzichten zu können, liegt schlicht falsch.

Irrelevantes ist rücksichtslos zu streichen[456]. Der Verlust guter Gedanken schmerzt immer. (Zumal er mit der Sorge einhergeht, der Leser könnte vielleicht nicht merken, wie klug der Verfasser ist.) Da muss man durch. Mit einer auf das Wesentliche konzentrierten Ausarbeitung sind mehr Punkte zu gewinnen als mit einer sehr gedankenreichen, die sich in zu vielen Nebenästen verliert[457].   **444**

Was ist zu tun, wenn die Schwerpunktsetzung schwer fällt?   **445**
Neu **fokussieren**, also im Kopf oder auf dem Papier Bearbeitungszeit und/oder Bearbeitungsumfang vergrößern und verkleinern und dann eine dem veränderten Umfang angemessene Gliederung entwerfen.
Man stelle sich beispielsweise vor, man müsse ein mündliches Referat halten und habe dafür genau zwölf Minuten Zeit. Was für diese zwölf Minuten unentbehrlich erscheint, muss auch in einer breiteren Ausarbeitung einen Schwerpunkt bilden. Was ganz herausfällt oder in den Nebensatz verschoben wird, wird in der breiteren Ausarbeitung knapper geraten und vermutlich auf einer niedrigeren Gliederungsebene anzusiedeln sein.

Kürzen. Etwas seltener geschieht es erfahrungsgemäß, dass Sie vor lauter Problemwissen nicht sehen, wie Sie alles Wichtige zu Papier bringen sollen. In dieser Situation ist es sinnvoll, schon beim Abfassen einer Gedankenskizze zu priorisieren. Man kann dazu zwei (oder drei, aber nicht mehr) Spalten bilden, mittels derer man die einzelnen Stichpunkte in die Kategorien „unentbehrlich", „mit Mühe entbehrlich" und „entbehrlich" einordnet. Tendenzen und eventuelle Änderungen kann man mit einem kleinen Pfeil kennzeichnen. Diesen Arbeitsschritt der Schwerpunktbildung sollte man bei knapper Zeit in Klausuren nicht gesondert erledigen, sondern wenn möglich schon beim Niederschreiben der eigenen Ideen.   **446**

In Hausarbeiten liegt das Problem ein bisschen anders. Zu empfehlen ist hier, alles sauber aufzuschreiben und eher im Nachhinein zu kürzen. Das ist zwar mühseliger, kommt aber der Qualität des übrig bleibenden Texts unmittelbar zugute.   **447**

Man muss dazu nur lernen, sich von Text zu trennen, den man mit Mühe verfasst hat. Aber das muss man sowieso lernen. Bedenken Sie dabei immer Folgendes: Was Sie beim Kürzen rauswerfen, ist nicht verloren. Es bleibt als Wissen in Ihrem Kopf, um später für den mündlichen Vortrag oder für Ihre Doktorarbeit verwertet zu werden. Oder es macht Sie einfach klüger, ohne dass es jemals in Ihrer schriftlichen Ausarbeitung gestanden hätte. Sicherheitshalber kann man die gekürzten Textteile in einer eigens angelegten Datei aufbewahren, weil man sie vielleicht doch noch einmal braucht.

Besonders deutlich stellt sich das Problem der Schwerpunktsetzung bei offenen Themen. **Offene Themen** sind oft ganz kurz und schlagwortartig formuliert.   **448**
Beispiele: *Die Vorratsdatenspeicherung* oder *Schulgebete?* oder *Probleme der Verdachtskündigung*

Das mag bei der Themenwahl oder bei Zuteilung eines Pflichtthemas noch erfreulich klingen, kann aber im Verlauf der Bearbeitung ein Grauen werden. Das Thema erlaubt Anschlüsse in alle möglichen Richtungen nicht nur, sondern erzwingt sie geradezu. Wie der Pfannkuchenteig von der Mitte der flachen Pfanne her breitet sich das Thema aus; vielleicht wird es dabei dünner, vielleicht auch nicht. Hier braucht es nicht nur Mut

---

456 *Bull*, JuS 2000, 47, 48. Recht hat er.
457 Nicht traurig sein: Sie haben doch später noch Zeit für Ihre Habilitationsschrift.

zur individuellen Schwerpunktsetzung, sondern auch Gespür für die unentbehrlichen Schwerpunkte. Zum Teil ist letzteres eine Frage der Intuition, oft des Blicks auf das Seminargesamtthema und des Verhältnisses des eigenen Themas zu den anderen Aufgaben der Themenliste[458], manchmal auch der (informierten und vorbereiteten!) Anfrage beim Themensteller. Helfen kann aber auch die unten entwickelte Typologie der Themenarbeit[459]. Wer sein Thema gegen diese Typologie rastert, wird feststellen, dass es in etwa vier Schubladen passt. Das ist zwar Schubladendenken, aber wenn es hilft, hilft es.

449 Mit der Schwerpunktsetzung verwandt, aber nicht identisch ist die Frage des **roten Fadens**. Ihre Leser achten mit Sicherheit und mit Recht darauf. Auch wenn Sie erfolgreich Schwerpunkte gesetzt haben, können diese noch zusammenhanglos sein. Sie sind dafür verantwortlich, dem Leser vor Augen zu führen, was der eine Aspekt Ihrer Ausarbeitung mit dem anderen zu tun hat. Äußerlich erkennt man das an Ihrer Gliederung. In der Sache selbst müssen Sie – vor dem Gliedern – überlegen, wie sich die einzelnen Gesichtspunkte der Ausarbeitung zueinander verhalten. Daraus sollte sich eine (sach-)logisch stimmige Gliederung entwickeln lassen. Aber auch eine solche kann noch leicht ganz verschiedenartige Gesichtspunkte enthalten. Warum also der Leser sich mit dem einen und gleich anschließend mit dem anderen Gedanken auseinandersetzen soll, muss aus Ihrer Darstellung plausibel werden. Wo sich der rote Faden nicht eindeutig aus der Sache selbst ergibt, müssen Sie ihn herstellen, indem Sie ein wenig **moderieren**. Solche Moderation beginnt meist schon in der Einleitung; sie muss aber nötigenfalls fortgeführt werden, indem Sie im Hauptteil der Arbeit durch zwischengeschaltete Sätze den Zusammenhang zwischen den verschiedenen Gesichtspunkten des Themas erläutern. Wenn mehrere Aspekte gleichrangig nebeneinander stehen (was dazu führen sollte, dass sie auch in der Gliederung auf der gleichen Ebene stehen), aber inhaltlich wenig oder nichts miteinander zu tun haben, sollten Sie nicht bemüht einen roten Faden herstellen. Aber auch hier können Sie für den Leser moderieren[460].

Beispiele: *Dieses Ergebnis wird auch von einer ganz anderen Überlegung gestützt: ... oder In die gleiche Richtung weist auch folgender Ansatz: ...*

450 Ein durchlaufender roter Faden sollte eine Selbstverständlichkeit sein. Ist er aber nicht. Deshalb kann man schon damit punkten. Verglichen mit einem Gutachten[461] bei der Fallbearbeitung ist das bei einem frei gewählten Thema vielleicht auch ein bisschen schwieriger. Und zwar umso schwieriger, je gedankenreicher die Ausarbeitung ist. Vor Augen halten muss man sich als Schreibender: Im Großen und Ganzen referieren Sie Ihrem

---

458 Das hilft natürlich in einer wissenschaftlichen Hausarbeit nicht weiter, wenn diese – wie häufig – eben nicht im Rahmen eines Seminars erbracht wird. Beruht sie aber auf einer vorher besuchten Lehrveranstaltung, kann deren Zuschnitt beim Umgang mit offen formulierten Aufgabenstellungen trotzdem helfen.

459 Rn. 546 ff.

460 Allerdings sollte man es mit der Moderation auch nicht übertreiben. Ein vierzigseitiger Text, den der Leser normalerweise am Stück liest, kann zwar eingangs einen Überblick über den Gang der Überlegungen vertragen, braucht aber nur ganz ausnahmsweise auf jeder Seite zwei zusammenfassende und vorausschauende Sätze. Das birgt die Gefahr, dass der einigermaßen sachkundige Leser sich als ahnungslos behandelt und zu sehr gegängelt fühlt.

461 Weil Ihre Leser aus dem Prüfungsgeschäft daran gewöhnt sind, Rechtsgutachten zu lesen, steigen die Erwartungen an einen gelungenen Aufbau: Ein gut aufgebautes Rechtsgutachten ist eine ziemlich regelunterworfene Angelegenheit. Wofür sonst bräuchte man die vielen unter Juristen so beliebten Schemata?

Leser linear. Eben nicht so, wie Sie selbst zu denken gewohnt sind: gleichzeitig auf mehreren Ebenen Alternativen diskutierend, Einschübe setzend, Entscheidungen offen lassend usw. Man darf also getrost die Textfassung Ihrer Überlegungen als Vereinfachung betrachten – gemessen am gegen Ende erreichten Grad der Komplexität Ihrer Überlegungen. Solche Vereinfachung ist meist nur mühevoll zu leisten. Aber diese Mühe ist Teil der Aufgabe. Wenn Sie also noch so viele clevere Techniken und Hilfsmittel einsetzen (Brainstorming und Mindmapping usw.) – die auf das Komplexeste über mehrere Ebenen miteinander verbundenen Stichworte müssen im Text dann doch in eine sinnvolle Reihe gebracht werden[462]. Es gibt ein paar Möglichkeiten, den Faden ein bisschen aufzudröseln: Einschübe, Text in Fußnoten, Exkurse, Anhänge etc. Die Frage, was in einen solchen Nebenast verlagert werden soll, stellt sich aber erst, wenn Ihnen klar ist, was zum Hauptast gehört.

Im Wesentlichen besteht der rote Faden aus einem nachvollziehbaren Gedankengang in der Sache selbst. Weil man aber beim Schreiben leicht einmal betriebsblind wird, kann es zweckmäßig sein, auf einer ganz einfachen Ebene zu prüfen, wie es um die Nachvollziehbarkeit steht. Man unterstellt, dass jeder Satz eine sinnvolle Aussage enthält, und betrachtet das Verhältnis der Sätze zueinander. Man fragt also wie im Grammatikunterricht in der Deutschstunde, ob die Sätze etwa temporal aneinander anschließen *(zunächst ... anschließend ... sodann ... danach)* oder kausal *(weil)* oder final *(um zu)* oder konditional *(wenn)* usw. Wenn man das mit ein wenig Ausdauer betreibt, kommen die interessantesten Erkenntnisse zutage. Viel öfter als man glauben sollte hat man beim Schreiben den Gedankengang unterbrochen oder zerfasert. Das ist an sich nicht schlimm, weil die Gegenstände wissenschaftlicher Erörterung oft kompliziert sind. Aber wenn man dem Leser das Lesen erleichtern möchte, kann man die Zerfaserung gering zu halten versuchen. Und man kann sie durch die Gestalt des Texts (Absätze, Leerzeilen, Überschriften etc.) verdeutlichen. **451**

Viel ist für die Qualität Ihres Texts schon gewonnen, wenn Sie sich selbst Rechenschaft darüber geben können, wie der eine Satz an den anderen anschließt. Nötigenfalls nehmen Sie sich das vollständige Referat vor und kennzeichnen mit einem Textmarker in jedem Satz das Wort, das den Anschluss zum nächsten oder zum vorherigen Satz herstellt *(dieser, deshalb, hierfür, daneben, weil, so ...)*. Wo dieser Anschluss fehlt, müssen Sie entweder nacharbeiten oder darauf bauen, dass der Zusammenhang auch ohne grammatikalische Vermittlung aus dem Sachzusammenhang heraus klar wird.

Beim roten Faden gilt zweierlei: Leichter gesagt als getan. Und: Theorie ist grau. Wenn Sie also üben wollen oder auch nur Anschauungsmaterial brauchen, werfen Sie einmal einen konzentrierten Blick auf zwei Arten juristischer Texte: Einerseits einen Gesetzeskommentar – daran kann man nämlich sehen, dass es mühsam, aber möglich ist, mit einer Rechtsnorm als Ausgangspunkt einen ganzen Haufen wichtiger Überlegungen zu sortieren. Andererseits einen Vortrag (z.B. eine Antrittsvorlesung, wie sie immer wieder in Fachzeitschriften wiedergegeben wird) – daran zeigt sich, dass ein gut durchdachter Text selbst dann noch verständlich ist, wenn der Hörer keine Gliederungsziffern und Zwischenüberschriften zur Verfügung hat, um sich zu orientieren. **452**

Auch wenn in der Frage des roten Fadens immer einmal Restunsicherheiten bleiben mögen – wenigstens die offensichtlichen Fehler müssen ausgebügelt werden. So darf etwa das Ergebnis einer Erörterung nicht versehentlich schon präsentiert werden, bevor auch nur die verschiedenen Standpunkte refe- **453**

---

462 Siehe dazu auch oben Rn. 37 ff.

riert worden sind. (Das kommt durchaus vor.) Hier zeigt sich die Kehrseite der Textverarbeitung: Das schnelle Verschieben ganzer Abschnitte geschieht nicht immer mit der nötigen Sorgfalt. Auch deshalb: Am Schluss der Bearbeitungszeit noch einmal gründlich gegenlesen.

Im besten Fall kommt dabei ein roter Faden heraus, der trotz der großen Zahl von Aufbauvarianten ebenso stimmig wirkt wie die innere Logik eines Rechtsgutachtens. Der Leser wird Sie loben.

454   Eine stimmige Gliederung ist die halbe Miete beim Finden eines roten Fadens[463]. Manchmal steht sie schon nach kurzem Überlegen, meistens sind Sie erst am Tag vor der Abgabe endlich mit Ihrer Gliederung zufrieden, manchmal selbst dann noch nicht. Die zweite Hälfte der Miete ist eine überzeugende Gedankenführung innerhalb der einzelnen Gliederungsabschnitte. Moderieren Sie, wenn es dem Leser hilft. Aber halten Sie ihn umgekehrt nicht für blöd. Wenn Sie sich immer genau Rechenschaft darüber ablegen können, wie der eine Satz an den anderen anschließt, sollte nichts mehr schief gehen.

455   Ganz selten kann man absichtlich einmal den roten Faden zerschneiden. Dazu muss man sich aber der eigenen Sache sicher sein – und sollte überhaupt einen guten Grund haben. Wer etwa einen besonders pfiffigen Gedanken in die Debatte einführen und dazu ein Thema ausschweifen will, das auf den ersten Blick fern liegt, mag das erwägen. Aber je länger der Text am Ende wird, desto wichtiger ist der rote Faden. Das gilt erst recht, wenn Ihr Wissensstand über dem der voraussichtlichen Leser liegt.

456   Dass der rote Faden hier immer als durchlaufender roter Faden angesprochen wird, geschieht nicht zufällig. Auch die überzeugendste Reihenfolge von Überlegungen leidet, wenn der Leser sie als unvollständig oder gar bruchstückhaft empfindet. Anstatt das weniger Wichtige wortlos wegzulassen, fasse man sich lieber kurz oder verlege den Gedanken in eine Fußnote. Juristen wissen einen fragmentarisch-assoziativen Gedankengang oft nicht zu schätzen und empfinden ihn als unpräzise oder unsorgfältig formuliert, auch wenn er in Wirklichkeit besonders geistreich ist.

i)   Darstellung einer Argumentation im Einzelnen

457   Fast keine juristische Themenarbeit kommt ohne die vertiefte Darstellung wenigstens einer (meist mehrerer) inhaltlicher Argumentationen zu einem Rechtsproblem aus. Deren Inhalt wird weitestgehend vom zu bearbeitenden Thema bestimmt. Die folgenden Hinweise sollen dennoch, ohne Anspruch auf Vollständigkeit und Allgemeingültigkeit, dazu anregen, sich mit der Funktionsweise verschiedener argumentativer Strukturen auseinanderzusetzen. Sicher empfehlenswert ist eine nähere Befassung mit juristischer Argumentationslehre[464, 465].

Hier ist aber nicht der Ort für rechtstheoretische Überlegungen zur Natur der juristischen Entscheidungsfindung, zum Unterschied zwischen Herstellung und Darstellung einer Entscheidung oder zur Frage, ob Recht im Kern eher mit Logik oder mit Rhetorik zu tun hat[466]. Hier soll es um den eher praktischen Versuch gehen, Handwerkszeug für die Darstellung juristischer Zusammenhänge in einer Prüfungsarbeit zur Verfügung zu stellen.

458   Zuerst noch ein Hinweis zum Grundsätzlichen: Nicht ganz selten stehen Prüfer vor dem Problem, Arbeiten bewerten zu müssen, in denen sich etliche im Ergebnis plausible Behauptungen finden, die aber nicht begründet werden. Streng genommen dürften die

---

463   Dazu schon oben Rn. 260 ff.
464   Schrifttumsempfehlungen in Fn. 436.
465   Ähnlich findet sich der Gedanke auch bei *Kohler-Gehrig*, die eine juristische Themenarbeit nicht zuletzt als die Gelegenheit begreift, Souveränität im Umgang mit juristischem Argumentieren zu zeigen.
466   Die Literatur zu diesen Fragen ist umfangreich und soll nicht einmal in einmal im Ansatz aufgeführt werden. Wer sich in die Grundlagenfächer einlesen möchte, beginne bei *Krüper* (Hrsg.), Grundlagen.

Verfasser solcher Arbeiten die jeweilige Prüfung nicht bestehen, weil sie die eigentliche juristische Denkleistung verfehlt haben[467].

Beispiel: *Kritisch wird gegen diesen Ansatz eingewandt, dass damit das Schadensersatzrecht in den Sog betriebswirtschaftlicher Kalkulation gezogen werde* (Belegstelle). *Zudem leidet er daran, dass ...*[468]. – Wenn man nicht für evident hält, dass das Schadensersatzrecht nicht zum Sklaven betriebswirtschaftlicher Überlegungen werden dürfe (und so evident ist das doch nicht), braucht es hier wenigstens eine knappe Begründung, die darlegt, warum das nicht geschehen dürfe oder welche Einwände Vorsicht geboten erscheinen lassen.

Ob die Begründungen für solche Behauptungen nun den Gedankengängen anderer Leute entlehnt werden (so ist es meistens, Sie müssen den Urheber des Gedankens dann eben zitieren) oder ob Sie sie durch eigene intellektuelle Anstrengung erarbeitet haben (so sollte es wenigstens ab und zu einmal sein), ist dabei zweitrangig. Überzeugen können Sie Ihre Adressaten nur, wenn Sie sie nicht nur mit Behauptungen zumüllen, sondern die Mühe der Begründung auf sich nehmen.

Die **Diskussion streitiger Fragen** ist in Themenarbeiten mindestens ebenso wichtig   **459**
wie in klassischen Fallbearbeitungen. Ein umstrittenes Rechtsproblem verständlich vor dem Leser auszubreiten kann ziemlich schwierig sein. Wie das am besten gelingt, ergibt sich oft aus dem Problem selbst. Es gibt aber auch schematisierbare Herangehensweisen[469]. Der Hinweis, man möge auf die Anwendung auf den konkreten Fall achten, gilt in Themenarbeiten in modifizierter Form: Wer zur Problemdarstellung Fälle oder Fallgruppen gebildet hat, sollte diese bei der Erörterung streitiger Fragen aufgreifen. Im Übrigen kann man aber in Themenarbeiten ungestraft Streitfragen abstrakt diskutieren. Nicht selten werden streitige Fragen einen Schwerpunkt oder geradezu das zentrale Thema der Aufgabe bilden. Das gibt Ihnen als Bearbeiter die Gelegenheit, Ihr argumentatives Profil zu schärfen. Die Aufbereitung einer streitigen Frage kann nämlich ziemlich langweilig, aber ebenso gut spannend (naja, für juristische Verhältnisse ...) ausfallen. Sich Letzteres vorzustellen ist zwar bei einem verstaubten und weitgehend ausdiskutierten Thema aus dem Immobiliarsachenrecht schwer. Aber es geht. Hier kann man sich in der Fähigkeit üben, einen ursprünglich uninteressanten Standpunkt zur eigenen Sache zu machen, juristisches Hirnschmalz und Herzblut zu investieren und nach Kräften den Leser zu überzeugen zu versuchen[470]. Gerade für auf den ersten Blick trockene Probleme ist das Arbeiten mit möglichst anschaulichen Beispielen empfehlenswert, weil so deutlich wird, wie aus der trockenen Dogmatikfrage ein Rechtsstreit und damit ein zwischenmenschlicher Konflikt wird.

Wer sich über die Wirkung von Argumenten Gedanken macht, wird sich fast zwangsläu-   **460**
fig eine Art von **Ökonomie der Argumentation** zurechtlegen. Das kann so weit gehen, dass Sie sich für Rhetorik zu interessieren beginnen – warum auch nicht? In kleinerer Münze bedeutet es, dass Sie überlegen, welches Argument sich in Gesellschaft welchen anderen Arguments am wohlsten fühlt. Sobald man darüber nachdenkt, klärt sich eine

---

467 Auch wenn in der Prüfungspraxis immer mal wieder beide Augen zugedrückt werden: Gute Noten sind dann nicht mehr zu haben.
468 Aus einer Diplomarbeit.
469 Einige Vorschläge z.B. bei *Schimmel*, Klausuren, Rn. 158 ff.
470 Das ist eine gute Übung für Ihren späteren Anwaltsberuf.

ganze Reihe von Aufbaufragen. Und für den Leser ist es immer eindrucksvoll, wenn Sie im nächsten Absatz genau das Gegenargument aufgreifen, das ihm auch gerade eingefallen ist – und es dann wirkungsvoll mit ein paar gut überlegten und gut belegten eigenen Argumenten widerlegen. Da die Argumentation einer inneren Ökonomie gehorchen soll, müssen Sie nicht zwangsläufig jedes auch nur entfernt einschlägige Argument präsentieren. Zwar würde streng genommen ein wissenschaftlich sauberes Vorgehen es verbieten, eines zu verschweigen. Aber Sie haben meist nicht unbeschränkt Zeit und Platz. Außerdem ist es etwas anderes, ob Sie ein Argument der Gegenansicht unter den Tisch fallen lassen oder eines der von Ihnen vertretenen Ansicht.

Falls es so etwas gibt wie eine Ökonomie des Arguments, sind deren Regeln bei Themenarbeiten etwas anders als im klassischen Rechtsgutachten. In letzterem braucht es strenggenommen nur eine Argumentationslinie zur Stützung des Ergebnisses – daher wird immer wieder gestritten, ob und in welchem Maß Hilfsargumente zulässig oder erforderlich sind. In einer Themenarbeit soll der Leser am Ende überzeugt sein. Deswegen sollten tendenziell alle Argumente (immer: pro und contra) verhandelt werden. Zurückhaltung ist allenfalls zu empfehlen bei Argumenten, die sich gegenseitig ausschließen. Auch diese sollte man aber nicht ganz verschweigen.

461   Eine gedankliche Leistung, die immer Anerkennung findet, besteht in der **Strukturierung** eigener und fremder **Argumentationen**. Das bedeutet zum einen, dass Sie Argumente nach verschiedenen Sachgesichtspunkten ordnen und so erst einmal Übersicht herstellen sollen. Zum anderen bedeutet es, dass Sie die Beziehungen der Argumente untereinander untersuchen und darstellen. So kann etwa ein Argument das andere **ausschließen** (etwa weil sie von nicht gleichzeitig möglichen tatsächlichen oder rechtlichen Voraussetzungen ausgehen) oder das andere verstärken usw.

Oft stehen aber zwei Argumente **ohne nähere Beziehung nebeneinander**.

Beispiel: Für ein bestimmtes Ergebnis sprechen sowohl eine rechtshistorische Parallele als auch der Vergleich mit einer fremden Rechtsordnung, die schon etliche Urteile zu dem Problem hervorgebracht hat. Die Überzeugungskraft des einen Gesichtspunkts hängt vom anderen nicht ab: Das rechtsgeschichtliche Argument hätte auch Bestand, wenn das rechtsvergleichende wegfiele oder in die entgegengesetzte Richtung wiese. Allenfalls wird man also sagen können, die Argumente summierten und verstärkten sich – wenn es mehr als gerade nur zwei sind.

Gleichwohl können sie ihrer Herkunft nach **verwandt** sein.

Beispiele: Zwei rechtstatsächliche Argumente nehmen Bezug auf die faktische Handhabung desselben Sachverhalts auf der Seite des Schuldners und des Gläubigers. Das eine kann, muss aber nichts mit dem anderen zu tun haben. – Zwei gesetzessystematische Argumente setzen den auszulegenden Begriff in Bezug zu zwei verschiedenen Regelungen, etwa eine BGB-Norm zu einer insolvenzrechtlichen und einer versicherungsrechtlichen Regel.

Dann bietet es sich an, sie auch zusammen zu präsentieren. Das gilt besonders, wenn sie auf derselben Prämisse beruhen, die in verschiedene Richtungen entwickelt wird.

462   Manches Argument erscheint für das Ergebnis geradezu **zwingend**; dann kann man es auch als allein tragend kennzeichnen. Andere Argumente haben eher **indiziellen Charakter**, weisen also in eine bestimmte Richtung, lassen aber auch andere Erklärungen und Ergebnisse zu. Hier berührt sich Ihre Aufgabe wieder mit der erwähnten Ökonomie der Darstellung: Wenn ein Argument erst einmal als stark oder schwach identifiziert ist, lässt sich über den besten Einsatzort auch leichter eine Meinung entwickeln. Wieder andere Argumente bauen aufeinander auf – umgekehrt betrachtet setzen sie einander voraus. Für Ihre Bewertung und Widerlegung bedeutet das, dass das eine Argument mit dem anderen steht und fällt. Das tritt aber bei weitem nicht immer zu Tage. Deshalb sollen Sie diese Beziehungen herausarbeiten und offenlegen, um dem Leser zu verdeutlichen, dass er es zwar mit drei überzeugenden Überlegungen, aber eigentlich nur mit einem Argument zu tun hat. So gesehen entzieht Ihre Strukturierungsmühe den rhetorischen Künsten anderer Diskussionsteilnehmer den Boden. Diese Strukturierungsarbeit enthält noch keine oder kaum normative Elemente. Wie Sie ein Argument bewerten, können Sie zunächst noch außen vor lassen. Entscheiden Sie erst einmal, welcher inneren Logik es folgt und wohin es in einer größeren Argumentation gehört. Je nach Visualisierungsbedürfnis kann es helfen, sich Argumente auf ein Blatt Papier zu notieren und ihre Beziehungen zueinander grafisch aufzuzeichnen. Das hört sich bemüht an – aber der Lohn solcher Mühe kann eine stringente, geradezu elegante Argumentation sein, vor der selbst der Andersdenkende den Hut zieht. Und das ist nicht so wenig in der Rechtswissenschaft.

Ohne viel Aufhebens darum zu machen, strukturieren die meisten Menschen Argumentationen, wenn sie an ihnen teilnehmen. Wer bewusst diesen Arbeitsschritt einschaltet, kann dadurch nicht nur fremde geschickt aufgepumpte Standpunkte wieder auf den Boden ihrer sachlichen Substanz zurückholen, sondern auch dem eigenen Standpunkt die überzeugendste Einkleidung verpassen[471].

Fällt Ihnen das Ordnen der Argumente schwer, versuchen Sie es einmal als eine klassisch rhetorische Aufgabe zu betrachten. Sie stellen sich dazu vor, dass Sie nicht einen schriftlichen Text ausarbeiten, sondern eine Rede (etwa eine Gerichtsrede). Mit dieser sollen Sie in begrenzter Zeit einen größtmöglichen Effekt erzielen, nämlich einen Richter überzeugen. Wenn Sie das ein wenig spielerisch üben wollen, nehmen Sie an einem Moot Court oder an einem Debattierclub teil.

Haben Sie die Argumente strukturiert, müssen Sie sie bewerten, um am Schluss zu einer **463** Entscheidung zu kommen. In einem Rechtsgutachten ist die eindeutige Entscheidung unumgänglich, in einer Themenarbeit dringend zu empfehlen. Ausnahmsweise wird man eine Entscheidung für einen Standpunkt vermeiden können, wenn das Thema erkennbar nur verlangt, eine strukturierte Bestandsaufnahme der Argumente zu liefern. Diese Bewertung ist kaum schematisierbar und ganz überwiegend von den Besonderheiten des zu erörternden Problems geprägt. Eine rein mechanische Entscheidung verbietet sich sowohl in der Sache selbst als auch in der Darstellung. Es gibt in der Rechtswissenschaft eben fast nie das Killerargument[472]. Im Gegenteil wird um das Verhältnis der Argumente in der juristischen Theorie gerungen (etwa: Wortlaut als Auslegungsgrenze?). Es ist also unausweichlich Aufgabe des Argumentierenden darzulegen, warum das einzelne Argument im konkreten Zusammenhang als stärker oder schwächer zu betrachten sei. Letztlich ist genau dies der Punkt, wo Sie als Person in Ihrer Arbeit auftauchen, denn die Entscheidung, wie Sie welche Argumente bewerten und warum Sie am Ende genau dieses oder jenes Ergebnis für angemessen und richtig halten, treffen allein Sie

---

471 Wie wirkungsvoll das sein kann, merkt man, wenn man etwa in einem Fachzeitschriftenbeitrag eine schöne stimmige Herleitung eines Rechtsstandpunkts findet, die vielleicht sogar ohne ständige Überschriften ganz selbstverständlich einen Gesichtspunkt nach dem anderen abhandelt – und am Ende einen überzeugten Leser zurücklässt. Ist Ihnen das schon mal passiert?

472 In der juristischen Alltagspraxis kommt das dagegen durchaus vor. Nicht wenige Gerichtsentscheidungen etwa stützen das Ergebnis auf ein als ausschlaggebend bezeichnetes Argument (allerdings ist auch da nicht immer vorher absehbar, welches Argument alle anderen aussticht).

mit allem, was Sie als Person ausmacht. Deswegen ist dies auch der Punkt, der Ihre Prüfer am meisten interessiert.

aa) Logische Argumentationsstrukturen

464 Zwar darf man heute mit einiger Berechtigung die Versuche, die juristische Argumentation mit den Regeln einer mathematischen Prädikatenlogik zu rekonstruieren, als gescheitert ansehen. Dennoch sollte eine gute Argumentation auch unter Juristen gewisse **logische Strukturen** beachten.

Im strengen Sinne ist die bei juristischer Argumentation typische Ableitung einer Folge aus einer allgemeinen Regel keine echte Deduktion, weil die Regeln, also vor allem die Gesetze, nicht axiomatisch gesetzt, sondern ihrerseits entweder kraft einer Geltungslehre oder auch inhaltlich als geltend begründet werden können und müssen, demnach keine „Allsätze" im Sinne der Naturwissenschaften sind. Deswegen ist der juristische Syllogismus im Endeffekt nur eine rhetorische Figur, welche formal als logischer Schluss auftritt, was er aber mangels hinreichender Stabilität der Prämissen und der Schlussregeln nicht ist. Dennoch ist auch in einer Themenarbeit diese Ableitung von Rechtsfolgen aus der Anwendung einer allgemeinen Regel eine wichtige und häufig anzutreffende Struktur. Konkrete Ergebnisse müssen auf allgemeine Normen zurückgeführt werden können – auch wenn letztere keine Naturgesetze oder Axiome sind, sondern von einem Gesetzgeber oder von Vertragsparteien gesetzte Regeln.

465 Die **Struktur der Subsumtion**, die jedem Rechtsstudenten vom ersten Semester an aufgezwungen wird, kann so auch für Themenarbeiten wichtig werden. Dies betrifft vor allem die Prüfung der Folgen verschiedener Ansichten auf als einschlägig erkannte konkrete Beispielsfälle oder -fallgruppen. Der Vorteil der Verwendung dieser allgemein bekannten Argumentationsstruktur ist eine gewisse Sicherheit im Umgang damit und für den Leser eine durch reine Übung gewährleistete Verständlichkeit.

Diese Form der Subsumtion eignet sich gut, aber eben auch nur für Situationen, in denen Norm und Sachverhalt zusammengebracht werden sollen, indem erstere auf letzteren angewandt wird. Hierauf ist das Gutachten auch typischerweise fokussiert. Bei einer Themenarbeit hingegen ist häufig die vorgelagerte Frage das eigentliche Problem, nämlich die Frage, wie die Regel zu bilden und zu definieren ist – im Gutachten ist dies der nur dienende Zwischenschritt der Normdefinition vor der eigentlichen Subsumtion. Rekonstruiert man den Prozess der juristischen Entscheidung so, dass erst der Sachverhalt festgestellt, dann die die einschlägige Norm gefunden und auf ein anwendbares Maß begrifflich definiert und schließlich diese auf jenen angewandt wird, so wird ein wichtiger **Unterschied zwischen Gutachten und Themenarbeit** verständlich: Das Gutachten hat einen vorgegebenen Sachverhalt, und die Normfindung und -auslegung erfolgt gerichtet auf die Anwendung auf diesen konkreten Sachverhalt. Bei einer Themenarbeit stehen hingegen die allgemeinen Aspekte der Auslegung verschiedener Normen im Vordergrund, während die Anwendung auf Einzelfälle nur Beispielcharakter hat.

466 Da es also bei Themenarbeiten sehr häufig vor allem um Fragen von Regelauslegung und -definition geht, spielen auch die **typischen Argumentationsfiguren** für diese Tätigkeit eine erhebliche Rolle. Damit ist nicht primär auf die von *Savigny* begründete **Auslegungslehre**[473] verwiesen, obwohl deren Methoden als gedankliche Figuren immer noch ihre Berechtigung haben. Gemeinsam mit dem juristischen Syllogismus bildet die Methodenlehre für Juristen einen wesentlichen Teil des fachspezifischen Kommunikationskanons, der den Rechtskundigen eine angemessene und untereinander anschlussfä-

---

473 Klassisch *Savigny*, System, 206 f.

hige Kommunikation und Argumentation erst erlaubt. Sinnvollerweise bedient man sich dieser Fachsprache, vor allem um von anderen Juristen verstanden zu werden. Diese Fachsprache verspricht mehr Folgerichtigkeit und Logik, als sie einlösen kann; letztlich geht es meist um Angemessenheit, nicht um Richtigkeit in einem naturwissenschaftlichen Sinne[474]. Gemeint sind hier Figuren wie die **Analogie** und der **Erst-Recht-Schluss**, die bei der Diskussion darüber, was in einer Situation die geltende Rechtsnorm sei, eine erhebliche Rolle spielen[475].

Beispiel: Gerade bei der beliebten Form der Themenarbeit, ein Problem auf seine rechtlichen Konsequenzen hin zu untersuchen, liegen beide Argumente sehr nahe. Wenn etwa nach der Bewertung der Präimplantationsdiagnostik gefragt wird, also der genetischen Untersuchung von *in vitro* erzeugten Embryonen vor deren Einsetzung in die Gebärmutter, so bieten sich für eine die Zulässigkeit dieser Form der Selektion von Embryonen mit der Folge der Verwerfung nicht einwandfreier Keimzellen etwa Analogien an zu den Rechtsregeln für den Schwangerschaftsabbruch. Dies kann gestützt werden durch ein *argumentum a fortiori*: Wenn schon der Abbruch einer bereits bestehenden Schwangerschaft bis zur 12. Woche ohne Angabe von Gründen straffrei möglich ist, kann es nicht verboten sein, mit potenziell kranken Embryonen gar nicht erst schwanger zu werden[476].

Allerdings muss man sich bei solchen Argumentationsstrukturen darüber im Klaren sein, dass sie **keine Ausschließlichkeit** beanspruchen können, sondern ihnen fast immer das genaue Gegenteil entgegengehalten werden kann. Für eine vorgeschlagene Analogie ist dies etwa die Behauptung, es gebe gar keine Gesetzeslücke, vielmehr sei das Schweigen des Gesetzgebers zu dem Problem ein beredtes, welches eine Analogie gerade ausschließe. Auch der Erst-Recht-Schluss ist weder *a fortiori*, also vom Speziellen zum Allgemeinen hin, noch *a maiore ad minus*, vom Allgemeinen zum Speziellen, zwingend. Dagegen kann immer eingewandt werden, die verglichenen Konstellationen unterschieden sich eben doch in dieser oder jener entscheidenden Hinsicht.   **467**

Die Verwendung der genannten vertrauten Strukturen entbindet Sie also nicht davon, innerhalb dieser Strukturen inhaltliche Begründungen zu liefern.   **468**

Überzeugend wird eine Argumentation erst dadurch, dass etwa eine Analogie nicht nur behauptet wird (auch nicht mit dem belegten Zusatz, dies sei *h.M.* oder *stetige Rechtsprechung*), sondern auch materiell begründet wird, warum erstens hier tatsächlich eine planwidrige Gesetzeslücke anzunehmen ist und warum gerade die analog anzuwendende Norm eine sachgerechte Lösung auch für diese Konstellation enthält. Werden gegen eine dieser Behauptungen in den ausgewerteten Quellen Einwände erhoben, so müssen Sie Ihre Annahme gegen diese Einwände verteidigen, sich also mit den Argumenten der Gegenansicht auseinandersetzen.

Auf keinen Fall sollten Sie sich aber dem Vorwurf aussetzen, **logische Fehler** begangen zu haben. Auch wenn juristische Begründungen nicht selbst einer strengen und eindeutigen Logik folgt, ist der Nachweis logischer Fehler eine der wenigen Möglichkeiten, sich den Vorwurf zuzuziehen, die Argumentation sei tatsächlich falsch (und nicht nur *wenig überzeugend* oder *lebensfremd* o.ä.). Fehlerhaft im revisionsrechtlichen Sinne werden Ihre Ausführungen, wenn Sie die **Denkgesetze verletzen**. Sie müssen also naturwissenschaftliche Erkenntnisse ebenso beachten wie Kausalgesetze.   **469**

---

474 Siehe dazu schon *Coing*, Juristische Methodenlehre, S. 37 f.
475 Dazu etwa *Schmidt*, JuS 2003, 649, 651 m.w.N.
476 Diese Ansicht ist, wie fast alles in diesem Bereich, hochgradig umstritten und würde ebenso zu Widerspruch anregen wie die Gegenmeinung. Sie kann so aber einigermaßen schlüssig begründet werden.

Beispiele: Juristen können zwar vieles und auch das Gegenteil begründen, aber die Erde ist keine Scheibe und die Sonne dreht sich nicht um sie. Ausnahmen von der strikten Anerkennung naturwissenschaftlicher Erkenntnisse gibt es nur, wo das Thema diese vorgibt, etwa wenn eine Arbeit über die Einführung kreationistischer Schöpfungslehren in öffentliche Lehrpläne angefertigt werden soll. Dass der Holocaust stattgefunden hat und dass US-amerikanische Astronauten auf dem Mond gelandet sind, sollte man nur in Zweifel ziehen, wenn das in der Aufgabe verlangt wird.

470 Umgekehrt ist es eines der überzeugendsten Gegenargumente gegen andere Ansichten als die eigene, wenn man diesen eben solche logische Fehler nachweisen kann.

471 Hierbei geht es etwa um **Zirkelschlüsse**, also Argumentationen, in denen das Ergebnis schon in die Prämisse gesteckt wird[477].

Beispiel: In einer Arbeit über die rechtliche Einordnung des Schwangerschaftsabbruchs ist das Argument, der Embryo sei ein Mensch, weswegen der Abbruch einer Schwangerschaft, der zwangsläufig zum Tode dieses Menschen führt, zutreffend als Tötungsdelikt eingestuft wird, zirkulär. Denn das Ergebnis *Tötungsdelikt* steckt bereits in der Prämisse: *der Embryo ist ein Mensch*. Ein derartiger Kurzschluss wird in der Bewertung negativ vermerkt, hier wäre eben zu diskutieren, ob und in wieweit der Embryo bereits als Mensch mit eigenem Lebensrecht anzusehen ist. Solche zirkulären Argumentationen kommen häufiger vor, als man denken sollte, deswegen kann es sich lohnen, beim Umgang mit zu widerlegenden Gegenmeinungen diese einmal kritisch daraufhin zu überprüfen, ob diese nicht zirkuläre Züge haben.

472 Gerade in grundlagenorientierten Arbeiten vermieden werden sollte auch der Vorwurf des **naturalistischen Fehlschlusses**, also des Schlusses von einem Sein auf ein Sollen. Spätestens seit *Kant* ist es *common sense*, dass normative Aussagen über ein Sollen nicht (nur) mit dem Verweis auf einen faktischen Zustand begründet werden können. Für alle Aussagen, mit denen begründet wird, dass etwas so oder eben anders sein soll, muss daher angegeben werden, warum der angestrebte Zustand besser ist als ein anderer Zustand. Anders ausgedrückt: Das Sollen kann nur aus einer ihrerseits normativen, auf eine gewünschte Zukunft gerichteten Begründung folgen, nicht aus einer retrospektiven Beschreibung des Bestehenden.

Beispiel: *Die USA sind zu großen Anstrengungen im Klimaschutz verpflichtet, da sie der größte Verursacher von CO₂-Emissionen sind.* Bei dieser Aussage wird ein Sollen *(sind ... verpflichtet)* nur aus einem Faktum geschlossen (USA als größter Luftverpester). Hier fehlt ein Grund dafür, warum CO_2-Emissionen vermieden werden sollten und warum die USA hierzu eine moralische oder sogar rechtliche Pflicht trifft.

Oft wird eine solche Ungenauigkeit gar nicht auffallen, dennoch bleibt sie eine Ungenauigkeit und damit auch ein Risiko. Zudem ist es für das eigene Verständnis eines Problems hilfreich, sich diese „Warum"-Frage zu stellen[478]. Im Beispiel etwa wäre sie bezüglich einer moralischen Pflicht einfach, bezüglich einer Rechtspflicht aber eher schwierig zu beantworten. Hier läge dann gleich ein Schwerpunkt einer juristischen Arbeit.

473 Ebenso fehlerhaft sind **echte Widersprüche**, die sowohl im Faktischen möglich sind, wenn unvereinbare tatsächliche Abläufe unterstellt werden, als auch bei den rechtlichen Vorgaben, wenn sich ausschließende Normen nebeneinander angewandt werden sollen oder die Definitionselemente einander ausschließen.

---

477 Zu juristischen Fehlschlüssen *Schneider/Schnapp*, Logik; zu Denkfehlern im Allgemeinen *Dobelli*, Kunst.

478 Das Problem des unendlichen Regresses der Begründungen sei für diese Anleitung offen gelassen. Damit beschäftigen sich kluge Philosophen und genervte Eltern von drei- bis achtjährigen Kindern.

Beispiel: So kann etwa bei einer kaufrechtlichen Arbeit zur Beurteilung von AGB-Klauseln als Rechtsfolge eines Fehlverhaltens des Unternehmers nicht ein Anspruch auf Nacherfüllung neben einem Schadensersatzanspruch wegen Nichterfüllung stehen.

In eigenen Arbeiten beruhen solche Fehler entweder auf schlichter Unachtsamkeit oder darauf, dass man nicht linear am Text gearbeitet und später Dinge hinzugefügt hat, die sich mit früheren Aussagen nicht vertragen. Das ist aber keine Entschuldigung, denn unter anderem zur Vermeidung solcher Widersprüche soll eine Arbeit vor ihrer Abgabe noch einmal am Stück redigiert werden. Ein Grund mehr also, diesen Schritt nicht zu unterschätzen.

bb) Systematische Analyse

Bei der Auseinandersetzung mit der im Zentrum sehr vieler Themenarbeiten stehenden Frage nach der Bestimmung und Definition einschlägiger Rechtsregeln sind, was bereits *Savigny* wusste[479], auch **systematische Erwägungen** immer wieder wichtig. Mit diesen soll eine Gesetzesformulierung durch ihr Verhältnis zu anderen Normteilen oder Normen erklärt werden. Letztlich zielen sie auf eine möglichst hohe Widerspruchsfreiheit der Normanordnungen. Das klingt spröde, ist aber praktisch aus der Fallbearbeitung bereits vertraut, denn auch dort braucht man die klassischen Auslegungscanones. **474**

Dies kann schon die Betrachtung des **Verhältnisses der verschiedenen Teile der Norm selbst zueinander** betreffen. Diese Art der grammatikalischen Analyse des Normwortlauts hat den Juristen zwar den wenig schmeichelhaften Ruf eingetragen, Wortklauber zu sein. Es gehört aber zu genauer juristischer Arbeit, den Wortlaut der anzuwendenden Norm exakt zu erfassen. Außerdem vermittelt es den Lesern den Eindruck, man habe sich genau und gründlich mit den Gesetzen beschäftigt, was unter Juristen ein uneingeschränkt positiver ist. **475**

Beispiel: Die geradezu klassische Frage, bei der eine solche Analyse des Satzbaus einer Norm zum Problem wird, ist, ob sich die von § 266 I StGB geforderte Vermögensbetreuungspflicht nur auf den Treubruchtatbestand (§ 266 I Alt. 2 StGB) oder auch auf den Missbrauchstatbestand (§ 266 I Alt. 1 StGB) bezieht. Versuchen Sie einmal, nur durch Lektüre des Wortlauts eine Antwort zu finden.

Ebenso wichtig ist die eigentliche systematische Auslegung, also der Versuch, aus der **Stellung der Norm innerhalb des Gesetzes** Erkenntnisse zu gewinnen. Unterstellt man, dass der Gesetzgeber sich bei der Gliederung eines Gesetzbuchs etwas denkt[480], liegt es nahe, hier für die Interpretation der Norm wesentliche Zusatzinformationen zu suchen. Vorgegeben ist dies, wo der Wortlaut der Norm selbst auf andere Normen verweist oder umgekehrt andere Normen auf die einschlägige Vorschrift Bezug nehmen. Aber auch so einfache Dinge wie Abschnittsüberschriften im Gesetz oder der Inhalt der vorgehenden oder folgenden Paragraphen sind wichtig. Darum gilt (wie auch im Gutachten, wo das ebenfalls oft nicht beachtet wird): Es ist unumgänglich, nicht nur die Norm selbst vollständig zu lesen und Verweisen nachzugehen (auch wenn das manchmal sehr anstrengend werden kann[481]), sondern den Inhalt der umliegenden Vorschriften **476**

---

479 Siehe etwa *Savigny*, Juristische Methodenlehre, S. 14 ff.
480 Der Eindruck drängt sich (leider) nicht immer auf.
481 Versuchen Sie einmal herauszufinden, in welchen Fällen genau nach § 19 UStG die Umsatzsteuer nicht ausgewiesen werden muss.

159

zur Kenntnis zu nehmen, ebenso wie die Gesamtsystematik des Gesetzes. Versteht man diese nicht, steigt die Gefahr vermeidbarer Fehler.

Beispiel: Typisch ist etwa das Verhältnis einer speziellen Ermächtigungsnorm zur Generalermächtigung wie etwa im HSOG. So kann etwa das präventive Abhören eines Telefons zur Verhinderung eines Juwelendiebstahls nicht auf § 11 HSOG gestützt werden, weil es hierfür in § 15a HSOG eine speziellere Norm gibt, die dieses präventive Abhören nur bei Gefahren für Leib, Leben und Freiheit erlaubt. Da die Generalermächtigung eben nur greifen kann, wenn es für die beabsichtigte Maßnahme keine speziellen Normen gibt, ist sie auch unanwendbar, wenn die Spezialermächtigung den konkreten Fall nicht erfasst.

477 Gerade bei Themenarbeiten, bei denen es viel häufiger als in Gutachten um das große Ganze und die übergreifenden Zusammenhänge geht, sind aber auch die **Beziehungen verschiedener Gesetze zueinander** wesentlich. Sie sollen sich häufig eine Meinung zu der Gesamtbewertung einer bestimmten Sachverhaltskonstellation bilden. Anders als etwa im zivilrechtlichen Gutachten, wo Sie einen Anspruch nach dem anderen prüfen, geht es darum, wie die verschiedenen gegebenenfalls einschlägigen Normen ineinander greifen und ob das Gesamtergebnis akzeptabel ist oder wo Widersprüche aufzulösen sind.

478 Bei hierarchischen Normverhältnissen kommt man zu aus den ersten Verfassungsrechtsvorlesungen bekannten Formen wie der **verfassungskonformen Auslegung**. Funktional ähnlich, aber in ihrer Reichweite und grundsätzlichen Berechtigung umstrittener, sind dazu die **europa-** oder gar **völkerrechtsfreundliche Auslegung** (allein mit der Herleitung dieser Figuren aus dem Grundgesetz ließe sich eine Themenarbeit füllen …). Grundsätzlich ist in juristischen Diskussionen der Verweis darauf, dass eine Normauslegung ausschließlich oder zumindest besser mit höherrangigem Recht vereinbar ist als eine andere, ein starkes Argument.

Damit werden solche Argumente zur Perspektivfrage: Wenn Sie für Ihre Ansicht ins Feld führen können, dass allein sie als verfassungskonformes Normverständnis anzusehen ist, haben Sie eine bequeme argumentative Position. Wenn dagegen die von Ihnen vertretene Ansicht mit diesem Argument angegriffen wird, müssen Sie einigen Aufwand darauf verwenden, diese Behauptung abzuwehren. Einfach übergehen können Sie den Einwand jedenfalls nicht.

Beispiel: In der obergerichtlichen Rechtsprechung findet sich eine geradezu lehrbuchartige Auseinandersetzung zum Umgang mit dem Verhältnis von Völkerrecht und deutschen Rechtsnormen in den zahlreichen Entscheidungen von Oberlandesgerichten und dem BGH in der Folge der Rechtsprechung des EGMR zur EMRK-Widrigkeit weiter Teile des deutschen Rechts der Sicherungsverwahrung: Ein Teil der Gerichte will das deutsche Recht völkerrechtskonform so auslegen, dass Verwahrte wegen Verstoßes gegen die EMRK entlassen werden müssen, andere Gerichte argumentieren aufwändig, warum auch die festgestellte Konventionswidrigkeit nicht zu einer Änderung der Auslegung zwinge, sondern es Sache des Gesetzgebers wäre, hier tätig zu werden.

479 Im Verhältnis gleichgeordneter Normen zueinander sollte das Augenmerk auf **Wechselwirkungen** gerichtet sein: Andere, ebenfalls einschlägige Normen beeinflussen die Auslegung. Umgekehrt müssen Sie die Auswirkungen Ihrer Auslegung auf diese weiteren Normen im Blick behalten. Wenn Sie zeigen können, dass Sie diese Wechselbeziehungen verstanden haben, vermitteln Sie den kompetenten Eindruck, einerseits Ihr Thema wirklich durchdrungen und andererseits auch die einschlägigen Normen vertieft verstanden zu haben.

Beispiele: Nutzbar machen lässt sich dies in Formulierungen wie: *Für die hier vertretene Ansicht spricht weiter, dass sich nur so ein sinnvoller Anwendungsbereich auch für ... erklären lässt.* Oder: *Nach diesem Verständnis von ... ist zu ... eine echte Anspruchskonkurrenz gegeben, was sinnvoll ist, weil ...*

cc) Semantische Überlegungen

Es ist schon viel darüber geschrieben worden, dass der Austausch von Argumenten, der wie jeder Gedanke am besten über Sprache kommuniziert wird, den Regeln der Sprachverwendung folgen muss[482]. Für die Praxis der Darstellung von Argumentationen hilft es, sich einen **bewussten und präzisen Gebrauch der Sprache** anzueignen und ihre Regeln zu befolgen. Das ist mühsam und arbeitsaufwendig, unterscheidet aber eben auch eine bestenfalls durchschnittliche von einer guten juristischen Arbeit.   480

Als eigenständige argumentative Figur ist das insofern vertraut, als bei der Interpretation   481
von Regeln die **Wortlautgrenze** eine erhebliche Rolle spielt. Außerhalb des Strafrechts gilt diese zwar nicht mit gleicher Strenge, aber eine über den möglichen Wortsinn der Norm hinausgehende Auslegung bedarf zumindest einer sehr überzeugenden zusätzlichen Begründung. Umgekehrt ist der Hinweis auf die Wortlautgrenze als Abwehr gegen abzulehnende Ansichten im Strafrecht ein Killer- und auch in allen anderen Rechtsgebieten zumindest ein starkes Argument.

Sein Gebrauch setzt allerdings voraus, dass man den möglichen Wortsinn einer Norm auch tatsächlich auslotet. Spitzfindigkeit ist vielleicht nicht die beliebteste Marotte von Juristen, hier aber tatsächlich gefordert. Verlassen Sie sich dabei nicht auf Ihr eigenes Begriffsverständnis! Wenn es um den möglichen Wortsinn geht, ist die Verwendung ausführlicher Wörterbücher kein Zeichen von Schwäche, sondern von seriöser wissenschaftlicher Arbeit.

Versteht man die Darstellung einer Argumentation als Versuch, in einer Diskussion zu   482
überzeugen (auch wenn in Ihrer Arbeit erst einmal außer Ihnen niemand mitdiskutiert), muss man auch die Grenzen der Diskussion akzeptieren, die durch die **Grenzen der sprachlichen Differenzierungsmöglichkeiten** gesetzt sind. Wenn Sie es selbst mit Mühe nicht schaffen, den Unterschied zwischen zwei angeblich verschiedenen Ansichten zu erklären, gibt es mit hoher Wahrscheinlichkeit keinen. Zumindest kann ein solcher nicht in die Diskussion eingeführt werden. Wichtig ist das vor allem bei den beliebten Abgrenzungsfragen. Wenn Sie begrifflich keine klare Grenze rekonstruieren können, ist die entsprechende Ansicht vermutlich ungeeignet, um als allgemeine Regel für konkrete Sachverhalte Entscheidungen zu determinieren.

Beispiel: Die Rechtsprechung hat lange Serienstraftaten mit der Figur der *fortgesetzten Handlung* zu einer Handlungseinheit zusammengefasst und nach § 52 StGB in Tateinheit abgeurteilt. Die Kriterien dafür, wann eine solche fortgesetzte Handlung vorliegen sollte und wann nicht, konnten aber auch in mehreren Jahrzehnten nicht so angegeben werden, dass diese Grenze mit eindeutigen Begriffen festzulegen war. Als Folge hat der Große Senat des BGH die Figur in der strafrechtlichen Konkurrenzlehre weitgehend aufgegeben[483].

---

482 Wer dazu Grundlegendes nachlesen will, sehe etwa bei *Wittgenstein*, Philosophische Untersuchungen, nach. Das hilft zwar nicht bei der Examensvorbereitung, macht dafür aber klüger.
483 BGHSt 40, 138 ff.

483 Mit Figuren wie der **herrschenden Meinung**, der **ständigen Rechtsprechung** oder der **überwiegenden Lehre** beruft sich der Autor auf Autoritäten. Diese sind aber in einer inhaltlichen Argumentation kein zulässiges Kriterium[484], denn ein Argument gilt unabhängig davon, wer es mit welcher Autorität äußert.

Es ist das Privileg universitären, also dem Anspruch nach wissenschaftlichen, Arbeitens, sich nicht an eine gefestigte Rechtsprechung gebunden fühlen zu sollen oder gar zu müssen. In der Praxis ist das anders, weil dort die höhere Autorität der Obergerichte letztlich die Ergebnisse eines Rechtsstreits auch dann bestimmt, wenn sie inhaltlich falsch liegt. Im akademischen Kontext ist es aber nur als faktisches Datum relevant, ohne dass es normativ etwas über die Richtigkeit einer Ansicht aussagte.

484 Inhaltlich ist die Berufung auf Autoritäten meist ein **Kürzel**. Der Autor verweist damit argumentativ auf die Begründungen, welche die genannten Autoritäten zur Unterstützung der fraglichen Meinung vorbringen, und macht sich diese zu Eigen. Allerdings sollte sich das jeder, der solche Kürzel verwendet, klar machen und daher die dahinter stehenden Begründungen verstanden haben. Spätestens in der auf den Seminarvortrag folgenden Diskussion muss man nämlich in der Lage sein, die Richtigkeit der *h.M.* inhaltlich zu begründen.

Noch ein banaler Tipp: Wenn Sie sich schon auf eine *h.M.*, *ständige Rechtsprechung*, *herrschende Lehre* o.ä. berufen, muss sich diese Behauptung auch in den Belegen wiederfinden. Eine *ständige Rechtsprechung* können Sie nicht mit einer vereinzelten Kommentarfundstelle belegen, sondern nur durch die Nennung einer ganzen Reihe von einschlägigen Entscheidungen. Gleiches gilt entsprechend für andere Kürzel. Da Sie die von Ihnen verwendeten Fundstellen auch nachlesen müssen (ja, das müssen Sie!), sollten Sie die jeweiligen Begründungen zumindest verstehen können.

485 Ähnliches gilt für die Berufung auf **allgemeine Rechtsprinzipien**, wie etwa die Rechtsscheinhaftung im Zivilrecht oder das Prinzip der Selbstbelastungsfreiheit im Strafprozessrecht (für Lateiner: nemo tenetur se ipsum accusare) oder von der Rechtsprechung entwickelte **eigenständige Rechtsfiguren**, wie etwa im Zivilrecht der Vertrag mit Schutzwirkung für Dritte, die bürgerlichrechtliche Prospekthaftung und ähnliches. Wer auf solche Figuren verweist, sollte ihre Herleitung und ihren Inhalt verstanden haben und verteidigen können.

486 Es ist oft schon aus Platzgründen unvermeidbar, sich derartiger Verkürzungen zu bedienen, und das ist auch nicht zu beanstanden. Gerade wo kein Problemschwerpunkt der Arbeit liegt, helfen diese Figuren dabei, elegant in der Darstellung fortfahren zu können und den Text auf das Wesentliche zu verknappen. Andererseits ist es aber wichtig (und lehrreich), das so verkürzt Einbezogene zu verstehen. Vor allem darf man aber **bei der Verwendung solcher Kürzel keine Fehler** machen. Es gibt kaum etwas Peinlicheres, als vom Veranstalter nach dem Vortrag darauf hingewiesen zu werden, dass die in der Arbeit als *h.M.* zugrunde gelegte Ansicht nur eine völlig vereinzelte Minderheitsansicht sei. Übernehmen Sie solche Bezeichnungen nie ungeprüft aus der Literatur.

dd) Rechtspolitische Argumentationsfiguren

487 Schon in der Fallbearbeitung gibt es nur bei wenigen Problemen wirklich falsche Ergebnisse[485]. Meist ist vieles vertretbar, und Sie müssen sich trotzdem für eine Ansicht entscheiden. Die Begründungen für das eine und gegen ein anderes Ergebnis werden zwar

---

484 *Pilniok* JuS 2009, 394 ff.
485 Die Ausnahme sind logische Argumentationsfehler, dazu Rn. 469 ff.

teilweise den soeben geschilderten eher technischen Argumenten zuzurechnen sein. Bei der letztlich zu beantwortenden Frage aber, welches Ergebnis denn – aus Ihrer Sicht – angemessen ist, kommt man um weitere Erwägungen meist nicht herum, die andere, die Rechtstechnik überschreitende Wertmaßstäbe einbeziehen. Diese Begründungen lassen sich als „rechtspolitisch" bezeichnen, weil sie relativer sind als die reine juristische Methodik; sie erheben keinen absoluten Wahrheitsanspruch, sondern werben nur mit (mehr oder weniger gegebener) Plausibilität. Oft sind es eben diese Argumente, die versuchen, eine belastbare Antwort darauf zu geben, warum etwas genau so sein soll. Sie lösen also das Sein-Sollen-Problem[486] auf und sind schon deswegen in den meisten Themenarbeiten für eine positive Begründung der Richtigkeit des eigenen Ergebnisses unentbehrlich.

Will man solche Argumentationen in die klassische Auslegungslehre integrieren, landet man entweder in der historischen Auslegung – weil auch die ergänzende Heranziehung der Gesetzgebungsmaterialien in fast allen Fällen nur Plausibilitäten darlegt und nicht zu zwingenden Ergebnissen führt. Oder man gelangt zur teleologischen Auslegung, also der Frage nach dem Normzweck. Da sich die Antwort (entgegen einer häufig verwendeten Bezeichnung der Methode) gerade nicht objektiv ermitteln lässt, kann hier die Brücke zu fast jeder Art von Argumenten geschlagen werden, die den behaupteten Gesetzeszweck sinnvoll stützen. Inhaltlich lassen sich diese Argumente nicht abschließend erfassen, es sind aber typische Strukturen in solchen Argumentationen zu finden, die man als Leser erkennen und als Autor bewusst einsetzen sollte.

(1) Funktionalität der eigenen Ansicht

Eine ganz wesentliche Argumentationsform in dieser Hinsicht ist die **Überprüfung verschiedener normativer Ansichten auf ihre Funktionalität im Hinblick auf ein bestimmtes, durch die Regelung zu erreichendes Ziel**.

Beispiel: Typisch sind hierfür Formulierungen wie: *Das Ziel der Regeln über das Planfeststellungsverfahren ist die effektive Zusammenführung der verschiedenen für ein größeres Infrastrukturprojekt erforderlichen öffentlich-rechtlichen Genehmigungsverfahren, also letztlich die Verfahrensökonomie im Genehmigungsverfahren.*

Allgemein funktioniert eine solche Argumentation so, dass man zunächst ein Ziel formuliert. Dann prüft man, welche Norm in welcher Anwendung dieses Ziel am ehesten erreicht. Wichtig ist für den Verwender dieser Argumente, dass er sich über deren **Zweistufigkeit** im Klaren ist. Denn solche Aussagen können in zweierlei Hinsicht angegriffen werden (also muss man auch deren Verteidigung auf beiden Ebenen gleich mitdenken): Einerseits kann bezweifelt werden, ob die gesetzten Ziele die richtigen und vorzugswürdigen sind. Rechtsregeln dienen gerade dazu, widerstreitende Interessen auszugleichen, so dass die Fokussierung auf nur ein bestimmtes Ziel Kritik herausfordert. Jedenfalls muss man in der Lage sein, die Richtigkeit und vorrangige Wertigkeit der eigenen Ziele zu begründen. Gern wird hier das Verfassungsrecht bemüht, aber auch ökologische, ökonomische oder andere aus anderen Zusammenhängen stammende Maßstäbe können wichtig werden. Diese Begründung gehört in Ihre Arbeit; wenigstens müssen Sie Nachfragen zufriedenstellend beantworten können.

In **obigem Beispiel** kann etwa behauptet werden, es gehe vor allem darum, für die Antragsteller einen möglichst schnellen Weg zur Erlangung aller erforderlichen Genehmigungen zur Verfügung zu stellen,

488

489

---

486 Dazu oben Rn. 472.

weil das Gesetz eine Form der prozeduralen Wirtschaftsförderung beabsichtige. Es ließe sich aber genauso gut behaupten, es seien die verschiedenen und vereinzelten Genehmigungsverfahren zu koordinieren, um eine umfassende und die potenziell betroffenen Güter optimal zur Geltung bringende Prüfung zu ermöglichen. Dann stünden eher die Belange des Landschafts- und Umweltschutzes, aber auch der Gesundheitsschutz für Anlieger im Vordergrund. Beide Sichtweisen sind möglich, die Entscheidung für eine davon als normativer Maßstab für eine konkrete Regelung ist zu begründen.

490 Andererseits können aber auch die Aussagen darüber, welche Ansicht dem angestrebten Ziel wie gut dient, in Zweifel gezogen werden. Also müssen auch diese Prüfungen normativer Aussagen auf ihre Funktionalität hin gründlich überlegt werden. Es reicht nicht aus, sich in reine Behauptungen zu flüchten.

Um im **obigen Beispiel** zu bleiben: Hat man einen eher wirtschaftsfreundlichen Standpunkt bezogen, liegt es nahe, einheitliche Sammeltermine für Einwendungen gegen ein Vorhaben als hinreichende Bürgerbeteiligung zu verstehen, weil sich so vermeiden lässt, dass die Genehmigung eines Großvorhabens durch immer neue Angriffe von Gegnern verzögert wird. Allerdings wäre dies als solches kurzschlüssig, denn es müssen die Rechtswirkungen von Einwendungsterminen ebenso mitbedacht werden wie die Frage, welche Auswirkungen es haben kann, wenn einzige Einwendungstermine schon sehr früh den Umfang einer Genehmigung präkludieren, weil spätere Ergänzungen immer neue Einwendungstermine nach sich ziehen müssten.

491 Die erste Stufe dieses Zweischritts spart man sich vermeintlich, indem man bestimmte Grundannahmen wie **Axiome** einfach als gegeben voraussetzt. Je nach Zusammenhang können dies vor allem die Grund- und/oder Menschenrechte sein oder auch vernunftrechtliche oder andere überpositive Normen. Allerdings ist hier Vorsicht geboten. Nur weil man selbst manches für so selbstverständlich hält, dass es nicht hinterfragt werden muss, ist das noch nicht allgemeiner Konsens – vor allem wenn es um die Abwägung widerstreitender Grundwerte geht[487]. Der Bezug auf die unbestrittene Geltung bestimmter Annahmen sollte also auf im jeweiligen Kontext tatsächlich unzweifelhafte Basalannahmen beschränkt bleiben. Dies ist für eine Arbeit mit begrenztem Umfang auch zweckmäßig, denn der Aufwand für die Begründung von Unbezweifeltem lohnt sich nicht. Andererseits sollte man aber eine passende Begründung auch für solche Grundannahmen zumindest für Nachfragen bei der Seminardiskussion parat haben. Ist man unsicher, ob etwas völlig begründungslos vorausgesetzt werden darf, versuche man es mit Kurzbegründungen, die auf die eigentlich unzweifelhafte Geltung der Annahme hinweisen.

Beispiel: *Für die folgenden Überlegungen wird vorausgesetzt, dass ..., was insbesondere aus ... folgt. Eine detaillierte Herleitung verbietet sich aus Platzgründen.* So hat man zumindest eine Begründung angedeutet und darauf verwiesen, dass es weitere Gründe gibt, ohne sich auf eine vollständige Herleitung derselben einzulassen. Gibt man dann in der Fußnote aussagekräftige weiterführende Literaturhinweise, hat man seiner Pflicht häufig schon genügt und kann sich wieder dem eigenen Detailproblem zuwenden.

(2) Praktische Handhabbarkeit als Argument

492 Zumindest als Gegenprobe für die eigene Ansicht ist der Nachweis, dass sich mit dieser die **wesentlichen praktischen Probleme** der im Brennpunkt stehenden Konstellation

---

487 Nach Art. 1 Abs. 1 GG ist die Würde des Menschen unantastbar – die Diskussion um die Zulässigkeit der sogenannten „Rettungsfolter" zeigt aber, dass selbst dies kein nicht mehr begründungsbedürftiger Basiswert mehr ist – zumindest nicht immer.

lösen lassen, meist unabdingbar. Jedenfalls in Arbeiten mit rechtsdogmatischem Schwerpunkt müssen Sie die Praxistauglichkeit der eigenen Ergebnisse als Kriterium für deren Bewertung im Auge haben und soweit wie möglich für sich nutzen.

Subsumieren Sie also die wesentlichen Problemfälle Ihres Themas unter die von Ihnen bevorzugte Lesart und erläutern Sie, warum die gefundenen Ergebnisse entweder die richtigen oder doch aus anderen Gründen zumindest hinnehmbar sind und warum Ihre Auslegung besonders trennscharf/einfach zu handhaben ist/die Beweislast richtig verteilt/klare Begriffe aufweist/Missverständnisse und Fehlauslegungen minimiert etc. Sie können durch den substantiierten Verweis auf *die Praxis* gerade an der Uni, wo auch die Veranstalter häufig weniger Einblick in dieselbe haben, Punkte für sich verbuchen. Allerdings sind diese Zusatzpunkte nicht billig zu haben, denn dafür müssen Sie belastbare und tief gehende Aussagen treffen, während bloße Behauptungen hier kontraproduktiv wirken.

Mit umgekehrten Vorzeichen kann man auch **Gegenansichten ad absurdum führen**.　**493** Man denkt sie zu Ende um zu zeigen, dass sie in bestimmten Konstellationen zu unannehmbaren Ergebnissen führen.

Bestenfalls gelangt man zu einem so absurden Ergebnis, dass man es unkommentiert stehen lassen kann. Meist wird man allerdings noch einige Worte darauf verlieren müssen, warum das Ergebnis einer Gegenmeinung nicht akzeptabel ist.

Beispiele: *In diesem Fall müsste man annehmen, dass … Dies wäre aber mit den Grundrechten der Betroffenen nicht zu vereinbaren, weil … – Die Annahme von … würde letztlich zu einem Abschlusszwang für den Unternehmer führen, was den Grundsatz der Vertragsfreiheit unzumutbar einschränken würde. – Der Verzicht auf ein Verwertungsverbot für so gewonnene Beweise ließe aber das Beweiserhebungsverbot in § … letztlich leer laufen, weil …*

Beliebt sind Verweise auf Regelungslücken, welche aufträten, folgte man einer Ansicht. Allerdings muss man mit einem solchen Argument immer vorsichtig sein, weil seine Stichhaltigkeit voraussetzt, dass die angebliche Lücke auch tatsächlich unbedingt geregelt sein müsste und nicht anderweitig geregelt ist. Man trifft in der juristischen Literatur recht häufig auf dieses Konstrukt, sollte es aber nur mit einer gewissen Skepsis übernehmen und selbst auf Plausibilität prüfen.

Über die unmittelbare Subsumtion bestimmter Fälle hinaus geht der mit dem Schlag-　**494** wort **Folgenorientierung** bezeichnete Ansatz[488]. Darunter ist zu verstehen, dass bei der Entscheidung eines konkreten Konflikts auch die allgemeineren Folgen bedacht werden sollten. Dies sind ebenso die rechtlichen Folgewirkungen wie die faktischen Auswirkungen.

Sehr häufig findet sich der Hinweis auf **Missbrauchsgefahren**, welche sich ohne eine rechtliche Regelung ergäben. Das will vor Übernahme kritisch geprüft sein. In andere Richtungen gehen etwa Hinweise auf z.B. drohende außenpolitische Verwicklungen, den Verlust vieler Arbeitsplätze wegen der absehbaren Produktionsverlagerung ins Ausland, den Anstieg der Zahlen von Drogentoten etc. Auch diese Argumente können sehr überzeugend sein, wenn sie plausibel als tatsächliche Folgen der kritisierten Ansicht dargestellt werden. Das darf nicht oberflächlich behauptet, sondern muss belastbar begründet werden, etwa mit Statistiken, mit einer naturwissenschaftlichen Untersuchung zu Ursachenzusammenhängen oder mit plausiblen und detaillierten Verweisen auf Parallelfälle und die dort eingetretenen Folgen.

Beispiel: Spielen bei Ihrem Thema die Risiken der Nutzung der Atomkraft zur Energiegewinnung eine Rolle, sollten Sie keinesfalls den Kurzschluss begehen zu behaupten, *nach Fukushima ist deutlich geworden, dass die Atomenergie nicht beherrschbar ist.* Auf diesem Niveau darf in beliebigen Polit-

---

488　Dazu *Deckert*, Folgenorientierung; *dies.*, JuS 1995, 480 ff.

Talkshows geredet werden. Wenn Sie aber mit einem letztlich wissenschaftlichen Anspruch dazu etwas schreiben wollen, müssen Sie hier erheblich tiefer einsteigen und etwa ausführen, welche Risiken Sie meinen, warum diese nicht beherrschbar sind usw.

495 Allgemein laufen solche Erwägungen auf eine Prüfung der normativen Aussagen daraufhin hinaus, ob sie **sachgerecht** sind, also den Rechtskonflikt zu einem vernünftigen Ausgleich führen. Diese Prüfungen setzen immer voraus, dass man sich über die eigenen Maßstäbe dafür, was man für ein sachgerechtes Ergebnis hält (ähnlich wie über die bereits angesprochenen Prämissen der eigenen Ansicht und der verfolgten Ziele), klar ist. Auch hierfür ist eine ausgeführte Begründung in vielen Arbeiten nicht erforderlich, man sollte nur in der Lage sein, sie sich selbst zu geben und anderen gegebenenfalls nachzureichen.

ee) Fachübergreifende Überlegungen

496 **Interdisziplinarität** ist ein seit Jahren akademisch sehr beliebter Ansatz[489]. Dementsprechend sind auch über das Recht hinausgreifende Überlegungen in juristischen Themenarbeiten ein potenzieller Pluspunkt, den man sich als Bearbeiter sichern sollte, wenn die eigene Arbeit es zulässt. Beziehen Sie, wo es thematisch passt, Erkenntnisse aus Nachbarwissenschaften[490] in Ihre Erörterung ein; sie können sich bei der Benotung sehr positiv auswirken.

497 Dabei sind zwei Konstellationen voneinander zu unterscheiden: Einerseits gibt es ganze Arbeiten, die letztlich nicht (nur) auf die Rechts- sondern (auch) eine **Nachbarwissenschaft** zielen. Solche Themen, die teilweise auch die Gesamtthemen von Seminaren ausmachen, sind bei den Veranstaltern recht beliebt. Diese können hier übergreifende wissenschaftliche Interessen in die Lehre einbringen, die eine oder andere intellektuelle Orchidee pflegen und zugleich die eigene Offenheit für interdisziplinäre Arbeit zeigen. Diese Verwebung von Jura und anderen Wissenschaften ist dabei teilweise schon so typisiert, dass es hierfür eigene juristische Termini gibt.

Beispiele: Die **ökonomische Analyse des Rechts**, die weitgehend mit wirtschaftswissenschaftlichen Methoden und Begriffen arbeitet, oder die **Kriminologie**, die zumindest teilweise als Soziologie des Verbrechens gekennzeichnet werden kann und für die etwa Methoden der empirischen Sozialforschung wichtig sind. Hierher gehören zudem rechtshistorische oder rechtsphilosophische Arbeiten, deren Schwerpunkt häufig eher in den in Bezug genommenen Nachbarwissenschaften liegt (wenngleich mit einer deutlichen Rückbindung an juristische Fragen).

Als Bearbeiter solcher Themen sollte man sich darüber im Klaren sein, dass andere Methoden und Arbeitsweisen gefragt sind, als Sie es aus dem reinen – typischerweise nebenfachfreien – Jurastudium kennen. Haben Sie entsprechende Kenntnisse – umso besser. Fehlen Ihnen diese, bedeutet das Mehrarbeit, weil Sie sich nicht nur inhaltlich in ein anderes Fach einarbeiten, sondern auch dessen Arbeitsweise erkunden müssen.

---

489 Wenn er Ihnen schon zu abgeschmackt erscheint, versuchen sie es mit *Transdisziplinarität* – oder wenigstens *Multidisziplinarität*. Lesenswert hierzu auch *Bung*, Formen produktiver und sinnloser Interdisziplinarität, in: Kristian *Kühl* (Hg.), Zur Kompetenz der Rechtsphilosophie in Rechtsfragen, ARSP-Beiheft 126, S. 127 ff.
490 Letztendlich sind alle Zweige menschlicher Erkenntnis Nachbarwissenschaften zur Rechtswissenschaft. Aber bei manchen (Psychologie, Anthropologie, Soziologie, Geschichte etc.) ist es leichter, Zusammenhänge herzustellen, als bei anderen (Quantenphysik, Mineralogie etc.).

Andererseits können aber Argumentationsfiguren aus Nachbarwissenschaften auch in primär rechtsdogmatische Arbeiten zur Stützung des eigenen Standpunkts eingebaut werden. **498**

Beispiel: In einer rechtspolitischen Debatte kann es gut passen, auf empirische oder ökonomische Erkenntnisse zu verweisen. Ebenso kann aber auch auf historische Entwicklungslinien oder (wenn passend) auf naturwissenschaftliche oder medizinische Entwicklungen abgestellt werden.

Allerdings zeigt diese Überlegung auch das Risiko solcher interdisziplinärer Arbeiten oder zumindest Einschübe. Denn das Wildern in eigentlich fachfremden Wissensgebieten bedeutet, dass man mit einer Fachsprache und Arbeitstechniken, mit Autoritäten und Denkmustern konfrontiert wird, die man nie systematisch kennengelernt hat. Positiv wirkt sich deren Einbeziehung aus, wenn man dabei keine fachlichen Fehler vorgeworfen bekommen kann. Sie müssen sich, wenn Sie sich darauf einlassen, also sicher sein, die Nachbardisziplin für Ihre Argumentation ähnlich gut im Griff zu haben wie Ihr Prüfer. **499**

Das bedeutet auch, dass Sie bei der Übernahme solcher Argumentationen von anderen Juristen sehr vorsichtig sein müssen – denn diese sind nun einmal selbst nicht vom (anderen) Fach und Sie können nicht unbesehen unterstellen, dass die Kollegen nach den dortigen Maßstäben sauber gearbeitet haben. Lesen Sie sich soweit in die fremde Materie ein, dass Sie sich ein halbwegs fundiertes Urteil über das bilden können, was Sie in Ihre Arbeit übernehmen wollen. Letztlich ist Interdisziplinarität immer mit erhöhtem Aufwand verbunden, weil man zumindest im Ansatz zunächst die Grundlagen einer anderen Disziplin verstehen muss, bevor man sich seriös (und anders arbeiten Sie aus Prinzip nicht!) ihrer Ergebnisse bedienen kann.

Letzter Rat zum interdisziplinären Arbeiten: Wenn es eine juristische Arbeit ist, sollte die Suppe juristisch sein und das Salz aus anderen Wissenschaften kommen, nicht umgekehrt. Stellen Sie sich also zur Fokussierung immer wieder einmal die Frage: Was interessiert einen Juristen an meinem Thema?[491]

ff) Selbst argumentieren

Die vorstehend skizzierten Ansätze zeigen eine Reihe von Ausgangspunkten für das Entwickeln eigener Argumente. Dabei kommt es meist nur darauf an, sich selbst etwas zuzutrauen. Auf der Hälfte ihres Studiums haben das angehende Juristen oft schon ziemlich verlernt. **500**
Andererseits ist eben auch nicht alles brillant, was dem Bearbeiter als eigene Idee durch den Kopf geht. Haben Sie also nicht nur den Mut, Ideen zu haben, sondern auch das Format, sie wieder zu verwerfen, wenn Sie sie nicht überzeugend finden.

Kleiner Exkurs: Das Eigene. Je näher Sie der Abschlussarbeit kommen, desto ausdrücklicher verlangen die Prüfungsordnungen eine eigene wissenschaftliche Leistung. Ganz deutlich wird das bei der Doktorarbeit. Nicht selten verzweifeln Kandidaten über dieser Anforderung, weil sie mit fortschreitender Einarbeitung in den Gegenstand merken, dass alle klugen Gedanken schon gedacht sind – oder zu sein scheinen. Trost ist nicht leicht zu haben. Aber immerhin: Oft liegt die Besonderheit Ihrer Arbeit gar nicht darin, dass Sie eine neue Idee entwickeln und vorstellen. Das ist auf vielen Gebieten nur schwer oder überhaupt nicht zu leisten. Viel eher gelingt es einmal, zwei Gedanken zusammenzuführen, die auf den ersten Blick nicht zusammenpassen (und die noch niemand zusammengeführt hat) – manchmal schlagen diese beiden sich aneinander reibenden Gedanken Funken. Auch wenn es anstrengend ist: **501**

---

491 So die Empfehlung bei *Mix*, Jurastudium, 147 f.

Man behalte die Anforderung im Blick, etwas Eigenes zu sagen (zu haben). Nur so kann man in der Ausarbeitung das Eigene als solches identifizieren, sei es auch klein und bescheiden.

Im Studium ist der Eigenanteil an einer Prüfungsarbeit in kleinerer Münze zu bemessen: Ihre Leistung besteht vor allem in einer sinnvollen Strukturierung der vorgefundenen Gedanken und in deren Verarbeitung zu einer Begründung der von Ihnen für richtig gehaltenen Positionen. Selbst wenn diese im Ergebnis kein Novum darstellt (und das ist meistens der Fall), müssen Sie Ihren eigenen Weg zu diesem Ergebnis finden. Wenn dieser nicht nach dürftig kaschiertem Nacherzählen einer Quelle aussieht, sondern deutlich macht, dass Sie die Quellen gründlich ausgewertet, verstanden und inhaltlich selbst auf Ihre Weise verarbeitet haben, sind Sie auf dem besten Weg zu einer Ihren Korrektor und damit auch Sie in jeder Hinsicht zufriedenstellenden Leistung.

4. Schlussteil

502 Der Schlussteil der Arbeit kann unterschiedlich angelegt werden. Welchen Ansatz man wählt, hängt nicht zuletzt davon ab, wie man im Einleitungsteil begonnen hat. Nach Möglichkeit soll der Schlussteil die **Klammer** wieder schließen, die die Einleitung geöffnet hat. Das gelingt fast immer, wenn man nur ein wenig Mühe darauf verwendet. Je weniger schematisch die Einleitung geworden ist, desto mehr kann der Ansatz des Schlussteils von den anschließend vorgeschlagenen typischen Elementen abweichen.

Ob wirklich der Schluss keinen inhaltlichen Anspruch mehr habe[492], darüber ließe sich streiten. Aber der Tendenz nach ist es richtig, nur noch wenig Neues am Schluss zu bringen. Indes kann eine gut ausgewählte überraschende Information den Leser erfreuen. Das kann etwa eine aktuelle Entwicklung sein, über die ganz kurz vor Fertigstellung des Textes in den Medien berichtet wurde.
Wer also den nachstehenden Vorschlägen nichts abgewinnen kann, schließt seine Arbeit einfach mit einer selbstbewusst-knappen Zusammenfassung der wichtigen Aussagen nach dem Ansatz *Alles andere habe ich da gesagt, wo es hingehört.*

a) Funktion

503 Wie die Einleitung hat auch der Schlussteil eine benennbare Funktion. Er soll den Leser, der keine Zeit für den vollständigen Text findet, über das Wichtigste informieren. Und er soll ihn in Versuchung bringen, doch den ganzen Text zu lesen. Ersteres erreicht man am besten, wenn man sich konsequent auf die Zusammenfassung der wichtigsten Ergebnisse beschränkt, ohne dabei die gedanklichen Umwege zu wiederholen; allenfalls darf das eine oder andere Argument noch einmal kurz aufleuchten. Zweiteres kann man versuchen zu bewerkstelligen, indem man in den Fußnoten auf die jeweils einschlägige Textpassage verweist.

b) Überschrift

504 Die Überschrift sollte eher nicht *Schluss* (beliebt sind auch *Fazit*, *Ergebnis*, *Resümee*) lauten; auch *Summe*[493] klingt sehr selbstbewusst. Schöner und aussagekräftiger wird sie, wenn Sie sie entweder aus dem Thema der Arbeit ableiten oder wenigstens – wie nachstehend gezeigt – andeuten, ob Sie den Schwerpunkt dieses letzten Abschnitts mehr auf

---

492 So *Noltensmeier/Schuhr*, JA 2008, 576, 580.
493 Gefunden bei *v.Westphalen*, AnwBl. 2008, 1, 7.

eine *Zusammenfassung* oder mehr auf einen *Ausblick* legen wollen. Pointierter kann man die Zusammenfassung mit *Thesen* überschreiben – wenn es gelingt, dann auch wirklich Thesen zu formulieren[494]. *Schlussbetrachtung* nennt diesen Abschnitt, wer es schafft, am Ende gedanklich zwei Schritte zurückzutreten und noch einmal das Große und Ganze in den Blick zu nehmen. Den erwähnten Trichter[495] zum Schluss in die umgekehrte Richtung wieder zu öffnen ist nicht ganz einfach – aber es ziert eine Arbeit, wenn sie ihre Ergebnisse so formuliert, dass auch der Laienleser wieder weiß, warum die Untersuchung nötig war.

c) Umfang

Der Schlussabschnitt sollte ebenfalls regelmäßig nicht mehr als **10-15 %** des Gesamtumfangs einnehmen. Wird der Text länger als eine 20-seitige Seminararbeit, braucht der Schluss oft weniger als 10 %. **505**

d) Konzeption

Man merkt einem Schlussabschnitt an, ob er lieblos-hastig heruntergeschrieben wurde oder ob der Verfasser selbst dann noch Mühe und Sorgfalt auf ihn aufgewendet hat, wenn er sich absichtlich in einer möglichst präzisen Zusammenfassung des Hauptteils erschöpft. Mag auch der Leser langsam müde werden – so müde ist er dann doch wieder nicht. Im Gegenteil: Oft liest er entweder absichtlich den Schluss zuerst oder springt zwischendurch zum Schluss, wenn ihn der Hauptteil gerade langweilt. Ein guter Schluss nimmt diese Möglichkeiten vorweg. Er wird entweder dafür sorgen, dass trotzdem alle wichtigen Informationen ankommen[496], oder den Leser sacht wieder in den Haupttext zurückverweisen. Das kann man bewerkstelligen, indem man am Ende noch einmal herausarbeitet, warum das Thema überhaupt interessant ist, am besten korrespondierend mit der Einleitung, ohne diese aber zu wiederholen. Zugleich gibt eine knappe akzentuierende Zusammenfassung des Gedankengangs die Gelegenheit, den roten Faden deutlicher hervortreten zu lassen, der sich im Hauptteil manchmal zwischen den Details zu verlieren droht. Gezielte Rückverweise auf wichtige Passagen des Haupttexts erhöhen den Anreiz, es nicht mit der Zusammenfassung bewenden zu lassen, sondern die eigentliche Argumentation im Hauptteil näher in Augenschein zu nehmen.
Kurz: Ein auch nur mäßig aufmerksamer Leser merkt einem guten Schlussteil schnell an, dass der Verfasser die eigene Arbeit wertschätzt und nicht einfach nur im Belanglos-Beliebigen auslaufen lässt.

e) Elemente des Schlussteils

Es gibt einige typische Bestandteile des Schlusskapitels, die einzeln oder nebeneinander stehen können. Aus diesen können Sie fast immer ein sinnvolles Schlusskapitel zusam- **506**

494 Empfehlungen zu Thesenpapieren Rn. 621 ff.
495 Rn. 295.
496 In einer Prüfungsarbeit kann es sich der Leser nicht leisten, Teile des Texts zu überspringen. Selbst wenn er sie für überflüssig oder denkfehlerbehaftet hält, muss er sie lesen, um dieses Urteil begründen zu können.

mensetzen, wenn Sie nicht aus dem Thema selbst einen ganz anderen Schluss entwickeln[497]. Das ist zwar nicht originell – aber man punktet ja nicht nur mit Originalität.

507 Der Schlussteil kann, darf und soll gern auch eine taktische Funktion haben – schließlich schreiben Sie eine Prüfung. Er soll nämlich an geeigneter Stelle hervorheben, worin Ihre spezifische Leistung besteht. Wenn schon viele andere kluge Leute sich zum Thema geäußert haben, ist die **eigene Leistung** nicht eben einfach zu identifizieren. Wer seine Aufgabe ernst nimmt, kommt dadurch leicht in Verlegenheit. Egal wie hoch man nun aber die Anforderungen an die „eigene Leistung" schraubt: Mit dem reinen Auffinden und Abschreiben einschlägigen fremden Materials ist es nie getan. Leider wird das immer wieder falsch verstanden.

Die eigene Leistung kann in unterschiedlichen Qualitäten zum Ausdruck kommen[498] – aber wer sie gelobt sehen will, sollte sie identifizieren können. Je nachdem, mit welcher Aufmerksamkeit des Lesers bei der Lektüre Sie rechnen, genügt es nicht, sie benennen zu können. Oft muss man sie auch benennen.

Wenn Sie vor lauter Betriebsblindheit kaum noch sehen, was eigentlich die besondere eigene Leistung in Ihrer Arbeit ist, lehnen Sie sich zurück und fragen sich, welche Aussagen der Arbeit nach fünf oder zehn Jahren im juristischen Diskurs zitiert werden sollen.

aa) Fazit/Ergebnis

508 Am Ende Ihrer Ausarbeitung das **Ergebnis** zusammenzufassen ist der klassische Schluss für eine Themenarbeit. Der Leser erwartet meist ein solches Ergebnis. Selbst wenn das nicht so wäre, spräche viel dafür, ein Ergebnis ans Ende zu setzen: Man muss sich nur einmal einen von der Lektüre gelangweilten Leser vorstellen, der zwischendurch an den Schluss blättert, um zu erfahren, worauf Ihre Erörterungen hinauslaufen. Diesen gilt es mit einer pointierten Zusammenfassung neu zu motivieren.

509 Ein **Fazit** ist umso willkommener, je länger der Hauptteil und je unübersichtlicher und detaillierter die Gliederung geraten ist. Das ist manchmal unvermeidlich, wenn man etwa zur Regel noch zahlreiche Ausnahmen erörtert hat. Bei einer eher schlanken Ausarbeitung kann ein Fazit aber den Eindruck unnötiger Wiederholung erwecken.

Wer am Ende der Arbeit resümiert, achte darauf, dass für den Leser eindeutig klar wird, in welcher Hinsicht er nach der Lektüre klüger ist als vorher. Am Ertrag der Arbeit – sei er auch vielleicht klein – darf kein Zweifel aufkommen.

Das kann schwierig werden, wenn Sie nur Vorhandenes neu zusammengestellt haben. Sie müssen dann zum einen nachdenken, ob Sie damit wirklich die geforderte Leistung erbracht haben. Zum anderen sollten Sie versuchen, wenigstens den Ertrag Ihrer Mühen hervorzuheben, indem Sie z.B. betonen, dass durch die vorstehenden Überlegungen das Problem zwar noch nicht gelöst, aber doch immerhin insofern schärfer fokussiert sei, als …

Die meisten als Studienleistung verfassten Arbeiten werden die Rechtswissenschaft eher in kleinen als in großen Schritten weiterbringen. Aber auch wenn ein realistischer Blick auf den Erkenntnisgewinn durch Ihre Arbeit Sie vielleicht ganz schnell wieder Bescheidenheit lehrt: Benennen Sie den Ertrag! Je

---

497 Hinsichtlich der Vollständigkeit des Folgenden und des sinnvollen Umgangs mit solchen Anregungen gilt das oben Rn. 334 Gesagte. Fast noch deutlicher als beim Einführungskapitel merken Sie hier, dass die verschiedenen vorgeschlagenen Aspekte sich berühren und überschneiden können. Das macht nichts – umso leichter wird es Ihnen fallen, ohne unnötige Überschriften in einem flüssigen Gedankengang gleich mehrere Gesichtspunkte unterzubringen. Das freut auch den Leser.
498 Ein paar Vorschläge sogleich in Rn. 510.

nach Thema, Arbeitsaufwand und sonstigen Einzelfallumständen kann es geschehen, dass Sie am Ende klüger sind als Ihr Leser (oder wenigstens: als Ihr Zweitkorrektor). Wer wäre dann eher berufen als Sie, das Ergebnis Ihrer wochenlangen Überlegungen auf den Punkt zu bringen[499]?

Die Formulierung eines Endergebnisses gibt Ihnen noch einmal Gelegenheit, Schwer- **510** punkte zu setzen und einzelne Aspekte Ihrer Erörterungen hervorzuheben. Wer diese Gelegenheit nutzt, zwingt sich damit zu resümieren, warum es erforderlich war, die Arbeit zu schreiben (und: zu lesen). Sie dürfen ruhig an dieser Stelle verdeutlichen, was **das Besondere** an genau Ihren Überlegungen ist. Wenn Sie es nicht finden, müssen Sie ein bisschen danach suchen. Hat Ihre Arbeit eher einen tatsächlichen Ertrag oder einen rechtlichen? Liefert sie neue Fakten oder lässt sie alte Fakten in neuem Licht erschei- nen? Löst sie ein altes Problem auf neue Art – oder ein neues Problem mit alten Mitteln auf überzeugende Art? Oder vielleicht ein neues Problem mit neuen Mitteln? Macht sie etwas Einfaches komplizierter, aber sachgerechter (zum Beispiel, weil Sie die Einfüh- rung einer bisher unbekannten Unterscheidung vorschlagen) oder etwas Kompliziertes einfacher (etwa, weil Sie eine Unterscheidung für entbehrlich erklären, an der die Wis- senschaft bisher festgehalten hat)? Macht sie Zusammenhänge deutlich, die bislang un- beachtet waren? Bringt sie Argumente, die man vorher unterschätzt oder gar nicht gese- hen hat? Bewertet sie Argumente neu? Arbeitet sie Entwicklungen heraus, die eine Neubewertung alter Argumente erfordern?
Es ist nicht nur Höflichkeit gegenüber dem Leser, die Sie veranlassen sollte, am Ende zu unterstreichen, wozu Ihre Mühe geführt hat, sondern ebenso sehr Selbstkontrolle. Hinzu kommt eine prüfungstaktische Überlegung: Das Besondere an Ihrer Arbeit macht es dem Leser leichter, Sie zu loben – und die Arbeit gut zu benoten.

Wenn es möglich ist, formulieren Sie Ihr Ergebnis einmal ganz pointiert, heruntergebro- **511** chen auf maximal vier Zeilen Text. Sie glauben nicht, wie dankbar Leser für diese Mühe sein können. Leser haben oft noch einen Haufen anderer Dinge im Kopf als nur Ihre Arbeit. Das verlieren Sie als Verfasser leicht aus dem Blick. Wo ein solches Herunter- brechen seriös nicht möglich ist, müssen Sie es bleiben lassen. Aber es geht über- raschend oft[500]. Das Resultat darf durch die Verkürzung nicht sachlich falsch werden – aber man kann es einmal riskieren, das Ergebnis auf der letzten Seite etwas grobkörni- ger werden zu lassen als die fein differenzierten Ausführungen im Gesamttext.

Am leichtesten handhabbar werden Ergebnisse für den Leser, wenn zuerst die Regel formuliert wird und dann die Ausnahme, zuerst die allgemeine Aussage, dann die besonderen Aussagen. Auch ein diffe- renziertes Ergebnis lässt sich klar ausdrücken, wenn man ein wenig Mühe darauf wendet.

Das Ergebnis wird oft in einem Lösungsvorschlag für das Ausgangsproblem bestehen. **512** Das ist nicht zwingend. Es kann auch darin liegen zu erklären, dass das Ausgangspro-

---

499 Hinzukommt ganz prüfungsalltagspraktisch dies: Ein Themensteller, der zugleich Ihr Prüfer ist, bleibt immer ein bisschen unglücklich zurück, wenn Sie kein halbwegs greifbares Ergebnis präsentieren. Vielleicht geht er in sich und fasst beim nächsten Mal die Aufgabe präziser; vielleicht ist er aber auch schlecht gelaunt und gibt Ihnen eine schlechte Note, weil er meint, präziser habe man einfach nicht mehr fragen können.

500 Wenn Ihnen das schwerfällt, stellen Sie sich einfach vor, Sie müssten das Ergebnis Ihrer sechswöchigen Arbeit gegenüber Ihren Eltern rechtfertigen, die von der Idee des Jurastudiums sowieso nicht begeistert waren und in letzter Zeit laut darüber nachgedacht haben, die monatlichen Unterstützungszahlungen einzustellen.

blem unlösbar oder mit dem gewählten Ansatz nicht vernünftig lösbar ist[501]. Wer ein solches Fazit zieht, achte darauf, den Leser nicht allein in einer Sackgasse zurückzulassen, sondern wenigstens Hinweise zu geben, wo ein aussichtsreicher Ansatz zu erwarten ist.

Negative Ergebnisse findet man als Bearbeiter leicht unbefriedigend – fälschlicherweise. Im Gegenteil ist es eigentlich ehrenvoll, argumentativ überzeugend begründet zu haben, warum ein bestimmtes Abgrenzungskriterium zwischen strafbarem und straffreiem Handeln theoretisch und praktisch nichts taugt, warum ein Gesetzesvorschlag in der vorliegenden Form nicht brauchbar ist usw. Je nach Aufgabe kann das mit viel Arbeit verbunden sein. Wenn die geleistet ist, kann man aufhören. Der Verweis auf das bessere Kriterium, die gelungenere Formulierung usw. gehören dann ins Schlusskapitel.

513 Achten Sie nicht zuletzt darauf, spätestens hier deutlich zu machen, was an Ihren Ergebnissen sicher ist und was nicht. Vermutungen sollen als Vermutungen gekennzeichnet werden, Gewissheiten als Gewissheiten – und Unterstellungen als Unterstellungen. Dabei kann sich gegenüber dem in der Einleitung umrissenen Ausgangspunkt durchaus etwas geändert haben. So können Sie etwa mit guten Gründen im Tatsächlichen und im Rechtlichen zu einem Ergebnis gelangt sein, das am Anfang noch sehr hypothetisch eingeführt wurde.

514 Konkret formulierte Ergebnisse sind gut, weil sie Widerspruch ermöglichen. Die Versuchung, in allgemeine Aussagen auszuweichen, ist groß. Konkrete Aussagen haben den Vorteil der Angreifbarkeit, vielleicht sogar der Falsifizierbarkeit. Das ist wissenschaftlich betrachtet erfreulich.

bb) Ausblick

515 Ein **Ausblick** kommt fast immer gut an. Er kann geradezu neue Horizonte eröffnen, wenn Sie im Hauptteil überwiegend die aktuellen Argumente erörtert und frühere Entwicklungen betrachtet haben. Allerdings besteht die Gefahr, sich in Allgemeinplätzen zu verlieren.

Beispiele: *Die weitere Entwicklung darf mit Spannung erwartet werden. – Es wird also abzuwarten bleiben, wie sich die rechtliche Einschätzung der Frage weiter entwickelt.* Ach, wirklich? Wer hätte das gedacht?

Wie auch sonst gilt es Plattitüden zu vermeiden.

Beispiel: *Zu hoffen bleibt ...* – Das ist einfach zu abgegriffen.

Deshalb ist es sinnvoll, an konkrete Umstände anzuknüpfen.

Beispiele: *Klärung verspricht eine zu erwartende Entscheidung des BGH, bei dem unter dem Aktenzeichen XXII ZR 1254/19 die Revision gegen das hier kritisierte Urteil des OLG Düsseldorf anhängig ist.* oder *Der Gesetzgeber hat auf die hier skizzierte Entwicklung reagiert, indem er ...*

Hier muss man dem Leser etwas mitteilen, was er nicht selbst schon wusste.

Beispiel: *Wie das unbestimmte Tatbestandsmerkmal des ... inhaltlich zu präzisieren sein wird, wird die Rechtsprechung zeigen. Zu hoffen steht ...; zu erwarten ist dagegen ... .. Zu rechnen ist damit, dass die*

---

501 Dazu schon Rn. 1.

Gerichte zunächst auf ... zurückgreifen. Die gesetzgeberische Absicht ... wird dabei an entscheidender Stelle zu berücksichtigen sein.

Gerade in einem Ausblick sind die Argumente de lege ferenda gut unterzubringen, die man sich im juristischen Übungsgutachten immer so nachdrücklich versagt hat. **516**

Beispiel: *Rechtspolitisch ist eine baldige und klare Regelung wünschenswert. Der derzeitige Zustand untergräbt die Rechtssicherheit. Leitlinie einer gesetzlichen Regelung müsste einerseits ..., andererseits ... sein. Entscheidende Bedeutung sollte bei einer gesetzlichen Normierung den Interessen ... eingeräumt werden.*

Man kann in Versuchung geraten, Gesetzgebungsanregungen aus den vorherigen Überlegungen wenigstens im Schlussteil unterzubringen. Allerdings gilt auch an dieser Stelle, dass ausformulierte Gesetzesvorschläge riskant sind[502]. Ein eigener Formulierungsvorschlag für eine neue Norm ist mutig, fordert aber immer zu Kritik heraus und geht sehr schnell daneben[503]. Die kleinere Münze ist lediglich das Abstecken wesentlicher Punkte, die eine Neuregelung enthalten sollte – weniger mutig, aber auch viel weniger angreifbar. In den Schlussteil gehören solche Überlegungen ohnehin nur, wenn sie über die Bearbeitung der Aufgabe schon hinausgehen und daher nicht zentral im Hauptteil diskutiert werden. Dann genügt diese kleinere Münze aber auch.

Ein echter Akzent gelingt am leichtesten, wenn im Ausblick eine absehbare oder doch wenigstens denkbare **künftige Entwicklung** angerissen wird, die dem in der Arbeit verhandelten Thema eine neue/wachsende/andere Bedeutung verleiht. Mit etwas Geschick kann man diese so präsentieren, dass sie nach den eher dogmatisch-trockenen Überlegungen des Hauptteils geradezu überraschend daherkommt. Eine solche kleine Überraschung versöhnt den zwischenzeitlich gelangweilten Leser mit der Mühe der Lektüre – und beweist zugleich, dass es richtig war, genau dieses Thema zu stellen oder zu bearbeiten. **517**

In die umgekehrte Richtung gelingt vielleicht ebenfalls eine Überraschung: Können Sie darlegen, dass das Problem sich in Bälde von selbst erledigen wird, mag der Leser vielleicht enttäuscht sein[504], aber wenn er die Information nicht vorher schon hatte, haben Sie allemal am Ende noch etwas Wichtiges und Lesenswertes präsentiert.

cc) Eigener Standpunkt

Die **eigene Stellungnahme** allein dem Schlussteil vorzubehalten ist zwar selten zu empfehlen, denn sie bildet in aller Regel schon den Kern Ihres Hauptteils. Wenn Sie dort aber einen eigenen **originellen Ansatz**, Problemlösungsgesichtspunkt etc. entwickelt haben, sollten Sie unbescheiden genug sein, diesen am Ende noch einmal zu erwähnen. **518**

Beispiel: *Nach dem hier vorgeschlagenen Ansatz ...* – Man muss dabei nicht dick auftragen. Aber ein kleiner Hinweis darf schon sein – es geschieht sonst zu leicht, dass der Leser Ihre kreative Leistung übersieht oder nicht richtig wertschätzt.

---

502 Siehe dazu schon oben Rn. 375.
503 Das gelingt auch dem Gesetzgeber oft nicht, aber der macht dann immerhin demokratisch legitimierten Mist und verschafft damit vielen Juristen auch weiterhin ein auskömmliches Berufsleben.
504 Aber wo steht, dass man den Leser nicht auch einmal enttäuschen darf?

Von seltenen Ausnahmen abgesehen ist ein eigener Standpunkt nicht nur erwünscht, sondern wird verlangt. Wer seine Ausarbeitung vorher enden lässt, vergibt unnötig Chancen und Punkte.

dd) Eigene Leistung

519 Verwandt, aber nicht identisch mit der Wiederholung oder zugespitzten Darstellung des eigenen Standpunkts ist das Auskonturieren der eigenen Leistung. Gerade in einer Prüfungsarbeit ist das manchmal dringend nötig. Nicht immer ist dem Leser völlig klar, worin der spezifische Wert des gelesenen Textes liegt. Als Verfasser muss man hier nicht unbescheiden dick auftragen, aber beiläufig erwähnen kann man ruhig einmal, dass der Ertrag der bisherigen Überlegungen etwa darin besteht, ein Problem oder seine Lösung vereinfacht zu haben, ein gemeinsames Prinzip für mehrere Rechtsfragen und -figuren herausgearbeitet zu haben – oder etwas komplizierter gemacht zu haben, was sich die Wissenschaft bislang zu leicht gemacht hat. Je klarer man das übrigens sagen kann, desto näher kommt man dem Erfolgserlebnis, das bestenfalls mit einer Themenarbeit verbunden ist.

ee) Klammer zu

520 Ist das Thema der Arbeit als **Frage** formuliert, muss der Schlussteil auf die eine oder andere Art eine **Antwort** auf die Frage geben. Alles andere fällt auf. Die Antwort gerät im günstigsten Fall kurz und klar. Oft wird aber – typisch juristisch – eine differenzierte Antwort erforderlich sein.

Beispiel: *Eine umfassende gesetzliche Regelung der … ist nicht erforderlich. Die Fragenkreise a), b) und c) lassen sich mit dem gesetzlichen und rechtsdogmatischen Bestand interessengerecht und rechtssicher handhaben. Dagegen wird sich zu Frage d) vor dem Hintergrund der erheblich divergierenden Auffassungen der Gerichte und der Rechtswissenschaft ein gesetzgeberisches Eingreifen nicht vermeiden lassen. Ein möglicher Ansatz hierfür könnte in … liegen. Das hätte den Vorteil, dass eine konsistente Behandlung der rechtlich und tatsächlich ähnlichen Probleme b) und d) gewährleistet wäre. …*

Manchmal erweist sich eine Antwort als nicht realistisch möglich, etwa wenn das diskutierte Problem kurz vor einer höchstrichterlichen Klärung steht, nach der ein Abflauen der Diskussion zu erwartet ist. Dann muss man auch keine Schein-Gewissheit vorführen.

521 Ist Ihre Arbeit aus einer anderen Arbeit entwickelt oder fortgeschrieben worden (wie das etwa der Fall sein kann bei Schwerpunktbereichsabschlussarbeiten, die auf ein Seminarreferat aufbauen), sollten Sie spätestens im Schlussteil hervorheben, worin die zusätzliche Erkenntnis gegenüber dem Ausgangstext besteht[505]. Diese inhaltliche Weiterung kann schon eingangs angekündigt werden.

522 Wo die Einführung Thesen und Vermutungen enthalten hat, müssen diese regelmäßig im Schlussteil wieder aufgegriffen werden. Der Leser ist sonst unglücklich. Er will wissen, ob die über die letzten 20 Seiten entwickelten Gedankengänge hinsichtlich der Eingangsthesen einen Fortschritt gebracht haben. Schließlich haben Sie die Eingangsthesen

---

505 So lässt sich der unschöne Eindruck vermeiden, Sie hätten zwei Fliegen mit einer Klappe schlagen wollen, indem Sie eine nur ein wenig aufgepumpte Fassung des Ursprungstexts benutzen, um eine weitere Prüfungsleistung billig zu erschlagen. Dieser Eindruck kann – ohne bösen Willen des Lesers – entstehen, weil der Ausgangstext nicht (mehr) auf dem Tisch des Korrektors liegt.

mit Bedacht gewählt. Je größer das Thema zugeschnitten ist, desto legitimer ist es aber auch am Ende festzustellen, dass nur kleine Ausschnitte geklärt werden konnten.

ff) Thesen

Man kann auch die Thesen überhaupt an den Schluss stellen. Bei längeren Arbeiten **523** passt das oft gut, weil dadurch noch einmal klar wird, was am Ende des Tages wichtig ist und was nicht, was dem Verfasser als argumentativ gesichert gilt – und was nicht.

Manchmal erweist sich das Formulieren von zentralen Aussagen und Thesen als schwierig. Wer tief in der Materie steckt, findet am Ende alles gleich wichtig. In solchen Situationen hilft es, sich die Linie der Argumentation als einen Weg durch ein hügeliges oder bergiges Gelände vorzustellen. Wenn das Gelände überflutet wird – welche Erhebungen ragen als letzte noch heraus?

gg) Vergewisserung

In einer größeren Arbeit wird es oft sinnvoll oder gar nötig sein, am Ende noch einmal **524** ausdrücklich zu erwähnen, welche **Fragen** beantwortet sind und welche **offen bleiben**.

Beispiel: *Damit erweist sich das Problem des ... als auf weiten Strecken durch Rückgriff auf ... überzeugend lösbar, im Übrigen wenigstens nach ... als umgehbar. Anders liegen die Dinge aber bei ...* Eine schöne Geste gegenüber dem Leser ist es bei längeren Texten, in Klammern oder in Fußnoten auf die in Bezug genommenen Abschnitte zu verweisen.

In diesem Zusammenhang kann es sich anbieten, mit der gebotenen Vorsicht Vermutungen darüber anzustellen, auf welche Fälle/Situationen/Fragen der in der Arbeit entwickelte Ansatz **übertragbar** ist und wo er weiteren Erkenntnisgewinn verspricht. Vielleicht entfaltet man damit ein neues Thema für das nächste Seminar, vielleicht steckt man aber auch schon claims für die eigene Doktorarbeit ab.

Auch in einem kürzeren Text ist gegen Ende der Platz, um dem Leser noch einmal in **525** Erinnerung zu rufen, welche Thementeile nicht beleuchtet worden sind. Nötigenfalls muss man hier darauf hinweisen, dass das gefundene Ergebnis sich bei Einbeziehung der bislang ausgeklammerten Argumente, Erkenntnisse usw. ändern, vielleicht sogar in sein Gegenteil verkehren kann[506]. Solche **Relativierungen** fließen den meisten Menschen nicht leicht aus der Feder. Aber Stärke und Wert einer wissenschaftlichen Untersuchung können nicht zuletzt darin liegen, dass die Grenzen des möglichen Nutzens umrissen werden. Meist kann das nämlich der Verfasser besser als der Leser.

Zu den offen bleibenden Fragen gehört auch die Situation, dass das zu behandelnde Pro- **526** blem ursprünglich kein Rechtsproblem ist und gewissermaßen von außen an das Recht als gesellschaftlichen Problemlösungsmechanismus herangetragen wird. Das geschieht oft. Das Recht wird eben überschätzt. Das Ergebnis Ihrer Überlegungen ist in solchen Fällen vielleicht unbefriedigend. Diesen Umstand kann man versuchen am Ende der Arbeit aufzunehmen, indem man darauf hinweist, das das Problem nicht rein juristisch zu lösen ist, sondern integrationspolitisch oder kriminalpolitisch oder so. Das klingt

---

506 Das hat immer etwas Unbefriedigendes, weil Verfasser und Leser den Eindruck gewinnen können, die Untersuchung sei eigentlich gar nichts wert. Aber es ist doch ein Gebot der Ehrlichkeit, auf die eigenen Grenzen wenigstens hinzuweisen.

zwar vielleicht banal – aber oft ist es eben genau so: Die Rechtsordnung setzt Wertungen um, die politisch festgelegt worden sind. Wenn das politisch verfolgte Ziel rechtlich nicht zu erreichen ist, muss nicht nur rechtlich nachjustiert werden, sondern manchmal auch oder ausschließlich politisch. Allerdings sollte man dann überlegen, wie eine politische Lösung (jedenfalls im Ansatz) aussehen könnte.

Beispiele: Jugendkriminalität, Verwahrlosung und Verhungern von Kindern, religiöse Radikalisierung von Kindern und Jugendlichen

Oft wird sich zeigen, dass ein umfassendes Angehen solcher Probleme jenseits des vergleichsweise billigen und zudem schön öffentlichkeitswirksamen Erlasses von Gesetzen oder deren Verschärfung vor allem viel Geduld, personellen und finanziellen Aufwand und Frustrationstoleranz benötigt – nicht die besten Zutaten, um Wahlen zu gewinnen…

hh) Thematische Erweiterungen

527 Hat man im Hauptteil noch keine Gelegenheit dazu gefunden, kann man im Schlussteil auf **prozessuale Fragen** (etwa der Beweislast, des Rechtsschutzbedürfnisses, der Rechtswegzuständigkeit, …) eingehen. Ähnliches bietet sich an, wenn man im Hauptteil ein rechtsdogmatisches Problem nach Gesetzeslage erörtert hat – dann kann im Schlussteil eine wenigstens ansatzweise Erörterung folgen, ob und in welchem Umfang **vertragliche Abweichungen** möglich sind, durch welche Vertragsbestimmungen sich die geschilderten Probleme vermeiden lassen etc.

528 Hat man das Problem nach geltendem Recht (de lege lata) erörtert, können am Ende ein paar Bemerkungen zu einer rechtspolitisch anstrebenswerten Lösung (**de lege ferenda**) sinnvoll sein. Hier lassen sich vielleicht auch kurze und nicht weiter ausgearbeitete **rechtsvergleichende Hinweise** unterbringen, wenn das zwanglos möglich ist.

Die Diskussion solcher Gesichtspunkte im Schlussteil („Ausblick") ist nur sinnvoll, wenn sie nicht kraft Aufgabe zwingend in den Hauptteil gehört. Man muss also dem Leser zeigen, dass man hier eine originelle zusätzliche Idee ausgeführt hat – anstatt einfach aus Verlegenheit einen Teil der eigentlichen Aufgabe nach hinten „auszulagern".

ii) Einordnung in größere Zusammenhänge

529 Sofern man die Gelegenheit nicht schon in der Einführung genutzt hat (etwa weil es doch zu prätentiös erschien, das kleine rechtsdogmatische Thema als Beleg für die Richtigkeit einer soziologischen Großtheorie heranzuziehen), kann das Schlusskapitel der richtige Ort sein, den oben erwähnten Trichter[507] zu präsentieren – in umgekehrter Richtung gewissermaßen.

Und wenn man eingangs in das Thema hineingezoomt hat, bietet es sich erst recht an, am Ende wieder **herauszuzoomen**[508]. Je nach eigenem Kenntnisstand und Erkenntnisinteresse liegen Ausgangspunkt und Ziel dieser Bewegung auf einer juristisch allgemeinen oder einer gesellschaftlich allgemeinen Ebene.

Das „Zurückschalten" auf eine allgemeinere rechtliche Perspektive hilft oft, das Ergebnis Ihrer Überlegungen in den richtigen Gerechtigkeitszusammenhang zu stellen.

---

507 Rn. 295.
508 Dazu Rn. 314.

Beispiel: Im Hauptteil der Arbeit sind Sie zu dem Ergebnis gelangt, dass ein Bereicherungsausgleich zwischen den beiden Beteiligten ausgeschlossen ist. Das kommt dem Leser schon nur noch halb so merkwürdig vor, wenn Sie am Ende darauf hinweisen können, dass mit anderen zivilrechtlichen Ausgleichsmechanismen (etwa der Geschäftsführung ohne Auftrag) drei Viertel der in Frage stehenden Fälle völlig befriedigend und gerecht entschieden werden können.

Je weiter Sie zurückzoomen wollen, desto mehr braucht es Kenntnis und Verständnis größerer gesellschaftlicher Entwicklungen[509]. Die sollte man aber auch von Ihnen erwarten können: *Ein Jurist, der nicht mehr ist denn ein Jurist, ist ein arm Ding*[510]. Sie müssen kein Soziologe sein; aber schaden kann politisches oder soziologisches Interesse auch nicht. Oder? **530**

Wer im Einführungskapitel einen Zugang gewählt hat, der die gesellschaftliche Bedeutung eines Konflikts als Ausgangspunkt nimmt, kann jetzt die Klammer schließen: Nicht selten erweist sich nach genauerer rechtsdogmatischer Betrachtung im Hauptteil der Arbeit, dass eine rein juristische Problemlösung unbefriedigend bleiben muss oder nicht möglich ist. Das kann eine ganz gelungene Überleitung zum Ende der Arbeit sein: An die Feststellung, dass die Problembewältigungskapazität des Rechts nur begrenzt ist, sollte sich dann aber auch eine substanzielle Aussage darüber anschließen, welche Instanzen und Institutionen gesellschaftlich für eine gelingende Konfliktlösung zuständig sein müssen. **531**

Beispiel: Jugenddelinquenz (Typ: U-Bahn-Schlägereien) teils eingewanderter Täter ist möglicherweise nicht allein durch Strafverschärfungen oder Gesetzesanpassungen in den Griff zu bekommen, sondern je nach Standpunkt durch intensivierte Integrationsbemühungen, Gewaltpräventionstraining schon im Kindergarten, vielleicht aber auch durch konsequente Abschreckung des Typs Todesstrafe oder sofortige Abschiebung in ein Bürgerkriegsland – wer weiß?

Einen Schritt rückwärts zu gehen und absichtlich ein wenig Abstand zum eigenen Gegenstand zu nehmen bietet sich bei Themen an, die nicht ausschließlich oder vorwiegend als juristische zu begreifen sind. Nachdem man im Hauptteil herausgearbeitet hat, was die Rechtsordnung zur Problemverarbeitung beizutragen hat, passt der Schlussteil, um erörtern, ob damit auch gesellschaftlich eine Problemlösung zu erreichen ist. **532**

Beispiel: Nach der Darstellung der Handlungsmöglichkeiten von Urheberrechtsinhabern gegenüber Tauschbörsen im Internet ist der Leser vielleicht zu optimistisch, was die Problembearbeitungskapazitäten der Rechtsordnung angeht; dann ist es sinnvoll, am Ende ein paar Zahlen zu präsentieren: Umsätze der Musikverlage, Zahl der legalen und illegalen Downloads usw.

Wenn das gut gelingt, sieht der Leser in der Einleitung den Wald, im Hauptteil die Bäume und im Schlussteil den Wald – im Wissen um die Bäume.

Weil Juristen immer ein bisschen in Gefahr sind, nur durch die eigene fachliche Brille zu blicken, ist eine **Relativierung** der gefundenen Ergebnisse oft geradezu notwendig.

Beispiel: Ihre Arbeit hat die rechtlichen Risiken des akademischen Ghostwriting untersucht; Sie haben prüfungsrechtliche, vereinzelt sogar strafrechtliche Bedenken formuliert (und damit implizit auch ein recht deutliches moralisches Urteil gesprochen). Dann kann der Schlussabschnitt der passende Ort sein,

---

509 Dazu z.B. *Prümm*, JA 2005, 310 ff.
510 Wenn Sie wissen wollen, wer das gesagt hat, nutzen Sie eine der in Fn. 387 genannten Quellen oder sehen Sie in Fn. 700 nach.

177

einmal umrisshaft herauszuarbeiten, dass Ghostwriting unter Politikern, Entertainern, Aufsichtsratsvorsitzenden etc. ganz üblich ist – und dass auch Hochschullehrer oft nicht zögern, die von wissenschaftlichen Mitarbeitern und Doktoranden verfassten Texte als eigene auszugeben.

533 Die **Grenzen juristischer Problembewältigungskapazität**[511] sind ein passender Gedanke für den Schlussabschnitt. Zumal wenn Ihre Arbeit die Möglichkeit staatlicher Intervention gegenüber unerwünschtem Verhalten thematisiert, bietet sich diese Frage geradezu an. Sie können dann etwa erörtern, ob mit rechtlichen Umgehungsstrategien zu rechnen ist (steueroptimierende Vertragsgestaltung, Strohmannkonstruktionen etc.) oder ob schlicht ein Abwandern der interessierten Personen oder Unternehmen ins Ausland zu befürchten steht. Teils wirft sich damit sofort wieder die Frage auf, ob auch die Umgehungsstrategien rechtlich in den Griff zu bekommen sind (wie man das manchmal in verbraucherschützenden Regeln findet, etwa §§ 312 ff. BGB). Erkenntnisreich kann es auch sein, am Ende das Ergebnis der juristischen Betrachtung noch einmal ausdrücklich zu vergleichen mit den Argumenten und Ergebnissen moralischer, religiöser, politischer, kultureller oder ästhetischer Diskurse.

Beispiel: In einer Untersuchung über die Konfliktlinien zwischen Persönlichkeitsschutz einerseits und Meinungs- oder Kunstfreiheit andererseits ist es vielleicht interessant, noch einmal herauszuarbeiten, dass nicht alles, was rechtlich (gerade noch) zulässig ist, auch im Urteil aller Betroffenen wahr und schön und gut ist.

Dass die rechtliche Beurteilung eines tatsächlichen Geschehens nicht die einzige mögliche ist, muss man teils juristischen Lesern wieder ein wenig ins Gedächtnis rufen[512]. Dadurch relativiert sich manches Ergebnis, sei es überzeugend oder unbefriedigend. Ebenso gerät Juristen gelegentlich aus dem Blick, dass rechtliche Sanktionen – seien sie positiv oder negativ – zwar ein handlungsleitender Faktor sein können, aber bei weitem nicht der einzige. Auch das rückt manchen Eindruck wieder in ein anderes Licht, den man am Ende einer Untersuchung gewinnen könnte, die ausschließlich die rechtlichen Motivationsfaktoren der Menschen in den Fokus nimmt.

Beispiele: Ob Profisportler sich durch rechtliche Drohungen allein vom Doping abhalten lassen werden, ist hoch zweifelhaft. (Allerdings ist ähnlich zweifelhaft, ob irgendeine andere Sanktion Wirkung entfaltet …). Woher Stalking kommt und wie es sich verhindern lässt, wird man rein rechtlich kaum beschreiben können – für ein auch nur annäherndes Verständnis braucht es einen Schlenker in die Psychologie. Und jegliche Form der Sanktion ist für eine betriebswirtschaftliche Betrachtungsweise erst einmal nur ein Kostenfaktor, der zudem durch die Wahrscheinlichkeit des Erwischtwerdens relativiert wird; dabei gelingt es den Akteuren nicht selten, die negativen Auswirkungen ihrer Machenschaften beim Unternehmen zu belassen, während sie daraus zuvor noch eigene Vorteile ziehen konnten. Bei der Steuerungswirkung von Unternehmenssanktionen muss man daher nicht allzu optimistisch sein.

534 Überhaupt ist der Schlussteil der richtige Ort für die Frage: **Was bleibt?** Hier kann man herausarbeiten, ob und inwiefern die eigenen Ergebnisse nur für ein tagesaktuelles Problem Geltung beanspruchen – oder eben über den Tag hinaus.

Nicht immer wird die Einordnung in einen größeren Zusammenhang gleich den Anschluss an eine soziologische Großtheorie ermöglichen oder auch nur verlangen. Oft ist es mit einer viel kleineren Münze getan. Die Folgerungen aus Ihren Gedankengängen

---

511 Dazu auch schon Rn. 314.
512 Das liegt an professionellen Deformationen, die fast alle Fachangehörigen früher oder später erleiden. Sie auch.

können auch ein Rechtsgebiet betreffen, an das man zuerst gar nicht gedacht hat. Das wiederum geht auf zwei Arten: Entweder ist eine Übertragung Ihrer Erkenntnis auf ein oder mehrere Gebiete möglich, die einen vergleichbaren Grad an Spezialität aufweisen (also etwa vom Strafrecht auf das Recht der Ordnungswidrigkeiten) oder es lässt sich eine allgemeinere Aussage aus ihnen ableiten, die für alle Teilrechtsgebiete eines bestimmten Zweigs gilt (also etwa eine steuerrechtliche Erkenntnis, die sich bei näherem Hinsehen als allgemeine öffentlich-rechtliche erweist). Im einen wie im anderen Fall wird der Leser diesen Zusatznutzen interessiert zur Kenntnis nehmen. Wer freut sich nicht, wenn die Lektüre einen zunächst unerwarteten[513] Ertrag abwirft?

jj) Praktische Konsequenzen

Je stärker der Hauptteil das Problem als theoretisches erörtert hat, desto interessanter **535** ist es für den Leser, spätestens im Schlussteil etwas über die praktischen Folgen zu erfahren.

Die Aussagen zu praktischen Folgen können recht unterschiedlich ausfallen je nachdem, aus wessen Blickwinkel man die Frage stellt. Der Richter etwa wird unter praktischen Folgen nicht genau das gleiche verstehen wie die Rechtsanwältin oder der eigentliche Normadressat. Der Richter fragt: *Wie gehe ich mit dieser Unsicherheit um, wenn sich im Verfahren … als … herausstellt?* Die Anwältin fragt: *Wie muss mein Vorbringen im Zivilprozess aussehen, um das Problem des … zu umgehen?* oder *Welche Vertragsgestaltung muss ich meinem Kunden empfehlen, um das Problem zu vermeiden?* Der Normadressat fragt: *Was kann ich tun, um maximalen Nutzen (oder minimalen Nachteil) aus … zu ziehen?* Der Geschäftspartner des Normadressaten stellt die gleiche Frage, nur mit umgekehrten Vorzeichen. Allgemeiner formuliert will jeder von dem Rechtsproblem Betroffene wissen *Welche Handlungsmöglichkeiten werden mir eröffnet/beschränkt/abgeschnitten?*

Hier kann man also etwa erörtern, wie mit Restrisiken durch Rechtsunsicherheiten umzugehen sei, etwa ob und wie passender **Versicherungsschutz** zu beschaffen ist oder bilanziell Rückstellungen zu bilden sind. Ebenfalls hierher gehört die Erwähnung von **Missbrauchsmöglichkeiten**, die der geltende Rechtszustand bietet. Meist lässt sich von dort aus leicht ein Bogen zu **Gestaltungsmöglichkeiten** und gesetzgeberischem Handlungsbedarf schlagen. In den Schlussteil gehört dies alles natürlich nur, wenn der eigentliche Fokus der Arbeit auf anderen Fragen lag – man kann all das gewinnbringend ausführlicher und gründlicher auch im Hauptteil der Arbeit besprechen, wenn es der Zuschnitt der Aufgabenstellung zulässt.

Nicht alle Themen erlauben am Ende einen Überblick über praktische Konsequenzen. **536** Wer etwa eine rechtsgeschichtliche Aufgabe bearbeitet, wird sich an dieser Stelle vielleicht schwer tun. Aber man soll die Flinte nicht zu schnell ins Korn werfen: Wer mit der gründlichen Analyse einer historischen Situation neue Erkenntnisse über Vergangenes gewonnen hat, kann immer auch versuchen, daraus – mit aller gebotenen Vorsicht, aber auch aller gebotenen Neugier – Aussagen über künftige Entwicklungen, sinnvolle Rechtsregeln etc. abzuleiten. Warum sollte man Rechtsgeschichte betreiben, wenn man

---

513 Natürlich kann man auf solche Übertragbarkeitsmöglichkeiten auch schon einleitend hinweisen; dazu Rn. 342.

sich von vornherein keine Einsicht davon erhofft, die das eigene Verhalten in der Gegenwart oder Zukunft beeinflussen könnte?

Allerdings liegt es bei den Rechtswissenschaften nicht anders als in vielen Wissensgebieten: Mit einer kurzen Untersuchung auf zwanzig Seiten Text ist oft eben nur ein kleines Fragment einer umfassenderen Frage in den Blick zu bekommen. Dann ist es oft auch nicht seriös möglich, die Folgen der eigenen Ergebnisse „hochzurechnen". Wenn das so ist, soll man auch nicht spekulieren – und es genügt, am Ende noch einmal den großen Zusammenhang anzureißen.

Wer die praktischen Folgen der eigenen Erörterungen am Ende der Arbeit verhandelt, sollte versuchen, Handlungsanweisungen zu formulieren. Dabei muss klar werden, wer zum Handeln aufgefordert wird: der Gesetzgeber, die Rechtsprechung[514], die Rechtswissenschaft, die vertragsgestaltende Praxis etc.?

kk) Herangehensweise

537 Ähnlich wie bei der Einleitung empfiehlt es sich auch beim letzten Abschnitt, mit der Konzeption und dem Ausformulieren zu warten, bis der Hauptteil fertig ist. Um eine Klammer um einen Text herumzuschreiben, muss man recht genau wissen, was im Text steht und was nicht. Wer anders vorgeht, muss wenigstens gegen Ende der Bearbeitung noch einmal einen skeptischen Blick auf Einführungs- und Schlussteil werfen und zu Anpassungen an den Hauptteil bereit sein.

V. Exkurs: Bewertungskriterien

In einem Anleitungsbuch könnte man knapp schreiben: Beachten Sie die hier genannten Regeln – und alles wird gut! Das mag sogar stimmen. Gleichwohl gibt es über die Bewertung mehr zu sagen. Und wenn Sie eine gute Note als Ergebnis einer halbwegs gelingenden fachlichen Kommunikation zwischen Prüfer und Geprüftem begreifen, liegt es geradezu nahe, sich ein wenig über die Rezeptionsbedingungen zu informieren, mit denen Ihre Leistung zu rechnen hat.

538 Es ist unter Prüfern nicht eben weit verbreitet, die Kriterien der Bewertung einer wissenschaftlichen Arbeit detailliert offen zu legen.

Das hätte nämlich insbesondere zur Folge, dass man sich als Prüfer die Frage des Geprüften gefallen lassen müsste, wie sich aus den genannten Kriterien die Note ableiten lasse. Nimmt man diese Frage ernst, ist sie entweder nicht zu beantworten oder erfordert viel Mühe. Das wäre zwar schön für einen gleichberechtigten Diskurs zwischen Lernenden und Lehrenden. Statistisch ist es aber die Ausnahme. Und in den Rechtswissenschaften ist es eben viel schwerer zu beschreiben als in der Mathematik.

Teils geben sich aber Fachbereiche oder ganze Hochschulen selbst Bewertungsrichtlinien vor und veröffentlichen diese[515].

---

514 Das ist nicht unproblematisch, nicht nur, weil hier ein einheitlicher Adressat nicht existiert, sondern auch, weil etwa ein Imperativ wie *Wir brauchen dringend eine einheitliche gerichtlich anerkannte Definition des ...-Begriffs* auf Umsetzungsschwierigkeiten stößt: Gerichte können sich die Konflikte nicht aussuchen, die sie zu entscheiden haben.

515 Z.B der Fb Wirtschaft und Recht der Frankfurt University of Applied Sciences unter t1p.de/6dt1; *Himmerkus*, t1p.de/sql1.

Sie dürfen davon ausgehen, dass Ihre Prüfer sich in etwa folgende Fragen stellen werden[516]. Dabei wird nicht immer ein schriftlich niedergelegtes System von Kriterien verwendet werden – schon weil davon einiger Rechtfertigungs- und Vereinheitlichungsdruck ausgehen könnte. Die Praxis des Prüfungsalltags bringt aber über kurz oder lang bei fast allen Prüfern ähnliche Einsichten über sinnvolle Bewertungsmaßstäbe hervor.

Sich mit den folgenden Überlegungen zu Bewertungskriterien wenigstens kurz zu befassen, kann für Prüfer und Geprüfte sinnvoll sein. **539**

Als **Prüfer** ist es Ehrensache, sich ab und an zu fragen, ob die ausgesprochenen Bewertungen einem in sich stimmigen und nachvollziehbaren (bestenfalls: kommunizierbaren) Ansatz folgen oder nur ad hoc ausgesprochen werden.

Als **Verfasser** einer Themenarbeit will man in aller Regel nicht nur dem wissenschaftlichen Fortschritt ein winziges Stück kluger Argumentation hinzufügen, sondern auch eine Prüfung bestehen – und zwar möglichst gut. Eine passable oder sogar gute Note ist das Ergebnis eines (einigermaßen asymmetrischen) Kommunikationsvorgangs. Maßgeblich geprägt ist dieser von den Erwartungen des Lesers. Aber auch seine begrenzten zeitlichen Ressourcen spielen eine Rolle. Je leichter man es dem Leser also macht, hier und da ein Lob auszusprechen, desto besser wird das Gesamtergebnis werden. Entgegen häufig unterschwellig vorhandener und manchmal ausdrücklich geäußerter Vermutung ist es dazu nicht nötig oder auch nur sinnvoll, dem Leser inhaltlich „nach dem Maul zu schreiben"[517]. Oft ist das geradezu kontraproduktiv, weil langweilig. Im Gegenteil wissen es die meisten Prüfer sehr zu schätzen, wenn Sie einen abweichenden Standpunkt vertreten[518].

Die kleinere Hälfte der Bewertungsüberlegungen setzt bei der **Aufgabe** an: **540**
Ist eine Anfänger-, Fortgeschrittenen- oder Abschlussarbeit zu beurteilen? Eine freiwillige Leistung oder eine Pflichtarbeit? Eine eher schwierige oder einfache Aufgabe?

Im jeweils ersteren Fall wird die Bewertung eher etwas großzügiger ausfallen, im je letzteren strenger. Abweichungen und Ausnahmen sind aber möglich.

– War das Thema gestellt oder selbst gewählt? Wie weit war es präzisiert?

Bei einem vom Prüfer oder Prüfungsamt gestellten Thema ist zu berücksichtigen, dass der Geprüfte sich einarbeiten muss, bei einem vom Geprüften gewählten Thema kann eine lobenswerte Leistung schon in der Identifikation eines guten Themas liegen, jedenfalls aber in der Mühe der Präzisierung, des Zuschnitts usw.

– Wie intensiv war die Betreuung durch den Prüfer/wie selbstständig hat der Bearbeiter gearbeitet?

Auch wenn man bei enger Führung durch den betreuenden Prüfer keinen Malus erwarten muss, gebietet es die Fairness, einen Bonus zu vergeben, wo jemand eine Arbeit ganz ohne Hilfe geschrieben hat. Andererseits weiß der Prüfer gegebenenfalls, dass bestimmte Ideen von ihm und nicht vom Prüfling stammen, so dass es zumindest für das reine Finden der Gedanken eben keine Zusatzpunkte gibt.

– Welchem Typ von Aufgabe[519] gehört das Thema an – und welche allgemeinen und/oder konkreten Schwierigkeiten sind damit verbunden?

---

516 *Kohler-Gehrig*, S. 98 ff.; *Lohse*, in: *Slapnicar/Engel*, Diplomarbeit, S. 274 ff.; *Theisen*, Wissenschaftliches Arbeiten, S. 232 ff.
517 Je nach Prüfungsordnung ist das oft überhaupt nicht möglich, weil der konkrete Prüfer beim Abfassen des Textes noch nicht (sicher) bekannt ist.
518 Zum Verhältnis zwischen opportunistischer und wissenschaftlich-objektiver Arbeitsweise Rn. 118.
519 Eine kleine Typologie von Themenarbeiten findet sich unter Rn. 502 ff.

Auch wenn Aussagen über Bewertungsgesichtspunkte schwer zu treffen sind, lohnt der Versuch, das Thema einzuordnen. Bearbeiter und Prüfer können die zu erbringende oder erbrachte Leistung nur einigermaßen einordnen, wenn sie eine in Worten ausdrückbare Vorstellung haben, wie eine Bearbeitung ungefähr aussehen kann und soll[520].

541 Der größere Teil der anzustellenden Überlegungen nimmt die **Bearbeitung** in den Blick:

– Erfasst die Bearbeitung das Thema? Wie genau? Wie vollständig?

Themenverfehlungen sind katastrophal (und nicht völlig selten). Auch Bearbeitungen, die ihr Thema nicht richtig in den Blick bekommen, bleiben am unteren Rand der Notenskala. Randunschärfen werden leicht verziehen, zumal wenn sie nach plausibler Lesart als zum Thema gehörend interpretiert werden können. Unvollständige Bearbeitungen sind für den Leser oft ärgerlich, weil sich seine Neugier gerade an den kurz oder gar nicht behandelten Aspekten entzündet. Also sollte man als Verfasser Unvollständigkeiten ankündigen und begründen, wenn auch noch so knapp. Problematisch können hier sehr offene Themenformulierungen sein,

Beispiel: *Aktuelle Probleme des ...rechts* (klingt absurd, ist aber als Thema für Abschlussarbeiten schon vorgekommen),

die das Risiko stark vergrößern, die Erwartungen des Aufgabenstellers zu verfehlen, einfach weil man diese der Aufgabenstellung so schlecht entnehmen kann. Wenn irgend möglich sollte man sich in solchen Fällen zu einem Zeitpunkt, zu dem auch größere Textänderungen noch zeitlich möglich sind, beim Aufgabensteller rückversichern, dass man halbwegs auf dem richtigen Weg ist.

– Sind die Schwerpunkte sinnvoll oder wenigstens vertretbar gesetzt?

Über eine sinnvolle Schwerpunktsetzung lässt sich oft endlos streiten. Ob der Verfasser es wichtiger findet, das breiter zu erörtern, was auch in seinen Quellen breit erörtert wird, oder ob er gerade das bisher anderswo Vernachlässigte in den Mittelpunkt zu rücken versucht, hängt am Thema und an der eigenen Herangehensweise. Bei einer Themenarbeit sind die Prüfer meist wesentlich eher bereit, eine sich plausibel aus der Arbeit ergebende (oder eben verständlich erklärte) Schwerpunktsetzung des Prüflings zu akzeptieren, auch wenn diese etwas anders ausfällt als vorher erwartet.

– Sind Rechtsprechung und Schrifttum ausgewertet? Vollständig oder wenigstens repräsentativ?

Wo Vollständigkeit zu leisten ist, darf man sie auch erwarten. Anderenfalls sollte wenigstens erkennbar werden, nach welchen Kriterien der Verfasser ausgewählt hat und warum diese sachgerecht sind. Ausgewiesene Faulheit bei der Recherche wird mit zunehmender Semesterzahl immer weniger hingenommen und führt bei Abschlussarbeiten zu erheblicher Verstimmung des Prüfers – keine gute Idee, wenn man bessere Noten erhofft. Das gilt auch und vor allem, weil der ausdrücklich im Prüfervotum enthaltene Vermerk, dass die Quellenauswertung lückenhaft sei, nicht nur einen unmittelbaren Notenmalus mit sich bringt, sondern man davon ausgehen muss, dass der Prüfer auch alle inhaltlichen Einwände gegen die Arbeit tendenziell stärker ins Gewicht fallen lässt, eben weil er diese mit der als Affront empfundenen Faulheit des Prüflings in Verbindung bringt.

– Bringt die Arbeit etwas Neues, eine originelle Idee, eine ungewöhnliche Perspektive oder Parallele?

Das ist nicht immer leicht zu erkennen. Oft ist es kaum zu erwarten. Wenn es gelingt, ist es aber einen Bonus wert. Manche Arbeiten präsentieren etwas, was der Leser realistisch nicht hat erwarten können. Das kann etwa eine Fleißleistung bei der Datenbeschaffung sein oder eine besondere Anstrengung beim Versuch, die Erkenntnisse anderer Wissenschaften juristisch verwertbar zu machen. Dass es für den „Wert" solcher nicht erwartbaren Erträge keine feste Skala gibt, muss man wohl hinnehmen. Als Prüfer

---

520 Vielleicht ist es übrigens für Bearbeiter und Prüfer eine gute Idee, das einmal ein paar Zeilen lang aufzuschreiben. Dabei kann der Kopf wieder viel klarer werden.

kann und soll man sie trotzdem zum Anlass für Aufwertungen nehmen – und als Verfasser kann man dafür die Vorlage liefern.

– Ist die Argumentation stimmig oder gar überzeugend?

Das mag schwer zu beurteilen sein. Aber Widersprüche und Unvollständigkeiten gehen zu Lasten des Verfassers. Naheliegende Argumente nicht erkannt und wenigstens kurz erörtert zu haben, führt zu Abzügen. Denkfehler fallen negativ auf. Umgekehrt gilt: Wenn Ihr Prüfer zumindest versteht, warum Sie der von Ihnen favorisierten Ansicht folgen, und Ihnen dabei keine groben argumentativen Fehler und Löcher vorwerfen kann, wird er dies in aller Regel positiv bewerten.

– Gibt es einen roten Faden oder argumentative Brüche? Ist der Aufbau vernünftig gewählt?

Auch in Aufbaufragen können die Meinungen mitunter deutlich auseinandergehen. Gleichwohl wird ein wohlwollender Prüfer – und das sind die allermeisten – immer zuerst versuchen, sich vom Faden der Arbeit leiten zu lassen, bevor er Alternativvorschläge entwirft. Versteht er aber Ihren Aufbau nicht (z.B. weil Sie ihn nicht erklärt haben), wird dies dagegen fast sicher zu Abzügen führen.

– Sind die Regeln wissenschaftlichen Arbeitens eingehalten? Fehlt Wichtiges?

Über viele wissenschaftliche Standards herrscht Konsens, so dass der Verstoß dagegen leicht begründbar Punktabzüge rechtfertigt. In schlimmen Fällen können auch alle Punkte abgezogen werden – das betrifft nicht nur ehemalige Verteidigungsminister.

– Ist der Text sprachlich und fachsprachlich konsistent? Verwendet er juristische und anderweitige Begriffe richtig und einheitlich?

Auch hier kann man fast nie Punkte gewinnen, sehr schnell aber verlieren; sprachliche Ungenauigkeit stößt gerade bei Juristen schnell und entschieden auf Kritik.

– Sind die Formalia eingehalten?

Noch ein Punkt, bei dem man nichts gewinnen, aber einiges verlieren kann. Gehen Sie *jede* Arbeit vor Abgabe anhand eines an Ihrer Hochschule verwendeten Formalienskriptes noch einmal durch mit dem Ziel, die Arbeit so abzugeben, dass sie in formaler Hinsicht nicht auffällt. Sie gewinnen keinerlei Zusatzpunkte für „schöne" Gestaltung und lenken nur unnötig die Aufmerksamkeit auf die Gestaltung statt auf den Inhalt, wenn Sie mit Farbdruck, vorangestellten Mottozitaten oder ähnlichem Schnickschnack versuchen, die Arbeit aufzuhübschen. Liefern Sie einfach optisch und formal genau das, was Ihr Prüfer erwartet, nicht weniger, aber auch nicht mehr. Optimalerweise werden die Formalia in der Bewertung gar nicht erwähnt – ein gutes Zeichen dafür, dass Sie an dieser Stelle keine unnötigen Abzüge eingefahren haben.

– Welche Rolle spielt die Mühe der Informationsbeschaffung?

Im Zeitalter des schnellen Informationszugriffs durch Internet und Datenbanken kann auch die Hartnäckigkeit des Bearbeiters lobende Berücksichtigung finden, wenn Sie eben nicht nur die Quellen verarbeiten, die binnen weniger Sekunden verfügbar sind.

Aus Prüfersicht kann man nur immer wieder darauf hinweisen, dass ungeachtet aller **542** Mühe um nachvollziehbare Notenvergabe unvermeidlich subjektive Gesichtspunkte in die Bewertung einfließen. Ein Teil davon sind **individuelle Präferenzen**, also Aspekte, die dem einen wichtig sind, dem anderen nur drittrangig erscheinen. Nichts spricht dagegen, Ihren Prüfer zu fragen, ob er auf bestimmte Gesichtspunkte besonderen Wert legt[521].

---

521 Das Schielen nach individuellen Vorlieben der Prüfer ist unter Juristen ziemlich verbreitet. Zur Vorbereitung der mündlichen Prüfungen in den Staatsexamina gibt es ganze Datenbanken mit Prüfungsprotokollen früherer Kandidaten. Ob alles das hilft, ist wie immer – umstritten.

Viele Prüfer können hierzu verlässliche Auskunft geben und tun das auch gern[522]. Ein anderer Teil ist nicht so sehr individuell-subjektiv, sondern einfach nur **schlecht quantifizierbar**. Fast allen Prüfern geht es so, dass eine Arbeit sich einprägt und gute Chancen auf gute Noten hat, die in wenigstens einer Hinsicht besonders ausfällt. Das kann etwa ein professionell gestalteter Fußnotenapparat sein oder ein ungewöhnlicher Gedanke, der sich aber überraschend gut in den rechtsdogmatischen Kontext einfügt. Niemand wird beziffern wollen, wie viel Bonuspunkte mit einem solchen Einzelaspekt zu holen sind – aber kaum jemand wird bestreiten, dass das möglich ist. Als Bearbeiter müssen Sie sich also letztendlich damit abfinden, nicht voraussehen zu können, in welchem Maß Ihre Mühe sich lohnt.

543 Zu den Faktoren, von denen man nicht genau weiß, wie viel sie zählen (obwohl man sicher ist, dass sie zählen), gehört etwa die Frage, ob Sie Ihrer Aufgabe bei aller Pflichterfüllung im Übrigen einen individuellen Stempel haben aufdrücken können. Am besten gelingt das, wenn Sie aus dem Thema etwas herausschlagen, was auch der Aufgabensteller nicht erwartet hat.

Beispiel: Wenn Sie eine Arbeit aus einem der juristischen Grundlagengebiete schreiben und es schaffen, einen benennbaren dogmatischen Ertrag zu gewinnen *(Was bedeutet das für den Bereicherungsausgleich im Dreipersonenverhältnis?).*

Und es braucht nicht allzu viel Einfühlungsvermögen um zu verstehen, warum am Ende einer Arbeitsanleitung für juristische Seminararbeiten[523] der Satz steht *Schreiben Sie etwas Interessantes!*

544 Letztlich ist eine „objektive", „eindeutige" Bewertung bei einer Textwissenschaft wie den Rechtswissenschaften ausgeschlossen, weil das entscheidende Kriterium, nämlich die Überzeugungskraft der Begründungen, nicht objektivierbar ist. Das Bewertungsermessen ist relativ breit und entzieht sich prüfungsrechtlich einer umfassenden Kontrolle. Daher versprechen Remonstrationen gerade im Schwerpunktbereich sehr selten Erfolg, wenn nicht die Bewertungsbegründung selbst Denkfehler aufweist.

Fußballergebnisse, Wetter, Hunger und Durst, Müdigkeit usw. sind unbewusste Faktoren, die man als Prüfer wegschieben will, wahrscheinlich aber nie ganz abstellen kann. Sie entziehen sich aber auch der Kontrolle des Prüflings. Dieser kann nur saubere Arbeit leisten und versuchen, wenig Angriffsfläche zu bieten. Dies wird jeder Prüfer positiv würdigen. Die Notenskala geht bis 18 Punkte und wird entgegen anders lautenden Gerüchten zumindest gelegentlich bis nach ganz oben ausgereizt.

Der Prüfling hat es in der Hand, Ärger beim Korrektor zu vermeiden: Formalien einhalten (insbesondere Zitierregeln!), Schlampigkeiten in Ausdruck und Struktur abstellen und Leserfreundlichkeit in den Vordergrund stellen. Wenn man es dann noch schafft, den Leser fachlich durch gut durchdachte Begründungen für sich einzunehmen, hat man vielleicht noch keine 18 Punkte, aber doch mehr als die halbe Miete für eine zufrieden stellende Bewertung in der Tasche.

---

522 Andere können das nicht, weil ihnen gar nicht bewusst ist, dass es sich um eine individuelle Besonderheit handelt. Es ist daher durchaus sinnvoll, sich auch unter Kommilitonen zu erkundigen, was über konkrete Prüfer so erzählt wird. Nicht alles stimmt, vieles ist übertrieben, aber man bekommt einen Eindruck.

523 *Noltensmeier/Schuhr*, JA 2008, 576, 584. Lesenswert.

C. Besonderer Teil

Das Folgende unterteilt zunächst die verschiedenen Arten von Themenarbeiten in Aufgabentypen, bevor einige Besonderheiten universitärer Themenarbeiten je nach Art der Aufgabe (Seminararbeiten, Themenklausuren, Zusatzfragen, Dissertationen etc.) erörtert werden.   **545**

I. Typologie von Themenarbeiten

Wenn auch nicht die ganze Bandbreite möglicher Themen in eine Typologie[524] hinein-passt, mag eine solche doch helfen herauszufinden, was das Besondere an der eigenen Aufgabe und worauf bei der Ausarbeitung unbedingt zu achten ist.   **546**

Eine abschließende Aufzählung ist nicht gewollt – und kann wohl gar nicht gelingen. Die folgende Übersicht sollte gleichwohl einen praktischen Nutzen haben: Man versuche, das zur Bearbeitung gestellte Thema wenigstens näherungsweise einem (oder mehreren[525]) der genannten Typen zuzuordnen. Schon dieser Versuch wird zu Einsichten in Schwerpunkte und mögliche Gefahren der Bearbeitung führen. Probieren Sie's einfach! Auch die Aufgabensteller denken beim Konzipieren von Themenarbeiten über ähnliche Fragen nach.

Das Thema bestimmt die Herangehensweise. Trotzdem ist man als Bearbeiter in der Prüfungssituation nicht ausschließlich darauf angewiesen, aus dem gestellten Thema heraus eine Struktur der Darstellung und eine Perspektive auf den Gegenstand zu entwickeln.   **547**

Themen lassen sich nach folgenden **Kriterien** einordnen:

– Wie viel **Kreativität** ist erwünscht, möglich, erforderlich?   **548**

Eine Masterarbeit oder eine Doktorarbeit verlangt im Allgemeinen, dass der Bearbeiter etwas Neues bietet. Das wird oft Neues in „kleiner Münze" sein[526], aber wenigstens die Anwendung vorhandenen dogmatischen Bestands auf neue Probleme sollte drin sein.
In einer Klausur Neues zu leisten, ist dagegen viel schwieriger und wird allenfalls ansatzweise auch nur möglich sein. Bei streng begrenzter Bearbeitungszeit und ohne Zugriff auf niedergeschriebenes Wissen muss der Schwerpunkt anderswo liegen.

Beispiel: Eine Aufgabe wie *Skizzieren Sie das System der gesetzlichen Vorschriften zur Anspruchsverjährung* ist aus dem Gesetz heraus zu bearbeiten. Sie bietet gleichwohl die Möglichkeit zur Unterscheidung zwischen Studenten, die die §§ 194 ff. BGB zum ersten Mal in ihrem Leben lesen (oder überhaupt erst finden müssen) und solchen, die im Unterricht zugehört haben und deshalb die gesetzliche Systematik nicht erst mühselig erschließen müssen. Auch ohne besondere kreative Anforderungen kann das also eine sinnvolle Aufgabe sein.

---

524 Dazu auch *Bull*, JuS 2000, 47, 48; *Tettinger/Mann*, S. 210 f.

525 Um Missverständnissen vorzubeugen: Die nachstehend aufgezählten Typen schließen sich nicht gegenseitig aus. Im Gegenteil überschneiden sie sich.

526 Sehen Sie sich einmal die Mehrzahl der juristischen Doktorarbeiten an… Und realistisch gesagt: Nicht jeder kann ein juristischer Entdecker sein – dazu ist einfach zu viel schon längst entdeckt.

549   – Wie viel **Sammeleifer** braucht es?

Manche Themen erlauben es dem Bearbeiter, einen **vollständigen** Überblick über Schrifttum und Rechtsprechung zu gewinnen und dem Leser zu präsentieren. Wo das möglich und sinnvoll ist, gehört es vielleicht auch zur Aufgabe.

Wo es aber nicht möglich ist, besteht die Aufgabe nicht darin, Vollständigkeit anzustreben, sondern darin, vernünftig **auszuwählen**. Allerdings setzt eine Auswahl voraus, dass man durch Jagen und Sammeln eine Menge Material zur Verfügung hat. Nur dann ist eine Auswahl nicht nur nötig und möglich, sondern überhaupt erst sinnvoll.

Vielleicht bezieht sich der erforderliche Sammeleifer aber gar nicht in erster Linie auf das rechtliche, sondern hauptsächlich auf das tatsächliche Material. Im Zusammentragen, Systematisieren und Bewerten tatsächlicher Informationen kann eine wissenschaftlich anerkennenswerte Leistung liegen.

Beispiel: Überall, wo es um die juristische Bewältigung (angeblich) neuer Phänomene geht, also etwa: *Wie, wo und warum findet Stalking statt?* Allerdings darf man hier den juristischen Teil der Arbeit – eben die Bewertung der Fakten – vor lauter Sammeleifer bezüglich des Tatsächlichen nicht aus dem Auge verlieren, vor allem was die Gewichtung in der fertigen Arbeit betrifft.

Wo die Materialfülle eine Auswahl erfordert, sollten Sie sich Rechenschaft **über die Auswahlkriterien** legen[527]. Sinnvolle Ansätze werden meist sein: neu vor alt, themennah vor themenfern, originell vor langweilig. Gleichwohl sollten Sie die jeweiligen Autoritäten (also etwa die höchstrichterliche Rechtsprechung oder die maßgeblichen wissenschaftlichen Kapazitäten auf einem Gebiet) nicht außen vor lassen.

550   – Wie viel **Systematisierungsmühe** ist verlangt?

Es gibt Themen, deren Anspruch überwiegend oder ausschließlich darin liegt, das Quellenmaterial (also etwa Rechtsprechung und Schrifttum zu einer Rechtsfrage) zu ordnen, damit der Leser überhaupt weiß, welche Entscheidung und welcher Fachzeitschriftenbeitrag Lösungsansätze für welche einzelne Problemkonstellation versprechen. Das mag langweilig klingen, erweist sich aber bei näherem Hinsehen nicht selten als schwierig und verdienstvoll zugleich. Die Schwierigkeiten können sich etwa daraus ergeben, dass die Terminologie noch nicht gefestigt ist oder die Beteiligten bei ihrer rechtlichen Bewertung so unterschiedliche Gesichtspunkte in den Vordergrund stellen, dass das Vergleichen fast unmöglich wird.

Beispiel: Versuchen Sie einmal, sich einen Überblick über die Rechtsprechung und Literatur zu den sogenannten „Schrottimmobilienfällen" zu verschaffen – und geben Sie uns unbedingt Bescheid, wenn Sie es geschafft haben.

551   – Welches **Spezialitätsniveau** ist gefragt?

Maßgeblich über Erfolg und Misserfolg einer Themenarbeit kann entscheiden, ob man als Bearbeiter das vom Themensteller angepeilte Spezialitätsniveau erreicht oder verfehlt. Etliche Themen lassen sich gleichermaßen halbwegs allgemein und sehr speziell darstellen. Dass eine im Allgemeinen bleibende Ausarbeitung trotz unbestreitbarer Qualitäten für den spezialisierten Leser enttäuschend sein kann, dürfte auf der Hand liegen. Als Bearbeiter ist man daher gut beraten, sich darüber Rechenschaft zu legen. Hat das

---

527 Gegenüber dem Leser ist das nur ausnahmsweise erforderlich. Im Allgemeinen erkennt der auch ohne einen Hinweis im Einführungskapitel, welche Schwerpunkte Sie gesetzt haben.

vorgegebene Thema einen Untertitel und einen Unteruntertitel (in dem am besten noch *unter besonderer Berücksichtigung des ...* vorkommt), weist dies schon in die Richtung einer stark spezialisierten Bearbeitung. Ist es Teil eines Straußes ähnlich klingender Themen etwa in einem Seminar, gilt Gleiches. Umgekehrt ist ein thematischer Seitenast tendenziell eher allgemein zu bearbeiten.

Beispiel: Urheberrechtliche Probleme in einem eigentlich erbrechtlichen Themenkreis

Wo möglich und nötig sollte mit dem Themensteller Rücksprache gehalten werden. Die verunsicherte Anfrage eines von der Materialflut erschlagenen Bearbeiters nimmt niemand krumm.

Wenn Sie auf der Suche nach den Besonderheiten des Ihnen gestellten Themas sind, benutzen Sie die genannten Kriterien einmal probeweise zusammen mit der nachstehenden Typologie, um herauszufinden, an welchen Stellen in Ihrem Thema die Musik spielt. Vielleicht hilft es, vielleicht nicht. **552**

1. Überblicksarbeiten

In fast jedem Seminar steht am Anfang der Themenliste (und häufig auch zu Beginn eines neuen Themenblocks) eine einführende Arbeit, die einen **Überblick über das Gesamtthema** verschaffen soll. Aus Sicht des Veranstalters dient sie als Basis, auf der sich dann die weiteren spezielleren Probleme aufbauen lassen, wegen derer das Seminar angeboten wurde. Ob es sich aus Sicht des Seminarteilnehmers um ein besonders gut oder besonders schlecht geeignetes Thema handelt, hängt davon ab, ob man selbst die Disziplin und Energie aufbringt, sich in ein größeres Gebiet einzuarbeiten. **553**

a) Beispiele

Je nach Gesamtthema eines Seminars können hier etwa Titel auftauchen wie:
– *Entwicklung des Völkerstrafrechts im 20. Jahrhundert*
– *Der Ideologiebegriff – ein Überblick*
– *Die wesentlichen Veränderungen im Raumplanungsrecht der letzten 30 Jahre*
– *Entwicklungslinien der Regulierungen im Recht der Kreditvergabe vor und nach Einführung einer europäischen Bankenaufsicht*
– *Die Ehe als Rechtsinstitut in der europäischen und außereuropäischen Rechtstradition*
und so fort.

b) Besonderheiten bei der Bearbeitung

Da es hier im Kern darum geht, für die folgenden Arbeiten das Feld abzustecken, eignen sie sich besonders gut für Studenten, die sich im jeweiligen Gebiet schon leidlich auskennen und deshalb zumindest einen ungefähren Überblick haben. Gut sind solche Themen auch für fleißige Menschen, die über das Thema als Ganzes mehr lernen wollen. Denn gerade weil das Gesamtthema des Seminars mehr oder weniger abgedeckt werden soll, muss sich der Bearbeiter eben auch in zumindest die **wichtigsten Einzelaspekte des Themenfelds** einarbeiten. **554**

Bei dieser Art von Arbeiten ist es wichtig, dass man sowohl das Gesamtthema als auch die Themenliste der Veranstaltung im Blick behält, weil diese vorgibt, worauf es dem Aufgabensteller ankommt. Andererseits sollte man darauf achten, tatsächlich nur den Überblick zu geben, der für diesen Einstieg

187

gefordert ist, um nicht von den folgenden Spezialthemen zu viel vorwegzunehmen[528]. Deren Bearbeiter kennen sich damit ohnehin im Zweifel besser aus als man selbst, so dass man riskiert, als oberflächlich dazustehen.

Wie findet man nun die „richtige" Detailtiefe? Schwer zu sagen. Immerhin ein Vorschlag: Rechtsnormen und rechtliches Wissen werden sowohl im Gesetz als auch im Kopf seines Anwenders oft nach dem Prinzip von Regel und Ausnahme organisiert. Weil das Leben vielfältig ist, das Gesetz aber übersichtlich bleiben soll, braucht es oft neben Regel und Ausnahme auch noch Unterausnahme und Rückausnahme. Die Regel *Wenn Kaufvertrag, dann Zahlungsanspruch des Käufers (§ 433 II BGB)* wird modifiziert durch die Ausnahme *Keine Gegenleistung ohne Leistung (§ 326 I BGB)*, die modifiziert wird durch die Unterausnahme *Anders beim Versendungskauf (§ 447 I BGB)*, allerdings erneut modifiziert durch die Rückausnahme *Anders beim Verbrauchsgüterkauf (§ 474 IV)*. Bei einem Beispiel aus dem Pflichtfachstoff Schuldrecht ist das noch nicht so beeindruckend. Wenn Sie sich aber Ihr Problem als eines aus dem internationalen Insolvenzrecht vorstellen, wird es deutlicher: Grundlagenthemen verhandeln Regeln und ein paar Ausnahmen – Unterausnahmen und Rückausnahmen und weitere Verästelungen werden allenfalls angedeutet und in der Fußnote erwähnt. Die überlassen Sie souverän den nachfolgenden Referenten.

555 Häufig sind diese Einstiegsarbeiten auch gepaart mit der **Rekonstruktion einer historischen Entwicklung**. Hierfür gilt das soeben Gesagte gleichermaßen. Auch dann muss man sich in das Themenfeld aus heutiger Sicht gründlich einarbeiten, weil man sonst nicht sinnvoll entscheiden kann, welche früheren Entwicklungslinien für die aktuellen Fragen relevant sind – und nur um die sollte es gehen.

Will man mit einer solchen Arbeit einen wirklich guten Eindruck machen, versuche man einmal, mit dem eigenen Text der Gesamtveranstaltung eine **übergeordnete Aussage oder Problemstellung** als eine Art Motto mitzugeben, auf die man in den weiteren Diskussionen auch wieder zurückkommen kann. Das mag nicht immer gelingen, wenn es aber klappt, wird es wohlwollend bemerkt. Zumindest sollte man bei solchen Themen versuchen, aus der Zusammenschau der vielen Einzelthemen übergeordnete Fragen und Aussagen zu entwickeln, denn genau diesen Überblick haben die Bearbeiter der späteren Einzel- und Detailthemen nicht, und hier sieht man aus größerer Entfernung besser den Wald als die einzelnen Bäume.

556 Enttäuschend kann bei diesem Typ von Arbeiten wirken, dass man vielleicht weniger Gelegenheiten hat, Streitfragen zu diskutieren, selbst Stellung zu beziehen und so Konfliktentscheidung als klassisches juristisches Geschäft zu betreiben. Zum Ausgleich dafür liegen die Chancen bei der Möglichkeit, viele thematische Anschlüsse herzustellen und herauszuarbeiten, warum der Themenkreis so wichtig ist. Zudem kann es gerade aus der distanzierten Gesamtschau gelingen, eine schlüssige Gesamtposition zu übergeordneten Problemstellungen zu begründen.

c) Besonderheiten bei der Recherche

557 Dass man sich in ein breiteres Themenfeld und seine wichtigsten Einzelaspekte zumindest soweit einarbeiten muss, dass man dazu kompetent etwas schreiben kann, bedeutet

---

528 Das wäre schlimmstenfalls unkollegial. Nötigenfalls telefoniert man sich eben mit den Bearbeitern der Einzelthemen zusammen, um zu starke Überschneidungen in den Details zu vermeiden. Andererseits ist die Angst vor Überschneidungen bei Seminarbearbeitern meist größer, als es nötig wäre: Mehrere Sichtweisen auf bestimmte Teilaspekte schaden keinem Seminar und sie stören auch niemanden, vor allem nicht in den schriftlichen Arbeiten. Abstimmungsbedarf kann im Einzelfall für die Vorträge entstehen, bei der schriftlichen Ausarbeitung braucht man hier keine unnötigen Ängste zu entwickeln.

zweierlei: Einerseits im Zweifel viel Quellenarbeit, da man jedenfalls die wesentlichen Texte zu diesen wichtigen Aspekten finden und verarbeiten muss; andererseits aber auch die Chance, wirklich viel dabei zu lernen.

Man fängt mit Überblickstexten zum Gesamtthema an, muss aber zu den angesprochenen Einzelästen zumindest die grundlegenden Normen, Gerichtsentscheidungen und wissenschaftlichen Werke finden und verarbeiten. Damit wird das Schrifttumsverzeichnis schnell ausführlich – was kein Schaden sein wird. Soweit das Seminar besondere Recherchezugänge braucht – internationale Quellen für völkerrechtliche oder rechtsvergleichende Themen, historische Quellenbestände in der Rechtsgeschichte etc. – muss man sich diese natürlich auch für die Einleitungsarbeit erschließen, ansonsten genügen oft die „Standardwege" der rechtswissenschaftlichen Recherche.

2. Dogmatische Arbeiten

Die Klassiker unter den juristischen Themenarbeiten stellen ein **rechtsdogmatisches Problem** in den **Mittelpunkt**, das der Bearbeiter möglichst umfassend beleuchten soll. Dies kann verschiedene Komplexitätsgrade und verschiedene Maße an Tiefendurchdringung bis hin zu Grundlagenfragen umfassen, der Anknüpfungspunkt ist aber ein umrissenes dogmatisches Problem. **558**

a) Beispiele

Solche Themen können in sehr verschiedenen Einkleidungen aufgegeben werden:

– Es wird eine gesetzgeberische oder justizielle Neuerung als Thema gewählt:
  - *Illegale Autorennen als Mord nach dem Urteil des LG Berlin vom 27.02.2017 – (535 Ks) 251 Js 52/16 (8/16)*
  - *Die Neuregelung des Börsenrückzugs von Aktiengesellschaften*
  - *Vorgesetztenverantwortlichkeit militärischer Kommandeure für marodierende Truppen – Jean-Pierre Bemba Gombo vor dem ICC*

– Ein unübersichtliches oder jüngst unübersichtlich gewordenes Themenfeld soll systematisiert werden:
  - *Die Rechtsprechung deutscher und europäischer Gerichte zu den so genannten Schrottimmobilien-Fällen*
  - *Polizeiliche und geheimdienstliche Ermittlungen im World Wide Web zwischen Grundrechten, Terrorgefahr und Sonderbefugnissen*

– Manchmal wird der Anlass für eine dogmatische Arbeit darin liegen, dass das angesprochene Thema sich über die Grenzen der Rechtsgebiete erstreckt und hier einmal am Stück behandelt werden kann:
  - *Das Flaschenpfand in strafrechtlicher, schuldrechtlicher und sachenrechtlicher Hinsicht*
  - *Sterbehilfe zwischen strafrechtlichen Verboten, familiengerichtlichen Entscheidungen und Gesetzentwürfen zu Patientenverfügungen*

– Gelegentlich wird auch einfach direkt ein juristisches Problem als solches benannt:
  - *Mittelbare Täterschaft beim Sonderdelikt*
  - *Polizeirechtliche Abhörbefugnisse und Verfassungsrecht*
  - *Anleihebedingungen als Allgemeine Geschäftsbedingungen?*

– Ebenso kann eine Entwicklung zu beleuchten sein, um den aktuellen Rechtszustand besser zu verstehen oder in Frage stellen zu können.
  - *Wandlungen des Gewaltbegriffs im Nötigungstatbestand*
  - *Die Sicherungsverwahrung zwischen Berlin, Karlsruhe und Straßburg*

b) Besonderheiten bei der Bearbeitung

559 Regelmäßig wird es sich gerade nicht um eine Frage handeln, die in Lehrbuch- und Kommentarliteratur schon fest systematisiert, eingeordnet und inhaltlich bis ins Detail durchdrungen dargestellt wird – dann bliebe für Sie nichts mehr zu tun. Als klassisch wird dieser Typ von Themenarbeiten hier bezeichnet, weil er statistisch gesehen oft vorkommt und eine der Kernaufgaben der Rechtswissenschaft repräsentiert, nämlich die Aufarbeitung eines Rechtsproblems mit dem Ziel, es für die Rechtspraxis handhabbar zu machen oder sogar zu „lösen". Für den Bearbeiter bedeutet das, dass er – ähnlich wie im Gutachten – seine Überlegungen so anstellen soll, dass in letzter Konsequenz ein Richter oder Rechtsanwalt einen Ertrag davon hat. Anders als im Gutachten ist aber nicht eine eigentlich richterliche Aufgabe zu bewältigen (also die Entscheidung eines Einzelfalls), sondern die eines Rechtswissenschaftlers, etwa eines Hochschullehrers. Dogmatik bedeutet, aus Einzelfällen verallgemeinerbare Aussagen abzuleiten und diese zu systematisieren, so dass sich das Recht als ein in sich möglichst widerspruchsfreies System von Regeln darstellt, mittels derer letztlich alle Einzelfälle vorhersehbar und unabhängig von der Person des Entscheiders aufgelöst werden können. Dazu soll Ihre Arbeit beitragen.

560 Das **Problem** muss zunächst **herausgearbeitet** und **verdeutlicht** werden.

Sie müssen also Ihrem Leser zuerst genau erklären, worin das Problem liegt, dessen Sie sich annehmen wollen. Dies geschieht sinnvollerweise in Abgrenzung zu anderen unproblematischen oder als geklärt anzusehenden Konstellationen.

Sie können dabei entweder von der tatsächlichen oder von der normativen Ebene an das Problem herangehen. Entweder stellen Sie die Fallkonstellation dar, die als problematisch angesehen werden muss, und erklären, wo die Unterschiede zu anderen Fällen liegen, die im Kernbereich der fraglichen Normen liegen. Oder Sie gehen von der Norm oder der Rechtsfigur aus, um die es gehen soll, erklären zunächst deren Kernbereich und dann die für Ihr Thema wichtige Abgrenzungsfrage.

Letztere Vorgehensweise empfiehlt sich nur, wenn das Thema von vornherein eher abstrakt angelegt ist. Auch dann sollten Sie spätestens bei der Darstellung von klarem Normal- und fraglichem Grenzfall mit Sachverhaltsbeispielen oder Fallgruppen arbeiten, um Ihren Lesern den Zugang zu den abstrakten Ausführungen zu erleichtern.

561 Ist das Problem als solches entfaltet, muss die **bestehende Gesetzeslage** und die **einschlägige Rechtsprechung** referiert werden. Hier ist genaues Arbeiten wichtig, und zwar sowohl was die einschlägigen Normtexte und Urteile angeht als auch bei deren Analyse im Hinblick auf das Problem. Ebenso gründlich müssen Sie die das Thema behandelnde **Literatur** erschließen und lesen. Punkten können Sie hier vor allem mit umfassender Auswertung aller einschlägigen Quellen, also vor allem mit Fleiß und Verständnis für die Relevanz der Texte.

Je nach Aufgabe kann allein in diesem Teil der Arbeit eine beachtliche wissenschaftliche Leistung stecken. Dies gilt vor allem, wenn es gelingt, in den Haufen von Quellen eine Systematik zu bekommen und in diese dann die einzelnen referierten Texte einzuordnen. Das ist anstrengend und kann langwierig werden. Es kann passieren, dass Sie die Früchte einer solchen Fleißarbeit später in einer Veröffentlichung des Veranstalters wieder finden[529]. Wenn Sie aber diese Kärrnerarbeit zufriedenstellend erledigen, wird sich das sehr positiv auf die Bewertung auswirken. Meist ist es sinnvoll, während der Bearbeitung und auch bei der Präsentation Ihrer Ergebnisse die Argumente und Standpunkte von Rechtswissenschaft und Rechtsprechung auseinanderzuhalten. Zwar berühren diese sich oft und decken sich teils. Aber es besteht doch ein – gern unterschätzter – Unterschied: Während gerichtliche Entscheidungen mit staatlicher Autorität (und ausnahmsweise mit Gesetzeskraft) ergehen, muss sich die Rechtswissenschaft auf die Kraft des besseren Arguments verlassen. Sie betreiben während Ihres Studiums Wissenschaft; mit der bloßen Berufung auf die Autorität höchster Gerichte ist es nicht getan. Trotzdem können Sie deren Vorgehen nicht ignorieren.

Dennoch wird in einer Prüfungsarbeit für eine überdurchschnittliche Leistung mehr erwartet als eine bloße Beschreibung des Diskussionsstands. Wichtig ist, dass Sie **Stellung beziehen** und Ihre **Meinung begründen**. Hierfür vor allem gelten die obigen Ausführungen zur Darstellung von Argumentationen[530]. Dabei sollten Sie den Ort Ihres Themas im Gesamtkontext der Veranstaltung im Auge behalten und in die Argumentation einbeziehen. Selbst wenn Sie zu keiner abschließenden Lösung für das Problem gelangen, müssen Sie doch versuchen, auf dem Weg dorthin so weit wie möglich zu kommen und zu begründen, warum es nicht weitergeht. Vielleicht können Sie wenigstens die Kriterien angeben, die der weiteren Bewertung zugrunde zu legen wären. **562**

Niemand muss das Rad neu erfinden. Ihre Stellungnahme wird in fast allen Fällen darin bestehen, sich einer bereits vorhandenen Ansicht anzuschließen. Dass Sie aber diese Meinung teilen, macht sie auch zu Ihrer Ansicht – und Ihr Leser (vor allem: Ihr Prüfer) will von Ihnen wissen, warum dies aus Ihrer Sicht die überzeugendste Lösung ist.

Verlangt Ihre Aufgabe die Beurteilung einer **neuen Sachverhaltskonstellation**, für die es noch wenige Vorschläge zur rechtlichen Würdigung gibt, besteht sie nach dem (dann häufig weniger aufwendigen) Referieren von Rechtsprechung und Schrifttum vor allem darin, vorhandene Rechtsfiguren und Normen auf diese neue Konstellation anzuwenden. Wiederum sollen Sie also eine Meinung dazu bilden, was für Ihren Fall ein sachgerechtes Ergebnis wäre, und diese begründen. **563**

Es empfiehlt sich, deutlich herauszuarbeiten, warum es sich um eine neuartige Konstellation handelt und worin der Unterschied zu anderen, bekannten Fällen besteht. Gerade hier müssen Sie gründlich und präzise vorgehen, denn der Transfer bestehender Argumente und Regeln auf ein neues Problem verlangt genaues Arbeiten. Damit haben Sie dann meist schon einen guten Teil der Begründung dafür gegeben, wieso bestimmte Regeln entsprechend oder nur modifiziert oder gar nicht angewendet werden sollten. Es bleibt Ihnen nur noch, positiv darzulegen, warum das von Ihnen vertretene Ergebnis sach- und interessengerecht ist.

Regelmäßig arbeitet man sich also vom Problem langsam zur Lösung vor. Damit der Gedankengang verständlich ist, wird es meist sinnvoll sein, das Problem zunächst noch ergebnisoffen zu präsentieren. Anschließend entwickelt man Lösungsmöglichkeiten, **564**

---

529 Dagegen ist man als Student weitgehend machtlos. Ist der Veranstalter aber ein redlicher Mensch, sollte er auch dem Studenten zumindest eine Mitautorenschaft anbieten.
530 Dazu oben Rn. 406 ff.

mindestens zwei, meist mehrere. Das vermeidet den Vorwurf, bestimmte Lösungen von vornherein ausgeschlossen, übersehen oder ignoriert zu haben.

Manche Probleme lassen nur zwei Entscheidungen zu: 100:0 und 0:100. Das gilt besonders bei ganz kleinteiligen Problemen. Wie in der Digitaltechnik und der binären Logik gibt es dann in den kleinsten Einheiten nur Ja oder Nein, 0 oder 1. Je größer das Problem wird und aus je mehr Teilen es sich zusammensetzt, desto eher gibt es aber auch Lösungen des Typs 92:8 oder 89:11. Diese Möglichkeiten müssen dem Leser vor Augen geführt werden. Manche werden nach kurzem Nachdenken mit sehr überzeugenden Argumenten wieder ausgeschieden werden können. Trotzdem will Ihr Adressat aber doch wissen, aus welchem Kreis an Vorschlägen Sie gewählt haben. Wenn Sie eine handhabbare Zahl an Lösungsmöglichkeiten isoliert haben, beginnen Sie, Argumente für die einzelnen Ansätze zu suchen. Fremde Argumente sind gut für den ruhigen Nachtschlaf, eigene Argumente sind gut für das juristische Selbstbewusstsein. Die Argumente müssen nicht nur referiert und inhaltlich sinnvoll in eine Ordnung gebracht, sondern auch so mit- und gegeneinander abgewogen werden, dass am Ende klar wird, welche Überlegungen Sie zu Ihrem Ergebnis gebracht haben.

Dabei ist einerseits Vollständigkeit erstrebenswert, andererseits der Mut, sich für einen Standpunkt zu entscheiden (oder überhaupt den Standpunkt erst einmal zu entwickeln) und diese Entscheidung einem Fachpublikum so rational wie möglich zu präsentieren. Nicht immer wird dabei gleich viel Raum für Kreativität oder gar Genialität sein, aber immer ist Platz für eigene Begründung.

565 Bei einem neuen Gesetz oder einem Gesetzgebungsvorhaben wird häufig ein Schwerpunkt darin liegen herauszuarbeiten, welche Regelungsabsichten der Gesetzgeber verfolgt hat und inwieweit diese in den Wortlaut eingeflossen sind oder im Wege der Auslegung bei der Normanwendung berücksichtigt werden können, etwa durch historische und teleologische Interpretation. Besonders interessant sind dabei regelmäßig die **unbestimmten Rechtsbegriffe**, weil deren inhaltliche Konkretisierung nicht immer vorhersehbar ist. Oft determiniert aber gerade sie die Grenzziehung zwischen zulässigem und unzulässigem Verhalten – und ist daher für den Adressaten der Norm am wichtigsten. Solange sich nicht eine stabile Rechtsprechung herausgebildet hat, ist es primär Aufgabe der Rechtswissenschaft, handhabbare und inhaltlich überzeugende Kriterien für die Anwendbarkeit der neuen Regeln vorzuschlagen.

566 Ein **rechtspolitischer Schlenker** kann eigentlicher Gegenstand oder Nebenast sein. Als Nebenast kann man damit Akzente setzen.

Rechtspolitik ist hier nicht in erster Linie in dem allgemeinen Sinne zu verstehen, dass Recht und Politik geradezu denknotwendig miteinander verknüpft sind, so dass rechtliche Regeln immer auch politische Entscheidungen enthalten. Sondern in dem etwas engeren Sinne, dass Gegenstand politischer Mehrheitsbildung, Planung etc. auch Gesetzgebungs- und Gesetzesänderungsvorhaben sein können.

Müssen oder wollen Sie solche aktuellen Gesetzgebungsdiskussionen mit einbeziehen, werden Sie sich zunächst über den Stand der aktuellen Vorschläge informieren[531], bevor Sie diese einer eigenen Bewertung unterziehen können. Auch dabei geht es um einen Transfer, nämlich die von Ihnen zu leistende Prüfung, ob und ggf. welche Teile der bestehenden Diskussion zur bisherigen Gesetzesfassung sich wie

---

531 Quellen für derartige Überlegungen sind häufig in Zeitschriften wie der ZRP, der KJ oder KritV zu finden. Aktuelle Gesetzgebungsinitiativen lassen sich meist über die Webauftritte der involvierten Ministerien/Parteien/Gruppierungen finden. Kommentare zu aktuellen Vorschlägen sind häufig auf den Internetseiten der einschlägigen Lobbygruppen zu finden wie dem DAV, der BRAK, dem BDI, der SdK, amnesty international, Greenpeace, dem jeweils betroffenen Industrie- oder Berufsverband etc.

auf die geplante Neufassung auswirken könnten. Ähnlich sind auch Arbeiten zu behandeln, bei denen ein breit diskutiertes Rechtsproblem in einem anderen normativen Kontext behandelt werden soll, etwa eine im deutschen Recht ausführlich besprochene Konstellation, die Sie nun europarechtlich mit Blick auf die einschlägigen Richtlinien statt auf die nationalen Gesetze prüfen sollen. In beiden Fällen müssen Sie bei der Darstellung der Argumente vorsichtig sein und immer wieder prüfen, ob diese in dem neuen normativen Kontext noch tragfähig sind, oder ob etwa andere systematische Zusammenhänge hier zu anderen Überlegungen zwingen.

Der **Stil** Ihrer Argumentation und deren Darstellung werden sich bei diesem Typ von Aufgabe leicht einmal Lehrbüchern, Handbüchern und Kommentaren annähern. Das ergibt sich aus der Art der Aufgabe und darf Sie – anders als beim Gutachtenschreiben – nicht irritieren. Hier geht es gerade um die richtige Systematisierung der vorhandenen Rechtsmeinungen, Urteile usw. Sie sollen also so vorgehen, dass der Leser Ihren Text als eine „Benutzungsanleitung" verwenden kann, die um die Gesetzesnormen oder den zugrundeliegenden sozialen Konflikt herum geschrieben ist. **567**

So wie der Stil sich dem eines Lehr- oder Handbuchs nähert, soll sich auch die Gedankenführung und Struktur in ähnlichen Bahnen bewegen. **568**
Wo also eine Rechtsfigur zu untersuchen ist,

Beispiele: *Der Rücktritt vom strafbaren Versuch; Die verdeckte Sacheinlage im Recht der GmbH*

wird fast immer ein Abschnitt zu den **Voraussetzungen** und einer zu den **Rechtsfolgen** zu verfassen sein.

Oft wird es sinnvoll sein, zunächst die Voraussetzungen und anschließend die Folgen zu betrachten. Meist muss man aber im Einleitungskapitel wenigstens umrisshaft auf die Rechtsfolgen vorgreifen, um die Bedeutung des Themas nachvollziehbar erläutern zu können.

Wer die Rechtsfigur wie einen gesetzlichen Rechtssatz begreift, wird einfach gliedern können: Es sind die einzelnen **Tatbestandsmerkmale** zu ermitteln, anschließend ist ihr **Verhältnis zueinander** zu beschreiben (welche schließen sich gegenseitig aus, welche sind alternativ miteinander verknüpft, wo kommt dem einen Merkmal Indizwirkung für das Vorliegen des anderen zu etc.?). Das kann kompliziert sein, wenn Ausgangspunkt Ihrer Überlegungen nicht eine einzelne Rechtsnorm ist, sondern eine größere Rechtsfigur, die nur verständlich ist, wenn man verschiedene Gesetze heranzieht. Besonders deutlich wird das, wenn Sie von einer gesellschaftlichen Erscheinung ausgehend sich die einschlägigen Normen erschließen. Dabei stellt sich leicht heraus, dass die gesetzlichen Regelungen für ein zunächst einheitlich wirkendes Phänomen ziemlich weit verstreut sein können.

Beispiel: In einer Seminararbeit zum Thema *Stalking als Problem des Rechts* werden Sie schnell feststellen, dass Sie nicht mit dem Verweis auf § 238 StGB allein auskommen, sondern sowohl über zivilrechtliche Abwehransprüche wie auch über etwa das eher polizeirechtlich einzuordnende Gewaltschutzgesetz nachdenken müssen.

Nicht selten stecken bei solchem Vorgehen die Schwierigkeiten mehr im Detail als in der großen Linie. So kann sich etwa erweisen, dass einer der verwendeten Begriffe im Einkommensteuerrecht, im Sozialhilferecht oder einem sonstigen scheinbar fern liegenden Rechtsgebiet bereits gesetzlich oder rechtsprechungsrechtlich definiert ist. Schon stehen Sie vor der Frage, ob Sie diese Definition übernehmen können oder auch nur dürfen. Dabei muss man einerseits über das oft erhobene Postulat der Einheit der Rechtsordnung nachdenken, andererseits aber die funktionsspezifischen Besonderheiten des jeweiligen Rechtsgebiets im Blick behalten. Nimmt man diese Fragen ernst, führen sie schnell ins Grundsätzliche, je nach Blickwinkel geradezu in die Rechtstheorie.

Je kleiner Ihre Frage zugeschnitten ist, desto besser wird sich für die Gliederung ein Kommentar als Vorbild eignen – und je übergreifender, desto mehr werden Sie sich an der Herangehensweise eines Handbuchs orientieren.

c) Besonderheiten bei der Recherche

569 Sorgfalt ist zwar bei allen Prüfungsarbeiten wichtig, wenn Sie aber ein halbwegs umrissenes dogmatisches Thema haben, erwartet Ihr Prüfer von Ihnen, dass Sie möglichst alle Quellen auswerten. Mit Standardwerken (Kommentaren, Lehrbüchern) allein ist es also nicht einmal im Ansatz getan. Wichtig werden vor allem bei solchen Arbeiten monografische Werke, also Doktor- oder Habilitationsarbeiten, so dass Sie auch intensiv in Bibliothekskatalogen suchen müssen, nicht nur in Verlagsdatenbanken. Auch werden längere Fachaufsätze wichtig, wie sie sich in Archivzeitschriften (des Typs ZStW, AcP, ZaöRV, AöR etc.), in Festschriften und Sammelbänden oder auch in den Juristentagsmaterialien finden. Sind zentrale Judikate Teil der Arbeit, müssen Sie nicht nur diese selbst, sondern möglichst auch die sich mit diesen beschäftigende Sekundärliteratur erschließen (soweit in juris nachgewiesen, ist das über „wird zitiert von" recht gut zu bewerkstelligen).

Wenn es um legislative Entwicklungen geht, brauchen Sie in jedem Fall Zugriff auf die parlamentarischen Materialien, also die Entwurfsbegründung, wenn es schon eine solche gibt, Materialien aus den befassten Ausschüssen, vor allem wenn es Expertenanhörungen gab, ggf. auch ergänzte oder alternative Begründungen bei Änderungen eines ursprünglichen Entwurfes im Beratungs- oder gar Vermittlungsverfahren zwischen Bundestag und Bundesrat etc. Zudem bietet es sich hier an, auch nach Stellungnahmen von Fachverbänden, Lobbygruppen etc. zu suchen, wofür sich häufig eine Recherche in einer allgemeinen Suchmaschine mit möglichst zentralen Begriffen aus dem Gesetzentwurf besonders gut eignet. Gibt es Kommentare in der allgemeinen Presse, sollte man auch diese zur Kenntnis nehmen – solche in juristischen Fachzeitschriften sowieso.

Soweit das Thema einen über das nationale Recht hinausgehenden Charakter hat, müssen Sie zwingend versuchen, sich entsprechende internationale Quellen zu erschließen, und zwar sowohl Literatur (was mit internationalen Datenbanken wie HeinOnline, Westlaw oder dem SSRN, aber auch Google Scholar oder den sehr vielen - über die Elektronische Zeitschriftenbibliothek erschlossenen - internationalen juristischen Fachzeitschriften recht gut gelingen kann) als auch Primärquellen zu Gesetzgebung und Rechtsprechung. Hier müssen Sie möglicherweise hartnäckig und vielleicht auch mit Hilfe des Veranstalters oder seiner Mitarbeiter graben, die Arbeit lohnt sich aber. Denn gerade in diesem Bereich kann schon eine gründliche Recherche positiv in der Bewertung Niederschlag finden.

3. „Historische" Arbeiten

570 In vielen Seminaren kommen Themen vor, deren Fokus nicht auf einem neuen dogmatischen Problem, sondern auf der **Aufarbeitung und Rekonstruktion einer früheren Diskussion** liegt. Dabei geht es nicht primär um Rechtsgeschichte im eigentlichen Sinne. Gemeint sind Themen im Rahmen eines rechtsdogmatischen Gesamtthemas, die auf ein Problem verweisen, das zwar früher strittig war, heute aber nicht mehr im Zentrum der aktuellen Debatte steht.

a) Beispiele

- *Der Streit um den strafrechtlichen Handlungsbegriff zwischen finaler und kausaler Lehre*
- *Die Anerkennung des allgemeinen Persönlichkeitsrechts als Schutzgut des § 823 I BGB*
- *Die Ableitung von Schutzpflichten aus den Grundrechten*
- *Die Entwicklung der Verantwortlichkeit Vorgesetzter im Völkerstrafrecht zwischen Joint Criminal Enterprise und Doctrine of Command Liability*

b) Besonderheiten bei der Bearbeitung

Wichtig bei solchen Themen ist zunächst eine **gründliche Quellenarbeit**. Es empfiehlt sich dabei, zunächst den **Rechtszustand vor der eigentlich das Thema bildenden Entwicklung** darzustellen. Erst dann kann man verständlich machen, wie die darzustellende **Debatte diesen Zustand verändert** hat. Hierin liegt typischerweise der Schwerpunkt dieser Arbeiten, die gerade von der Rekonstruktion solcher Fragen leben. **571**

Die Darstellung der damals ausgetauschten Argumente und Gegenargumente sollte sehr genau und gleichzeitig inhaltlich aufeinander bezogen erfolgen. Da es sich um eine vergangene Debatte handelt, kann das weitgehend deskriptiv geschehen. Trotzdem können und sollten Sie in einer solchen Arbeit selbst Farbe bekennen und deutlich machen, wie Sie zu dieser Frage stehen und warum.

Gegen Ende ist es sinnvoll, die weitere Entwicklung des mit der Debatte verbundenen Sachproblems zu verfolgen und den Bezug bis zur Gegenwart herzustellen. Hat sich die gesetzliche Grundlage oder die Rechtsprechung geändert? Ist die Diskussion eingeschlafen oder nach wie vor aktuell? Gibt es neue Begrifflichkeiten, welche die alte Debatte überlagern? Die Antworten auf diese Fragen bilden einen guten Schlusspunkt. **572**

Neben diesen Themen, bei denen in aller Regel eine rechtsdogmatische Figur im Vordergrund stehen wird, **573**

Beispiel: *Die positive Forderungsverletzung in statu nascendi*

bietet der historische Ansatz[532] eine Vielzahl reizvoller Möglichkeiten: Große Prozesse[533] etwa oder Juristenlebensläufe[534] oder (gegenwarts-)geschichtliche Entwicklungen. Gerade bei letzteren berühren sich die Arbeitstechniken und Erkenntnisinteressen der

---

532 Arbeitsmaterialien zur Rechtsgeschichte: *Rückert*, t1p.de/jw0n.

533 Auswahl: **Rom:** *Liebs*, Vor den Richtern Roms; *Manthe/v.Ungern-Sternberg*, Große Prozesse; **Zivilprozesse:** *Dubischar*, Prozesse; *Skaupy*, Große Prozesse; mit dem Gegenstand befassen sich neben Juristen auch Historiker (z.B. *Demandt*, Macht und Recht) und sonstige Interessierte (z.B. *Eis*, Illusion der Gerechtigkeit; *Schultz* (Hrsg.), Große Prozesse); **Kunstprozesse:** *Braun*, Kunstprozesse; *Weber* (Hrsg.), Prozesse und Rechtsstreitigkeiten; *Schnabel/Tatzkow*, Berliner Straßenszene; Aufsätze zum Thema erscheinen zweimal jährlich in den einschlägigen Themenheften der NJW; **Strafprozesse:** hunderte *Pitavale*.

534 Z.B. *Kleinheyer/Schröder*, Juristen; *Stolleis* (Hrsg.), Juristen; *Kritische Justiz* (Hrsg.), Streitbare Juristen; *Röwekamp*, Juristinnen; *Hoeren* (Hrsg.), Zivilrechtliche Entdecker; *Grundmann/Riesenhuber* (Hrsg.), Deutschsprachige Zivilrechtslehrer; *Schroeder*, Sachsenspiegel; viele juristische Fachbereiche erforschen die Biographien früherer Lehrender, z.B. *Diestelkamp/Stolleis*, Juristen an der Universität Frankfurt am Main; *Albers* et al. (Hrsg.), Recht und Juristen in Hamburg. Außerdem gibt es hunderte Doktorarbeiten, die Leben und Werk wichtiger Juristen zum Gegenstand haben, z.B. *Wolf*, Vom alten zum neuen Privatrecht – Das Konzept der normgestützten Kollektivierung in den zivilrechtlichen Arbeiten Heinrich Langes (1900–1977).

Rechtsgeschichte und der alltäglichen Rechtsdogmatik, so dass diese Themen auch für Kandidaten interessant sind, die nicht schon vom ersten Semester an Rechtsgeschichte aus Leidenschaft betrieben haben.

Rechtsgeschichte und Rechtsvergleichung (dazu sogleich) sind reizvoll, weil sie den auf das nationale Recht der Gegenwart fixierten Blick weiten. Der damit verbundene Aha-Effekt kann ein großes juristisches Bildungserlebnis werden. Er birgt aber auch die Gefahr, vor lauter Rechtsgeschichte und Rechtsvergleichung das Gegenwartsproblem aus dem Blick zu verlieren. Deshalb sollte man sich möglichst früh darüber klar werden, ob man einen klugen kleinen rechtsgeschichtlichen Exkurs einbauen – oder eben die Arbeit ganz historisch oder vergleichend anlegen will.

c) Besonderheiten bei der Recherche

574   Wenn man sich in einen Streitstand einarbeiten muss, der schon eine Weile nicht mehr aktuell ist, kommt man nicht umhin, alte Literatur auszuwerten. Man verbringt also viel Zeit in Bibliotheken und liest ältere bis alte Bücher. Das heißt auch, dass im schlimmsten Fall die Datenbanken und Bibliothekskataloge nicht weit genug in die Vergangenheit reichen und man in Zettelkästen nachschauen muss.

Die in dieser Form aufgegebenen Arbeiten betreffen in aller Regel Themen, zu denen es hinreichende Mengen an Literatur gibt. Bei Juristen heißt das fast immer auch, dass irgendwann einmal ein Doktorand (oder auch gleich mehrere) sich mit dem Thema beschäftigt haben. Deren Arbeiten und vor allem deren Quellen sind ein sehr sinnvoller Einstieg in die Recherche zum Stand der Diskussion zu einem Zeitpunkt, als der entsprechende Streit noch aktuell war.

575   **Archivarbeit** wird für die meisten Aufgaben des hier interessierenden Zuschnitts nicht erforderlich sein. Oft entzieht sie sich einer verlässlichen zeitlichen Planung – und teils ist der inhaltliche Ertrag vorher nicht absehbar. Bis zur Doktorarbeit müssen Sie deshalb nur ausnahmsweise ein Archiv besuchen und dessen Bestände aufarbeiten und auswerten[535].

4. Rechtsvergleichende Arbeiten

576   Überwiegend werden rechtsvergleichende Arbeiten[536] in einschlägigen Seminaren ausgegeben. Aus dem „normalen" Ausbildungsgang bleibt die Rechtsvergleichung oft im Wesentlichen ausgeklammert. Gleichwohl ist mit der Ausgabe geeigneter Themen in Prüfungen zu rechnen. Dies gilt natürlich vor allem in Schwerpunktbereichen, die explizit oder implizit einen internationalen Bezug haben: Neben solchen, die „Internationalisierung", „Europäisierung", „Rechtsvergleichung" oder ähnliches schon im Titel führen, sind das vor allem Schwerpunktbereiche zum Finanzrecht, Bankrecht, Wirtschaftsrecht, Urheberrecht, Medienrecht, gegebenenfalls auch Steuerrecht, Bilanzrecht, Sportrecht, Militärrecht, usw. Letztlich kann Rechtsvergleichung überall dort eine Rolle spielen, wo

---

535   Informationen und Hinweise z.B. bei *Brenner-Wilczek/Cepl-Kaufmann/Plassmann*, Einführung; je nach Alter der auszuwertenden Bestände vielleicht nützlich: *Verdenhalven*, Schrift.

536   Einführungsliteratur zur Rechtsvergleichung: *Zweigert/Kötz*, Einführung; *Coester-Waltjen/Mäsch*, Übungen; *Koch/Magnus/Winkler von Mohrenfels*, IPR und Rechtsvergleichung; *Schwenzer/Müller-Chen*, Rechtsvergleichung; *Sacco*, Einführung; *Brand*, JuS 2003, 1082 ff.; *Junker*, JZ 1994, 921 ff.

sich verschiedene Rechtskreise berühren und es einen Erkenntnisgewinn bedeuten kann, die Behandlung bestimmter Konfliktlagen in anderen Rechtsordnungen zu betrachten.

a) Beispiele

– Zunächst gibt es vor allem in explizit rechtsvergleichenden Veranstaltungen derartige Aufgabenstellungen:
  - *Gesetzliche Krankenversicherung in Deutschland und National Health Service im UK: Berechtigte und Leistungsumfang im Vergleich*
  - *Ehen Minderjähriger im deutschen und arabischen Recht*
  - *Laienrichter im Strafrecht: Die verschiedenen Rollen und Befugnisse von Schöffen in Deutschland und Geschworenen in Österreich, dem UK und den USA*

– Zudem kommt es zu Aufgabenstellungen, bei denen es um bestimmte Lebenszusammenhänge geht:
  - *Der Umgang mit notorischen Sexualverbrechern*
  - *Haftungsprobleme beim Vertrieb komplexer Finanzprodukte*
  - *Der verwaltungsrechtliche Umgang mit großen Investitionsprojekten*

– Rechtsvergleichung wird auch relevant bei Themen, in denen internationale Zusammenhänge im Mittelpunkt stehen:
  - *Die Umsetzung des UN-Kaufrechts*
  - *Die europarechtlichen Vorgaben zur Vorratsdatenspeicherung und ihre Umsetzung*
  - *Gender Crimes als Völkerrechtsverbrechen*

In vielen weiteren Varianten sind zumindest einzelne Seminarthemen möglich, in denen ein Vergleich verschiedener Rechtsordnungen eine Rolle spielt oder zumindest spielen kann[537].

b) Besonderheiten bei der Bearbeitung

Ein **Vergleich** wird meist nicht gut gelingen, wenn **das zu Vergleichende** nicht zuvor **beschrieben** worden ist. Damit erhält eine rechtsvergleichende Arbeit geradezu zwangsläufig einen beschreibenden Teil – meist einen zum deutschen Recht und einen zu(r) fremden Rechtsordnung(en). Je nach Schwierigkeitsgrad der zu beschreibenden Systeme kann bereits dieser wertungsfreie Teil für sich hinreichend sein, um eine wissenschaftliche Leistung zu begründen.   **577**

Im Rahmen großflächig-international angelegter Forschungsprojekte werden die Länderberichte regelmäßig von Bildungsinländern anhand eines vorgegebenen Fragebogens erstellt. Die Auswertung und Erstellung des Rechtsvergleichs übernimmt danach der Generalberichterstatter. Ihre studentischen Arbeiten müssen Sie dagegen allein verantworten, das heißt Sie müssen sich den Zugang zu dem ausländischen Rechtskreis persönlich erarbeiten.

Bei einer solchen Beschreibung sollte zunächst die **tatsächliche Konfliktlage** herausgearbeitet werden, deren rechtliche Behandlung verglichen werden soll. Dies gilt auch, wenn größere rechtliche Zusammenhänge zu erfassen sind, etwa das gesamte Kauf- oder Strafzumessungsrecht. Dann ist es wichtig zu klären, welche Aufgabe die fragli-   **578**

---

537 Zur Anreicherung von Arbeiten, die das nicht unbedingt explizit fordern, mit rechtsvergleichenden Zusatzaspekten, siehe oben Rn. 528.

chen Rechtsgebiete haben. Deren Einteilung im deutschen Recht muss nicht der in ausländischen Rechtsordnungen entsprechen, so dass sich ein sinnvoller Vergleich nur vor einem solchen faktischen Hintergrund anstellen lässt.

579   Erst danach können **die deutsche und die fragliche(n) ausländische(n) Rechtsordnung(en)** im Hinblick auf das genannte tatsächliche Problem beschrieben werden. Das wird oft dadurch erschwert, dass andere Rechtsordnungen eine andere Systematik aufweisen, etwa ein anderes Verhältnis von materiellem und Prozessrecht. Deswegen muss man hier oft weit ausholen. Diese Erarbeitung der ausländischen Rechtsordnung ist bei solchen Themen immer ein wesentlicher Schwerpunkt der Arbeit.

Dabei sollten Sie die Ähnlichkeiten und die Unterschiede sowohl in der terminologischen Ausdifferenzierung als auch in der systematischen Einordnung des Problems möglichst genau herausarbeiten und erklären. Das bedeutet als erstes, dass Sie selbst diese Fragen in beiden (oder allen) fraglichen Rechtsordnungen verstanden haben und dann in der Lage sein müssen, dieses Wissen verständlich zu präsentieren. Gerade Letzteres ist nicht zu unterschätzen, bedeutet es doch, dass Sie diese fremde Rechtsterminologie einer deutschsprachigen Leserschaft erklären müssen.

580   Im Regelfall reicht dies jedoch allein noch nicht aus, sondern gefordert ist zudem die verknüpfte Analyse der beschriebenen Einzelsysteme, also ein **wertender Vergleich**.

Also kein starres *Gibt es/Gibt es nicht*, sondern das aus anderen juristischen Zusammenhängen bekannte *Gibt es zwar nicht, aber das Problem existiert auch nicht in der gleichen Form* oder *Gibt es, ist aber auf Grund bestimmter Umstände (weniger) effektiv(er)* usw.

Die Grundidee eines Rechtsvergleichs besteht darin zu untersuchen, ob die in anderen Rechtskreisen für bestimmte faktische Probleme gefundenen Lösungen Modelle für die hiesige Rechtsanwendung bieten können. Diese Frage sollte auch im wertenden Teil Ihrer Arbeit im Mittelpunkt stehen. Bleiben Sie aber **skeptisch bezüglich** der einfachen Übernahme bestimmter Rechtsfiguren, solche **„legal transplants"** erweisen sich häufig als insgesamt nicht systemkonform und damit sehr problematisch.

Beispiel (trauriges): Der Bilanzeid (vgl. § 331 Nr. 3a HGB), der über die europäische Transparenzrichtlinie letztlich aus dem US-amerikanischen Sarbanes-Oxley Act in das deutsche Recht kam, lässt sich weder strafrechtlich noch gesellschaftsrechtlich wirklich sinnvoll erklären[538].

581   Eine **Schwierigkeit** besteht darin, dass Gesetze und Rechtstexte aus fremden Rechtsordnungen – außer im Fall Österreichs und der Schweiz – meist nur oder überwiegend **fremdsprachig** vorliegen. Ohne Sprachkenntnisse – einschließlich solcher der juristischen Terminologie – ist also beim Rechtsvergleich kein Blumentopf zu gewinnen[539]. Mögen sich Lücken im Fachvokabular noch recht gut mit Fachwörterbüchern schließen lassen, braucht es doch schon aus Zeitgründen wenigstens passable Kenntnisse der Grammatik und des Alltagswortschatzes der betreffenden Sprache.

---

538   Siehe dazu etwa *Heldt/Ziemann*, NZG 2006, 652 ff.

539   Die Lücke zwischen passablen Kenntnissen einer Fremdsprache und der juristischen Fachterminologie der jeweiligen Sprache lässt sich über Fachwörterbücher füllen. **Englisch:** *Dietl/Lorenz*; **Französisch:** *Doucet/Fleck*; **Spanisch:** *Garay/Rothe*; außerdem natürlich LEO unter t1p.de/h256.

Ein noch recht grobes Prüfungsschema könnte etwa so aussehen: **582**

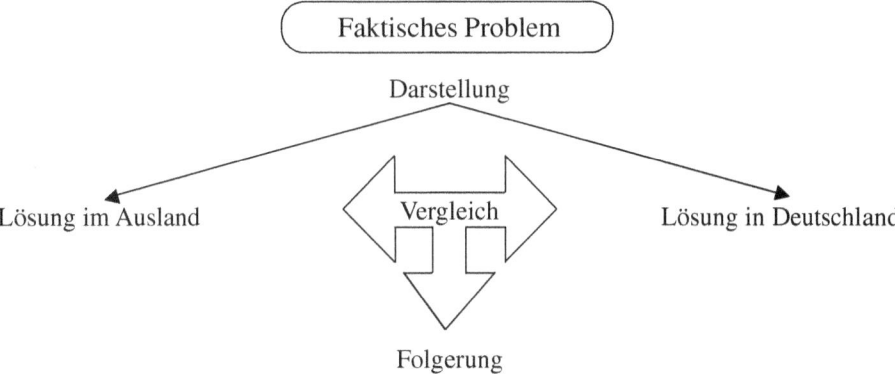

c) **Besonderheiten bei der Recherche**

Ein weiteres Problem ist die für ausländische Rechtsordnungen oft sehr **schlechte** **583**
Quellenverfügbarkeit in den normalen juristischen Fachbibliotheken. Gerade in etwas
spezielleren Rechtsmaterien, die über das internationale Kauf- oder Wirtschaftsrecht hinausgehen, wird häufig schon die Erschließung der einschlägigen Literatur zur Herausforderung. Hier bietet sich der Zugriff auf Datenbanken mit internationalem Bezug
(zum anglo-amerikanischen Rechtskreis beispielsweise WestLaw oder HeinOnline sowie allgemein das SSRN) sowie online verfügbare Rechtszeitschriften aus dem jeweiligen Land an (die im Zweifelsfall über die Elektronische Zeitschriftenbibliothek besser
zugänglich sind als über die meisten andern Portale). Hilfreich können auch Sucheingin-
gaben mit den jeweiligen ausländischen Fachtermini in Portalen wie Google Scholar
sein. Aber auch ein Ausflug an ein einschlägiges Forschungsinstitut (wie etwa die Max-
Planck-Institute in Heidelberg und Freiburg) kann helfen. Vielleicht nutzen Sie einen
ohnehin geplanten Auslandsaufenthalt zur Vorbereitung und Materialsammlung für eine
Arbeit im Folgesemester. Gerade bei Seminaren mit einem explizit rechtsvergleichenden Gesamtthema dürfen Sie ruhig auch einmal beim veranstaltenden Lehrstuhl nach
(Recherche-)Tipps fragen, das ist erstens nicht ehrenrührig und kann zweitens sehr lohnend sein.

5. **„Journalistische" Arbeiten**

Dieser Aufgabentyp ist bei Veranstaltern beliebt, weil sehr **aktuelle Fragen** aufzuarbei- **584**
ten sind. Es geht um Themen, die als Schlagwort aus den Medien jüngerer Zeit bekannt
sind und deren juristische Probleme Sie nun erarbeiten sollen.

a) **Beispiele**

– *DieselGate – auch juristisch ein Skandal?*
– *Giftgas gegen Zivilisten: rechtliche Bewertung und rechtspolitische Einordnung der Chemiewaffenat-
tacken im syrischen Bürgerkrieg*

- „*Wir schaffen das !*" – *Die Aufnahme vieler geflüchteter Menschen: Humanitäre Notwendigkeit oder massenhafter Rechtsbruch?*
- *Grenfell Tower – Energetische Gebäudeertüchtigung contra Brandschutz ?*
- *Libor und Euribor: Die Manipulation von Marktindizes als Rechts- und Regulierungsproblem*

b) Besonderheiten bei der Bearbeitung

585 Die Besonderheit dieses Aufgabentyps besteht vor allem darin, dass hier der **Sachverhalt**, um den es gehen soll, zunächst **recherchiert** werden muss. Das heißt für Sie, dass Sie wie ein Journalist zuerst herausfinden müssen, was genau passiert ist.

Im oben zuerst genannten Beispiel müssen Sie also über die eigene Erinnerung hinaus in Erfahrung bringen, wie genau die Manipulationen von Dieselmotoren aufgeflogen sind und welche Rolle dabei welche Behörden, Unternehmen, NGO's usw. gespielt haben.

586 Wenn Sie Ihren Gedankengang oder Ihre Argumentation auf Informationen aufbauen, die von anderen erfasst, zusammengestellt oder redigiert wurden, besteht immer die Gefahr, dass Sie die Wertungen anderer transportieren. Das ist zwar nicht zu verhindern, aber es soll wenigstens erkennbar werden.

Beispiel: Unerfreulich ist es, wenn Ihr Leser mit der unbelegten Aussage *Studien zufolge gewinnt ... an Bedeutung* konfrontiert wird. Mindestens muss er erfahren, welche Studien zitiert werden. Eigentlich will er aber auch wissen (und nicht erst selbst mühsam recherchieren), wer die Studie in wessen Auftrag erstellt hat. Eben deshalb finden Sie in Berichten der Tagespresse etwa folgende Formulierung: *Nach einer von der SPD-nahen Friedrich-Ebert-Stiftung in Auftrag gegebenen infratest-Untersuchung vom März 2019 gewinnt ... an Bedeutung.* Vergleichen Sie das mit dem unsicheren Gefühl, das Formulierungen wie *jüngeren amerikanischen Untersuchungen zufolge* beim Leser hinterlassen.

Je wichtiger solche Quellen für Ihre Argumentation sind, desto genauer müssen Sie sich mit Ihrer Aussagekraft befassen. Dazu will die betreffende Studie gelesen sein (und nicht einfach nur nach einer Pressemeldung zitiert). Erst dann erweist sich, wie alt die verwendeten Daten sind, wie verlässlich sie ermittelt wurden, ob und wofür sie repräsentativ sein können usw.

Im Studium der Rechtswissenschaft spielt der vorsichtige und kritische Umgang mit Quellen in der Regel keine Rolle. Für eine Sachverhaltsrecherche ist er aber zentral.

Beispiel: Wenn Sie in einer Arbeit zur völkerstrafrechtlichen Bewertung von Verbrechen im syrischen Bürgerkrieg rekonstruieren müssen, was genau die Truppen *Assads*, des IS oder anderer Kriegsparteien eigentlich alles getan haben, werden Sie im Internet auf eine ganze Reihe teilweise fürchterlicher Schilderungen einzelner Vorfälle stoßen. Stammen sie aber von Websites, die von syrischen Oppositionsgruppen oder umgekehrt der syrischen Regierung betrieben werden, und finden die Schilderungen sonst nirgendwo Bestätigung, sollten Sie solche Informationen nur mit sehr großer Vorsicht genießen, weil hier Propagandainteressen ggf. stärker sind als die Selbstverpflichtung zur Wahrhaftigkeit.

Halten Sie sich nur an Informationen aus Quellen, denen Sie auch selbst vertrauen. Ist nicht zu erkennen, wer eine Internetseite betreibt, sollte man sie eher nicht verwerten.

587 Vergessen Sie nicht: **Die Sachverhaltsdarstellung wird nie der Hauptschwerpunkt einer juristischen Prüfungsarbeit sein**. Das bedeutet, dass Sie aus allen Ihnen vorliegenden Informationen Ihren Lesern nur diejenigen mitteilen müssen, die für die spätere rechtliche Würdigung gebraucht werden. Nach der Fertigstellung dieser Würdigung

sollten Sie auch die Sachverhaltsdarstellung noch einmal kritisch darauf durchlesen, ob diese sich wirklich auf die relevanten Teile des Geschehens beschränkt.

Hier sind die Maßstäbe zwar nicht so streng wie in Ihrem ersten Urteil in der Zivilstation im Referendariat, wo auf die Relevanz für die rechtliche Würdigung besonders viel Wert gelegt wird. Sie können also Geschichten etwas informationsreicher erzählen als unbedingt nötig oder besonders einprägsame/witzige/grausame/seltsame oder anderweitig den Leser interessierende Details berichten. Dies darf nicht so weit Überhand nehmen, dass es den eigentlichen Schwerpunkt der Arbeit erdrückt. Hier ist Mäßigung wirklich eine Tugend. Halten Sie solche Details im Zweifel lieber aus der schriftlichen Arbeit heraus und bewahren Sie diese für den Seminarvortrag oder die folgende Diskussion auf. Dort wirken sie sehr informiert und kompetent, selbst wenn sie in der Arbeit eher störend aufgefallen wären.

Als juristische Arbeit interessant sind solche Themen vor allem wegen der von Ihnen **588** vorzunehmenden **rechtlichen Würdigung**. Diese sollte in aller Regel den **Kern Ihrer Arbeit** bilden. In gewissem Umfang werden diese Arbeiten wieder zu gewöhnlichen dogmatischen Themenarbeiten, insofern gilt das oben Gesagte hier ebenso. Sie müssen sich also die Rechtslage erschließen (Normen, Rechtsprechung, Literatur) und den nun herausgearbeiteten Sachverhalt hierunter subsumieren. Allerdings wirft bei dieser Art von Themen nicht zwingend die rechtliche Bewertung auch tatsächlich gravierende Rechtsprobleme auf. Es kann passieren, dass die eigentliche Subsumtion ohne große Streitigkeiten relativ glatt durchläuft. Selbst bei solchen eindeutigen Ergebnissen sollte die rechtliche Einordnung genau und gründlich erfolgen. Häufig wird dazu gehören, dass Sie den weiteren Fortgang der bei sehr aktuellen Sachverhalten oft noch nicht abgeschlossenen entsprechenden Verfahren betrachten und deren rechtliche wie faktische Probleme einordnen. Eine Besonderheit solcher „fallgetriebener" Arbeiten ist dann oft, dass neben der materiell-rechtlichen Würdigung des Sachverhalts auch prozessuale Probleme zu erörtern sind.

Im Beispiel zu den Giftgasattacken in Syrien ist die Subsumtion des Chemiewaffeneinsatzes unter die Kriegsverbrechenstatbestände des ICC oder auch des VStGB nicht schwierig. Die Frage aber, wo diese Menschheitsverbrechen unter welchen Bedingungen und nach welchem Recht strafprozessual aufgearbeitet werden könnten, ist ebenso facettenreich wie schwierig.

Sie müssen sich selbst Ihrer **Schwerpunktsetzung** bewusst sein und diese deutlich **589** transportieren. Führt eine Konstellation zu vielschichtigen und voneinander unabhängigen Problemen, so können Sie zwar vielleicht alle kurz anreißen, je nach vorgegebener Länge Ihrer Arbeit aber nicht alle umfassend bearbeiten. Sie müssen also auswählen, worauf Sie sich konzentrieren wollen. Dabei sollten Sie das Gesamtthema der Veranstaltung ebenso im Blick behalten wie den Kontext, den die Aufgabe selbst vorgeben kann. Soweit möglich ist genau dies der Punkt, für den schon vorab klärende Gespräche mit Veranstaltern (oder ihren Mitarbeitern) besser sind als beiderseitig böse Überraschungen im Nachhinein. Meist wird es jedenfalls sinnvoller sein, wenige Probleme umfassend und gründlich zu bearbeiten als alle denkbaren nur oberflächlich. Zumindest zu diesen vertieft bearbeiteten Fragen müssen Sie auf jeden Fall selbst **Stellung beziehen**. Es muss also eine eigene Meinung begründet werden.

c) Besonderheiten bei der Recherche

590 Die Ermittlung eines nur als Schlagwort angegebenen Sachverhaltes erfordert umfangreiche Recherchen außerhalb der „normalen" juristischen Fachquellen. Sie werden hierzu zwangsläufig Quellen wie Nachrichtendatenbanken (vor allem seriöser Presseerzeugnisse[540]), Zeitungsarchive[541] oder seriöse Nachrichtenportale[542] verwenden müssen. Die Kunst bei allgemeinen Suchmaschinenabfragen ist es, nur die wirklich seriösen Quellen **herauszufiltern**. Genau das müssen Sie aber, und zwar möglichst rigoros[543]. Zudem müssen Sie schon bei der Recherche aufpassen, um nicht in einer Materialflut ohne wesentliche Erkenntnisgewinne zu ersticken. Halten Sie sich immer vor Augen, dass Sie nicht weniger, aber auch nicht mehr suchen als glaubwürdige Quellen für genau die faktischen Informationen, die Sie für die spätere rechtliche Bewertung tatsächlich benötigen.

Für die Suche nach Quellen zur rechtlichen Bewertung des ermittelten Sachverhaltes gilt eigentlich nichts Besonderes. Sie dürfen sich nur nicht davon verunsichern lassen, dass konkret zu diesem Geschehen möglicherweise kaum oder auch noch gar keine Fachliteratur existiert. Zu den einzelnen aufgeworfenen Rechtsfragen gibt es mit Sicherheit hinreichende Belege, und der Transfer der dort gefundenen Aussagen auf die konkrete Aufgabenstellung ist eine wesentliche Anforderung bei solchen Arbeiten.

---

540 Wichtig etwa www.spiegel.de, www.faz.net etc., ggf. auch www.tagesschau.de o.ä.

541 Viele Zeitungen haben hervorragend sortierte Pressearchive (nicht nur der eigenen Artikel). Deren Nutzung ist zwar häufig nur kostenpflichtig möglich, kann sich aber auszahlen. Dazu schon Rn. 205 ff.

542 Gut für Pressenachrichten: Paperball, t1p.de/epqu.

543 Nicht jede Quelle mit einem seriös klingenden Namen ist auch seriös. Googeln Sie mal die Äußerungen zum *Institut für rationelle Psychologie*. Näher noch *Schimmel*, JA 2015, 643 ff. Zur Quellenkritik, die gerade bei diesen Recherchen noch nötiger ist als in anderen Bereichen, s.o. Rn. 135 ff.

6. Nicht dogmatische Arbeiten – Grundlagenfächer und Interdisziplinäres

In den juristischen **Grundlagenfächern** (also Rechtsgeschichte[544], Rechtstheorie-/   **591**
Rechtsphilosophie[545], Methodenlehre[546], Rechtssoziologie[547]) sind Themenarbeitern geradezu der Standard. Eine Übungs- oder Prüfungsarbeit aus diesem Gebiet wird ihren
Schwerpunkt meist nicht in der Auseinandersetzung mit einzelnen konkreten, durch einen vorgegebenen Sachverhalt bestimmten Normen haben. Vielmehr wird es um die geschichtliche Entwicklung eines Rechtsinstituts oder um die methodologische Berechtigung einer Argumentationsfigur oder um eine Frage der Wechselwirkung zwischen
Rechtsordnung und gesellschaftlicher Wirklichkeit gehen.

---

544 **Privatrechtsgeschichte:** *Schlosser*, Grundzüge; *Wieacker*, Privatrechtsgeschichte. Zum **öffentlichen Recht**
Stolleis, Geschichte des öffentlichen Rechts; *Frotscher/Pieroth*, Verfassungsgeschichte; *Willoweit*, Deutsche
Verfassungsgeschichte; *ders./Seif*, Europäische Verfassungsgeschichte; *Menger*, Deutsche Verfassungsge-
schichte; *Zippelius*, Verfassungsgeschichte; *Ipsen*, Staat; *Lamprecht*, Karlsruhe; *Ziegler*, Völkerrechtsgeschichte;
Grewe, Epochen; *Stolleis*, Geschichte des Sozialrechts. **Strafrecht:** *Rüping/Jerouschek*, Strafrechtsgeschichte;
Vormbaum, Einführung; **Deutsche Rechtsgeschichte:** *Gmür/Roth*, Grundriss; *Eisenhardt*, Deutsche Rechtsge-
schichte; *Köbler*, Deutsche Rechtsgeschichte; *Kroeschell*, Rechtsgeschichte Deutschlands im 20. Jahrhundert;
ders., Deutsche Rechtsgeschichte; *Bader/Dilcher*, Deutsche Rechtsgeschichte; *Hattenhauer*, Grundlagen; **Rö-
mische Rechtsgeschichte:** *Söllner*, Einführung; *Kunkel/Schermaier*, Römische Rechtsgeschichte; *Waldstein/
Rainer*, Römische Rechtsgeschichte; *Kaser/Knütel*, Römisches Privatrecht; *Harke*, Römisches Recht; *Meincke*,
Römisches Privatrecht; ganz kurz: *Manthe*, Geschichte; *Fögen*, Römische Rechtsgeschichte; **Europa:** *Hatten-
hauer*, Europäische Rechtsgeschichte; *Schmoeckel*, Suche; *Wesel*, Geschichte des Rechts in Europa; **allgemein:**
Meder, Rechtsgeschichte; *Hähnchen*, Rechtsgeschichte; *Schmoeckel/Stolte*, Examinatorium; **Welt:** *Wesel*, Ge-
schichte des Rechts; *Seagle*, Weltgeschichte des Rechts; *Olechowski*, Rechtsgeschichte; *ders.*, Materialien und
Übersichten; *Laufs*, Rechtsentwicklungen. Zur besonderen Arbeitsform der **Exegese:** *Schlosser/Sturm/Weber*,
Exegese; *Wimmer*, Digestenexegese; *Wesel*, Digestenexegese; *Becker*, Quellenexegese; *Waßmer/Wittemann*,
Exegese; *Senn/Thier*, Rechtsgeschichte III; *Avenarius*, t1p.de/tg76; Übungsbeispiele bei *Behrends*, JuS 1985,
878 ff.; *Muscheler*, JuS 1988, 626 ff.; *Sturm*, JuS 1962, 427 ff.; *Steiner/Forschner*, Jura 2008, 340 ff.; eine Mus-
terexegese auch bei *Civis Romanus (Adomeit)*, Latein; Falldarstellungen bei *Falk/Luminati/Schmoeckel*, Fälle;
DDR-Rechtsgeschichte: *Markovits*, Gerechtigkeit.
545 **Rechtsphilosophie:** *Zippelius*, Wesen; *Horn*, Einführung; *Radbruch*, Rechtsphilosophie; *Kaufmann/Hassemer/
Neumann*, Einführung (nicht immer ganz einfach); *Naucke/Harzer*, Rechtsphilosophische Grundbegriffe; *Seel-
mann*, Rechtsphilosophie; *Zippelius*, Rechtsphilosophie; *Baruzzi*, Rechtsphilosophie; *Hofmann*, Einführung in
die Rechts- und Staatsphilosophie; *Kunz/Mona*, Rechtsphilosophie, Rechtstheorie, Rechtssoziologie; *Braun*,
Einführung; *Hoerster*, Was ist Recht?; *von der Pfordten*, Rechtsethik: *Brugger/Neumann/Kirste*, Rechtsphi-
losophie; *Holzleithner*, Gerechtigkeit; *Schaal/Heidenreich*, Theorien der Gerechtigkeit; *Mahlmann*, Konkrete
Gerechtigkeit. **Rechtstheorie:** *Rüthers/Fischer* Rechtstheorie; *Mahlmann*, Rechtsphilosophie und Rechtstheorie; *Vesting*, Rechtstheorie; *Adomeit/Hähnchen*, Rechtstheorie; *Koller*, Theorie des Rechts; *Buckel/Christensen/
Fischer-Lescano*, Neue Theorien; *Mastronardi*, Angewandte Rechtstheorie; *ders.*, Juristisches Denken; Schluep,
Einladung; für den Anfang reichen vielleicht auch *Osterkamp/Thiesen*, JuS 2004, 737 ff.; *Benedict*, Jura 2010,
121 ff.; mit Blick auf die Prüfungen *Schulze*, Klausurenbuch. Zu allen Grundlagenfächern: *Krüper* (Hrsg.),
Grundlagen. Online t1p.de/zlbc.
546 *Larenz*, Methodenlehre, S. 271 ff.; Studienausgabe: *Canaris/Larenz*, Methodenlehre; *Zippelius*, Methodenlehre;
Bydlinski, Grundzüge; Wank, Auslegung; *Puppe*, Kleine Schule; *Schapp*, Methodenlehre; *Schwacke*, Methodik;
Treder, Methoden; *Kramer*, Methodenlehre; *Meier*, Denkweg; *Schmalz*, Methodenlehre; ausführlich: *Koch/
Rüßmann*, Begründungslehre; *Herberger/Simon*, Wissenschaftstheorie; *Pawlowski*, Methodenlehre; *ders.*, Einführung; *Müller/Christensen*, Juristische Methodik; *Raisch*, Methoden; *Steinberg*, Methodenlehre; *Möllers*, Methodenlehre.
547 *Baer*, Rechtssoziologie; *Struck*, Rechtssoziologie; *Rehbinder*, Rechtssoziologie; *Raiser*, Einführung; jetzt: Das
lebende Recht; *Röhl*, Rechtssoziologie (Volltext verfügbar unter t1p.de/sxvp); *Rottleuthner*, Einführung; *Ryffel*,
Rechtssoziologie; *Stone*, Lehrbuch der Rechtssoziologie; trotz des Titels gehören nicht hierher die Rechtssozio-
logien von Max *Weber*, Niklas *Luhmann*, Franz W. *Jerusalem* und Eugen *Ehrlich*.

592 Neben den eigentlichen Grundlagenfächern sind die beliebten **interdisziplinären Seminare** ein weites Feld von Themenarbeiten, die sich nicht um die klassische Rechtsdogmatik drehen. Zu den philosophischen, soziologischen oder historischen Arbeiten treten solche mit psychologischen, ökonomischen, politologischen oder literatur- oder filmwissenschaftlichen Fragen hinzu.

a) Beispiele

– *Zeigen Sie die wichtigsten Entwicklungslinien bei der Entstehung der culpa in contrahendo oder der Geschäftsgrundlagenlehre!*
– *Ist eine gerichtliche Rechtsfortbildung im Wege gesetzesübersteigender Analogien legitim?*
– *Ist vor dem Hintergrund der Erfahrungen mit … zu erwarten, dass ein strafrechtliches Verbot des … Wirkung zeitigen wird?*
– *Von Napster zu kino.to: Unrechtsbewusstsein bei Urheberrechtsverstößen und ihre Rückwirkung auf die tatsächliche Normgeltung*
– *Jugendliche Schläger – tatsächliche Entwicklungen der Gewalt Jugendlicher und ihre gesellschaftliche Wahrnehmung*
– *Der Held als Folterer – Das Bild des Rechtsstaats bei Dirty Harry*
– *Rationale und irrationale Ängste als Antrieb für die Rechtsentwicklung*
– *Postfaktische Politik als Gefahr für eine rationale Rechtsanwendung?*
– *Neurowissenschaften als Herausforderung für das Recht: Sind Vertragsfreiheit und Schuldprinzip auch ohne freien Willen begründbar?*

Denkbar ist hier sehr vieles, eine Typologie stößt daher schnell an Grenzen.

b) Besonderheiten bei der Bearbeitung

593 Viele Lehrstuhlinhaber und insbesondere viele Emeriti pflegen mit solchen Veranstaltungen ihre speziellen Forschungsinteressen. Dennoch kann die Teilnahme an diesen Veranstaltungen strategisch sinnvoll sein (abgesehen davon, dass ein Blick über den Tellerrand des eigenen Fachs sowieso lohnt und Ansporn genug sein sollte). Gerade hier sind nämlich die Veranstalter oft sehr motiviert und daher offen für einen guten Eindruck von Studenten, die positiv auffallen.

Fast immer ist es nicht nur sinnvoll, sondern geradezu erforderlich herauszuarbeiten, warum Erkenntnisinteresse und Forschungsrichtung einer anderen Disziplin für juristische Fragen eine Bereicherung darstellen – oder festzuhalten, warum die Rechtswissenschaft berufen ist, Antworten auf Fragen zu geben, die in anderen Wissensgebieten aufgeworfen werden.

594 Gemein ist diesen Arten von Arbeiten, dass die zu verwendenden Informationen und Arbeitstechniken für Juristen vor allem eines sind: **fachfremd**. Das heißt, dass von den Bearbeitern erwartet wird, sich in ein Nachbargebiet ein gutes Stück weit selbst einzuarbeiten und sich dort keine fachlichen Fehler zu Schulden kommen zu lassen. Deswegen können solche Arbeiten riskant sein. Jedenfalls erfordern sie gründliches Vorgehen und immer wieder die Vergewisserung, sich auch im Nachbargebiet in vertretbaren Bahnen zu bewegen.

Da allerdings zumindest der juristische Veranstalter mit dem gleichen Problem kämpft, können Sie mit gründlicher Einarbeitung und vorsichtigem Vorgehen punkten. Schließlich ist Ihr Maßstab nicht der Historiker/Philosoph/Ökonom etc., sondern nur ein Jurist, der am Ende Ihre Arbeit für überzeugend halten soll. Dies gilt allerdings nur eingeschränkt bei echten interdisziplinären Veranstaltungen, bei denen außer einem Juristen ein anderer Fachwissenschaftler Mitveranstalter ist.

Gelegentlich wird Gegenstand der Aufgabe sein, explizit eine **außerjuristische Per-** **595** **spektive** einzunehmen und/oder eine ungewöhnliche Form zu wählen, also etwa einen Essay oder eine Streitschrift[548] zu verfassen. Als Bearbeiter muss man sich dann mit der gefragten literarischen Form vertraut machen. Das erfordert einen zweiten Blick über den Tellerrand – aber es bietet Gelegenheit, durch eine ungewöhnliche Leistung aufzufallen.

Für alle nicht-dogmatischen Themen gilt: Hier liegt fast immer auch eine Chance für Nichtjuristen, also **596** insbesondere Nebenfachstudenten, die einen juristischen Seminarschein erwerben wollen oder müssen. Diese Chance ist eine doppelte: Für den Bearbeiter liegt sie darin, eine gute Arbeit zu schreiben, ohne vorher fünf Semester Bürgerliches Recht hören zu müssen. Für die Teilnehmer am Seminar liegt sie darin, einen nur halb-juristischen Blick auf den Gegenstand werfen zu können – aber aus fachlich kompetentem Blickwinkel.

c) Besonderheiten bei der Recherche

Immer wenn auch andere akademische Disziplinen einbezogen sind, müssen Sie sich **597** deren Wissensbestände ebenfalls erschließen. Arbeiten Sie sich in deren grundlegende Methodiken mit entsprechenden Anleitungen ein, nutzen Sie deren Fachdatenbanken und -bibliotheken, fragen Sie ggf. bei entsprechenden Lehrstühlen der eigenen Hochschule einmal um Rat. Jedenfalls gilt hier in noch stärkerem Maße als bei juristischer Literatur, seien Sie behutsam, umsichtig und gründlich. Anders als im eigenen Fach erkennen Sie die Granden der Disziplin nicht an ihren Namen, Sie müssen also nachprüfen, wer die Autoren von Texten sind, denen Sie begegnen. Das Gespür dafür, was dort Mainstream und was exotische Mindermeinung ist, fehlt Ihnen, also müssen Sie nachrecherchieren.

Gerade in den juristischen Grundlagenfächern dürfen Sie auch keine Angst vor alten Büchern und dem Umgang mit Geistesgrößen von *Platon* über *Kant* bis zu *Habermas* und *Luhmann* haben – und wenn Sie mit diesen umgehen, dann bitte immer auch im Original und nicht nur über Sekundärquellen.

7. Rechtshistorische Exegese

Ein Beispiel für die geradezu typisierte Form, die Themenarbeiten gelegentlich annehmen können, ist die rechtshistorische Exegese[549]. Dabei wird vom Aufgabensteller ein **598** Quelltext vorgegeben, der vom Bearbeiter erläutert und interpretiert werden soll.

Als Pflichtleistung ist sie derzeit eher auf dem Rückzug, so dass man bei der Anleitungsliteratur auch einmal auf ältere Texte zurückgreifen muss[550].

---

548 Zu ungewöhnlichen Formen gleich noch Rn. 606.
549 *Exegese* bedeutet *Auslegung*, hier vielleicht besser übersetzt mit *Interpretation*.
550 Nachgewiesen in Fn. 544.

a) Beispiele

Die folgenden Beispielsüberschriften müssen Sie sich immer so vorstellen, dass ein Auszug aus dem genannten Text zur Aufgabe gehört, gegebenenfalls gefolgt von konkreteren Fragen:

– *Jeremy Bentham, Eine Einführung in die Prinzipien der Moral und der Gesetzgebung (1789), I. Über das Prinzip der Nützlichkeit*
– *„Der Tote erbt den Lebenden" – Eine deutschrechtliche Exegese zu Sachsenspiegel, Lehnrecht 6*[551]
– *Friedrich Carl von Savigny, Vom Beruf unsrer Zeit für Gesetzgebung und Rechtswissenschaft, Heidelberg 1814*

b) Besonderheiten bei der Bearbeitung

599 Zwar kann die zu interpretierende Textstelle Anlass zu erheblichen Abweichungen geben – gleichwohl ist es einigermaßen seriös möglich, ein Bearbeitungsschema vorzuschlagen[552]:

1. Vorbereitung
– **Verstehen des Textes**
  o wiederholtes, sorgfältiges Lesen
  o gegebenenfalls Übersetzung ins Neuhochdeutsche
  o Recherche unbekannter Worte, Begriffe und Abkürzungen
– **Erfassen des Textinhalts**
  o Unterstreichen von Schlüsselbegriffen
  o Aufteilen in Unterabschnitte
  o Wiedergabe des Textes mit eigenen Worten

2. Formale Auslegung (1. Teil der eigentlichen Exegese)
– **Formale Auslegungskriterien**
  o Feststellen der Textgattung (etwa Rechtsnormen, Urkunden, Akten, Literatur)
  o Feststellen der Fundstelle (insb. bei mehreren vorhandenen Textfassungen)
  o Bei Textausschnitten: Einordnung in den Kontext
– **Bestimmung der Entstehungszeit**
– **Bestimmung der beteiligten Personen**
  o Ermittlung des Verfassers
  o Ermittlung des/der Adressaten (oder Zielgruppe)
  o Einordnung aller sonstiger im Text genannter Personen

3. Inhaltliche Auslegung (2. Teil der eigentlichen Exegese)
– **Philologische Auslegung**
  o Sprache, Stil und Satzbau (Verständlichkeit und Abstraktion)
  o Wortbedeutungen im zeitlichen Kontext
  o Suche nach Leitbegriffen und Schlüsselworten
– **Historische Auslegung**
  o Einordnung in den historischen Zusammenhang
    • im Hinblick auf die Entstehungszeit
    • im Hinblick auf den Entstehungsort

---

551 Als Beispiel ausgeführt von *Dorn* ZJS 2012, 491 ff.
552 Das nachstehende Schema stellen die Inhaber der rechtshistorischen Lehrstühle an der Universität Frankfurt am Main ihren Seminarteilnehmern als Arbeitshilfe zur Verfügung.

- im Hinblick auf den Anlass für die Textentstehung
  o Betrachtung seiner Wirkungsweise
  - zur Zeit der Entstehung
  - in der Folgezeit
- **Rechtswissenschaftliche Auslegung**
  o Bestimmung der juristischen Hauptaussage des Textes
  o Analyse dogmatischer, rechtssystematischer, methodischer Aspekte (Argumentationstechnik)
  o Untersuchung rechtsphilosophischer (Billigkeit, Gerechtigkeit) und rechtspolitischer (ratio) Gesichtspunkte
  o Verhältnis zum Recht der Gegenwart/Rechtsvergleichung
- **Philosophische Auslegung**
  o Analyse des theologisch-philosophischen Hintergrunds
  o Analyse des sozial- und wirtschaftshistorischen Hintergrunds

Wichtig ist es jedenfalls, den Kontext der Textentstehung und die weiteren Auswirkungen der getroffenen Aussagen präzise herauszuarbeiten. Möglicherweise müssen nicht alle in dem Schema genannten Punkte aufgegriffen werden, das Andenken der einzelnen Aspekte und eine Entscheidung darüber, welche für die eigene Arbeit wichtig sind, erspart Ihnen aber niemand.

Bei Arbeiten aus der Rechtsgeschichte liegt der Brückenschlag zur Gegenwart nahe. Einerseits ist das eine gute Idee, weil eine Geschichtswissenschaft, die der Gegenwart nichts zu bieten hat, sehr akademisch ist – und letztendlich abgeschafft werden wird. Andererseits tut Bescheidenheit Not: Je kleiner der Untersuchungsgegenstand zugeschnitten ist, desto heikler wird eine belastbare Aussage über seine aktuelle Bedeutung. Um aus Vergangenem eine Information über Gegenwärtiges und Zukünftiges zu ziehen, muss man eine gute Vorstellung von Unterschieden und Gemeinsamkeiten, von wichtigen und nebensächlichen Faktoren haben.   **600**

c)   Besonderheiten bei der Recherche

Wer ein rechtshistorisches Thema bearbeitet, wird regelmäßig die Fachliteratur der Geschichtswissenschaften zu Rate ziehen müssen[553], oft auch historische Gesetzesnormen[554]. Sie benötigen biografische Informationen zum Autor ebenso wie ein Bild des gesellschaftlichen, politischen und rechtlichen Kontextes des Textes. Dies ist mit halbwegs kluger Stichwortwahl über Katalogs- und Datenbankrecherchen zumindest für Sekundärliteratur zu dem zu betrachtenden Text meist noch recht gut zu leisten. Wenn Sie den dort angegebenen Quellen, vor allem den gegebenenfalls beschriebenen Primärquellen, nachgehen wollen, kann das aber auch bedeuten, den Staub alter Bibliotheksbereiche kennen zu lernen und sich mit Fernleihen, Dokumentverschickungen und ähnlichen Dingen vertraut zu machen. Hier werden Fleiß und Gründlichkeit erwartet, aber auch honoriert. Der Ehrgeiz, eine wenig bekannte Parallelquelle im Original einzusehen und auszuwerten, kann mehr Pluspunkte bringen als originelle, aber unbelegte Spekulationen über die Auswirkungen eines alten Gesetzestextes.   **601**

---

553   Dabei hilft *Feldmann/Schultze*, Literatur.
554   Dazu Rn. 175.

8. Urteilskritik

602 In der Ausbildungspraxis benachbarter Länder deutlich weiter verbreitet, aber auch hierzulande immer beliebter sind Urteilskritiken. Eine Rechtsordnung muss nicht so präzedenzfallorientiert sein wie etwa im angloamerikanischen Rechtskreis, um die Bedeutung einer kritischen Auseinandersetzung mit einem Urteil oder einer Reihe von Urteilen offenkundig werden zu lassen. Möglich ist hier der konkrete Verweis auf ein bestimmtes entweder grundlegendes oder überraschendes Urteil, oder aber auf eine Reihe von Entscheidungen zu einer Sachverhaltskonstellation, aus der sich eine Entwicklung der Rechtsprechung aufzeigen lässt. Für Veranstalter gelten diese Themen oft als vergleichsweise einfach, weil der Gegenstand klar und zugänglich ist und oft auch die Quellenlage zu den konkreten Entscheidungen relativ günstig ist.

a) Beispiele

– *LG Frankfurt NJW 1980, 1169: Behinderte als Reisemangel?*
– *Der strafrechtliche Bestimmtheitsgrundsatz nach BVerfGE 126, 170*
– *BVerwGE 127, 302: Der zweite Irakkrieg als Verstoß gegen das Völkerrecht?*

b) Besonderheiten bei der Bearbeitung

603 Urteilskritiken sind als Urteilsanmerkungen eine etablierte juristische Literaturgattung – gleichwohl stellt man schnell fest, dass man zwar schon viele gelesen, aber noch nie selbst eine verfasst hat. Es gibt nur wenige gute Anleitungen[555]. Eine Urteilskritik muss nicht zwangsläufig ein **ablehnendes Urteil** über das zu kritisierende Urteil fällen[556]. Sie muss nur von einer kritischen Haltung und Herangehensweise zeugen, kann aber ohne Weiteres zu dem Ergebnis kommen, dass das Urteil in der Begründung und/oder im Ergebnis Zustimmung verdiene. Eine solche kritische Haltung einzunehmen fällt nicht allen Menschen gleich leicht. Man kann darüber streiten, ob sie Juristen anerzogen wird – oder eher das Gegenteil. Jedenfalls liegt die Kunst der Urteilsanmerkung nicht zuletzt darin, einen in sich stimmigen und überzeugenden Gedankengang zu präsentieren. Das macht die Formulierung eines kritischen Standpunkts nicht einfacher[557]. Meist wird Gegenstand der Urteilskritik eine aktuelle oder grundlegende Entscheidung sein, oft eine höchstrichterliche. Letztere sind im Rechtlichen überwiegend sowohl ausführlicher als auch problemfokussierter als die instanzgerichtlichen Urteile. Man kann aber auch eine ganz alte Entscheidung wählen; dann wird zu analysieren sein, warum gerade diese die dogmatische Entwicklung so beeinflusst hat[558]. Manchmal wird man ein Urteil zu bearbeiten haben, das über juristische Fachkreise hinaus Interesse gefunden hat.

Beispiel: Das o.g. „Behindertenurteil" des LG Frankfurt am Main hat weiland in der Presse und der Öffentlichkeit großes Aufsehen erregt[559].

---

555 *Hattenhauer*, Kritik, Teil B, dort auf S. 147 ein Aufbauschema; *Berkemann* FS Geiger, Tübingen 1974, 299, 331 ff.; *Schneider/Schnapp*, Logik, S. 272 ff.; *Sauthoff*, GreifRecht 2007, 77 ff.
556 Dazu schon Rn. 112.
557 *Sommer*, Kunst; *Soentgen*, Selbstdenken!
558 In den Ausbildungszeitschriften finden sich immer wieder Besprechungen solcher „Klassiker", an denen man sich als Bearbeiter derartiger Aufgaben orientieren kann.
559 Das Urteil und die Reaktionen darauf sind dokumentiert bei *Klee*, Behinderte.

Dann bietet es sich an, in der Analyse auf die Wahrnehmung der Entscheidung in der Öffentlichkeit miteinzugehen.

Bei einer solchen Aufgabe wird man zuerst nachzeichnen, auf welchen Sachverhalt sich **604** das Urteil bezog und wie das Gericht welches Ergebnis begründet hat. Diese Nacherzählung der Primärquelle sollte knapp gehalten werden und nur als Einleitung für die eigentliche Arbeit dienen. Ist das Urteil nicht ganz aktuell, muss auch die Rezeption des Urteils und die Reaktion der Fachöffentlichkeit mitgeteilt werden. Ihre Hauptaufgabe wird aber darin bestehen, sich mit den tragenden Gründen gründlich und kritisch auseinanderzusetzen und zu hinterfragen, ob die Entscheidung tatsächlich überzeugt, oder wo aus Ihrer Sicht Kritik berechtigt ist. Dafür dürfen Sie sich nicht nur die Einwände berücksichtigen, die aus unmittelbar einschlägigen Urteilsanmerkungen stammen, vielmehr müssen Sie selbst die Begründung der Entscheidung nachvollziehen und anhand allgemeiner Literatur zum Thema diese Begründung kritisieren. Auch sollten Sie bei derartigen Aufgaben Überlegungen dazu mitteilen, wie die Entscheidung die weitere Praxis beeinflussen wird oder beeinflusst hat.

c) Besonderheiten bei der Recherche

Gerade hier kann bei nicht ganz neuen Entscheidungen zunächst die Vorwärtsrecherche **605** in Datenbanken wie juris („wird zitiert von") sehr hilfreich sein. Wenn Sie selbst eine Urteilskritik schreiben, sollten Sie sich jedenfalls alle schon erschienen Anmerkungen zu der konkreten Entscheidung anschauen, auch wenn sie an fernliegenderen Orten erschienen sind. Auch sollten Sie in jedem Fall alle von dem Urteil selbst angegebenen Quellen prüfen – und sei es nur darauf, ob das Gericht richtig zitiert hat (soll auch schon schief gegangen sein). Das allein reicht aber nicht. Sie müssen auch die allgemeinen Quellen zu den im Urteil relevanten Problemen konsultieren und sich auf dieser Basis Ihre Meinung bilden. Damit sind solche Arbeiten nicht weniger materialreich als andere Formen dogmatischer Themenarbeiten, nur im Ansatz stärker auf eine konkrete Entscheidung zugeschnitten.

9. Ungewöhnliche Darstellungsformen

Schon die eben erwähnte Urteilskritik ist für viele Studenten eine unerwartete Form der **606** Auseinandersetzung mit juristischen Inhalten. Noch deutlicher zeigt sich das bei einer anderen literarischen Form, dem **Plädoyer**. Obwohl das eigentlich eine ganz typische juristische Art der Materialpräsentation ist, bereitet der akademische Unterricht doch kaum darauf vor. Umso attraktiver ist es als äußere Gestalt für eine Themenarbeit[560]. Eine besondere Veranstaltungsform, in welcher dieses Format verlangt, regelmäßig aber auch geübt wird, sind Moot Courts[561]. Bei einem Plädoyer steht noch viel stärker als bei einem „normalen" wissenschaftlichen Text im Vordergrund, dass Sie die Zuhörer/Leser von Ihrem Standpunkt überzeugen wollen. Hier sind klare Aussagen und eindeutige Er-

---

560 Beispiele für Plädoyers: *Schneider*, Speak German!; *Prantl*, Terrorist; ist *Hassemer*, Strafe, ein Plädoyer? Immerhin nennt sich der Text im Untertitel so.
561 Dazu *Griebel/Sabanogullari*, Moot Courts; *Henking/Maurer*, Mock Trials.

gebnisse gefragt, zudem rhetorisches Geschick bei der Präsentation Ihrer Argumente. Für die inhaltliche Recherche gilt dabei allerdings nichts Besonderes – außer dass Sie sich zusätzlich Anleitungen zum Halten eines Plädoyers besorgen sollten. Außerdem sollten Sie es vor der Präsentation einüben, wenn es nicht nur schriftlich vorzulegen ist.

10. Rechtspolitische Themen

607 Die Einordnung und Bewertung eines Gesetzgebungsvorschlags erweisen sich spätestens auf den zweiten Blick als heikle Aufgabe. Soweit ein Regelungsvorschlag nur an technischen Kriterien (Verständlichkeit, Widerspruchsfreiheit, zu erwartende Operabilität in der Praxis der Normadressaten etc.) zu messen ist, mag das für Juristen in der Ausbildung ein wenig ungewohnt sein, aber doch leistbar.
Vertraut ist auch die Frage nach der Konformität mit höherrangigem Recht, insbesondere Verfassungsrecht. Deutlich schwieriger wird aber die Antwort auf die einfach anmutende Frage, ob ein Gesetzesentwurf Zustimmung verdient. Damit erreicht man unversehens Gebiete, auf denen Juristen sich schnell unwohl fühlen.

Beispiele: *Wird eine Regelung zu ... gebraucht? Welche Regelung sollte das sein?* oder umgekehrt: *Ist die Regelung in <Norm> noch zeitgemäß? Muss sie wegfallen oder angepasst werden?*

Geht es bei Ihrer Arbeit um ein laufendes Gesetzgebungsverfahren, treffen zwei Faktoren aufeinander, die im Studium kaum eine Rolle spielen: Tagesaktualität des Gegenstands der Betrachtung und Zweckmäßigkeitsüberlegungen, die meist auch noch von verschiedenen Seiten in Frage gestellt werden. Mit beidem muss man umgehen.

a) Beispiele

– *Die Neuregelung der Erbschaftsteuer und der Verschonungsabschlag für Betriebsvermögen*
– *Nein heißt Nein – Die Reform des Sexualstrafrechts*
– *Ein neues Bauvertragsrecht als Neutarierung des Interessenausgleichs zwischen Auftraggeber, Bauträger, Handwerkern und Lieferanten*
– *Reform der strafrechtlichen Vermögensabschöpfung*

Diese Beispiele muss man jeweils durch gerade laufende Gesetzgebungsbemühungen ergänzen oder ersetzen, wenn man dies liest.

b) Besonderheiten bei der Bearbeitung

608 Besteht Ihre Aufgabe aber in der Auseinandersetzung mit einem laufenden Gesetzgebungsverfahren oder mit veröffentlichten Gesetzgebungsvorschlägen, müssen Sie sich intensiv mit dem zu regelnden Lebenssachverhalt sowie dem Rechtszustand de lege lata beschäftigen, um die Voraussetzungen der angestrebten Neuregelung klar zu stellen. Danach können und müssen Sie sich mit den Details des Vorschlags auseinandersetzen. Dazu müssen Sie sich neben den eigenen Erwägungen des Gesetzgebers auch mit den Ansichten von Experten und betroffenen Interessenvertretern beschäftigen, die sich zu dem Vorschlag geäußert haben. Behalten Sie dabei immer im Blick, welche Interessen diejenigen vertreten, die sich äußern: Dass eine Lobby besonders laut trommelt, heißt nicht unbedingt, dass ihre Anliegen im allgemeinen Interesse liegen.

Eine besondere Herausforderung ist, dass die Debatte um den Vorschlag und gegebenenfalls auch das formale Gesetzgebungsverfahren während Ihrer Arbeit an dem Thema weiter laufen, so dass Sie mit Material, aber auch mit den Informationen zum Verfahrensstand immer auf dem Laufenden bleiben müssen. Optimalerweise schaffen Sie dies bis zum Tag vor der Abgabe. Können Sie dies nicht gewährleisten, sollten Sie schon in der Einleitung erwähnen, auf dem Stand welchen Datums sich Ihre Ausarbeitung befindet, damit Ihnen nicht vorgeworfen werden kann, spätere Entwicklungen nicht berücksichtigt zu haben.

Die Arbeit kann in einem eigenen Gesetzgebungsvorschlag enden[562], muss aber nicht. Eine Regelung kann geboten sein (etwa aus verfassungsrechtlichen Gründen), kann aber auch nur sinnvoll sein (und damit viel stärker im politischen Belieben des Gesetzgebers stehen). Ihr Ergebnis kann aber ebenso gut lauten, dass gesetzgeberischer Aktionismus hier fehl am Platze ist oder dass die Zeit für eine gesetzliche Regelung noch nicht gekommen ist.

c) Besonderheiten bei der Recherche

Hilfreich können hier außer den amtlichen Dokumenten aus einem Gesetzgebungsverfahren auch Stellungnahmen aller möglichen Interessengruppen sein, die zu prominenten Gesetzgebungsvorschlägen immer zahlreich veröffentlicht werden und im Internet meist einfach zu finden sind[563]. Behalten Sie die Webseiten sowohl der beteiligten Ministerien als auch der parlamentarischen Institutionen im Blick, um über den Verfahrensgang laufend Bescheid zu wissen. Versuchen Sie vielleicht einmal, den für den Entwurf verantwortlichen Ministerialbeamten zu kontaktieren, solche Gespräche können lohnend sein. Vergessen Sie aber auch nicht, die vorliegenden Quellen zur aktuellen Rechtslage auszuwerten.

609

11. Überhaupt: Kritische Stellungnahme

Die Aufgabe *Nehmen Sie kritisch Stellung zu …* findet sich auf die eine oder andre Art in vielen Themenarbeiten. Ist sie nicht nur implizit gestellt, sondern ausformuliert Teil des Themas, muss man sie umso ernster nehmen. „Kritisch" bedeutet dabei, dass Sie eine allgemein skeptische Haltung gegenüber allen vorgefundenen Aussagen demonstrieren und diese gründlich auf Gehalt, Überzeugungskraft, praktische Tauglichkeit, systematische Stimmigkeit etc. überprüfen. Gegenstand kann nicht nur ein geplantes oder kurz vor der Umsetzung stehendes Gesetzgebungsverfahren sein, sondern auch ein Gerichtsurteil oder ein juristischer Debattenbeitrag.

610

Zu empfehlen ist es dann (wie übrigens auch in mündlich geführten Diskussionen), das kritisierte Argument wenigstens kurz zu wiederholen (mit Angabe der Fundstelle). Das ermöglicht es dem Leser, klar zuzuordnen, worauf Sie Bezug nehmen. Außerdem kann man nachlesend erkennen, ob Sie etwas falsch verstanden, unvollständig wiedergegeben, unzulässig verkürzt haben. Solcherart Fehler fallen auf den Kritisierenden zurück.

---

562   Siehe dazu aber auch oben Rn. 405.
563   Geben Sie den Titel des angestrebten Gesetzes einfach einmal bei Google ein – und gehen Sie die Trefferliste dann bis zum Ende durch!

Etwas schwieriger wird das, wenn Sie auf eine Urteilsbesprechung referenzieren wollen, die auf ein Urteil Bezug nimmt, das auf eine Rechtsprechungskette einerseits und einige Argumente im Schrifttum andererseits Bezug nimmt. Aber so übt man, den eigenen Platz in einer Diskussion zu finden.

Fordert der Aufgabensteller Sie zu einer Stellungnahme auf, so müssen Sie noch deutlicher als sonst Ihre Meinung kund tun. Dabei wird es immer darum gehen, den Gehalt der Begründungen des Untersuchungsgegenstands auf den Prüfstand zu stellen und wo nötig eigene Erwägungen entgegen zu halten.

Stellen Sie diese, wenn in der Aufgabenstellung explizit gefordert, ins Zentrum Ihrer Arbeit und verbannen Sie sie nicht auf die letzten zweieinhalb Seiten unter der wenig aussagekräftigen Überschrift *Eigene Stellungnahme*. Im Prinzip gilt für Bearbeitung und Recherche nichts anderes als für andere dogmatische Arbeiten, nur in der Darstellung Ihrer Überlegungen muss dann deutlich werden, dass Sie alle vorgefundenen Argumente erst einmal auf die Probe stellen, ob diese stichhaltig sind.

12. Berater-Themen

611 Prüfungsaufgaben aus dem Blickwinkel des anwaltlichen Beraters sind in den letzten Jahren deutlich beliebter geworden. In erster Linie gilt das für die Referendarausbildung[564], aber das Einsickern des Themas in die universitären Stoffpläne ist nicht zu übersehen. Im Assessorexamen sorgen die Anwaltsklausuren noch für Unsicherheit, weil sich ähnlich verlässliche Standards wie für gerichtliche Entscheidungen bislang noch nicht herausgebildet haben. Ordentlich entfalten lässt sich die Beratungssituation aber eigentlich nur unter den Bedingungen einer häuslichen Arbeit. Damit wird sie zum attraktiven Gegenstand von Themenhausarbeiten. Je nach Formulierung der Aufgabe ist die Verwandtschaft zu klassischen Gutachten mehr oder weniger ausgeprägt. Wenig klassische Subsumtion ist erforderlich, wenn es ausschließlich um die Gestaltung künftiger Rechtsverhältnisse geht, mehr dagegen, wenn ein Teil des Sachverhalts als nicht gestaltbar feststeht.

a) Beispiele

- *B will einen kleinen Internet-Shop eröffnen, in dem er mit Ersatzteilen für Computer handeln will. Welche Regeln muss er beachten?*
- *Die Stadt F möchte erreichen, dass die inzwischen regelmäßigen freitäglichen Open-Air-Partys auf dem H-Platz, auf dem sich spontan hunderte meist jüngere Menschen einfinden, um Musik zu hören, zu tanzen, zu trinken und zu reden, gar nicht mehr oder nur noch sehr eingeschränkt (keine laute Musik, verträglicher Lärmpegel, weniger Unrat, Ende um 22.00 Uhr) stattfinden. Welche Möglichkeiten stehen der Kommune zur Verfügung, um diese Ziele ganz oder wenigstens teilweise zu erreichen?*
- *S betreibt eine kleine Handelsfirma als GmbH. Da die Schulden zunehmen und das Geschäft schlecht läuft, möchte er mit möglichst geringen persönlichen Verlusten seine Tätigkeit beenden. Welche Optionen können Sie als beratende Anwältin oder Anwalt anbieten?*

Eine solche Aufgabe wie die Erstgenannte gibt Anlass zur Betrachtung gleich mehrerer Rechtsgebiete: Wettbewerbsrecht, Markenrecht, bürgerliches Namensrecht, Urheberrecht, Vertragsrecht einschließlich AGB-Recht usw. Neben den hier eröffneten Gestaltungsmöglichkeiten steht aber manches schon fest, etwa dass B einzelkaufmännisch tätig werden will, so dass gesellschaftsrechtliche Gestaltungsmöglich-

---

564   Z.B. *Raiser/Schmidt/Bultmann*, Anwaltsklausuren; *v. Lewinski*, JA 2007, 844 ff.; *Brei*, Jura 2007, 648 ff.

keiten nicht zu erörtern sein dürften. Das Beispiel verdeutlicht zugleich, dass Vertragsgestaltungsfragen bei solchen Aufgaben oft, aber nicht immer zu erörtern sein werden.

Im letztgenannten Beispiel müssen Sie sich fragen, ob Sie neben den vorgesehenen insolvenzrechtlichen Wegen nicht auch das Geschäft sogenannter Firmenbestatter betrachten sollten und, um deren Agieren, das oft in Grauzonen weist, gegebenenfalls kritisch zu untersuchen.

b) Besonderheiten bei Bearbeitung und Recherche

Eine Besonderheit dieses Typs von Aufgaben liegt darin, dass meist eine Vielzahl unterschiedlicher Rechtsmaterien zu verarbeiten sein wird.   **612**

Während im klassischen Prüfungsgutachten die Sachverhalte absichtlich so gebildet werden, dass nur recht wenige ausgewählte Rechtsvorschriften anzuwenden und zu problematisieren sind (von denen oft noch einige mittels Bearbeitervermerks ausgeklammert werden), liegt der Reiz der Beratungssituation darin, dass alles Einschlägige und gegebenenfalls auch erst einmal Fernliegende zu bedenken ist. Das ist lebensnäher, aber schwierig. Hier kann man durch eine gewisse Kreativität glänzen, wenn man neben den Standardformulierungen aus dem Formularhandbuch auch auf komplexere Ideen kommt. Zusätzlich zu den nötigen Quellen jeder dogmatischen Arbeit werden hier auch Werke zu Vertragsgestaltung, vorformulierte Klauselsammlungen aus der Kautelarpraxis und ähnliches wichtig, sowie Fallstudien und sonstige Hinweise auf Gestaltungsmöglichkeiten.

13. Rechtstheorie als Thema

Rechtstheoretische Fragen können enorm abstrakt und richtig anstrengend in der Bearbeitung werden. Im Grundlagenschein muss man sich teils mit ihnen befassen, im übrigen kann man sich dafür und dagegen entscheiden. Manche rechtstheoretischen Fragen können auch juristisch alltagsrelevant werden. Das ändert sich nicht dadurch, dass mancher juristische Praktiker kraft alltäglicher Arbeitslast die Augen vor ihnen verschließt. Schon deshalb ist es richtig, dass Rechtstheorie wenigstens an der Uni unterrichtet wird. Ab und an erreichen rechtstheoretische Fragen den allgemeinen juristischen Diskurs[565].   **613**

a) Beispiele

– *Die Normqualität des Corporate Governance Codex*
– *Die verfassungsrechtliche Rekonstruktion der strafrechtlichen Rechtsgutslehre*
– *Das Internet als Herausforderung für nationale Normsetzungskompetenzen*
– *Postfaktische Normsetzung? Rationalitätsansprüche an legislative und exekutive Regelerzeugung*

b) Besonderheiten bei Bearbeitung und Recherche

Soll man ein explizit rechtstheoretisches Thema bearbeiten, muss man sich von vornherein darauf einstellen, auf hohem Abstraktionsniveau zu argumentieren, Grundstrukturen des juristischen Arbeitens offen zu legen und daraus Folgerungen zu ziehen. Für rechtsphilosophische und rechtssoziologische Themen gilt dies entsprechend: Auch diese sind schwierig und abstrakt und stellen hohe Anforderungen an das eigene Verstehen ebenso wie an die Fähigkeiten zur Darstellung komplexer Gedankengänge. Zudem sind   **614**

---

565 *Durner*, JA 2008, 7 ff.; *Hassemer*, ZRP 2007, 213 ff.; *Wenzel*, NJW 2008, 345 ff.; *Rüthers*, ZRP 2008, 48 ff.; *Kriele*, ZRP 2008, 51 ff.; *Schneider*, JA 2008, 174 ff., je m.w.N.

Themen in diesen Bereichen oft gerade solche, auf die es keine einfachen Antworten gibt – die Grundlagenfächer sind oft der Ort für die „hard cases".

Einschlägige Literatur[566] zumindest zu den zu bearbeitenden Prinzipien wird leicht zu finden sein – oft allerdings nicht leicht zu lesen... Die Anforderung an die Bearbeiter ist dann erst einmal, schwierige Texte überhaupt angemessen zu verstehen und zueinander in Beziehung setzen zu können.

Gerade bei aktuellen Themen, wenn es um die Frage geht, ob neue Sachverhalte noch mit dem bestehenden Instrumentarium verhandelt werden können, oder ob wir neue Begriffe und Methoden brauchen, kann es allerdings passieren, dass die Literatur die nötige Abstraktionsebene noch gar nicht oder nur vereinzelt erreicht hat. Dann kommt zu der ohnehin schon schwierigen Diskussion rechtstheoretischer Begriffe noch der Transfer derselben auf ein neues Gebiet als Anforderung hinzu.

Ein solcher Schwierigkeitsgrad eignet sich meist eher für die wissenschaftliche Hausarbeit und würde auch da als hoch empfunden werden. Wer solches aber vernünftig meistert, kann sich fast sicher auf einen tiefen Griff in die Notenkiste einstellen...

Ob es umgekehrt bei eher dogmatischen Themen angebracht ist, tief in die theoretischen Grundlagen einzusteigen, sollte man sich (und ggf. auch den Veranstalter) noch einmal kritisch fragen, bevor man loslegt. Denn wenn die Grundlagenfragen dann auch quantitativ den klaren Schwerpunkt der Arbeit bilden, kommen die vom Aufgabensteller erwarteten dogmatischen Fragen leicht zu kurz. Dagegen kann ein sachter Grundlagenbezug auch in dogmatischen Überlegungen ein die Argumentation verstärkender positiver Faktor sein.

14. Ökonomische Analyse

615 Die ökonomische Analyse rechtlicher Normen und Problemlösungsmechanismen ist in den letzten Jahrzehnten auch in Deutschland zu einem eigenen Wissenschaftszweig geworden. Während in den Grundlagen[567] immer noch keine Einigkeit herrscht, ob und wo es legitim ist, Gerechtigkeitsfragen (allein) aus dem Blickwinkel eines rationalen Nutzenmaximierers zu entscheiden, gibt es fast keine dogmatische Frage mehr, zu der nicht die eine oder andere ökonomische Untersuchung vorliegt (oft gleich im Umfang von Doktorarbeiten[568] oder Habilitationsschriften[569]).

Das durch Letztere vorgegebene Argumentationsniveau macht es für nicht wirtschaftswissenschaftlich ausgebildete Interessenten immer schwieriger, Sinnvolles zur Diskussion beizutragen. Wer eine gute Idee hat, sollte sich gleichwohl nicht entmutigen lassen. Wer aber nur seine Arbeit mit einem Hauch von Exotik aufpeppen möchte, überlege, ob der Aufwand den Nutzen rechtfertigt. Allzu leicht geraten die einschlägigen Ausführungen oberflächlich, banal oder geradezu langweilig.

---

566 Neben den Originaltexten der Klassiker und einer Fülle von Sekundärliteratur gibt es inzwischen auch zu diesen Themen interessante Quellen im Netz wie die Enzyklopädie zur Rechtsphilosophie unter t1p.de/xic1 oder das Who is who? unter t1p.de/h77k.

567 Dazu *Schäfer/Ott*, Lehrbuch.

568 Z.B. *Eidenmüller*, Effizienz.

569 Z.B. *Behrens*, Grundlagen.

Eine Arbeit aus diesem Bereich bekommt man in aller Regel nur, wenn man sich für diese spezifische Methodik interessiert. Dann sollte man sich weder von der ökonomischen Fachterminologie noch von den sehr oft englischsprachigen Grundlagentexten (vor allem aus Chicago[570]) abschrecken lassen. Wichtig ist es aber, die nicht unbegrenzte Leistungsfähigkeit dieses Ansatzes im Blick zu behalten ebenso wie die Grenzen seiner Aussagekraft: Die Modellannahme des Homo Oeconomicus bildet reale Personen in ihren vielfältigen und sehr komplexen Interaktionszusammenhängen nur unvollkommen und einseitig ab, und in vielen Analysen werden auch die Annahmen zu den eingestellten Kostenfaktoren wesentlich zu unterkomplex begründet um zu überzeugen. Um sich hier positiv abzuheben, muss man viel Begründungsarbeit leisten und es sich gestatten, ein ebenso komplexes wie flexibles Kostenmodell zu konstruieren – das ist allerdings auch viel Arbeit.

II. Arten von Themenarbeiten und ihre Besonderheiten

Man kann Themenarbeiten auch danach unterscheiden, aus welchem Anlass sie geschrieben werden, denn hieraus ergeben sich Unterschiede und Besonderheiten. Deshalb folgt, beginnend beim bislang häufigsten Anlass für solche Aufgaben, der Seminararbeit, eine solche Auffächerung. Diese konzentriert sich darauf, Hinweise für die jeweiligen besonderen Situationen zu geben, die sich auf die verschiedenen Formen der Aufgaben zurückgehen. **616**

1. Besonderheiten bei der Seminararbeit

Die Seminararbeit ist die klassische Form einer wissenschaftlichen studentischen Themenarbeit. Der Umgang mit ihr sollte Jurastudenten geläufig sein[571]. Regelmäßig ist sie mit der mündlichen Präsentation der Ergebnisse im Seminar verbunden. Diese fließt in die Note mit ein und bietet Gelegenheit, Fähigkeiten zu üben, die im juristischen Studium sonst gern vernachlässigt werden[572]. **617**

a) Anforderungen beim Abfassen des Seminarreferats

Für die Ausarbeitung des Referats gilt das im allgemeinen Teil Gesagte. Die gute Nachricht ist also: Mehr muss man in dieser Hinsicht grundsätzlich nicht beachten[573]. Die schlechte: Weniger aber auch nicht. Einige wenige spezifische Hinweise sind zu ergänzen: **618**

Besonders wichtig ist bei Seminararbeiten die **Auswahl** der passenden Veranstaltung und **des** passenden **Themas**. **619**

---

570 Allgemein wird der Aufsatz von *Coase*, The Problem of Social Cost, Journal of Law and Economics 1960, 1 ff. für den Startpunkt dieser Denkrichtung gehalten, siehe auch *Posner*, Economic Analysis of Law. 7. Auflage, 2007.

571 Hinweise bei *Huff*, JuS 1991, 214 ff.

572 Das gilt auch jetzt noch, obwohl seit ein paar Jahren juristische soft skills auf die Lehrpläne gesetzt werden. Die Fähigkeiten zum mündlichen Ausdruck selbst noch mancher Examenskandidaten sind gelegentlich überraschend dürftig. Eigentlich verwunderlich, wenn man etwa an das Mündlichkeitsprinzip im Strafprozess denkt.

573 Vorbehaltlich natürlich der speziellen Hinweise der seminarveranstaltenden Lehrstühle; wie die aussehen können, zeigen beispielhaft t1p.de/i47f.

Es ist nicht sinnvoll, eine Veranstaltung auszuwählen, weil Sabine da auch hin will und man „etwas zusammen machen kann". Wählen Sie einfach egoistisch das aus, was Sie interessiert, was Sie gern einmal untersuchen wollen oder einfach, womit Sie glauben am besten klarkommen zu können. Oder wählen Sie ein Seminar, weil Sie unbedingt einmal etwas bei gerade diesem Dozenten hören wollen (oder vielleicht ihn oder sie als Prüfer für die wissenschaftliche Hausarbeit zumindest in Betracht ziehen). Selbst der Versuch, nur deswegen in ein bestimmtes Seminar zu kommen, weil dessen Veranstalter (noch) dafür bekannt ist, besonders großzügige Noten zu vergeben, ist zwar kein Ausweis hehrer wissenschaftlicher Gesinnung, zweckrational aber verständlich. Schließlich wird es am Ende auch Ihre Note sein, die in die Bewertung für das Erste Staatsexamen einfließt.

Hierbei gilt besonders das zur **Themenautonomie** Gesagte. Versuchen Sie, die Weichen im vorgegebenen Rahmen so zu stellen, dass Sie den Arbeitsschwerpunkt möglichst selbstbestimmt umsetzen können.

Das erfordert u.U. Verhandlungen mit dem wissenschaftlichen Personal des Lehrstuhls oder dem veranstaltenden Dozenten selbst. Außerdem ist eventuell auch eine Abstimmung mit weiteren Seminarteilnehmern notwendig, um großflächige Überschneidungen zu vermeiden.

620   Da Seminararbeiten keinen Raum zu umfassenden Abhandlungen lassen, müssen Sie von Anfang an auf Ihr Thema fokussiert vorgehen. Langatmige Ausführungen zu Allgemeinplätzen sind nicht angezeigt.

Die Einleitung sollte kurz sein und möglichst punktgenau zum relevanten Problem hinführen. Im Hauptteil sind dann das Problem und eventuelle Lösungsmöglichkeiten ebenso zielgerichtet zu entwickeln.

Beispiel: Lautet das Thema *Die Haftung der Zigarettenhersteller in den USA und in Deutschland*, ist es wenig hilfreich, allgemeine Monologe zu den unterschiedlichen Haftungssystemen im Common Law und im Civil Law (law of torts/Deliktsrecht) zu erarbeiten, um dann am Ende des Referats eine kurze Anwendung auf Zigarettenhersteller zu problematisieren. Alles, was Sie schreiben, muss in einem stetigen Bezug zum Thema stehen, Sie müssen also die allgemeinen Ausführungen zum Haftungssystem direkt in der Anwendung auf die Zigarettenhersteller darstellen. Am Ende sollten dann Unterschiede und Gemeinsamkeiten in beiden Rechtskreisen erkennbar und auch bewertbar sein.

Diese Notwendigkeit **konzentrierten Vorgehens** betrifft auch die Quellenauswahl.

Es nützt also regelmäßig nichts, sämtliche Standardkommentare und Standardlehrbücher zu zitieren[574]. Sie müssen vielmehr mit und an der relevanten themenspezifischen Spezialliteratur arbeiten. Die vom Veranstalter ausgegebenen **Literaturhinweise** sollte man ernst nehmen: Die Verarbeitung der dort benannten Beiträge ist nicht fakultativ, sondern der Veranstalter wird mit Blick auf diese Beiträge das Thema zugeschnitten haben. Also keine falsche Scheu: Nehmen Sie die Hilfe, die Ihnen geboten wird, ruhig an!

Ansonsten gilt: Halten Sie sich an die Vorgaben, was Umfang der Arbeit, Abgabetermine oder Formatvorgaben angeht und schreiben Sie die überzeugendste Abhandlung, zu der Sie in der Bearbeitungszeit fähig sind.

b) Thesenpapier

621   Oft wird neben dem Seminarreferat auch die Vorlage eines Thesenpapiers verlangt oder zumindest angeregt[575]. Das mag wie zusätzliche Arbeit aussehen; hauptsächlich bietet es

---

574   Allerdings wird es meist erforderlich oder wenigstens sinnvoll sein, zunächst einmal alle auszuwerten. Erst dann kann man sagen, was man unzitiert zur Seite legen will.

575   Empfehlungen zum Thesenpapier bei *Schindler*, Klausur, 55 ff.

aber Chancen: Insbesondere können Sie beim Zusammenstellen kontrollieren, ob ihre Arbeit tatsächlich verständlich ist. Wenn schon Sie selbst Schwierigkeiten beim Formulieren der tragenden Thesen ihrer Arbeit haben, wie muss das Geschriebene dann erst auf einen Leser wirken, der auf der Suche nach der Quintessenz ist?

Der Umfang sollte bei einem 20seitigen Seminarreferat ein bis zwei Seiten nicht übersteigen. Ein zweiseitiges Thesenpapier passt auf Vorder- und Rückseite eines DIN A4-Blatts und wirkt damit immer noch handlich. Der Leser soll nicht zuletzt das angenehme Gefühl haben, eine umfangreiche Ausarbeitung auf ein Blatt eingedampft in die Hand zu bekommen.

Ein Thesenpapier soll übersichtlich das Wichtige zusammenfassen; es kann vollständig alles Wichtige wiedergeben, muss das aber nicht. Vermeiden Sie Hervorhebungen des Typs *Hinweis: ...* und *Wichtig: ...!.* Ihre Leser sind nicht blöd. Die letzthin immer beliebter werdenden Aufzählungszeichen (Gedankenstriche, bullet points etc.) haben gegenüber der klassischen Nummerierung zwei Nachteile: Zum einen weiß niemand so ganz genau, ob der Gedankenstrich dem Pfeil und dem Haken und dem Punkt nun über- oder untergeordnet ist – so dass jeder das anders handhabt. Zum anderen referenziert es sich so schlecht auf diese Zeichen: *4. Gedankenstrich, bullet point 3* klingt einfach ungelenk. Warum nicht einfach *These 4.c)*?

Ein gutes Thesenpapier wird versuchen, zwei Herren zu dienen: Einerseits blickt es zurück auf den Text, den es zusammenfasst. Andererseits blickt es voraus auf die Diskussion, deren erste Schritte es zu moderieren versuchen kann. Zu letzterem Zweck kann es nützlich sein, einzelne Thesen pointierter, fokussierter, sogar provokativer zu formulieren als unbedingt nötig. Eine flüssig in Gang kommende Diskussion mit kontroversen Standpunkten hinterlässt fast immer einen guten Eindruck – dafür kann man das Risiko in Kauf nehmen, wegen einer zu platt gefassten These getadelt zu werden.

Will man vermeiden, dass faule Leser nur das Thesenpapier überfliegen, anstatt das mühevoll verfasste Seminarreferat zu lesen, kann man im Thesenpapier in Klammern auf den jeweils einschlägigen Abschnitt der Ausarbeitung verweisen (mit Seitenangabe oder Gliederungsnummer). So wird der Leser zumindest in Versuchung geführt, genauer nachzusehen. Außerdem ist das eine gute Selbstkontrolle für den Verfasser, der so feststellt, ob er alle wichtigen Abschnitte des Referats als These verfügbar gemacht hat. **622**

Manchmal hilft es, das Thesenpapier erst auszuteilen, wenn man mit dem mündlichen Vortrag fertig ist. Das kommt aber nicht in Betracht, wenn die Gliederung so kompliziert ist, dass man das Thesenpapier zum Verständnis braucht. Menschenfreundlich betrachtet ist ein Thesenpapier auch die Unterlage für alle Seminarteilnehmer, die sich nicht in den zwei Wochen vor dem Blockseminar durch ca. 250 Seiten Seminarreferate gründlich durchgearbeitet haben sollten und trotzdem an der Diskussion teilnehmen wollen.

Ein möglicher Nebeneffekt des Thesenpapiers besteht zudem darin, dass sich der Referent selbst beim Vortrag daran entlang hangeln kann. Dieser Doppelnutzen ist aber erkauft um den Preis, dass der mündliche Vortrag für die Zuhörer vorhersehbarer und damit langweiliger wird. Ein gut geplanter Seminarvortrag erfordert also neben dem Thesenpapier für die Zuhörer noch ein **separates stichwortartiges Redemanuskript** für den Referenten. **623**

Als **Handout zum Vortrag** kann ein Thesenpapier aber immer dienen, und das ist selbst dann zu empfehlen, wenn ein separates Thesenpapier vom Veranstalter gar nicht explizit gefordert wird. Neben den Hauptthesen des Vortrags kann ein solches Handout auch einen Abdruck wesentlicher Norm- oder Vertragstexte enthalten, soweit diese für den Vortrag und die Diskussion wichtig und nicht allen auswendig präsent sind. Als Handout sollte es drucktechnisch so gestaltet sein, dass es den Zuhörern Platz für eigene Notizen für die Diskussion lässt: Ausreichende Seitenränder und ein hinreichend weiter Zeilenabstand sind hier auch dann wichtig, wenn es für solche Papiere keine konkreten formalen Vorgaben gibt.

c) Mündlicher Vortrag

624 Wer einen mündlichen Vortrag halten muss, sollte bedenken, dass es kaum ein Seminarleiter duldet, wenn Sie Ihr Seminarreferat einfach vorlesen.

Es liegt auf der Hand, dass so jede Übung in freier Rede wegfällt und es damit an einer wesentlichen Teilleistung eines Seminars fehlt[576]. Oft wird das ausdrücklich mit Punktabzug geahndet, zumindest hinterlässt es einen schlechten Eindruck. Einen souveränen mündlichen Vortrag schütteln auch die Talentierten nicht einfach aus dem Handgelenk. Hier finden Sie ein paar Anregungen für die kurzfristige Vorbereitung. Wer sich über den unmittelbaren Anlass hinaus mit gelungener mündlicher Präsentation von Rechtsstandpunkten befassen möchte, hat einige Gelegenheit dazu[577] – man muss sie nur nutzen. Überhaupt sollten Sie den mündlichen Vortrag nicht als Belastung begreifen, bei der man sich blamieren kann, sondern als Gelegenheit, sich im besten Licht zu zeigen. Sie können in ganz kurzer Zeit den vielleicht etwas schwächlichen Eindruck, den das Referat beim Leser hinterlassen hat, substanziell verbessern. Nutzen Sie diese Chance! Nur selten kann man in einer dreiviertel Stunde (oder auch nur 15 Minuten) so viele Punkte sammeln. Allerdings will die Gelegenheit vorbereitet sein. Einen souveränen Eindruck beim Kursleiter macht man meist nicht kraft der eigenen Persönlichkeit, sondern durch inhaltliches Wissen und dessen gute Präsentation – unter den Sonderbedingungen von freier Rede in Frage und Antwort. Selbst wenn es nicht perfekt läuft, soll man sich noch Mühe geben. Nur wenige Menschen schaffen es, durch offen zu Tage getragene Hilflosigkeit Punkte zu sammeln[578]. Abgesehen davon ist sehr oft der Text auch gar nicht vorlesetauglich: zu lange Sätze, zu verschachtelt, zu kompliziert strukturiert. Wer also auch nur mit dem Gedanken spielt vorzulesen, muss jedenfalls einen zweiten Text schreiben: kürzer, pointierter, laienverständlicher, vielleicht auch provokativer[579] – ein Redemanuskript, keinen Fachaufsatz. Trotzdem ist es immer besser, gar nicht vorzulesen, sondern frei zu reden.

aa) Adressatenkreis

625 Wer sich überlegt, für welchen Zuhörerkreis er vorträgt, kann den Erfolg steigern. Ein guter Vortrag bietet dem bestens informierten Zuhörer (also dem seminarleitenden Professor) ebenso etwas wie dem Fast-noch-Laien (also dem schlecht vorbereiteten Mitstudenten). Das erfordert Vorbereitung. Aber es kann gelingen – und es wird von allen Beteiligten wohlwollend bemerkt. Achten Sie auf diesen Gesichtspunkt bei der Auswahl der zu präsentierenden Überlegungen, bei der Reihenfolge, bei der Wortwahl, dem Medieneinsatz. Wer beim Vortrag Blickkontakt mit den Zuhörern hält, merkt schnell, ob die Mühe Erfolg hat. Bestenfalls ahnt man schon während des Referats, wer später zu wel-

---

576 Hinzukommt, dass das Vorlesen eines den Zuhörern bereits bekannten Texts ziemlich langweilig und einigermaßen unhöflich ist. Meist reicht auch die Zeit schlicht nicht dazu. Vergessen Sie also diesen Teil des Plans.

577 Dazu sogleich Fn. 585.

578 Und wenn man es hat, sollte man sich nicht darauf verlassen. Jedenfalls sollte man es sparsam einsetzen.

579 Man kann versuchen, von Aphoristikern zu lernen: Schmökern Sie mal ein wenig bei Georg Christoph *Lichtenberg*, Oscar *Wilde*, Stanislaw Jerzy *Lec* und/oder Rudolf *Rolfs*.

chem Punkt welche Frage stellen wird. Versuchen Sie es mit folgendem Kriterium: Der dümmste anzunehmende Zuhörer ist ein – wenn auch nur hypothetischer – Mitstudent mit einem ganz anderen Schwerpunktfach, der Ihre Arbeit nicht gelesen hat. Wenn Sie es schaffen, Ihren Vortrag so zu strukturieren, dass genau dieser Zuhörer immer wieder zum roten Faden zurückfindet, haben Sie viel erreicht[580].

bb) Vorbereitung des mündlichen Vortrags

Der mündliche Vortrag muss sich vom zuvor abgegebenen Seminarreferat **unterschei-** **den**. Alles andere ist für den gut vorbereiteten Zuhörer eine Zumutung. Diese Unterscheidung lässt sich auf mehrere Arten bewerkstelligen: Sie können zum einen den Aufbau verändern und etwa Ihre Ergebnisse zum Ausgangspunkt des Vortrags machen. Sie können aber auch eine andere Herangehensweise wählen als im Seminarreferat, insbesondere einen Beispielsfall als Aufhänger wählen oder tagesaktuelle Bezüge im Vortrag herstellen[581].
Nicht ungefährlich ist es, das vorhandene Material auf die schriftliche Ausarbeitung und den mündlichen Vortrag zu **verteilen**. Diesen Plan muss man schon beim Abfassen des Textes im Blick behalten und – noch viel wichtiger – vorher mit dem Veranstalter abstimmen, um sich nicht dem Vorwurf auszusetzen, wesentliche Bereiche im Seminarreferat übersehen zu haben.

626

Sie müssen davon ausgehen, dass der Veranstalter und die übrigen Teilnehmer Ihr Referat zur Zeit der Seminarsitzung schon gelesen haben und eventuell bestimmte Gedanken vermissen werden. Die Ankündigung der gewählten Vorgehensweise erspart es Ihnen, in Vortrag und Diskussion gegen einen schlechten Eindruck aus dem schriftlichen Teil ankämpfen zu müssen.

Absolut unabdingbar ist: Sie müssen mehr wissen als Sie vortragen. Nicht nur, weil regelmäßig nach dem Vortrag Fragen gestellt werden, sondern in erster Linie, weil Ihre Zuhörer recht genau spüren, wenn Sie ständig am Rand Ihres inhaltlichen Wissens entlang segeln. Neben der klassischen Thema-verfehlt-Situation ist die schwerste mögliche Enttäuschung für den Seminarleiter ein Referent, der sich gerade nur so viel Mühe gegeben hat, dass er Referat und Vortrag übersteht – und sonst nichts zu sagen hat. Man muss nicht jede auch nur entfernt denkbare Frage beantworten können. Aber wer auf alle Fragen immer nur antwortet: *Das habe ich doch gerade schon erklärt …* und dann noch ins Stammeln gerät, weil er schon die Frage nicht so recht verstanden hat, provoziert nicht nur eine kommunikativ hoch unangenehme Situation, sondern kassiert zu recht eine schwache Note.

627

Zeitlimit: Wenn Sie ein Redezeitlimit vorgegeben bekommen, nehmen Sie es ernst! Der Seminarleiter hat sich dabei etwas gedacht.

628

Wie anstrengend Redezeitüberschreitungen sind, wissen Sie hoffentlich nicht nur von *Wetten, dass…?!*, sondern auch aus dem Bundestag – und Sie merken es sehr deutlich, wenn Sie auf die anderen Seminarteilnehmer achten.

---

580 Es mag so aussehen, als fühle sich dann der notengebende Professor unterfordert. Bedenken Sie: Sie halten das Referat auch um zu zeigen, wie erfolgreich Sie über Rechtsthemen mit Leuten reden können, die nicht auf Ihrem Wissensstand sind. Es finden sich noch genug Gelegenheiten, gegenüber dem Professor zu zeigen, dass Sie fast so klug sind wie er.
581 Im günstigsten Fall hat zwischen Fertigstellung der Arbeit und Vortragstag die Tagespresse über Ihr Thema berichtet oder wenigstens eine verwandte Frage nach oben gespült. Aber dieses Glück kann man nicht herbeizwingen; gleichwohl: Gründliches Recherchieren hilft.

Es gibt zeitliche Grenzen für konzentriertes Zuhören. Bleiben Sie darunter. Ohne vorgegebenes Zeitlimit betrachten Sie eine Viertelstunde als Obergrenze – zumindest in einem Blockseminar, in dem in der Regel ca. eine Stunde für Ihr Thema insgesamt zur Verfügung steht. In einem wöchentlich stattfindenden Seminar, bei dem Ihr Thema allein eine Doppelstunde füllen soll, kann ein Seminarvortrag gerne 30 bis 45 Minuten dauern – das erleichtert es aber nicht, Ihre Zuhörer bei der Stange zu halten.

Wer das ernst nimmt, wird erstaunliche Effekte in Sachen Disziplin erreichen. Ehrlich. Es ist nämlich fast unmöglich, ein zwanzigseitiges Referat in einer Viertelstunde vollständig und verständlich vorzutragen. Selbst in einer Dreiviertelstunde gelingt das in der Regel nicht. Sie müssen also auswählen, Schwerpunkte setzen, akzentuieren – und sich bei einem langen Vortrag überlegen, durch welche gezielten akustischen oder auch optischen Reize (Visualisierung!) Sie den Aufmerksamkeitspegel hoch halten. Das belebt den Vortrag ganz erheblich. Und Sie lernen dazu.

Achten Sie auf deutliche, laute und nicht zu schnelle **Aussprache**. Versuchen Sie, stärker aus dem Bauch heraus zu atmen. Sie brauchen keine Radiosprecher- oder Schauspielausbildung. Aber wenn Sie Zeit haben, können Sie mal schauen, wie die Profis das machen.

629 Was die **Vortragstechnik** angeht, ist eine moderate **Sprechgeschwindigkeit** ebenso von Nöten[582] wie eine angemessene **Stimmführung** und die Einhaltung von **Pausen**.

Die Pausen sind nicht nur für den richtigen Textfluss wichtig, sondern erfüllen darüber hinaus einen lebensnotwendigen Zweck: Wer schon einmal längere Zeit am Stück referieren musste, kennt das Problem – bei Anspannung neigt der ungeübte Sprecher dazu, das Atmen zu vergessen. Dies führt nach kurzer Zeit zu unrhythmischen „Zwischenjapsern", die das Problem nicht nur hörbar machen, sondern auch den Redefluss und damit die Konzentration stören. Zudem vermeidet richtiges Atmen **Panikattacken**[583].

630 **Freie Rede:** Lassen Sie sich unter keinen Umständen die Gelegenheit entgehen, Ihren Vortrag in freier Rede zu halten[584].

Auch wenn Sie noch so schüchtern und im freien Sprechen ungeübt sind: Da müssen Sie durch. Die Fähigkeiten, die Sie dabei üben, brauchen Sie in der Ersten Staatsprüfung wie in der Zweiten Staatsprüfung und aller Voraussicht nach in Ihrem weiteren beruflichen Werdegang. Vor Gericht dürfen Sie auch nicht ablesen, was Sie in Ihrem Schriftsatz geschrieben haben (außer vielleicht den Antrag). Und ob Sie beim Vortragen erröten oder nicht, ist für die Note vollkommen egal. Freie Rede schließt übrigens Auswendiglernen aus. Selbst wenn Sie das dafür nötige Talent haben: Ein auswendiggelernter Vortrag ist kein Vergnügen für den Zuhörer. Deshalb nie mehr Text auswendig lernen als die ersten drei Sätze

---

582 Wer zu langsam spricht, klingt langweilig; wer zu schnell spricht, ruiniert vielleicht den ganzen Vortrag. Je weniger Sie einschätzen können, ob Sie in die eine oder in die andere Richtung neigen, desto eher ist (mindestens) ein Probelauf erforderlich.

583 *Leist,* JuS 2003, 441 f. Zu gelungenen Präsentationen ferner *Brinktrine/Schneider,* Schlüsselqualifikationen; *Grass/Ant/Chamberlain/Rörig,* Schritt für Schritt; *Tettinger/Mann,* 242 ff.; *Büdenbender/Bachert/Humbert,* JuS 2002, 24 ff.; *Möllers,* JA 2006, 156 ff.; *ders.,* Juristische Arbeitstechnik, § 9 Rn. 1 ff.; *Walter,* Rhetorikschule, S. 269 ff.; *Pabst-Weinschenk,* Reden; *Püttjer/Schnierda,* Optimal präsentieren; *Kuhlmann,* Last Minute; *Stelzer-Rothe,* Vorträge; *Hoffmann,* Vorträge; *Franck/Stary,* Gekonnt visualisieren. Oder einfach mal eine der vielen Einführungen in die allgemeine Rhetorik lesen, z.B. *Hägg,* Kunst; *ders.,* Überreden; *Soudry* (Hrsg.), Rhetorik; *Bartsch/Hoppmann/Rex/Vergeest,* Trainingsbuch Rhetorik; *Kolmer/Rob-Santer,* Studienbuch Rhetorik; *Mayer,* Rhetorische Kompetenz; *Franck,* Rhetorik; *Herrmann/Hopmann/Stölzgen/Taraman,* Schlüsselkompetenz.

584 Und zwar vorzugsweise im Stehen. Auch bei kleinem Zuhörerkreis klingt Ihre Stimme im Stehen besser als im Sitzen, Sie können sich im Raum bewegen, Gesten wirken nicht albern (wie teils im Sitzen). Und fast immer vermittelt ein im Stehen frei gehaltener Vortrag viel mehr Souveränität.

(und die auch nur zur Beruhigung Ihrer Nerven). Lieber suchen Sie ab und zu nach Worten als dass Sie den Text langweilig abspulen.

Vor dem Vortrag: Üben! Wenn Sie nicht gerade ein Naturtalent sind, müssen Sie üben **631** – und zwar **laut**. Wenn Sie eines sind, schadet es auch nicht.

Wegen des Zeitlimits, wegen der flüssigen freien Rede, wegen der Schwerpunktsetzung, wegen der Tafelbilder oder des Einsatzes technischer Hilfsmittel. Wegen Geschwindigkeit, Lautstärke und Artikulation des Sprechens. Bitten Sie jemand Unbeteiligten um sachliche Kritik, wenn Sie Kritik vertragen können. Das hilft auch gegen Lampenfieber[585]. An der schwachen Lautstärke sind schon gute Vorträge gescheitert. Sie müssen bei weitem nicht brüllen, aber Sie müssen akustisch alle Anwesenden erreichen. Unterhalb eines bestimmten Pegels signalisiert leises Sprechen nicht mehr Bescheidenheit und Klugheit, sondern Schüchternheit – oder Unhöflichkeit. Wenn Ihre Absätze auf dem Linoleumfußboden lauter klackern als Sie sprechen, sind Sie zu leise. Und es müssen auch nicht immer Highheels sein.

Nicht nur der Seminarvortrag verlangt Üben, sondern auch die anschließende Diskussion. Deren Verlauf ist selten absehbar. Am deutlichsten gilt das für den ersten von zwölf Referenten. Wer sich aber nicht komplett überraschen lassen oder auf die eigene Schlagfertigkeit verlassen will, kann es immerhin einmal mit der Advocatus-Diaboli-Perspektive probieren. Dazu versucht man selbst oder mit Freunden, die am leichtesten identifizierbaren Schwachstellen der schriftlichen Ausarbeitung und des mündlichen Vortrags zu identifizieren und in Fragen oder kritische Anmerkungen umzugießen. Wenigstens auf diese selbst gefundenen Fragen sollte man vorbereitet sein. Sie allerdings explizit am Ende des Vortrages für die Diskussion vorzugeben[586], klappt aller Erfahrung nach selten bis nie. Wenn Sie den Inhalt der Diskussion zumindest teilweise vorbereiten und kontrollieren wollen, setzen Sie sich lieber mit zwei oder drei anderen Seminarteilnehmern zusammen und üben sich in den Formaten, die man im Fernsehen „scripted reality" nennt. Achten Sie bei einem solchen Vorgehen aber darauf, dass Sie und Ihre Partner bei den einstudierten Fragen und Antworten nicht so hölzern wirken wie die Wollnys. **632**

Sollten Sie den Vortrag durch eine Visualisierung aufpeppen wollen, müssen Sie auch **633** diese vorbereiten. Dies gilt für ein altmodisches Tafelbild genauso wie für eine aufwändige PowerPoint-Präsentation. Klären Sie unbedingt vorab mit dem Veranstalter, wie der Raum ausgestattet ist und was Sie ggf. mitbringen müssen. Fragen Sie nach, ob die geplante Form der Visualisierung gewünscht ist, denn es gibt immer noch Dozenten, die Computer für Teufelszeug und es für ein Qualitätsmerkmal eines guten Vortrags halten, dass dieser für sich selbst steht und keine optischen oder technischen Mätzchen braucht. Wenn der Veranstalter es nicht haben möchte: Lassen Sie es bleiben!

In jedem Fall sollten Sie aber ein Thesenpapier vorbereiten. Dies wird teilweise verlangt, sollte aber auch ohne ausdrückliche Anforderung als Service an alle Zuhörer geliefert werden und wenigstens die Gliederung des Vortrags deutlich machen. Ist kein Thesenpapier verlangt, können Sie auch einen im Notizzettel-Format gehaltenen Ausdruck Ihrer PowerPoint-Präsentation austeilen. Benötigen Sie für Ihr Thema exotische Normtexte oder andere überschaubare Primärquellen, sollten Sie diese kopiert herumgeben, damit alle die zentralen Bezugspunkte Ihres Vortrags zur Hand haben.

Die souveräne Präsentation eines zuvor gründlich ausgearbeiteten Gedankens auf fachlich ordentlichem **634** Niveau ist und bleibt eine Herausforderung – aber kein Ding der Unmöglichkeit. Vielleicht lassen Sie

---

585 Und wenn Sie sich über den kleinen Anlass hinaus in freier Rede üben möchten, fragen Sie doch einmal im Debattierklub Ihrer Uni oder Ihres juristischen Fachbereichs (es gibt auch welche außerhalb der Universitäten). Vielleicht ist auch die Teilnahme an einem moot court mal eine schöne Herausforderung. Mehr Empfehlungen zum Lampenfieber z.B. bei *Walter*, Rhetorikschule, S. 70 ff.
586 Etwa mit Formulierungen wie *„Ich habe mir für die Diskussion folgende drei Fragen überlegt:..."* oder *„Dieser Frage könnten wir gleich in der Diskussion noch einmal nachgehen."*.

sich einfach mal inspirieren von gutem Wissenschaftsjournalismus in der allgemeinen Presse, Funk oder Fernsehen. Oder Sie hören sich einen Science slam an, wenn es so etwas an Ihrer Uni gibt.

cc) Der Vortragstag

635 In der Seminarsitzung gilt: Sie beginnen ihren Vortrag nicht, bevor **Ruhe** herrscht.

Alles andere werden Sie über kurz oder lang bereuen. Für die Dauer des Vortrags muss klar sein, wer redet und wer schweigt – Sie reden, die anderen schweigen. Das müssen Sie durchsetzen. Wenn es nicht anders geht, sorgt eben der Seminarleiter für Ruhe. Im Allgemeinen hat er Sie nämlich auch „anmoderiert".

636 Der Einstieg ist die wichtigste Phase nicht nur für Ihr Selbstbewusstsein, sondern auch für Ihre Zuhörer: Gerade am Anfang kann man die meisten Zuhörer verlieren, wenn man zu schnell, zu leise, inhaltlich zu voraussetzungsreich oder zu langweilig einsetzt. Überzeugen Sie also die anderen Seminarteilnehmer[587], unbedingt vorher Ihr Referat zu lesen und kritisch zu annotieren. Zur Not versprechen Sie ihnen, Gleiches für sie zu tun.

Vergewissern Sie sich am besten am Vortragstag, wie der Vorbereitungsstand Ihrer Zuhörer aussieht. Erforderlichenfalls brauchen Sie eben zwei Minuten mehr Vortragszeit für eine spontan erweiterte Einführung.

637 Neben unkonzentrierten Zuhörern und hyperkritischen Professoren (noch schlimmer: wissenschaftlichen Mitarbeitern[588]) kann sich die eigene **Nervosität** als Feind Nummer eins herausstellen. Coolness lässt sich nicht verordnen. Dazu gibt es eine Menge Ratgeberliteratur. Hier nur ein paar eiserne Regeln:
Man thematisiert die eigene Nervosität nicht. Oft ist sie nämlich im Kopf und im Herzen schlimmer als in Mimik, Gestik und Vortragshabitus. Also nicht noch die anderen auf die eigenen Schwächen hinweisen. Keine blöden Entschuldigungen mit verständnisheischendem Augenaufschlag. Sie sollen einen soliden Vortrag über ein Sachthema halten – und nicht ein 70er Jahre-Seminar über psychische Befindlichkeiten[589]. Wenn Sie dazu neigen, am Anfang zu stottern oder den Faden zu verlieren, lernen Sie zur Not die erste Minute Ihres Vortrags auswendig. Die muss dann aber so gut sitzen, dass es nicht auswendig gelernt klingt. Man kann auch atmend die Kontrolle über die flatternden Nerven zurückgewinnen. Allerdings braucht das ein wenig Übung.

638 Ein guter **Einstieg** ist eine Spur förmlicher und professioneller, als Ihre Seminarkolleginnen es Ihnen zutrauen. Sie sagen nicht locker-flockig *Na, dann fang ich mal an …*[590], sondern eine Spur ungeduldig *Meine Damen und Herren, darf ich jetzt um Ruhe bitten?* … Es kann nämlich nicht schaden, wenn Sie Ihrem Vortrag ein bisschen Respekt entgegenbringen. Schließlich steckt einiges an Arbeit drin. Durch professionelles Auftreten fordern Sie diesen Respekt von Ihren Zuhörern ein. Das ist manchmal auch dringend erforderlich, wenn die Beteiligten Sie nur als unkomplizierten kumpelhaften geduldigen Mitstudenten kennen. Sollte schon Ruhe herrschen, versuchen Sie es mit einer höflichen

---

587 Oder wenigstens einige von ihnen.
588 Beide Faktoren kann man nicht ausschalten. Aber wenigstens sind sie im Allgemeinen höflich.
589 Faustregel: Egal ob Ihr Vortrag zwanzig Minuten dauert oder zwei Stunden, Sie dürfen maximal einmal den Satz *Jetzt habe ich gerade den Faden verloren* sagen. Und das darf frühestens auf der Hälfte der Zeit geschehen.
590 Und auch das Wort *also* sollte nicht das erste sein, was Ihre Zuhörer von Ihnen hören.

Begrüßung: *Danke für die Anmoderation; ich begrüße Sie zu meinem Vortrag zu...* Der nächste Satz heißt auch nicht anbiedernd *Ich will Euch ein bisschen was über <Thema> erzählen ...*, sondern *Mein Referat fasst einige aktuelle Entwicklungslinien im Recht der <...> zusammen und zieht daraus eine unerwartete Konsequenz.* Sie müssen klarstellen, dass Sie für etwa 45 Minuten einen rein fachlichen Diskurs eröffnen, dessen einzige (!) Besonderheit darin besteht, dass die Mehrheit der Beteiligten sich duzt[591].

Als Referent zwingen Sie für die Zeit Ihres Vortrags den Zuhörern die Regeln auf. Manchmal müssen Sie dazu ein bisschen Widerwillen überwinden, fremden und eigenen. Am leichtesten geht das, wenn Sie den Zuhörern einen guten Vortrag bieten. Ein guter Vortrag ist nicht nur einer, nach dem der Zuhörer schlauer ist als vorher (obwohl das nicht das schlechteste Kriterium ist ...). Es ist insbesondere einer, bei dem der Zuhörer merkt, dass Ihnen am Thema gelegen ist. Und das kann man mit vielen kleinen Gesten zeigen.

Gadgets und Gimmicks: Der mündliche Vortrag kann im Allgemeinen durch alles unterstützt werden, was der Verständlichkeit dient. Sie können die Tafel benutzen oder ein Flipchart oder den Projektor oder den Beamer[592]. Sie können Ihre Zuhörer mit Power-Point-Präsentationen[593] entertainen – oder ihren Vortrag damit sabotieren[594]. **639**

Wer sich sehr viel Zeit lässt, um zwischendurch Stichworte an die Tafel zu schreiben, ist unhöflich (zumal er den Zuhörern fast zwangsläufig seinen Rücken zeigt) und verschwendet knappe Vortragszeit. Also schreibt man besser vorher alles an und klappt dann nur noch die Tafel auf.

Anders als im streng reglementierten Rechtsgutachten dürfen und sollen Sie, wo immer sinnvoll, Übersichten, Grafiken, Tabellen usw. verwenden[595].

Je mehr technische Hilfsmittel Sie aber einsetzen, desto mehr müssen Sie vor dem Vortrag darauf achten, dass alles Erforderliche vorhanden und funktionsfähig ist: Kreide, Boardmarker, Stifte für Projektor oder Smartboard, Elektrizität, eine Ersatzbirne, ein Anschluss für den Beamer, die nötigen Kabel und Adapter, ein Rechner, ein USB-Stick, ein Laserpointer, ein DVD-Laufwerk und ein funktionierender Mediaplayer im Rechner, ein Internetanschluss mit genug Bandbreite und was weiß ich noch alles[596].

---

591 Werden aber nicht *alle* Anwesenden inklusive des Veranstalters geduzt, sollte man für den Vortrag allgemein beim „Sie" bleiben!

592 Zum Präsentieren mit Beamer und technischen Hilfsmitteln *Moser/Holzwarth*, Medien, 65 ff., 75 ff.

593 Wenn Sie eine Präsentationssoftware des Typs PowerPoint/Prezi/Keynote etc. nutzen, halten Sie die Zahl der Folien übersichtlich. Richtwert: höchstens zehn Folien in einem zwanzigminütigen Vortrag. Erfahrene Referenten empfehlen zwei bis drei Minuten Vortragszeit je Folie, am besten nur das auf die Folie, was der Zuhörer unbedingt mit nach Hause nehmen muss. Keinesfalls sollten alle Folien gleich aussehen. Spätestens die dritte aufeinanderfolgende Bulletpoint-Liste nimmt keiner mehr wirklich wahr. Sorgen Sie hier in der Gestaltung für Abwechslung und zeigen Sie grafisch eher nur Strukturen auf – den Text dazu liefern Sie ja mündlich.

594 Überlegen Sie aber sorgfältig, ob Sie mit einer bunten Präsentation voller beweglicher Elemente nicht zu sehr von den Inhalten und sich selbst ablenken. Das geschieht nämlich leichter als man glaubt. Und es ist nicht schön, gegen die eigenen Folien kämpfen zu müssen, wenn man die Aufmerksamkeit seiner Zuhörer gewinnen will.

595 Empfehlungen bei *Ballstaedt*, Visualisieren,

596 Wenn Sie nicht den eigenen Laptop für die Präsentation nutzen, achten Sie unbedingt darauf, dass auf dem verwendeten Rechner die von Ihnen benötigte Software in der von Ihnen benötigten Version läuft und probieren Sie die Datei dort aus. Gerade animierte Präsentationen, aber auch die gerne verwendeten Vektorgrafiken überstehen Konvertierungen oft nicht unbeschadet. Wenn Sie nicht gerade Videos eingebunden haben, sollten Sie in einer solchen Situation Ihre Datei auch in ein PDF konvertieren und ggf. mit dem Acrobat Reader im Vollbildmodus präsentieren. Realisiert man seine Animationen dann so, dass man statt zu animieren einfach die Folien entsprechend oft kopiert und jeweils die noch nicht benötigten Elemente löscht, kann man auf jedem Rechner optisch stabile und ansprechende Präsentationen erzeugen.

Wenn Sie wirklich gut vorbereitet sind, geht es vielleicht aber auch mit einem guten Vortrag und sonst nichts.

640 Gefährlich ist es, ein Hilfsmittel zum ersten Mal im Vortrag auszuprobieren. Das führt überraschend oft zu Pleiten, Pech und Pannen. Also wenigstens vorher[597] einen technischen Probelauf unternehmen.

Wenn Sie die vorgefertigten Elemente und Effekte einer Präsentationssoftware unbedingt einsetzen wollen – tun Sie es[598]. Behalten Sie dabei im Blick, dass sich intelligente Zuhörer leicht beleidigt fühlen, wenn Sie vor jeden Hinweis das Wort *Hinweis* setzen, um darauf hinzuweisen, dass jetzt ein Hinweis kommt. Wer seine Präsentation mit Fotos, Grafiken oder Logos aufpeppt, achte auf die urheberrechtliche Unbedenklichkeit des verwendeten Materials; unter Juristen sollte das eigentlich eine Selbstverständlichkeit sein.

Ist der Seminarvortrag nicht zugleich eine Pflichtveranstaltung im Fach „Präsentationstechniken", können Sie ruhig einmal die aus der Mode kommende Form wählen: den „nackten" Vortrag. Wer nämlich alle zwanzig Sekunden halbautomatisch ein neues PowerPointSlide einblendet, wird schnell feststellen, dass er sich den schärfsten Konkurrenten um die Aufmerksamkeit der Zuhörer selbst programmiert hat. Ganz schlecht wirkt es, wenn Sie wörtlich vorlesen, was auf den Slides steht. Das macht einen unbeholfenen, unvorbereiteten und wenig kompetenten Eindruck. Geben Sie eher Ihren Zuhörern beim Aufziehen einer neuen Folie einen Moment Zeit, diese auch bewusst wahrzunehmen oder zu lesen, sonst müssen diese ihre Aufmerksamkeit aufteilen zwischen dem, was gerade an die Wand geworfen wurde, und dem, was Sie gerade erzählen, was beidem nicht hilft. Überlegen Sie vor dem Vortrag, wie Sie es schaffen, die Hauptaufmerksamkeit auf sich zu lenken, nicht auf die projizierte Präsentation. Ist der Vortrag länger, sollten Sie auf Medienwechsel achten, damit es nicht langweilig wird.

641 **Leserlichkeit:** Tafelbilder, Folien und Projektionen helfen den Teilnehmern nur, wenn sie leserlich sind. Achten Sie deshalb bei deren Vorbereitung auf ausreichende Schriftgrößen, tendenziell ab 18 pt aufwärts[599]. Die am Bildschirm augenfreundliche Darstellung Weiß auf Blau ist in der Projektion unbrauchbar. Lassen Sie es bei Schwarz auf hell[600]. Zu viele Hintergrundbilder wirken bemüht – und fördern meist nicht die Lesbarkeit. Überlegen Sie deshalb, ob und wo Sie sie wirklich brauchen. Folien etc. müssen einen **Zusatznutzen** gegenüber dem Text aufweisen, den die Leser bereits kennen. Also keinesfalls Bleiwüsten[601], sondern Grafiken, tabellarische Gegenüberstellungen und ähnliche Visualisierungen. Alles andere zieht die Konzentration Ihrer Zuhörer ab.

Da die Slideshow im Hintergrund nicht nur Dekorationsfunktionen haben soll, sollten Sie mit den Folien arbeiten, diese in Ihren Vortrag einbeziehen. Deuten Sie bei der Erläuterung auf die entsprechende

---

597 Spätestens eine halbe Stunde vorher – sonst ist keine Zeit mehr zum Reparieren oder Umdisponieren. Wenn Sie mit Overhead-Folien oder einem Projektor arbeiten, sollten Sie den Raum abdunkeln können; geht das nicht (z.B. weil die Jalousie nicht funktioniert), kann Sonnenschein Ihren Vortrag ruinieren. Daran denkt man nicht, wenn man es nicht wenigstens einmal erlebt hat.

598 Besser aber: lassen Sie es. Sie wollen einen akademischen Vortrag halten, keine Präsentation in einer Werbeagentur. Hineinrotierende oder sich aus einem Punkt explosionsartig entfaltende Folienbestandteile wirken deplatziert und unseriös.

599 Wer mit diesen Fragen überhaupt keine Erfahrung hat, kann auch einmal einen wissenschaftlichen Mitarbeiter um Rat bitten. Und Sie sollten vorher wissen, wie groß der Raum ist, in dem Sie Ihren Vortrag halten. Sitzt der kurzsichtige Professor aus Höflichkeit in der letzten Reihe, sollte er ohne Brille wenigstens noch die Überschriften lesen können.

600 Vermeiden Sie aber einen rein weißen Hintergrund, denn wenn Sie es plötzlich mit einem sehr lichtstarken fest eingebauten Beamer im Seminarraum zu tun bekommen, werden Ihre Zuschauer schneeblind. Besser ist eine helle, aber leicht abgetönte Hintergrundfarbe oder ein sehr helles Grau. Bitte vermeiden Sie helle, vorzugsweise grell bunte Schrift auf schwarzem oder sehr dunklem Hintergrund, das sieht aus wie Videotext.

601 Also lange Fließtexte, die schlimmstenfalls auch noch wörtlich vorgelesen werden. Wenn Sie Fließtexte haben, die Ihre Zu*hörer* auch sehen und ggf. lesen sollen, drucken Sie diese auf ein Handout.

Stelle der Folie (mit einem Zeigestab, dem Laserpointer oder, wenn es die Höhe der Projektionsfläche zulässt, ganz altmodisch mit der Hand).

Verständlichkeit: Die Sätze im Vortrag sollten kürzer sein als die in Referatstext. Zah- **642** len sind vorsichtig einzusetzen[602]. Bei Zeitangaben wird es für die meisten Zuhörer leichter, wenn Sie mit relativen statt absoluten Angaben arbeiten.

Beispiel: Während in der schriftlichen Ausarbeitung zeitliche Abfolgen noch gut verständlich sind, wenn sie mit *Am 23.2. forderte A …, am 27.2. erwiderte B …, nachdem am 26.2. C … erklärt hatte* beschrieben werden, kann im mündlichen Vortrag der Adressat nicht noch einmal nachlesen und freut sich daher über *Am 23.2. forderte A …, drei Tage später erklärte C …, tags darauf erwiderte B …*

Ablenkungen vermeiden: Je mehr Hilfsmittel Sie einsetzen, desto mehr führen Sie die **643** Zuhörer in Versuchung, deren Text zu notieren. Verhindern Sie das, indem Sie sie darauf hinweisen, dass alle Folien nach dem Vortrag ausgeteilt werden. Verschenken Sie nicht die Aufmerksamkeit Ihrer Zuhörer!

Wer die **Zuhörer** beim Reden nicht **anschaut**, ist nicht nur unhöflich, sondern merkt **644** auch zu spät, wenn er sie verliert. Das sollte nicht passieren. Wird es auch nicht, denn Sie können den Blickkontakt halten, weil Sie das stichwortartige **Manuskript** haben. In das können Sie reinschauen, um den verlorenen Faden schnell wieder zu finden. Das Manuskript ist also nicht dafür da, um hineinschauen zu müssen – den roten Faden haben Sie nämlich im Kopf. Auswendiggelernt. Beim Üben zu Hause.

Das Manuskript sollte daher sicherheitshalber **Markierungen** für besonders wichtige Stellen enthalten, an denen Sie z.B. Folien wechseln, Tafelbilder ergänzen, in PowerPoint auf den nächsten Chart weiterschalten, einmal tief durchatmen, Fragen an die Zuhörer stellen, eine akzentuierende Pause einlegen wollen usw. Wenn Sie beim Vortrag nicht an Ihrem Platz sitzen bleiben oder angenagelt an einem Pult mit Papierablage stehen, sondern sich frei im Raum bewegen, sollte Ihr Manuskript maximal auf DIN A5-Zetteln notiert sein, besser noch A6-Karteikarten. Ein Bogen DIN A4-Papier in der Hand sieht bei Stehenden schlecht aus, er biegt sich durch und Sie finden sich auf ihm nicht schnell genug zurecht. Lieber kleine Zettel mit wenigen Schlagworten, die Sie öfter nach hinten stecken oder weglegen können. Man kann auch ein Klemmbrett nehmen.

Bewegen Sie sich beim Vortrag. Sie können maßvoll gestikulieren, am besten so, dass Sie körpersprach- **645** lich das Gesagte unterstreichen, betonen, akzentuieren. Wer ganz stillsteht und sich am Pult festhält, macht oft einen unbeholfen-schüchternen Eindruck, den man durch leises Sprechen, dauerhaftes Zu-Boden-Blicken und Ignorieren aller Kommunikationsversuche aus dem Zuhörerkreis leicht ins Mitleiderregende (aber auch ins Unerträgliche) steigern kann. Niemand muss eine Schauspielschule besuchen oder ein Moderatoren-Sprechtraining absolvieren, um vortragsfit zu werden. Aber wenn Sie merken, dass es immer nur schiefgeht, überlegen Sie einmal, ob Sie nicht mit Blick auf Ihre beruflichen Anforderungen einen Kurs über freies Reden buchen wollen (oder damit gar einen Schlüsselqualifikationsschein mitnehmen können). Überwiegend bleiben Sie vorn stehen; aber Sie dürfen sich maßvoll im Raum bewegen, nicht zu hastig. Wer das Redemanuskript zusammengefaltet in der Hosentasche stecken hat und sich so mit zwei freien Händen bewegen kann, betont nicht zuletzt, dass er einen freien Vortrag hält. Das kommt gut an.

Wiedereinfangen verlorener Zuhörer: Missgeschicke geschehen. Wenn Ihnen durch **646** eigene oder fremde Schuld unterwegs die Zuhörer geistig abhandenkommen, können Sie auf verschiedene Art reagieren: Am wenigsten souverän ist es, den Vortrag nur für

---

602 Dazu schon das zum Einführungskapitel bei Rn. 318 Gesagte; dezidiert die Faustregel bei *Wittreck/Dreier*, Handreichung (unter t1p.de/39pc), S. 18: Mit jeder Zahl verliert man die Hälfte der Zuhörer.

den Seminarleiter und seine aus Anstand weiter bei der Stange bleibenden wissenschaftlichen Mitarbeiter zu Ende zu führen. Besser ist es, alle Zuhörer wieder einzubinden.

Das ist übrigens nicht peinlich oder ehrenrührig. Auch der Seminarleiter hat am Anfang seiner Laufbahn sicher manchmal heftig um Aufmerksamkeit kämpfen müssen.

Manchmal genügt eine sanfte Einladung, den verloren geglaubten roten Faden wieder aufzunehmen. Sie pausieren dazu kurz, um dann mit einem neuen Aspekt fortzufahren. Am deutlichsten wird die Einladung, wenn man sie ankündigt.

Beispiel: *Damit ist aber nur die „konventionelle" Herangehensweise umrissen. Viel interessanter ist ein jüngerer Ansatz, den ich jetzt skizzieren will.*

Ein Wiedereinstieg gelingt den Zuhörern dann besonders leicht, wenn Sie sich gelegentlich auf ein Handout beziehen, so dass diese sich wieder in den Gesamtvortrag einordnen können.

647 Teils braucht es aber deutlichere Hinweise oder Maßnahmen. Nur selten werden Sie es mit aktiv-destruktiven **Störern** zu tun haben, aber vielleicht manchmal mit passiv-desinteressierten.

Es steht Ihnen dann ein guter Teil des klassischen Lehrer-Repertoires zur Verfügung: Sie können beleidigt solange **schweigen**, bis Ruhe herrscht. Sie können eine überraschende unbeantwortbare **Frage** an den Hauptstörer richten, gelangweilt aus dem Fenster gucken und der Welt zeigen, dass das alles sie nicht wirklich tangiert – oder im schlimmsten Fall mit der **geliehenen Autorität** des Seminarleiters drohen. Am besten ist es, solche Konfliktstimmung nicht aufkommen zu lassen[603]. Wenn aber alles nach Konflikt riecht, müssen Sie als Sieger aus der Konfrontation hervorgehen. Manchmal hilft Humor, aber nicht immer[604]. Lassen es Ihre Sachkenntnis und die Solidarität der schweigenden Mehrheit zu, können Sie auf einen groben Klotz einen groben Keil setzen und mit mehr *(Ich hab' Dich auch lieb – hast Du heute Abend schon was vor?)* oder minder *(Schluss jetzt, du Dummschwätzer!)* höflichen Zurechtweisungen reagieren. Dumme und provozierende Fragen oder Bemerkungen der Teilnehmer ironisch zu kontern *(Eine sehr interessante Idee – möchte jemand dazu spontan Stellung nehmen?)* funktioniert nur, wenn Sie nicht hilflos wirken. Ansonsten können Sie Störungen auch professionell-abgeklärt abperlen lassen *(Ich würde mit meinem Vortrag jetzt gerne fortfahren, über alle sinnvollen Nachfragen können wir gerne im Anschluss weiter diskutieren).*

648 **Fragen an die Zuhörer:** Im Allgemeinen enthält das Seminarreferat keine Fragen an die Zuhörer. Sie tragen vor, die anderen schweigen. Man kann aber Ausnahmen machen. Möglichst nicht solche mit Verständnisfragen (das kann schrecklich schief gehen), sondern eher solche des Typs: *Hat jemand von den Anwesenden schon einmal ...?* oder vielleicht einmal eine kleine Meinungsumfrage, etwa per Handzeichen oder Aufstehenlassen. Letztere kann ganz pfiffig sein, wenn man am Ende des Vortrags zu einem Ergebnis kommt, das dem spontanen Urteil der Zuhörer genau zuwiderläuft und trotzdem überzeugend begründet ist. Da aber auf Fragen auch eine Antwort kommen kann, müssen Sie darauf achten, nicht zu viel Ihrer knappen Vortragszeit damit zu verbrennen. Keinesfalls darf der Eindruck entstehen, Sie hätten überwiegend die Zuhörer das Referat bestreiten lassen. Schließlich sollen Sie am Schluss eine Note auf Ihre Leistung bekommen. Wenn Sie also nicht von vornherein gewiss sind, souverän mit den Antworten

---

603 Eigentlich sollte das zumindest für den eigentlichen Vortrag gelingen, weil die anderen Teilnehmer ja selbst auch vortragen müssen.
604 Zu Ironie als Waffe Rn. 215.

Ihrer Zuhörer umgehen zu können, räumen Sie den Fragen und Antworten nicht zu viel Platz ein.

Viele Zuhörerkreise reagieren auf sehr schwierige Fragen ebenso schweigsam wie auf sehr simple. Im einen Fall kann man sich blamieren, im anderen Fall wirkt man beim Antworten immer irgendwie uncool. Wenn die Frage schon inhaltlich schwierig sei soll, müssen Sie sie wenigstens in einem Satz formulieren. Anderenfalls kommen diese unangenehmen Rückfragen, was denn mit der Frage gemeint sei.

Ähnliches gilt in umgekehrter Richtung: Zu **Fragen der Zuhörer** muss man vorher eine Meinung haben. Überwiegend empfiehlt es sich, bei kürzeren Vorträgen keine Zwischenfragen zuzulassen und die Zuhörer zu bitten, sich Verständnisfragen zu notieren und nach dem Vortrag zu stellen. So kommt die Diskussion leichter in Gang, allerdings teils um den Preis, dass die gesammelten Fragen recht heterogen sein können. **649**

Manche Fragen aus dem Teilnehmerkreis kann man auch – zunächst ohne sie selbst zu beantworten – an die Teilnehmer **zurückgeben**. Das bietet sich an, wenn man glaubt, die Frage im Seminarreferat oder im Vortrag eigentlich beantwortet zu haben. Damit verlieren im günstigsten Fall die Zuhörer zugleich die Scheu vor eigener Beteiligung an der späteren Diskussion, weil sie sich schon ein bisschen warmlaufen können – und das auch noch fast gefahrlos. Allzu deutlich sollte man aber nicht sagen *Das können Sie selbst beantworten*, weil sich sonst der Fragende schnell auf den Fuß getreten fühlt und jede Initiative einstellt. Fatal kann das wirken, wenn er der erste war, der den Mut zu einer Frage hatte.
Kommen viele Fragen, kann man diese nach Themenkreisen zusammenfassen, wie das oft in großen Diskussionsveranstaltungen geschieht. Allerdings erfordert das einige inhaltliche Souveränität, wenn man sich nicht durch unsystematische Zusammenfassungen blamieren will.

Wenn Sie **zu zweit** oder sogar zu mehreren referieren, müssen Sie vorher die Punkte festlegen, an denen der Vortragende wechselt. Meist – aber nicht zwangsläufig – gibt die Aufteilung der zu bearbeitenden Thementeile diese Punkte vor[605]. Langweilen Sie aber nicht Ihre Zuhörer, indem Sie anfangs moderierend erst einmal umständlich erklären, wer was vorträgt. Fangen Sie einfach an, wie Sie es besprochen haben. **650**

Am Ende des Vortrags **bedankt** man sich für die Aufmerksamkeit der Zuhörer. **651**

Das signalisiert nicht nur klar den Schluss, sondern ist auch der Höflichkeit geschuldet. Es kann ruhig ein bisschen formal klingen: *Meine Damen und Herren – ich danke für Ihre Aufmerksamkeit* oder *für Ihre Neugier*.
Die Kumpels aus dem Semester pflegt man sonst zwar zu duzen, aber den Professor sollte man ruhig siezen, so dass im Plural dann alle Teilnehmer gesiezt werden. Selbst mit solchen Kleinigkeiten kann man punkten, weil sie Professionalität signalisieren. Nach dem Schlusssatz schaut man seine Zuhörer so erwartungsvoll und freudestrahlend an, dass sie gar nicht anders können als mit dem unter Akademikern üblichen Klopfen ihre Begeisterung für Ihre Leistung zu zeigen. Das funktioniert. Immer. Na gut: Fast immer.

Eine letzte Überlegung zum Vortrag: Welches Niveau soll man als – mittlerweile fachkundiger – Referent wählen? Konkreter: Orientiert man sich eher am Themensteller als dem vermutlich klügsten Zuhörer oder eher an den Seminarteilnehmern als der größten Zuhörergruppe? Immerhin gibt der Themensteller die Note. Anderseits ist die kommunikativ schlecht geratene Situation kaum zu übersehen, wenn man erkennbar nur für einen Zuhörer referiert und die Gruppe ignoriert. Meist liegt der Kompromiss irgendwo in der Mitte. Pauschale Empfehlung: Der ausgearbeitete Text soll möglichst klug sein, die Vortragsform möglichst massenkompatibel. Das bemerkt nämlich in aller Regel auch der Notengebende wohlwollend. **652**

---

605 Regelmäßig wird der Seminarleiter darauf dringen, dass die Teile getrennt ausgewiesen werden, damit sie gesondert bewertet werden können. Wenn das vergessen geht, sollten Sie nachfragen und für eine klare Regelung sorgen – oder eine Einheitsnote akzeptieren, soweit dies prüfungsrechtlich zulässig ist.

d) Diskussion

653 Oft nimmt die Vorbereitung auf den mündlichen Vortrag schon viel Kraft in Anspruch. Trotzdem dürfen Sie die sich anschließende Diskussion nicht dem Zufall überlassen. Sie mag zwar nicht bis ins Detail planbar sein, aber ein bisschen Planung schadet nicht.

Das ist schon deshalb anzuraten, weil normalerweise neben dem Vortrag des Referats auch die Diskussion in die Note einfließt. Und selbst wenn Sie sie nicht vollständig steuern können, sollten Sie wenigstens versuchen, eine gute Figur abzugeben. Das bedeutet unter anderem, dass Sie die Fragen aller Teilnehmer ernst nehmen und sich bei den Fragen des Seminarleiters erst Recht Mühe geben sollten. Was gefragt wird, ist nicht immer leicht vorhersehbar. Anhaltspunkte haben Sie aber jedenfalls, wenn vor dem Vortragstag eine Besprechung des Referats im kleinen Kreis stattgefunden hat. Zudem können Sie davon ausgehen, dass meist Fragen gestellt werden, die den Gegenstand Ihres Vortrags in größere Zusammenhänge einordnen. Überlegen Sie also vorher, in welche Richtung diese weisen könnten. Man muss nicht alle Fragen beantworten können – aber man darf auch nicht immer nur verstockt schweigen.

654 Die für den Vortragenden anstrengendste – aber verbreitete – Handhabung besteht darin, eine **Fragerunde** abzuhalten, im formalisiertesten Fall mit einer Reihenfolge nach fachlicher Autorität: Professor, Habilitand, Doktoranden, studentische Tutoren, studentische Seminarteilnehmer. Solche Examinierungen können staatsprüfungsähnliche Züge annehmen und werden von schüchternen Studenten teils geradezu angstbesetzt wahrgenommen. Das ist verständlich, aber falsch. Zum einen ist das eine der seltenen Gelegenheiten, wirklich einmal für den Ernstfall zu üben. Zum anderen darf man nie aus dem Blick verlieren, dass man einen Teil der angestrebten guten Note in genau dieser Situation verdient. Alle Fragen souverän beantworten zu können ist fast ausgeschlossen. Die meisten Prüfer werden versuchen, Sie an den Rand Ihres Wissens zu führen – aber kaum absichtlich weit darüber hinaus. Nur schwache Charaktere genießen es, wenn andere sich blamieren. Sie müssen bei einer solchen Fragerunde nicht wie aus der Pistole geschossen antworten (schaden kann es aber auch nicht). Im Gegenteil punktet man oft eher durch eine ordentliche Ableitung einer nicht von Anfang klaren Antwort. Und man darf auch zugeben, keine gute Antwort parat zu haben – am besten aber nicht schon bei der ersten Frage. Ein bisschen Kampfgeist muss sein.

Vorbereitet sein sollte man etwa auf die – vielleicht ein bisschen gemeine – Frage, ob man die **Essenz** des Vortrags/Referats denn in einen Satz fassen könne[606]. Gefragt wird gern auch nach – scheinbaren – Widersprüchen im Text. Die sind zwar für den Verfasser nicht immer leicht zu erkennen, aber vielleicht für die Gegenleser.

Wenn man sich im Stoff wirklich zu Hause fühlt, kann man vielleicht sogar einmal einen solchen Widerspruch einbauen (eher in den mündlichen Vortrag als in den Referatstext oder in das Thesenpapier), um die Diskussion in genau diese Richtung zu lenken.

655 Eine gute Diskussion **in Gang zu bringen** ist gar nicht so einfach.

Im schlimmsten Fall haben die meisten Zuhörer das Seminarreferat nicht gelesen, sind von dessen heruntergeleiertem, das Zeitlimit weit überschreitenden und den Text 1:1 wiederholenden Vortrag ermüdet, von den ausnehmend klugen Rückfragen des seminarleitenden Professors und seiner wissenschaftlichen Assistenten eingeschüchtert und haben in Wirklichkeit kein Interesse an einem Thema, das Sie selbst ebenfalls nur deswegen gewählt haben, weil Sie kurz vor der Staatsprüfung noch einen Pflicht-Seminarschein erledigen mussten. Wenn es soweit gekommen ist, ist ohnehin fast nichts mehr zu retten.

---

606 Auch bei der Vorbereitung auf diese Frage hilft das Thesenpapier.

Sinnvoll ist es, vorher zu klären, bei wem die **Diskussionsleitung** liegen soll. **656**

Beim Referenten, bei einem Zuhörer, beim wissenschaftlichen Mitarbeiter oder beim seminarleitenden Professor? Wenn Sie selbst die Diskussion moderieren sollen, haben Sie zwar die Verantwortung, aber dafür auch die Fäden in der Hand. In diesem Fall dürfen Sie sich jedoch nicht zur Dauerantwortmaschine machen lassen, sondern sollen sich zwar beteiligen, aber immer weiter inhaltlich aus der Diskussion zurückziehen. Ein völliger Rückzug ist meist nicht möglich. Dazu sind Sie fachlich zu überlegen – und außerdem wird Ihnen ein ausufernder und ins Sachfremde abgleitender Diskussionsverlauf zugerechnet. Das führt zu Abzügen in der B-Note. In aller Regel werden Sie aber nicht die Diskussion zur eigenen Arbeit moderieren, weil von Ihnen kraft fachlicher Expertise die meisten Antworten erwartet werden, was sich mit der Moderatorenrolle nicht verträgt.

Vorheriger Überlegung bedarf insbesondere der **Übergang** vom Vortrag zur freien Dis- **657** kussion. Dieser kann je nach Veranstalter unterschiedlich streng organisiert sein. Mancherorts wird es so gehandhabt, dass zunächst eine Runde mit inhaltlichen **Nachfragen/** Verständnisfragen erfolgt, bevor eine kritische Debatte zu bestimmten Einzelpunkten eröffnet wird.

Diese Methode geht von dem wahrscheinlichen Fall aus, dass die Zuhörer nicht alles verstanden haben. Der Nachfrageverfahrensabschnitt nimmt den Zuhörern die Hemmung, eigene Miss- oder Unverständnisse zu verlautbaren, und legt die gemeinsame Basis für die anschließende Diskussion.

Anderenorts wird nicht derart schematisch vorgegangen, sondern der Diskurs eher informell in Gang gesetzt. Hier hängt es allein vom Teilnehmerkreis ab, wie die Veranstaltung weiter verläuft.

Die umgekehrte Vorgehensweise der **Fragen** vom Vortragenden **an die Zuhörer** hat den **658** Vorteil, dass sich im Anschluss an den Monolog überhaupt etwas tut und zur Abwechslung jemand anderes redet als der Referent. Die Fragen des Vortragenden in die Runde sollten aber ebenfalls gut überlegt sein: Nichts ist schlimmer als die bleierne Stille, die auf eine gut gemeinte, aber schlecht gestellte Frage hin auszubrechen pflegt.

Zu vermeiden ist insbesondere die Frage an die Zuhörer, ob denn alle alles verstanden hätten. Die ehrliche Antwort gefällt Ihnen meist nicht, die höfliche hilft Ihnen nicht weiter.

Auch die Ansage am Ende des Vortrags *Ich denke, die folgenden zwei Fragen sollten in der Diskussion weiter vertieft werden: 1. […], 2.[…]* hat trotz immer wieder vorkommender Versuche noch nie wirklich funktioniert. Ihre Zuhörer wollen weder geprüft noch darüber belehrt werden, was sie nun diskutieren sollen. Oft helfen aber **provokante Thesen**. Die dürfen aber nicht zu bemüht ausfallen. Und sie setzen einen informierten Zuhörerkreis voraus, der die Provokation überhaupt erkennt und zum Widerspruch bereit und imstande ist.

Meist empfiehlt es sich, mit solchen „steilen Thesen" in der schriftlichen Ausarbeitung zurückhaltend umzugehen. Das ist nicht nur sinnvoll, weil ein oder zwei Überraschungen aufzusparen für den mündlichen Vortrag immer gut tut, sondern auch, weil eine schriftlich geäußerte (aber letztlich unhaltbare und eben „nur" plakativ-provokative) Behauptung viel klarer auf den Verfasser zurückfällt als eine im mündlichen Streitgespräch spontan aufgestellte.

Eine Reaktion der anderen Seminarteilnehmer kann man erzeugen, wenn man bei geeigneten Seminarthemen eigene Erfahrungen abfragt, etwa nach Mobbing in der Schule, Wohnungseinbrüchen oder gefährlichen Begegnungen zwischen Autofahrern und Radfahrern im Straßenverkehr. Das funktioniert aber nur, wenn man berechtigterweise annehmen kann, das solche eigenen Betroffenheiten im Publikum auch vorliegen: Es ist eher unwahrscheinlich, dass außer Ihnen noch jemand als ehrenamtlicher Kommunal-politiker oder Rettungssanitäter tätig war oder ist.

Funktionieren kann auch ein möglichst saftiges Fallbeispiel mit einigen offenen Enden, das man gegen Ende des Vortrags als Beispiel in den Raum stellt. Das gibt allen anderen – selbst den nicht Eingelesenen – einen Anknüpfungspunkt, an dem man sich abarbeiten kann.

659   Eine beliebte Sicherung gegen peinliche Situationen ist die vorherige **Absprache** mit anderen Seminarteilnehmern über die zu stellenden Fragen (und am besten auch deren Reihenfolge). Das erlaubt dem Referenten, mit Wissen zu glänzen – und das sogar in Form schlagfertiger Antworten.

Der Seminarleiter und seine wissenschaftlichen Mitarbeiter bemerken das natürlich nicht. Wenn sie es bemerken, übersehen sie es meist großzügig, weil es so menschlich ist. Natürlich darf man diese still-schweigende Billigung nicht überbelasten, indem man eine von Anfang bis Ende durchchoreographierte Show aufführt, aber als Notanker zumindest für den Einstieg in eine Diskussion geht das wohl fast immer in Ordnung. Nur bitte nicht als schlechte Reality-TV-Komparsen auftreten, das Ganze soll we-nigstens so aussehen, als sei es eine spontane Diskussion über das Thema.

660   **Restrisiken und Unsicherheiten:** Ob und mit welchem kommunikativen Erfolg eine Diskussion Ihres Referats ins Laufen kommt, ist letztendlich aber nicht planbar.

Wenn Sie vor einem Haufen Taubstummer zu referieren haben, stehen die Chancen schlecht (wer sich selbst aber bei den anderen Vorträgen ebenso verhalten hat, muss sich nicht wundern). Wenn Ihre Zu-hörerschaft umgekehrt aus inhaltlich ahnungslosen, begnadeten Selbstdarstellern besteht, müssen Sie schleunigst lernen, wie man Diskutanten höflich und bestimmt das Wort abschneidet.

Reaktionsschnelligkeit, inhaltliches Problemwissen, Frustrationstoleranz sowie ausrei-chend selbstbewusstes Auftreten sind die Sicherungen, auf die Sie sich in diesen Situa-tionen verlassen können. Die Diskussion kann allerdings immer aus Gründen schief laufen, die Sie nicht zu vertreten haben. Das wird aber auch der Seminarleiter bemer-ken und gegensteuern. Grundsätzlich ist eine Haltung sehr gesund, für den Erfolg der Diskussion nur insoweit zuständig sein zu wollen, als es um die eigenen inhaltlichen Kenntnisse geht und um möglichst interessante Zusatzinformationen, die man noch in der Hinterhand hat. Für den eigentlichen Ablauf der Diskussion können Sie die Verant-wortung gut an den moderierenden Veranstalter delegieren.

661   **Ertrag des Seminars optimieren:** Wenn Seminarvortrag und anschließende Diskus-sion gelaufen sind, können Sie sich zurücklehnen. Sie können aber auch den Ertrag Ihrer Mühe zu steigern versuchen, indem Sie möglichst früh ein paar Notizen darüber ferti-gen, was nach Ihrem Eindruck gut funktioniert hat und was nicht. Der erste Eindruck verfliegt manchmal recht schnell. Je nachdem wie intensiv die Rückmeldung des Semi-narleiters über Ihre Leistung ausgefallen ist, kann es sinnvoll sein, recht bald noch ein-mal um eine Manöverkritik zu bitten – vielleicht auch im kleineren Kreis, wenn mit substanzieller Kritik zu rechnen ist. Das hat nicht nur den taktischen Vorteil, dass Sie den Notengebenden so dazu veranlassen, sich schon früh auf eine gute Note festzulegen. Sie bekommen auch hinsichtlich der Schwächen Ihres Vortrags aus noch frischer Er-innerung eine Rückmeldung aus erfahrenem Munde.

Meist wird es sinnvoll sein, einen Teilnehmer[607] zu bitten, während des Vortrags und der Diskussion Notizen über die Stärken und Schwächen Ihres Auftretens zu fertigen. So können Sie Ihre Eigenwahrnehmung *(Ich war unglaublich nervös!)* mit einer Fremdwahrnehmung *(Du warst unglaublich cool!)* kontrastieren. Dabei bestätigt sich hier und da Ihr Eindruck – aber ab und an erfahren Sie auch ganz Neues. Hätten Sie etwa gedacht, dass Sie nach jedem Satz einmal mit der flachen Hand zur Bestätigung aufs Vortragspult klopfen und dass nach drei Minuten die Hälfte der Zuhörer nur noch auf das nächste (laute!) Klopfen wartet?

2. Die Themenarbeit als Aufsichtsarbeit (Klausur)

Gelegentlich taucht einmal die thematisch ausgerichtete Aufsichtsarbeit auf, viel häufiger ist allerdings eine offene Themenfrage nur ein Zusatz oder Annex zu einer Fallbearbeitung. Hierbei lautet die Leitfrage: Wie entwickelt man einen intelligenten Gedanken bei maximal einer Stunde Arbeitszeit?   **662**

Das Gebot heißt: **relative Originalität**.   **663**

Absolut originelle Ideen sind unter den Umständen einer Klausur nur ganz ausnahmsweise zu haben, etwa, wenn man einen der raren, glücklichen Augenblicke erwischt, in denen man zugleich konzentriert und kreativ ist.

Man muss also ein Stück origineller sein als die anderen.

Und zwar vor folgendem Hintergrund: Wie bei Stadt – Land – Fluss wird es bei den typischen Klausuraufgaben Gesichtspunkte geben, auf die wirklich jeder kommt, der auch nur einen kleinen Augenblick nachdenkt (**offensichtliche Aspekte**).   **664**

Beispiel: Bei der Aufgabe *Legen Sie die grundlegenden Argumentationsmuster der Rechtsprechung des BVerfG in der ‚Elfes'-Entscheidung (BVerfGE 6, 32) dar und erörtern Sie die Auswirkungen dieser Entscheidung auf die allgemeine Grundrechtsdogmatik!* ist klar, dass es um die allgemeine Handlungsfreiheit nach Art. 2 I 1 GG gehen wird. Mit den entsprechenden Ausführungen sind – anders als bei Stadt-Land-Fluss – zwar wichtige Punkte zu holen, aber nicht allzu viele. Die bloße Benennung des Grundrechts und die Darlegung des Schutzumfangs würden nur wenig weiterhelfen. Sie sind zwar ein „Muss", um zu bestehen. Mehr ist damit aber nicht drin.

Der weitaus größere Teil der Notenpunkte erschließt sich dem Bearbeiter nur, wenn er die in der Aufgabe angelegten **Verknüpfungen** sowie die **versteckten Schwierigkeiten** richtig erkennt und im Text dazu Stellung bezieht.   **665**

Beispiel: Im Fall der „Elfes"-Entscheidung bedeutet dies, dass der erfolgreiche Student auch etwas zu möglichen anderen Ansichten (warum sollten sonst die Argumentationsmuster des BVerfG wichtig sein?) schreiben muss. Ebenso wird wohl eine Aussage zum gesamten Grundrechtssystem erwartet. Während der zweite Teil noch mit Auswendiglernen zu handhaben ist und gegenüber den offensichtlichen Aspekten nur einen diversifizierten Kenntnisstand erfordert, kommt es beim dritten Abschnitt auf das Systemverständnis an. Man schraubt also den Schwierigkeitsgrad langsam hoch.

Da die Themenaufgabe häufig nur einen eher kurzen Anhang zur klassischen Fallbearbeitung bilden wird, werden von den insgesamt 18 Notenpunkten nur vielleicht vier auf sie entfallen.   **666**

---

607 Möglichst keinen ihrer ganz dicken Freunde, denn es geht um Kritik.

Wann bekommt man die vollen vier Punkte? Noch nicht, wenn man eine Bearbeitung mittlerer Art und Güte vorlegt, sondern erst, wenn man wenigstens einen Gesichtspunkt hervorhebt, auf den die anderen nicht oder höchstens ganz oberflächlich und beiläufig gekommen sind.

Thematisch verdächtig ist alles, was im Gutachten traditionell zu vermeiden ist, z.B. die beliebten breiten Ausführungen zum Sinn des Gesetzes an Stellen, wo eigentlich nicht viel zu diskutieren ist.

Beispiel: Eine Themenfrage könnte aufgreifen, was in verwaltungsrechtlichen Übungsaufgaben oft zu breit verhandelt wird – nämlich dass die Klagebefugnis als juristische Figur dazu dient, Popularklagen zu vermeiden. Nur müsste dann der Bearbeiter eben mehr Überlegungen präsentieren als nur diesen einen Informationsschnipsel. Es müsste also erklärt werden, was an der Popularklage so schlimm ist, woher man das weiß – und wo sie vielleicht doch einmal sinnvoll sein könnte.

667 Wirklich planbar ist Originalität nur schwer – vielleicht auch überhaupt nicht. Aber ein bisschen kann man sich sogar schon überlegen, wenn man die Aufgabe noch gar nicht kennt. Wer nämlich einen Anerkennungspunkt für Originalität abholen will, wird in der knappen Zeit der Klausur gut daran tun, die eigenen Talente zu nutzen. Dazu muss man sich erst über die eigenen Begabungen klar werden[608]. Hier nur ein paar Anregungen: Als Leser ist man um originelle/eigenständige Gedanken immer froh, gerade wenn man Dutzende Arbeiten mit dem gleichen Thema lesen muss. Ein solcher Gedanke kann etwa in einer unerwarteten Parallele zu einem anderen Rechtsproblem oder einem außerjuristischen Problem liegen. Oder in einer pointierten Zuspitzung. Oder einem Vergleich oder einer Metapher, die den Leser zu neuer Erkenntnis inspiriert. Oder einer betont polemischen Auseinandersetzung[609]. Achten Sie aber darauf, über der Kür nicht die Pflicht zu vergessen. Auch der wohlwollende Leser zögert, großzügig Punkte zu vergeben, wenn Sie Ihren originellen Gedanken bis in die Verästelungen ausarbeiten, darüber aber versäumen, die Hintergrundüberlegungen zu skizzieren, die dem Gedanken erst sein originelles Gepräge geben sollen.

---

608 Aber das ist sowieso eine gute Idee. Wer keine Einschätzungen der eigenen Talente hat, frage einmal Freunde und Studienkollegen. Seien Sie aber nicht böse, wenn Sie eine ehrliche Antwort bekommen.

609 Polemik gilt im Allgemeinen nicht eben als rechtswissenschaftliche Tugend. Aber wenn Sie einigermaßen sauber zwischen Beschreibung und Bewertung einer Rechtsfrage trennen, kann ein polemisches Statement etwas sehr Erfrischendes haben. Übertreiben Sie es nicht. Und bedenken Sie: Eine gute Polemik (schönes Beispiel: *Liessmann*, Theorie der Unbildung) braucht solide Sachkenntnis; die ist nach nur dreiwöchiger Einarbeitung in ein ganz neues Thema nicht vorhanden. Und eine gute Polemik richtet sich immer noch gegen die Sache, nicht gegen die Person. Sie verletzt also nur, wenn es ganz unvermeidlich ist. Eine Streitschrift kann zuspitzen, pointieren, verkürzen, auch ohne verletzend-polemisch zu werden, und dennoch Widerspruch herausfordern (lesenswert als Beispiele *Sofsky*, Verteidigung, S. 55: *Das Ende der Höflichkeit bedeutet auch den Ruin der Freiheit und der sozialen Sicherheit. Keen*, Stümper; *Heisig*, Ende; vielleicht auch *Fleischhauer*, Unter Linken, eher eine Polemik). Im besten Fall gelingt Ihnen etwas Aphoristisch-Prägnantes wie *Im Leben der Menschen sind lediglich zwei Dinge sicher: Der Tod und die Steuer. Im Ernstfall entscheidet der Staat über das Leben seiner Bürger, im Normalfall vergreift er sich an ihrem Besitz.* (*Sofsky*, a.a.O, S. 100). Natürlich brauchen Sie keine Bonmots, Aphorismen und brillante Pointen, um eine gute Arbeit zu verfassen. Aber wenn eine glückliche Fügung Ihnen einmal einen solchen Einfall zuspielt, können Sie ihn auch nutzen.

a) Die (reine) Themenklausur

Im schlimmsten Fall haben Sie zwei oder fünf Stunden Zeit – und Ihr gesamtes Fallbearbeitungswissen ist nutzlos. Im Schwerpunktbereich kann das vorkommen, im Grundlagenschein je nach Studienordnung auch.

aa) Sondersituation Klausur

Das Einfache wird schwierig, wenn man es aus dem Kopf heraus, unter Zeitdruck und ohne Hilfsmittel leisten muss. Da kann schon die Reproduktion eines kleinen Abschnitts aus einem Lehrbuch mühselig sein. **668**

Beispiel: Heißt die Aufgabe *Erklären Sie Voraussetzungen, Ablauf und Sinn des gerichtlichen Mahnverfahrens*, braucht man zwar nur im Gesetz zu lesen; aber wenn die gesetzlichen Vorschriften schwer zu durchschauen sind und die Bearbeitungszeit kurz ist, wird das zu einer ziemlichen Herausforderung…

Umgekehrt besteht gerade deshalb kein Grund zur Panik: Die Grenzen des in einer Klausur Leistbaren sind einigermaßen eng gesteckt – besonders, wenn nur ein Teil der Bearbeitungszeit für die spezielle Themenfrage zur Verfügung steht, etwa weil die Klausur mehrere davon hintereinander reiht. Indessen lässt sich auch in Klausuren sinnvoll nach Themen fragen. **Ausgangspunkt** wird oft das **Gesetz** sein, weil man als Bearbeiter nichts anderes verfügbar hat. Die Aufgabe kann sich auf eine einzelne Norm beziehen

Beispiel: *Erläutern Sie das Konzept des Rechtsgüterschutzes in § 823 I BGB. Gibt es Regelungsalternativen zu diesem gesetzgeberischen Ansatz? Wo liegen deren Vor- und Nachteile?*

oder auf eine ganze Gruppe von Normen.

Beispiel: *Erklären Sie einem ausländischen (Rechtsanwalts-, Richter-) Kollegen die Systematik des Leistungsstörungsrechts im BGB!*

Rechnen Sie als Klausurteilnehmer damit, dass der Professor eine Themenfrage auch dazu benutzen kann festzustellen, ob Sie sich die Mühe zugemutet haben, die **Vorlesungen** zu besuchen. **669**

Beispiele: Aus dem Gesetz heraus ist eine Frage wie *Umreißen Sie die Schutzzwecke von Formvorschriften im Bürgerlichen Recht* nur unvollständig zu beantworten. Als Bearbeiter werden Sie zwar Formvorschriften kennen oder finden, aber deren Zwecke ergeben sich nicht aus dem Gesetzeswortlaut. Bei spontanem Nachdenken fällt vielen gewiss die Beweissicherung ein. Um aber auf die eigentlich wichtigen Zwecke von Formvorschriften (Warnung vor gefährlichen Geschäften, Aufklärung durch rechtskundige Notare usw.) zu kommen, muss man in der Vorlesung zugehört oder wenigstens ein Lehrbuch gelesen haben. – Auch *Skizzieren Sie die Grundzüge des Bereicherungsausgleichs im Dreipersonenverhältnis* ist mit Gesetzeslektüre allein nicht zu leisten, *Nehmen Sie Stellung zu den gängigsten Theorien zur Entstehung von Jugenddevianz* erst Recht nicht. Ob Sie sich das erforderliche Wissen durch Zuhören in der Vorlesung oder durch Lektüre eines Lehrbuchs verschafft haben, ist egal. Sie müssen es nur haben.

Die beste Vorbereitung ist also die inhaltliche Auseinandersetzung mit dem Prüfungsstoff.

Dagegen ist nichts zu machen. Alle Vorschläge in diesem Text sind demgegenüber zweitrangig. Selbst mit deren souveräner Befolgung ersetzen Sie inhaltliches Wissen nicht oder nur zu einem kleinen Teil.

670 **Keine Panik** wegen absehbaren Zurückbleibens hinter dem Optimum! Noch leichter als bei Gutachten fällt den Bearbeitern bei Themenfragen auf, dass sie zwangsläufig hinter dem Maß des bestenfalls Leistbaren zurückbleiben werden. Hier hilft nur Kaltblütigkeit: Dieser Gedanke darf Sie nicht behindern und in Hektik versetzen. Schreiben Sie, was Sie konzipiert haben, anständig nieder – und lassen Sie weg, wofür Sie keine Zeit mehr haben. Sie können nie alles schreiben, was vielleicht noch zum Thema gehört. Versuchen Sie es erst gar nicht. Behalten Sie die Schwerpunkte Ihrer Skizze bei und flicken Sie nicht unterwegs massenhaft Material ein. Das verwirrt Sie und den Leser.

bb) Stressbewältigung in Klausuren

671 Klausuren sind stressig und sollen es auch sein. Schließlich sind es Prüfungen. Grundsätzlich müssen Sie den Umgang mit dieser Situation im Lauf Ihres Studiums beherrschen lernen, sonst wird vor allem die Pflichtfachprüfung zum echten Problem. Es gibt Bücher über den Umgang mit Prüfungsangst und Klausurstress[610]. Auch diese nehmen einem aber letztlich nicht ab, mit der unschönen Situation des „jetzt oder nie" einer Klausur umzugehen. Versuchen Sie, die erste Panikattacke möglichst schnell in den Griff zu bekommen und den Kopf wieder klar zu kriegen.
Helfen können hier feste Arbeitsroutinen (setzen, Material auspacken und ordnen, Aufgabe lesen, nochmal lesen, wichtiges im Aufgabentext markieren, erste Ideen auf Skizzenpapier oder auch dem Aufgabenblatt notieren…), die sich mit etwas Übung mit dieser Prüfungsform so verselbständigen, dass sie auch unter hoher Nervosität erst einmal ablaufen können und einen so in die ersten Arbeitsschritte bringen. Auch Atemtechniken und positive Autosuggestion können bei akuter Nervosität zu Beginn der Klausur helfen.
Während der Anfertigung der Klausur ist ein kontrolliertes Zeitmanagement wichtig, um möglichst gar nicht in Stress zu geraten.

Wenn Sie dauerhaft Klausurstress haben (vor der Klausur, während der Klausur, nach der Klausur ist vor der Klausur …), brauchen Sie die **Studienberatung** oder einen Arzt. Rat von guten Freunden genügt nicht, wenn dies einen andauernden Leidensdruck erzeugt.

cc) Zeiteinteilung

672 Als Faustformel gilt auch in Themenarbeiten die Grobeinteilung von 1/3 Planung (einschließlich einiger Notizen) und 2/3 Reinschrift.

Das mag in einer häuslichen Arbeit ganz anders aussehen. Aber in der Klausur fehlt Ihnen zuviel Zeit für die Niederschrift, wenn Sie erst deutlich nach einem Drittel der zur Verfügung stehenden Zeit beginnen. Und was nicht auf dem Papier steht, wird nicht bewertet.

---

610 Zum Umgang mit Prüfungsangst gibt es Dutzende von Ratgebern, z.B. *Esselborn-Krumbiegel*, Leichter lernen; *Eschenröder*, Prüfung; *Schmidt*, Klausuren und Prüfungen; *Wolff/Merkle*, Prüfungsängste. Im Internet: *Knigge-Illner*, t1p.de/62fq; teilweise werden an den Universitäten dazu sogar eigene Veranstaltungen angeboten – so billig bekommen Sie ein oft sehr professionelles Coaching nie wieder!

dd) Gedankenstrukturen/Juristische Argumentationstechniken

Es gilt das oben zu Argumentationstechniken Gesagte, allerdings sind die Anforderungen an eine ausgewogene, ausgefeilte und alle denkbaren Einwände verarbeitende Begründung situationsbedingt viel niedriger als bei einer Hausarbeit. Wenn Sie es schaffen, Ihre Gedanken halbwegs nachvollziehbar in eine Struktur zu bekommen, sind Sie auf dem besten Weg zu einer guten Note. Und wenn der Leser einen Umkehrschluss als solchen identifiziert (selbst wenn Sie nicht ausdrücklich ein Etikett draufpappen), freut er sich. Gerade angesichts der knappen Zeit schreiben Ihre Mitbewerber nämlich oft ziemlich durcheinander. **673**

ee) Arbeitsempfehlungen

Die Vorschrift(en) selbst lesen. **674**

Besonders bei Vorschriften, die man zu kennen glaubt und schon oft auswendig angewendet hat, stellt man oft fest, dass sie aussagereicher und präziser sind als man dachte.

Die nachfolgenden und voranstehenden Vorschriften lesen. In welchem Teil, Abschnitt usw. des Gesetzes steht die Vorschrift? Was gibt die Systematik des Gesetzes für das Verständnis der Norm her? Folgt der Norm eine Einschränkung, eine Ausnahme usw.? Enthält die Norm selbst eine Ausnahmeregel? Wer die Systematik nicht beachtet, macht Fehler oder verschenkt wenigstens Argumente. **675**

Teils hilft das **Register** der Gesetzestextausgabe. Gerade bei den Loseblattsammlungen sind die Register umfangreich und erschließen alle abgedruckten Gesetze. So wird man auch auf Zusammenhänge aufmerksam, die man auf den ersten Blick nicht vermutet hätte. Ertragreich ist aber ein Blick ins Register nur, wenn man ungefähr weiß, was man sucht. Notieren Sie also vorher eine kleine Handvoll Stichwörter, die Sie für einschlägig halten – sonst verzetteln Sie sich beim Suchen. **676**

Die **Einleitung** zum Gesetz (meist aus der Feder eines Hochschullehrers) in den dtv-Textausgaben enthält oft überraschend hilfreiche Informationen. Kein Wunder: Sie ist für Nichtjuristen geschrieben und deshalb meist auch für Juristen verständlich. **677**

Wörtliches Abschreiben aus der Einleitung verbietet sich von selbst – und die Umschreibung ganzer Abschnitte stellt Ihnen auch kein gutes Zeugnis aus. Aber sich in einem schwer durchschaubaren Leistungsstörungszusammenhang mit dem Verweis auf die richtige Norm für das Rücktrittsrecht helfen zu lassen, kann Ihnen keiner verbieten.

Parallelprobleme: Hilfreich kann die Frage nach ähnlich, parallel oder gleich liegenden Problemen sein. Durch Vergleich stellen sich Ähnlichkeiten und Unterschiede heraus. Manchmal verträgt die Bearbeitung nur einen beiläufigen Hinweis auf ähnliche Situationen, manchmal ist aber ein Vergleich mit ähnlichen Sachverhalten oder Rechtsfiguren gerade Gegenstand der Frage. **678**

b) Themenfragen als Teilleistung („Zusatzfrage")

Regelmäßig werden Themenfragen den Gutachtenaufgaben einfach angehängt. Damit stellt sich fast zwangsläufig die Frage: Welcher **Anteil am Ergebnis** entfällt auf den **679**

Themenarbeitsteil? Ist das angegeben (etwa in der Form 20 % oder 3 von 18 möglichen Punkten), ergibt sich daraus schon eine recht gute Orientierung für den Aufwand, den Sie sinnvollerweise auf den Themenarbeitsteil investieren sollten.

Natürlich kann es aus taktischen Gründen sinnvoll sein, mehr oder weniger Zeit aufzuwenden. So sind etwa die Chancen, durch Originalität zu glänzen, bei einer Falllösung eher klein, bei einer Themenfrage dagegen recht beachtlich[611]. Wer also glaubt, die eigenen Talente eher in Sachen Originalität ausspielen zu können als in Sachen Schemaabarbeiten, wird mehr Zeit und Mühe auf die Themenfrage verwenden als es deren Anteil an einer Gesamtnote nahe legt.

Fehlt eine solche Angabe, muss man sich eine Einschätzung zu dieser Frage bilden. Wer das unterlässt, läuft Gefahr, die Kontrolle über die Schwerpunktsetzung zu verlieren.

680   Festzustellen ist weiter, ob der Gegenstand der Themenfrage sich mit der Fallbearbeitung irgendwie berührt. Das liegt nahe, ist aber keineswegs zwingend. Wenn es Berührungspunkte gibt, kann man diese in der Ausarbeitung aufgreifen, etwa indem man den zu entscheidenden Sachverhalt an geeigneter Stelle als Beispiel heranzieht und herausarbeitet, ob es sich um einen typischen oder atypischen Fall handelt. Ist das nicht der Fall, gilt das oben Gesagte in noch kleinerer Münze, weil man eben statt zwei bis fünf Stunden nur eine halbe bis eine Stunde auf die Zusatzfrage verwenden sollte.

3.   Am Ende des Studiums – Abschlussarbeit und Dissertation

681   Wie erwähnt können Studenten der Rechtswissenchaften heute von wissenschaftlichen Themenarbeiten vor allem in zwei Varianten heimgesucht werden: von den Seminararbeiten und von den Themenhausarbeiten, die im Rahmen des universitären Schwerpunktstudiums zu verfassen sind. Auch am Ende des Studiums kann – abhängig von der jeweiligen Schwerpunktbereichsprüfungsordnung der Hochschule – noch eine größere Arbeit drohen. Der Erwerb einer Zusatzqualifikation (z.B. eines Magistertitels) kann das Abfassen einer Magisterarbeit erfordern. Ambitionierten Kandidaten wird das Schreiben einer Dissertation lohnend erscheinen.

An **Universitäten** kamen Themenarbeiten in der Ersten Staatsprüfung früher eher vereinzelt vor. In der Zweiten Staatsprüfung waren und sind sie ganz unüblich. Aus taktischen Gründen wurden sie auch nicht allzu oft gewählt, weil viele Studenten sich auf die Anforderungen des Lebens und des Arbeitsmarkts besser vorbereitet glaubten, wenn sie eine gutachterliche Arbeit schreiben. Vielleicht stimmt das; aber sicher kann man nicht sein.
An den **Fachhochschulen** wurden Diplomarbeiten und werden bachelor theses sowie Masterarbeiten geschrieben. Diese sind überwiegend themenorientiert.

682   All diesen Arbeiten ist gemein, dass sie eine **wissenschaftliche Leistung** darstellen sollen und müssen. Was zeichnet eine wissenschaftliche Leistung überhaupt aus? Verfolgt man die Herkunft des Worts *Wissenschaft* zurück, weisen die etymologischen Wörterbücher darauf hin, dass es sich um eine Kollektivbildung und eine Ableitung aus dem mittelhochdeutschen Wort *wizzen* (= sehen) handelt, welche dann im 16./17. Jahrhundert zunehmend als Entsprechung zum lateinischen *scientia* verwendet wurde. Man versteht

---

611   Hinzukommt, dass man bei Fallbearbeitungen leicht Punkte verliert, indem man gegen die strengen Aufbau- und Darstellungsregeln des Gutachtenstils verstößt, während bei Themenfragen solche Punktverluste wegen der Vielzahl der möglichen und sinnvollen Herangehensweisen weitaus weniger wahrscheinlich sind.

unter Wissenschaft (bei allem Streit im Detail, denn schließlich gibt es auch eine Wissenschaftstheorie) daher sowohl die organisierte Form der Erforschung, Sammlung und Auswertung von Kenntnissen als auch das geordnete, in sich zusammenhängende Gebiet von Erkenntnissen[612].

Es geht also um eine bestimmte Art des **Vorgehens** und um ein **Produkt**, welches daraus entstehen soll. Qualifiziert wird das Ganze durch das Erfordernis der Organisation bzw. Ordnung: Gewinnung geordneter Erkenntnisse mittels eines organisierten Vorgehens.

Der Erkenntnisgewinn einer juristischen Arbeit kann dabei auf unterschiedlichen Ebenen liegen: Vielleicht besteht er darin, auf der Basis des Erreichten eine neue Richtung in der Rechtsentwicklung einzuschlagen. Manchmal liegt der Wert einer Arbeit aber auch darin, die Basis des Erreichten zu unterminieren und als Fehlentwicklung zu entlarven. Wieder andere Werke erfahren Wertschätzung vor allem dadurch, dass sie überhaupt erst die Grundlagen einer bestimmten Entwicklung offen legen oder zusammentragen.

Die Erkenntnisfindung erfordert auch in der Rechtswissenschaft im Ansatz und in der Umsetzung ein bisschen Kreativität und Originalität (Was möchte ich ergründen? Wie möchte ich es ergründen?). Gleichzeitig unterliegt der Vorgang des Wissenschaffens bestimmten Anforderungen (Was muss ich beim Forschen beachten?). **683**

Wenn Sie einen Maßstab dafür suchen, ob eine wissenschaftliche Arbeit gelungen ist, machen Sie sich klar, dass der Forschungsertrag der Rechtswissenschaft fast ausschließlich in veröffentlichten Fachtexten besteht. Ihre Arbeit kann als gelungen angesehen werden, wenn sie inhaltlich wie in der Darstellung geeignet wäre, veröffentlicht zu werden. Mit einem Blick in die Fachzeitschriften werden Sie feststellen, dass es dort außer tatsächlich genialen Texten auch vieles gibt, was von Genialität weit entfernt ist – so hoch ist diese Hürde also gar nicht.

a)   Themenfindung und Themenzuschnitt

Selbst ein Thema zu finden, ist für viele Studenten auch noch kurz vor dem Abschluss (und sogar nach dem Abschluss) eine Herausforderung. Da müssen Sie aber durch[613]. Wenn es Ihnen dauerhaft nicht gelingt, aufgrund eigenen Nachdenkens eine Frage als interessant zu identifizieren, sollten Sie sich überlegen, warum Sie eigentlich studiert haben. **684**

Der folgende Abschnitt ist vielleicht nicht wichtig, wenn Sie ein vorgegebenes Thema zu bearbeiten haben. Bevor Sie ihn aber ganz ignorieren, überlegen Sie, ob er nicht auch dabei helfen kann, ein bereits gestelltes Thema weiter zu entwickeln, also die Unteraspekte aufzufächern und ein oder zwei originelle Ideen einzubringen.

---

612   *Kluge*, Etymologisches Wörterbuch, „Wissenschaft"; Duden, Band 7, Herkunftswörterbuch, „Wissenschaft"; *Pfeifer*, Etymologisches Wörterbuch des Deutschen, „Wissenschaft".

613   Schrifttumsempfehlungen: vornehmlich zugeschnitten auf Promotionswillige: *Knigge-Illner*, Weg, S. 91 ff.; *Koepernik/Moes/Tiefel*, Promovieren, S. 58 ff.; *Messing/Huber*, Doktorarbeit; lesenswert **allgemein** *v. Münch*, Promotion (Kurzfassung: Jura 2007, 495 ff.). Spezifisch **juristisch**: *Beyerbach*, Doktorarbeit; nicht mehr ganz taufrisch: *Thieme*, Anfertigung; *Schneider*, Doktorarbeit; zum Promovieren gibt es in den letzten Jahren eine ganze Menge Ratgeberliteratur, z.B. *Vollmer*, Doktorarbeit; *Gunzenhäuser/Haas*, Promovieren; *Stock/Schneider/Peper/Molitor*, Erfolgreich promovieren (immerhin ist mit *Schneider* eine Juristin dabei); kurze Hinweise auch bei *Lück/Henke*, Technik, S. 3 f.; *Kohler-Gehrig*, S. 3 ff.; *Gräbig*, AL 2010, 69 ff.

aa) Selbstbestimmungsrechte und -pflichten

Kreativität und Originalität müssen gleich am Anfang beim Finden eines geeigneten Themas bewiesen werden. Es ist nämlich keineswegs sicher (und vielleicht auch nicht immer ratsam), dass das Thema vom Prüfer vorgegeben wird.

685   In besonderem Maß gilt das bei **Doktorarbeiten**: Viele Doktorväter bestehen bei Annahme von Doktoranden darauf, dass diese ein erstes Indiz für die Ernsthaftigkeit ihres Promotionsvorhabens liefern, indem sie ein taugliches Thema vorschlagen und eine umrisshafte Ausarbeitung (ein Exposé, etwa in der Qualität einer Seminararbeit[614]) vorlegen. Ähnlich wird mancherorts auch hinsichtlich der Magisterarbeiten verfahren. Ob es dann tatsächlich bei dem Thema bleibt oder der potenzielle Betreuer nicht doch etwas anderes vorschlägt, steht auf einem anderen Blatt[615].

686   Doch auch bei den anderen Typen von Themenarbeiten empfiehlt es sich, von Beginn an eigene Gedanken zu investieren und nicht auf die Anregung durch Dritte zu warten. Je größer die Möglichkeiten zur Einflussnahme, desto geringer ist die Gefahr, mit dem Thema nicht zurechtzukommen! Als Faustregel gilt daher: Soweit wie möglich die den eigenen Fähigkeiten entsprechende Veranstaltung **selbst wählen** (z.B. ein Seminar zum Erbrecht) und dann im Rahmen des zur Verfügung stehenden Spielraums das richtige Thema durchsetzen.

Das ist auch nicht zuletzt aus psychologischen Gründen vorteilhaft, da man bei Motivationsabstürzen die Schuld nicht auf andere schieben kann.

687   Die Themenauswahl und -zuweisung bei einer **Schwerpunktbereichsstudien(abschluss)arbeit** obliegt dagegen meist dem betreuenden Prüfer bzw. dem Prüfungsausschuss[616]. Hier ist also weniger Platz für die Eröffnung eines selbstbestimmten Forschungsbereichs. Dennoch bleibt es beim genannten Grundsatz: Teilweise Selbstbestimmung ist immer noch besser als vollständige Fremdbestimmung. Der strategisch kluge Student wird sich daher schon bei Studienbeginn informieren, inwieweit die Studien- und Prüfungsordnung seiner Universität Freiräume bei der Themenwahl zulassen.

688   „Lobbying in eigener Sache": Da man als Student sowieso in den Veranstaltungen des Schwerpunktbereichsstudiums in näheren Kontakt zu den potenziellen Betreuern der Themenarbeit tritt und die bisherige Anonymität der Prüfungsleistung damit Geschichte ist, ist es sinnvoll, auch nach allen Regeln der Kunst die Weichen in Richtung auf ein möglichst passendes Thema zu stellen. Voraussetzung ist, dass man sich tatsächlich auf den Schwerpunktbereich einlässt und dieses fachliche Interesse durch Leistungen unterlegt. Sind Ihr Name und Ihr Gesicht beim potenziellen Betreuer (positiv fachlich) bekannt, stehen die Chancen gut, dass auch der vorhandene Spielraum bei der Themenzuweisung zu Ihren Gunsten genutzt werden wird. Wer erst bei der Themenzuweisung am Ende des Schwerpunktstudiums hektische Aktivitäten auf diesem Gebiet entfaltet, wird – zusammen mit vielen anderen Spätstartern – zu spät kommen. Damit verbunden ist das Risiko, dass die eigenen Bemühungen vom Betreuer, der sich

---

614   Ein Muster bei t1p.de/wi7x.

615   Zur Qual der Themenfindung bei Doktoranden und der Unterstützung seitens der Betreuer anschaulich und auch i.Ü. ausgesprochen lesenswert *v. Münch*, Promotion, S. 30 ff.

616   So geregelt z.B. in den Studien- und Prüfungsordnungen der Universitäten in Berlin (FU), Bielefeld, Jena, Frankfurt an der Oder, Potsdam, Tübingen, Würzburg. Offener ist dagegen z.B. die Regelung in Bonn, Köln und Mannheim, wo die Wahl der Veranstaltung und damit auch des Themas in größerem Umfang in den Händen der Studentinnen belassen wurde. Die Prüfungsordnungen finden Sie unter t1p.de/346q unter *Ausbildungswesen*.

dem plötzlichen Ansturm ausgesetzt sieht, nur als lästige Störung empfunden werden und in der Sache genau das Gegenteil des Erstrebten bewirken. Werden die Abschlussarbeiten anonym und nach dem Zufallsprinzip vergeben, hat man hier wenig Chancen, erfolgreich Einfluss zu nehmen. Versuchen kann man es aber, denn wenn eine genehme Aufgabenstellung es wenigstens in den Pool schafft, hat man wenigstens eine kleine Chance, sie auch zu bekommen.

bb) Wissen, Lesen, Hoffen

Wie geht man nun vor bei der Suche und der Auswahl eines tauglichen Themas? Vereinfacht gesagt gibt es drei Herangehensweisen:

Wissen – Am leichtesten gestaltet sich die Themenfindung, wenn man schon eine Weile ein Problem mit sich herumträgt und nun Gelegenheit hat, es aufzuarbeiten. Solche Themen wachsen mit der Zeit. Sie entspringen dem bisher angehäuften Wissen. Das ist bei jüngeren Studenten, die zwangsläufig noch wenig „juristische Bandbreite" haben, eher ein Glücksfall denn die Regel. Oft sind anfänglich nämlich Verständnisprobleme nur dem eigenen unzureichenden Kenntnisstand oder der fehlenden Vernetzung des partiell vorhandenen Wissens zuzuschreiben.

689

Man kann jedoch schon früh einiges dafür tun, Verständnislücken zu verkleinern und wissenschaftlich auf dem Laufenden zu bleiben, indem man sich überhaupt von Anfang an für bestimmte Themen interessiert und die hierzu einschlägigen Diskussionen in Fach- und Allgemeinpresse verfolgt. Wer also Themenarbeiten als mittelfristiges Projekt begreift – und das am besten schon früh –, hat Vorteile[617]. Das beginnt mit recht alltäglichen Gewohnheiten: Manche Leute sammeln systematisch Zeitungsausschnitte zu vier oder fünf Themenfeldern ihres individuellen Interesses[618]. Wenn Sie im zweiten Studiensemester eine Ausbildungszeitschrift abonniert haben und diese regelmäßig lesen[619], haben Sie oft auch schon ein gutes Gespür für die Frage, was aktuell diskutiert wird und was als ausgekaut gelten muss.

Lesen – Haben Sie bisher noch nicht viel mehr als Repetitorenskripte gelesen, müssen Sie das Versäumte bei der Suche nach einem geeigneten Thema nachholen. Hier gilt es zunächst, die eigenen Vorlieben und Stärken zu erkennen: War ich schon immer der, der etwas gut aus Normen ableiten konnte? Dann bietet sich ein dogmatisches Thema an. Ist mir ein aktuelles Thema am Rande im Gedächtnis geblieben? Dann lohnt es sich vielleicht, dort nachzuhaken. Möchte ich mich nicht in das Korsett der ableitenden Wissenschaften (Hermeneutik) pressen lassen? Dann sollte der Schwerpunkt auf einem rechtshistorischen Teilgebiet liegen oder – im Ansatz noch freier – einer rechtsphilosophischen Frage zugewandt werden. Die Wahl sollte nicht zu weit entfernt von dem liegen, was

690

---

617 Und nichts spricht dagegen, sich schon früh eine Kladde oder eine Datei mit Notizen zu potentiell interessanten Themen anzulegen. Viele Wissenschaftler halten das ein Leben lang so. Deshalb: Wenn Sie dies gerade ohne akuten Themenfindungsdruck lesen, richten Sie sofort eine solche Datei ein. Wo sonst sollten Sie eine Notiz des Typs *Interessanter Gedanke bei Jahn, AnwBl. 2018, 37* ablegen? Diese Notizen bewahren nicht nur Ihre Ideen vor dem Vergessenwerden, sondern erlauben Ihnen auch festzustellen, ob 42 % Ihrer Gedanken und Ideen einen bestimmten Themenkreis berühren. Spätestens damit haben Sie dann nämlich einen soliden Ansatz zum gezielten Weitersuchen nach tauglichen Themen. – Vielleicht wirkt es ein bisschen uncool, nach einer der typisch juristischen Kaffeetrinkdebatten vor dem Juristischen Seminar oder in der Cafeteria Notizen zu machen; aber man kann es doch trotzdem einmal ausprobieren.
618 Dazu ist es natürlich nötig, sich eine Tages- oder wenigstens Wochenzeitung oder ein Magazin zu halten. Das wird hiermit empfohlen. Irgendwo muss man schließlich anfangen, die Grundlagen der eigenen Allgemeinbildung zu legen oder zu festigen. – Eine systematische Medienauswertung durch eine spezialisierte Agentur ist dagegen so teuer, dass man sie sich privat nicht leistet.
619 Oder wenigstens alle zwei Monate in die ZJS schauen: t1p.de/n1sx.

man sich bisher gedanklich erschlossen hat, da meist nicht genügend Zeit sein wird, das Rad neu zu erfinden.

Hier wirkt die Wissenskomponente nach, was die Notwendigkeit des fortlaufenden Interesses unterstreicht. Letztendlich erweist sich an dieser Frage recht deutlich, ob man Recht aus Verlegenheit studiert oder weil man sich für die menschlichen Konflikte und Regelungsprobleme interessiert[620].

Wer themensuchend zu lesen beginnt, kann an verschiedenen Stellen anfangen: Meist wird es sinnvoll sein, die **Fachzeitschriften** aus dem in Blick genommenen Rechtsgebiet drei Jahre rückwärts durchzusehen, um einen Blick für die Themen der Zeit zu bekommen. Für die Suche nach aktuellen Themen sind neben den fachlich zuständigen Zeitschriften diejenigen mit rechtspolitischem Schwerpunkt aussichtsreich[621].

Es kommen übrigens auch gelegentlich ganz interessante Ideen heraus, wenn man absichtlich ein paar alte Fachzeitschriftenbände zur Hand nimmt und einmal das Register der Aufsätze durchsieht. Manches kann zwanzig Jahre später eindeutig als geklärt und erledigt gelten, andere Themen lohnen das Wiederaufnehmen.

Beim monographischen Schrifttum sind meist die **Doktorarbeiten** am informativsten. Diese kann man über Bibliographien oder über die Verlagsverzeichnisse erschließen. Bei letzteren sind die themenspezifischen Reihen zielführender als die allgemeinen Sammelbecken[622]. An eine Doktorarbeit anzudocken ist keine Schande. Man kann nicht nur das gleiche Thema aus anderem Blickwinkel oder mit ganz anderen Schwerpunkten oder Ergebnissen untersuchen, sondern auch die von der Arbeit ausgeklammerten Aspekte in den Blick nehmen. Gute Doktorarbeiten benennen meist ganz deutlich, welche Gesichtspunkte die Verfasser nur gestreift oder bewusst außen vor gelassen haben. Eben dort kann eine Gelegenheit liegen. Man muss nicht unbedingt mit dem juristischen Schrifttum anfangen. Vielleicht kommt ein viel pfiffigerer Themenansatz heraus, wenn man einmal ein paar Wochen lang jeden Text aus der Tageszeitung auf seine rechtliche Relevanz abklopft.

Beispiel: Aus dem kleinen Text *Entehrt eure geschrumpften Männer* im Feuilleton der FAZ[623] könnte etwa werden *Entwicklungen in der gerichtlichen Kontrolle von Straßen(um)benennungen.*

Wer das trotz des zunächst schräg wirkenden Ansatzes eine Weile durchhält, wird sich wundern. Eine Sachbuchrezension, ein Essay im Feuilleton und ein Bericht aus einem afrikanischen Krisengebiet ziehen erst einmal ganz unterschiedliche juristische Assoziationen nach sich. Manchmal ist auch juristisch einfach nichts zu holen. Aber es kommen Ihnen immer wieder neue Gedanken. Bestimmt. Insgesamt gilt: Wer (regelmäßig) liest, ist im Vorteil. Ob es eine Tageszeitung ist oder eine abonnierte Ausbildungszeitschrift oder zwei in der Bibliothek gelesene spezialisierte Titel aus dem Wirtschaftsrecht, ist zweitrangig. Hauptsache, Sie lesen. Vielleicht helfen beim Themen-Entwickeln auch die Hinweise in diesem Text[624].

---

620 Wer diesen Gedanken ernst nimmt, stößt so ganz beiläufig auf ein Kriterium für die Antwort auf die schwierige Frage, ob man überhaupt im richtigen Studiengang gelandet ist.

621 ZRP; KJ; KritV (Deutschland), Journal für Rechtspolitik (Österreich).

622 Aber natürlich kann man auch in der auf mehrere tausend Bände angewachsenen Reihe II des Peter Lang Verlags Inspirationen finden. Einfach mal online blätternd ausprobieren!

623 *Otto*, FAZ v. 5.8.2009, S. 31.

624 Rn. 767 ff.

Hoffen – Die mit Abstand unsicherste Strategie ist das Hoffen darauf, vom betreuenden **691** Professor ein Thema gestellt zu erhalten, mit dem man dann schon zurechtkommen wird. Die beiden Hauptnachteile: 1.) Wer schlägt schon dem Professor ein Thema ab? 2.) Wer traut sich schon, seinem Professor nachträglich einzugestehen, mit der Aufgabe nicht zu Rande zu kommen?

Für diese schmerzliche Erfahrung haben schon viele Doktoranden mit einer Menge Lebenszeit bezahlt – von depressiven Stimmungen aus gleichem Anlass ganz zu schweigen. Zudem besteht das nicht geringe Risiko, dass ein ausgewählter Professor auf einen künftigen Doktoranden, der sich mit der Haltung vorstellt, er habe zwar kein Thema vor Augen, wolle aber den Titel erschlagen, und der Betreuer solle nun bitte ein Thema nennen, ablehnend reagiert. Merke: Es gibt keinen Anspruch auf Dissertationsbetreuung. Der Vorteil dieser Strategie liegt in der Ersparnis von Zeit und Mühe. Außerdem ist es schon ein kleines Erfolgserlebnis, wenn Sie merken, dass Sie mit einem gewissermaßen vom Himmel gefallenen Thema umgehen können.

Wenn nach Wissen und Lesen Reste von Unsicherheiten bleiben, ob das ins Auge ge- **692** fasste Thema generell in Betracht kommt, mag ein Gespräch mit dem potenziellen Betreuer und das Hoffen darauf, danach das Projekt mit größerer Klarheit angehen zu können, hilfreich sein. Das ist eine Kombination aus allen drei genannten Ansätzen – allemal besser, als ausschließlich abwartend vor sich hin zu hoffen. Die Betonung liegt auf Rest von Unsicherheiten. Mit einem völlig unausgegorenen Plan brauchen Sie ein derartiges Gespräch nicht zu suchen, da Sie dann kaum als potenter Gesprächspartner wahrgenommen werden. Das verschwendet die Zeit aller Beteiligten.

cc) Auswahl und Zuschnitt eines Themas

Oft ist es nicht ganz einfach, auch nur ein einziges taugliches Thema zu identifizieren. **693** Ebenso heikel kann aber die Auswahl aus mehreren in Betracht kommenden Themen werden. Das ist entgegen dem ersten Eindruck kein Luxusproblem. Hier ein paar notwendig unvollständige Empfehlungen für Entscheidungskriterien:

– Welches Thema lässt sich dem Umfang nach am leichtesten begrenzen? Diese Frage wird nicht nur von Doktoranden gern unterschätzt. Wer nur begrenzte Bearbeitungszeit zu Verfügung hat und nicht ungewöhnlich viel Erfahrung oder Selbstvertrauen mitbringt, ist fast immer mit dem leichter eingrenzbaren Thema besser beraten.
– Welches Thema bietet das größte Potential für eine gute Note? Gute Noten verbessern den Notenschnitt, bilden ein Polster für anderweitige unerfreuliche Überraschungen, beeindrucken andere Leute und stabilisieren das fachliche Selbstbewusstsein. Nicht jeder Notengebende legt indes die gleichen Maßstäbe an[625], so dass Sie bei dieser Frage immer auch ein wenig in Rechnung stellen sollten, wer Ihre Arbeit bewerten wird. Gleichwohl gibt es Faktoren, die immer für Sie sprechen: Wer also ein kaum juristisch beachtetes Gebiet als erster bearbeitet und damit späteren detaillierteren Untersuchungen den Rahmen vorgibt, verdient Anerkennung. Wer es wagt, sich auf einem nur von wenigen Experten beackerten Terrain zu bewegen und damit den Koryphäen auf Augenhöhe gegenüberzutreten, wird oft einen Bonus bekommen. Un-

---

625 Näher hierzu Rn. 538 ff.

ter diesem Gesichtspunkt rücken also auch die exotischen Themen wieder ein wenig mehr in den Fokus: Wer kennt sich schon mit Rechtsanthropologie aus[626]? Vielleicht haben Sie das Glück, einen Anschluss der Rechtswissenschaft an ein anderes Forschungsgebiet herstellen zu können, weil Sie kraft eigener Interessen und Kenntnisse oder kraft familiärer oder freundschaftlicher Beziehungen über den Tellerrand hinausschauen können und beispielsweise etwas Kluges zu den Parallelen und Unterschieden in der theologischen und der juristischen Auslegungslehre sagen können.

– Welches Thema bietet die besten akademischen Anschlussmöglichkeiten? Aus Seminararbeiten werden Dissertationen, aus Bachelorarbeiten werden Masterarbeiten; und selbst wenn der Anschluss nicht so nahtlos gelingt wie ursprünglich geplant, hat man sich vielleicht ein Gebiet erschlossen, das weitere vielversprechende Fragen abwirft.
– Mit welchem Thema kenne ich mich schon passabel gut aus? Was interessiert mich selbst so sehr, dass es nicht während der Bearbeitungszeit zu unnötigen Durchhängephasen kommt?
– Welches Thema kann ich am Arbeitsmarkt gut verkaufen?
– Welches Thema gewährt mir Zugang zu einer Koryphäe als Betreuer?

694 Manchmal braucht es bei der Themenwahl schlicht ein wenig **Mut** und Selbstvertrauen. Dass schon andere etwas zu Ihrem Lieblingsthema geschrieben haben, muss nicht den Knock-out bedeuten. Eine nagelneue umfassend angelegte Doktorarbeit oder gar Habilitationsschrift ist natürlich oft das Ende Ihres Plans. Aber das Vorliegen dreier guter Aufsätze bedeutet nicht, dass Sie nichts mehr Neues zu sagen hätten. Und manchmal liegt der Schwerpunkt Ihrer Arbeit eben auch nicht auf dem Neuen an sich, sondern etwa auf der intelligenten Systematisierung des Bekannten – aus der dann unverhofft neue Einsichten erwachsen.
Man lasse sich also nicht die Butter vom Brot nehmen, wenn man überhaupt erst einmal ein interessantes Gebiet identifiziert hat.

695 Bei diesem letztgenannten Schritt hilft gelegentlich auch ungefiltertes **Assoziieren**. Das Wort *Recht* kann man schließlich mit fast jedem Substantiv der deutschen Sprache kombinieren. Nicht immer kommt es etwas Sinnvolles dabei heraus: *Recht und Erdbeereis* wird so schnell kein Habilitationsthema abwerfen, aber für *Recht und Alter* gibt es bald Lehrstühle[627].

696 Gelegentlich geht es viel leichter als man denkt. Die eigene Einfallslosigkeit kann man manchmal mit ganz simplen Tricks überlisten. Es kann schon helfen, 30 Tage lang stur täglich zwei Themenideen oder -bruchstücke zu notieren, diese am Ende zu sortieren und aus der größten Gruppe inhaltlicher verwandter Splitter herauszudestillieren, wo die eigenen Interessen liegen. Vielleicht zeichnet sich dort auch schon das Thema der Wahl ab. Man muss es ausprobieren. Inspiration lauert überall. Auch die schrägen Gedanken können gute Themen abwerfen. Ein gutes Thema (oder die Inspiration dazu) kann lauern in einem Blog oder einem juristischen Diskussionsforum – oder in einer aufgegebenen

---

626 Die gibt es als Forschungsgebiet wirklich, z.B. *Gruter*, Rechtsverhalten; *Pospisil*, Anthropologie; *Wesel*, Frühformen.
627 *Schimmel*, LTO v. 28.12.2015, t1p.de/xo9u.

Doktorarbeit eines entfernten Freunds. Eigene Ideen sind meist besser als fremde Ideen, aber nicht immer.

Nicht schlecht bewährt hat sich die Kombination von **Beharrlichkeit** und **Zufall**. Neh- **697** men Sie einen fünf oder 25 Jahre alten Fachzeitschriftenband aus dem Regal und sehen sich die Themen aller dort erschienenen Aufsätze durch. Ohne die Texte zu lesen notie- ren Sie die Titel derjenigen, die Sie am meisten interessieren. Wenn man das eine Weile macht, bekommt man recht verlässlich heraus, was als Thema ansprechend ist. Damit hat zwar noch kein Thema – aber schon mal ein Themengebiet. Ein Thema lässt sich daraus meist entwickeln, indem man die Texte liest und auf ihre Schwächen und Lücken abklopft.
Manchmal hilft es schon, nach Schnittmengen zweier Themenkreise zu suchen, die auf den ersten Blick nicht unmittelbar nebeneinander liegen.

Beispiel: *Frauenrechte und Völkerrecht* – dann entsteht ein Thema, das für ein ganzes Buch reicht: Frauenrechte und Völkerrecht. Zur Einwirkung von Frauenrechten und Fraueninteressen auf das Völker- recht, hrsg. v. Beate Rudolf, Baden-Baden 2006.

Wenn sich die Themensuche länger hinzieht als gedacht, muss man auch einmal loslas- **698** sen können. Ein Thema, das nicht hält, was es versprochen zu haben schien, oder das von anderen abschließend bearbeitet ist, fällt eben aus. Im letzteren Fall zeigt sich, dass man einen guten Riecher gehabt hat. Im ersteren Fall erweist sich, dass Menschen sich täuschen. Klüger wird man allemal, auch durch das vergebliche Arbeiten an einem fal- lengelassenen Thema.
Wer eine Weile themensuchend hin- und her überlegt, kommt zu der Erkenntnis, dass etwa vier von fünf Ideen auf den zweiten Blick nichts taugen. Das verbleibende Fünftel besteht auch noch nicht ohne Weiteres aus brauchbaren Ideen – manche sind zu groß und manche zu klein für den jeweiligen Anlass. Die müssen alle aussortiert werden, und zwar möglichst früh. Der Preis, den man erst später für die Einsicht in die Untaug- lichkeit bezahlt, ist fast immer höher. Also lieber eine gute Idee notieren und auf Vorrat legen für die Habilitation als sich bei der Schwerpunktbereichsabschlussarbeit hoff- nungslos zu überfordern.

Diese kleine Arbeitsanleitung stößt an ihre Grenzen, wo die ganz individuelle Verfas- **699** sung des Bearbeiters ins Spiel kommt. So kann es geschehen, dass ein Thema, das Ihnen eigentlich besonders am Herzen liegt, sich als subjektiv problematisch herausstellt, weil das Herzblut zu Perfektionismus und am Ende zur Schreibblockade führt. Solche auf den ersten Blick fast paradox anmutenden Situationen sind schwer vorherzusehen, am ehesten noch individuell in Kenntnis der eigenen Stärken und Schwächen. Deshalb hier nur die Empfehlung: Wer seine Aufgabe selbst zu suchen hat, denke nicht nur über das Thema nach, sondern auch ein kleines bisschen über sich selbst[628].

Je mehr Zeit man bei der Themensuche hat, desto besser (vorausgesetzt, man verliert **700** das Problem nicht ganz aus den Augen). Wer in Betracht kommende Themen unter Be- rücksichtigung eigener Neigungen identifizieren will, stellt leicht fest, dass der Studien-

---

628 Wenn Sie Ihre Arbeit unter Betreuung schreiben: Ihre Betreuer haben neben der wissenschaftlichen „Aufsicht" nicht zuletzt die Aufgabe, Ihnen an dieser Stelle zu helfen. Daran kann man sie vielleicht erinnern, wenn es nötig wird.

alltag es bislang nicht zugelassen hat, diese Neigungen so richtig dingfest zu machen. Man kann das nachholen, indem man drei Monate lang aus der allgemeinen und der Fachpresse täglich/wöchentlich wenigstens zwei interessante Beiträge ausschneidet. Am Ende bildet man thematisch sortierte Häufchen aus diesen Ausschnitten; der größte Stapel, an dem zudem möglichst viele kleine Stapel als inhaltlich verwandt andocken können, ist ein guter Indikator für den eigenen Interessenschwerpunkt – hoffentlich hat er wenigstens am Rand auch juristische Bezüge.

Man braucht also zum Suchen nicht ebenso viel Zeit, wie für die Bearbeitung veranschlagt wird (das können bei einer Doktorarbeit leicht ein paar Jahre sein), aber je mehr Vorlauf man hat, desto besser. Zeit braucht man, egal ob man gerade besonders kreativ ist oder das Gegenteil. Der Kreative muss die Ideen ordnen und verwerfen, der weniger Ideenreiche muss erst einmal gute Ideen hervorbringen. Wenn es möglich ist: Früh anfangen.

701 Ist man in der glücklichen, aber nicht selbstverständlichen Situation, mehrere Themen identifiziert zu haben und sich nun entscheiden zu müssen, nehme man sich Zeit zum Überlegen. Soll es eher ein Thema „middle of the road" sein oder eines aus einem Randgebiet, also lieber Leistungsstörungen im Schuldrecht oder feministische Rechtstheorie? Beides hat Vorteile; auf die Zahl der Leser muss man in einer Prüfungsarbeit meist nicht schielen – und vielleicht sind auf einem noch nicht völlig abgegrasten Feld auch mal hübschere Blumen zu pflücken …

b) Themenbegrenzung

702 Mit dem Ausloten des Potentials eines Themenkreises ist die Arbeit oft noch nicht getan.

Es sei denn, man befasst sich von Anfang an mit einem punktuellen Thema à la *Dagobert D. – Leben und Werk*.

Oft bietet ein juristischer Themenbereich so viele unterschiedliche Ansatzpunkte und Facetten, dass eine umfassende Bearbeitung die Grenzen eines wissenschaftlichen Lebens sprengen würde.

Beispiele: *Sachvortrag im (Zivil-)Prozess* lässt sich zunächst historisch verfolgen, und auch hier kommen ganz unterschiedliche zeitliche Abschnitte in Betracht – also z.B.: *Sachvortrag im (Zivil-)Prozess – die Entwicklung vom Codex Hammurabi bis in die Moderne*. Man könnte auch die rechtstheoretischen Grundlagen prozessualer Verhaltensweisen offen legen oder das Ganze rechtstatsächlich näher untersuchen. Wem das nicht reicht, der soll sich vielleicht rechtsvergleichend umsehen (es gibt 193 unabhängige Staaten zzgl. Vatikan) oder – auch sehr gern gesehen – interdisziplinär arbeiten *(Ökonomie des Sachvortrags im Zivilprozess)*. Hat man *Aktuelle Probleme der Bettelei* als Thema identifiziert, springen die Nebenfragen schnell ins Auge: historische Bezüge, rechtsvergleichende Fragen, soziologische Fragen, Statistik (verwandte Probleme: Obdachlosigkeit, Sucht, Sozialhilfe, abweichendes Verhalten: aggressives Betteln, Trinken in der Öffentlichkeit).

Das Thema muss also noch entsprechend den eigenen Vorstellungen und Fähigkeiten in (gegebenenfalls nur einen) mundgerechte(n) Happen zerkleinert werden. Wie umfangreich die Bearbeitung zu sein hat, entscheidet sich nicht nur nach den eigenen Wünschen und Zielen, sondern auch nach bestimmten Zwängen, wie z.B. einem etwa vorgegebenen „Grob"-Thema, der zur Verfügung stehenden Zeit und eventuellen Seitenzahlbegrenzungen in der Aufgabe oder der Prüfungsordnung.

Bei Dissertationen spielen die zuletzt genannten Kriterien eine weniger bedeutende Rolle als bei Seminar- oder Prüfungsarbeiten. Für die Abschlusshausarbeit des Schwerpunktbereichsstudiums an der Goethe-Universität in Frankfurt am Main ist etwa vorgesehen, dass die Themen bereits vom Prüfer eingegrenzt werden sollen, so dass eine Bearbeitung innerhalb der Bearbeitungszeit von acht Wochen mit einem Umfang von 50 Seiten möglich ist[629]. Dies entbindet den Studenten jedoch nicht davon, das vorgegebene Thema auf Machbarkeit hin zu untersuchen. Die hier beschriebene Arbeit ist nicht entbehrlich, sondern sie ändert nur die Struktur und verlagert sich auf die Themenanalyse.

703

aa) Bestimmung der Ausgangslage

Eine Beschränkung des Umfangs wird zunächst dadurch zu erreichen sein, dass man den Ausgangspunkt der eigenen Überlegungen positiv näher bestimmt. Hierzu muss sich der Bearbeiter darüber klar werden, wo er sich mit seinem Projekt befindet bzw. an welcher Stelle der Diskussion er einhakt. Dafür ist das Lesen der relevanten Literatur essenziell, da nur mit Blick auf die Umgebung auch eine Orientierung möglich ist. Im Ergebnis dieser ersten Phase sollten großflächige Bereiche ausgesondert worden und es sollte klar sein, in welche Richtung die eigene Untersuchung gehen wird. Bei dieser Gelegenheit darf schon Material gesammelt werden. Am Ende müssten Sie etwa folgende Fragen beantworten können: In welchen Zusammenhang lässt sich das gewählte Thema einbinden? Welche Gebiete sind bereits anderweitig untersucht worden? Welche Erkenntnisse greife ich nicht an, sondern lege sie meiner Arbeit zu Grunde?

704

bb) Gegenüberstellung zu nicht erörterten Fragen

Unter Umständen ist eine solche positive Auswahl ebenfalls noch nicht genug, um zu einem handhabbaren Themenzuschnitt zu gelangen. Die Richtung muss noch genauer eingestellt werden. Hierfür empfiehlt es sich, negativ zu selektieren: Was wird in meiner Untersuchung bewusst nicht geleistet?
Wer beim Begreifen von Themen und Zusammenhängen visuell veranlagt ist, kann versuchen, die vorzunehmende Selektion z.B. mittels des schon erwähnten Mindmapping[630] darzustellen und die nicht zu erwähnenden Bereiche herauszustreichen. So sollte sich dann ein Hauptstrang an zusammenhängenden Gedanken ergeben.

705

Wichtig ist, dass diese Ausgrenzung auch begründet werden kann – möglichst mit einem Sachargument und nicht nur unter Hinweis auf den „Rahmen der Darstellung".
Themenverständnis und Themenbegrenzung sind regelmäßiger Bestandteil der Einleitung. Hier müssen Sie für den – juristisch vorgebildeten und mit einem gewissen Erwartungshorizont ausgestatteten – Leser darlegen, warum Sie bestimmte Fragen ausgeklammert haben. Der wiederholte Hinweis darauf, aus Platzgründen an einer Stellungnahme gehindert zu sein, hinterlässt beim Leser meistens nur einen faden Beigeschmack.

---

629 § 52 I 2 der Studien- und Prüfungsordnung.
630 Dazu oben Rn. 40.

706 Argumente für eine Zuspitzung auf eine Teilfrage können sich beispielsweise aus einem aktuellen Bezug, wie einer Gerichtsentscheidung, Gesetzesänderung o.ä., ergeben.

Bei Monographien und Aufsätzen erkennt man solche Eingrenzungen meistens an Zusätzen wie *erläutert am Beispiel von ...* oder *eine Nachlese zu ...* oder *unter besonderer Berücksichtigung des ...urteils.*

707 Andersherum funktioniert es übrigens auch: Wenn etwas auf Grund der aktuellen Diskussion um eine einzelne Facette eines Problems in den Hintergrund gedrängt wurde, lohnt es sich vielleicht, diesen **blinden Fleck** auf der wissenschaftlichen Linse zu polieren.

Beispiel: Streitet sich alle Welt um den subjektiven Tatbestand der Untreue nach § 266 StGB und eventuelle vermeidbare oder unvermeidbare Verbotsirrtümer, ist es möglicherweise interessant, den objektiven Tatbestand näher zu erfassen.

Man kann die Untersuchung bei einer Vielzahl unterschiedlicher Möglichkeiten auch auf eine prototypische Fallkonstellation beschränken oder, wenn die Diskussion immer nur um Prototypen kreist, versuchen, den Rand dieses kleinen Universums näher auszuleuchten; sprich: die **atypischen Fälle** in den Blick nehmen. Diese Vorgehensweise ist vor allem denkbar, wenn sich in der Praxis ein bestimmtes Regel-Ausnahme-Verständnis eingeschliffen hat.

Bei rechtsvergleichenden Arbeiten gehört es sich zudem, dass man die Länder- oder Rechtsauswahl begründen kann. Die Begründung sollte hier ebenfalls möglichst sachlich sein. Biographische Nähe zu einer „exotischen" Sprache bürgt zwar dafür, dass man sich selbst den rechtlichen Inhalt schnell aneignen kann. Sie müssen aber verdeutlichen können, warum es für die Wissenschaft interessant sein soll, die Haftung für Vertragsverletzungen nach russischem Schuldrecht mit dem deutschen System zu vergleichen oder das türkische Telekommunikationsrecht mit dem von Äthiopien. *Gibt es noch nicht* ist nicht gleichbedeutend mit *Muss es geben.* Als Argument kommen mögliche Vorbild- (So!) oder Abschreckungswirkungen (So nicht!) des ausländischen Rechts in Betracht. Man kann auch die wirtschaftliche Komponente hervorheben (China: Ein Riesenland mit einem Riesenmarkt) oder vielleicht einen gemeinsamen Ursprung der Rechtsordnungen (Iberien – Iberoamerika) heranziehen, der es lohnend erscheinen lässt, verschiedene Entwicklungen ab diesem Punkt nachzuzeichnen.

c) Das Thema

708 Am Ende der Such- und Zuschneidearbeit sollte sich ein konkretes Thema herauskristallisiert haben, das mit einer ziemlich präzisen Umschreibung dessen versehen ist, was sich hinter den zwei Zeilen Überschrift verbirgt.

Sie sollten das Thema in wenigen Sätzen einem Gegenüber erklären können: Was problematisieren Sie? Warum problematisieren Sie genau diese Frage(n)? Wie wollen Sie die Untersuchung angehen? Was versprechen Sie sich im Ergebnis von der Untersuchung[631]? Vielleicht hilft es, eine Laien- und eine Juristenkollegenfassung niederzuschreiben.

---

631 Vielleicht hilft es, sich dabei vorzustellen, Sie wollten das Thema anlässlich eines Partygesprächs beschreiben: So kurz, dass Sie keinen Zuhörer langweilen, aber so präzise, dass Sie weder sich noch die Zuhörer für dumm verkaufen.

Die Themenfindung hat also regelmäßig als Nebeneffekt zu einer greifbaren Vorstellung eines bestimmten Arbeitsplans geführt. Auch darin liegt der Wert einer eigenständigen und gewissenhaften Suche.

Die eigentliche **Bearbeitung** richtet sich grundsätzlich nach den oben ausgeführten **709** Hinweisen, natürlich mit entsprechend dem Anlass angehobenen Maßstäben. Tatsächlich ist schon manche Doktorarbeit aus einer Seminararbeit entstanden, allerdings mit einem deutlichen Mehr an Aufwand in fast jeder Hinsicht.

4. Weiterverwertung – Beispiel: Zeitschriftenaufsatz

Im Allgemeinen ist die Angelegenheit erledigt, wenn Sie Ihre mit wenigstens „ausrei- **710** chend" benotete Arbeit zurückbekommen und nötigenfalls das Seminarreferat gehalten haben. Gelegentlich geht Ihnen das Thema aber noch nach. Oder Sie haben das Gefühl, sehr viel Mühe aufgewendet zu haben, deren Ertrag nicht nur den paar gelangweilten Zuhörern im Seminar zugute kommen soll. Dann wird Ihnen vielleicht der Gedanke kommen, die Arbeit zu veröffentlichen[632, 633].

Die **Initiative** zur Zweitverwertung eines vorhandenen Texts geht meist von Ihnen selbst **711** aus. Vielleicht wird einmal eine Ihrer Professoren oder Referendarsausbilder anregen, einen guten Vortrag für die Publikation umzuarbeiten. Nur selten werden Sie von Herausgebern oder Redakteuren unmittelbar angefragt werden[634]. In erster Linie kommt es also auf Ihr Vertrauen auf die Qualität Ihres Texts an.

a) Warum überhaupt wissenschaftlich publizieren?

Mehrere Gründe einzeln oder gemeinsam können Sie auf den Gedanken bringen, einmal einen Fachzeitschriftenbeitrag zu verfassen.

Der beste Anstoß liegt darin, dass Sie **etwas zu sagen haben**. Das ist gar nicht so selten: **712** Wer in die Seminararbeit oder die Examenshausarbeit richtig Zeit und Mühe und Sorgfalt investiert hat, hat meist auch eine recht realistische Vorstellung davon, ob er zum Thema etwas Eigenes beitragen kann.

Hinzutreten werden vielleicht **werbliche Erwägungen**: Ein anständiger Fachzeitschrif- **713** tenbeitrag ist eine gute Möglichkeit, sich bei der Bewerbung um eine Anstellung aus der Masse der Konkurrenten ein wenig herauszuheben. Je anspruchsvoller die angestrebte Arbeitsstelle ist, desto wählerischer sind Ihre künftigen Arbeitgeber. Zudem können Sie Themen „besetzen"; das kann etwa sinnvoll sein, wenn Sie während der Promotionszeit der Fachwelt schon einmal vorab signalisieren wollen, dass Sie an Ihrem Thema dran sind[635].

---

632 Lesenswerte Hinweise zum juristischen Publizieren (auch über den Fachzeitschriftenbeitrag hinaus) bei *Köhler*, JA 1996, 432 ff., der allerdings den nachstehend erörterten Fragen insbesondere der Textredaktion wenig Platz einräumt.
633 Beispiele: *Schenk*, ZGS 2008, 54 ff.; *Welke*, KJ 1995, 369 ff.
634 Dadurch darf man sich aber eben auch nicht entmutigen lassen: Unter den Bedingungen von Massenuniversitäten sind Sie darauf angewiesen, sich selbst zu vermarkten. Also nicht weinen, nur weil nicht ständig attraktive Angebote auf Ihren Tisch flattern.
635 Dazu die Beiträge in *Ruhl/Mahrt/Töbel*, Publizieren.

714 Erst recht gilt das, wenn Sie Ambitionen in der **Wissenschaft** haben. Dann können Sie nicht früh genug an Ihrer Publikationsliste feilen. Vielleicht wollen Sie sich auch nur einmal selbst beweisen, dass Sie **imstande sind**, einen Text auf anständigem fachlichem Niveau zu verfassen (das kann nämlich nicht jeder …). Und vielleicht merken Sie bei dieser Gelegenheit, dass Sie das nur ein einziges Mal machen möchten – oder eben öfter. Wie so häufig: Wer es nicht ausprobiert, findet es auch nicht heraus.

715 In einer Hinsicht muss vor dem wissenschaftlichen Publizieren gewarnt werden: Das **Honorar**, das Sie – wenn überhaupt[636] eine Weile nach Veröffentlichung des Texts – erhalten, ist eine Anerkennung, aber keine Motivation. Sie verdienen die gleiche Summe schneller, wenn Sie im Supermarkt Regale einräumen[637]. Es sei denn, Sie wären ungewöhnlich begabt und könnten den Beitrag samt Fußnoten druckreif herunterdiktieren. Bei einigen Fachzeitschriften bekommen Sie ein Honorar (und zusätzlich von der **Verwertungsgesellschaft Wort**[638] eine weitere kleine Summe, wenn Sie Ihre Rechte am Text zur Verwertung an sie abtreten), teils arbeiten Sie aber auch für die Ehre[639] und ein paar Belegexemplare. Für eine Buchrezension etwa bekommen Sie im Allgemeinen das Rezensionsexemplar, sonst nichts. Das Honorar ist Teil Ihres Einkommens und daher zu versteuern.

716 Wer sich also vornimmt, einen wissenschaftlichen Fachzeitschriftenbeitrag zu verfassen, vergewissere sich vorher über seine Motive[640]. Das spart Ihnen Enttäuschungen. Wenn Sie zu Ende überlegt haben, bleiben nur noch zwei Schritte: den Text **produzieren** und das Ergebnis **platzieren**[641].

b) Produzieren

717 Ausgangspunkt für den ersten Schritt ist der Text Ihrer Themenarbeit. Idealerweise ist das eine ca. 25 Seiten starke Ausarbeitung, an der Sie wochenlang gesessen und für die Sie berechtigterweise Lob und eine gute Note im Seminar bekommen haben.

718 In aller Regel ist die aber noch stark **überarbeitungsbedürftig**.
Das verwundert auf den ersten Blick, wenn man bedenkt, dass eine gute Seminararbeit eigentlich alle Qualitäten eines interessanten und nützlichen Fachzeitschriftenbeitrags aufweisen soll. Bei genauerem Hinsehen liegt es aber auf der Hand – und zwar in mehrerer Hinsicht: Sie haben eine Arbeit für 20 Seminarteilnehmer, zwei wissenschaftliche Mitarbeiter und einen Professor verfasst. Sie kannten die Beteiligten mit ihren Erwar-

---

636 Die in Fn. 674 genannten studentischen Zeitschriften etwa zahlen kein Honorar.
637 Wenn Sie einen fertigen Text haben, können Sie für die Überarbeitung mehrere volle Arbeitstage veranschlagen. Überschlagen Sie nur einmal, was Sie in dieser Zeit durch Erwerbsarbeit verdienen. Für einen Fachzeitschriftenbeitrag bekommen Sie im besten Fall ein Honorar in übersichtlicher dreistelliger Höhe, aus dem Sie aber auch den gesamten Etat für Fotokopien, Buchbeschaffungen, Recherchearbeit etc. bestreiten müssen. Finanziell lohnt das also gemeinhin nicht.
638 Um die Abtretung der Urheberrechte an die VG Wort muss man sich als Autor selbst kümmern. Einzelheiten unter t1p.de/s0o7.
639 So etwa bei den Online-Zeitschriften (dazu Fn. 677).
640 Solide nichtfinanzielle Motive nennt *Köhler*, JA 1996, 432, 436.
641 Die folgenden Hinweise beschränken sich auf juristische Fachveröffentlichungen. Wer über Rechtsthemen für ein allgemeines Publikum oder für eine Nachbarwissenschaft schreibt, wird zusätzliche Überlegungen anstellen müssen, die hier ausgeklammert bleiben können.

tungen und Interessen aus der Vorbesprechung und dem Verlauf der Veranstaltung. Jetzt wollen Sie eine schwer bestimmbare Zahl Ihnen unbekannter potenzieller Leser ansprechen, deren Rückfragen Sie zudem nicht im mündlichen Seminarvortrag beantworten können.

Ihr Text muss daher kürzer, fokussierter, präziser, eingängiger und klüger werden[642].

aa) Kürzen

Fast immer tut Kürzen not. Der Platz im Druck ist knapp. Als Anfänger bekommen Sie nur ausnahmsweise gleich acht Druckseiten zugestanden. Wenn nicht schon äußere Gründe Kürzungen erzwingen, überlegen Sie, ob Sie nicht allein deswegen kürzen wollen, weil das meist den Text verbessert[643]. Bei einer 70-seitigen Abschlussarbeit liegt es auf der Hand, dass Sie aus beiden Gründen kürzen müssen. **719**

Das Kürzen fällt umso leichter, je genauer man sagen kann, was **das Eigene** an einem Text ist – denn das **ist unentbehrlich**. Alles andere kann gekürzt werden, wenn es auch oft schmerzt. Im günstigsten Fall ist das Eigene eben auch das Neue und Originelle, dessentwegen es überhaupt sinnvoll ist, den Text zu veröffentlichen. **720**

Ihre Argumentation kann durch Auskonturieren nur gewinnen. Verknappung ist eine Tugend. Juristischen Argumentationen darf man ohne den Vorwurf des Body Shaming nachsagen: Manchmal ist dick schick, aber meist ist **schlank schön**.

Beim Kürzen muss man ständig neu entscheiden, welche Abschnitte ersatzlos wegfallen und welche auf einige wenige Zeilen zusammengefasst werden können. Der mühsam erarbeitete rote Faden darf beim Kürzen nicht zerschnitten werden – bestenfalls wird er im Gegenteil deutlicher[644]. Gute Kandidaten für das Kürzen sind die manchmal in akademischen Arbeiten etwas überladen geratenen **Fußnotennachweise**: Hier kann man sich Platz sparend auf die klügsten, aktuellsten und aussagereichsten Fundstellen beschränken. **721**

Ebenfalls gründlich geprüft werden müssen die **Wiederholungen**, die Sie aus didaktischen Gründen eingebaut haben. Tendenziell können sie entfallen: Die Leser eines Fachzeitschriftenbeitrags sind konzentriert und aufmerksam, so dass sie keine Wiederholungen brauchen[645]. Stellen Sie sich beim Kürzen vor, Sie müssten den im Druck in Anspruch genommenen Platz zeilenweise bezahlen[646] – beliebig teuer. Das hilft, wenn man es ernst nimmt. Wer kürzt, muss streng zu sich selbst sein. Jedes Wort steht neu zur Debatte. Jede Änderung ist gut, wenn der Text dadurch besser wird. Keine falsche Eitelkeit – und nicht auf den Lorbeeren der 15 Punkte ausruhen!

---

642 Kluge Hinweise zum erforderlichen re-writing bei *Möllers*, § 4 Rn. 1 ff.

643 Hinzukommt, dass die Vermeidung jeder Art von Weitschweifigkeit spätestens jetzt ein Gebot der Höflichkeit gegenüber den Lesern ist. Leser sind sowohl die Endkunden als auch die Redakteurinnen, die zwischen diesen und Ihnen stehen. Behalten Sie immer im Blick, dass Ihr Text einmal als Visitenkarte dienen wird.

644 Empfehlungen zum Thema auch schon Rn. 254.

645 Bei den Wiederholungen lohnt es sich von vornherein, sie wie das Salz in der Suppe einzusetzen: sparsam. Lernen Sie von Pädagogen. Gelegentliche kleine Wiederholungen sind in Ordnung. Aber sie müssen bedacht sein und sollten nicht langweilig werden, indem man 1:1 das bereits Gesagte noch einmal sagt.

646 Das ist in naturwissenschaftlichen Publikationen nicht selten.

722 Eine Vorstellung vom Höchstumfang des eigenen Texts kann man sich verschaffen, wenn man die Zahl der Zeichen auf einer Fachzeitschriftenseite auszählt: zwei Spalten * Zahl der Zeilen * Zahl der Zeichen (einschließlich Leerzeichen) je Zeile – 8 % für Leerzeilen und unvollständige Zeilen. Das Ergebnis multipliziert man mit der Zahl der Druckseiten, die der Zuschnitt der Zeitschrift einem Beitrag des angepeilten Typs (z.B. Urteilsanmerkung) zugesteht. Damit hat man einen guten Näherungswert, den man beim Kürzen und Überarbeiten im Blick behalten sollte. Das geht einfach mit der „Zeichen zählen"-Funktion der Textverarbeitung. Viele Zeitschriften veröffentlichen auf ihren Websites auch Autorenhinweise, wo ausdrücklich Vorgaben für die Textlänge bestimmter Textgattungen gemacht werden. Das kann die Rechnerei ersparen.

bb) Überarbeiten

723 Meist ist eine mehrfache Überarbeitung erforderlich, oft in mehrfacher Hinsicht. Worauf dabei zu achten ist, hängt hauptsächlich davon ab, für wen man schreibt. Wer studentische Leser des vierten Semesters im Fokus hat, wird auf die Anschlussfähigkeit des eigenen Themas an den Pflichtfachstoff achten und versuchen, den Bogen vom Allgemeinen zum Besonderen möglichst nachvollziehbar zu schlagen, vielleicht auch Hinweise zum Prüfungsaufbau zu geben. Wer für einen kleinen Kreis hoch spezialisierter Praktiker und Professoren schreibt, wird die originellen Aspekte des eigenen Ansatzes in den Vordergrund rücken, aber vielleicht manche Argumentationskette nicht mehr lückenlos darstellen, weil damit zu rechnen ist, dass die Adressaten das Weggelassene kennen. Je klarer also Ihre Vorstellungen vom potenziellen Leserkreis ist, desto stringenter wird die Überarbeitung vonstatten gehen und desto leichter wird der fertige Text zu platzieren sein. Fragen Sie sich deshalb kritisch *Wen muss das – gefälligst – interessieren?*

cc) Allgemeiner ansetzen

724 Möglicherweise muss die **Einführung allgemeiner** werden, um den vielen nicht spezialisierten Lesern die Entscheidung zu erleichtern, ob der Text zu lesen ist oder nicht. Je nach angepeiltem Leserkreis und Zuschnitt des Ausgangstexts kann aber auch das Gegenteil erforderlich sein. Dazu wiederum ist es nötig, eine Vorstellung vom Ort der Publikation zu haben. Dass etwa die Leserprofile des AcP und der ZAP einigermaßen verschieden sind, ist Ihnen sicher schon aufgefallen. Wenn Sie noch nicht genau wissen, wo der Text erscheinen soll, verfassen Sie übungshalber eine Alternativ-Einleitung.

dd) Fokussieren

725 Der Text selbst muss meist spezieller werden, weil der interessierte Leser über mehr Vorkenntnisse verfügt als die Seminarteilnehmer.

726 Fast noch wichtiger ist es zu entscheiden, in welchem **Format** Sie über Ihr Thema schreiben wollen. Bei der Materialauswahl, der Diktion, der Gedankenführung und überhaupt der gesamten Herangehensweise ist es ein erheblicher Unterschied, ob Sie etwa einen Beitrag mit didaktischem Schwerpunkt für eine Ausbildungszeitschrift verfassen wollen oder eine Rechtsprechungsübersicht oder eine Urteilsanmerkung oder eine systematische Untersuchung eines neuen Problems, also gewissermaßen eine kleine Monographie. Es gibt für diese Literaturgattungen keine verbindlichen Anleitungen. Hier kann die Empfehlung genügen, zunächst durch Nachahmen zu lernen. Dazu muss man lesen; nicht alles, was man zu lesen bekommt, ist vorbildlich. Nichts verbietet eine Mischung der etablierten Formate, aber vielleicht es doch am besten, mit einem eindeutig identifizierbaren Ansatz anzufangen.

ee) Ergänzungen

Spätestens jetzt braucht der Text eine aussagekräftige **Überschrift**, die schlagwortartig   **727**

Beispiele: *Unfallersatztarife*[647]*; Sturmschäden: Fragen der Kausalität und Schadensbemessung*[648]*; Musiktauschbörsen im Internet*[649]*; Causa. Der Zweck als Grundpfeiler des Privatrechts*[650]

über den Inhalt informiert, bestenfalls so pfiffig ist[651], dass der zögernde Leser sich wenigstens zum Lesen der Einleitung entschließt[652].

Beispiele: *Wer frisst wen? Weiterfresser vs. Nacherfüllung*[653]*; Ein Schritt in die richtige Richtung auf einem Weg ins Abseits – Neues zur ortsüblichen Vergleichsmiete*[654]*; Das Trojanische Pferd in der Zitadelle des Rechts?*[655]*; Das Pferd frisst keinen Gurkensalat – Überlegungen zur Internet-Governance*[656]*; Schönheitsreparaturen: Was ist den Vermietern nach den „BGH-Tornados" noch geblieben?*[657]*; Maultaschen im Sachenrecht*[658]*; Putativ-Diskriminierung wegen Ethnie oder Rasse – der Fall „Minus: Ossi"*[659]*; Vertragsänderung durch bloßen Zeitablauf?*[660]*; Feministische Rechtstheorie*[661] *– eine Gratwanderung zwischen Bedeutungslosigkeit und Irrelevanz?*

Allerdings sollte man es mit dem Zuspitzen auch nicht übertreiben.

Beispiel: *Terrassen des Terrors* ist zu dramatisch – dann doch lieber *Jüngere Rechtsprechungsentwicklungen im Nachbarrecht.*

Spätestens jetzt muss auch eine präzise **Zusammenfassung** her, die den gelangweilten   **728** Leser über die wichtigsten Ergebnisse informiert, wenn er sich zwischendurch entschließt, etwas besseres mit seiner knappen Zeit anzufangen als den Text komplett zu lesen. Aus dem eigenen Leseverhalten wissen Sie, dass Sie die Entscheidung, ob Sie einen wissenschaftlichen Text lesen (und welchen Teil davon), oft treffen, nachdem Sie Einführung und Zusammenfassung angesehen haben. Deshalb muss die Zusammenfassung leicht verständlich, halbwegs vollständig und möglichst pointiert sein.

---

647 *Wagner*, NJW 2006, 2289 ff.
648 *Schauer*, GreifRecht 2008, 46 ff.
649 *Röhl/Bosch*, NJW 2008, 1415 ff.
650 Till *Bremkamp*, Causa, Berlin 2008.
651 Siehe auch schon Fn. 373.
652 Beispiel für eine pfiffige Einleitung: *Beyer*, NJW 2008, 2065.
653 *Tettinger*, JZ 2006, 641 ff.
654 *Thomma*, WuM 2006, 237 ff.
655 *Heldrich*, JuS 1974, 281 ff.
656 *Hoeren*, NJW 2008, 2615 ff.
657 *Beyer*, NJW 2008, 2065 ff.
658 *Schall*, NJW 2010, 1248 ff.
659 *Greiner*, DB 2010, 1940 ff.
660 *Hunold*, DB 2012, 1096 ff.
661 Die gibt es wirklich; zur Einführung *Foljanty/Lembke*, Feministische Rechtswissenschaft.

Je mehr sich der Großteil der juristischen Periodika auf den in der Praxis tätigen Leser konzentriert, desto besser beraten ist man als Beitragsverfasser, wenn man auf leichte Rezipierbarkeit achtet.

729 Viele Fachzeitschriften stellen dem eigentlichen Text ein **Abstract** voran; teils hat dieses mehr einführenden, teils mehr zusammenfassenden Charakter. Manchmal wird es auf Deutsch und Englisch verlangt.

730 Wenn Anlass dazu besteht, müssen Sie Ihren Text **aktualisieren**. Als Leser ärgern Sie sich schließlich auch über Material auf dem Stand von vorgestern.
Gerade wenn Sie nach der Staatsprüfung auf einen Referendarsplatz warten und bei dieser Gelegenheit eine zwei Jahre alte Seminararbeit wieder hervorkramen, ist sorgfältige Aktualisierung dringend angezeigt.
Bei der Suche nach neuerer Rechtsprechung und jüngeren Beiträgen im Schrifttum können Sie sich auf eine **Differenzrecherche** beschränken[662]. Die ist dann aber auch unentbehrlich.
Ein zwischenzeitlich in Kraft getretenes Gesetz oder ergangenes Urteil kann Ihr Thema restlos erledigt haben[663]; vielleicht ist auch „nur" eine neue Perspektive vonnöten. Je mehr Zeit vergangen ist, desto eher müssen Sie zu einer Totalrevision bereit sein[664].

731 Wenn Ihre Argumentation auf hohem fachlichem Niveau arbeitet, ist sie für den Leser vielleicht schon zu dicht. Dann müssen Sie zusätzliche erläuternde Sätze, Nebensätze, Einschübe, Fußnoten einbauen.

ff) Neu gliedern

732 Auch die Gliederung darf revidiert werden. Teils ist das zwingend, weil weggefallene und/oder hinzugetretene Textteile einen anderen Aufbau erfordern oder wenigstens nahelegen. Wo es nicht zwingend ist, kann es immer noch ratsam sein. Wer bisher Pflichtleser überzeugen musste, will jetzt freiwillige Leser bei der Stange halten. Wenn ein anderer Aufbau mehr Spannung in den Gedankengang bringt, ist er allemal eine Überlegung wert. Natürlich darf man sich nicht dem Vorwurf logischer Unstimmigkeit aussetzen, weil dann die inhaltliche Überzeugungskraft leidet. Aber wie Sie noch vom Abfassen der Arbeit in Erinnerung haben, gibt es meist mehrere diskutable Gliederungsmöglichkeiten. Sehen Sie sich die noch einmal an. Berücksichtigen Sie zugleich die zwischenzeitlichen Erfahrungen mit Korrekturlesern und Hörern des mündlichen Vortrags: Sind alle an der gleichen Stelle ins gedankliche Stolpern geraten, sollte dort nicht nur der Text inhaltlich präzisiert, sondern auch der Aufbau neu bedacht werden.

---

662 Dazu Rn. 154 f.
663 Sie wissen ja: *Drei berichtigende Worte des Gesetzgebers, und ganze Bibliotheken werden Makulatur.* Wer hat das gesagt? Antwort in Fn. 700.
664 So etwas ist ärgerlich und arbeitsintensiv. Sie haben aber eben auch die Chance, inhaltlich Ihren Standpunkt zu überdenken und vielleicht zu ändern. Das ist Teil des wissenschaftlichen Prozesses.

gg) Gründliche Prüfung auf inhaltliche Unklarheiten, Widersprüche und Ähnliches

Alle **Kompromisse**, die bei der Ursprungsfassung noch vertretbar schienen, müssen   **733**
jetzt beseitigt werden. Die erste Liste dieser Kompromisse hat man als Verfasser meist
selbst noch im Kopf – das sind die Unvollkommenheiten, die dem Zeitdruck vor der
Abgabe geschuldet waren. Die zweite Liste hat man vielleicht erstellt, als man die Arbeit im Seminar vortrug. Der Verlauf der Diskussion, der Schwerpunkt der Rückfragen,
die eine oder andere kritische Bemerkung von Mitstudenten nach der Veranstaltung –
alles das hat man günstigstenfalls notiert oder kann es wenigstens rekonstruieren. Die
dritte Liste besteht aus den Beanstandungen des Professors und ihrer am Seminar teilnehmenden wissenschaftlichen Mitarbeiter. Diese Hinweise müssten auf dem abgegebenen und nach Veranstaltungsende zurückgegebenen Exemplar Ihrer Arbeit zu finden
sein. Ansonsten muss man nachfragen.

Weiter ist ein Arbeitsschritt zu wiederholen, der schon vor der Fertigstellung des Aus-   **734**
gangstexts gestanden hat – oder hätte stehen müssen: Der Gedankengang muss noch
einmal auf seine **argumentative Konsistenz** abgeklopft werden. Das ist zwar schwierig, wenn man vom eigenen Standpunkt inhaltlich überzeugt ist. Aber wenigstens probeweise sollte man sich zur Aufgabe machen, mögliche Kritik so schonungslos wie möglich zu formulieren.
Die dabei entstehenden Einwände sollten entweder widerlegt und so in die eigene Argumentation eingebaut werden (wo das der zur Verfügung stehende Platz zulässt) oder
wenigstens als valide, aber im Ergebnis nicht ausschlaggebend kurz referiert werden.
Sie zu ignorieren und zu verschweigen ist der schwächste Umgang mit ihnen.

Je mehr Neues Sie präsentieren, desto strikter müssen Sie auf gute **Verständlichkeit**   **735**
achten. Dass die Seminarteilnehmer seinerzeit höflich behauptet haben, alles verstanden
zu haben, und feierabendhalber auch keine Fragen stellen wollten, bedeutet nicht, dass
Ihr Gedankengang verständlich wäre.

hh) Stilistische Überarbeitung

Entgegen der ersten Erwartung muss das Ausgangsmaterial auch stilistisch überarbeitet   **736**
werden. **Das bisher erreichte Niveau reicht nicht aus**. Der Text muss funkeln[665].
Mag sein, dass Sie eines Tages schlampig heruntergediktierte Beiträge überall unterbringen, weil Sie eine Koryphäe sind, um deren Meinung sich die Fachzeitschriftenredaktionen und die Festschriftenherausgebergremien schlagen. Wenn Sie Anfänger im juristischen Publizieren sind, muss Ihr Beitrag perfekt sein. Oder jedenfalls so nah dran wie
möglich. Erforderlich sind in der Regel mehrere Durchgänge bei der Überarbeitung,
zwischen denen Sie Zeit lassen sollten. Das hilft, besonders beim Verwerfen von Formulierungen oder ganzen Abschnitten. Je mehr Zeit vergeht zwischen Schreiben und
Redigieren, desto weniger Herzblut fließt beim Kürzen und Überarbeiten[666].

---

665 Pointiert *Köhler*, JA 1996, 432, 535: *erstklassig* – drunter lohnt die Mühe nicht!
666 Wer beim Kürzen merkt, dass er sich von keinem Wort trennen kann, muss Kollegen um Hilfe bitten.

737   **Jedes Wort** muss noch einmal überdacht werden. Sie werden erstaunt sein, wie viel genauer, kürzer und schöner ein Text noch werden kann, den Sie bereits für gut gehalten hatten. Verbesserungen drohen auch, wenn Sie die **Reihenfolge** der Sätze und Absätze noch einmal in Frage stellen. Mancher Gedankengang wird klarer, wenn Sie hier experimentieren und nötigenfalls revidieren. Am Ausdruck zu feilen lohnt sich immer.

Beispiel: Manche schiefen Bilder fallen dem Verfasser erst bei wiederholtem Durcharbeiten ins Auge, dem Leser aber sofort: *Wer diese Gelegenheiten nutzt, eignet sich einen Wissens- und damit einen Wettbewerbsvorsprung an*[667]. Wissen kann man sich aneignen und einen Vorsprung kann man *erringen* oder *sich erarbeiten* oder *gewinnen* – aber ihn *sich aneignen*?

Je mehr Sie schon gestrichen und ergänzt haben, desto dringender wird es erforderlich, auch stilistisch noch einmal mit der Harke durch den Text zu gehen[668]. Gerade beim Satzbau liegen meist noch Verbesserungsmöglichkeiten.

738   Das sind nur scheinbar Äußerlichkeiten. Denken Sie immer daran: Sie wollen Andere überzeugen. Wer jemanden dazu bringen will, seinen Standpunkt aufzugeben, mutet ihm inhaltlich schon genug zu. Also muss äußerlich alles so glatt wie möglich sein.

739   Oft wird es erforderlich sein, **Übertreibungen** zurückzunehmen. Je pointierter Sie für den Vortrag des Referats einzelne Gesichtspunkte zugespitzt haben, um die desinteressierten Zuhörer vom Einschlafen abzuhalten, desto misstrauischer müssen Sie Ihrem Text jetzt begegnen. Bei Übertreibungen lauern leicht einmal Fehler in der Sache selbst. Ein Argument leidet, das erst gut wird, wenn man übertreibt.

Auch da, wo Sie mit Herzblut argumentiert haben, sollten Sie sorgfältig revidieren: Der Leser eines Fachzeitschriftenbeitrags erwartet kaltblütiges Wägen der Argumente. Geben Sie Ihren Standpunkt nicht auf – aber vertreten Sie ihn so sachlich wie irgend möglich. Nichts ist so langweilig wie die Aufregung von gestern. Ihr Text soll aber auch in etlichen Jahren noch mit Gewinn gelesen werden.

740   Dass orthographisch und grammatikalisch alles stimmen muss, sollte keiner Erwähnung bedürfen. Manche Fachzeitschriftenredaktionen verzichten aus Kostengründen auf Kontrolle, so dass Sie umso sorgfältiger korrigieren müssen. Vergessen Sie nie, dass genau dieser Text Ihnen einmal als Visitenkarte dienen soll[669].

Gegen Betriebsblindheit beim eigenhändigen Gegenlesen helfen übrigens ein paar kleine Tricks: Umformatieren, damit das Auge überlistet wird – und: Rückwärtslesen, Wort für Wort, Satz für Satz.

ii)   Gründliche Revision des wissenschaftlichen Apparats

741   Der Fußnotenapparat ist nicht nur zu kürzen (vielleicht aber auch teils zu erweitern), sondern auch formal und inhaltlich gründlich zu redigieren. Alles, was in der Hektik vor der Abgabe des Referats nicht mehr genau kontrolliert worden ist, wird jetzt noch einmal gegengeprüft. Nach der Drucklegung steht Ihr Beitrag in Bibliotheken auf Jahr-

---

667   *Staufenbiel/Meurer*, JA 2006, 649.
668   Die Hinweise oben Rn. 246 ff. gelten weiter.
669   Lesen Sie einmal *Ocak/Fisahn*, AL 2016, 152 ff.

zehnte der Fachwelt zur Verfügung – da möchten Sie sich doch nicht durch **Fehlzitate** blamieren.

Neu bedacht werden müssen unbedingt auch die Zitate, bei denen Sie sich nicht ganz sicher waren, ob Sie die betreffende Quelle eigentlich als Beleg hätten verwenden dürfen. Wer sich fälschlicherweise zitiert sieht, ist immer ein wenig peinlich berührt. **742**

Eventuell ist es sinnvoll, die Fußnoten schon vorausschauend den Gepflogenheiten der Fachzeitschrift anzupassen, in der Sie den Beitrag veröffentlicht sehen möchten[670]. **743**

jj) Letzte Arbeitsschritte

Auf dem so erreichten Stand sollte Ihr Text zu substanziellen Beanstandungen keinen Anlass mehr geben. Es bleiben nur noch Korrekturen in den **Feinheiten**. Empfehlungen dazu müssen sich auf den organisatorischen Aspekt beschränken: **744**

Gegenlesen, liegenlassen, von klugen Leuten gegenlesen lassen. Nachdem die üblichen Verdächtigen aus dem Freundes- und Verwandtenkreis den Text verbessert haben, können Sie den Professor um kritische Durchsicht bitten, der Sie damals überhaupt erst auf den Gedanken mit der Veröffentlichung gebracht hat. Wenn er das Ergebnis Ihrer Mühen nicht geradezu lächerlich findet, hilft er Ihnen vielleicht auch beim Platzieren. **745**
Da Sie mittlerweile alle Distanz zu Ihrem Arbeitsergebnis verloren haben, sollten Sie **jede Kritik wertschätzen** – auch die, die Sie dann nicht umsetzen[671]. Bedenken Sie auch, dass mit einem soliden Lektorat außerhalb Ihres eigenen Umkreises kaum zu rechnen ist. Die meisten Fachzeitschriftenredaktionen können sich mittlerweile ein Lektorat nicht mehr leisten. Das bedeutet, dass inhaltliche und sprachliche Fehler der Druckfassung unmittelbar auf Sie zurückfallen.

Es ist nicht schlimm, wenn diese letzten Polierarbeiten etliche Wochen in Anspruch nehmen (und damit mehr Zeit, als Sie für das Abfassen des gesamten Texts veranschlagt haben). Die paar Viertelstunden, die Sie feierabends ins Lesen und Glattschleifen investieren, verhindern, dass Sie beim Wiederlesen unangenehm berührt erröten. Ganz am Ende dieses Arbeitsabschnitts lehnen Sie sich für eine halbe Stunde zurück und lesen den Ausgangstext und den überarbeiteten Text lächelnd parallel. **746**

c) Platzieren

Vielleicht schwieriger als einen guten Text zu schreiben ist es, ihn am richtigen Ort unterzubringen[672]. Um die Veröffentlichungsplätze in der Fachpresse gibt es **Wettbewerb**. Schärfer wird der nicht zuletzt dadurch, dass gut 170.000 Rechtsanwälte in Fachveröffentlichungen Werbemöglichkeiten sehen. Und eine konstante Zahl von Professoren den **747**

---

670 Zu den damit verbundenen Risiken sogleich Rn. 753.
671 Wie viel Mühe in sorgfältigem Gegenlesen steckt, merkt man meist erst, wenn man sich in gleicher Münze revanchiert. Solange dazu keine Gelegenheit besteht, muss man sich anders bedanken.
672 Die folgenden Überlegungen befassen sich nur mit juristischen Fachzeitschriften, weil die anderweitigen Veröffentlichungsmöglichkeiten für Texte im Umfang einer unselbstständigen Veröffentlichung (z.B. Festschriften und Gedächtnisschriften, Tagungssammelbände etc.) Anfängern nur sehr ausnahmsweise zur Verfügung stehen.

nächsten Ruf durch Polieren der Publikationsliste vorbereitet. Und eine Menge wissenschaftlicher Nachwuchs sich profilieren muss. Wer keinen akademischen Grad vorzuweisen hat und keine wohlreputierte Stelle bekleidet und keine teuren Werbeanzeigen in der betreffenden Zeitschrift schalten kann, hat es nicht immer leicht, seinen Beitrag zu platzieren. Letztendlich spielt aber neben der wissenschaftlichen Reputation des Verfassers auch die Qualität des Manuskripts eine wichtige Rolle. Die zentralen Kriterien für die Annahme sind ein **gutes Thema**, ein **guter Text** und ein **guter Name**. Als Anfänger müssen Sie auf die ersten beiden Faktoren setzen – und ein bisschen überlegen, wo und wie Ihr Text unterzubringen ist.

748 Im Allgemeinen kommt die Platzierung **nach** der Produktion. Einen noch nicht geschriebenen Beitrag akzeptieren Redaktionen in Fachzeitschriften nur ausnahmsweise. Gleichwohl kann – zumal bei aktuellen Themen – eine vorherige Anfrage bei der Schriftleitung sinnvoll sein, ob das Thema bereits fest vergeben ist. Man sollte aber nicht damit rechnen, bei solcher Gelegenheit die Zusage einer Veröffentlichung für noch nicht Geschriebenes zu erhalten.

749 Wer von vornherein das **richtige Forum** für die Veröffentlichung aussucht, spart sich Zeit und Enttäuschungen. Das richtige Forum ist nicht dasjenige, das Sie auf Anhieb zum juristischen Starautor macht, sondern das, in das Ihr Beitrag passt. Passen muss der Text in erster Linie thematisch und von seiner Länge und Struktur her, nur in zweiter Linie müssen Sie als Autor präsentabel sein. (Es gibt allerdings Foren, bei denen Sie als studentischer oder gerade staatsexaminierter Autor gar nicht erst antreten müssen[673].) Nicht selten wird der richtige Ort für die Veröffentlichung eine weniger bekannte und auflagenschwächere Zeitschrift sein als die, an die Sie zuerst gedacht haben.

750 Helfen kann es, klein anzufangen. Das bedeutet, zunächst eine der mehr werdenden **studentischen Zeitschriften**[674] in den Blick zu nehmen oder eine **Ausbildungszeitschrift**[675], vielleicht auch mit einem kleinen Beitrag zu beginnen (Leserbrief, Veranstaltungsbericht, kurze Entscheidungsanmerkung), bevor man sich in einer großen Publikumszeitschrift des Typs NJW oder einer traditionsreichen Archivzeitschrift des Typs AcP um die sieben oder achtzig Seiten umfassende Neubestimmung der Grund-

---

673 Achten Sie etwa auf die akademischen Grade und Berufsbezeichnungen der Autoren in der JZ oder im AcP.
674 Z.B. StudZR in Heidelberg (t1p.de/t9rm), Der Jurist in Passau, GreifRecht in Greifswald (t1p.de/65rk), Ad Legendum in Münster (t1p.de/y86v), das Bonner Rechtsjournal (t1p.de/d6ip), die Marburg Law Review (t1p.de/oamg), studere in Potsdam (t1p.de/0mg2), iurratio aus Bielefeld (t1p.de/iuok); die Hamburger Rechtsnotizen (t1p.de/e7n9) das Göttinger Journal of International Law (t1p.de/v7rd), die Kölner Schrift zum Wirtschaftsrecht (t1p.de/961i); die Mainzer Zeitschrift für Jurisprudenz MZJ hat ihr Erscheinen nach einem Jahr wieder eingestellt; als Online-Zeitschriften Freilaw aus Freiburg (t1p.de/22uo), HanseLawReview (t1p.de/fpcn), das Bucerius Law Journal (t1p.de/qhs2), und LL.B. in Berlin (t1p.de/vpw9). Ganz selten einmal ist eine Zeitschrift ausdrücklich für nicht-etablierte Autoren gedacht, z.B. Forum Recht, t1p.de/37qo. Zum Teil zielen diese Zeitschriften ausdrücklich auf interessante Themenarbeiten aus dem Seminar- und/oder Studienschwerpunktbereichsabschlussarbeitenbetrieb.
675 In Deutschland JuS, JA, Jura, Ad Legendum, ZJS (nur online unter t1p.de/n1sx), JSE (nur online unter t1p.de/09mf), vielleicht auch kasselLaw unter t1p.de/4cue, in Österreich: JAP, in der Schweiz: recht. Die von den Repetitorien herausgegebenen Ausbildungszeitschriften (z.B. life&law, RÜ, seit 2008: NRÜ) werden kaum zitiert und stehen de facto externen Autoren nicht offen, sind also für Ihre Zwecke kaum interessant.

prinzipien des Kapitalgesellschaftsrechts bemüht. Je breiter die Wirkung[676] des in Aussicht genommenen Mediums, desto stärker ist die Konkurrenz – und umgekehrt.

Für Anfänger besteht eine weitere Möglichkeit darin, fremden Einfluss zu nutzen, etwa   **751**
den des Professors, in deren Seminar die Ursprungsfassung als Referat gehalten wurde, den des Doktorvaters, des Rechtsanwalts, der kraft eigener Veröffentlichungstätigkeit schon einen Draht zu einer Fachzeitschriftenredaktion hat, usw. Vielleicht schreiben Sie den Text als Co-Autor eines dieser Leute, so dass von vornherein jemand anderes die Platzierung übernimmt.

Keine echte Alternative ist bislang das freihändige **Publizieren im Internet**. Es gibt   **752**
zwar seriöse Fachzeitschriften, die nur[677] oder zuerst[678] elektronisch erscheinen, aber die sind ebenso anspruchsvoll wie gedruckte. Im Übrigen erlaubt das Internet eben jedermann, bis zur Grenze der Strafbarkeit jeden Unsinn allgemein zugänglich zu machen. Ihre Chancen, ein interessiertes Fachpublikum zu erreichen, liegen nahe Null, wenn Sie den Text einfach selbst online stellen. Es fehlt dann die redaktionelle Qualitätskontrolle, auf die man sich als Leser so gern verlässt. Was Sie auf Ihrer eigenen Heimseite als PDF-Dokument verfügbar gemacht haben, wird die Fachwelt nur mit spitzen Fingern oder gar nicht anfassen.

Einreichen kann man den fertigen Text heute meist in elektronischer Fassung als An-   **753**
hang an eine an die Redaktion gerichtete E-Mail. Altmodischer ist ein richtiges Anschreiben, dem man das Typoskript in doppelter Fassung sowie auf Datenträger beifügen sollte. Viele Fachzeitschriften haben **Autorenrichtlinien**. Manchmal stehen sie kurz und eindrucksvoll im Impressum des Hefts[679], oft sind sie umfassender und meist im Internet abrufbar[680]. An einige starre Vorgaben (z.B. zum Höchstumfang eines Beitrags) sollte man sich strikt halten. Ob man dagegen in vorauseilendem Gehorsam alle Formatierungsvorgaben umsetzt, ist Geschmackssache. Es kann mühsam werden, zehnmal den ganzen Fußnotenapparat umzuarbeiten, wenn der Beitrag dann aus anderen Gründen doch abgelehnt wird. Äußerst ungern gesehen wird es bei den Fachzeitschriftenredaktionen, wenn Sie Ihren Text gleichzeitig **anderweitig anbieten**. Das sollte nur im Einzelfall nach Absprache und mit Grund geschehen, etwa wenn ein Thema objektiv eilbedürftig ist.

---

676 Die Auflagenhöhe (teils von den Verlagen geheimgehalten, ansonsten etwa unter t1p.de/sra0 nachzulesen) ist ein Indiz unter mehreren. Das wissenschaftliche Ansehen einer Zeitschrift dürfte eine entscheidende Rolle spielen, aber messbar oder auch nur konsensfähig feststellbar ist das nicht. So etwas wie einen scientific citation index gibt es hierzulande in der Rechtswissenschaft (noch) nicht (wie das aber aussehen wird, kann man schon einmal bei *Siems*, ZGS 2008, 90 f. ansehen).

677 Etwa das Humboldt Forum Recht (t1p.de/gllk), das forum historiae iuris (t1p.de/hmeh), die Rechtsgeschichte (t1p.de/39yn), die Zeitschrift für Internationale Strafrechtsdogmatik (t1p.de/dowq), publicus (t1p.de/dyz0), die Höchstrichterliche Rechtsprechung im Strafrecht (t1p.de/hnsv), Medien, Internet und Recht (t1p.de/ohg2) und jurPC (t1p.de/pyud). Zu Gründen der zögerlichen Annahme von eJournals durch das Fachpublikum immer noch überzeugend *Zimmer*, Bibliothek, S. 72 ff., obwohl das Renommee dieser Zeitschriften besser wird. Damit steigen aber auch deren Anforderungen.

678 Z.B. das German Law Journal (t1p.de/xqye) und ancilla juris (t1p.de/4hdd).

679 So etwa bei der KJ.

680 Z.B. für die Jura t1p.de/a9sk; für die JuS t1p.de/0dwr, für die JA t1p.de/fr4m; für die NJW t1p.de/3dco.

754 Die Entscheidung über den Abdruck trifft in aller Regel die **Schriftleitung** der Zeitschrift. Hierzulande noch ziemlich unüblich sind Peer-Review-Verfahren[681], bei denen der Text anonym kompetenten Gutachtern vorgelegt wird, die dann durch Mehrheitsbeschluss im Umlauf darüber entscheiden, ob er es wert ist, gedruckt zu erscheinen[682]. Glücklicherweise ist es aber hier auch unüblich, für die Veröffentlichung zu bezahlen.

755 Meist ist nach der Einsendung **Geduld** erforderlich. Je nach Erscheinungsfolge des angepeilten Periodikums und Arbeitsweise der Redaktion braucht es ein paar Tage oder ein paar Monate, bis eine Entscheidung über die Annahme des Manuskripts getroffen ist.
Eine **Eingangsbestätigung** verschicken die besseren Fachzeitschriftenredaktionen dagegen prompt.

756 Wegen des Ergebnisses ist eine gewisse **Frustrationstoleranz** bestimmt hilfreich. Absagen sind normal. Wie bei Stellenbewerbungen wird in Absagen oft pauschal und höflich gelogen. Wenn Sie eine aussagehaltige Begründung für die Ablehnung Ihres Texts bekommen, können Sie daraus vielleicht etwas lernen[683]. Wie bei Stellenbewerbungen muss man es zur Not mehrfach versuchen. Früher oder später wird ein guter Text aber zur Veröffentlichung **angenommen** werden. Wenn auch nicht immer vorbehaltlos.

757 **Änderungs- und Kürzungswünsche** der Redaktion sind zwar in der Regel höflich gefasst, bilden aber in der Sache selbst Bedingungen für die Annahme zur Veröffentlichung. Hier besteht meist nur geringer Verhandlungsspielraum.

758 Über die Annahme zur Veröffentlichung erhalten Sie eine schriftliche Mitteilung; ein detaillierter schriftlicher **Verlagsvertrag** wird dagegen über Fachzeitschriftenbeiträge nicht geschlossen. Auf den **Veröffentlichungstermin** haben Sie im Allgemeinen keinen Einfluss. Bis zum nächsten freien Veröffentlichungsplatz dauert es Monate (es kann auch Jahre brauchen). Ein aktuelles Thema beschleunigt den Ablauf. Wenn Ihr Beitrag auf ein unlängst veröffentlichtes Urteil Bezug nimmt (z.B. als Urteilsbesprechung) oder auf einen anderen Beitrag (z.B. als Erwiderung), geht es meist schneller. Ebenfalls beschleunigend kann wirken, wenn Sie Text und Fußnotenapparat auch in den Formalien (z.B. Zitierweisen, Gliederung etc.) an die Regeln des Publikationsorgans angepasst haben.

759 Meist erhalten Sie einige Wochen vor dem Druck **Korrekturabzüge**. Diese sollten Sie im eigenen Interesse sorgfältig und schnell auf Fehler im Satz durchsehen. In geringem Umfang bieten Ihnen diese Fahnen die Möglichkeit zu Änderungen am Text. Sie können eine einzelne missglückte Formulierung ändern – und für die Ergänzung eines aktuellen Urteils in Fußnote 3 ist immer noch Platz. Wenn Sie aber beginnen, Ihren Text noch einmal neu zu schreiben, wird das nicht akzeptiert werden. Sollte also aufgrund aktueller Entwicklungen (Fortschreiten eines Gesetzgebungsverfahrens, Ergehen eines einschlä-

---

681 Die gibt es inzwischen aber auch, etwa bei der Zeitschrift „Rechtswissenschaft".
682 Die Auswahl nach dem peer review-Modell ist der über das old boys network-Verfahren vorzuziehen – solange das eine nicht in das andere übergeht. Von außen betrachtet ist das fast nie auszuschließen. Das sind eben Unregelmäßigkeiten des Wissenschaftsbetriebs.
683 Und wie bei Bewerbungen kann man mit Erfolgsaussichten den zuständigen Redakteur oder Schriftleiter anrufen und fragen, ob er einen Tipp hat. Dieser Tipp ist nämlich kostenlos und in aller Regel ehrlich.

gigen Urteils usw.) eine substanzielle Änderung erforderlich sein, müssen Sie sich unbedingt vor dem Satz mit der Redaktion in Verbindung setzen und möglichst schon eine ergänzte Fassung parat haben. Ein Exemplar des Korrekturabzugs senden Sie mit Ihrem **Druckfreigabevermerk** (Imprimatur) zurück an Redaktion, Setzer oder Drucker. Für die **Korrekturen** bedienen Sie sich am besten der gängigen Korrekturzeichen, die Sie vorn im Duden finden. Die versteht der Setzer ohne Rückfrage.

Zum Erscheinungstermin bekommen Sie etwa ein Dutzend **Belegexemplare**. Wenn Sie   760
mehr brauchen, müssen Sie das vorher bei der Schriftleitung anmelden. Kleine Mengen mehr gibt es umsonst, bei großen Mengen verkaufen Ihnen die Verlage **Sonderdrucke**. Ein Belegexemplar heben Sie auf für sich selbst und für Ihre Kinder und Enkel. Zwei Exemplare heben Sie auf, um sich späterhin einmal mit einem Sonderdruck bei Leuten revanchieren zu können, von denen Sie aus welchem Anlass auch immer einen Sonderdruck bekommen. Den Rest erhalten diejenigen, die Ihnen geholfen haben, den Text zu schreiben, zu redigieren und zu platzieren (Professoren, Kollegen, Vorgesetzte, Ausbilder, Freunde, Familie). So kann man seine Dankesschuld immerhin symbolisch abstatten.

d) Freundliche Aufnahme erleichtern

Wer sich die Mühe gemacht hat, einen Text zu schreiben, blankzupolieren und an geeig-   761
netem Ort zu unterzubringen, möchte ihn gern gelesen wissen, günstigstenfalls auch zitiert – vielleicht sogar zustimmend[684]. Ganz in der Hand hat man das als Autor nicht; aber man kann es den Adressaten ein bisschen leichter machen. Wenige Steuerungsmöglichkeiten gibt es hinsichtlich der **Gerichte**. So ehrenvoll es sein mag, etwa vom BVerfG oder vom BGH zitiert zu werden, so schwierig ist es, auf dieses Ziel hinzuarbeiten. Man kann ein umstrittenes Thema aufgreifen, von dem zu erwarten ist, dass es nächsthin einmal obergerichtlich entschieden werden wird – und man kann so gründlich vorgehen, dass um den eigenen Beitrag in der Fachdiskussion kein Weg herumführt. Aber von seltenen Ausnahmesituationen abgesehen ist es fast ausgeschlossen, den eigenen Text gezielt den Verfahrensbeteiligten oder dem entscheidenden Gericht zur Verfügung zu stellen.

Leichter gelingt es, in der **Wissenschaft** und der Lehre zur Kenntnis genommen zu werden.
a) Am effektivsten ist vermutlich die Aufnahme in ein **Zitierkartell**; wie das funktioniert, halten die Beteiligten geheim – wenn es wichtig ist, finden Sie es schon irgendwie heraus[685].

---

684 Das wird umso wichtiger, je weiter man sich von einem studentischen Aufsatz entfernt und je mehr man sich einer wissenschaftlichen Karriere nähert. – Im Folgenden geht es darum, dass andere Sie zitieren. Ob Sie sich selbst bei jeder passenden und unpassenden Gelegenheit zitieren wollen, hängt von Ihrer persönlichen Peinlichkeitsresistenz ab. Das ist übrigens gar nicht so selten (beliebig gegriffene Beispiele: *Gercke*, JA 2007, 839 ff.; *v. Schnabl*, AnwBl. 2008, 188 ff.; *Lewinski*, JA 2007, 845 ff.; *Siems*, ZGS 2008, 90 f.) Vor noch nicht allzu langer Zeit zitierte man sich nur selbst, wenn es überhaupt nicht anders ging. Tempora mutantur. Aber es bleibt das Risiko, dass Ihr Text nicht als Beitrag zum fachlichen Diskurs wahrgenommen wird, sondern als plumpe Marketingmaßnahme. Überlegen Sie einfach, ob es Ihnen später einmal peinlich sein könnte herauszufinden, dass niemand außer Ihnen Sie zitiert hat.
685 Seriösen Aussagen zufolge gibt es überhaupt keine Zitierkartelle. Auch möglich.

b) Teils machen die Verfasser von Fachzeitschriftenbeiträgen potenzielle **Interessenten** auf den eigenen Text aufmerksam, indem sie sie anschreiben und auf ihr Werk **hinweisen oder – besser noch – es gleich mitschicken.** Dazu kann man beim Verlag Sonderdrucke bestellen oder sie selbst mit einem Fotokopierer oder einem PDF-Creator herstellen. In Zeiten der Online-Veröffentlichung genügt schon ein Link in einer E-Mail. Wer keinen Sonderdruck beifügt, muss wenigstens ein freundliches Schreiben an den meist unbekannten Adressaten verfassen und diesen auf die Fundstelle aufmerksam machen. Ob solches Vorgehen notwendig ist, lässt sich bezweifeln. Im Allgemeinen kann man davon ausgehen, dass der Wissenschaftsbetrieb neue Texte auch ohne Nachhilfemaßnahmen zur Kenntnis nimmt. Gleichwohl kann die gezielte Ansprache ausgesuchter Adressaten zum Aufbau und zur Pflege von Kontakten sinnvoll sein. Angeblich geht heute ja nichts mehr ohne Netzwerke. Je wahlloser Sie aber streuen, desto eher werden Ihre kommunikativen Bemühungen als Informationsmüll wahrgenommen werden. Umgekehrt wird sich mancher Adressat freuen, wenn Sie sich mit seinem Standpunkt auseinandergesetzt haben und er nun von Ihnen einen Sonderdruck erhält.

c) Was die Qualitäten des Texts selbst betrifft, gilt zunächst das bereits Gesagte[686]. Je leichter zu verstehen ist, was Sie geschrieben haben, desto leichter wird es auch zitiert.

762 Wer zitiert werden will, sollte besonders darauf achten, **identifizierbare und zitierbare Äußerungen** zu tätigen. Spätestens im Schlussabschnitt sollten daher eindeutige Aussagen stehen, die günstigstenfalls klar auf die betreffenden Passagen zurückverweisen. Natürlich muss man dazu überhaupt erst einmal einen formulierbaren Standpunkt haben. Dem muss sich nicht jeder anschließen; schließlich kann man auch ablehnend zitieren. Aber der Standpunkt muss identifizierbar sein, selbst wenn er künftig „nur" als originelle Minderheitsansicht erwähnt werden soll. Wer ganz akademisch ein Problem von allen Seiten gründlich beleuchtet, ohne sich indessen für einen der beschriebenen Standpunkte zu entscheiden, wird wegen origineller Argumente zitiert werden, aber nicht wegen einer inhaltlichen Stellungnahme. Das bedeutet nicht, dass jede Zweifelsfrage entschieden werden muss. Für den an Ergebnissen interessierten Leser sind aber die Lösungen fast wichtiger als die Probleme. Wo man länger Argumente wägt, schreibe man also zum Schluss die favorisierte Entscheidung nieder. Und wenn man in einem identifizierbaren Abschnitt den eigenen Ansatz präsentiert, kann man diesen auch überschreiben mit *Eigener Vorschlag: … als Kriterium.*

763 Ob die Bemühungen um eine freundliche Aufnahme des eigenen Texts **Erfolg** gehabt haben, kann man heute – anders als noch vor Jahren – einigermaßen schnell und verlässlich feststellen. Die Abfrage der einschlägigen Datenbanken[687] bringt zutage, ob und wo der Beitrag zitiert worden ist. Indes darf man nicht enttäuscht sein, wenn es eine Weile dauert – die Mühlen der Wissenschaft mahlen teils langsam.

e) Zusatznutzen

764 Angesichts der auf einen Fachzeitschriftenbeitrag aufgewendeten Mühe wird man als Verfasser vielleicht über eine **Zweitverwertung** nachdenken. Zu warnen ist vor der Ver-

---

686 Bei Rn. 723 ff.
687 Dazu oben Rn. 149.

öffentlichung einer geringfügig geänderten Textfassung in einer anderen Zeitschrift. Die ist nicht nur wissenschaftlich ohne Ertrag, sondern verärgert auch auf mittlere Sicht die jeweiligen Redaktionen und die Leser[688]. Ein später erscheinender Beitrag dagegen, in dem Sie Ihren Standpunkt inhaltlich ausbauen oder differenzieren und auf zwischenzeitliche Entwicklungen in Rechtsprechung und Schrifttum eingehen, kann dazu führen, dass Sie zum Experten für Ihr Thema werden. Mit einem bereits veröffentlichten Text im Rücken ist es zudem einfacher, eine Redaktion davon zu überzeugen, dass man der richtige Autor etwa für eine Urteilsanmerkung oder Buchbesprechung zu einem ähnlichen Thema ist. Vielleicht werden Sie später auch angesprochen und wegen eines Beitrags gefragt.

Gelegentlich ergibt sich eine Zweitverwertungsmöglichkeit in Form eines **Vortrags**, der Teilnahme an einem **Diskussionsforum**, einer **Schulungsveranstaltung** oder dergleichen. Allerdings wird Ihre fachliche Reputation hierfür oft nicht ausreichen, wenn Sie noch vor der Ersten Juristischen Prüfung stehen. Meist werden Sie sich um eine solche Möglichkeit selbst bemühen müssen, nur ausnahmsweise stehen die Interessenten bei Ihnen Schlange. Wie schon bei der eigentlichen Veröffentlichung ist der erste entscheidende Faktor Ihre Initiative.   **765**

III. Beispielthemen

Es folgen ein paar Beispiele, mit denen Sie bei Bedarf ein wenig üben können: Welchem Typ von Themenarbeit gehören sie an[689]? Wo liegen potenzielle Schwerpunkte bei der Bearbeitung? Wie kann man die Frage sinnvoll konkretisieren oder weiterentwickeln? Wie könnte eine spontan skizzierte Gliederung aussehen? Wie würde sich ein freier Vortrag mit einer Dreiviertelstunde Vorbereitungszeit anhören? usw.   **766**
Die Fragen sind dabei absichtlich in stichworthafter Kürze gefasst, nicht länger als eine Überschrift für eine Themenarbeit. Das bleibt zwar hinter der Länge vieler Themenaufgaben zurück, erlaubt Ihnen aber, das jeweilige Thema selbst in verschiedene Richtungen zu entwickeln und auf sein Potential abzuklopfen. Probieren Sie es einfach mal aus![690]

- Brauchen wir das Allgemeine Gleichbehandlungsgesetz?
- Kann man etwas gegen Mietnomaden tun?
- Ist Mobbing rechtlich greifbar?
- Vergleichen Sie den Begriff der Gefahr in § 34 StGB mit dem polizeirechtlichen Gefahrbegriff und dem bürgerlichrechtlichen Gefahrbegriff (Leistungs-, Preisgefahr etc.).
- Gibt es eine einheitliche Rechtsfigur des Vertrauensschutzes?
- Ist das Gerichtsvollzieherwesen privatisierbar? Der Strafvollzug? Das Militär?

---

688 Mindestens sollte aber zwischen der ursprünglichen und der recycelten Fassung ein angemessener Abstand liegen, etwa wie bei *Körber*, JuS 1998, L 65 ff., L 73 ff.; *ders.*, JuS 2008, 279 ff.
689 Dazu Rn. 546 ff.
690 Dann stellen Sie auch fest, welcher der nachfolgenden Themenvorschläge absichtlich Unsinn enthält. Antwort zur Not in Fn. 700.

- Unter welchen Voraussetzungen sind Aussagen (straf-)prozessual verwertbar, bei denen zu vermuten ist, dass sie erfoltert wurden[691]?
- Luftsicherheitsgesetz 2.0 – Die Debatte um den Abschuss gekidnappter Verkehrsflugzeuge nach dem Urteil des BVerfG
- Entgeltgerechtigkeit: Wie sieht ein Mindestlohn aus? Ist er sinnvoll? Was kann er bewirken? Ist es umgekehrt geboten, Obergrenzen für Gehalts- und Abfindungszahlungen an Manager einzuführen?
- Flatrateparties – ein Fall für den Gesetzgeber?
- Kindesvernachlässigung und Kindsmord – gesellschaftliche und rechtliche Interventionsmöglichkeiten
- Gibt es strafrechtliche Mittel gegen Sextourismus?
- Umweltschutz, Tierschutz, Verbraucherschutz, Datenschutz, Kinderrechte, Sportförderung, Muttersprache – Nutzen und Nachteile der Verfassungslyrik
- Lügendetektoren als Beweismittel?
- Identitätsdiebstahl zivilrechtlich – Handeln unter fremdem Namen?
- Rauchverbote im Zivilrecht, Arbeitsrecht, öffentlichen Recht
- Social Media Profile: Wer hat welche Rechte an hoch- und höchstpersönlichen Nutzerdaten?
- spickmich.de, meinprof.de, Schulradar usw. – rechtliche Rahmenbedingungen für öffentliche Kritik an Lehrleistungen
- Was ist (und zu welchem Ende studieren wir) Feindstrafrecht?
- Möglichkeiten und Grenzen der Rückwirkung von Gesetzen und Urteilen
- Muss unter dem Eindruck aktueller neurobiologischer Erkenntnisse der Schuldbegriff revidiert werden?
- Wofür braucht es herrschende Meinungen?
- Kritik am/Alternativen zum patentrechtlichen System des Erfindungsschutzes?
- Sammelklagen – einführen oder abschaffen?
- Menschenrechte für Primaten?
- Wann lohnt Mediation?
- Rechtliche Grenzen der Tätigkeit von Ghostwritern bei Prüfungsarbeiten: Strafrecht, Prüfungsrecht, Urheberrecht, Standesrecht etc.?
- Verbraucherinformationsgesetz – Anwendungsprobleme und Nachbesserungsbedarf/ Alternativmodelle in Nachbarländern
- Universelle Geltung der Menschenrechte?
- Abschaffung des Inzestverbots im Strafrecht und im Eheschließungsrecht?
- Bestimmtheitserfordernisse im Schuldrecht, Sachenrecht, Prozessrecht, Verfassungsrecht – gemeinsame Wurzeln, unterschiedliche Funktionen?
- Der effiziente Vertragsbruch aus juristischer und ökonomischer Sicht
- Whistleblower als Problem des Zivil-, Arbeits-, Medien- und Strafrechts
- Gibt es einen allgemeinen Rechtsgedanken „Schutz des Schwächeren" im Zivilrecht?
- Datenschutz ins Grundgesetz?
- Grenzwerte, Restrisiken und Risikoabwägungen – wie geht die Rechtsordnung mit Fehlern von Mensch und Technik um?

---

691 Schrifttumsnachweise bei *Norouzi*, JA 2005, 306 ff.

- 50 Jahre Gleichberechtigungsgesetz – hat sich etwas geändert?
- Jüngere Entwicklungen bei der Haftung des Scheinsozius
- Sterbehilfe als faktisches und rechtliches Problem
- Wann kann man Bücher staatlich verbieten?
- Hoheitliche Warnungen vor Produkten und Sekten – geboten oder gefährlich?
- Wahlrecht für Minderjährige?
- Generalklauseln: Fluch, Segen – oder Notwendigkeit?
- Strafprozessuale Innovationen der 1970er Jahre – was hat der Deutsche Herbst der StPO gebracht?
- Esra: Wie deutlich dürfen Lebende in der Literatur porträtiert werden?
- Schächten, Genitalverstümmelung, Ehrenmord, Kopftuch und so weiter – Verständnis der Rechtsordnung für kulturelle Differenzen?
- Eigenrechte der Natur – Entwicklung der Debatte in den USA und Deutschland
- Scoring: Chancen, Risiken, rechtliche Grenzen
- Bundeswehreinsätze „out of area" – Eine Debatte zwischen Tagespolitik und Verfassungsrecht
- Das Recht der Sklavenhaltung – ein geschichtlicher Überblick
- Rechtliche Probleme des „islamic banking"
- Widerrufsrechte als Instrument des Verbraucherschutzes – einheitliches Prinzip oder Sammelsurium?
- Die societas leonina zwischen societas europaea und Gesellschaft bürgerlichen Rechts
- Strafrechtliche Sanktionen gegen Unternehmen – Königsweg oder Irrweg?
- Verfassungsrechtliche Bedenken gegen fortschreitende Einschränkungen bürgerlicher Freiheitsrechte unter der Fahne der Terrorbekämpfung
- Wahrscheinlichkeitsrechnung in der Beweisführung – lässt sich mit Statistik und Wahrscheinlichkeit ein Diskriminierungsvorwurf begründen[692]?
- 60 Jahre Allgemeine Erklärung der Menschenrechte – was hat's gebracht?
- Rechtsfragen der Raubkunst – eine Übersicht
- Wie erfasst die Rechtsordnung naturwissenschaftliche/technische Ungewissheiten (Restrisiken einerseits, noch unaufgeklärte Gefahren andererseits, z.B. Elektrosensibilität bei Mobiltelefonen)
- Deserteure, Kriegsdienstverweigerer, Kriegsverräter – NS-Urteile pauschal aufheben oder im Einzelfall prüfen?
- Rechtspolitik als Tagespolitik: Abschaffung des Listenprivilegs im BDSG
- Haftentschädigung nach dem StrEG: Wertungswidersprüche bei der Bemessung von Freiheit in Geld?
- Wo stößt die Auslagerung gesetzgeberischer Arbeit an Anwälte oder Lobbyisten an gesetzliche Grenzen?
- Flashmobs als Mittel des Arbeitskampfs (BAG v. 22.9.2009, 1 AZR 972/08)
- Verfassungsrechtliche Probleme bei Überhangmandaten
- Schariagerichte und Friedensrichter in Deutschland – geht das?

---

692 *LAG Berlin* v. 26.11.2008, 15 Sa 517/08, DB 2008, 2707 f.

Wer mit solchen Beispielen übt, kann selbst weitere herstellen. Das geht, indem man die Überschriften der Aufsätze aus einer juristischen Fachzeitschrift als Ausgangspunkt wählt. So gesehen enthält jede Ausgabe der NJW (mindestens) eine Themenhausarbeit.

Beispiel: *Digitalfotos als Beweismittel*[693]

Das gilt übrigens auch für Ihre Tageszeitung: Wenn Sie sie aufmerksam lesen, haben Sie werktäglich eine neue Idee. Nicht nur die Berichterstattung im Politikteil

Beispiel: Die Berichte über Schmiergeld und schwarze Kassen in großen Automobil- oder Elektronikunternehmen führen vielleicht zu *Bestechung und Bestechlichkeit im Arbeitsrecht, Zivilrecht, Vergaberecht, Strafrecht* – damit kann man ein fächerübergreifendes Seminar füllen.

sondern auch die Abteilung Lifestyle kann inspirierend wirken.

Beispiel: Aus der Reportage über massenhafte Nasen- und Oberweitenkorrekturen an Teenagern wird *Verbot (und Strafbarkeit) von Schönheitsoperationen an Minderjährigen – Risiken und Chancen*, spätestens wenn erste Gesetzgebungsvorschläge im Umlauf sind.

Und wenn Sie authentische Beispiele für Themenfragen brauchen, sehen Sie sich doch einfach einmal die Seminarankündigungen an Ihrer Uni für das nächste Semester durch. Sie finden Sie oft als Aushang am schwarzen Brett oder im Internet auf den Seiten der Lehrstühle.

Wer sich dieser kleinen Übung unterzieht, erzielt damit eine doppelte Wirkung (mindestens): Zum einen stellt sich nach einiger Weile eine gewisse Routine und damit eine willkommene Kaltblütigkeit beim spontanen Analysieren und Ad-hoc-Gliedern ein. Zum anderen gewinnt man früher oder später eine Übersicht über die juristischen Themen der Zeit[694].

IV. Themenarbeiten-Construction-Kit

767 Hier finden sich Vorschläge, wie Themenaufgaben herzustellen seien. Auf den ersten Blick brauchen zwar eher Aufgabensteller als Bearbeiter derlei. Aber vielleicht trügt ja der Schein. Es mag sich bei näherem Hinsehen herausstellen, dass diese Überlegungen auch helfen herauszufinden, was mit einem bestimmten Thema denn gemeint ist. Und wer sich sein Thema selbst suchen muss, wird vielleicht ein wenig Anleitung ebenfalls zu schätzen wissen[695].

Welche Fragen kann/muss sich stellen, wer auf der Suche nach einem vernünftigen Thema ist? Das lässt sich schwerlich abschließend und vollständig aufzählen. Einige Schritte auf dem Weg kann man aber vielleicht festhalten. Deren Reihenfolge muss nicht der hier sichtbaren entsprechen.

* Soll der Ausgangspunkt eher bei häufigem/typischem Verhalten liegen

  Beispiel: Menschen, die sich ins Koma saufen

  oder eher bei seltenem?

  Beispiel: Menschen, die Amok laufen

---

693 *Knopp*, ZRP 2008, 156 ff.
694 Dazu schon Rn. 689 ff.
695 Zu Arbeitstechniken Rn. 684 ff.

Nicht jedes Thema, das Sie mit Nachdenken als inhaltlich interessant identifizieren, funktioniert. Welche Fragen muss man also stellen, um die Tauglichkeit zu prüfen?

- Ist die Frage aktuell und abschließend bearbeitet?

  Das ist zwar nicht der Tod für das Thema, aber doch eine Gefahr. Sie stehen dann unter dem Rechtfertigungsdruck, erklären zu müssen, welche substanziellen Überlegungen Sie dem Gegenstand noch hinzuzufügen haben. Gerade bei einer größeren Arbeit wie einer Dissertation kann das schwierig werden. Besonders ärgerlich ist es bei Doktorarbeiten, wenn man nach einem Dreivierteljahr intensiver Arbeit feststellt, dass soeben eine brillante Untersuchung zum eigenen Thema erschienen ist[696].

- Bin ich der richtige Bearbeiter?

  Nicht jeder kann jedes Thema gleich gut bearbeiten. Eine Frage, die aus der Praxis der Richters oder der Rechtsanwältin entwickelt worden ist, kann man als Student vielleicht ohne Weiteres verstehen (vielleicht aber auch noch nicht einmal das), aber möglicherweise nicht vernünftig beantworten, weil der Erfahrungshintergrund fehlt, der kollegiale Austausch oder die spezialisierte Fachbibliothek oder Informationsquellen mit anderweitig unzugänglichem Material.

Entwickeln Sie das Thema mehr von den Rändern zur Mitte hin – oder eher umgekehrt?

Ist Ausgangspunkt mehr eine **tatsächliche Situation**, so dass alle damit verbundenen Rechtsfragen zu diskutieren sind,

Beispiel: *Abofallen im Internet*

oder eher eine **Rechtsfrage**, die in ganz verschiedenen tatsächlichen Situationen auftauchen kann?

Beispiel: *Widerrufsrechte*
... in europarechtlicher Perspektive
... in rechtsvergleichender Perspektive
Neuere Entwicklungen im Recht der ...
... als interdisziplinäres Problem

Sind der Ausgangspunkt **gesellschaftliche oder technische Entwicklungen oder Neuerungen**

- Wie ist ... rechtlich angemessen zu fassen?
- Rechtliche Reaktionsmöglichkeiten bei ...
- Braucht es eine Regelung des ...?

Beispiel: *Virales Marketing an der Grenze des geschäftlichen Anstands: Braucht es rechtliche Maßnahmen gegen Unternehmen, die Blogger gegen Geld für ihre Produkte werben lassen – oder regelt das der Markt?*

Immer wieder werden **Jubiläen** und dergleichen gewählt:

- 50 Jahre ... – eine (Zwischen-)Bilanz
- ... revisited – alte Einsichten, neue Entwicklungen

Beispiele: *60 Jahre Grundgesetz – Provisorium oder beste denkbare Verfassung?; 70 Jahre Wannseekonferenz; 40 Jahre Extremistenbeschluß/Radikalenerlaß – hat´s uns was gebracht?*

---

696 Bis heute gibt es keine verlässlichen Datenbanken zu laufenden Doktorarbeitsprojekten, die hiergegen Sicherheit böten. Immerhin nennen aber viele Lehrstuhlinhaber auf ihren Internetseiten die aktuell betreuten (und die bereits abgeschlossenen) Doktorarbeiten. Vielversprechend auch Thesius unter t1p.de/za6y.

Man kann auch an **Rechtsfiguren** anknüpfen.

Beispiel: Das besondere Gewaltverhältnis – eine Rechtsfigur auf dem Rückzug?

Gut funktionieren kann auch eine rechtsgebietsübergreifende Frage

Beispiele: *Gibt es gemeinsame Grundsätze für Umgehungsgeschäfte? Für Rückwirkungsfragen?*

Blickwinkel anderer Wissenschaften

* Recht als Kulturfaktor[697]
* Kann man die Huntington'sche These vom „clash of civilizations" mit juristischen Beispielen belegen?
* Was macht die Digitalisierung mit dem Urheberrecht und den Urheberrechten? (Stichwort GoogleBooks)

Viele Aufgaben fragen – typisch juristisch – nach **Gestaltungsmöglichkeiten**

* Ist ... rechtlich möglich?
* Rechtliche Mittel zur Herstellung von Entgeltgerechtigkeit zwischen Frauen und Männern („Gleicher Lohn für gleiche Arbeit")

Klassisches pro/contra:

* Elektronische Fußfesseln für nicht verurteilte Gefährder – Chancen und Bedenken

Einheitliches tatsächliches Geschehen – vielfältige juristische Folgen

Beispiel: *Amokläufer in Schulen und Fußgängerzonen – Prävention? Repression? Polizeirecht? Waffenrecht? Schulrecht?*

Verschränkung von Rechtmäßigkeits- und Zweckmäßigkeitsargumenten

Beispiel: Bei *Verbot des Alkoholkonsums in der Öffentlichkeit?* kann man nicht nur Fragen der Bestimmtheit, der Verhältnismäßigkeit und der Zuständigkeit erörtern, sondern auch schön die Sinnhaftigkeit solcher Maßnahmen problematisieren, indem man das Phänomen als gesellschaftliches (offensive Werbung für Alkoholkonsum, allgemeine Flatratekultur etc.) beschreibt, sowie rechtsvergleichende Erfahrungen einbringen.

Absehbare künftige Entwicklungen

Beispiel: *Welche Veränderungen im Urheberrecht wird open access bewirken?*

Gesellschaftliche und wirtschaftliche Großtendenzen[698]
Verrechtlichung, Verdienstleistung, Alterspyramide, Migration, Individualisierung, Entsolidarisierung, Globalisierung, Digitalisierung usw.

Verschränkungen Grundlagenfächer und Rechtsdogmatik

Beispiel: *Der Tyrannenmord als rechtsphilosophisches und strafrechtsdogmatisches Problem*

---

697 *Losch*, Kulturfaktor Recht.
698 Um sich hiervon eine Vorstellung zu machen, müsste man etwas auf sich nehmen, das unter Juristen nicht allzu populär ist: eine Einführung in die Soziologie lesen, z.B. *Schulz*, Einführung in die Soziologie für Sozialwissenschaftler und Juristen; *Hagen/Dimmel*, Soziologie für Juristen; *Abels*, Einführung; *Berger*, Einladung zur Soziologie; oder für Einzelthemen *Hillmann*, Wörterbuch der Soziologie; *Endruweit/Trommsdorff* (Hrsg.), Wörterbuch der Soziologie. Die oben (Fn. 547) genannten Lehrbücher zur Rechtssoziologie helfen dabei wenig, weil die Rechtssoziologie ein besonderer Ast der Soziologie ist.

Neue Gesetze

Neue Gesetze und Gesetze im parlamentarischen Prozess bieten vielversprechende Themen. Oft ist noch wenig dazu veröffentlicht worden (während gleichzeitig heute die Gesetzgebungsmaterialien recht komfortabel zu erreichen sind), so dass Raum für eigene kluge Überlegungen ist. Manchmal erlaubt es der thematische Zuschnitt, etwas Ähnliches wie eine Kommentierung zu verfassen (und sich so in einer juristischen Textform zu üben, die man sonst eher liest als schreibt).

- Welche Auswirkungen wird <Neuregelung> auf … haben?
- Wie verhält sich <Neuregelung> zu <bestehende Regelung>?

Wie hat sich die Gesetzgebungsgeschichte entwickelt?

Beispiel: Im Gefolge der Amokläufe an Schulen wird über Verschärfungen im Waffenrecht öffentlich nachgedacht. Wer interveniert? Warum? Mit welchem Erfolg?

- Wo müsste eine Reform des … ansetzen?
- Rahmenbedingungen für eine Rechtssetzung auf dem Gebiet des …
- Lassen sich die Regelungen über … und … vereinheitlichen?
- Welche Änderungen sind mit der Umstellung von … auf … verbunden?
- <Rechtsgebiet> nach dem …-Urteil/Auswirkungen des … auf …
- Wertungswidersprüche im Recht der …
- Umsetzungsprobleme bei der Richtlinie EG … – warum und wie lange noch?
- Welche Anwendungsgebiete bleiben für (Rechtsfigur) nach …?
- Gesetzgeberischer Nachbesserungsbedarf bei …?
- Ist eine Definition des/der … möglich/sinnvoll? Wie kann/muss sie lauten?
- Entwicklungstendenzen im Recht der …
- Grenzen der Steuerungsfähigkeit des Rechts (z.B. skandinavische Prostitutionsverbote: helfen die gegen Menschenhandel?)

Fast immer ein gutes Kriterium: Hat das betreffende Phänomen einen englischen Namen[699]?

Beispiele: *„Home schooling" – Heimunterricht verfassungsrechtlich ausgeschlossen; „access blocking" – Internetsperren gegen Kinderpornographie aus verfassungsrechtlicher Sicht.*

V. Schluss

Wenn Sie bis hier (quer-)gelesen haben, müssten Sie eine gute Vorstellung haben, worauf beim Schreiben juristischer Themenarbeiten zu achten ist. Sie sollten ein paar neue Ideen gefasst haben. Und es müsste deutlich geworden sein: Trotz aller guten Ratschläge bleibt es Arbeit. There are no short cuts. Räumen Sie sich also Zeit frei für die die Themenarbeit, schalten Sie eine Weile das Telefon aus – und fangen Sie an. Vielleicht macht es sogar Spaß.

768

---

699 Dazu schon Rn. 244.

VI. Antworten

In der Fußnote stehen die Antworten zu den gelegentlich im Text eingestreuten Testfragen[700].

---

700 Fn. 197: Nein, weil das Reichsoberhandelsgericht schon 1877 vom Reichsgericht abgelöst wurde; die Akademie für Deutsches Recht wurde 1933 gegründet, die ZAkDR erschien ab 1934; Fn. 324: Die mit *de minimis non curat praetor* begründete Aussage ist nach geltendem deutschem Prozessrecht falsch. Gut so! Fn. 510: Martin *Luther* zugeschrieben; Fn. 663: Julius *Kirchmann*, Die Wertlosigkeit der Jurisprudenz als Wissenschaft, Berlin 1848, S. 23 – lesen Sie nach unter t1p.de/0wmp. Fn. 690: Der mit der societas leonina.

Schrifttumsverzeichnis

An diesem Verzeichnis können Sie sich orientieren, wenn Sie eine Anleitung für das Schrifttumsverzeichnis Ihrer Themenarbeit brauchen – mit einer Ausnahme: Die Angaben zur Verfügbarkeit einer Taschenbuchausgabe bei einigen Titeln sind nur als Einladung an Sie gedacht, sich wieder einmal ein Buch anzuschaffen. In einem wissenschaftlichen Schrifttumsverzeichnis sind sie weder üblich noch nötig.

Abels, Heinz	Einführung in die Soziologie, 2 Bände, 4. Auflage Wiesbaden 2009
Adomeit, Klaus/*Hähnchen*, Susanne	Latein für Jurastudierende, 6. Auflage, Berlin 2012
dies.	Rechtstheorie für Studenten, 6. Auflage, Heidelberg 2015
Albers, Jan (Hrsg.)	Recht und Juristen in Hamburg, Köln 1994, 1999
Alexy, Robert	Theorie der juristischen Argumentation, 3. Auflage, Frankfurt am Main 1996
Anders, Monika/*Gehle*, Burkhard	Das Assessorexamen im Zivilrecht, 12. Auflage, München 2015
Bacher, Bettina	Juristische Arbeiten schreiben, Basel 2016
dies./*Raltchev*, Christo	Schreiben und Recherchieren für Juristen, Basel 2012
Bader, Karl/*Dilcher*, Gerhard	Deutsche Rechtsgeschichte, Berlin 1999
Bänsch, Axel	Wissenschaftliches Arbeiten – Seminar- und Diplomarbeiten, 11. Auflage, München 2013
Baer, Susanne	Rechtssoziologie – eine Einführung in die interdisziplinäre Rechtsforschung, 3. Auflage Baden-Baden 2016
Ballstaedt, Steffen-Peter	Visualisieren – Bilder in wissenschaftlichen Texten, Konstanz 2012
Bartsch, Tim/*Hoppmann*, Michael/ *Rex*, Bernd/*Vergeest*, Markus	Trainingsbuch Rhetorik, 3. Auflage Paderborn 2012
Baruzzi, Arno	Rechtsphilosophie der Gegenwart, Darmstadt 2006
Baumert, Andreas	Professionell texten, 3. Auflage, München 2012
Beaucamp, Guy/*Treder*, Lutz	Methoden und Technik der Rechtsanwendung, 3. Auflage Heidelberg etc. 2015
Becker, Christoph	Kurzanleitung zur Quellenexegese im Römischen Recht, 8. Auflage, Münster 2014
Becker, Fred G.	Anleitung zum wissenschaftlichen Arbeiten, 4. Auflage, Lohmar 2004
Behmel, Albrecht	Weg mit den Schreibhemmungen, Stuttgart 2001
Behrens, Peter	Die ökonomischen Grundlagen des Rechts. Politische Ökonomie als rationale Jurisprudenz, Tübingen 1986
Bendix, Manuela	Wissenschaftliche Arbeiten typographisch gestalten, Berlin 2008
Benninghaus, Hans	Deskriptive Statistik, 11. Auflage, Wiesbaden 2007
Berger, Peter	Flotte Schreiben vom Amt – Eine Stilfibel, Köln 2004
Berger, Peter L.	Einladung zur Soziologie, 3. Auflage, München 1982
Bergmann, Marcus/*Schröder*, Christian/*Sturm*, Michael	Richtiges Zitieren, 2. Auflage, München 2017
Beyerbach, Hannes	Die juristische Doktorarbeit – Eine Anleitung zum wissenschaftlichen Schreiben und Zitieren, München 2015
Brandt, Edmund	Rationeller Schreiben lernen, 5. Auflage Baden-Baden 2016

Braun, Johann	Einführung in die Rechtsphilosophie: Der Gedanke des Rechts, 2. Auflage, Tübingen 2011
ders.	Kunstprozesse von Menzel bis Beuys, 2. Auflage, München 2009
ders	Rechtsphilosophie im 20. Jahrhundert – Die Rückkehr der Gerechtigkeit, München 2001
Brendel, Alfons/*Bruckmoser*, Josef	Prüfungsfach: Deutscher Aufsatz – Gliederungsmodelle, 14. Auflage, München 1986
Brendel, Matthias/*Brendel*, Frank	Richtig recherchieren – wie Profis Informationen suchen und besorgen, 8. Auflage, Frankfurt am Main 2016
Brenner-Wilczek, Sabine/ *Cepl-Kaufmann*, Gertrude/ *Plassmann*, Max	Einführung in die moderne Archivarbeit, Darmstadt 2006
Brink, Alfred	Anfertigung wissenschaftlicher Arbeiten, 4. Auflage, München 2013
Brinktrine, Ralf/*Schneider*, Hendrik	Juristische Schlüsselqualifikationen, Berlin 2008
Brugger, Winfried/*Neumann*, Ulfrid/ *Kirste*, Stephan (Hrsg.)	Rechtsphilosophie im 21. Jahrhundert, Frankfurt am Main 2008
Buckel, Sonja/*Christensen*, Ralph/ *Fischer-Lescano*, Andreas (Hrsg.)	Neue Theorien des Rechts, 2. Auflage, Stuttgart 2009
Büchmann, Georg	Geflügelte Worte, 43. Auflage, Berlin 2007
Bünting, Karl-Dieter/*Bitterlich*, Axel/*Pospiech*, Ulrike	Schreiben im Studium, 3. Auflage, Berlin 2002
Burckhardt, Leonhard/*von Ungern-Sternberg*, Jürgen (Hrsg.)	Große Prozesse im antiken Athen, München 2000
Busch, Jürgen/ *Konrath*, Christoph (Hrsg.)	SchreibGuide Jus – Juristisches Schreiben für Studium und Praxis, 3. Auflage, Wien 2013
Buschmann, Arno (Hrsg.)	Textbuch zur Strafrechtsgeschichte der Neuzeit, München 1997
Buzan, Arno/*Buzan*, Barry	Das Mind-Map-Buch, 5. Auflage, Frankfurt am Main 2002
Bydlinski, Franz/ *Bydlinski*, Peter	Grundzüge der juristischen Methodenlehre, 2. Auflage Wien 2012
Byrd, Sharon B./*Lehmann*, Matthias	Zitierfibel für Juristen, 2. Auflage, München 2016
Canaris, Claus-Wilhelm/ *Larenz*, Karl	Methodenlehre der Rechtswissenschaft, 4. Auflage, Berlin 2009
Clemens, Christian	Strukturen juristischer Argumentation, Berlin 1977
Coester-Waltjen, Dagmar/ *Mäsch*, Gerald	Übungen in Internationalem Privatrecht und Rechtsvergleichung, 4. Auflage, Berlin 2012
Coing, Helmut	Juristische Methodenlehre, Berlin 1972
Creifelds, Carl/*Weber*, Klaus	Rechtswörterbuch, 22. Auflage, München 2016
Dau, Helmut/*Pannier*, Dietrich	Bibliographie juristischer Festschriften und Festschriftenbeiträge, Bielefeld, Karlsruhe, Berlin, 1963 ff.
Deckert, Martina	Folgenorientierung in der Rechtsanwendung, München 1995
Demandt, Alexander	Macht und Recht – Große Prozesse in der Geschichte, 3. Auflage, München 1996
Desax, Marcus/*Christen*, Claudia/ *Schim van der Loeff*, Madeleine	EG-, EU-Recht: Wie suchen? Wo finden?, 2. Auflage, Baden-Baden 2001
Diestelkamp, Bernhard/ *Stolleis*, Michael (Hrsg.)	Juristen an der Universität Frankfurt am Main, Baden-Baden 1989
Dietl, Clara-Erika/*Lorenz*, Egon	Wörterbuch für Recht, Wirtschaft und Politik, 7. Auflage, Basel 015

Disterer, Georg	Studienarbeiten schreiben, 7. Auflage, Berlin 2014
Dobelli, Rolf	Die Kunst des klaren Denkens. 52 Denkfehler, die Sie besser anderen überlassen, München 2011 (Taschenbuch 2014)
Doucet, Michel/*Fleck*, Klaus	Wörterbuch der Rechts- und Wirtschaftssprache, 7. Auflage, Basel 2014
Dreier, Horst/*Wittreck*, Fabian	Grundgesetz, 10. Auflage, Tübingen 2015
Dubischar, Roland	Prozesse, die Geschichte machten. Fakten, Hintergründe, Rechtsfortschritte, München 1997
Ebster, Claus/*Stalzer*, Lieselotte	Wissenschaftliches Arbeiten für Wirtschafts- und Sozialwissenschaftler, 5. Auflage, Wien 2016
Eco, Umberto	Wie man eine wissenschaftliche Abschlussarbeit schreibt, 13. Auflage, Wien 2010
Eckert, Frank/*Everts*, Arne/ *Wicke*, Hartmut	Fälle zur Vertragsgestaltung, 3. Auflage, München 2016
Eidenmüller, Horst	Effizienz als Rechtsprinzip, 4. Auflage, Tübingen 2015
Einsporn, Norbert	Leitfaden zur Google-Websuche, t1p.de/ydlk
Eipper, Martina	Sehen – erkennen – wissen; Arbeitstechniken rund um mind mapping, Renningen-Malmsheim 1998
Eis, Egon	Illusion der Gerechtigkeit – die großen Schauprozesse der Geschichte, Düsseldorf 1965
Eisenhardt, Ulrich	Deutsche Rechtsgeschichte, 6. Auflage, München 2013
Endruweit, Günter/*Trommsdorff*, Gisela/*Burzan*, Nicole	Wörterbuch der Soziologie, 3. Auflage, Stuttgart 2014
Engel, Stefan/*Slapnicar*, Klaus W.	Die Diplomarbeit, 3. Auflage, Stuttgart 2003
Engisch, Karl	Einführung in das juristische Denken, 11. Auflage, Stuttgart 2010
Eschenröder, Christof	Selbstsicher in die Prüfung, 3. Auflage, München 2002
Esselborn-Krumbiegel, Helga	Leichter lernen. Strategien für Prüfung und Examen, 2. Auflage, Paderborn 2007
dies.	Von der Idee zum Text. Eine Anleitung zum wissenschaftlichen Schreiben, 4. Auflage, Paderborn 2014
dies.	Richtig wissenschaftlich schreiben, 4. Auflage, Paderborn 2016
Ettner, Isabella/*Söllner*, Konstanze	Nie wieder abtippen! – Der richtige Umgang mit Literaturverwaltungsprogrammen, t1p.de/gqjt
Falk, Ulrich/*Luminati*, Michele/ *Schmoeckel*, Mathias	Fälle aus der Rechtsgeschichte, München 2008
Feldmann, Reinhard/*Schultze*, Klaus	Wie finde ich Literatur zur Geschichte, 3. Auflage, Berlin 1995
Fögen, Marie Theres	Römische Rechtsgeschichten, Göttingen 2000
Foljanty, Lena/*Lembke*, Ulrike	Feministische Rechtswissenschaft, 2. Auflage, Baden-Baden 2011
Forssman, Friedrich/*de Jong*, Ralf	Detailtypographie, 5. Auflage, Mainz 2014
Fragniere, Jean-Pierre	Wie schreibt man eine Diplomarbeit?, 5. Auflage, Bern 2000
Franck, Norbert	Handbuch wissenschaftliches Arbeiten, Frankfurt am Main 2004
ders.	Rhetorik für Wissenschaftler, München 2001
ders./*Stary*, Joachim	Die Technik wissenschaftlichen Arbeitens, 17. Auflage, Paderborn 2013
dies.	Gekonnt visualisieren, Paderborn 2006

Franke, Fabian/*Kempe*, Hannah/ *Klein*, Annette/*Rumpf*, Louise/ *Schüller-Zwierlein*, Andre — Schlüsselkompetenzen: Literatur recherchieren in Bibliotheken und Internet, 2. Auflage, Stuttgart 2014

Friedl, Gerhard/ *Loebenstein*, Herbert — Abkürzungs- und Zitierregeln der österreichischen Rechtssprache und europarechtlicher Rechtsquellen, 7. Auflage, Wien 2012

Frotscher, Werner/*Pieroth*, Bodo — Verfassungsgeschichte, 15. Auflage, München 2016

Garay, Catalina/*Rothe*, Martin — Rechtswörterbuch Spanisch-Deutsch/Deutsch-Spanisch, 3. Auflage, Köln 2008

Gast, Wolfgang — Juristische Rhetorik, 5. Auflage, Heidelberg 2015

Gasteiner, Martin/*Haber*, Peter — Digitale Arbeitstechniken für die Geistes- und Kulturwissenschaften, Wien 2010

Gmür, Rudolf/*Roth*, Andreas — Grundriss der deutschen Rechtsgeschichte, 14. Auflage, München 2014

Grass, Brigitte/*Ant*, Marc/ *Chamberlain*, James/*Rörig*, Horst — Schritt für Schritt zur erfolgreichen Präsentation, Berlin 2008

Grewe, Wilhelm — Epochen der Völkerrechtsgeschichte, 2. Auflage, Baden-Baden 1988

Griebel, Jörn/*Sabanogullari*, Levent — Moot Courts – Eine Praxisanleitung für Teilnehmer und Veranstalter, Baden-Baden 2011

Großfeld, Bernhard — Zeichen und Zahlen im Recht, 2. Auflage, Tübingen 1995

Grunau, Theodor — Spiegel der Rechtssprache, Flensburg 1961

Grund, Uwe/*Heinen*, Armin — Wie benutze ich eine Bibliothek?, 2. Auflage, München 1996

Grundmann, Stefan/ *Riesenhuber*, Karl (Hrsg.) — Deutschsprachige Zivilrechtslehrer des 20. Jahrhunderts in Berichten ihrer Schüler, zwei Bände, Berlin 2008 und 2010

Gruter, Margaret — Rechtsverhalten, Köln 1993

Gußen, Lars (Redaktion)/ Fachbereich Rechtswissenschaft der Goethe-Universität Frankfurt — „Erstellung studentischer Hausarbeiten". Leitfaden für Studierende des Fachbereichs Rechtswissenschaft, Frankfurt 2014, t1p.de/0jcs

Gunzenhäuser, Randi/*Haas*, Erika — Promovieren mit Plan, 3. Auflage, Opladen 2015

Hägg, Göran — Die Kunst, überzeugend zu reden, 2. Auflage, München 2003

ders. — Überreden, überzeugen, gewinnen, München 2004

Hähnchen, Susanne — Rechtsgeschichte, 4. Auflage, Heidelberg 2013

Haft, Fritjof — Einführung in das juristische Lernen – Unternehmen Jurastudium, 7. Auflage 2015

ders. — Juristische Rhetorik, 8. Auflage, Freiburg 2009

Hagen, Johann Josef — Statistik für Juristen, Wien 2005

ders./*Dimmel*, Nikolaus — Soziologie für Juristen, 5. Auflage, Graz 1994

Hahner, Markus/*Scheide*, Wolfgang/ *Wilke-Thissen*, Elisabeth — Wissenschaftliche(s) Arbeiten mit Word 2007, Unterschleißheim 2009

dies. — Wissenschaftliche(s) Arbeiten mit Word 2010, Unterschleißheim 2010

Hansel, Rüdiger — Jurisprudenz und Nationalökonomie, Köln 2006

Harke, Jan Dirk — Römisches Recht, München 2008

Hassemer, Winfried — Warum Strafe sein muss – ein Plädoyer, Berlin 2009

Hassemer, Winfried/*Neumann*, Ulfrid/*Saliger*, Frank (Hrsg.) — Einführung in die Rechtsphilosophie und Rechtstheorie der Gegenwart, 9. Auflage, Heidelberg 2016

Hattenhauer, Hans — Die geistesgeschichtlichen Grundlagen des deutschen Rechts, 3. Auflage, Heidelberg 1983

ders.	Die Kritik des Zivilurteils – eine Anleitung für Studenten, Neuwied 1970
ders. (Hrsg.)	Allgemeines Landrecht für die preußischen Staaten von 1794, 3. Auflage, Neuwied 1996
ders./Buschmann, Arno (Hrsg.)	Textbuch zur Privatrechtsgeschichte der Neuzeit, 2. Auflage, München 2008
Heisig, Kirsten	Das Ende der Geduld – konsequent gegen jugendliche Gewalttäter, Freiburg 2010
Henking, Tanja/*Maurer*, Andreas	Mock Trials - Prozesssimulation als Lehrveranstaltung, Baden-Baden 2013
Herberger, Maximilian/*Simon*, Dieter	Wissenschaftstheorie für Juristen, Frankfurt am Main 1980 = t1p.de/lum1
Herbig, Albert/*Stürmer*, Anette	Informationskompetenz Wirtschaft – erfolgreiche Informationsrecherche für das betriebswirtschaftliche Bachelor- und Masterstudium, Norderstedt 2011
Herrmann, Markus/*Hoppmann*, Michael/*Stölzgen*, Karsten/ *Taraman*, Kasmin	Schlüsselkompetenz Argumentation, Paderborn 2011
Hillmann, Karl-Heinz	Wörterbuch der Soziologie, 5. Auflage, Stuttgart 2007
von Hippel, Eike	Rechtspolitik, Berlin 1992
Hoeren, Thomas (Hrsg.)	Zivilrechtliche Entdecker, München 2001
Hoerster, Norbert	Was ist Recht? Grundfragen der Rechtsphilosophie, 2. Auflage München 2013
Hofmann, Hasso	Einführung in die Rechts- und Staatsphilosophie, 5. Auflage, Darmstadt 2011
Hoffmann, Volker	Überzeugend Vorträge halten, Berlin 2002
Holzleithner, Elisabeth	Gerechtigkeit, Stuttgart 2009
Holznagel, Bernd/*Schumacher*, Pascal/*Ricke*, Thorsten	Juristische Arbeitstechniken und Methoden: Wissenschaftliches Arbeiten für Juristen in Zeiten des Internets, Baden-Baden 2012
Horn, Norbert	Einführung in die Rechtswissenschaft und Rechtsphilosophie, 6. Auflage, Heidelberg 2016
Huff, Darrell	Wie lügt man mit Statistik, Zürich 1956
Hugenschmidt, Crispin	Studier- und Arbeitstechniken für Juristinnen und Juristen, Basel 2005
Ipsen, Jörn	Der Staat der Mitte – Verfassungsgeschichte der Bundesrepublik Deutschland, München 2009
Jacob, Rüdiger	Wissenschaftliches Arbeiten – eine praxisorientierte Einführung für Studierende der Wirtschafts- und Sozialwissenschaften, Opladen 1997
Junker, Abbo/ *Kamanabrou*, Sudabeh	Vertragsgestaltung, 4. Auflage, München 2014
Kaser, Max/*Knütel*, Rolf	Römisches Privatrecht, 20. Auflage, München 2014
Karmasin, Matthias/*Ribing*, Rainer	Die Gestaltung wissenschaftlicher Arbeiten, 8. Auflage, Wien 2014
Keen, Andrew	Die Stunde der Stümper, München 2008
Keiler, Stephan/*Bezemek*, Christoph	leg cit3 – Leitfaden für juristisches Zitieren, 3. Auflage, Wien 2012
Kerschner, Ferdinand	Wissenschaftliche Arbeitstechnik und -methodik für Juristen, 6. Auflage, Wien 2014

Kirchmann, Julius	Die Wertlosigkeit der Jurisprudenz als Wissenschaft, Berlin 1848
Kirchner, Hildebert	Abkürzungsverzeichnis der Rechtssprache, 8. Auflage, Berlin 2015
Kittner, Michael	Arbeitskampf, München 2005
Klaner, Andreas	Richtiges Lernen für Jurastudenten und Rechtsreferendare, 3. Auflage, Berlin 2003
ders.	Wie schreibe ich juristische Hausarbeiten, 3. Auflage, Berlin 2003
Klee, Ernst	Behinderte im Urlaub?, Frankfurt am Main 1980
Kleinhenz, Holger/*Deiters*, Gerhard	Klausuren, Hausarbeiten, Seminararbeiten, Dissertationen richtig schreiben und gestalten, Frankfurt am Main 2005
Kleinheyer, Gerd/*Schröder*, Jan	Deutsche und europäische Juristen aus neun Jahrhunderten, 6. Auflage, Heidelberg 2017
Kluge, Friedrich	Etymologisches Wörterbuch der deutschen Sprache, 25. Auflage, Berlin 2011
Knieß, Michael	Kreativitätstechniken – Methoden und Übungen, München 2006
Knigge-Illner, Helga	Der Weg zum Doktortitel, 3. Auflage, Frankfurt am Main 2015
Koch, Hans-Joachim/ *Rüßmann*, Helmut	Juristische Begründungslehre, 2. Auflage, München 1982
Koch, Harald/*Magnus*, Ulrich/ *Winkler von Mohrenfels*, Peter	IPR und Rechtsvergleichung, 4. Auflage, München 2009
Köbler, Gerhard	Deutsche Rechtsgeschichte, 6. Auflage München 2005
ders.	Juristisches Wörterbuch, 15. Auflage, München 2009
Koepernik, Claudia (Hrsg.)	GEW-Handbuch Promovieren mit Perspektive, 2. Auflage Bielefeld 2012
Kohler-Gehrig, Eleonora	Diplom-, Seminar-, Bachelor- und Masterarbeiten in den Rechtswissenschaften, 2. Auflage, Stuttgart 2008
Koller, Peter	Theorie des Rechts, 2. Auflage, Wien 1997
Kolmer, Lothar/*Rob-Santer*, Carmen	Studienbuch Rhetorik, Paderborn 2002
Kornexl, Thomas	Vertragsgestaltung 1.0 – Grundlagen, Münster 2008
Kornmeier, Martin	Wissenschaftlich schreiben leicht gemacht, 7. Auflage, Bern etc. 2016
Kornwachs, Klaus	Zuviel des Guten – Von Boni und falschen Belohnungssystemen, Frankfurt am Main 2009
Kosman, Lisa/*Kling*, Bernd/ *Richarz*, Jürgen	Wie schreibe ich juristische Hausarbeiten, 3. Auflage, Berlin 2004
Kotulla, Michael	Deutsches Verfassungsrecht 1806–1918, Berlin 2006 ff.
Kramer, Ernst A.	Juristische Methodenlehre, 5. Auflage, Bern 2016
Krämer, Ralf/*Rohrlich*, Michael	Haus- und Examensarbeiten mit Word, Frankfurt am Main 2005
Krämer, Walter	So lügt man mit Statistik, Frankfurt am Main 1991, zuletzt München 2000
ders.	So überzeugt man mit Statistik, Frankfurt am Main 1994
ders.	Statistik verstehen, Frankfurt am Main 1992, zuletzt München 2001
ders.	Wie schreibe ich eine Seminar- und Examensarbeit?, 3. Auflage, Frankfurt am Main 2009
Kreutz, Peter	Propädeutik Rechtswissenschaft – Kurzanleitung zur Erstellung juristischer Seminararbeiten, Münster 2011

Kritische Justiz (Hrsg.)	Streitbare Juristen – eine andere Tradition, Baden-Baden 1988
Kröger, Detlef/*Kuner*, Christopher	Internet für Juristen, 3. Auflage, Neuwied 2001
Kroeschell, Karl/*Cordes*, Albrecht/ *Nehlsen-v.Stryk*, Karin	Deutsche Rechtsgeschichte (drei Bände), 13., 9., 5. Auflage, Köln 2008
Kropp, Waldemar/*Huber*, Alfred	Studienarbeiten interaktiv (mit CD-ROM), Berlin 2005
Krüper, Julian (Hrsg.)	Grundlagen des Rechts, 3. Auflage Baden-Baden 2016
Kruse, Otto	Keine Angst vor dem leeren Blatt, 12. Auflage, Frankfurt am Main 2007
ders.	Lesen und Schreiben – Der richtige Umgang mit Texten im Studium, 2. Auflage, Konstanz 2014
Kuhlmann, Martin	Last Minute Programm für Vortrag und Präsentation, Frankfurt am Main 1999
Kühtz, Stefan	Wissenschaftlich formulieren – Tipps und Textbausteine für Studium und Schule, 4. Auflage. Paderborn 2016
Kunkel, Wolfgang/ *Schermaier*, Martin Josef	Römische Rechtsgeschichte 14. Auflage, Stuttgart 2005
Kunz, Karl-Ludwig/*Mona*, Martino	Rechtsphilosophie, Rechtstheorie, Rechtssoziologie, 2. Auflage Bern 2015
Lagodny, Otto	Gesetzestexte suchen, verstehen und in der Klausur anwenden, 2. Auflage Berlin 2012
Lahnsteiner, Eva	Seminar- und Abschlußarbeiten effektiv und erfolgreich schreiben, Jura 2011, 580 ff.
Lamprecht, Rolf	Ich gehe bis nach Karlsruhe – Eine Geschichte des Bundes-verfassungsgerichts, Stuttgart 2011
Lange, Barbara	Jurastudium erfolgreich, 8. Auflage, Köln 2015
Langenfeld, Gerrit	Vertragsgestaltung, 3. Auflage, München 2004
ders.	Grundlagen der Vertragsgestaltung, 2. Auflage, München 2010
Langenhan, Rainer	Internet für Juristen, 4. Auflage, München 2003
Langer, Inghard/*Schulz von Thun*, Friedemann/*Tausch*, Reinhard	Sich verständlich ausdrücken, 8. Auflage, München 2006
Larenz, Karl	Methodenlehre der Rechtswissenschaft, 6. Auflage, Berlin 1991
Laufs, Adolf	Rechtsentwicklungen in Deutschland, 6. Auflage, Berlin 2006
Leggewie, Claus/*Welzer*, Harald	Das Ende der Welt, wie wir sie kannten, Frankfurt am Main 2009
Leif, Thomas (Hrsg.)	Trainingshandbuch Recherche – Informationsbeschaffung professionell, 2. Auflage, Wiesbaden 2010
Liebs, Detlef	Vor den Richtern Roms – Berühmte Prozesse der Antike, München 2007
ders.	Lateinische Rechtsregeln und Rechtssprichwörter, 7. Auflage, München 2007
Liessmann, Konrad Paul	Theorie der Unbildung, Wien 2006
Lorinser, Barbara/*Hahn*, Bernhard	Die juristische Seminararbeit, t1p.de/x3aj
Losch, Bernhard	Kulturfaktor Recht, Köln 2006
Lück, Wolfgang/*Henke*, Michael	Technik des wissenschaftlichen Arbeitens, 10. Auflage, München 2009
Machill, Marcel/ *Beiler*, Markus (Hrsg.)	Die Macht der Suchmaschinen – The Power of Search Engines, Köln 2007
Mahlmann, Matthias	Rechtsphilosophie und Rechtstheorie, 4. Auflage Baden-Baden 2017
ders.	Konkrete Gerechtigkeit 3. Auflage. Baden-Baden 2017

Mann, Thomas	Einführung in die juristische Arbeitstechnik, 5. Auflage, München 2015
Manthe, Ulrich	Geschichte des römischen Rechts, 5. Auflage München 2016
ders.	Institutiones, 2. Auflage, Darmstadt 2010, Sonderausgabe 2015
ders./von Ungern-Sternberg, Jürgen	Große Prozesse der römischen Antike, München 1997
Markovits, Inga	Gerechtigkeit in Lüritz – eine ostdeutsche Rechtsgeschichte, München 2006
Mastronardi, Philippe	Angewandte Rechtstheorie, Bern 2009
ders.	Juristisches Denken, 2. Auflage, Bern 2003
Mayer, Heike	Rhetorische Kompetenz, Paderborn 2007
Mauz, Gerhard	Die großen Prozesse der Bundesrepublik Deutschland, Springe 2005
Meckel, Miriam	Das Glück der Unerreichbarkeit, Hamburg 2007 (Taschenbuch 2009)
Meder, Stephan	Rechtsgeschichte, 5. Auflage, Köln 2014
Meier, Christian	Der Denkweg der Juristen, Münster 2000
Meincke, Jens Peter	Römisches Privatrecht, Baden-Baden 2016
Menger, Friedrich-Christian	Deutsche Verfassungsgeschichte der Neuzeit, 8. Auflage, Heidelberg 2003
Messing, Barbara/*Huber*, Klaus-Peter	Die Doktorarbeit – Vom Start zum Ziel, 4. Auflage, Berlin 2007
Meyer-Grashorn, Anke	Spinnen ist Pflicht, 3. Auflage, München 2009
Mix, Christine	Schreiben im Jurastudium: Klausur, Hausarbeit, Themenarbeit, Paderborn 2011
Möllers, Thomas M.J.	Juristische Arbeitstechnik und wissenschaftliches Arbeiten, 8. Auflage, München 2016
ders.	Juristische Methodenlehre, München 2017
Moser, Heinz/*Holzwarth*, Peter	Mit Medien arbeiten, Konstanz 2011
Müller, Norman/*Schallbruch*, Martin	PC-Ratgeber für Juristen, 2. Auflage, Berlin 2002
Müller, Friedrich/*Christensen*, Ralph	Juristische Methodik, Bd. I, 11. Auflage, Berlin 2013
von Münch, Ingo/ *Mankowski*, Peter	Promotion, 4. Auflage, Tübingen 2013
Narr, Wolf-Dieter/*Stary*, Joachim	Lust und Last wissenschaftlichen Schreibens, 2. Auflage, Frankfurt 1999
Naucke, Wolfgang/*Harzer*, Regina	Rechtsphilosophische Grundbegriffe, 6. Auflage, München 2017
Neumann, Ulfrid	Juristische Argumentationslehre, Darmstadt 1986
Nicol, Natascha/*Albrecht*, Ralf	Wissenschaftliche Arbeiten schreiben mit Word 2007, 6. Auflage, München 2007
dies.	Wissenschaftliche Arbeiten schreiben mit OpenOffice.org 2.0, München 2006
Niederhauser, Jürg	Die schriftliche Arbeit, 4. Auflage, Mannheim 2006
Niedermair, Klaus	Recherchieren und Dokumentieren, Wien 2010
Noack, Karsten	Kreativitätstechniken – schöpferisches Potenzial erkennen und nutzen, 3. Auflage, Berlin 2012
Noack, Ulrich/*Kremer*, Sascha	Die großen Vier: Kostenpflichtige Online-Dienste für Juristen im Test – Was bieten beck-online. juris, legios und LexisNexis?, 2. Auflage, Düsseldorf 2006 (nur als PDF verfügbar)
Nowak, Wlodzimierz	Die Nacht von Wildenhagen, Berlin 2009
Nußbaumer, Josef/*Exenberger*, Andreas/*Neuner*, Stefan	Unser kleines Dorf, 2. Auflage, Kufstein 2010
Olechowski, Thomas	Rechtsgeschichte: Einführung, 7. Auflage, Wien 2015

ders.	Rechtsgeschichte: Materialien und Übersichten, 5. Auflage, Wien 2009
Olivet, Carl-Theodor	Juristische Arbeitstechnik in der Zivilstation, 4. Auflage, Heidelberg 2010
Ottmers, Clemens	Rhetorik, 2. Auflage, Stuttgart 2007
Pabst-Weinschenk, Marita	Reden im Studium, 4. Auflage, Alpen 2009
Parnass, Peggy	Prozesse, 2. Auflage, Hamburg 1990 (Taschenbuch 1992)
Pausch, Alfons und Jutta (Hrsg.)	Goethe-Zitate für Juristen, 4. Auflage, Köln 2000
Pawlowski, Hans-Martin	Methodenlehre für Juristen, 3. Auflage, Heidelberg 1999
ders.	Einführung in die juristische Methodenlehre, 2. Auflage, Heidelberg 2000
Pfeifer, Wolfgang (Hrsg.)	Etymologisches Wörterbuch des Deutschen, 2. Auflage, München 1995
von der Pfordten, Dietmar	Rechtsethik, 2. Auflage, München 2011
Plieninger, Jürgen	Recherchieren in wissenschaftlichen Bibliotheken, 2015, unter t1p.de/0cek
Pospisil, Leopold	Anthropologie des Rechts, München 1982
Prantl, Heribert	Der Terrorist als Gesetzgeber – Wie man mit Angst Politik macht, München 2008
Preißner, Andreas	Wissenschaftliches Arbeiten, 3. Auflage, München 2012
Püttjer, Christian/*Schnierda*, Uwe	Optimal präsentieren, Frankfurt am Main 2001
Puppe, Ingeborg	Kleine Schule des juristischen Denkens, 3. Auflage, Göttingen 2014
Putzke, Holm	Juristische Arbeiten erfolgreich schreiben, 5. Auflage, München 2014
Quatember, Andreas	Statistischer Unsinn – Wenn Medien an der Prozenthürde scheitern, Berlin 2015
Radbruch, Gustav	Kleines Rechtsbrevier – Spruchbuch für Anselm, 3. Auflage, Göttingen 1962
ders.	Aphorismen zur Rechtsweisheit, Göttingen 1963
ders.	Rechtsphilosophie, 2. Auflage (Studienausgabe) Heidelberg 2003
Raisch, Peter	Juristische Methoden vom antiken Rom bis zur Gegenwart, Heidelberg 1995
Raiser, Thomas	Einführung in die Rechtssoziologie, 4. Auflage, Frankfurt am Main 1985; jetzt: Das lebende Recht, 3. Auflage Baden-Baden 1999
Raiser, Thomas/*Schmidt*, Karl-Michael/ *Bultmann*, Peter Friedrich	Anwaltsklausuren, München 2003
Ravens, Tobias	Wissenschaftlich mit Word arbeiten, 2. Auflage, München 2004
Rehbinder, Eckard	Vertragsgestaltung, 2. Auflage, Neuwied etc. 1993
Rehbinder, Manfred	Rechtssoziologie, 8. Auflage, München 2014
Rehork, Thomas	Kreatives Schreiben – Hilfen zum Schreibanfang für Studenten, Berlin 1993
Reiners, Ludwig	Stilkunst – Ein Lehrbuch deutscher Prosa, München 1991
Reischl, Gerald	Die Google-Falle, 5. Auflage, Wien 2008
Rittershaus, Gerald/ *Müller-Chen*, Markus	Anwaltliche Vertragsgestaltung, 2. Auflage, Heidelberg 2003
Röhl, Klaus F.	Rechtssoziologie, Köln 1987

ders./Röhl, Hans Christian	Allgemeine Rechtslehre, 4. Auflage, München 2016
Röwekamp, Marion	Juristinnen – Lexikon zu Leben und Werk, Baden-Baden 2005
Rossig, Wolfram/*Prätsch*, Joachim	Wissenschaftliche Arbeiten, 7. Auflage, Achim 2008
Rottleuthner, Hubert	Einführung in die Rechtssoziologie, Darmstadt 1987
Ruhl, Kathrin/*Mahrt*, Nina/ *Töbel*, Johanna	Publizieren während der Promotion, Wiesbaden 2010 (auch online)
Rüping, Hinrich/*Jerouschek*, Günter	Grundriss der Strafrechtsgeschichte, 6. Auflage, München 2011
Rüthers, Bernd/*Fischer*, Christian	Rechtstheorie, 9. Auflage, München 2016
Ryffel, Hans	Rechtssoziologie, Neuwied 1974
Sacco, Rodolfo	Einführung in die Rechtsvergleichung, 3. Auflage Baden-Baden 2017
Sauerwald, Markus	Mind mapping für Anwälte, Köln 2003
ders.	Mind mapping in Jurastudium und Referendariat, Köln 2006
von Savigny, Friedrich Carl	System des heutigen römischen Rechts (Berlin 1848, Neudruck Goldbach 1997)
Schaal, Gary/*Heidenreich*, Felix	Theorien der Gerechtigkeit, Stuttgart 2009
Schaar, Peter	Das Ende der Privatsphäre, München 2007
Schäfer, Hans-Bernd/*Ott*, Claus	Lehrbuch der ökonomischen Analyse des Zivilrechts, 5. Auflage, Berlin 2012
Schapp, Jan	Methodenlehre des Zivilrechts, Tübingen 1998
Scheck, Reinhold	Word für Studium und Examen, Poing 2004
Scheld, Guido	Anleitung zur Anfertigung von Praktikums-, Seminar- und Diplomarbeiten sowie Bachelor- und Masterarbeiten, 8. Auflage, Büren 2015
Schellhammer, Kurt	Die Arbeitsmethode des Zivilrichters, 17. Auflage, Heidelberg 2014
Schenk, Hans-Otto	Die Examensarbeit: Ein Leitfaden für Wirtschafts- und Sozialwissenschaftler, Göttingen 2005
Schimmel, Roland	Juristische Klausuren und Hausarbeiten richtig formulieren, 12. Auflage, München 2016
ders.	Wissenschaft mit Wikipedia – warum eigentlich nicht?, in: Gedächtnisschrift für Manfred Wolf (hrsgg. von Jens Dammann, Wolfgang Grunsky und Thomas Pfeiffer), München 2011, 725 ff.
Schindler, Kirsten	Klausur, Protokoll, Essay, Paderborn 2011
Schlegelberger, Franz/ *Mühlberger*, Johann	Das Recht der Gegenwart, 35. Auflage, München 2009
Schlosser, Hans	Grundzüge der neueren Privatrechtsgeschichte, 10. Auflage, Heidelberg 2005
Schlosser, Hans/*Sturm*, Fritz/ *Weber*, Herrmann	Die rechtsgeschichtliche Exegese, 2. Auflage, München 1993
Schlosser, Joachim	Wissenschaftliche Arbeiten schreiben mit LaTeX, 5. Auflage, Heidelberg 2014
Schluep, Walter	Einladung zur Rechtstheorie, Baden-Baden 2006
Schmalz, Dieter	Methodenlehre für das juristische Studium, 4. Auflage, Baden-Baden 1998
Schmidt, Lother	Klausuren und Prüfungen ohne Ängste schreiben, Norderstedt 2000
Schmidt-Wiegand, Ruth (Hrsg.)	Deutsche Rechtsregeln und Rechtssprichwörter, München 1996 (Taschenbuch 2002)

Schmittat, Karl-Oskar	Einführung in die Vertragsgestaltung, 4. Auflage, München 2015
Schmoeckel, Mathias	Auf der Suche nach der verlorenen Ordnung, Köln 2005
ders./*Stolte*, Stefan	Examinatorium Rechtsgeschichte, Köln 2008
Schnabel, Gunnar/*Tatzkow*, Monika	Berliner Straßenszene – Raubkunst und Restitution, Berlin 2008
Schnapp, Friedrich E.	Stilfibel für Juristen, Münster 2004
Schneider, Egon	Die juristische Doktorarbeit, 2. Auflage, Düsseldorf 1977
Schneider, Egon/ *Schnapp*, Friedrich E.	Logik für Juristen, 7. Auflage, München 2016
Schneider, Hans	Gesetzgebung, 3. Auflage, Heidelberg 2002
Schneider, Wolf	Deutsch! – Das Handbuch für attraktive Texte, Reinbek 2005
ders.	Deutsch für Kenner, Reinbek 1987 (Taschenbuch 2005)
ders.	Deutsch für Profis, Reinbek 1982 (Taschenbuch 2001)
ders.	Speak German!, Reinbek 2008 (Taschenbuch 2009)
Schreckenberger, Waldemar	Gesetzgebungslehre, Stuttgart 1986
ders.	Grundfragen der Gesetzgebungslehre, Berlin 2000
Schroeder, Klaus-Peter	Vom Sachsenspiegel zum Grundgesetz – eine deutsche Rechtsgeschichte in Lebensbildern, 2. Auflage, München 2011
Schultz, Uwe (Hrsg.)	Große Prozesse – Recht und Gerechtigkeit in der Geschichte, 2. Auflage, München 1997
Schulz, Wolfgang	Einführung in die Soziologie für Sozialwissenschaftler und Juristen, 5. Auflage, Wien 1998
Schulze, Carola	Klausurenbuch Rechtsphilosophie, Münster 2005
Schwacke, Peter	Juristische Methodik mit Technik der Fallbearbeitung, 5. Auflage, Stuttgart 2011
Schwartz, Michael Hunter	What the Best Law Teachers Do, Harvard 2013
Schwenzer, Ingeborg/ *Müller-Chen*, Markus	Rechtsvergleichung, Tübingen 1996
Seagle, William	Weltgeschichte des Rechts, 3. Auflage, München 1967
Seelmann, Kurt	Rechtsphilosophie, 6. Auflage, München 2014
Seidenspinner, Gundolf	Wissenschaftliches Arbeiten, 9. Auflage, München 1994
Seimert, Winfried	Wissenschaftliche Arbeiten mit Microsoft Office Word 2013, Heidelberg 2013
Senn, Marcel/*Thier*, Andreas	Rechtsgeschichte III – Textinterpretationen, Zürich 2005
Sesink, Werner	Einführung in das wissenschaftliche Arbeiten – Recherche, Vorarbeiten, Manuskripterstellung, Präsentation, 10. Auflage, München 2017
Sikora, Markus/*Mayer*, Andreas	Kautelarjuristische Klausuren im Zivilrecht, 4. Auflage, München 2015
Skaupy, Walther	Große Prozesse der Weltgeschichte, Essen 1981
Sobanski, Antoni	Nachrichten aus Berlin 1933-36, Berlin 2007 (Taschenbuch 2009)
Söllner, Alfred	Einführung in die römische Rechtsgeschichte, 5. Auflage, München 1996
Soentgen, Jens	Selbstdenken!, Wuppertal 2003 (Taschenbuch 2007)
Sofsky, Wolfgang	Verteidigung des Privaten, München 2007 (Taschenbuch 2009)
Sommer, Andreas Urs	Die Kunst des Zweifelns, München 2005 (Taschenbuch 2008)
Soudry, Rouven (Hrsg.)	Rhetorik, 2. Auflage, Heidelberg 2006

Stage, Jan	Niemandsländer – Reportagen aus vier Erdteilen, Frankfurt am Main 2002
Standop, Ewald/*Meyer*, Matthias	Die Form der wissenschaftlichen Arbeit, 18. Auflage, Wiebelsheim 2008
Stein, Ekkehart	Die rechtswissenschaftliche Arbeit – methodische Grundlegung und praktische Tipps, Tübingen 2000
Steinberg, Georg	Angewandte juristische Methodenlehre für Anfänger – erläutert an Beispielen aus dem Strafrecht, Frankfurt am Main 2006
Stelzer-Rothe, Thomas	Vorträge halten, 2. Auflage, Berlin 2008
Sternthal, Barbara	Juristen als Schriftsteller, Porträts dichtender Rechtsgelehrter, Wien 2005
Stille, Alexander	Citizen Berlusconi, München 2006
Stitic, Ivo/*Winter*, Michael	Juristische Medienkompetenz, Wien 2006
Stock, Steffen/*Schneider*, Patricia/ *Peper*, Elisabeth/*Molitor*, Eva (Hrsg.)	Erfolgreich promovieren, 3. Auflage, Berlin 2014
Stolleis, Michael (Hrsg.)	Juristen – ein biographisches Lexikon, 2. Auflage, München 2001
ders.	Geschichte des Sozialrechts in Deutschland, Stuttgart 2003
Stone, Julius	Lehrbuch der Rechtssoziologie, Freiburg 1976
Struck, Gerhard	Rechtssoziologie, Baden-Baden 2011
Süskind, Wilhelm	Vom ABC zum Sprachkunstwerk (Neubearbeitung von Thomas Schlachter), 2. Auflage, Zürich 2006
Szczygiel, Mariusz	Gottland, Frankfurt am Main 2008
Tange, Ernst Günter	Zitatenschatz für Juristen, 2. Auflage, Frankfurt am Main 1997
Theisen, Manuel R.	Wissenschaftliches Arbeiten – Technik, Methodik, Form, 16. Auflage, München 2013
ders.	ABC des wissenschaftlichen Arbeitens, 3. Auflage, München 2006
Thieme, Werner	Die Anfertigung von rechtswissenschaftlichen Doktorarbeiten, 2. Auflage, Göttingen 1963
Tiedemann, Paul	Internet für Juristen, Darmstadt 1999
Tieger, Gerhild (Hrsg.)	Schreiben lernen an Universitäten, Instituten, Literaturbüros, Volkshochschulen und Schreibschulen in Deutschland, Österreich und der Schweiz, Berlin 2000
Towfigh, Emanuel/ *Petersen*, Niels (Hrsg.)	Ökonomische Methoden im Recht – eine Einführung für Juristen, Tübingen 2010
Vesting, Thomas	Rechtstheorie, 2. Auflage München 2015
Vollmer, Hans-Ulrich	Die Doktorarbeit schreiben, 2. Auflage, Sternenfels 2008
Vormbaum, Thomas	Einführung in die moderne Strafrechtsgeschichte, 3. Auflage, Berlin 2016
Voss, Rödiger	Wissenschaftliches Arbeiten, 4. Auflage Stuttgart 2016
Waldstein, Wolfgang/ *Rainer*, Johannes Michael	Römische Rechtsgeschichte, 11. Auflage, München 2014
Walter, Tonio	Kleine Rhetorikschule für Juristen, München 2009
ders.	Kleine Stilkunde für Juristen, 3. Auflage, München 2016
Wank, Rolf	Die Auslegung von Gesetzen, 6. Auflage, Köln 2015
Waßmer, Martin Paul/ *Wittemann*, Frank	Die verfassungsgeschichtliche Exegese, Stuttgart 1999

Weber, Stefan Das Google-Copy-Paste-Syndrom – Wie Netzplagiate Ausbildung und Wissen gefährden, 2. Auflage, Hannover 2009

Weber, Hermann (Hrsg.) Prozesse und Rechtsstreitigkeiten um Recht, Literatur und Kunst, Baden-Baden 2002

Weeber, Karl-Wilhelm Cicero für Juristen, Frankfurt am Main 1999

Weitnauer, Hermann Der Schutz des Schwächeren im Zivilrecht, Karlsruhe 1975

von Werder, Lutz Kreatives Schreiben von wissenschaftlichen Hausarbeiten und Referaten, Uckerland 2000

Wesel, Uwe Geschichte des Rechts, 4. Auflage, München 2013

ders. Geschichte des Rechts in Europa, München 2010

ders. Die Hausarbeit in der Digestenexegese, 3. Auflage, Berlin 1989

ders. Fast alles, was Recht ist: Jura für Nichtjuristen, 9. Auflage, München 2014

ders. Frühformen des Rechts in vorstaatlichen Gesellschaften, Frankfurt am Main 1985

Wieacker, Franz Privatrechtsgeschichte der Neuzeit, 2. Auflage, Göttingen 1996

Wilke, Gitta Informationsführer Jura – Juristische Recherche on- und offline, 4. Auflage, Hamburg 2003

Willoweit, Dietmar Deutsche Verfassungsgeschichte, 7. Auflage, München 2013

ders./Seif, Ulrike Europäische Verfassungsgeschichte, München 2003

Wimmer, Markus Digestenexegese, 2. Auflage, Wien 2007

Winter, Wolfgang Wissenschaftliche Arbeiten schreiben, 3. Auflage, Frankfurt am Main 2010

Wittgenstein, Ludwig Philosophische Untersuchungen, Frankfurt am Main 1967

Wohlhaupter, Eugen Dichterjuristen, drei Bände, Tübingen 1953 1957

Wolf, Wilhelm Vom alten zum neuen Privatrecht – Das Konzept der normgestützten Kollektivierung in den zivilrechtlichen Arbeiten Heinrich Langes (1900–1977), Tübingen 1998

Wolf, Doris/*Merkle*, Rolf So überwinden Sie Prüfungsängste, 6. Auflage, Mannheim 2001

Wolfsberger, Judith Frei geschrieben, 4. Auflage, Wien 2016

Ziegler, Karl-Heinz Völkerrechtsgeschichte, 2. Auflage, München 2007

Zimmer, Dieter E. Die Bibliothek der Zukunft, Hamburg 2000

Zimmermann, Dorothea Zimmermanns Zitatenlexikon für Juristen, Köln 1998

Zippelius, Reinhold Das Wesen des Rechts – Eine Einführung in die Rechtsphilosophie, 6. Auflage, München 2012

ders. Juristische Methodenlehre, 11. Auflage, München 2012

ders. Kleine deutsche Verfassungsgeschichte, 7. Auflage, München 2006

ders. Rechtsphilosophie, 6. Auflage, München 2011

Zweigert, Konrad/*Kötz*, Hein Einführung in die Rechtsvergleichung auf dem Gebiete des Privatrechts, 3. Auflage, Tübingen 1996

Stichwortverzeichnis

Die Angaben verweisen auf die Randnummern.
Wörtliche Zitate sind *kursiv* gesetzt.
Was sich hier nicht findet, steht vielleicht im Inhaltsverzeichnis.